新版

新・労働法実務相談 第4版

職場トラブル解決のためのQ&A

労務行政研究所［編］

労働契約
採用
配転・転勤
出向・転籍
出張
雇用調整
定年・再雇用
退職・解雇
就業規則・労働協約
労働組合
団体交渉・賃金交渉
人事管理
懲戒（解雇）
賃金・賞与・退職金
労働時間
休日・休暇
女性労働
育児・介護休業
福利厚生
健康管理・安全衛生
派遣労働
パートタイマー
障害者
労災・通災
社会保険・労働保険
その他

労務行政

はしがき

　本書は、日常の労務管理上の問題に対して、最新の法令、裁判例、行政解釈を踏まえて専門家が回答した労働法の実務Q＆A集です。ご好評をいただいた『新版　新・労働法実務相談 第3版』（令和元年12月発行）の改訂版になります。

　労務管理をめぐる日常の諸問題は、人（従業員）を扱うものだけに、より公正・妥当な解決が求められます。しかしながら、法令集や一般的な解説書、判例・学説等を参照しただけでは適切に対応できないケースが多々あります。そうした問題を手際良く処理していくところに実務担当者の役割があり、また、難しさがあるといえるでしょう。

　本書は、そうした現場の悩みに応えて、具体的なケースに即した回答を実務的に、かつ、分かりやすく示し、解説することを念頭に編集しました。

　取り上げた設問は、労使の実務担当者から（一財）労務行政研究所の編集部に寄せられ、『労政時報』に掲載した相談室Q＆A（税務関係を除く）の中から、①**実務処理上よく起こり得る問題で、特に重要なもの**、②**実務担当者が誤りを犯しがちなもの**——という基準で厳選したものです。採用から退職、さらには元従業への対応まで、人事・労務管理全般をカバーできるように全26テーマ・300問に整理しました。

　各設問は、実務担当者が日常業務で直面した実際の事案をベースにしており、これに対する回答は、質問内容に直接答えるだけでなく、業務遂行の参考になり、また、制度の導入・改廃・運用の検討材料として、あるいは無用のトラブルを防ぐための指針として役立つ実務的な視点も盛り込むように配慮しました。

　回答については、第3版の発行以降における法改正や裁判例、行政解釈の動向を踏まえて、各執筆者に全面的に見直しをお願いし、今日的な解釈に合致するよう加筆・修正を加えていただきました。執筆陣は総勢91人に上り、いずれも第一線で活躍されている弁護士、社会保険労務士、コンサルタント等の専門家です。

　本書が、みなさまのお役に立ち、実務面での課題解決、リスク回避の一助となれば幸いです。

　なお、末筆となりましたが、本書の刊行に当たり、ご多用中にもかかわらずご執筆いただきました専門家の方々に、厚く御礼を申し上げます。

　令和6年12月

編者しるす

第4版 新版 新・労働法実務相談 目次

労働契約

1　正社員から同じ仕事を引き継ぐパートタイマーの賃金水準は、その正社員の水準に合わせなければならないか ···································· 18

2　無期転換ルールにより無期雇用とした労働者から、有期契約に戻してほしいとの申し出があった場合の対応 ···································· 20

3　加齢が原因とみられる物忘れの激しい嘱託社員を期間途中で解雇、または雇止めできるか ······· 21

4　本社採用の社員を研修目的で製造部門に1年間配置する場合、労働契約時に明示すべきか ······· 23

5　退職予定者が退職日を早めたいと申し出た場合、認めなければならないか ···················· 25

6　うつ病に罹患し、復職する正社員を本人の同意があれば有期雇用契約に変更できるか ··········· 27

採用

7　人事制度の詳細や就業規則の開示を要求する内定者にどう対応すべきか ···················· 30

8　いわゆる"キラキラネーム"を隠して、通称名で勤務したいという採用内定者の要望に応じるべきか ···································· 32

9　同一企業からの転職者が多く入社し、同社から"引き抜き行為"として抗議を受けている場合、どう対応すべきか ···································· 34

10　採用面接で精神疾患の既往歴を尋ね、回答を強制することは違法か ···················· 36

11　履歴書の本人写真が大幅に修整されていたことを理由に内定を取り消せるか ·············· 37

12　試用期間中に痴漢行為で逮捕され、出勤できなくなった従業員を本採用拒否してよいか ········· 39

13　採用応募者に対し、オンライン面接を自宅以外で受けることを禁止できるか ·············· 42

14　採用面接時に在宅勤務の可否を尋ねることは「採用選考時に配慮すべき事項」に照らして問題か ···································· 44

15　サイニングボーナスを入社半年後に支給する際の留意点および税務上の取り扱い ············· 46

16　採用選考時のWEBテストにおける"替え玉受験"を防止するにはどうすればよいか ·········· 47

17　内定後の懇親会で不適切な態度を取ったことを理由に、内定を取り消すことは可能か ··········· 50

18　SNSに「採用面接時に社員からセクハラを受けた」と虚偽の投稿をした者の内定取り消しは可能か ···································· 52

19　採用内定時、特に囲い込みたい一部の優秀な学生に入社支度金を支払うことは問題か ··········· 54

20　SNSで自社について不適切な投稿をした内定者の内定取り消しは可能か ···················· 55

21　ぜひ採用したい学生の"囲い込み"は、どの程度までなら問題ないか ···················· 57

目 次

配転・転勤

22	求人票に「当面は転勤なし」と記載していた場合でも、入社3カ月後に転勤させることはできるか	62
23	いったん配転に同意した社員が家庭の事情で撤回を申し出てきた場合、予定どおり配転させられるか	64
24	転勤や配置転換命令の有効・無効は、どのように判断されるのか	66
25	採用時に職種限定の合意がなければ、どのような職種転換も許されるか	68
26	転勤辞令発令後に、家族の介護を理由として転勤を拒否してきた社員に対し、申し出に応じなければならないか	70
27	海外赴任者の帯同家族の就労を認める必要があるか	72
28	海外出張者や海外赴任者に対し、日本の労働法はどこまで適用されるか	74

出向・転籍

29	出向してきた社員を他社に再出向させることはできるか	78
30	"片道切符"の出向でも、就業規則で包括的同意を得ていれば、個別の同意なしに命じることは可能か	79
31	分社化に伴い、社員を同じ事業場で同一業務に就けたまま転籍させることはできるか	81

出張

32	出張中の時間外労働の取り扱いはどうすればよいか	86
33	残務処理のために出張先から会社へ戻る移動時間は労働時間に当たるか	88
34	旅行会社による出張時の宿泊プランで、クーポン割引等を利用して得をした社員に対し、その分を返還させることは可能か	90

雇用調整

| 35 | 希望退職を実施する際、会社の承認制や募集対象者の限定は可能か | 94 |
| 36 | 雇用調整を実施する場合、公的機関にどのような届け出をすべきか | 96 |

定年・再雇用

37	定年後再雇用契約をする際、体力測定を行い、一定の基準に達しない者は再雇用を認めないことは問題か	100
38	定年後再雇用者が契約期間満了前に退職を申し出た場合、どう対応すべきか	102
39	私傷病休職中に定年を迎える場合でも、本人が希望すれば定年後再雇用しなければならないか	104
40	65歳までの再雇用契約を終了した元社員と業務委託契約を結ぶ際の留意点	106

5

退職・解雇

41 従業員が行方不明になった場合、家族による退職届を受理しても問題ないか ……………… 110

42 Eメールで退職届が提出されたが、これを受理しなければならないか ……………………… 111

43 問題社員の円満退職を目的として、規程にない退職金の上乗せを行うことは問題か ………… 113

44 退職勧奨中の社員から退職勧奨拒否通知書が提出されたが、これ以降、退職勧奨を
行うことはできないか ……………………………………………………………………………… 115

45 退職間際になっても仕事を抱え込んで引き継ぎをせず、退職前の年休日にまで出社し
勤務する社員への対応 ……………………………………………………………………………… 117

46 能力不足社員に対し、人事考課面談のたびに退職勧奨を行うことは問題か ………………… 119

47 退職した元社員からの元上司・同僚等への嫌がらせにどう対応すべきか …………………… 121

48 自社の従業員が退職したいと申し出ている旨の連絡が退職代行業者から来た場合の対応 ……… 123

49 退職する従業員に対して退職理由を細かく尋ねることは問題か ……………………………… 125

50 高度専門職の採用に当たり「入社後3年間、一定以上の評価を維持できない場合は退職とする」
旨の合意は有効か ……………………………………………………………………………………… 127

51 採用時に精神障害歴を詐称していた社員を解雇できるか ……………………………………… 128

52 頻繁にトラブルを起こす定年後再雇用社員を契約期間中に解雇できるか …………………… 130

53 行方不明の社員に対する解雇手続きと未払い賃金の支払い方法 ……………………………… 132

54 大型トラックのドライバーとして採用した社員が、入社後てんかんを発症した場合、
解雇できるか ………………………………………………………………………………………… 134

55 私傷病で欠勤中の社員の休職発令日の決め方と、休職期間満了時の解雇予告の要否 ………… 136

56 退職後の競業他社への転職禁止は何年くらいまでなら許容されるか ………………………… 138

就業規則・労働協約

57 給与明細を社内で見せ合う行為を就業規則で禁止できるか …………………………………… 142

58 就業規則の規定につき、曖昧な部分を改定・運用する際の留意点 …………………………… 143

59 出向者が大半を占める子会社の就業規則改定の意見聴取は、親会社の労働組合に行えば
よいか ………………………………………………………………………………………………… 145

60 業績不振により一律の減給を予定しているが、社員の同意がなければ実施できないか ……… 147

61 年功的な昇給を改め、評価により昇給しない仕組みを設けるのは労働条件の不利益変更か …… 149

62 社宅の入居基準の厳格化は不利益変更に当たるか ……………………………………………… 151

63 就業規則の不利益変更に際して、「同意しない旨の意思表示がなければ、同意したものと
みなす」ことは可能か ……………………………………………………………………………… 152

64 犯罪行為で捕まった場合、会社に報告するよう義務づけられるか …………………………… 154

65 労使協定を結ぶ「従業員の過半数代表者」を選出する際に留意すべき点は何か …………… 156

目　次

労働組合

| 66 | 複数ある労働組合・従業員会がいずれも過半数に満たない場合、労使協定はどのように締結すればよいか ……………………………………………………………… 160 |
| 67 | ユニオン・ショップ協定締結下で社員が外部の労働組合に加入した場合、どう対応すべきか …… 162 |

団体交渉・賃金交渉

68	純粋持株会社は子会社の労働組合の団交申し入れを拒否してもよいか …………………… 166
69	労働組合からの給与レンジ、昇給率表などの開示要求に応じなければならないか …………… 167
70	労使協議が合意に至らない場合、会社から協議を打ち切ることは可能か …………………… 169
71	合同労組との団体交渉を行う前提条件として、組合員名簿の提出を要求できるか …………… 171

人事管理

72	長時間労働になりがちな激務部署への配属が男性社員に偏ることは、男女差別に当たるか …… 174
73	トランスジェンダーの社員に生物学上の性別とは異なる性のトイレの使用を禁止することは問題か ………………………………………………………………… 175
74	うつ病に罹患している従業員の人事評価を大幅に下げることは、人事権の濫用となるか ……… 177
75	精神疾患が疑われる社員に対し、受診を命じた場合、費用は会社が負担すべきか …………… 179
76	休日の接待を拒否する社員に当番制で参加を命じることは可能か …………………………… 181
77	香水の匂いがきつい社員を「職務遂行妨害」として懲戒処分することは可能か …………… 183
78	産業医面談を避けるため残業時間を過少申告する管理職にどう対応すればよいか …………… 185
79	完全月給制の従業員が私的なけがを理由に中抜けや早退を繰り返す場合、人事評価を下げてもよいか ………………………………………………………………… 187
80	酒席でセクハラをしたことがある社員を、会社の歓送迎会に参加させないことは可能か ……… 188
81	配偶者から暴力を受けている疑いがある従業員に対し、会社としてできることはあるか ……… 191
82	体調が優れない妊娠中の社員に対し、休職を命じることは可能か …………………………… 193
83	管理職への登用に際し、女性のみを対象に有利な取り扱い条件を設定することは問題か ……… 195
84	職位や業務成績に応じて、貸与するパソコンの性能に差をつけることは問題か …………… 197
85	一度退職した社員が再入社する場合、勤続年数を通算する必要があるか …………………… 198
86	睡眠障害を抱えて業務に支障が出ている社員に対し、懲戒処分を科したり、休職を命じたりすることは可能か ………………………………………………………… 200
87	発達障害の診断を会社に報告しない社員にどう対応すべきか ……………………………… 202
88	名刺の英語表記で、役職名や部課名をどう訳せばよいか …………………………………… 204
89	社内の「暗黙のルール」に従わない社員の人事評価を下げることは問題か ………………… 206
90	就業時間中に事業所外の喫煙所に行くことを禁止できるか …………………………………… 208
91	「しばらく休みます」と上司にメールして出社しない社員を欠勤扱いできるか ………………… 210
92	社員の親が上司の指導や業務指示等に介入してくる場合、どう対応すべきか ……………… 212
93	職場の自席においてアロマオイルの使用を禁止することはできるか ………………………… 214

7

94 名ばかり管理職と判断された社員が管理監督者と認められるためには対応をどう
変えるべきか ·· 215

95 自転車通勤による疲労で業務に支障を来している社員に電車通勤への切り替えを
指示することは可能か ·· 218

96 勤務場所の変更を希望する社員に対し、どのように対応すべきか ·························· 220

97 柔軟剤の香りがきつ過ぎる従業員に対し、どのように対処すればよいか ················ 222

98 「ジョブ型雇用」と「ジョブ型人事制度」はどう異なるか ······························· 224

99 新型コロナワクチン接種につき、社員に接種意向や接種状況等を尋ねてよいか ········ 225

100 音信不通となった従業員への賃金支払いと雇用保険・社会保険関係の諸手続きはどのように
行えばよいか ·· 227

101 休日でも体調不良の場合には、上司に連絡するよう社員に義務づけることは問題か ········ 229

102 会社の電源を無断利用し、卓上扇風機を個人的に使用する社員にどう対応すべきか ········ 231

103 生産性向上のため、トイレ休憩の回数や時間を制限したり、お茶休憩を禁止したりできるか ········ 233

104 協調性のない社員にのみ在宅勤務を命じることはハラスメントに当たるか ·············· 235

105 上司に対し"逆パワハラ"を行う社員を懲戒処分することは可能か ······················· 237

106 部長が部下の結婚報告を本人の許可なく他者に伝えていたことはパワーハラスメントに
当たるか ·· 239

107 証拠はないが、「パワハラを受けた」と主張し、精神疾患の診断書を提出してきた社員への
対応をどうすべきか ·· 241

108 ハラスメント行為者を1人部署に異動させることは可能か ································ 243

109 休職期間終了後の業務を軽減する措置はパワハラとなるか ································ 245

110 ハラスメント被害者から社内調査や加害者の処罰を希望しない旨の申し出があった場合、
どう対応すべきか ·· 247

111 能力不足の社員に対し、人事評価を下げ続け、仕事の分量を減らすことはハラスメントに
該当するか ·· 249

112 職場内で個人別の営業成績を掲示することはパワハラに該当するか ······················· 251

113 管理職が部下から嫌がらせを受けている疑いがある場合、会社としてどう対処すべきか ········ 253

114 上司の常識的な範囲での指導をパワハラと訴えた社員について、どのように対応すべきか ········ 255

115 常駐先会社の社員からハラスメントを受けて精神疾患を発症した場合、会社は
安全配慮義務違反を問われるか ·· 256

116 二次健康診断の受診を拒絶する社員が病状悪化した場合、会社は責任を問われるか ········ 258

117 日々上司から厳しい叱責を受けていた社員の同僚がうつ病に罹患した場合、
安全配慮義務違反を問われるか ·· 260

118 育児休業からの復職前に育児によりうつ病になったと申し出てきた社員に、私傷病休職を
認めなければならないか ·· 262

119 休職者の復職を産業医が可能と認めた場合でも、会社の判断で復職不可とすることは問題か ···· 264

120 もともとの休職事由と異なる疾病を発症して再休職する場合、休職期間の計算はどのように
考えるべきか ·· 265

121 管理職として採用した社員に対し、能力不足を理由に賃金水準の大幅ダウンを伴う降格を
実施できるか ·· 267

目　次

| 122 | 家族が精神疾患であるとの理由で特例的に残業を免れている社員に対し、証明書の提出を求めてもよいか‥‥‥‥‥‥‥‥‥‥‥‥‥‥‥‥‥‥‥‥‥‥‥‥‥‥‥‥‥269 |

123　すべての社内チャットの内容をモニタリングすることは問題か‥‥‥‥‥‥‥‥271

124　中途採用者の履歴書を部内回覧することは問題か‥‥‥‥‥‥‥‥‥‥‥‥‥‥273

125　ハラスメント対策として社内に監視カメラを設置することは可能か‥‥‥‥‥‥275

126　住所変更届の申請フローに直属の上長が含まれていることは、個人情報保護の観点から問題があるか‥‥‥‥‥‥‥‥‥‥‥‥‥‥‥‥‥‥‥‥‥‥‥‥‥‥‥‥‥‥277

127　入社してくる社員のプロフィールを回覧しても問題ないか‥‥‥‥‥‥‥‥‥‥279

128　防犯のため従業員用のロッカーの中をチェックするのは問題か‥‥‥‥‥‥‥‥281

129　人事発令情報を全社員に社内報等で公開することは、個保法等に照らして問題か‥‥‥‥‥282

130　面接担当者のセクハラ行為を理由に内定者全員が入社辞退した場合、当該社員に採用費用等の損害を請求できるか‥‥‥‥‥‥‥‥‥‥‥‥‥‥‥‥‥‥‥‥‥‥‥‥‥‥‥284

131　自転車を通勤や業務で使用する者に対し、会社としてどのような点に留意すべきか‥‥‥‥‥286

132　言動に問題のある社員について、当該社員の発言を秘密裏に録音することは可能か‥‥‥‥‥289

133　業務上必要な資格試験に合格した者にだけ、資格取得にかかった費用を支払うことは問題か‥‥291

134　社員が痴漢で逮捕された場合、会社はどのように対応すればよいか‥‥‥‥‥‥292

135　従業員がインターネットに自社への風評や不満を載せている場合、どのように対処すべきか‥‥294

136　仕事中、私物の携帯端末の使用を禁止できるか‥‥‥‥‥‥‥‥‥‥‥‥‥‥‥296

懲戒（解雇）

137　昼休みにノンアルコールビールを飲んでいる社員を懲戒処分できるか‥‥‥‥‥300

138　減給の制裁により最低賃金額を下回る場合、最低賃金法違反となるか‥‥‥‥‥301

139　出勤停止処分の結果、賃金を不支給とすることは、減給の制裁に当たるか‥‥‥303

140　風俗店での副業を禁止し、違反者を懲戒処分することは可能か‥‥‥‥‥‥‥‥305

141　電車遅延を理由に頻繁に遅刻する社員を懲戒処分することは可能か‥‥‥‥‥‥307

142　緊急を要し女性用トイレを使用した男性社員に懲戒処分を科すべきか‥‥‥‥‥309

143　虚偽のセクハラ被害を訴える社員を懲戒処分することは可能か‥‥‥‥‥‥‥‥311

144　禁止しているにもかかわらず廃棄処分の食品等を恒常的に持ち帰っていたパートタイマーを懲戒処分できるか‥‥‥‥‥‥‥‥‥‥‥‥‥‥‥‥‥‥‥‥‥‥‥‥‥‥‥313

145　テレワーク時の中抜けを申告しなかった社員に対し、懲戒処分を科すことは可能か‥‥‥‥‥315

146　労働組合の組合費を横領していた従業員を懲戒解雇することは可能か‥‥‥‥‥317

147　上司からの指示がない時間外労働に対し、業務命令違反として懲戒することはできるか‥‥‥319

148　パワハラを目撃したことで不快な気分になったと主張する社員に対してもハラスメントは成立するか‥‥‥‥‥‥‥‥‥‥‥‥‥‥‥‥‥‥‥‥‥‥‥‥‥‥‥‥‥‥321

149　鼻ピアスや舌ピアス、顔へのタトゥーを禁止し、違反者を懲戒処分することは可能か‥‥‥‥‥323

150　パワハラを理由に、執行役員に対し一般社員より重い懲戒処分を科すことは可能か‥‥‥‥‥325

151　昇進を避けたいとの理由で選抜研修への参加を拒否する社員を懲戒処分できるか‥‥‥‥‥327

152　感染症を予防するための「飲み会等への参加自粛要請」を無視し、結果的に感染症を社内に広めた場合、当該社員を懲戒できるか‥‥‥‥‥‥‥‥‥‥‥‥‥‥‥‥‥‥329

9

153	「始業時刻ギリギリで出社」「態度が横柄」といった問題行動を繰り返す社員を懲戒処分できるか ……………………………………………………………………… 331
154	懲戒処分の内容を社内で公表することは、プライバシー・人格権の侵害に当たるか ………… 333
155	懲戒処分としての出勤停止の期間に上限はあるか ……………………………………………… 335
156	一事案に対して複数の懲戒処分を同時に行うことは可能か …………………………………… 337
157	会社の蔵書を勝手に売却し、代金を着服していた社員を懲戒解雇できるか ………………… 339
158	残業命令に従わずに定時退社する従業員を懲戒解雇できるか ………………………………… 341
159	懲戒解雇した社員の懲戒事由が後日冤罪と判明した場合、復職させなければならないか ……… 342
160	10年前の経歴詐称を理由に懲戒解雇できるか …………………………………………………… 344
161	どのくらいの日数を無断欠勤すれば、懲戒解雇が認められるか …………………………… 346
162	悪質なセクハラ行為でも、過去に指導等の実績がなければ、解雇処分はできないか ……… 348
163	経費を使い込んだ従業員を懲戒し、着服金額を弁済させる場合、どのような手続きが必要か …… 350

賃金・賞与・退職金

164	賃金支払期をまたいで休日を振り替えた場合、賃金の支払いはどう取り扱うべきか ………… 354
165	割増賃金、休業手当、解雇予告手当の端数処理はどのように決められているか ………………… 355
166	通勤途中に病人を救護して遅刻したとの申告に対し、欠勤控除を適用してよいか ………… 357
167	事務ミスで手当が未支給となっていた従業員から「おわび代」の要求があった場合、応じる必要はあるか ………………………………………………………………………………… 359
168	台風接近に伴う緊急対応のため、休日に社員に自宅待機を命じた場合、賃金の支払いは必要か …………………………………………………………………………………………… 361
169	規定はあるものの、運用実績のなかった「降給」を実施する際の留意点 …………………… 362
170	上司の許可を得ず残業した場合の割増賃金支払い分を賞与から減額することは問題か ……… 364
171	勤務時間外の社内行事に対して時間外手当を支給しなければならない要件とは何か ……… 366
172	業務に支障を来すような一定時間以上のトイレ休憩分の賃金を控除できるか ……………… 368
173	離婚により別居する子の養育費を負担することになった社員に対し、子の家族手当分を支給すべきか ……………………………………………………………………………………… 370
174	賃金計算期間のほとんどが年休取得日であっても、通勤手当や固定残業代を支払わなければならないか …………………………………………………………………………………… 371
175	固定残業代制が違法となるのはどのようなケースか …………………………………………… 373
176	1カ月の残業時間が固定残業代のみなし時間に満たない場合、不足分を翌月に繰り越してもよいか ……………………………………………………………………………………………… 376
177	定額残業代につき、深夜割増を含めて支払うことは問題か …………………………………… 380
178	全く出勤していない月についても定額残業代を支払う必要はあるか ………………………… 383
179	臨時に支給する「インフレ手当」は割増賃金の算定基礎に含めるべきか …………………… 384
180	年俸制における賞与分は割増賃金の算定基礎に含めるべきか ………………………………… 386
181	管理・監督者の深夜割増賃金はどのように算定すればよいか ………………………………… 388
182	扶養家族数に関係なく支給される家族手当は、割増賃金の算定基礎に含めなければならないか ……………………………………………………………………………………………… 390

目　次

183	残業許可制にもかかわらず無許可で行った時間外労働に対し、割増賃金を支払う必要はあるのか ·· 391
184	感染症や災害等の影響により勤務時間の一部を休業とする場合、同時間につき休業手当の支払いは必要か ·· 393
185	台風の影響で休業措置を講じた場合、休業手当を支払う必要はあるか ·············· 395
186	時給制のアルバイトにも休業手当は必要か。必要な場合、どのように計算したらよいか ········ 397
187	物価上昇時に導入した「インフレ手当」を、物価下落後に減額・廃止することは可能か ····· 399
188	使用人兼務役員の役員報酬を３割減額することは労基法に抵触するか ·················· 400
189	休職復帰後にリハビリ勤務する社員の賃金を、休職前の賃金より減額してもよいか ········ 402
190	出勤日数が極端に少ないか、全く出勤しない月の通勤手当を減額または不支給にできるか。同規定がなく就業規則を変更する場合、不利益変更の問題は生じるか ········ 404
191	期の途中で部長から課長に降格させる場合、年俸を途中で減額してよいか ············ 406
192	業務時間中の喫煙休憩時間分につき、賃金控除してよいか ···························· 408
193	完全月給制で１日も出勤しなかった場合、給与不支給としてよいか ··················· 410
194	賞与支給日に在籍していることを新たに支給要件とする場合、どのような点に留意すべきか ···· 412
195	業績悪化を理由に執行役員の賞与を不支給とすることは可能か ······················ 413
196	年休・産休・労災による休業を賞与査定に反映することの可否 ······················ 415
197	賞与の支給に出勤率要件を設ける場合の留意点 ···································· 418
198	「支給日に在籍していない退職者に賞与を支給しない」慣行は有効か ·················· 420
199	「退職金の減額に合意する」旨の念書があれば、退職金の減額は可能か ··············· 422
200	急死した社員に身寄りがない場合、退職金等の支払いはどうすべきか ················· 424

労働時間

201	所定労働時間外や休日の接待は労働時間に当たるか ································ 428
202	「休暇」「休業」「休職」は、法的にどのような違いがあるのか ························ 429
203	ランチミーティングの時間は労働時間となるか ···································· 431
204	平日から休日の間で日をまたいで残業した場合、どの時点から休日出勤となるか ········ 433
205	直行直帰、外出先から直帰する際の移動時間は労働時間に当たるか ·················· 434
206	法定休日を任意の時期に設定してもよいか ·· 436
207	法定休日が日曜日の場合、法定外休日の土曜日と入れ替えることは可能か ············ 438
208	長時間に及ぶ休憩時間を設定することは問題か ···································· 439
209	テレワーク中に出社した場合、移動時間はどう取り扱うべきか ······················ 441
210	休日に業務関連のチャットに応対した場合、労働時間とみなされるか ················· 443
211	台風により帰路の飛行機が欠航となり、出張先のホテルで延泊した場合の労働時間と滞在費はどう取り扱うべきか ···························· 445
212	新卒採用において、OB・OG訪問の対応時間は労働時間に算入すべきか ················ 447
213	休憩するよう上司が求めているにもかかわらず、休憩時間中も働いている社員へどう対応すればよいか ···························· 449

11

214	休暇中に仕事をした社員が、上司の指示を受けていないことを明言している場合でも労働時間とする必要があるか	450
215	新型コロナウイルスのワクチン接種にかかる時間は労働時間か、費用は本人負担でよいか	452
216	年末調整の書類を記入する時間は労働時間にカウントすべきか	454
217	就業時間外に自主的に行われている教育・指導は労働時間となるか	456
218	8時間を超えて勤務させる場合、どの時点で休憩を与える必要があるか	458
219	残業しないよう指導しても聞き入れない社員に時間外手当を支払わず、また、終業時刻後は強制的に就業できないようにすることは問題か	459
220	朝の交通渋滞を避けるために始業時刻より早く出社する場合、本人の申請の有無にかかわらず労働時間として扱うべきか	461
221	電車の遅延証明があれば労働時間扱いとしていた遅刻を、フレックスタイム制導入により労働時間として扱わないこととするのは問題か	463
222	フレックスタイム制で休日に労働させる場合の労働時間の取り扱い	465
223	フレックスタイム制でも、休憩時間は"一斉付与"しなければならないか	467
224	36協定の限度時間に法内残業分を上乗せして時間外労働をさせてもよいか	469
225	裁量労働対象者に対し、出勤の指示ができるのはどのような場合か	470
226	裁量労働制の場合の労働時間の取り扱いと割増賃金の支払い義務	472
227	裁量労働制の適用者は、育児のための所定外労働制限の対象となるか	473
228	1カ月単位の変形労働時間制で、休日を振り替えることはできるか	474
229	1年単位の変形労働時間制では時間外労働をどう算定するか	476
230	1年単位の変形労働時間制の労使協定を、期間の途中で破棄して新たに結び直すことはできるか	478
231	みなし労働時間制が適用される事業場外労働の条件	480
232	ノー残業デー導入に当たり、該当日に時間外労働をした場合、社員が承諾していれば、「割増手当を支給しない」「査定を低くする」等の取り扱いは認められるか	482

休日・休暇

233	振替休日と代休の違いについて説明してほしい	486
234	例えば3カ月以内に代休を取得させるなど、代休の取得を一定の期限内に限ってもよいか	487
235	振替休日を再度振り替えることは可能か	487
236	複数の従業員が5日分の年次有給休暇を取得できなかった場合、労基法における罰則の適用はどのように考えるか	489
237	出生時育児休業中の就業日に年休の申請があった場合、認める必要はあるか	491
238	休職期間中、時効により消滅する年次有給休暇をどう取り扱うべきか	493
239	子どもの面倒を見る必要のあるパートタイマーからの急な年休申請に対し、時季変更権を行使できるか	495
240	業務引き継ぎの遅れを理由に、退職前の年休消化を拒否できるか	496
241	新年度早々になされた突然の退職申し出に対し、退職日を前年度末に変更し新規付与年休を取得させないことは問題か	498

目　次

242　年休取得の2日後に休日出勤する社員に対し、「休日の振り替え」への変更を求めることは
　　問題か ……………………………………………………………………………………… 500

243　年休に対する賃金である「通常の賃金」とは何か、その考え方、計算方法について
　　説明してほしい …………………………………………………………………………… 502

244　退職申し出者が残日数の全部について年休を請求することへの対抗手段として、
　　一定日数について買い上げることとしてもよいか …………………………………… 503

245　年休の時季変更は、どのような場合に認められるか ………………………………… 504

246　当日の年休申請を認める回数を制限することはできるか …………………………… 506

247　通勤災害による休業は、年休の発生要件である8割出勤の計算において出勤として扱うか …… 507

248　私傷病による欠勤・休職期間は、年休の出勤率の算定ではどのように取り扱うか …… 509

249　事業譲渡と共に転籍させた従業員の年休日数や消化日数は承継されるか ………… 511

250　育児休業中の者にも年休は発生するのか。また、請求があれば与えなくてはならないか …… 513

251　年度途中でフルタイム勤務になったパートタイマーに対する年休付与の考え方 ………… 514

252　退職日まで年休を取得している社員に出社を命じることができるか ……………… 516

253　解雇予告をする社員に30日以上の年休が残っていた場合、取得の取り扱いをどうすべきか …… 518

254　年休の代わりに子の看護休暇を申請している疑いがある社員に、休暇が看護目的であるか
　　否かをどこまで確認してよいか ………………………………………………………… 520

255　通勤時に犯罪被害に遭い、体調を崩した社員に対し、特別休暇を付与すべきか ………… 522

女性労働

256　産前休業の開始日より早産だった場合の取り扱い …………………………………… 526

257　女性のみに制服着用を義務づけることは、性別を理由とした差別的取り扱いに当たるか ……… 527

育児・介護休業

258　私傷病休職中に妊娠した社員に対し、育児休業を認めなければならないか ………… 532

259　育児休業中の社員が副業をしたいと申し出た場合、認めなければならないか ……… 533

260　休日を挟み連続して育児休業等を取得する場合、社会保険料の免除の取り扱いは
　　どのようになるか ………………………………………………………………………… 536

261　育児休業中に復職できないことが明らかになった場合、休業を途中で打ち切ることは
　　できるか …………………………………………………………………………………… 538

262　復職しない前提で育児休業の申し出があった場合、拒否してよいか ……………… 540

263　介護休業の申し出の際に証明書類を提出しない従業員に対し、提出されるまで休業を
　　認めなくてもよいか ……………………………………………………………………… 541

264　管理職に介護短時間勤務を認めなくてもよいか ……………………………………… 543

265　要介護状態の老親を介護施設に入所させている者にも、介護休業は認めなければならないか …… 545

13

福利厚生

266	福利厚生の一環として会社が費用負担し、社員にがん検診を受けさせた場合、受診結果の報告を求めてもよいか	548
267	労災で骨折した社員が通勤・通院する際のタクシー代は、会社が負担しなければならないか	549
268	住宅取得補助として支給する利子補給金は「賃金」に該当するか	552

健康管理・安全衛生

269	衛生管理者など、法律で企業に選任義務が課されているものにはどのような例があるか	556
270	かかりつけの病院で受けた健康診断の費用は、会社が負担しなければならないか	558
271	従業員の健康診断の結果を管理職に知らせてもよいか	560
272	健康診断で再検査・精密検査が必要とされた社員に受診を強制することはできるか	562
273	メンタルヘルス不調による休職期間中、旅行していた社員を懲戒することはできるか	564
274	メンタルヘルス不調で休職中の社員と連絡が取れなくなった場合、どう対応すべきか	566
275	メンタルヘルス不調を理由に出張を拒否する社員にどう対応すべきか	568
276	メンタルヘルス不調で休職を命じた社員を独身寮から退去させ、両親の住む自宅へ転居させることは可能か	569
277	メンタルヘルス不調者につき、リハビリ勤務を経ずフルタイムで復職させ症状が悪化した場合、会社は責任を問われるか	571
278	メンタルヘルス疾患の有無や通院歴を異動先の上司に知らせることは問題か	573
279	本人に自覚はないが、精神疾患の発症が疑われる社員にどう対応すべきか	576
280	体調が悪いのに出社してくる社員に対して、自宅待機を命じることはできるか	577

派遣労働

281	能力不足の派遣社員の契約を中途解除する場合の留意点	582
282	顧客情報の機密保持に当たり、派遣労働者にも誓約書を書かせることは可能か	584
283	派遣社員を正社員として雇い入れる場合の手順と留意点	586

パートタイマー

| 284 | パート労働者から正社員に登用した際に試用期間を設けてよいか | 590 |
| 285 | パートタイマーの始業・終業時刻や労働時間が個別に異なる場合、就業規則にどう規定すればよいか | 591 |

障害者

| 286 | 本業と無関係の業務で障害者を雇用することは問題か | 594 |

目　次

287　入社後に障害を持った可能性のある社員に対し、障害者手帳の保有状況を確認することは
　　　問題か ……………………………………………………………………………………………… 595

労災・通災

288　休職中の社員が無給での試し出勤中に会社内でけがをした場合、労災となるか ………………… 600
289　長時間に及ぶパソコン作業により腱鞘炎を発症した場合、労災となるか ……………………… 602
290　会社が禁止しているにもかかわらず、隠れてマイカー通勤をした社員の事故は
　　　通勤災害となるか ……………………………………………………………………………………… 604
291　業務として取引先と会食した後、二次会からの帰宅途中に負傷した場合、通勤災害となるか …… 605
292　会社が認めていない、定期券代が安価になるルートでの通勤途上で負傷した場合、
　　　通勤災害となるか ……………………………………………………………………………………… 607
293　保育所へ子どもを迎えに行くため通常とは違う通勤経路を取り、交通事故に遭った場合、
　　　通勤災害となるか ……………………………………………………………………………………… 608
294　インターンシップ中にけがをした学生に労災保険は適用されるか ……………………………… 610

社会保険・労働保険

295　育児休業中の社員が転職する場合、育児休業給付の取り扱いはどうなるか …………………… 614
296　失業給付との関係から65歳手前での退職となる雇用契約にしたいとの申し出に応じるべきか …… 616
297　傷病手当金を受け取っている休職中の社員がアルバイトをしていた場合、会社として
　　　すべきことは何か ……………………………………………………………………………………… 618

その他

298　労基法で求められる届け出のうち電子申請が可能なのはどのようなものか ……………………… 622
299　企業が合併した場合、労働契約関係や労使関係などはどのように取り扱われるか ……………… 623
300　労働基準監督署の是正勧告に従わなかった場合は、どのような処分がなされるか ……………… 625

利用上の留意点

1.主な法令名略称 (五十音順)

- **安衛法**：労働安全衛生法
- **安衛令**：労働安全衛生法施行令
- **安衛則**：労働安全衛生規則
- **育介法**：育児休業、介護休業等育児又は家族介護を行う労働者の福祉に関する法律
- **育介則**：育児休業、介護休業等育児又は家族介護を行う労働者の福祉に関する法律施行規則
- **均等法**：雇用の分野における男女の均等な機会及び待遇の確保等に関する法律
- **高齢法**：高年齢者等の雇用の安定等に関する法律
- **個保法**：個人情報の保護に関する法律
- **雇保法**：雇用保険法
- **最賃法**：最低賃金法
- **職安法**：職業安定法
- **徴収法**：労働保険の保険料の徴収等に関する法律
- **賃確法**：賃金の支払の確保等に関する法律
- **賃確令**：賃金の支払の確保等に関する法律施行令
- **パート・有期法**：短時間労働者及び有期雇用労働者の雇用管理の改善等に関する法律
- **派遣法**：労働者派遣事業の適正な運営の確保及び派遣労働者の保護等に関する法律
- **労基法**：労働基準法
- **労基則**：労働基準法施行規則
- **労契法**：労働契約法
- **労組法**：労働組合法
- **労災法**：労働者災害補償保険法
- **労災則**：労働者災害補償保険法施行規則
- **労働契約承継法**：会社分割に伴う労働契約の承継等に関する法律
- **労働施策総合推進法**：労働施策の総合的な推進並びに労働者の雇用の安定及び職業生活の充実等に関する法律
- **厚労告**：厚生労働省告示
- **労告**：労働省 (旧) 告示
- **厚労令**：厚生労働省令

2.裁判例

①本文中で引用した裁判例の表記方法は、次のとおり。

> 事件名(1) 係属裁判所(2) 法廷もしくは支部名(3)
> 判決・決定言渡日(4) 判決・決定の別(5)
> (例) 小倉電話局事件(1) 最高裁(2) 三小(3) 昭43.
> 3.12(4) 判決(5)

②裁判所名は、次のとおり略称した。

- **最高裁** → 最高裁判所 (後ろに続く「一小」「二小」「三小」および「大法廷」とは、それぞれ第一・第二・第三の各小法廷、および大法廷における言い渡しであることを示す)
- **高裁** → 高等裁判所
- **地裁** → 地方裁判所 (支部については、「○○地裁△△支部」のように続けて記載)

3.行政通達

「発出年月日(1) 原発番号(2)」により示した。

> (例) 昭63. 3.14(1) 基発150・婦発47(2)

- **基監発**：労働基準局監督課長名通達
- **基収**：労働基準局長が疑義に応えて発する通達
- **基発**：労働基準局長名通達
- **雇児発**：雇用均等・児童家庭局長名通達
- **職発**：職業安定局長名通達
- **発基**：労働基準局関係の事務次官名通達
- **発労**：労政局関係の事務次官名通達
- **婦発**：婦人局長名通達

4.主な判例掲載誌の略称

- **民集**：『最高裁判所民事判例集』 (最高裁判所)
- **集民**：『最高裁判所裁判集民事』 (最高裁判所)
- **労民集**：『労働関係民事裁判例集』 (最高裁判所)
- **労判**：『労働判例』 (産労総合研究所)
- **労経速**：『労働経済判例速報』 (経団連)
- **判時**：『判例時報』 (判例時報社)
- **判タ**：『判例タイムズ』 (判例タイムズ社)
- **労ジャ**：『労働判例ジャーナル』 (労働開発研究会)

労働契約

正社員から同じ仕事を引き継ぐパートタイマーの賃金水準は、その正社員の水準に合わせなければならないか

このたび、正社員の1人が退職するため、同社員が行っていた経理業務を以前から雇用しているパートタイマー（現在、別業務に従事）に担当させる予定です。業務内容の変更の同意は得たものの、「今まで正社員が行ってきた業務を担当するのだから、その分の賃金格差を是正してほしい」との申し出を受けました。両者の賃金は、パートタイマーが時給1200円（月額では約15万円）、退職予定の正社員が月額約19万円です。同一労働同一賃金の考え方もあり、こうした賃金格差は認められないのでしょうか。

同一労働同一賃金の原則から「通常の労働者と同視すべき」パートタイマーについては、正社員との差別的取り扱いが禁止され、差額相当分の損害賠償が認められる可能性がある

1. 同一労働同一賃金の原則

雇用契約における賃金額は、両当事者（使用者と労働者）の合意により決定されるのが原則です。

そして、賃金額については、最賃法に基づく最低賃金の規制（同法4条）、および就業規則上に賃金額の定めがある場合にはその定めを下回ることはできない（労契法12条）という規制があります。一方で、平成31年4月1日に施行された働き方改革関連法に関連し、「同一労働同一賃金」が施行されました。同一企業における正規雇用労働者とパートタイマー等の非正規雇用労働者との間で、待遇差が存在する場合に、いかなる待遇差が不合理なものであるのか、原則となる考え方と具体例が、「同一労働同一賃金ガイドライン」（平30.12.28　厚労告430）において示されています。

なお、裁判例でも、常勤職員と非常勤職員との相違があることから、非常勤職員の賃金が常勤職員の賃金の7割に満たない格差があるとしても、合理的な理由のない著しい賃金格差であるとはいえないとして、常勤職員と非常勤職員との賃金格差について公序良俗に反するものではないと判断した事例があります（奈良地裁　平26.7.29判決）。

ご質問の内容からは、パートタイマーの具体的な処遇については分かりませんが、多くのパートタイマーについては、職種変更・転勤の範囲や時間外労働・休日労働命令などにおいて、正社員とは異なった取り扱いをされることが多いと思われます。そのような場合は、ご質問のような賃金格差があったとしても公序良俗に反するものではなく、差額請求等の問題も生じないと考えられます。

2.「職務の内容」「人材活用の仕組み・運用など」の同一性の判断

一方で、パート・有期法には、通常の労働者と同視すべきパートタイマーに対する正社員との差別的取り扱いの禁止（9条）の規定があり、パートタイマーが「通常の労働者と同視すべき」パートタイマーに該当する場合には、パートタイマーであることを理由として、賃金を含めたすべての待遇について正社員との差別的取り扱いをすることが禁止されています。ただし、労働時間が短いことに比例して賃金が時間比例分少ないなどの合理的な差異は、許容されるとされています。

同条では、①職務の内容（業務の内容および責任の程度）、②人材活用の仕組みや運用など（人事異動の有無および範囲）の2点が正社員と同じパートタイマーについては、パートタイマーであ

図表1 職務の内容が「同じ」であるかどうかの判断

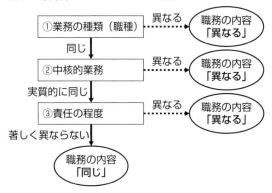

図表2 人材活用の仕組みが「同じ」であるかどうかの判断

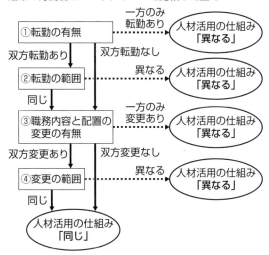

ることを理由として、賃金の決定、教育訓練の実施、福利厚生施設の利用その他すべての待遇について正社員と差別的取り扱いをしてはならないとしています。

通達では、①②の判断手順を述べており、これらの手順を図示すると、それぞれ［図表1～2］のとおりです。

3．まとめ

パート・有期法9条の規定については、直接の民事的効力はなく、同条に基づいて賃金差額の請求はできないと考えられていますが、一方で賃金差額相当額を損害賠償請求する、すなわち同条が民法90条の公序を形成し賃金格差の存在が公序良俗に違反するものとして、差額相当額について損害賠償請求をすることは考えられます。

この請求について、雇用形態の差による賃金格差の有無が民法90条の公序を形成するという考え方には疑問もありますが、同条に違反した場合につき不法行為の成立を認め、賞与等の差額相当額の損害賠償を認めた地裁判決もあります（ニヤクコーポレーション事件　大分地裁　平25.12.10判決）。したがって、同条に違反していると判断された場合には、賃金差額相当分について損害賠償が認められる可能性はあります。

この前提でご質問の場合を見ると、当該パートタイマーが引き継ぐ業務の範囲にもよりますが、退職する正社員が実施していた業務をそのまま同パートタイマーに引き継がせるとすれば、職務の内容は正社員と同じとも考えられそうです。

後は、人材活用の仕組みや運用などが正社員と同一であれば、「通常の労働者と同視すべき」パートタイマーに当たり、賃金格差についてパート・有期法9条に違反すると判断されます。

ただし、前述のように多くのパートタイマーについては、職種変更・転勤の範囲や時間外労働・休日労働命令などで、正社員とは異なった取り扱いをされることが多いと思われるため、実際に同条違反と判断される事例は限られるでしょう。

（土屋　真也）

Q2 無期転換ルールにより無期雇用とした労働者から、有期契約に戻してほしいとの申し出があった場合の対応

　無期転換ルールにより、無期労働契約となった労働者から「有期契約に戻してほしい」との申し出がありました。この場合、会社として応じる義務はあるでしょうか。また、仮に同申し出に応じて有期労働契約への変更を認めた場合、以降同人について無期転換ルールの適用をどう考えればよいでしょうか。

無期転換後に、有期労働契約に戻してほしいという申し出があったとしても、これに応じる義務はない。また、有期労働契約への変更を認めたとして、その後も労契法18条の無期転換の規定の適用がある

1.無期転換ルール

　同一の使用者との間で締結された2以上の有期労働契約の契約期間を通算した期間が5年を超える労働者が、使用者に対し、現に締結している有期労働契約の契約期間が満了する日までの間に、無期労働契約の締結の申し込みをしたときは、使用者が当該申し込みを承諾したものとみなされ、現に締結している有期労働契約の契約期間が満了する日の翌日から無期労働契約が成立します（労契法18条1項。以下、無期転換ルール）。

　この「5年」のカウントは、無期転換ルールを定めた同法18条の施行日である平成25年4月1日以降に、有期労働契約を締結もしくは更新したときから起算されます。

　有期労働契約とその次の有期労働契約の間に、契約がない期間が6カ月以上あるときは、通算はリセット（いわゆるクーリング）され、通算対象の契約期間が1年未満の場合は、その2分の1以上の空白期間があればクーリングされます（1カ月に満たない端数は切り上げられます）。ただし、1年未満の契約であっても、更新を繰り返して通算1年以上となっていれば（契約ごとに十分な空白期間がなければ、結局通算されます）、6カ月の空白期間が必要です（詳細は「労働契約法第18条第1項の通算契約期間に関する基準を定める省令」平24.10.26　厚労令148参照）。

　転換後の労働条件は、別段の定めがない限り従前と同一とされます。「別段の定め」としては、個別合意により新しい労働条件を設定する場合のほか、無期転換者に適用される就業規則で設定する場合もあります。厚生労働省の通達（平24.8.10　基発0810第2、最終改正：平30.12.28　基発1228第17）は、別段の定めにより、有期労働契約の時より、転換後の労働条件が不利益になることは、「望ましいものではない」としていますが、法違反だとまでは言っていません。ただし、どのような条件設定も自由ということではなく、労契法7条の「合理性」あるいは同法10条の「変更の合理性」が問われることになります。

2.無期転換者からの、有期雇用への変更申し出

　労働者が、無期転換申込権を行使した場合、使用者は、無期転換を承諾したとみなされ、その時点で無期労働契約が成立します。無期労働契約による就労が始まるのは、現に締結している有期労働契約の契約期間が満了する日の翌日からですが、無期契約自体は転換申し込みの時点で承諾があったとみなされ、いわば先日付の無期雇用契約が成立しています。

　有期労働契約に戻りたいという申し出の時期としては、無期労働契約で就労を始めた後の場合と、転換の申し込みはしたものの、まだ有期契約の期間途中の場合の二つが考えられますが、いずれの場合も、既に無期労働契約が成立していると

されますので、考え方は同じとなります。既に無期労働契約が成立している以上、労働者が一方的に申し込みを撤回することはできません。使用者としては、有期労働契約に戻りたいという申し出に応じる義務はありません。使用者として、有期労働契約に戻るのでも差し支えないというのであれば、双方の合意で改めて有期契約を締結することは問題ありませんが、応じなければならないということではありません。

なお、法律の定める無期転換ルールではなく、企業独自の転換制度や正社員登用制度を設けている場合、これによる転換者が、有期に戻ることができるかどうかは、制度設計次第です。無期契約と有期契約の間の変更を認める制度を定めているならば、制度にのっとった申し出については対応の必要があります。

3. 有期労働契約に戻った後の無期転換ルール

無期転換後に有期労働契約に戻ったという経緯があったとしても、労契法18条1項の要件を満たす場合、すなわち2以上の有期労働契約の契約期間を通算した期間が5年を超える場合は、無期転換申込権が発生します。いったん無期労働契約になって、無期契約が6カ月以上継続していた場合は、クーリングがなされていることになりますので、以前の有期契約期間はリセットされて、あらためて年がカウントされますが、有期労働契約の存在しない空白期間がないか、あるいは短い場合、つまり無期転換の申し込みをしたものの、やっぱりやめると、すぐに有期に戻った場合は、クーリングになりません。したがって、従前の契約期間から通算して、次の契約更新時に要件を満たした場合は、新たに無期転換申込権が発生することになります。無期転換ルールの例外としては、契約通算期間の関係での特例として、研究開発法人、大学等の研究者等または専門的知識等を有する有期雇用労働者ならびに定年後引き続いて雇用される有期雇用労働者が定められていますが、いったん無期転換をしたことがあるといった事情は、無期転換ルールの例外とはなりませんので、上記のとおり、再度、無期転換申込権発生の要件を満たせば、無期転換の申し込みをすることが可能です。

なお、無期転換後に、有期労働契約に戻りたいとの申し出があった場合に、これを認める条件として、今後、無期転換の申し込みをしない旨を約束させることはできるでしょうか。前記厚生労働省の通達は、無期転換申込権が発生する有期契約の締結以前に、無期転換申込権を行使しないことを更新の条件とする等有期契約労働者にあらかじめ無期転換申込権を放棄させることは、公序良俗に反し、無効と解されるとしています。本ケースは更新時の条件とするわけではなく、応じる義務のない変更に応じる代わりに、今後の申し出をしないでほしいとするものであり、状況は違いますが、それでも労働者保護を主眼とする労契法18条1項の趣旨に照らして、やはり無効とされることになると解されます。

（石井　妙子）

加齢が原因とみられる物忘れの激しい嘱託社員を期間途中で解雇、または雇止めできるか

現在、定年後再雇用で1年契約を更新している72歳の嘱託社員がいます。最近、加齢が原因とみられる物忘れが激しくなり、依頼した仕事が期日までに終わらないなどのケースが頻発しています。注意しても、「頼まれた覚えはない」と強い口調で反論するばかりで、業務に支障を来しています。そこで、当該社員を期間途中で解雇、または雇止めしたいのですが、可能でしょうか。

問題行為は認められるものの、「やむを得ない事由」（労契法17条1項）までは認められず、解雇はできない。雇止めについても「客観的に合理的な理由を欠き、社会通念上相当であると認められない」ため不可能と考えられる

1. 継続雇用制度における就労拒否

[1] 継続雇用制度に関する法令の定め

高齢法は、定年の引き上げ、継続雇用制度の導入、または定年の定めの廃止のいずれかの措置を講じることを義務づけています（9条1項）。また、平成24年改正により、それまでの対象者限定制度（継続雇用制度の対象者の基準を労使協定により定めること）が廃止され、事業主に対して、継続雇用制度を導入する場合には原則として希望者全員を対象とすることが義務づけられました。

もっとも、行政見解は以下のとおり定めています（高年齢者雇用確保措置の実施及び運用に関する指針〔平24.11.9　厚労告560〕）。

> 心身の故障のため業務に堪えられないと認められること、勤務状況が著しく不良で引き続き従業員としての職責を果たし得ないこと等就業規則に定める解雇事由又は退職事由（年齢に係るものを除く。以下同じ。）に該当する場合には、継続雇用しないことができる。
>
> （中略）
>
> ただし、継続雇用しないことについては、客観的に合理的な理由があり、社会通念上相当であることが求められると考えられることに留意する。

[2] 就労拒否に対する解雇権濫用法理の類推適用

また、最高裁は、対象者限定制度廃止前の事案において、対象者の基準を満たしていた従業員が、雇用が継続されるものと期待することには合理的な理由があると認められ、雇用を終了したものとすることは、客観的に合理的な理由を欠き、社会通念上相当であると認められないものといわざるを得ない旨の判断を示しています（津田電気計器事件　最高裁一小　平24.11.29判決）。

理論的に整理すると、希望者全員が継続雇用制度の対象となる以上、「定年到達者には、雇用継続の合理的期待が認められることになり、（中略）使用者による就労拒否には解雇権濫用法理が類推適用されると解され、定年到達者は、他に解雇事由又は退職事由（年齢に係るものを除く。）がない限り、再雇用の申込みに対する承諾があったものとして、使用者による就労拒否に対し、労働契約上の地位確認請求及び賃金請求をすることができる」と考えられます（佐々木宗啓ほか編著『類型別労働関係訴訟の実務　改訂版II』[青林書院] 512ページ。水町勇一郎著『詳解労働法　第3版』[東京大学出版会] 1058ページ参照）。

以上のとおり、継続雇用制度における就労拒否には解雇権濫用法理が類推適用されるため、客観的に合理的な理由と社会通念上の相当性が認められるものでなければなりません（労契法16条）。

この点を踏まえると、既に継続雇用制度に基づき有期労働契約が締結されていた場合においても、その更新について労働者には合理的期待があるため、就労を拒否するには、「客観的に合理的な理由を欠き、社会通念上相当であると認められないもの」でないと認められる必要があると考えられます（同法19条2号）。

[3] 65歳超雇用の場合の考え方

他方で、継続雇用制度は高年齢者の65歳までの安定した雇用を確保するための措置として設けられており、65歳を超えた雇用については、当該制度で義務づけられるものではありません。そのため、65歳を超えた有期労働契約の更新については、継続雇用制度の枠内での観点ではなく、純粋に"一つの有期労働契約"としての観点で、労契法19条の規律の適用を判断することになります。

2. 有期労働契約と期間途中の解雇

有期労働契約である場合には、「やむを得ない事由」がない限り、当該契約期間満了前に解雇す

ることができません（労契法17条1項）。

この点、「そもそも、契約に期間の定めを設ける（そのことを合意する）ことは、その期間中契約を継続させる旨の合意を含むものであり、その契約期間中の契約継続の要請は期間の定めのない契約より高いものである」ため、「無期労働契約における解雇の場合の客観的に合理的で社会的に相当な理由に加えて、期間満了を待たずに直ちに雇用を終了させざるを得ない特段の重大な事由が存在することが必要」と解釈されています（水町・前掲書416ページ。同文献では、具体例として、労働者が就労不能となったこと、労働者に重大な非違行為があったこと、会社が雇用の継続を困難とするような深刻な経営難に陥り整理解雇に相当する諸措置が取られたこと等が挙げられています）。

3.ご質問のケースについて

まず、今回契機となった事実（物忘れ・業務遂行スピードの低下・反抗的言動）を前提としても、これらは契約更新時において想定されていたと思われますし、その問題の程度としても、期間満了を待たずに直ちに雇用を終了させざるを得ない重大な事由とは評価できません。そのため、契約期間途中での解雇の要件である「やむを得ない事由」があるとは認められないと考えられます（前記2.参照）。

次に、期間満了時に雇止めができるかという点ですが、継続雇用制度の年齢上限と思われる65歳を超えているものの、その後も72歳までの間、7年間も契約が更新されていることからすると、当該労働者の更新についての合理的期待が認められ、雇止めについては客観的に合理的な理由と社会通念上の相当性が必要となるでしょう（前記1.[2]参照。労契法19条2号）。

そして、当該社員には問題行為が認められるものの、それに対する警告・懲戒処分といった手続きの実施による改善可能性が認められると考えられますので、これらの手続きを踏むなどしない限り、客観的に合理的な理由と社会通念上の相当性が認められない可能性が高いといえます（前記1.参照）。

なお、以上は、無期転換ルールについて継続雇用の高齢者に関する特例を利用しており、無期転換申込権が発生していないことを前提としている点を付記しておきます。

（萩原　勇）

　本社採用の社員を研修目的で製造部門に1年間配置する場合、労働契約時に明示すべきか

当社では来年4月入社の学卒者から、本社の企画部門で採用した社員でも、研修を兼ねて最初の1年間は製造部門で実務を経験してもらうことを考えています。研修後には本社に戻すものの、この場合、労基法で労働契約時に明示することが義務づけられている「就業の場所」や「従事すべき業務」が異なることになりますが、問題ないでしょうか。

　たとえ"研修を兼ねて1年間に限定して"とのことであっても、その就労に関する労働条件は明示すべき

1.労働条件明示義務とは

　労働者が募集段階で提示された手厚い労働条件を信じて就労関係に入ったところ、実際にははるかに低い労働条件であった——などということがあれば、労働者が重大な不利益を受け得ることは言うまでもありません。そこで、労基法15条で、使用者は、契約締結時に、労働者に対し、労働条件を明示しなければならないという労働条件明示義務を定めています。

　労働契約の内容がさまざまに多様化する中で、労働者に対して労働条件を明示して契約内容を明確にする重要性はますます高まっています。そして、明示すべき労働条件の範囲や書面により明示すべき労働条件の範囲は拡大されてきています。令和6年4月からは、すべての労働契約の締結と有期労働契約の更新のタイミングごとに、「雇入れ直後」の就業場所・業務の内容に加え、これらの「変更の範囲」についても明示が必要とされました。

2.労働条件明示義務の対象

　明示すべき労働条件については労基則5条1項に規定されており、①労働契約の期間、②期間の定めのある労働契約を更新する場合の基準に関する事項（通算契約期間または有期労働契約の更新回数に上限の定めがある場合には当該上限を含む）、③就業場所・従事すべき業務内容（就業場所・従事すべき業務の変更の範囲を含む）、④始業・終業時刻、時間外労働の有無、休憩時間・休日・休暇に関する事項、就業時転換に関する事項（労働者を2組以上に分けて使用する場合）、⑤賃金の決定、計算、支払い方法、締め切りおよび支払いの時期、ならびに昇給に関する事項、⑥退職に関する事項、⑦退職手当が支給される労働者の範囲、退職手当の計算、支払い方法、支払いの時期、⑧臨時に支払われる賃金、賞与、最低賃金額に関する事項、⑨労働者に負担させる食費、作業用品その他に関する事項、⑩安全・衛生に関する事項、⑪職業訓練に関する事項、⑫災害補償および業務外の傷病扶助に関する事項、⑬表彰や制裁

に関する事項、⑭休職に関する事項——が挙げられ、⑥退職に関する事項までは書面により明示すべきとされています。

　したがって、主な労働条件については、一通り明示しなければならないわけです。この労働条件明示義務に関する労基則は、働き方改革の一環として改正され、明示される労働条件が事実と異なってはならないこと、労働者が希望した場合には書面の交付ではなく、ファクシミリの送信、電子メール等の送信によることもできるとされました。

　この労働条件明示義務は、パート・有期法ではさらに強化されており、その重要性は明らかです（パート・有期法6条、同法施行規則2条）。

3.明示すべき程度

　それでは、上記のような項目を明示するとして、個々の項目についてはどの程度の記載が要求されるのでしょうか。ご質問のような場合でいえば、研修時の就労内容、本社に戻ってからの就労内容のいずれを「就業場所・従事すべき業務」として明示すべきことになるのでしょうか。

　この項目については、書面により明示しなければならない事項とされ、令和6年4月からは、その変更の範囲についても明示すべきものとされました。

　まず、1年間は研修ではあっても製造部門で働かせ、その後は本社に戻して企画部門の職務に携わらせることが既に決まっているわけですから、少なくとも、就労直後の製造部門での労働条件は明示すべきと考えられます。

　当初の1年だけのことではないか、と感じられるかもしれません。しかし、労働契約において、1年という期間は、平成15年の労基法改正前は期間の定めある労働契約の契約期間の上限とされていたのであり、現実にも1年の期間を定めた労働契約は多く存在する以上、短期間である、一時的なことであると割り切ることはできません。

　さらに、その後の本社の企画部門での労働条件についても、その「変更の範囲」として、予想さ

れる範囲で明示するべきということになるでしょう。「変更の範囲」とは、今後の見込みも含め、その労働契約の期間中における就業場所や従事する業務の変更の範囲のことをいうとされています。

4.明示義務違反の場合

最後に、労働条件明示義務違反の効果について説明します。

この場合につき、労基法15条2項は、労働者は、明示された労働条件が事実と異なる場合については、即時に契約を解除することができるとしています。

契約締結時に明示された契約内容である労働条件が、使用者側によって履行されなかったことになるわけですから、労働者が契約違反として契約を解除できることは、民法上も当然のことです。しかし、上記15条2項は、民法541条（履行遅滞等による解除権）と異なり、事前の催告を必要とせずに、いきなり解除することができる点で意味があるとされています。

また、労基法15条3項は、就業のために住居を変更した労働者について、契約解除の日から14日以内に帰郷する場合、使用者は必要な旅費を負担しなければならないとしており、使用者に帰郷旅費の負担義務が生じることになります。

さらに、労働条件明示義務違反となれば、30万円以下の罰金という刑事罰も規定されています（同法120条）。

したがって、ご質問の場合には、有能な人材を契約解除により失わないためにも、また刑罰の適用を受けないようにするためにも、製造部門における労働条件および企画部門の労働条件の双方につき、明示を行うべきと考えられます。

（千葉　博）

退職予定者が退職日を早めたいと申し出た場合、認めなければならないか

ある社員が半年後に退職したい旨を申し出たため、これを了承しました。ところが数日後、同社員が「退職日を来月末に早めたい」と言ってきました。就業規則では「自己都合退職する際には2週間前までに申し出ること」と定めていますが、一度退職日につき合意しており、まだ2週間以上あるからといって、これを一方的に変更することには納得がいきません。認めなければならないのでしょうか。

いったん合意によって決まった退職日は、会社が承諾しない限り変更できない。変更の申し入れに会社が承諾すれば退職は可能だが、会社が承諾する義務はない

1.退職の意義

労働者の意思表示または労使の合意によって労働契約を終了させることを退職といいます。労働者が退職届を提出するなど一方的に労働契約を解約することを「一方的退職」（辞職、任意退職、自己都合退職）といい、労働者の退職願などにより解約の申し入れをし、これに対して使用者が合意することによって労働契約を解約することを「合意退職」といいます。

2.一方的退職

期間の定めのない労働契約においては、当事者

（労働者と使用者）は、いつでも解約の申し入れをすることができ、この場合においては、雇用は、解約の申し入れの日から2週間を経過することによって終了すると定められています（民法627条1項）。

「いつでも」とは、「いかなる理由があっても解約できる」ということを意味しています。解約の理由について制限することにより、労働者の不当な人身拘束をもたらす可能性があるので、解約の理由も問わないこととされています。

労働者からの申し入れについては、この規定に抵触する合意等はその効力が認められないとされ、すなわち、民法627条は強行規定と解されています。したがって、労働者が2週間前までに退職の意思表示をすれば、会社の承諾の有無にかかわらず、退職は成立します。

一方、使用者からの解雇の自由については、解雇権濫用の法理により修正され、「解雇は、客観的に合理的な理由を欠き、社会通念上相当であると認められない場合は、その権利を濫用したものとして、無効とする」と定められ（労契法16条）、「いかなる理由があっても解約できる」ものではありません。また、使用者の解雇の申し入れの時期についても、少なくとも30日前に予告するか、30日分以上の平均賃金を支払わなくてはならないとして、労基法20条により修正されています。

その他には、労働者が業務上の負傷・疾病による休業期間およびその後の30日間ならびに産前産後の休業期間およびその後の30日間は解雇してはならない（労基法19条）とする解雇制限もあります。

3. 合意退職とその変更

労働者が、退職願の提出などにより労働契約の解約を会社に申し込んだことに対して、会社がその申し込みを了承することにより合意による解約が成立したことになりますが、このような場合、当然退職日についても合意しています。

その後、退職日到来前に、社員が退職日の変更を申し出ることは、既に成立した合意退職につい

て、契約変更を申し入れたことになります。そうすると、その契約変更の申し入れについて、あらためて会社が承諾しない限り契約変更は成立しません。すなわち、いったん合意によって決まった退職日は新たな合意がなければ変更できないということです。

4. 合意退職成立後の一方的退職の意思表示

それでは、合意退職が成立した後、当初の退職日が到来する前に、あらためて社員が一方的に解約の申し入れをし、2週間後に退職することは可能ではないかという考え方もあり得ます。しかし、民法627条の趣旨は、契約期間の定めのない労働者に対し、退職の自由を保障することです。合意退職が成立して退職日が決められたことにより、期間の定めのある契約と同様になったので、同条の適用はできないと考えられます。

5. 退職日の変更を認めなければならないか

ご質問の場合のように、一度、半年後に退職することで合意退職が成立していたにもかかわらず、数日後に社員が退職日を来月末に変更することを申し出た場合も、会社が承諾しない限り退職日の変更はできません。もちろん、変更の申し入れに会社が合意すれば来月末で退職することは可能ですが、会社が合意する義務はありません。

また、労使の合意による退職が成立したことで期間の定めのない契約ではなくなったといえるので、就業規則に、「自己都合退職する際には2週間前までに申し出ること」と定めているとしても、社員の一方的意思表示で2週間経過することによる退職はできないと考えられます。

しかし、例えば当該社員が退職することで重要なプロジェクトが頓挫するなどの場合はともかく、合意からわずか数日後の退職日の変更についてかたくなに拒否する意味がそれほどあるとも思えないので、変更に合意しても会社としては差し支えないのではないかと思います。

（角森　洋子）

Q6 うつ病に罹患し、復職する正社員を本人の同意があれば有期雇用契約に変更できるか

現在うつ病に罹患し、休職している正社員がいます。先日、産業医と面談させたところ、「軽易な業務であれば勤務可能」との所見が示されたので、近々復職させる予定です。まず短時間勤務からスタートさせ、業務量も軽減するなどの配慮はしますが、うつ病は再発のリスクが高いようですので、1年間の有期雇用契約に切り替えてしばらく様子を見たいと考えます（復調すれば再び正社員に戻す予定）。こうした取り扱いを本人に打診し、同意が得られれば雇用形態を有期雇用契約に切り替えても問題ないでしょうか。

A 仮に文書等による本人の同意を得ても無効となるリスクが高い

1.心の健康状態を理由とした不利益措置の禁止

「労働者の心の健康の保持増進のための指針」（平18.3.31 健康保持増進のための指針公示3、最終改正：平27.11.30 健康保持増進のための指針公示6）においては、「事業者が、メンタルヘルスケア等を通じて労働者の心の健康に関する情報を把握した場合において、その情報は当該労働者の健康確保に必要な範囲で利用されるべきものであり、事業者が、当該労働者の健康の確保に必要な範囲を超えて、当該労働者に対して不利益な取扱いを行うことはあってはならない」とされ、「不当な動機・目的をもってなされたと判断されるような配置転換又は職位（役職）の変更を命じること」や「その他の労働契約法等の労働関係法令に違反する措置を講じること」は、「一般的に合理的なものとはいえないため、事業者はこれらを行ってはならない」とされています。

したがって、期間の定めのない雇用契約を締結している正社員のメンタルヘルスケアの過程において、当該社員の心の健康状態を理由として期間の定めを設けることは、労働条件の不利益変更（労契法9条）になり、「当該労働者の健康の確保に必要な範囲を超えて、当該労働者に対して不利益な取扱い」をしたとみなされるリスクがあります。

2.労働者との合意について

この点、真に労働者との間において、有期雇用契約に切り替える旨の合意ができれば、当該労働条件の変更も許容される余地はあります（労契法8条、9条）。

しかしながら、このような合意の成否については、単に当該労働者から文書による合意を取り付けるだけでは足りず、「労働者の自由な意思に基づいてされたものと認めるに足りる合理的な理由が客観的に存在する」ことが要求される傾向にあります。

例えば、賃金や退職金に関する労働条件の変更について判断された山梨県民信用組合事件（最高裁二小 平28.2.19判決）においては、以下のような判断がされています。

「労働契約の内容である労働条件は、労働者と使用者との個別の合意によって変更することができるものであり、このことは、就業規則に定められている労働条件を労働者の不利益に変更する場合であっても、その合意に際して就業規則の変更が必要とされることを除き、異なるものではないと解される（労働契約法8条、9条本文参照）。もっとも、使用者が提示した労働条件の変更が賃金や退職金に関するものである場合には、当該変更を受け入れる旨の労働者の行為があるとしても、労働者が使用者に使用されてその指揮命令に

参考 メンタルヘルス上の理由により休業した労働者の職場復帰に関する職場ルールの内容別事業所割合

－％－

区　　分	事業所計	明文化された職場のルールがある	明文化されていないが、職場のルールがある	明文化されていないが、その都度相談している	職場のルールはない	不　　明
計	100.0	18.2	6.2	**39.8**	28.5	7.4
1,000人以上	100.0	**68.8**	7.9	21.1	0.6	1.6
500～999人	100.0	**56.8**	12.2	23.8	4.9	2.4
300～499〃	100.0	**45.4**	11.8	36.1	4.9	1.9
100～299〃	100.0	35.4	8.6	**40.0**	13.0	3.0
50～ 99〃	100.0	21.1	8.6	**43.4**	21.9	5.1
30～ 49〃	100.0	22.3	5.3	**39.5**	25.3	7.5
10～ 29〃	100.0	15.2	5.8	**39.5**	31.6	8.0

資料出所：厚生労働省「平成25年労働安全衛生調査（実態調査）」
［注］　事業所調査の調査対象数は1万3124事業所、有効回答数は9026事業所、有効回答率68.8％。

服すべき立場に置かれており、自らの意思決定の基礎となる情報を収集する能力にも限界があることに照らせば、当該行為をもって直ちに労働者の同意があったものとみるのは相当でなく、当該変更に対する労働者の同意の有無についての判断は慎重にされるべきである。そうすると、就業規則に定められた賃金や退職金に関する労働条件の変更に対する労働者の同意の有無については、当該変更を受け入れる旨の労働者の行為の有無だけでなく、当該変更により労働者にもたらされる不利益の内容及び程度、労働者により当該行為がされるに至った経緯及びその態様、当該行為に先立つ労働者への情報提供又は説明の内容等に照らして、当該行為が労働者の自由な意思に基づいてされたものと認めるに足りる合理的な理由が客観的に存在するか否かという観点からも、判断されるべきものと解するのが相当である」

　したがって、ご質問のケースにおいても、①当該変更により労働者にもたらされる不利益の内容および程度、②労働者により当該行為がされるに至った経緯およびその態様、③当該行為に先立つ労働者への情報提供または説明の内容等に照らして、「合意」が「労働者の自由な意思に基づいてされたものと認めるに足りる合理的な理由が客観的に存在する」ことが要求されると考えられます。

3.ご質問のケースについて

　ご質問のケースにおいては、「うつ病は再発のリスクが高い」ことから期間の定めのある雇用契約に変更するとのことですが、復調できない場合において、私傷病休職制度に基づく解雇（私傷病休職期間満了による解雇）や心身に支障がある場合の解雇を回避し、契約期間満了による雇用契約関係終了を念頭に置いたものと推測され、労働者にもたらされる不利益の程度は大きいと言わざるを得ません。

　また、産業医との面談を実施している状況に鑑みれば、当該労働者において復職を強く希望していると推測されるところであり、「同意」に至る経緯について、「有期雇用への切り替えを認めなければ復職させてもらえないと思った」旨の主張を惹起するリスクが高いでしょう。

　さらに、「1年間の有期雇用契約に切り替えてしばらく様子を見たい」との点についても、なぜ、期間の定めのない雇用契約のままでは駄目なのか、説明できておらず、労働者への情報提供としても不十分と考えられます。

　したがって、ご質問の状況では、仮に書面による本人の「同意」を取得できたとしても、事後的に無効と評価されるリスクが高いと思料します。

（竹林　竜太郎）

採　　　　　用

人事制度の詳細や就業規則の開示を要求する内定者にどう対応すべきか

ある内定者から「入社するに当たって人事制度や就業規則をすべて開示してほしい」と求められました。こうした情報は、概略はともかく、詳細部分については、内定辞退等で入社に至らない可能性を考慮し、これまで開示は控えてきました。「事前に情報を出さないのに、入社してからルールを適用するのは不合理だ」との主張ですが、応じる必要はありますか。また、こうした要求をする内定者につき、職場の和を乱すおそれがあることを理由として内定を取り消すことは可能でしょうか。

 会社は、内定者に人事制度や就業規則のすべてを開示する義務はないが、一定の労働条件を記載する書面を交付する義務はある。また、会社は、全面開示の要求を理由に内定を取り消すことはできない

1.はじめに

貴社は、内定者が会社に対して入社前に労働条件の開示を求めたり、過度に権利を主張したり、職場の和を乱したりするおそれがあることに不安を抱き、そのため、内定の取り消しを考えているように推測されます。

そこで、①内定者に対する労働条件の開示をめぐる問題と、②採用内定取り消しをめぐる問題に分け、判例等を交えて解説します。

2.労働契約と労働条件

労働契約とは、「労働者が使用者に使用されて労働し、使用者がこれに対して賃金を支払うことについて、労働者及び使用者が合意することによって成立する」とされています（労契法6条）。つまり、労働者および使用者が労働の提供と賃金支払いにつき合意すれば、具体的に賃金額や労働の内容が確定しなくとも、労働契約は成立するのです。

他方、同法4条は、「使用者は、労働者に提示する労働条件及び労働契約の内容について、労働者の理解を深めるようにするものとする」と定めて、労働条件のトラブルの発生を防止するために労働条件に関する情報の説明を求めています。

そこで、会社はこれらを前提に内定者に対し

て、労働条件をどの程度、明示・説明すべきかを考えます。

3.採用に当たっての労働条件の明示

労基法15条は「使用者は、労働契約の締結に際し、労働者に対して賃金、労働時間その他の労働条件を明示しなければならない」と定めています。また労基則5条は、明示の対象となる労働条件として、①労働契約の期間、②期間の定めのある労働契約を更新する場合の基準、③就業の場所および従事すべき業務、④始業および終業の時刻、休憩時間、休日等、⑤賃金、昇給、⑥退職──などを定め、これらの明示方法として書面の交付（昇給は除く）が必要と定めています。なお、労働者が希望した場合は書面の交付でなく、ファクシミリや電子メールの送信により明示することも可能です。

そこで、労基法15条の「労働契約の締結に際し」とは、具体的にどの時点をいうのかが問題になります。

大日本印刷事件（最高裁二小　昭54．7．20判決　労判323号19ページ）では、採用内定通知以外に労働契約締結の特段の意思表示が予定されていない事案において、労働契約は内定通知により成立すると判断しました。その場合は採用内定時に労

働条件を明示する必要があります。

しかし、採用内定時が当然に労働契約締結時になるのではありません。なぜなら、本判決が採用内定通知により労働契約が成立すると判断したのは、合理性のない内定取り消しから内定者の法的地位を保護することに主眼があったためで、いかなる事案でも採用内定時に労働契約が成立すると解する必要はないからです。

実際にも、内定者の契約内容ないし労働条件は、採用内定時から入社時までに段々と決まっていくことが通常です。したがって、「労働契約の締結に際し」とは、採用内定から入社時までの期間をいい、会社は、その間に前記所定の労働条件を明示すればよいと考えるべきです。

もっとも、内定時に前記所定の労働条件のうち、明示が可能な労働条件は明示し、その他は未確定と表示して、入社時までに明示することを説明すれば、トラブル防止にもなり、望ましいでしょう。

4. 就業規則や人事制度の開示要求について

就業規則や人事制度は、前記のとおり、法令によって直接には明示の対象とはなっていないことから、内定者に就業規則や人事制度を開示する必要は当然にはありません。なお、前記の書面等による労働条件の明示義務は、これらの事項を記載した就業規則を交付することでも果たされるとされています。

それでは、採用内定時に、労働契約が成立していると解される場合、内定者に就業規則等を開示する必要があるでしょうか。

この判断に当たっては、採用内定の法的性質をどう考えるかに関係します。

採用内定の法的性質について、判例・通説は、「始期付解約権留保付労働契約の成立」と考えています（前掲大日本印刷事件）。そして、「始期」については、①労働契約の効力が入社日に発生するとの見解と、②労働契約の効力は内定時に発生しており、労働義務の履行に始期が付されている

との二つの見解があります。

[1] 就業規則の開示要求

(1) 労働契約の効力が入社日に発生する見解

内定時に労働契約の効力は発生しないので、内定者は労働契約上の義務を負いませんし、就業規則の適用もありません。したがって、内定者に就業規則を開示する必要もないと考えます。

(2) 労働契約の効力は内定時に発生する見解

現実の労働を前提とした部分を除いて、内定者は研修義務等を負うことがあり、就業規則が適用されるので、これを開示する必要があると考えます。

[2] 人事制度の開示要求

人事制度の基準に関しては、内定者は、入社までは就労しないことから、どちらの見解を取っても、会社が開示する必要はないと考えます。

5. 内定者の内定取り消しについて

[1] 内定の取り消し

前掲大日本印刷事件は、内定の取り消し、すなわち留保解約権の行使が許されるのは「解約権留保の趣旨、目的に照らして客観的に合理的と認められ社会通念上相当として是認することができるものに限られる」としています。

[2] ご質問のケースで内定取り消しができるか

ご質問の内定者は、会社に対し、人事制度、就業規則などの労働条件の明示を要求していますが、会社は一定の労働条件明示義務がありますから、明示の要求をしただけでは職場の和を乱すおそれがあるとはいえません。

したがって、労働条件の明示を要求したこと等を理由に内定を取り消すことは、「解約権留保の趣旨、目的に照らして客観的に合理的と認められ社会通念上相当として是認することができるもの」に該当しません。仮にご質問で会社が内定を取り消した場合、会社は債務不履行責任や不法行為責任を負う可能性が高いでしょう。

（飛田　秀成）

いわゆる"キラキラネーム"を隠して、通称名で勤務したいという採用内定者の要望に応じるべきか

先日、採用内定を出した学生から「自身の名前がいわゆる"キラキラネーム"であるため、通称名で勤務したい」との要望がありました。確かにその名前は一風変わった印象ですが、会社としてはこうした対応の前例をつくることへの懸念や事務手続き等の煩雑さから、安易に認めたくないと考えています。このような要望に応じるべきでしょうか。また、「応じない」とする取り扱いに当人が納得しない場合、内定を取り消すことは可能でしょうか。

 事務手続き等の煩雑さや、通称名を使用することによって職務上大きな不都合が生じる場合は、通称名での勤務を認めない措置も可能と考えられる。しかし、内定者が戸籍名での勤務に応じないことを理由に内定を取り消した場合、内定取り消しは無効とされる可能性が高い

1.通称名の使用を認めるべきか
[1]企業秩序維持

使用者は、事業の円滑な運営の維持のために企業秩序を維持確保する必要があり、必要な諸事項をもって一般的に定め、あるいは具体的に労働者に指示、命令することができると考えられています（富士重工業事件　最高裁三小　昭52.12.13判決　労判287号4ページ）。例えば、職場内での制服や名札の着用の指示などは、使用者の企業秩序を維持するために一般的に認められており、通称名の使用を認めないとの措置も、企業秩序を維持するために必要な範囲内で合理性を有するものと考えられます。

[2]氏名に関する人格権

他方、氏名の自己決定権は、判例上、「氏名は、社会的にみれば、個人を他人から識別し特定する機能を有するものであるが、同時に、その個人からみれば、人が個人として尊重される基礎であり、その個人の人格の象徴であつて、人格権の一内容を構成するものというべきである」とされており、人格権として認められています（謝罪広告等請求事件　最高裁三小　昭63.2.16判決　民集42巻2号27ページ）。この観点からは、使用者は、労働者の氏名につき、通称名を使用するか、戸籍上の本名を使用するかについての自己決定権を、できる限り尊重すべきと考えられます（労契法3条3項ないし5項参照）。そこで、労働者の人格権の尊重と企業の秩序維持の要請との調整を図り、使用者の企業秩序維持のための措置が合理性を有するのかを検討する必要があります。

[3]裁判例の検討

この点、両者を調整する判断基準を示すものとして、国立大学教授が、大学に対し、教授の旧姓名を使用するよう義務づけること等を請求し、氏名の自己決定権について争った裁判例が参考になります（氏名権侵害妨害排除等請求事件　東京地裁　平5.11.19判決　判夕835号58ページ）。

当該事案では、大学は、教授の氏名について、人事記録等においては戸籍上の氏名、施設の利用等に関する書類においては戸籍上の氏名またはこれにかっこ書きで旧姓名を付したもの、研究活動においては旧姓名またはこれにかっこ書きで戸籍上の姓名を付したものの使用を認めていましたが、教授は人事記録等においても旧姓名を使用するよう求め、併せて損害賠償を求めました。国家公務員の勤務関係においては、私人間とは異なる規律が存するため、ご質問のケースには直接当てはまりませんが、当該裁判例では、公務員の同一性を把握する方法として戸籍名を表示することは合理的であり、他方、研究活動においては旧姓名

を表示できるよう配慮されており、合理的な取り扱いであるとし、原告の教授の請求を棄却しました。

[4]ご質問のケース

前記[3]の裁判例では、婚姻後の旧姓名の使用が問題となっているところ、旧姓名は、婚姻まで長期にわたって自身を表示するものとして使用されてきた氏名であり、性質上、個人のアイデンティティーとも深く結びついていると考えられます。他方、ご質問のケースでは、通称名の使用が、本人にとって、どれほど重要な要素となっているか一概に判断できないものの、本人が、既に社会生活上も通称名で認識されており、通称名が個人の尊厳に強く結びついているといった事情がない限り、個人的な嗜好のみを理由とする通称名の使用を人格権として尊重すべき重要性は、相対的に高くないように思われます。

使用者の企業秩序維持の観点からは、労働保険・社会保険の手続きにおいて、本人の同一性の確認が困難になったり、給与の支払口座名義との齟齬や出張の際のパスポート名との齟齬により混乱を招いたり、事務手続き等が煩雑になることが考えられる上、これ以外にも、例えば、職務上国家資格を有していることが前提となっており、国家資格保有者であることを明らかにするためには、戸籍名での勤務が必要となる場合もあり得ます。このように、企業秩序の維持という観点から実質的な不都合が生じる場合は、通称名の使用を認めない措置を取ることも可能と考えられます。

もっとも、前述のとおり、使用者は、労働者の人格権を尊重すべき立場にあるため、職務上不都合が生じない範囲で通称名の使用を認める措置を模索する、または通称名の使用を認めない場合でも、認めない理由について、内定者に十分な説明を行い、理解を得る努力を行うなど、氏名の自己決定権を尊重する姿勢を示すことが望ましいでしょう。なお、裁判例では、韓国籍である労働者が、職場で日本名を使用していたところ、使用者から韓国名を使用するよう働き掛けがなされた事案で、労働者の人格的利益の侵害があったと認められ、使用者に損害賠償として55万円の支払いが言い渡された例もあります（損害賠償請求事件 静岡地裁 平27．4.24判決）。当該裁判例では、労働者が韓国籍であることを秘密にしていたにもかかわらず、使用者が、著しく不快感を与える方法で韓国名の使用を働き掛けるなど、その態様の悪質性が問題とされたものであり、特殊なケースではあるものの、氏名は、個人のアイデンティティーに関わる問題であるため、慎重な配慮を行うことが求められます。

2.内定取り消しの有効性

最後に、使用者が内定者の通称名の使用を認めず、これに内定者が納得しない場合、これを理由に内定を取り消すことができるかという点について検討します。

採用内定の法的性質は、始期付解約権留保付労働契約、すなわち、将来の一定時期に開始する、一定の事由を根拠に解約可能な労働契約が締結されたものと考えられています（大日本印刷事件 最高裁二小 昭54．7.20判決）。採用内定通知には、一般的に「取消事由」が記載されていますが、取り消し事由は、「解約権留保の趣旨、目的に照らして客観的に合理的と認められ社会通念上相当として是認することができるものに限られる」と解されています。また、内定取り消しが認められるのは、従業員としての不適格性または不信義性が明らかになったような場合に限る（日立製作所事件 横浜地裁 昭49．6.19判決 労判206号46ページ）とされています。

ご質問のケースでは、通称名の使用を認めないとの措置に納得しないという理由のみをもって、従業員としての不適格性が明らかになったとは考えにくいため、これを理由とする内定取り消しは無効とされる可能性が高いと考えられます。

（都留 綾子）

Q9 同一企業からの転職者が多く入社し、同社から"引き抜き行為"として抗議を受けている場合、どう対応すべきか

現在、当社では規模・業種が異なるＡ社からの転職者が増えており、先日同社から「従業員の引き抜きをやめてほしい」との抗議を受けました。たまたま同社元従業員からの当社求人への応募、入社が重なったもので、実際に当社による同社従業員を対象とした引き抜き等の行為はないと考えており、困惑しています。このような場合、同社の抗議に対してどう対応すべきでしょうか。

Ａ社に対して、どのような根拠を基に貴社が引き抜きを行ったと考えているのかを明らかにするよう求めた上で、違法な引き抜き行為の有無を判断すべき

1.引き抜きとは

人材の「引き抜き」とは、一般に、「ある企業から自己の必要とする労働者を辞めさせ、自己の企業との雇用関係に入らせること」(菅野和夫・山川隆一『労働法 第13版』[弘文堂]713ページ)であると理解されています。したがって、単なる勧誘行為であっても、引き抜きがあったと判断される可能性は否定できません。

ご質問のケースにおいて、貴社は"引き抜き等の行為はない"と考えています。しかし、実際にＡ社からは「従業員の引き抜きをやめてほしい」との抗議を受けており、また、Ａ社と貴社はお互いに規模や業種が異なる企業であるにもかかわらず、同社からの転職者が増えているようですので、その抗議について、全く理由がないと即断するべきではありません。

2.引き抜き行為が違法となる場合

仮に、Ａ社の抗議のとおり貴社による何らかの引き抜きがあったとしても、すべての引き抜きが違法になるわけではありません。

引き抜きが問題となる事案では、これを実行した者が、引き抜き対象となった企業の元従業員であることが多いです。ご質問のケースであれば、Ａ社従業員が貴社に転職した後に、Ａ社に在籍する上司や部下に対し引き抜き行為に及んだケースが想定されます。では、引き抜きを実行した者はどのような場合に責任を負うのでしょうか。

労働者には転職の自由が保障されていますので、引き抜きが通常の勧誘行為にとどまる限りは、原則として違法となりません。

ただ、すべての引き抜き行為が許されるわけではありません。多くの裁判例において、引き抜き行為が単なる転職の勧誘の域を超え社会的相当性を逸脱したものといえる場合には、自由競争の範囲を超え違法であると判断されています（フレックスジャパン・アドバンテック事件　大阪地裁平14．9．11判決　労判840号62ページ）。

社会的相当性を逸脱したか否かの判断においては、引き抜き行為の内容と態様の悪質性、具体的には、①転職する従業員のその会社に占める地位、②会社内部における待遇および人数、③当該従業員の転職が会社に及ぼす影響、④転職の勧誘に用いた方法（退職時期の予告の有無、秘密性、計画性等）等の諸般の事情が総合考慮されることとなります（ラクソン事件　東京地裁　平３．2.25判決　判タ766号247ページ）。

3.転職先企業が責任を負う場合

転職先企業がいかなる場合に引き抜きの責任を負うかを検討するに当たっては、上記ラクソン事件判決が参考になります。同事案では従業員の同業他社への大量移籍が計画的・背信的であるとして、これを実行した者のみならず移籍先の会社に

ついても不法行為が成立するとされました。同事件の概略は、以下のとおりです。

- ●原告Ｘ社：英会話教室を経営する会社
- ●被告Ｙ１：Ｘ社の元取締役兼営業本部長
- ●被告Ｙ２社：英語教材販売業の会社

Ｙ１は、Ｘ社を退職した直後からＹ２社と接触するようになり、Ｙ１とＹ２社は、Ｙ１がＹ２社に移籍することを前提として、同人の元部下である従業員に対する引き抜きに関する段取りの協議を開始した。

その後、Ｙ１は、元部下の従業員らにＸ社の経理状況を漏らし、また、移籍後の営業場所を確保した上で、慰安旅行の名目で同従業員らをホテルに連れ出し、Ｙ２社の役員がＸ社の従業員らに対しＹ２社の会社説明を行い、自社への移籍を説得した。

その結果、上記旅行の翌日に、Ｙ１およびＹ１の元部下ら21人がＹ２社の営業所で営業を開始したため、Ｘ社は、Ｙ１について雇用契約上の債務不履行責任等を主張するとともに、Ｙ２社に対しては不法行為責任を主張して損害賠償請求をした。

裁判所は、移籍先会社であるＹ２社について、「ある企業が競争企業の従業員に自社への転職を勧誘する場合、単なる転職の勧誘を越えて社会的相当性を逸脱した方法で従業員を引き抜いた場合」に不法行為責任を負うと述べた上で、Ｙ２社がＸ社の従業員の集団移籍に積極的に関与していたこと等の事情を認定し、Ｙ２社の不法行為責任を肯定しました。

上記ラクソン事件からすれば、貴社に転職した者がＡ社の元部下に対して、たまたま貴社の賃金額等の労働条件を明らかにする、あるいは「良い会社だ」などと伝える程度では、違法な引き抜

き行為とはいえないことになります。

4.貴社が取るべき対応

上記ラクソン事件からすれば、転職先企業が引き抜きの責任を負うのは、当該引き抜きの態様が社会的相当性を逸脱すると評価される程度に悪質なものであり、かつ、転職先企業が当該引き抜きに積極的に関与しているといった場合に限られる可能性が高いと考えられます。

他方で、冒頭で述べたとおり、Ａ社がいかなる根拠に基づいて貴社が引き抜きを行ったと考えているかが明らかではありません。したがって、Ａ社に対してこの点を明らかにするよう求めるべきです。

その上で、貴社において、そもそもＡ社のいう引き抜き行為があったのか、あったとして上記の裁判例等に照らして違法な引き抜きに当たるかどうか、検討する必要があります。

貴社において違法な引き抜きがないと判断されるのであれば、Ａ社の誤解を解き紛争を予防する観点からも、貴社の見解を同社に対し十分に説明することとなります。

蛇足ですが、ご質問のケースの貴社に当たる会社より委任を受けて、筆者が被告代理人となった事件がありました。原告と被告は同一業種ではなく、隣接業界にある事案ですが、最初に移籍した１人が、元の職場の同僚に個人的に転籍先の様子や、賃金額を話しただけであって、積極的な勧誘行為をした事実もないことから、原告会社が上記ラクソン事件の判断材料をすべて立証することは困難な状況にあり、筆者が委任を受けた会社が勝訴しています。

（山﨑　和義）

Q10 採用面接で精神疾患の既往歴を尋ね、回答を強制することは違法か

採用面接時に、精神疾患の既往歴を確認したいと考えています。センシティブな情報でもあるため、本人に尋ねること自体が違法なのでしょうか。また、回答を強制することは違法になるのでしょうか。「精神疾患の既往歴はない」と回答した者のみ採用したいのですが、このように精神疾患の有無を採用基準とすることは可能でしょうか。

精神疾患の既往歴を質問することは違法ではないと考えられるが、業務上の必要性があることが前提であり、センシティブな情報であるため、回答は任意であるとして質問することが適切である

1. 採用の自由の一環としての「調査の自由」

企業側の採用の自由は、使用者の契約の自由の一つと位置づけられています。そして、いったん採用すれば解雇が困難である以上、企業には広範な採用の自由が認められ、応募者の採否を判断する過程で、一定事項について本人の申告を求め、情報を収集することができます。リーディングケースとされている三菱樹脂事件（最高裁大法廷昭48.12.12判決　労判189号16ページ）において、裁判所は、「企業者が雇傭の自由を有し、思想、信条を理由として雇入れを拒んでもこれを目して違法とすることができない以上、企業者が、労働者の採否決定にあたり、労働者の思想、信条を調査し、そのためその者からこれに関連する事項についての申告を求めることも、これを法律上禁止された違法行為とすべき理由はない」として、採用選考過程における調査の自由を広く認めています。

2. 精神疾患の既往歴に関する質問の違法性

近年、メンタルヘルス不調を契機とした人事労務問題における企業の負荷を考えると、企業側としては、できれば心の健康に問題のない応募者を採用したいと考えるのも一理あり、職安法5条の5に定める「業務の目的の達成に必要な範囲内」であれば、採否決定のための調査の一環として、精神疾患の既往歴を質問することも直ちに違法と

図表　要配慮個人情報とは

> 個人情報の中には、他人に公開されることで、本人が不当な差別や偏見などの不利益を被らないようにその取扱いに特に配慮すべき情報があります。例えば、次のような個人情報は、「要配慮個人情報」として、取扱いに特に配慮しなければいけません。
> 　人種、信条、社会的身分、病歴、犯罪の経歴、犯罪により被害を被った事実のほか、身体障害・知的障害・精神障害などの障害があること、医師等により行われた健康診断その他の検査の結果、保健指導、診療・調剤情報、本人を被疑者又は被告人として逮捕等の刑事事件に関する手続が行われたこと、非行・保護処分等の少年の保護事件に関する手続が行われたことの記述などが含まれる個人情報
> 　このような「要配慮個人情報」の取得には、原則としてあらかじめ本人の同意が必要です。

資料出所：政府広報オンライン

評価される可能性は低いと考えます。

他方で、不必要に応募者のプライバシーが侵害されないように配慮することも必要です。すなわち、「病歴」は個保法における「要配慮個人情報」（同法2条3項）であり【図表】、原則として、あらかじめ「本人の同意」を得ないで取得することはできません（同法20条2項）。厚生労働省は、「雇用管理分野における個人情報のうち健康情報を取り扱うに当たっての留意事項」（平29．5.29個情749・基発0529第3、一部改正：令5.10.27基発1027第5）において、「任意に労働者等から提供された本人の病歴、健康診断の結果、その他の健康に関する情報」については、特に配慮を要

するとし、「労働者の健康情報の保護に関する検討会報告書」においても、健康情報は、個人情報の中でも「特に機微な情報」であるという基本的な考え方の下、「メンタルヘルスに関する健康情報のうち、精神疾患を示す病名は誤解や偏見を招きやすいことから、特に、慎重な取扱いが必要である」としています。

以上により、企業が精神疾患の既往歴を質問する際には、その回答の内容が、業務の目的を達成するために必要でなければならず、応募者に対しては、調査の目的（業務上の必要性）を丁寧に説明した上で、「答えたくなければ答えなくてよい」という形式で、強制ではなく任意で回答を求めることが肝要です。

3. 既往歴の有無を採用基準とする取り扱いは可能か

精神疾患の既往歴の有無を採用基準とすることが、法的に問題となり得る採用差別につながる取り扱いとならないか慎重な検討が必要です。

職務内容や職業能力との関連性がなく、他に客観的に合理的な理由もない事由によって採用を拒否し、応募者の人格権を侵害することは、不法行為として損害賠償責任を発生させる可能性があると有力な学説（水町勇一郎『詳解労働法 第3版』［東京大学出版会］477ページ）が説いています。

また、「応募者の適性・能力とは関係ない事柄」で採否を決定していると判断された場合、厚生労働省が公表している「公正な採用選考の基本」の考え方に抵触するとして、行政指導を受ける可能性もあります。

したがって、精神疾患の既往歴の有無を採用基準とするためには、当該有無が職務内容や職業能力と関連性があることを客観的合理的に説明できるかどうか確認した上で行うことが企業側の対応として適切であると考えます。

4. ご質問に対する実務的対応

最後に、「メンタルヘルス」や「心の病」といった用語は抽象的概念であり、厚生労働省「心理的負荷による精神障害の認定基準について」（令5.9.1　基発0901第2）の労災認定基準における定義は「精神疾患」ではなく、「精神障害」という用語が用いられています。したがって、応募者が、自己の既往歴が質問されている既往歴に該当するのかどうか迷わないように質問の内容を具体的にすることが考えられます。例えば、業務に関連して発病する可能性のある精神障害の代表的なものは、うつ病、急性ストレス反応、適応障害などとされています。これらの病名を具体的に挙げ、応募者の職務内容や職業能力と関連づけた上で、これを把握する業務上の必要性があることを前提に、応募者の人格に配慮しながら質問の仕方を工夫することが適切と考えます。

（飯塚　佳都子）

履歴書の本人写真が大幅に修整されていたことを理由に内定を取り消せるか

先日採用内定を出した学生につき、履歴書貼付の本人写真が実物とはかけ離れていることが判明しました。採用担当者によれば、志望動機や本人アピール欄に注目するあまり、写真との厳密な照合を怠っていたとのことです。写真をよく見れば同一人物であることがかろうじて判別できるレベルで、本人も「少しでも好印象を得たかった」と意図的な修整を認めています。この場合、「履歴書の改ざん」として内定を取り消すことは認められるでしょうか。

履歴書の写真を修整したことのみを理由とした内定取り消しは社会通念上相当とはいえず、法的に無効。したがって、内定を取り消すことはできないと考えるべき

1.新卒採用の手続き

新卒採用では、企業が求人情報をインターネットの求人サイトや自社のホームページに掲載し、インターネットで応募者がエントリーを行い、書類選考、企業訪問、採用試験、複数回にわたる採用面接を経て、採用内定、そして入社という手続きを取るのが一般的です。学生本人が納得する企業から採用内定をもらった場合には、通常、その時点で就職活動を終了することになります。

2.採用内定の法的性質

採用内定によって労働契約が成立しているのか、それともいまだ労働契約は成立していないのかという点ですが、大日本印刷事件（最高裁二小昭54．7.20判決 民集33巻5号582ページ）で、最高裁は「上告人（編注：企業）からの募集（申込みの誘引）に対し、被上告人が応募したのは、労働契約の申込みであり、これに対する上告人からの採用内定通知は、右申込みに対する承諾であつて、被上告人の本件誓約書の提出とあいまつて、これにより、被上告人と上告人との間に、被上告人の就労の始期を昭和44年大学卒業直後とし、それまでの間、本件誓約書記載の5項目の採用内定取消事由に基づく解約権を留保した労働契約が成立したと解する」と判示し、採用内定によって、始期付解約権留保付労働契約が成立したものと取り扱われています。

3.採用内定取り消しの可否

前掲大日本印刷事件で、最高裁は、採用内定取り消しについて、「採用内定の取消事由は、採用内定当時知ることができず、また知ることが期待できないような事実であつて、これを理由として採用内定を取消すことが解約権留保の趣旨、目的に照らして客観的に合理的と認められ社会通念上相当として是認することができるものに限られると解するのが相当である」として、採用内定取り消しには一定の制限を課しています。

4.履歴書等の虚偽記載を理由とする採用内定取り消しの可否

履歴書等の虚偽記載を理由とした採用内定取り消しの有効性が争われた事件として、日立製作所事件（横浜地裁 昭49．6.19判決 判時744号29ページ）があります。これは、在日朝鮮人であることを秘匿して応募書類の氏名・本籍欄に虚偽の内容を記載し、採用された原告が、入寮手続きの際に在日朝鮮人であることを明らかにしたため、採用内定を取り消された事案です。裁判所は、提出書類の虚偽記入という採用内定取消事由について、その内容・程度が重大なもので、信義を欠くようなものでなければ採用内定を取り消せないと判示し、詐称した事項、態様、程度、方法、動機、詐称していたことが判明するに至った経緯等を総合的に考慮すべきとしました。その上で、この事案は国籍を理由とする差別的取り扱いであるとして、採用内定取り消しは無効であるとしました。

一方、電電公社近畿電通局事件（最高裁二小昭55．5.30判決 民集34巻3号464ページ）では、「被上告人（編注：会社）において本件採用の取消をしたのは、上告人が反戦青年委員会に所属し、その指導的地位にある者の行動として、大阪市公安条例等違反の現行犯として逮捕され、起訴猶予処分を受ける程度の違法行為をしたことが判明したためであつて、被上告人において右のような違法行為を積極的に敢行した上告人を見習社員として雇用することは相当でなく、被上告人が上告人を見習社員としての適格性を欠くと判断し、本件採用の取消をしたことは、解約権留保の趣旨、目的に照らして社会通念上相当として是認することができるから、解約権の行使は有効と解すべきで

ある」として、採用内定取り消しは有効であるとしました。

5.ご質問への回答

ご質問の、履歴書の写真を意図的に修整したということは、履歴書等へ虚偽の記載をしたことと同様に考えることができます。

そして、上述のとおり、採用内定を取り消すことができるのは、採用内定当時知ることができず、また、知ることが期待できないような事実であって、これを理由として採用内定を取り消すことが解約権留保の趣旨、目的に照らして客観的に合理的と認められ社会通念上相当として是認することができる場合に限られます。

以上を踏まえると、企業の採用担当者は面接時に顔と名前を確認し、面接の内容を踏まえて、採用内定を決定しますが、履歴書の写真については応募時に既に企業に提出されており、企業として、履歴書の写真を意図的に修整したかどうかは採用内定当時知ることができたはずです。

ましてや、より自分を良く見せたいという気持ちにも汲むべきところはあり、また、容姿は基本的に業務遂行能力とは直接関係のない事柄ですので、その内容・程度が重大なもので信義を欠くとまでは評価できません。

したがって、履歴書の写真を修整したことのみを理由として内定を取り消すことは社会通念上相当であるとはいえず、法的には無効となります。ただ、採用内定よりも前の段階において、履歴書の写真を意図的に修整していたことを理由として不採用とすることは、もちろん問題ありません。

（岡崎　教行）

試用期間中に痴漢行為で逮捕され、出勤できなくなった従業員を本採用拒否してよいか

当社では、本採用前に試用期間を設けています。先日、試用期間10日目の従業員が通勤途中に電車内での痴漢行為により逮捕されました。当面は出勤の見通しが立たないことから、期間満了前に本採用拒否としたいのですが、問題ないでしょうか。あるいは懲戒規定に基づき出勤停止処分とすべきでしょうか。

出勤がなされないことを理由とした本採用拒否は問題ない。他方、懲戒処分は妥当でない

1.痴漢行為についての調査・事実認定
[1] 痴漢行為に対する取り締まりと企業の調査

痴漢行為については、各都道府県の迷惑防止条例によって取り締まられています。例えば、東京都の場合には、「6月以下の懲役又は50万円以下の罰金」の対象となります（公衆に著しく迷惑をかける暴力的不良行為等の防止に関する条例5条1項1号、8条1項2号）。

企業外での痴漢行為のように私生活上の非行行為の事案では、企業が調査をすることは困難です。これは、法律上捜査権限が認められている捜査機関（警察・検察）と異なり、一企業が、企業外で証拠を収集したり、関係者から事情聴取をしたりすることはできないからです。したがって、非行行為に及んだ本人自らが事実関係を認める供述（自白）をした場合を除き、調査は難しいといえます。

[2]事実認定の難度

しかしながら、本人の供述も簡単には得られない状況が想定されます。すなわち、本人が捜査機関に逮捕・勾留されるような場合、企業は本人と接触することが基本的に難しい（20分程度の接見しか許されない、または接見自体できない）ため、自白を得ることはもとより、そもそも本人と落ち着いて話せるようになるまで時間がかかることが考えられます。

そのため、「捜査結果を待つのはどうか」という疑問もあるでしょう。企業が証拠を収集できないとしても、捜査により事実が明らかになるのであれば、その結果をもって企業が処分を検討すればよいのではないか——という考え方です。

しかしながら、捜査機関の捜査情報・証拠が企業に開示されることはありません。また、逮捕・勾留されたとしても、それによって事実が確定したわけではありません。憲法31条は「何人も、法律の定める手続によらなければ、その生命若しくは自由を奪われ、又はその他の刑罰を科せられない」と定めており、刑事裁判により有罪判決が確定するまでは無罪推定の原則が適用されます。したがって、刑事裁判の確定まで、長期間待たなければなりません。

2.痴漢行為に対する懲戒処分の可否
[1]私生活上の非行行為への懲戒処分

仮に事実が認定できた場合に、私生活上の非行行為について、懲戒処分を科すことができるか否かも問題となります。

確かに、多くの企業の就業規則は、私生活上の非行行為についても懲戒事由として取り込める内容となっています。しかしながら、企業が就業規則に規定し、労働契約の内容として定める懲戒制度は、服務規律や企業秩序の維持のために認められているものであり、業務とは無関連に、就業時間外・企業施設外でなされた私生活上の非行行為は、原則として懲戒処分の対象となりません。

もっとも、私生活上の非行行為であっても、事業活動に直接関連を有するものや企業の社会的評価の毀損をもたらすものについては、懲戒の対象となり得る場合もあります（菅野和夫・山川隆一『労働法 第13版』［弘文堂］665ページ）。

[2]最高裁判例

以上の考え方は、最高裁判例でも是認されています。一つ目の判例は、国鉄に務める従業員が、その所属する国鉄労働組合が支援を決めた「教育課程研究協議会開催反対運動のデモ」に参加し、その際、公務執行妨害罪により逮捕され、有罪判決が確定し、懲戒免職された国鉄中国支社事件（最高裁一小　昭49．2．28判決）です。この事案で、最高裁判所は、「従業員の職場外でされた職務遂行に関係のない所為であつても、企業秩序に直接の関連を有するものもあり、それが規制の対象となりうることは明らかであるし、また、企業は社会において活動するものであるから、その社会的評価の低下毀損は、企業の円滑な運営に支障をきたすおそれなしとしないのであつて、その評価の低下毀損につながるおそれがあると客観的に認められるがごとき所為については、職場外でされた職務遂行に関係のないものであつても、なお広く企業秩序の維持確保のために、これを規制の対象とすることが許される場合もありうるといわなければならない」と判示しました（下線は筆者。以下同じ）。

二つ目の判例は、従業員らが、在日米軍の基地拡張に反対する活動に加担し、逮捕・起訴されたことを理由に、就業規則において定められていた「不名誉な行為をして会社の体面を著しく汚したとき」に該当するとして懲戒解雇等された日本鋼管事件（最高裁二小　昭49．3．15判決）です。この事案において、最高裁判所は、「従業員の不名誉な行為が会社の体面を著しく汚したというためには、必ずしも具体的な業務阻害の結果や取引上の不利益の発生を必要とするものではないが、当該行為の性質、情状のほか、会社の事業の種類、態様・規模、会社の経済界に占める地位、経営方針及びその従業員の会社における地位・職種等諸般の事情から綜合的に判断して、右行為により会社の社会的評価に及ぼす悪影響が相当重大である

図表 私生活上の非行行為への懲戒処分に関する考え方

| 私生活上の非行行為 | = | 業務とは無関連 | + | 就業時間外 | + | 企業施設外 | の非行行為 |

| 原　則 | 懲戒処分の対象とならない |

| 例　外
（会社の社会的評価に重大な悪影響を与えるような行為） | 懲戒処分の対象となり得る
→①当該行為の性質・情状、②会社の事業の種類・態様・規模、③会社の経済界に占める地位、経営方針、④その従業員の会社における地位・職種等諸般の事情から総合的に判断し、客観的に悪影響が認められるもの |

と客観的に評価される場合でなければならない」と判示しています。

　以上の判決をまとめると、[図表] のとおり整理できます。

3.ご質問のケースについて

[1]出勤停止処分等の可否

　ご質問のケースのように、一従業員が業務とは全く無関連に痴漢行為に及んだ場合、その行為が企業と結び付けられ、その個人とは別に企業の社会的評価の低下毀損を招来するということが客観的に認められるか──という点には疑問があります。主観的には社会的評価が低下毀損するという感情も至極理解できますが、客観性に乏しいと言わざるを得ず、筆者としては、懲戒処分が違法無効とされる可能性が高いと考えます。

　なお、痴漢行為による逮捕・起訴、有罪判決を理由に懲戒解雇された事案で、中には懲戒解雇を有効とした裁判例もありますが、一般化できないものと考えられます。

　鉄道会社の場合や、痴漢行為が刑法に規定する強制わいせつ罪に相当するような場合に限り、懲戒解雇の有効性が基礎づけられると思われます（実際に、鉄道会社の従業員による痴漢行為での懲戒解雇を有効と判断した裁判例もあります〔小田急電鉄事件　東京高裁　平15.12.11判決〕）。

　そのため、出勤停止処分等の懲戒処分を科すことが妥当とはいえません。

[2]労務の不提供を理由とした普通解雇

　前述のとおり、逮捕・勾留されたとしても罪が確定したわけではなく、刑事裁判により有罪判決が確定するまでは、無罪推定の原則が働いています。

　したがって、痴漢行為の疑いがあることや逮捕・勾留されたこと自体ではなく、それにより長期間労務提供が行われないことを理由とした対応を検討するべきです。具体的には、断片的な情報で不十分な事実認定に基づいて懲戒処分を検討するのではなく、労務の提供がなされないことを理由とした普通解雇が妥当であり、本件では本採用拒否に問題はないと考えます。

（萩原　勇）

採用応募者に対し、オンライン面接を自宅以外で受けることを禁止できるか

当社は、今後の採用活動時にオンライン面接の過程を設けることにしました。情報漏洩防止のため、採用応募者には、自宅で面接を受けることとした上で、飲食店等の公共施設や学校施設からの参加は禁止したいと考えています。また、仮に自宅以外で面接していることが発覚した場合は採用を見送る旨をあらかじめ通知するとともに、採用内定通知においても、自宅以外で採用面接に参加していたことが内定後に発覚した場合には内定を取り消す旨を記載したいと思いますが、問題でしょうか。

 オンラインの採用面接に関し、自宅以外からの参加の禁止および自宅以外からの参加が発覚した場合に採用を見送ることは可能。しかし、自宅以外からの採用面接への参加が発覚したことを理由に採用内定を取り消すことは困難と考える

1.採用の自由

企業による労働者の採用は、企業が労働者と労働契約を締結することであり、企業には、私法上の契約締結の自由として、採用の自由が認められています。判例も、「企業者は、(中略)契約締結の自由を有し、自己の営業のために労働者を雇傭するにあたり、いかなる者を雇い入れるか、いかなる条件でこれを雇うかについて、法律その他による特別の制限がない限り、原則として自由にこれを決定することができる」(三菱樹脂事件 最高裁大法廷 昭48.12.12判決)と述べ、法律等により特別に制限されていない限り、企業には採用の自由が認められています。

2.採用の自由の内容

採用の自由として、具体的には、①雇入れ人数決定の自由、②募集方法の自由、③選択の自由(どのような労働者をどのような基準で採用するかを決定する自由)、④労働者に関する調査の自由、⑤契約締結の自由(契約締結を強制されない自由)が認められると解されています。

[1]募集方法の自由(上記②)

企業は、労働者を募集するに当たり、公募によるか、縁故採用とするか、また、公募によるとして、自社ホームページや広報誌等で募集をするのか、いわゆる転職エージェントを利用するのか等、いかなる方法で労働者の募集を行うかを自由に決定することができます。また、採用過程についても、どのような入社試験を実施するか(筆記試験を行うか、採用面接を行うか、採用面接は何回行うか等)、筆記試験や面接の内容をどのようなものとするか、また、それらをどのような方法により行うかを自由に決定することができます。

このため、ご質問のケースのように、入社試験として、オンライン面接の過程を設けること、また、オンライン面接を実施するに当たり、情報漏洩防止に配慮して、採用応募者に自宅から採用面接に参加することを求めることも、企業の採用の自由(募集方法の自由)の一環として、認められると考えられます。

[2]選択の自由(上記③)

どのような労働者を採用するかは、企業の業績を含め企業経営の根幹に関わる事項であるため、採用の自由の中心的な内容として、企業には、どのような労働者をどのような基準で採用するかを決定する自由(選択の自由)が保障されています。このため、企業が学歴、職歴、特定の資格や経験の有無を採用の基準としたり、コミュニケーション能力や協調性、人柄等を基準としたりして採用対象者を選定することも、選択の自由として

許されます。

　もっとも、採用の自由（選択の自由）にも、法律等による一定の制約があり、例えば、募集・採用において、性別、年齢、障害を理由として差別をすることは禁止されています。また、法律による明文規定がない場合でも、採用応募者の人格権等を侵害するような場合には、公序良俗違反（民法90条）や不法行為（同法709条）とされる可能性があります。

　ご質問のケースでは、企業の定めたルールに反して、自宅以外の場所から面接に参加したことが発覚した場合には採用を見送る方針とし、その旨をあらかじめ採用応募者にも通知したいとのことです。企業がオンライン面接について、情報漏洩防止の観点から自宅以外の場所からの参加を禁止することには、合理的な理由があると考えられます。また、採用応募者が企業の定めた採用面接のルールに違反したという事実は、採用応募者が情報管理を含む企業規律を軽視していることをうかがわせ、労働者としての適性にも関わる事情であることから、そのような場合に、企業が採用を見送る旨の判断をすることも、公序良俗に反するとはいえず、企業の選択の自由として認められると考えられます。

3.採用内定後の採用内定取り消しの可否
[1]採用内定の法的性質

　採用内定の法的性質を定めた法律はなく、その法的性質は、個々の契約の解釈によって定まります。一般的な民間企業の新卒者の採用プロセスを前提とすると、企業の募集に対する労働者の応募が労働契約の申し込みであり、これに対する企業の内定通知が申し込みに対する承諾（採用決定の意思表示）であると解され、採用内定の時点で、特定の入社日を始期とし、かつ、採用内定通知書や誓約書等に記載された取り消し事由に基づく解約権を留保した労働契約が成立したと解される場合が通常であると考えられます（始期付解約権留保付労働契約成立説）。

　採用内定によって労働契約が成立すると解される場合、採用内定取り消しは、労働契約の解約となり、内定通知の際に企業が留保した解約権の行使に該当します。したがって、前記2.[2]の選択の自由（採用の自由）の場面ではなく、解雇権濫用規制（労契法16条）に類似した規制が及びます。判例も、採用内定時に始期付解約権留保付労働契約が成立したと解される事案において、「採用内定の取消事由は、採用内定当時知ることができず、また知ることが期待できないような事実であつて、これを理由として採用内定を取消すことが解約権留保の趣旨、目的に照らして客観的に合理的に認められ社会通念上相当として是認することができるものに限られる」（大日本印刷事件最高裁二小　昭54．7.20判決）と述べ、採用内定の取り消し事由を限定的に解しています。

　実務的には、採用内定通知や誓約書等に、内定取り消し事由として、「所定の時期に卒業できなかったこと」「提出書類の虚偽記載・経歴詐称」「健康状態の悪化」「非違行為の発覚」等を記載することが多く、これらは、「採用内定当時知ることができず、また知ることが期待できないような事実」に該当すると考えられます。しかし、法的に内定取り消しが認められるかは、個別事案によりケース・バイ・ケースであり、内定取り消しが認められるのは、内定後に判明した事実の内容・程度が重大であり、かつ、それによって従業員としての適性や会社の信用等に重大な影響がある場合に限られます。

[2]ご質問についての検討

　採用内定により労働契約が成立したと解される場合において、ご質問のケースのように、内定者が企業の定めた採用面接のルールに違反していたことが発覚したという事実は、仮にそれを内定取り消し事由としてあらかじめ通知していたとしても、内定者の労働者としての適性に一定の影響を与える事実ではあるものの、内定取り消し（労働契約の解約）の適法性を基礎づけるほどの重大な事実であるということは難しく、実際に内定を取り消すことは控えたほうがよいでしょう。

（清水　美彩惠）

Q14 採用面接時に在宅勤務の可否を尋ねることは「採用選考時に配慮すべき事項」に照らして問題か

当社は在宅勤務を主とした働き方を採用しており、新入社員にもこれを推奨しています。このため、採用面接時に在宅勤務の可否を尋ねていますが、これは厚生労働省が「公正な採用選考の基本」として示している「採用選考時に配慮すべき事項」のうち、「住宅状況に関すること」に当たるでしょうか。また、応募者がこの質問において、「子どもや年配の家族がいるため在宅勤務は難しい」などと回答した場合、家族に関することを把握したとみなされるでしょうか。こうした質問をする際の留意点と併せてご教示ください。

「採用選考時に配慮すべき事項」との関係で問題はないが、質問をする理由は事前に説明すべき

1. 採用の自由と調査の自由

契約自由の原則は、労働契約にも妥当し、使用者は自己の営業のために労働者を雇用するに当たり、いかなる者を雇い入れるか、いかなる条件でこれを雇うかについて、法律その他による特別の制限がない限り、原則として自由にこれを決定することができます（三菱樹脂事件　最高裁大法廷昭48.12.12判決　民集27巻11号1536ページ）。また、使用者は、採用の自由が保障されていることに伴い、採否の判断の資料を得るために、応募者に対する調査を行う自由も保障されています（上記三菱樹脂事件、B金融公庫［B型肝炎ウイルス感染検査］事件〔東京地裁　平15.6.20判決　労判854号5ページ］等参照）。

2. 調査の自由に対する制約

調査の自由は無制約なものではなく、職安法や個保法などの法令による規制を受けます。例えば職安法は、本人の同意がある場合その他正当な事由がある場合を除き、業務の目的の達成に必要な範囲内で求職者等の個人情報を収集等しなければならないと定めています（5条の5第1項）。このほか、応募者の人格的尊厳やプライバシーなどとの関係で、調査の方法および調査の事項の双方において制約があり、応募者に対する調査は、社会通念上妥当な方法で行われなければなりません。また、企業が質問や調査をできるのは、応募者の職業上の能力・技能や従業員としての適格性に関連した事項に限られると解されます（菅野和夫・山川隆一『労働法 第13版』［弘文堂］257～258ページ）。

調査の過程で労働者のプライバシー権などの侵害が生じた場合は不法行為が成立し、慰謝料等の損害賠償義務が生じます（上記B金融公庫［B型肝炎ウイルス感染検査］事件等参照）。

3.「公正な採用選考の基本」について

厚生労働省は、就職の機会均等を確保するため、応募者の基本的人権を尊重した公正な採用選考を実施するよう事業主へ呼び掛けており、その考え方をまとめた「公正な採用選考の基本」をWEBサイト等で公表しています。その中で、採用選考の基本的な考え方は、①応募者の基本的人権を尊重すること、②応募者の適性・能力に基づいた基準により行うことであるとし、「採用選考時に配慮すべき事項」として、「本人に責任のない事項」や「本来自由であるべき事項（思想・信条にかかわること）」を挙げています。このため、応募者の適性や能力に関係がない事項を面接で尋ねるなどしてそれらに関する情報を把握すること

は、就職差別につながるおそれがあるため、控えるべきです。

なお、「公正な採用選考の基本」は、あくまで行政としての考え方を示したものであり、企業がこれに沿った対応をしなかったことに対する直接的な制裁は予定されていません。また、これに沿わなかったことが直ちに不法行為上の違法性につながるものでもありません。もっとも、前記裁判例（B金融公庫［B型肝炎ウイルス感染検査］事件）は、「労働契約は労働者に対し一定の労務提供を求めるものであるから、企業が、採用にあたり、労務提供を行い得る一定の身体的条件、能力を有するかを確認する目的で、応募者に対する健康診断を行うことは、予定される労務提供の内容に応じて、その必要性を肯定できるというべき」と判示していることから、調査の自由は、あくまで労務提供を行い得る条件や能力に関する確認を目的とする限りにおいて認められるものと読み取ることができます。これは、労働者の適性や能力に関係がない事項を面接で尋ねることを禁止する「公正な採用選考の基本」の考え方に通じるものといえます。

4.ご質問のケースについて

[1]配慮が求められる理由

確かに、「公正な採用選考の基本」では、「採用選考時に配慮すべき事項」として、上記のとおり「本人に責任のない事項」について「家族に関すること」や「住宅状況に関すること」を挙げ、「家族に関すること」では「職業、続柄、健康、病歴、地位、学歴、収入、資産など」を、「住宅状況に関すること」については「間取り、部屋数、住宅の種類、近隣の施設など」を例示しています。

もっとも、これらはあくまで本人に責任のない事項や本来自由であるべき事項を理由として、不当な就職差別がなされるおそれがあるという観点から、採用面接での質問に当たって特に配慮が必要とされているものです。

[2]調査の必要性

貴社では、在宅勤務を主とした働き方を行っているとのことで、その働き方を前提に円滑な業務運営を維持する観点から、応募者に在宅勤務の可否を質問する必要性があるものと理解できます。また、自宅での在宅勤務において適切な環境を確保できるかは、使用者が確認すべき事項の一つです。厚生労働省が公表している「テレワークの適切な導入及び実施の推進のためのガイドライン」では、「自宅等でテレワークを行う際の作業環境整備の留意点」が示されており、「自宅等においてテレワークを行う際の作業環境を確認するためのチェックリスト（労働者用）」を活用すること等により、自宅等の作業環境に関する状況の報告を求めることが重要とされています。また、物理的な作業環境だけではなく、同居する家族の状況等も踏まえ、少なくとも所定労働時間において職務に専念することができる環境であるか、在宅勤務でも生産性が上がり効率的な職務遂行が可能であるか等を確認することも必要でしょう。

このような観点によれば、在宅勤務の可否を尋ねることは、貴社における一般的な業務遂行方法との適性を判断する観点で必要性が認められますので、応募者の適性に関する質問といえ、上記「採用選考時に配慮すべき事項」で示された考え方には抵触しないでしょう。また、在宅勤務の可否に関する質問に対し、労働者が家族の状況について回答したとしても、その回答内容は業務遂行方法に係る適性判断に影響するものですから、問題はないと考えます。

[3]質問時の留意点

以上のとおり、在宅勤務の可否を質問すること自体は問題ありませんが、その回答は住宅の様子や家族の状況に及び得るものであることから、あらかじめ質問をする目的を応募者に明示すべきです。また、在宅勤務の可否を漠然と質問するのではなく、確認に当たり最低限必要となる情報のみ個別的に質問をして回答を求めるなど、必要以上に住宅や家族に関する情報を回答させないよう、工夫を行うことが望ましいでしょう。

（町田　悠生子）

Q15 サイニングボーナスを入社半年後に支給する際の留意点および税務上の取り扱い

優秀な人材獲得のため、入社時に一時金を支給するサイニングボーナス制度を導入することを検討しています。金額は200万円程度を予定していますが、入社してすぐに退職される懸念もありますので、社内では入社半年後に支給をしてはどうかという意見が出ています。裁判例では、1年以内に自己都合で退職した場合の返還請求が無効とされたケースもあるようですので、支給時期を遅らせることで、ごく短期間での退職への対処をしたいと考えますが、問題でしょうか。また、半年後の支給が可能な場合、税務上の取り扱いについてご教示ください。

具体的な制度設計次第ではあるが、入社から半年後に約200万円を支給するサイニングボーナス制度について、労基法上問題ないと評価される可能性はある。税務上の取り扱いについては、所得分類に留意すべき

1. サイニングボーナスとは

サイニングボーナス（signing bonus）は、会社と内定者とが雇用契約の成約を確認し、内定者の勤労意欲を促すことを目的に会社から支給される「一時金」として理解されることが多いです。

もっとも、サイニングボーナスは、法令上定義された概念ではなく、「サインアップボーナス」「サインオンボーナス」「入社準備金」「支度金」など、導入する会社によって名称は異なり、法的性質もさまざまです。そのため、ある会社が導入するサイニングボーナス制度の法的有効性について分析する際は、労使間の契約内容を個別具体的に検討する必要があります。

2. サイニングボーナス制度の法的有効性

ご質問において触れられている裁判例は、日本ポラロイド（サイニングボーナス等）事件（東京地裁　平15．3.31判決　労判849号75ページ）かと思われます。この事案では、外資系企業におけるサイニングボーナスに関し、雇用開始以降直ちに200万円を支払い、雇用開始日から1年以内に自らの意思で退職した場合には返還すべきとする約定が、労基法上の強制労働禁止（5条）、賠償予定禁止（16条）に反し無効と判断されました。この裁判例を踏まえると、サイニングボーナス制

度を導入する際は、労働者の意思に反して労働を強制する「経済的足止め策」と評価されるリスクがないか慎重に検討する必要があるといえます。

今回、貴社が導入を検討しているサイニングボーナス制度については、約200万円の支給を①半年間の勤務の対価を含めた一種の「賞与」として整理する場合、②「労働契約締結の対価」として整理し、半年間の勤務を行使条件とする場合の二つに分けて検討するのが適当です。①については、支払い請求権の発生が確定するのが入社から半年経過後であり、労基法上は特段問題となる点はないと思われます。

②については、労働契約を締結しているにもかかわらず、その実際の支払いのために半年間の勤務を条件とする点や支給金額が約200万円と低額ではない点に着目すると、「経済的足止め策」として労働者の意思に反して労働を強制する結果となっていないかという観点からの検討がなお必要です。もっとも、入社後一定期間経過前に自らの意思で退職した従業員に対し、いったん支払った給付の返還を義務づけるような規定をするものではなく、上記日本ポラロイド（サイニングボーナス等）事件判決の事案と比べて労働者への拘束の程度が強度であるとはいえないことを踏まえると、さらなる慎重な制度設計により、結論とし

て、労基法上問題ないと評価される可能性があるものと考えます。

3. 税務上の取り扱い

貴社のサイニングボーナスは、給与所得（所得税法28条）と雑所得（同法35条）のいずれかに該当する可能性が高いと考えられるところ、所得分類次第では、源泉徴収税額の計算方法など法的効果に差が生じます。

そこで、貴社のサイニングボーナスが給与所得と雑所得のどちらに当たるか、以下で検討することとします。

[1] 給与所得と雑所得の区別の基準

所得税法28条1項は「給与所得とは、俸給、給料、賃金、歳費及び賞与並びにこれらの性質を有する給与（中略）に係る所得をいう」と定めていますが、その判断基準を明らかにしていません。この点、弁護士顧問料事件（最高裁二小　昭56．4.24判決　民集35巻3号672ページ）は、「給与所得とは雇傭契約又はこれに類する原因に基づき使用者の指揮命令に服して提供した労務の対価として使用者から受ける給付をいう」と判示しています。

他方、同法35条1項は「雑所得とは、利子所得、配当所得、不動産所得、事業所得、給与所得、退職所得、山林所得、譲渡所得及び一時所得のいずれにも該当しない所得をいう」と定めています。また、源泉徴収義務を定めた同法204条1項7号の「契約金」の範囲について、所得税基本通達204－30は「一定の者のために役務を提供し又はそれ以外の者のために役務を提供しないことを約することにより一時に支払を受ける契約金、支度金、移転料等の全てのものが含まれる」としており、同通達35－1の(9)は「契約金」が雑所得に当たることを確認しています。

以上を踏まえると、サイニングボーナスが給与所得と雑所得のいずれに当たるかを判断する際は、「提供した労務の対価」としての性質を有するか、役務提供それ自体の対価ではなく、「これを約することの対価」としての性質を有するかが重要と考えられます。

[2] 貴社のサイニングボーナスが給与所得と雑所得のどちらに当たるか

まず、前記2．で①の整理を行った場合、サイニングボーナスは半年間の労務の対価を含めた一種の賞与ですので、所得分類においても「給与所得」と評価される可能性が高いと考えられます。

他方、同様に②の整理を行った場合、サイニングボーナスは、労務提供の対価というよりもむしろ貴社のために役務を提供することを約することで支給される契約金、支度金としての性質を有することになりますので、「雑所得」と評価される可能性が高いと考えられます。

なお、実際にサイニングボーナスを制度設計する際は、税務専門家にアドバイスを求め、税務上適切な形に整理できるようにすることをお勧めします。

（福井　悠）

Q16 採用選考時のWEBテストにおける"替え玉受験"を防止するにはどうすればよいか

当社では、新卒採用・中途採用ともに、選考の初期段階でWEBテスト（適性検査等）を実施しています。しかし、WEBテストは実施に当たって厳密な本人確認が行えないため、"替え玉（成り済まし）受験"が横行しているという話も聞きます。大量の応募者を選別する上でWEBテストは欠かせないと考えていますが、替え玉受験等の不正を防止するためにはどうすればよいでしょうか。

実施に際しては、自社または外部テストセンターの利用を通じ監視することが望ましい。監視が難しい場合、WEBテスト結果を改めてペーパーテストで検証する対応も考えられる

1. WEBテストを取り巻く昨今の状況

採用時に適性検査を実施する企業・団体は多く、特に新卒採用での利用割合は9割以上とのデータもあります。また、指定された会場に出向いて受験することが多いペーパーテストよりも、受験者自身が都合の良い場所・時間に受験可能で、実施に際しての事前準備など会社側の負担も少ないWEBテスト（※1）が現在の主流となっています。

一方、試験官等による物理的な監視下にないWEBテストは"替え玉"による対応が容易であり、2022年11月には替え玉受験を過去4年にわたり4000件以上代行したとする会社員が逮捕されるなど、問題の根深さがうかがえます。

※1　パソコン等を使用してオンラインで実施する試験方式。受験者側のパソコンのディスプレイに表示された設問・課題に対し、マウスやキーボードを使用して解答する。

2. 不正受験防止のための対策について

不正防止には、試験実施時に何らかの形で監視することが必要ですが（WEBテストの方式には実施形態の面から監視が難しいもの（※2）があり、不正受験防止の観点から選択については一考を要します）、会社（採用事務局）側の業務負荷や必要コストを踏まえ、自社で対応するか、外部サービスを利用するかを判断することになります。

※2　例えば、テストを受ける場所・時間を選ばないIBT（Internet Based Testing）、WBT（Web Based Training）方式の場合、会社側には試験会場を手配する等の負担がなく、受験者側も任意のタイミングで受験できる利点がある半面、不正防止のための監視は難しいといえる。

[1] 自社による監視対応

コロナ禍以降、企業や学校でもZoom・Teamsなどのオンラインミーティングツールが日常的に使われており、ミーティング時に社員や生徒の様子をパソコンのWEBカメラ・マイクによりリアルタイムで把握・モニタリングすることができます。同様に、WEBテストの実施に際しても受験者側で同様の環境を用意してもらうことで監視が可能です。また、目視によらず、テスト中の画像変化から不正を察知するAIを活用したサービスも利用可能で、大量の受験者監視には有効です。

なお、テスト時の監視に際しては、受験者にその旨と実施目的、必要性について通知し、理解を求めるほか、「事前準備物」「受験場所」「当日の指示事項」「不正とみなされる行為」等についてあらかじめ周知することが必要です［図表1］。

[2] 外部サービスによる監視対応

コロナ禍以降、資格試験等でCBT（Computer Based Testing：受験のためのスペース・パソコン・通信環境を提供するテストセンターでの受験）方式が増加し、WEBテストを提供している一部ベンダーではテストセンターでの受験に対応しています。利用に際しては追加費用が必要ですが、自社事務局には監視や通信等各種障害・トラブル対応に伴う業務負荷を回避できること、受験者側には受験場所・通信回線・パソコン等を準備する必要がなく安心して受験できるなどのメリットがあります［図表2］。

なお、採用選考時のWEBテストは、一般的に「性格診断」「学力診断」に大別され、特に成り済ましリスクが大きいのは学力診断になります。監視やテストセンターの利用が困難な場合、最初に「性格診断＋学力診断」のWEBテストを非監視下で実施し、次いでペーパーテストの「学力診断」を監視下で実施することで事後的に不正を検知する（併せて受験者には、こうした選考の流れを事前告知することで不正抑止を図る）ことも対策として考えられます。

図表1 自社による監視時の受験者への周知事項例

周知事項	内　　　容
事前準備物	・使用機器はカメラ・マイク付きパソコンとする（スマートフォンは不可） ・連絡用携帯電話・スマートフォン（通信エラー等の緊急時以外は使用不可） ・本人確認用の学生証、または写真付き証明書（受験当日確認）
受験場所	・自宅または在籍校等のインターネットに接続可能な個室（静穏な場所）
当日の指示事項	・案内された URL から開始時刻 5 分前に入室、指定された ID 等を入力 ・パソコンはバッテリーでなくコンセントに接続して使用（途中の電源切れを防ぐため） ・マスク着用不可、面接官の呼び掛けに声を出して応答 ・通信エラー時は自社事務局まで電話連絡
不正とみなされる行為	・本人以外（第三者）の同席 ・第三者に試験の様子を見せること、または第三者と試験時間中に連絡を取ること ・画面や音声の録画・録音、スクリーンショット撮影やメモ等、試験内容の記録を残す行為 ・他者による成り済まし受験、カンニング行為、受験に使用する機器以外の使用・操作 ＊上記行為に該当すると認定した場合、事務局が即時中止を命じ失格とし、以降の選考も行わない旨を告知。

図表2 不正防止対策の方向性

方向性	主なメリット	主なデメリット
ミーティングツール監視	【会社】既に利用中のツールが活用可能（コスト抑制、円滑な運用等が期待できる）	【会社】自社による監視、通信障害等発生への対応が必要 【受験者】受験場所・パソコン等の機器準備に係る負担が発生
テストセンター利用	【会社】自社による監視、通信障害等発生への対応が不要 【受験者】受験場所・時間を選択可能	【会社】追加コストが発生

3.最後に

　替え玉受験の発生には、「就活＝より多くの選考突破」という受験者側の価値観が大きく働いていますが、会社側の選考方法・手段に自社の業務特性等があまり考慮・反映されておらず、総じて画一的（＝対策可能）であることも一因と考えられます。

　採用活動の成果として「応募者母集団の拡大・有名校からの採用」などを重視する会社が散見されますが、「会社・個人双方が WIN-WIN になれる適材採用」を追求すれば、採用活動は自然に多様化するはずです。選考手段として重要度を増すインターンシップや、応募者への会社認知度を向上させるための採用広報活動も含めて、自社に合った採用活動を改めて検討してみてはいかがでしょうか。

（西田　正享）

内定後の懇親会で不適切な態度を取ったことを理由に、内定を取り消すことは可能か

営業部門において欠員が生じたことから、中途採用を行い、1人に内定を出しました。当社では、入社前に内定者と配属先社員の懇親の場を設けていますが、その懇親会において、当該内定者が酒に酔い、当社社員に対してなれなれしい態度を取るなどしました。入社後は客先を迎えての宴席等への参加も想定されることから、会社として当該内定者の本行為は看過できず、内定を取り消すことも考えていますが、可能でしょうか。

 当該言動を理由に社員の適格性を欠くと評価できるならば、内定取り消しは可能と解される

1.内定取り消しの有効性の判断枠組み

貴社が、内定通知のほかに、労働契約成立のために特段の意思表示を予定していなければ、内定通知によって始期付解約権留保付労働契約が成立しているため、内定取り消しは当該解約権の行使に当たります。

一般にこの解約権の留保は、採用決定当初には労働者の資質・性格・能力などの適格性の有無に関連する事項につき資料を十分に収集することができないため、後日における調査や観察に基づく最終的決定を留保する趣旨で設定されていると解されています。

こうした趣旨を踏まえ、内定取り消しの適法性は、内定取り消し事由が、採用内定当時知ることができず、また知ることが期待できないような事実であって、客観的に合理的で社会通念上相当なものといえるか否かによって判断されます（大日本印刷事件　最高裁二小　昭54．7.20判決、電電公社近畿電通局事件　最高裁二小　昭55．5.30判決）。

なお、内定通知書には、内定取り消し事由が記載されていることがありますが、形式的にそれに該当さえすれば取り消し可能とは限らず、当該事由が客観的に合理的で社会通念上相当といえる必要があります。また、内定取り消し事由の記載が部分的で不十分であっても、裁判実務では上記のようにいえる事由があれば内定取り消しが可能であるとされています（菅野和夫・山川隆一『労働法 第13版』［弘文堂］266ページ）。

2.労働契約上求められる適格性の特定

内定取り消しの前提として、求められる社員としての適格性とは何かが明確になっている必要があります。

ご質問のケースでは、特に営業職としての適格性が問題であり、新規顧客の獲得、商談や折衝、既存顧客との関係性の維持等の業務を遂行するには、コミュニケーション能力や円滑にコミュニケーションをとるための協調性、礼節を備えていることが必要といえます。上記は、営業アシスタントなど社内の従業員と円滑に協働していく上でも必要です。そのほか、内定通知書に記載されている内定取り消し事由も参照して、適格性の内容を具体化することになります。

したがって、本件で内定取り消しが有効といえるには、内定者において上記のような適格性を欠くことを示す事由があることが必要です。無論、内定通知書記載の内定取り消し事由に該当する事実があれば、それも含め、内定取り消しの適法性を検討します。

なお、求められる適格性の内容について、後に争いになることを避けるために、採用面接の段階

でも当該内容を伝え、それが備わっているか確認を取るほか、その点を満たすと判断したことから内定を出す旨を相手に告げ、これらを記録に残しておくとよいでしょう。

3.内定取り消しの有効性の検討

本件では、内定者が貴社社員との懇親の場で「なれなれしい態度」を取ったことが内定取り消しを検討する理由となっていますが、当該態度の具体的内容を踏まえなければ、社員としての適格性を欠くことを示すかどうか判断することはできません。そこで、以下では想定される具体的内容を挙げて、内定取り消しの有効性を検討します。

[1]参加者を呼び捨て等にした／　敬語を使用しなかった

本件の懇親会は、入社前に、これから円滑に協働していくために、配属先の社員との人間関係を構築していく一環として開催されていると解されます。そのような場で、まだ人間関係が構築されていない中、「同僚を呼び捨てにする」「"おまえ"呼ばわりする」「上司や他の社員に敬語を使わない」という態度は、礼節やコミュニケーション能力に問題ありと言わざるを得ず、社員としての適格性を欠き、内定取り消しに客観的かつ合理的な理由があるといえると考えます。

ただし、こうした発言が一度だけだったり、周囲にたしなめられてその場で謝罪し、以後は呼び捨て等をせず、適切な言葉遣いをするようになったりした場合は、この事由のみをもって、内定取り消しの客観的かつ合理的な理由があるということは困難でしょう。また、貴社の側から、「懇親会は無礼講とする」「敬語を使わなくてもよい」といった旨を伝えていた場合には、表現内容や程度次第ではあるものの、敬語を使用しなかったことについて、内定者を一方的に非難することはできません。

[2]肩や背中をたたく等のボディータッチをした

飲酒が進み、会話の際に内定者が隣席の社員の肩や背中をたたく、立ち上がる際に隣の社員の肩に手を置く等のボディータッチをした場合、それがあまりに高い頻度でなされ、タッチの程度も強かったり、特に異性の社員等、身体接触自体を不快に感じ得る者に対して行ったりして、相手や周囲を大変不快にさせていたならば、相手との関係性をわきまえない行動といえ、場の秩序を乱しており、協調性を欠き、ひいては社員としての適格性を欠くと評価できます。

他方で、触られること自体を不快に感じ得る異性の社員等には行っておらず、他の社員に対しても頻度はわずかで、ごく軽く触った程度であって、客観的に相手に強く不快感を与えるものでない場合は、これだけをもって、内定取り消しに客観的に合理的な理由があるとはいえないでしょう。

4.そのほかの留意点について

内定者が、単に酒に酔ったのではなく、泥酔し、酩酊（めいてい）状態にあった中で「なれなれしい態度」を取っていた場合は、自身の言動の善悪を踏まえた行動ができなかった場合もあり、そうなると、その言動を非難して、内定を取り消すことは困難となります。具体的な飲酒量を把握しておく必要まではないですが、貴社が問題視した言動の前後で、しっかりと自らの意思で行動できていたかは、念のため確認しておくとよいでしょう。

また、内定取り消しの手続き的相当性に関わるために、内定取り消し事由として挙げた事情について、内定者に弁明を求めるべきでしょう。本人は認めるか否か、否定しても他の証言から認定できるか、認めている場合における反省の程度、厳重な注意指導等をすれば改善が見込めるか等を検討することになります。

最後に、内定取り消しをやむなしと判断する場合でも、後に紛争化するリスクを抑えるために、内定者に懇親会での問題行動を指摘し、それがいかに深刻で社員としての適格性を損なうものであるかを説明した上で、内定辞退を求め、合意による労働契約の解約をまずは試みることをお勧めします（行うことは退職勧奨と同様です）。それでも内定者が応じない場合は、内定を取り消すこと

になります。

5. 参考裁判例

なお、本件と類似した例に関する裁判例として、兼松アドバンスド・マテリアルズ事件（東京地裁　令4.9.21判決）があります。同事件では、飲酒を伴う歓迎会等での内定者の発言（社員を呼び捨てや"おまえ"呼ばわりしたほか、反社会的人物に見える旨の暴言、会社方針と異なっても自分の考えを押し通す旨の、社内ルール等を無視する発言）を理由とする内定取り消しが有効とされています。

（荒川　正嗣）

 SNSに「採用面接時に社員からセクハラを受けた」と虚偽の投稿をした者の内定取り消しは可能か

　先日、採用内定者の1人が、SNSに「○○社の採用面接時に社員からセクハラを受けた。最低な企業だ」などと当社で被害を受けたかのような投稿をしたことが発覚しました。当事者らに確認したところ、そのような事実はなく、「本人が何か不満を抱き、炎上目的で話を盛って投稿したのではないか」とのことでした。会社の信用を貶（おとし）めるような虚偽の投稿であることから、当人の内定を取り消すことは可能でしょうか。

 内定取り消しには、解雇に準じた厳しい規制が及ぶが、セクハラ被害の虚偽投稿のように悪質な行為をした場合には、内定取り消しも可能と考えられる

1. 採用内定の法的性格

　内定取り消しが可能か否かの前提として、採用内定とは何か、その法的性格が問題となります。採用内定と一言で言っても、その実態はさまざまであり、事案により異なり得るところですが、大日本印刷事件（最高裁二小　昭54.7.20判決）は、「本件採用内定通知のほかには労働契約締結のための特段の意思表示をすることが予定されていなかったことを考慮するとき、（中略）就労の始期を昭和44年大学卒業直後とし、それまでの間、本件誓約書記載の5項目の採用内定取消事由に基づく解約権を留保した労働契約が成立したと解する」としています。実質的には、内定が出れば他社への就職活動をやめてしまう学生もおり、強く保護する必要があるということもいわれています。

　したがって、例えば卒業予定の学生に正社員としての内定を出した場合、内定時に期間の定めがない労働契約がスタートしているということになります。このような観点から、内定を取り消すことはこの契約を打ち切ることを意味し、使用者には解約権が認められるとしても、解雇に準じた扱いがなされるとされているところです。

　ご質問の多い内々定の場合も見ておきましょう。内々定とは、別途正式な採用内定手続きを後日行うことを伝えるような場合で、後に、正式に内定が通知されるという流れになります。一般的には、内々定が出された段階では、一切の就職活動をやめてしまう学生が一般的とはいえないでしょう。ただし、例外的に、企業側が内々定を出すに当たり、学生に対し、他社への就職活動をやめるよう強く求め、拘束をかけようとした場合などには、内々定をもって労働契約の成立が認められる場合もあり得ます。

2.内定取り消しが認められる場合

内定取り消しが解雇に準じた扱いを受けることから、当然それが認められる要件も厳しいものになります。

基本的には内定取り消しが適法といえるか否かは、内定通知書に記載される取消事由によりますが、①採用内定当時知ることができず、また知ることが期待できない事実が後で判明し、②内定取り消しが解約権を留保した目的から客観的・合理的に判断して、社会通念に照らし相当といえる場合でなければならないとされています（上記大日本印刷事件最高裁判決）。

例えば、学生の側から何らかの虚偽申告がなされた場合、①の点については、労働者側から虚偽の申告がなされた以上、会社の側では知ることが期待できないといえる場合が多いでしょうが、②の解雇権濫用法理の観点から、内容・程度が重大なもので、信義を欠くものとして従業員の適格性がないといえなければ、内定取り消しは認められないとされています。

3.SNSに虚偽の投稿をした場合

それでは、ご質問のように、採用内定者が炎上目的で「面接担当者からセクハラを受けた」などとSNSに虚偽の投稿をした場合はどうでしょうか。

まず、前提として、学生が採用面接の情報を外部に漏らしたことについては、通常、採用面接の内容に学生が守秘義務を負うものではなく、このことのみをもって当然に内定取り消しには結びつかないと考えられます。

そこで本件のように、さらに進んで虚偽の採用面接内容を流したという場合はどうでしょうか。

一般的に、ネットへの投稿については、従業員が問題のある投稿を行った場合に懲戒の対象となるかに関して議論されているところですが、従業員がブログなどで会社の悪口を書き、それが企業秩序を害するような場合、例えば、企業の名誉や信用が毀損された場合には、懲戒解雇を含む懲戒の対象となり得るとされています。典型的な懲戒の対象と考えられる書き込み内容としては、事実に反する場合、社会的に相当な範囲を逸脱した誹謗中傷となっている場合、機密情報を漏洩する場合などが考えられ、特に、特定の顧客の悪口などについては、会社は厳しく対応することが可能です。

行為者が入社前の採用内定者である場合も、迷惑行為や誹謗中傷、差別を示唆する投稿については、仮に従業員がこれらを行い悪質だと判断された場合にもその企業への影響は大きいといえ、内定取り消しが認められ得ます。これらの行為は、労働者としての適格性を強く疑わせしめるものです。

ご質問のケースでは、「面接担当者からセクハラを受けた」という虚偽の投稿をしているとのことであり、虚偽という点で既に悪質といえます。加えて、セクハラについては、均等法の2019年改正で防止対策が強化され、事業主は、自社の労働者が取引先など社外でセクハラをした場合、被害者側の事業主から事実確認などを求められれば協力するよう努力義務も規定されました（11条3項）。その分、企業もセクハラ・パワハラを代表とする各種ハラスメントに非常に神経をとがらせています。

このような状況下での本件のような事実に反するセクハラ投稿は、極めて悪質な行為と言わざるを得ません。したがって、企業から内定取り消しを行うことも、上記の大日本印刷事件の判例で設定された要件を満たし、可能であると考えられます。

（千葉　博）

採用内定時、特に囲い込みたい一部の優秀な学生に入社支度金を支払うことは問題か

近年の新卒採用競争の厳しさから、優秀な学生を確実に採用するために、「入社支度金」を支払うことを検討しています。金額は100万円で、インターンシップを通じて特に採用したい一部の学生に対し、採用内定時に個別に打診することを考えています。社内からは「高額の入社支度金を支給したのに、内定を辞退されたり短期間で退職されたりしては意味がない。支度金の全額返還など、何らかの制約を設けるべき」との意見も聞かれます。大学卒業前の学生に対し、このような対応を行うことは問題でしょうか。

 採用内定時の入社支度金支給は、単なる贈与であれば問題ない。しかし、内定辞退や短期間での退職を理由に支度金の全額返還を求めることは、労基法5条、16条の趣旨に反し無効となる可能性が高い

1.問題の所在

貴社で検討されている「入社支度金」は、単なる贈与という意味で支給するのであれば法的に問題ありません。

しかし、優秀な学生内定者を確実に採用する目的で支給する以上、内定者から就業開始前に内定辞退がなされた場合や、就業開始後一定期間以内に自己都合で退職した場合などには、返還を求めることも予定されるでしょう。

このような金員は、労務提供の対価である賃金ではなく、あくまでも会社と内定者とが雇用契約の成約を確認し、勤労意欲を促すことを目的として支給される「支度金」(「サイニングボーナス」ともいわれます)になります。「支度金」制度は、内定者側からすれば、受領した支度金全額を返還することに躊躇する場合、その意思に反して就労を開始して一定期間勤務を継続することを余儀なくされることになります。そのことが、雇用関係の継続を不当に拘束するものとして、労基法5条(強制労働の禁止)、16条(賠償予定の禁止)に違反するかが問題となります。

2.採用内定者への労基法の適用について

企業による求人募集は「労働契約申し込みの誘引」であり、それに対する応募(エントリーシートの送付、必要書類の送付等)または採用試験の受験は、労働者による「契約の申し込み」となります。そして、採用内定(決定)通知の発信は、使用者による「契約の承諾」であり、これによって「労働契約」が成立します。

ただし、内定通知の段階では、申し込み者が学生であり、実際に会社で勤務することはないので、通常の労働契約とは異なります。4月1日から勤務開始となるなどの「始期」が付き、また、単位が取得できずに卒業できなかった場合は契約を解消するといった「解約権」も付いています。ですから、内定通知が出た段階で成立する労働契約は、「始期付解約権留保付労働契約」であるといわれ、以上の考え方は裁判例においても確定しています(大日本印刷事件 最高裁二小 昭54.7.20判決)。そして、採用内定により労働契約が成立している以上、労基法5条、16条が適用されます。

3.労基法5条、16条の趣旨について
[1]労基法の趣旨

労基法は5条で「使用者は、暴行、脅迫、監禁その他精神又は身体の自由を不当に拘束する手段によつて、労働者の意思に反して労働を強制してはならない」として強制労働を禁止するととも

に、16条で「使用者は、労働契約の不履行について違約金を定め、又は損害賠償額を予定する契約をしてはならない」として賠償予定の禁止を規定しています。

このような同法5条、16条の趣旨から、採用に際して労働者に支度金等の名目で金銭を支給し、一定期間勤務を継続しなかったことを理由に返還を求めることは、実質的に労働者の退職の自由を拘束すると評価され、無効となり得ると解されます。

[2] 裁判例

裁判例（日本ポラロイド［サイニングボーナス等］事件　東京地裁　平15.3.31判決）に、雇用契約締結に際して200万円のサイニングボーナスを支給し、1年以内に自己の意思で退職した場合はこれを返還する旨の合意をしたところ、1年以内に労働者が退職したためにサイニングボーナスの返還を求めた事案があります。判決は「暴行、脅迫、監禁といった物理的手段のほか、労働者に労務提供に先行して経済的給付を与え、一定期間労働しない場合は当該給付を返還する等の約定を締結し、一定期間の労働関係の下に拘束するという、いわゆる経済的足止め策も、その経済的給付の性質、態様、当該給付の返還を定める約定の内容に照らし、それが当該労働者の意思に反して労働を強制することになるような不当な拘束手段であるといえるときは、労働基準法5条、16条に反し、当該給付の返還を定める約定は、同法13条、民法90条により無効であるというのが相当である」とし、「本件サイニングボーナスが一定期間企業に拘束されることに対する対価としての性質をも有していることから、本件報酬約定に定める本件サイニングボーナスの給付及びその返還規定は、被告の労務提供に先行して一定額の金員を交付して、被告を自らの意思で退職させることなく1年間原告会社に拘束することを意図した経済的足止め策に他ならない」として、サイニングボーナス返還約定は無効であると判示しています。

4. ご質問の場合

冒頭で述べたように、貴社における採用内定者に支給する「入社支度金」は、単なる贈与であれば支給に問題はありません。しかし、返還約束については、その趣旨が「内定辞退されることを防ぐため」であり、内定辞退がなされないよう就労の開始を拘束することを意図したものといえます。また、100万円の金員を内定辞退時に一度に全額返還することを求める場合、学生の内定者であれば内定辞退を躊躇せざるを得ないといえます。

このような事情を総合考慮すれば、貴社において「入社支度金」に返還約束を付けることは、労基法5条、16条に反し、同法13条（法律違反の契約）、民法90条（公序良俗）により無効であると判断される可能性が高いと考えます。

(吉村　雄二郎)

SNSで自社について不適切な投稿をした内定者の内定取り消しは可能か

当社の採用内定者がSNS（ソーシャル・ネットワーキング・サービス）で、当社の経営方針や事業内容に関する批判的なコメントや、外部に口外しないよう求めていた事業計画等の経営情報を投稿していたことが判明しました。こうした行為を理由に内定を取り消すことは可能でしょうか。また、同投稿が原因で、例えば内定辞退者が続出したり、次年度以降の応募者が激減したりした場合、同人に損害賠償を請求することはできますか。

投稿の内容・態様や目的において、会社の信用を毀損し、あるいは会社に具体的な損害が生ずるような場合など、内定取り消しについて客観的に合理的で社会通念上相当として是認できる事由がある場合には可能と考えられる

1. 内定取り消しに関する最高裁判決

内定の法的位置づけについては、「始期付解約権留保付雇用契約」と解されています。

そして、この解約権は、多くは新卒採用の場合等、「採否決定の当初においては、その者の資質、性格、能力その他いわゆる管理職要員としての適格性の有無に関連する事項について必要な調査を行い、適切な判定資料を十分に蒐集することができないため、後日における調査や観察に基づく最終的決定を留保する趣旨でされるもの」と解されています（大日本印刷事件　最高裁二小　昭54．7．20判決）。

もっとも、このような解約権の行使は、「いつたん特定企業との間に一定の試用期間を付した雇傭関係に入つた者は、本採用、すなわち当該企業との雇傭関係の継続についての期待の下に、他企業への就職の機会と可能性を放棄したものであることに思いを致すときは、前記留保解約権の行使は、上述した解約権留保の趣旨、目的に照らして、客観的に合理的な理由が存し社会通念上相当として是認されうる場合にのみ許されるものと解するのが相当である。換言すれば、企業者が、採用決定後における調査の結果により、または試用中の勤務状態等により、当初知ることができず、また知ることが期待できないような事実を知るに至つた場合において、そのような事実に照らしその者を引き続き当該企業に雇傭しておくのが適当でないと判断することが、上記解約権留保の趣旨、目的に徴して、客観的に相当であると認められる場合には、さきに留保した解約権を行使することができるが、その程度に至らない場合には、これを行使することはできないと解すべきである」とされており（三菱樹脂事件　最高裁大法廷　昭48．12．12判決）、これ以降の判例にも踏襲されています（上記大日本印刷事件や電電公社近畿電通局事件〔最高裁二小　昭55．5．30判決〕等）。

したがって、ご質問の場合においても、当該内定者の行動が、「採用内定当時知ることができず、また知ることが期待できないような事実」で「これを理由として採用内定を取消すことが解約権留保の趣旨、目的に照らして客観的に合理的と認められ社会通念上相当として是認することができる」（上記大日本印刷事件）ものであるのか否かを検討する必要があります。

2. 情報の流出と損害賠償について

従業員のSNSにおける発言や経営情報の流出に対して損害賠償を検討する場合、具体的な損害の有無や当該行為と損害との因果関係が問題となります。

損害賠償請求の事案ではなく、解雇理由（「故意または重大な過失により会社に損害を与えた場合」）の該当性が問題になった事案ですが、顧客情報の流出の有無に関し金融庁長官や日本証券業協会会長に対して事故報告書を提出する事態になっていても、「漏えい行為」の存在を否定した上で、「被告（編注：会社）はもともと当裁判所（編注：東京地裁）の判断とは異なり、原告（編注：従業員）の本件行為について深刻な機密漏えい行為ととらえており、そのような立場に立つ被告の説明を聞いた顧客が取引を中止するという反応を示すことも想像に難くなく、仮に被告との取引を中止した顧客があったとしても、それは原告の本件行為そのものよりもむしろ被告の上記のような認識を前提とした説明によるものと推認される」として、「顧客の中には情報の漏えいを遺憾に思い、被告との取引を中止する者もあった」との会社の主張を斥けた事案（日産センチュリー証券事件　東京地裁　平19．3．9判決）もあります。

また、懲戒解雇の事案ではありますが、機密漏洩自体を認めつつ、内部告発等、その目的に正当性があった場合には、「内部の不正を糺すという

観点からはむしろ被控訴人（編注：信用金庫）の利益に合致するところもあった」として、「違法性が大きく減殺されることは明らか」とした事案もあります（宮崎信用金庫事件　福岡高裁宮崎支部平14．7．2判決）。

したがって、SNSにおける発言や投稿についても、その内容、目的、態様において、現に会社に具体的損害を生じさせるものであるのか否か、また、これらの損害がSNSの投稿によって生じたものといえるのかどうか、詳細な検討を要します。

3．ご質問のケースについて

ご質問では、SNSでの具体的な「経営方針や事業内容に関する批判的なコメント」がどのようなものか不分明ですが、当該投稿がいわゆる誹謗中傷に当たるようなものであれば格別、例えば会社の改善に対する提言のようなものであれば、その目的や内容において正当なものとも考えられ、

このような発言自体が会社の具体的損害に結びつくことは想定し難く、「客観的に合理的で社会通念上相当として是認できる事由」があるとはいえないものと考えられます。

同様に、経営情報等についても、その情報の秘匿性や重要性の程度が低い場合や、投稿の趣旨、目的、態様に照らして、正当性が認められるような場合には、「客観的に合理的で社会通念上相当として是認できる事由」があるとはいえず、内定取り消しが認められない可能性があるものと思われます。

また、内定辞退者が続出したり、次年度以降の応募者が激減したりした場合における損害賠償請求の可否についても、真にこのような事象がSNSの投稿等に起因するのか詳（つまび）らかにできない場合には、損害賠償請求は認められない可能性が高いものといえます。

（竹林　竜太郎）

ぜひ採用したい学生の"囲い込み"は、どの程度までなら問題ないか

採用応募者に対し、内定をちらつかせて他社への就職活動を終了するよう強迫したり、他社の選考に行かせないよう頻繁に来社を促す「オワハラ」（就活終われハラスメント）が問題になっていると聞きます。内定辞退を防ぐために、こうした応募者の"囲い込み"をすることは、どの程度までなら許されるのでしょうか。例えば「あなたの場合は○○社（他社）の社風は合わないのではないか」とアドバイスを行うことは問題でしょうか。

他社選考を辞退するよう強迫する等、応募者の自由な意思形成を阻害することは許されないが、応募者の自由な意思形成に寄与する情報提供を行うことは問題ない

1．はじめに

青少年の雇用の促進等に関する法律7条の規定に基づく「青少年の雇用機会の確保及び職場への定着に関して事業主、特定地方公共団体、職業紹介事業者等その他の関係者が適切に対処するための指針」（平27．9．30　厚労告406、最終改正：令6．1．30　厚労告25）第二、一（二）ニでは、「採用内定又は採用内々定を行うことと引換えに、他の事業主に対する就職活動を取りやめるよう強要すること等青少年の職業選択の自由を妨げる行

為又は青少年の意思に反して就職活動の終了を強要する行為については、青少年に対する公平かつ公正な就職機会の提供の観点から行わないこと」と定められています。

また、2024年4月に、文部科学省が報道発表した就職問題懇談会の申し合わせ「令和7年度大学、短期大学及び高等専門学校卒業・修了予定者に係る就職について（申合せ）」の通知文（企業等向け）における「(4)雇用機会均等、職業選択の自由を妨げる行為等の抑制、公平・公正な採用の徹底」では、

①正式内定開始日前に内定承諾書、誓約書をはじめとした内定受諾の意思確認書類の提出要求
②6月1日以降の採用選考時期に学生を長時間拘束するような選考会、研修および行事等の実施
③自社の内（々）定と引き換えに、他社への就職活動を取りやめるよう強要すること

——などを列挙し、学生の職業選択の自由を妨げる行為や、学生の意思に反して就職活動の終了を強要するようなハラスメント的な行為は厳に慎むよう、「経済団体・業界団体の長」に要請しています。

このような、学生等の職業選択の自由を妨げる行為や、学生等の意思に反して就職活動の終了を強要するようなハラスメント的行為を広く指す言葉として、「就活終われハラスメント」（いわゆる「オワハラ」）という言葉が使われています。

2.応募者の"囲い込み"の許容範囲

まず、上記通知文中において最も問題だと思われる③"自社の内（々）定と引き換えに、他社への就職活動を取りやめるよう強要すること"について、政府の就職・採用活動日程に関する関係省庁連絡会議が発した「2025年度卒業・修了予定者の就職・採用活動日程に関する考え方」では、「学生向けのアンケートにおいて、『オワハラを受けたことがある』とした者は9.4%となっており、……このうち、オワハラの内容については、『内々定を出す代わりに他社への就職活動をやめるよう強要された』が約7割となっている」などと指摘

しています。このような行為の問題点ですが、採用内定への成立過程において、応募者の自由な意思形成を阻害するような強迫的・威迫的な言動があったとすれば、そのような過程を経て成立した応募者の何らかの意思表示は強迫（民法96条1項）による取り消し等の対象になり得ますし、そのような言動を受けたことにつき、不法行為による慰謝料請求の対象にもなり得ます。さらには、採用担当者の強迫的・威迫的な言動の程度によって、脅迫罪や強要罪（刑法222条、223条）などの刑事罰の対象にもなりかねませんので注意が必要です。もとより、応募者側からの内定辞退は少なくとも2週間の予告期間をおけば可能ですので（民法627条1項）、法的に強迫に該当しないような言動であったとしても、応募者が採用内定への経緯を不服として内定を辞退することは考えられます。

したがって、採用活動の過程において、応募者の自由な意思形成を阻害する「強要」に至るような採用担当者の言動は厳に慎む必要があります。

もっとも、採用側が、適切な人材を採用するために、応募者が自社を第1志望として応募しているのかを確認した上で内定等を出すか否かを決めること自体は許容されていると考えます。もちろん、応募者が他社の選考状況も見極めて入社を決めたいと申し出たのであれば、その意思を尊重することになります。

また、例えば、「あなたの場合は○○社（他社）の社風は合わないのではないか」とアドバイスすることの可否ですが、応募者に対して、社風を含め、自社と他社との違いを適切に説明し、その点の理解を前提に意思決定してもらうことは、むしろ応募者に対する適切な情報提供に該当する場合といえ、問題ないと考えます。

次に、①"正式内定開始日前に内定承諾書、誓約書をはじめとした内定受諾の意思確認書類の提出要求"も、例えばこれら書類の早期提出を「強要」するに至れば、前述のとおり法的に問題があります。また、理由のいかんを問わず、応募者は内定等を辞退することができますので、内定等の

辞退の申し出があった際に、内定承諾書を盾にとって、内定等は辞退できないなどと相手方を誤導させるような言動は不適切です。

もっとも、自社を第1志望と申し出た応募者に対して、早々に内定や内々定を出すとともに、内定承諾書を徴求すること自体に問題があるとは思われませんし、今後の採用活動に役立てる観点から、内定辞退の理由を相手方の同意の下で確認することも問題はありません。

最後に、②（6月1日以降の）"採用選考時期に学生を長時間拘束するような選考会、研修および行事等の実施"ですが、前述した政府の就職・採用活動日程に関する関係省庁連絡会議が発した文書では、採用選考活動開始時期を卒業・修了年度の6月1日以降としています。そもそも拘束的なイベント等によって学生の他社選考への参加を阻害するようなことを企図すべきではなく、あくまで研修等の必要性・相当性のある範囲内で、応募者や採用内定者に対する各種のイベント等を企画すべきです。また、内定者に対するイベントは、原則として参加が義務づけられるわけではないと解されるため、イベントに参加しなかった者に対する不利益取り扱いはできません。

3.内定・内々定の取り消しの可否

付随する問題として、他社選考を理由とした採用内定等の取り消しができるかを検討します。

採用内定は、一般的な事案を前提とすれば、始期付解約権留保付の労働契約の成立であると考えられています（大日本印刷事件　最高裁二小　昭54．7.20判決）。ただし、解約権が留保されているといっても、それが許されるのは、採用内定当時知ることができず、また知ることが期待できないような事実があり、それを理由に採用内定を取

り消すことが解約権留保の趣旨、目的に照らして客観的に合理的と認められ社会通念上相当として是認できる場合に限られるとされています（前掲大日本印刷事件）。他社選考を継続している状況での採用内定の法的性質の解釈にもよりますが、このような判例に照らすと、採用内定後に他社選考を受けていたことだけを理由として、内定取り消しをすることは困難ではないかと解されます。

これに対して、事案にもよりますが、内々定は正式な内定までの間、企業が新卒者をできるだけ囲い込んで、他の企業に流れることを防ごうとする事実上の活動の域を出るものではなく、採用内定とは大きく異なります（コーセーアールイー［第2］事件　福岡高裁　平23．3.10判決、福岡地裁　平22．6．2判決）。したがって、他社選考を受けていたことを理由とした採用内々定取り消しは可能であると解されます（もちろん内々定辞退も自由です）。

4.最後に

内定や内々定辞退が基本的に自由であることを考えると、応募者の意思を抑圧するような過剰言動を伴う囲い込みに意義があるとは思えません。応募者や内定者に対して、魅力ある企業であることを継続的にアピールする原則的手法が重要ではないかと思われます。

また、新卒採用ルールの変更等に伴う混乱も想定される中、ノルマのある採用担当者が過剰な言動によって企業ブランドを毀損しないよう、レピュテーションリスク（企業に対するマイナスの評価・評判が広まることによる経営リスク）にも十分に留意しつつ、会社全体として、適切な範囲内の内定辞退対策を固めることも重要です。

（松村　卓治）

配転・転勤

求人票に「当面は転勤なし」と記載していた場合でも、入社3カ月後に転勤させることはできるか

遠方の事業所で急な退職者が相次いだことから、2カ月ほど前に入社した本社勤務の中途入社社員に転勤を打診しました。しかし、当該社員は「求人票には『当面は転勤なし』と記載してあった。入社後数カ月で転勤になると分かっていれば入社していなかった」として、転勤を固辞しています。現状では代替となる候補者がおらず、欠員の出ている事業所の人員補充も急務です。当該社員に転勤を命じることは可能でしょうか。

 転勤を命じることは可能。ただし、転勤命令の有効性を争われた場合、権利濫用として無効となる可能性があるため、当該社員に対し、転勤の業務上の必要性をしっかりと説明した上で、転勤を固辞する理由を十分に聴取し、転勤を命じるか否かを検討すべき

1.配転の一種としての転勤

労働者の職務内容または勤務場所が、同一企業内において、相当の長期間にわたって変更される人事異動を「配転」といい、このうち、転居を伴うものが「転勤」となります。

今も終身雇用を維持する企業が少なくないわが国では、多数の職場・職務を経験し幅広い技能を習熟させること、および技術や市場が変化する中でも雇用を維持できるよう柔軟性を確保することを目的として、3年あるいは5年と一定の期間を空けて配転が行われているのが現状です。

2.配転命令の有効要件

[1]はじめに

使用者の配転命令に対し、判例(東亜ペイント事件　最高裁二小　昭61.7.14判決　労判477号6ページ)は、契約による制約と権利濫用による制約の二つの制約を課しています。すなわち、配転命令が有効であるためには、①配転命令権が就業規則等の定めなどにより労働契約上根拠づけられていること(権限審査)、②配転命令権の存在が肯定されても、その行使が濫用と評価されないこと(濫用審査)の2段階の審査をクリアする必要があります。

[2]配転命令権の存否(権限審査)

配転命令権については、就業規則に「業務上の都合により、出張、配置転換、転勤を命じることができる」旨の配転条項が置かれていると思います(配転条項のない就業規則を筆者は見たことがありません)。もっとも、勤務場所や職種について、個別の労働契約において限定・特定する合意が認められる場合には、上記のような一般的配転条項があったとしても、配転を命じることができません(労契法7条ただし書き)。

[3]配転命令権の濫用(濫用審査)

配転命令権がある場合でも、その行使が権利濫用と評価される場合、当該配転命令は無効とされます。この点、上記判例によれば、①配転命令に業務上の必要性が存在しない場合、②配転命令が不当な動機・目的をもってなされた場合、③労働者に通常甘受すべき程度を著しく超える不利益を負わせるものである場合など、特段の事情が存在する場合でない限り、配転命令は権利の濫用になるものではないとされています。

①業務上の必要性については、「余人をもって代え難い」という高度の必要性は要求されず、労働者の適正配置や業務運営の円滑化といった事情で足りるとされます。

②不当な動機・目的としては、退職を迫る意図

や報復目的の配転が権利濫用に当たるおそれがあります。

③労働者に著しい不利益を負わせる例としては、本人が病気から復帰直後である場合の遠隔地配転や、病気の家族の介護・看護ができなくなるような配転等が挙げられます。また、近時の裁判例では、配転に至る手続きの妥当性（労働者に事情聴取し家庭の事情を考慮したか、労働組合等と真摯な態度で誠実に協議・交渉したかなど）を③の考慮要素として判断する傾向があります。

3.求人票

ところで、求人票の内容は、労働契約の内容となるのでしょうか。

この点、従来、契約締結過程で示された求人票等は、契約内容を構成するものではないとされてきました（八洲測量事件　東京高裁　昭58.12.19判決　労民集34巻5・6号924ページ）。もっとも、当事者間において、求人票記載の労働条件と異なる別段の合意をするなどの特段の事情がない限り、雇用契約の内容となるとした裁判例（丸一商店事件　大阪地裁　平10.10.30判決　労判750号29ページ）もあります。

4.ご質問のケースへの回答
[1]配転命令権の存否（権限審査）

ご質問のケースでは、求人票に「当面は転勤なし」との記載があったとのことです。「当面は」とされていることから、就業規則などに一般的配転条項それ自体は置いていると考えられますので、配転命令権の存在は肯定されると考えます。

また、たとえ求人票の記載が労働契約の内容とされたとしても、「当面は」の意義は別として、「転勤はない」とまではされていませんので、勤務場所限定の合意の効力までが認められることはないと思われます。

[2]配転命令権の濫用（濫用審査）

まず、①業務上の必要性は、現状では代替となる候補者がおらず、欠員の出ている事業所への人員補充も急務とのことですので、認められるものと考えます。また、上記の事情からすれば、②不当な動機・目的もないものと考えます。

問題は、③労働者の不利益に関する点です。当該社員は「入社後数カ月で転勤になると分かっていれば入社していなかった」と述べており、何か転勤を固辞する理由があるものと考えます。会社としては、当該社員が固辞する理由を十分に聴取し、その点も考慮して、当該社員に転勤を命じるのかを再度検討することが最も重要です。また、当該社員からの事情聴取は、配転に至る手続きの妥当性を担保することにもつながります。

[3]まとめ

結論として、当該社員に転勤を命じることは可能と考えます。ただし、本人が最後まで転勤を固辞し、配転命令の有効性を争われた場合には、当該社員に生じる不利益の有無・程度が濫用審査で問題となり得るため、リスクはあると考えます。したがって、会社としては、当該社員に対し、転勤の業務上の必要性について説明した上で、転勤を固辞する理由を十分に聴取して、さらに本人を説得してまで転勤を命じるか否かを決めることになります。

なお、このような配転を命じたときには、当該社員に転勤先での意欲的な勤務を期待しづらいため、抽象的な文言による採用条件を見直すべきだと思います。

（山﨑　和義）

いったん配転に同意した社員が家庭の事情で撤回を申し出てきた場合、予定どおり配転させられるか

営業部門の中堅社員に地方への配転を打診し、同意を得ていました。ところが、赴任予定日の2週間前になって、「同居の親族が脳梗塞で倒れ、介護が必要になりそうなので、同辞令への同意を撤回したい」との申し出がありました。事情は理解できるものの、急なことで代替要員も見つからないため、内示したとおりに辞令を発出したいと考えていますが、法的に問題はないでしょうか。

 当該社員としても、親族の病状等の把握、介護の環境を整える時間的猶予が必要となっていることから、育介法26条の趣旨に照らし、まずは、赴任時期を遅らせるなどの配慮を行い、その上で、当該社員とよく話し合って、会社として配転命令を維持するか否かを決定すべき

1. 使用者の裁量が大きい配転命令

配転（配置転換）とは、労働者の職種・職務内容または勤務場所を同一企業内で相当長期にわたって変更することをいいます。そして、「使用者は業務上の必要に応じ、その裁量により労働者の勤務場所を決定する」配転命令権を有しており、①業務上の必要性が存しない場合、または②業務上の必要性が存する場合であっても、(i)他の不当な動機・目的をもってなされたものであるとき、もしくは(ii)労働者に対し通常甘受すべき程度を著しく超える不利益を負わせる配転命令であるときなど、特段の事情がある場合でない限りは、権利の濫用とはならないと解されています（東亜ペイント事件　最高裁二小　昭61．7．14判決）。

2. 育介法26条の重要性

育介法26条は、事業者が労働者を転勤させようとするときに、育児や介護を行うことが困難となる労働者について、その育児または介護の状況に配慮しなければならない旨を定めています。これはあくまで「配慮」であって、配置の変更をしないといった配置そのものについての結果や労働者の育児や介護の負担を軽減するための積極的な措置を講じることまでを使用者に求めるものではありません（平28．8．2　職発0802第1・雇児発0802第3、最終改正：令5．4．28　雇均発0428第3）。

しかし、裁判所においては、「配慮の有無程度は、配転命令を受けた労働者の不利益が、通常甘受すべき程度を著しく超えるか否か、配転命令権の行使が権利の濫用となるかどうかの判断に影響を与える」（ネスレ日本［配転本訴］事件　大阪高裁　平18．4．14判決。最高裁二小　平20．4．18決定で上告棄却）等と判示するなど、育介法26条を重視する傾向にあります（同様の判決として、NTT西日本［大阪・名古屋配転］事件〔大阪高裁　平21．1．15判決〕、NTT東日本［北海道・配転］事件〔札幌高裁　平21．3．26判決〕もあり、いずれも最高裁でも維持されています）。

3. 配慮の具体的な内容等

「子の養育又は家族の介護を行い、又は行うこととなる労働者の職業生活と家庭生活との両立が図られるようにするために事業主が講ずべき措置等に関する指針」（平21.12.28　厚労告509、最終改正：令3．9.30　厚労告366）や2.の前記通達は、「配慮」することの具体例等として、以下の内容を指摘しています（下線は筆者による）。

〈指針の内容〉
① 当該労働者の子の養育又は家族の介護の状況を把握すること
② 労働者本人の意向をしんしゃくすること

③配置の変更で就業の場所の変更を伴うものを
　した場合の子の養育又は家族の介護の代替手
　段の有無の確認を行うこと
〈通達の内容〉
　子の養育又は家族の介護を行うことが「困難
となることとなる」とは、転勤命令の検討をす
る際等において、配置の変更後に労働者が行う
子の養育や家族の介護に係る状況、具体的に
は、配置の変更後における通勤の負担、当該労
働者の配偶者等の家族の状況、配置の変更後の
就業の場所近辺における育児サービスの状況等
の諸般の事情を総合的に勘案し、個別具体的に
判断すべきものであること。
　「配慮」とは、労働者の配置の変更で就業の
場所の変更を伴うものの対象となる労働者につ
いて子の養育又は家族の介護を行うことが困難
とならないよう意を用いること（後略）。

　上記指針や通達からすると、就業と介護を両立
する社員に関しては、以下のような考慮が必要に
なると考えておくべきと解されます。

①まず、以下の状況等を確認する
　(ⅰ)労働者本人の意向、要介護者の状況の詳細
　(ⅱ)労働者本人以外の家族や親戚等による介護
　　　の状況
②次に、以下の内容等を確認する
　(ⅰ)労働者本人が転勤した場合の要介護者に対
　　　する介護の代替手段の有無
　(ⅱ)代替手段が可能となる時期
　(ⅲ)民間ケアサービス等の利用の可能性、それ
　　　が可能であった場合の利用可能開始時期等
③そして、その上でも、労働者本人を配置転換
　する必要性が高い場合には、以下の内容等を
　検討し、正式な配転命令を出すか否かを最終
　的に判断する
　(ⅰ)労働者本人および家族の負担軽減に関する
　　　配慮
　(ⅱ)転勤の時期や場所等の調整

4.ご質問のケースへの対応
　貴社は、前述してきた指針や通達に照らして適

切な対応を取っていたにもかかわらず、赴任予定
日の２週間前になって、急な家庭の事情によって
赴任が難しいとの申し出を受けるに至っており、
困惑されているものと思われます。こうした状況
では、適切な代替要員を手配することも著しく困
難であると推察され、配転命令をそのまま発出
し、当該社員には同意していた赴任日から転勤す
ることを求めたいところかと思います。

　しかし、「ワーク・ライフ・バランス」意識の
向上等の社会的状況、さらには、育介法26条に関
する裁判所の判示内容等を考慮すると、当該社員
に対し、少なくとも、以下のような事実確認や対
応等を試みる必要があるのではないかと解されま
す。

　まず、同居親族の脳梗塞発症に伴うお見舞いの
言葉を述べるとともに、その病状の把握に努める
必要があります。それと並行して、転勤の時期を
一定期間猶予することの可否を社内調整すべきで
す。赴任予定先には一定の負荷がかかることにな
りますが、当該社員の親族の状況等を説明の上、
理解を求めるようにしましょう。急な脳梗塞の発
症ということですので、数日で病状や介護の見込
み、仮に介護が必要な状況であることが分かった
場合でも、当該社員以外の親族等によって介護が
可能なのか、可能でない場合には施設への入所や
民間介護サービスの利用等ができるのかといった
確認も必要でしょう。さらに、施設等が利用可能
な場合であっても、その利用開始可能時期は少し
時間がたたないと判明しないのではないかと思い
ます。以上のような対応等を取らないまま、転勤
命令を維持することは避けるべきです。

　赴任の時期を一定程度猶予しつつ、その猶予期
間が終わる頃に、最終的な判断を下すことになり
ます。仮に、命令を維持することになった場合で
も、年次有給休暇の柔軟な取得を推奨するなど、
当該社員およびその家族の負担軽減に関する配慮
についても検討すべきであると解されます。

　　　　　　　　　　　　　　　（根本　義尚）

Q24 転勤や配置転換命令の有効・無効は、どのように判断されるのか

当社の就業規則では、「会社は業務の都合により、転勤または職場の変更等の異動を命じることがある」と規定しています。しかし、実態としては今まで地方に事業所がなかったため、転勤は発生していませんでした。このたび、全国展開を図るに当たり社員に転勤命令を出したところ、「労働契約時に示された就業場所と違う。なぜ自分が転勤しなくてはならないのか」と言ってきました。このような場合、転勤させることは不可能なのでしょうか。また、転勤や配置転換を合理的に進めるためには、どのようなことに留意する必要があるのでしょうか。

 転勤がなかった実態を労使慣行として労働者が主張するのであっても、労使慣行は就業規則の明文に反しない限度で認められるにとどまる。就業規則に基づき転勤命令権は認められる。これまでの就業場所は当面のものにすぎない。業務上の必要性が存しない場合、または労働者の不利益の程度が通常甘受すべき程度を著しく超えるなどの特段の事情が存する場合は、転勤命令が権利濫用として無効となる。同意を得るべく努力するプロセスが、有効性を高め、紛争発生を防止する

1. 転勤命令の根拠

使用者が労働者に対し転勤を命じる根拠は、労働契約にあります。労使関係にあれば当然に転勤を命じられるわけではありません。労働契約に基づいて使用者に命令する権利が生じ、労働者にこれに従う義務が生じます。

労働契約は、労使の合意によりその内容が定まります。この例外は、労基法または労働協約が法律の効力により労働契約の内容となる場合です（労基法13条：直律的効力、労組法16条：規範的効力）。労使の合意は、労働契約の内容が就業規則によることについての使用者の申込と、これに対する労働者の承諾により成立します。この就業規則も、合理性と周知を要件として、労使の合意がなくても、労契法により労働契約の内容になります（同法6条、10条）。

労使慣行が、この労働契約の内容に影響を与える場合があります。労使慣行とは、労使関係に関する成文の規範に基づかない取り扱いで、反復継続して行われたものをいいます。労使慣行に関する法律上の明文はありません。しかし、労使慣行はあくまでも成文に反しない限りで効力を認められると解されています（労基法93条参照）。この結果、就業規則に反する労使慣行は認められません。

2. 労働契約の変更

仮に、就業規則に転勤命令権の記載がない場合、使用者は労働者に対する転勤命令権を当然には有しません。労働者の同意を得た場合に限り、転勤を実現できます。

しかし、これでは実務は動きません。このため、就業規則に転勤命令権を新たに規定することになります。裁判所は、就業規則を使用者が一方的に変更できることを認めました。すなわち、就業規則の変更に合理性があれば、労働者は変更後の就業規則の適用を拒否できないとします（秋北バス事件 最高裁大法廷 昭43.12.25判決、労契法10条）。

一般的に、転勤命令権は長期雇用システムで労働者の雇用保障を維持するために使用者に不可欠の権利でしょう。就業規則変更に合理性は認められるでしょう。かつては就業規則に規定が少なかった出向命令についても、この就業規則の変更

により使用者が権利を取得してきました。

3.転勤命令の権利濫用性

　使用者が転勤命令権を取得したとしても、この行使が権利濫用になる場合、転勤命令は無効となります。無効の転勤命令に労働者が従う義務は生じません。

　この権利濫用性の判断については、転勤命令の①業務上の必要性と②労働者の不利益等の特段の事情の二つで決まります。最高裁判例は、「当該転勤命令につき業務上の必要性が存しない場合又は業務上の必要性が存する場合であっても、当該転勤命令が他の不当な動機・目的をもってなされたものであるとき若しくは労働者に対し通常甘受すべき程度を著しく超える不利益を負わせるものであるとき等、特段の事情の存する場合でない限りは、当該転勤命令は権利の濫用になるものではない」とします（東亜ペイント事件　最高裁二小　昭61．7.14判決）。同判決は、①「業務上の必要性」には、「余人をもって替えがたいほどの高度の必要性は不要である」とします。また、その後の下級審判決は、②特段の事情の一つである「労働者の不利益の程度」について、単身赴任を余儀なくされる場合であっても「通常甘受すべき程度」とします。この結果、転勤命令が権利濫用として無効となるのは極めて限定された場合に限られました。

　この背景には、雇用保障と賃金保障が強くなされる長期雇用システムの下では、配転・転勤・出向といった人事権を使用者に広く認めざるを得ないというバランスがあります。雇用・賃金を労働者に対し保障する一方で、賃金以外の労働条件については変更する強い権限を使用者に認めました。

4.転勤や配置転換の有効性判断の変化

　近時、配転や転勤命令を直接規制する動きがあります。例えば、育介法26条では、就業の場所の変更を伴う配置転換については、養育または介護の状況への配慮を事業主に求めます。また、育介

法と均等法の指針では転勤についての記載があります。いずれも私法上の義務ではありませんが、有効性の判断に影響する面もあります。

　さらに、下級審裁判例でも、養育や介護を理由に、「通常甘受すべき不利益の程度」を著しく超えるとして、転勤命令を無効とする判断が出ています（育児に関するものとして明治図書出版事件東京地裁　平14.12.27決定）。慰謝料請求を認めるものもあります（西日本電信電話事件　大阪地裁　平19．3.28判決、東日本電信電話事件　札幌地裁　平18．9.29判決など）。

　このように、労働者の不利益の程度を個別具体的に考察して「通常甘受すべき程度」を著しく超えるとする判断例が散見されるので、使用者は紛争発生予防のために留意が必要です。不利益緩和措置も重要ですが、命令を発する過程で労働者に対し説明を行い労働者の個別事情をヒアリングして配慮するというプロセスが、実務では重視されます。

　他方で、長期雇用システムの変容に伴い、多様な働き方の一環として、使用者が人事権を放棄する結果、労働者に勤務地限定や職種限定などが認められる労働契約が見られるようになってきました。近時の最高裁判決は、「職種や業務内容を特定のものに限定する旨の合意がある場合には、使用者は、当該労働者に対し、その個別的合意なしに当該同意に反する配置転換を命ずる権限を有しない」と判示しました（社会福祉法人滋賀県社会福祉協議会事件　最高裁二小　令6．4.26判決）。また、特に若年労働者の転勤への抵抗感を考慮して、転勤者に対する手当を支給する企業の動きも出てきています。いわゆる「同一労働同一賃金」を事実上否定した最高裁判決（メトロコマース事件　最高裁三小　令2.10.13判決）が長期雇用（継続雇用）にプレミアムを支給することを肯定した考え方に沿うものともいえます。もっとも、外部労働市場の成長に伴う雇用の流動化の流れの中で、転勤の仕組みを維持することは使用者にとって相当に困難であり、長期雇用システム自体の変容を加速させる面があります。

5.ご質問への回答

ご質問の会社は、就業規則上に配転・転勤命令の記載があるので、命令の根拠を有します。地方に事業所がなかったために転勤の実績がなかったとしても、就業規則は将来的な全国展開を予定していなかったとまではいえないでしょう。労使慣行は就業規則の明文に反しない限度で効力を有するにすぎません。

「労働契約時に示された就業場所と違う」という労働者の主張は、労働条件通知書では雇入れ直後の就業場所を示すものですから（なお、令和6年4月に労基則改正あり）、理由がありません。勤務地限定の特約がある場合は別ですが、裁判所は勤務地限定を認めることに一般的には消極的です（なお、前掲最高裁判例参照）。

権利濫用については、特段の事情、多くのケースでは当該労働者の不利益の程度が問われます。一般的には、介護、養育、精神疾患に関しては紛争になる傾向があり、注意が必要です。もっとも、「特段の事情」が認められるには、個別事案として「著しい」程度の不利益が必要となります。

実務で上手に配転・転勤を実現するためには、命令よりも労働者の同意を得て行うことが適当です。もちろん、同意を得られない場合には命令となります。しかし、同意を得るための過程での努力が、命令の権利濫用性を低下させ、また紛争発生を防止します。

（丸尾　拓養）

採用時に職種限定の合意がなければ、どのような職種転換も許されるか

採用時の労働契約締結時に、従事させる職種を限定していれば、異なる職種への転換には本人の同意が必要だと思いますが、特に限定せずに採用した場合であれば、どのような職種への転換命令でも認められるのでしょうか。判例等の基本的な考え方と合わせてご教示ください。

多くは契約の範囲内として認められるが、権利濫用を理由に認められないこともある

1.配転命令の要件

ご質問の職種の転換は、法的には配置転換（配転）の一場合ということになります。そこで、まず配転についてご説明します。

配転とは、従業員の配置の変更であって、しかも職務内容または勤務地が相当の長期間にわたって変更されるものをいいます。世間的には「転勤」という用語に対応するものといってよいでしょう。

この配転を、使用者が労働者に一方的に命令することができるのか、その都度労働者の同意を得る必要があるのかについては、古くから争われてきました。たしかに、使用者には、労働者のスキルを磨くなどの理由を根拠に、労働者に配転を命じる権利を認めてもよさそうです。しかし、労働契約の内容を使用者が一方的に変更できるとするのも問題があります。

そこで、現在では一般に、当該労働者の契約の範囲内であれば、使用者は労働者に対する配転を一方的に命じることができると解されています。ここでいう「契約の範囲」については、労働条件一般の問題と同様、労働契約のみならず、当該事

業場の就業規則、労働協約の定めも踏まえて決められ、さらに労使慣行についても考慮されることになります。

これらを踏まえて契約の範囲内であれば配転命令が発せられます。配転については、出向を命ずる場合などに比べて、労働者に与える不利益の程度は小さいため、契約の範囲内と認定されるケースは比較的多く、勤務場所や職種を限定する合意がなされていなければ、契約の範囲内として認められることが多いといえます。

判例も、労働協約および就業規則に配転命令の規定があり、かつ配転が頻繁に行われ、採用時に勤務場所や職種を限定する合意がなされていない場合には、配転命令を行うことができると解しています（東亜ペイント事件　最高裁二小　昭61．7.14判決）。

2.勤務地・職種の限定合意が認められた例

そこで、どのような場合に勤務地・職種の限定がなされていたかが問題となります。勤務地については、現地採用で慣行上転勤がないといった場合には、勤務地の限定がなされているとして認められるケースが多くあります。

ご質問の職種に関しては、医師、弁護士、公認会計士等の専門職、看護師、ボイラー技士などの特殊な技術・技能・資格を有する者などには職種の限定があるとみるのが一般的といえます。

判例で職種限定合意が認められたのも、専門性が強い職種についてのケースが多く、例えばアナウンサーについて、専門性があることや、長年アナウンサーに従事していたことなどを理由に、職種に関する合意があったと認めている判例があります（日本テレビ放送網事件　東京地裁　昭51．7.23決定）。

資格を要する職種でなくとも、その職種について他職種よりも高度な能力を求める採用基準が設定されていたケースについても、同様に解される場合があります。

また、アナウンサーのような特殊な職種でなくとも、採用時の職種とまったく異なる職種に配転

しようとする場合には、契約の範囲内にあるかどうかは厳しくチェックされます。この点に関しては、事務系業務から警備業務への配転命令について、採用時に事務系職員として採用する合意があったと認めた例があります（ヤマトセキュリティ事件　大阪地裁　平9．6.10決定）。

直源会相模原南病院事件（最高裁二小　平11．6.11決定）では、病院のケースワーカー、事務職員に対するナースヘルパーへの配転命令について、業務の系統を異にする職種への配転であるとして、「業務上の特段の必要性及び当該従業員を異動させるべき特段の合理性があり、かつこれらの点についての十分な説明がなされた場合か、あるいは本人が特に同意した場合を除き」無効としました。

なお、これに関して注意しておかなければならない点は、職種の限定があるか否かは契約当時の合意だけで決まるものではなく、その後の労使慣行等も考慮して、合意の有無を認定することになる点です。

また、長期にわたり担当していた職務から他の職務への配転などがよく問題となりますが、10数年から20数年という長期間機械工として就労したとしても、その事実から直ちに、契約上職務を限定する合意があったとはいえないとした例があります（日産自動車村山工場事件　最高裁一小　平元.12.7判決）。

3.職種限定の合意がない場合に 配転命令をなし得るか

それでは、「職種限定の合意が認められなければ使用者は配転命令を自由になし得るのか」というと、なお命令が違法と判断される場合があります。判例上、業務系統を異にする職種への異動については、企業が一方的に命じることができないとするものがあります。例えば、直源会相模原南病院事件（東京高裁　平10.12.10判決）では、業務の系統を異にする職種への異動について、業務上の特段の必要性および当該従業員を異動させるべき特段の合理性があり、かつこれらの点につい

ての十分な説明がなされた場合か、あるいは本人が特に同意した場合を除き、企業が一方的に異動を命ずることはできないとしています。

さらにクリアすべきハードルがあります。それは、当該配転命令が権利濫用になってはならないというものです。

すなわち、配転は勤務場所または勤務内容の変更を伴い、労働者の生活に少なからず影響することから、判例はケースにより、配転命令が権利濫用になるとして、無効としています。

結局、配転命令が適法有効になし得るためには、配転が労働契約の内容であり、その命令が権利濫用とならないことが求められます。

権利濫用となるか否かは、使用者側の配転命令の必要性・合理性と、労働者が当該配転命令により被る不利益を比較衡量し、労働者が被る不利益が大きいといえるかにより判断されます。権利濫用を認めた判例としては、重病の兄・交通事故の後遺症等のある妹・高血圧の母の面倒をみている労働者に対する東京本社から広島支社への配転命令を無効とした例（日本電気事件　東京地裁　昭43．8．31判決）、神経症により1年間休職していた労働者が復職を申し出た際に出された旭川から東京への配転命令について、信頼ある医師による治療機会の喪失等を理由に無効とした例（損害保険リサーチ事件　旭川地裁　平6．5．10決定）などがあります。

貴社においても、当該転勤命令が発せられた場合、使用者側の必要性とバランスを欠くような大きな不利益を労働者に与えることはないか、その私生活面も含めて考慮する必要があります。

（千葉　博）

転勤辞令発令後に、家族の介護を理由として転勤を拒否してきた社員に対し、申し出に応じなければならないか

当社では、社員の育児・介護の状況等を「自己申告シート」に記入してもらい、転勤者選定の際の参考資料としています。ところが、このたび転勤辞令を発令した社員Aが、突然、「自己申告シートには記入していなかったが、実は両親が要介護状態である」と言い出し、転勤を拒否してきました。事前に申告があれば会社としても配慮したところ、発令した後に言われて困っています。このようなケースでは、申告しなかった本人に非があるものの、本人の申し出に応じなければならないのでしょうか。

何らの対応もせずに命令を維持することは問題があり、要介護者および介護の状況を確認の上、本人が転勤した場合の介護の代替手段の有無・時期等についても確認し、本人と協議すべき

1. 配転命令の意義および限界等

配置転換（配転）とは、労働者の職種・職務内容または勤務場所を同一企業内で相当長期にわたって変更することの総称をいい、労働者の住居の変更を伴う他の事業所への勤務地の変更を一般的には「転勤」と呼んでいます。そして、「使用者は業務上の必要に応じ、その裁量により労働者の勤務場所を決定することができる」（東亜ペイント事件　最高裁二小　昭61．7．14判決）と解されており、使用者は労働者に対する配転命令権を有しています。

もっとも、上記命令権が認められるとしても、その行使を濫用することはできず（労契法3条5項）、前掲東亜ペイント事件判決も、①業務上の

必要性が存しない場合、または②業務上の必要性が存する場合であっても、(i)他の不当な動機・目的をもってなされたものであるとき、もしくは(ii)労働者に対し通常甘受すべき程度を著しく超える不利益を負わせる配転命令であるときは権利濫用になる、と判断しています。

2.従来の配転命令に関する裁判所の傾向

正社員等の長期雇用を前提とした労働契約関係の下では、企業組織内での労働者の職業能力・地位の発展や労働力の補充・調整のために系統的で広範囲な配転が行われていくことが通常であることから、使用者に、人事権の一内容として労働者の職務内容や勤務地を決定する権限が帰属することが予定されています（菅野和夫・山川隆一『労働法 第13版』［弘文堂］682ページ）。また、わが国においては、解雇法制が厳格であることからも使用者には配置転換に関する広範な裁量権を認める必要もあります。そのような背景もあり、裁判所は、家族の療養・看護等の高度の必要性が認められる場合には、使用者による配転命令を無効と判断した裁判例もありました（北海道コカ・コーラボトリング事件　札幌地裁　平9.7.23決定等。前掲東亜ペイント事件判決以前の日本電気事件　東京地裁　昭43.8.31判決）が、多くの事案で使用者の配転命令を有効と判断してきました。

3.育介法26条および労契法3条3項の理念

(1)育介法は、平成13年改正において、「事業主は、その雇用する労働者の配置の変更で就業の場所の変更を伴うものをしようとする場合において、その就業の場所の変更により就業しつつその子の養育又は家族の介護を行うことが困難となることとなる労働者がいるときは、当該労働者の子の養育又は家族の介護の状況に配慮しなければならない」（26条）との規定を追加しました。規定からも明らかなとおり、配置の変更をしないといった配置そのものについての結果や労働者の育児や介護の負担を軽減するための積極的な措置を講じることまでを求めるもので

はありません（平28.8.2　職発0802第1・雇児発0802第3、最終改正：令5.4.28　雇均発0428第3）。

もっとも、裁判所は、同条を指摘の上、「育児の負担がどの程度のものであるのか、これを回避するための方策はどのようなものがあるのかを、少なくとも当該労働者が配置転換を拒む態度を示しているときは、真摯に対応することを求めているものであり、既に配転命令を所与のものとして労働者に押しつけるような態度を一貫してとるような場合は、同条の趣旨に反し、その配転命令が権利の濫用として無効になることがある」（明治図書出版事件　東京地裁　平14.12.27決定）、「法が、事業主に対し、配慮をしなければならないと規定する以上、事業主が全くなにもしないことは許されることではない。（中略）配慮の有無程度は、配転命令を受けた労働者の不利益が、通常甘受すべき程度を超えるか否か、配転命令権の行使が権利の濫用となるかどうかの判断に影響を与える」（ネスレジャパンホールディング［配転本訴］事件　神戸地裁姫路支部　平17.5.9判決。その後、大阪高裁　平18.4.14判決および最高裁二小　平20.4.18決定でも維持）などと判示し、上記配慮義務が配転命令の権利濫用の一要素になると考えています（その他育介法26条を指摘した裁判例として、NTT西日本［大阪・名古屋配転］事件　大阪地裁　平19.3.28判決および大阪高裁　平21.1.15判決、NTT東日本［北海道・配転］事件　札幌高裁　平21.3.26判決等）。

(2)平成20年に施行された労契法は、「労働契約は、労働者及び使用者が仕事と生活の調和にも配慮しつつ締結し、又は変更すべきものとする」（3条3項）として、「仕事と生活の調和への配慮の原則」（いわゆるワーク・ライフ・バランス）に関する理念規定を設けました。

4.ご質問の対応方法

ご質問の事案では、貴社は育児・介護の状況を

自己申告シートに記載するように求めていたにもかかわらず、転勤命令を発した後に介護の事実を社員Aから伝えられたとのことです。確かに、貴社にとっては気の毒な面がありますが、以上のような立法動向および現在の「ワーク・ライフ・バランス」意識の向上等の社会的状況に鑑みますと、上記裁判所の判断傾向はより強くなっていくと考えられます。そのような状況ですので、既に転勤命令を発してしまったことをもって、そのまま社員Aに対する命令を維持する対応は問題があります。

そこで、Aの意向および介護の状況、A以外の家族や親戚等による介護の状況、要介護者の状況の詳細等を確認の上、Aが転勤した場合の要介護者に対する介護の代替手段の有無や代替手段を講じることができる時期、民間ケアサービス等の利用可能性、可能であった場合の利用可能開始時期等についても確認すべきです（前掲職発・雇児発通達および平21.12.28　厚労告509、最終改正：令3. 9.30　厚労告366）。その上で、Aを配置転換する必要性が高度である場合には、Aおよびその家族の負担軽減に関する配慮を検討し、命令を維持するか否かを決定していくことになるものと思われます。

（根本　義尚）

　海外赴任者の帯同家族の就労を認める必要があるか

このほど海外赴任者から、「帯同家族が就労を希望しているが可能か」との相談を受けました。当該家族は、帯同に伴いそれまでの仕事を辞めていましたが、心身ともに健康であり、自身のキャリアを生かせることから就労を再開したいとのことです。当社では、就業規則で帯同家族の就労は原則禁止としていますが、認める必要があるでしょうか。また、仮に認める場合、どのように対応すべきかご教示ください。

　就業規則における就労禁止規定の定めに合理性が認められる場合、就労を許可する必要はない。もっとも各国における物価高や女性活躍等を背景に、帯同家族の就労希望は増加しており、同規定の撤廃を検討することも一案である。仮に会社の判断で就労を認める場合、会社としては、帯同家族の就労実態の把握、各種手当の整備等の対応が必要となる

1.帯同家族の就労を認める必要があるか

就業規則とは「労働者の集団に対して適用される労働条件および職場規律について使用者が定めた規則」をいいます（水町勇一郎『詳解労働法　第2版』〔東京大学出版会〕173ページ）。使用者が合理的な労働条件が定められている就業規則を労働者に周知していた場合、労働契約の内容は、その就業規則で定める労働条件によります（労契法7条本文）。したがって、帯同家族の就労を原則として禁止する規定（以下、就労禁止規定）を含む就業規則の内容に合理性があり、かつその周知がなされている場合には、当該就労禁止規定を根拠として帯同家族の就労を原則禁止できます（ただし、労働契約に基づく権利行使でも、具体的事案で権利濫用と判断される場合は就労を禁止できません〔同法3条5項〕）。そこで就業規則の周知が適法になされていることを前提に、就労禁止規定に合理性があるかを検討します。

就業規則の合理性が争われた裁判例を踏まえると、❶人事管理上の必要性があるか、❷労働者の権利を不相当に制限しないか、社会一般の状況に照らし不相当なものではないか（許容性）等を考慮して判断されています（水町・前掲書195ページ参照）。

[1] 人事管理上の必要性があるか

就労禁止規定を定める主な理由としては、以下の①～③が考えられます。

①帯同家族用ビザでは就労できない

帯同家族が不法就労状態になると、赴任者本人のビザに影響が及び、赴任者が労務提供できなくなるリスクが生ずるため、リスク管理の観点から、人事管理上の必要性を説明できる場合があります。この点、一定の要件を満たせば米国や香港等では帯同家族用のビザでも就労可能とされています（宇賀神 崇ほか編『Ｑ＆Ａ 越境ワークの法務・労務・税務ガイドブック』［日本法令］28、32～33ページ）。

しかし、赴任先によって異なる取り扱いをすると人事管理上の負担が増し、赴任先によって生ずる不公平を各種手当の減額によりカバーし切れない等の理由から、就労禁止規定の必要性を肯定できる場合もあるでしょう。

②帯同家族の所得を企業が把握できないと申告漏れが生じる、また、赴任先で課税される所得税のうち、企業が負担する割合が不明瞭になる

夫婦合算課税を採る赴任先において帯同家族の所得を把握できない場合、申告漏れが生じ、企業の信用を損なうリスクがあります。また、税務申告のために帯同家族の所得を企業が把握する手間が生じます。それ故、これらのリスクや手間が生じることを防ぐ観点から、就労禁止規定には一定の合理性が認められると思われます。

ただし、帯同家族の就労および収入額の申告を義務づければ申告漏れのリスクや経理上の負担は低減できること、また、夫婦合算課税を採っていない赴任先であれば、上記の理由づけは必ずしも当てはまらないことに留意が必要で

す。

③帯同家族の安全管理が困難になる

労契法5条は、労働者に対する安全配慮義務を定めています。他方、帯同家族については、赴任を命じた企業との間に、雇用その他の指揮・監督を伴う契約関係は存在しないため、企業が帯同家族に対し必ずしも同義務を負うわけではありません。

もっとも、赴任を命じた企業として自主的に帯同家族の安全に配慮することは適切と考えられます。企業にとって、就労を認めた帯同家族の安全管理が特に困難になるのは、当該家族が出張等で赴任者の生活圏外から離脱して勤務する場合であると思われますが、在宅勤務等により赴任者の生活圏内で勤務することが可能な場合もあります。

以上のとおり、人事管理上の必要性を肯定できるかは個別事情によるところが大きく、企業としては、赴任先のビザで許容された活動、赴任先の税制、帯同家族の勤務実態、赴任先の危険度、赴任先や赴任者に応じて扱いを変える手間等を考慮して検討するのがよいと思われます。

[2] 労働者の権利を不相当に制限しないか、社会一般の状況に照らし不相当なものではないか（許容性）

就労禁止規定により制限を受けるのは、赴任者本人（労働者）ではなく帯同家族です。そして、帯同家族と赴任者の使用者である企業との間には雇用契約関係がないため、帯同家族の権利を制限することにはより慎重な姿勢が求められます。また、近年は働く女性が増加するとともに、働き方が多様化していることを背景として、帯同家族の就労を明確に禁止している企業は減っています。さらに、各国で物価が上昇しているため、帯同家族が働かざるを得ない場合もあります。

以上のとおり、就労禁止規定に許容性があるかは、個別事情によるところが大きく、赴任先の経済情勢や女性活躍に対する自社の方針、他社の対応との平仄等を考慮して検討するのがよいで

しょう。仮に、就労禁止規定の合理性に疑義があると判断した場合、同規定を撤廃することも一案です。また、企業と労働者間の個別合意は就業規則に優先するため（労契法7条ただし書き）、ひとまずは帯同家族の就労を求める社員と個別に合意して就労を認めるという対応もあり得ます（ただし、後記のとおり、合意に加えて別途、就業規則の変更が必要な場合があります）。

2．就労を認める場合の対応

ビザ、税務、安全管理、手当のいずれについても、その適切な運用のためには企業が帯同家族の就労の実態を把握する必要があることから、就業規則または個別合意において、帯同家族が就労する場合は就労実態の事前届け出を義務づけることが考えられます。

また、ビザの取得、赴任者の生活圏外で帯同家族が事故に遭った際の対応、帯同家族の所得に係る税務申告等については、基本的に帯同家族または帯同家族を雇用する企業が主導する事項であるため、上記に関する事項について一切責任を負わないのか、一定の範囲でサポートするのか等を、就業規則等で定めることで、責任の所在を明確にしておくのも一案です。

加えて、帯同家族の就労を認めれば、世帯年収は増加するため、就業規則等で赴任に伴う手当を減額することが考えられます。ここで、手当の減額が現行の就業規則の基準を下回る労働条件であると判断されるときは注意が必要です。就業規則が定める基準を下回る労働条件を定める合意は無効となるため（労契法12条）、合意と併せて現行の就業規則を変更する必要があります（山梨県民信用組合事件　最高裁二小　平28．2．19判決　民集70巻2号123ページ。水町・前掲書202ページ）。そして、就業規則で手当の減額を定める場合、通常の変更手続きに加え、変更内容の合理性と変更後の就業規則の周知が必要となります（同法10条本文）。

帯同家族の就労のニーズは今後も高まると思われます。企業としてはこうしたニーズへの対応方針を決めておくことが有益です。

（湯澤　夏海）

海外出張者や海外赴任者に対し、日本の労働法はどこまで適用されるか

当社では、海外に支店・現地法人を立ち上げることになりました。今後、社員を出張させたり、現地法人に駐在させたりする予定ですが、現地の社員に労基法をはじめとする日本の労働関係法規は適用されるのでしょうか。

国内における事業の一部と認められるような海外出張の場合を除き、原則として日本の労働関係法規は適用されない。ただし、労働契約に関することについては、当事者の合意があれば日本法が適用される

1．原則は不適用

労基法をはじめとする日本の労働関係法規は、日本国内で通用するものであるため、海外で営まれる事業については、その事業主が日本人や日本法人であったとしても、適用されないのが原則となります。

ただし、実際には、海外勤務の従業員に日本の労働関係法規が適用されるかは、勤務の形態によって場合分けをして考えることが必要です。

まず、海外支店や現地法人などの海外の事業所

（海外支店等）で勤務していても、それが一時的なものにすぎず、主として指揮命令を行う者が日本国内におり、その業務が国内に所在する事業所の責任により当該事業所に帰属して行われている場合は、いわゆる海外出張に該当し、日本の労働関係法規がすべて適用されます。つまり、海外で勤務していても、それが国内における事業の一部と認められるような一時的な出張にすぎない場合は、国内の出張と取り扱いは変わらず、日本の労働関係法規が適用されることになります。

他方で、海外支社等に指揮命令を行う者がおり、業務の責任が海外支社等にある場合（いわゆる海外赴任）には、上述の原則どおり、日本の労働関係法規は原則として適用対象外となります。ただし、以下でも述べますが、労働関係法規の性質（行政・刑罰法規か契約法規か）により、さらに場合分けが必要です。

なお、一時的な海外出張に該当するのか、それとも海外赴任のどちらに該当するかは、その名称ではなく、指揮命令権の主体が誰なのか等、勤務の実態に応じて総合的に判断されますので、留意が必要です（例えば、労災法上の考え方は、昭52．3．30　基発192等参照）。

2．行政・刑罰法規の場合

一時的な海外出張に該当しない海外赴任の場合、上述のとおり労働関係法規の適用がありません。したがって、行政法規・刑罰法規（労基法、安衛法など）については、海外支店等において違反があったとしても、行政からの助言指導を受けたり、あるいは、労基法117条以下の罰則規定に従って罰せられたりすることはありません。

ただし、日本の刑罰法規の基本法である刑法は、適用範囲について「日本国内において罪を犯したすべての者に適用する」（1条1項）と定めています。これについて、犯罪の目的が海外で達せられても、犯罪行為が日本国内で行われた場合には、「日本国内において罪を犯した」者に該当し、日本の刑法が適用されると解されています。したがって、日本の本社が海外支店等に対し、労

基法違反の行為を指示すれば、その指示した者は、同法違反により罰せられることになります（昭25．8.24　基発776）。

また、海外支店等において、日本の行政法規・刑罰法規の適用がない場合、現地の法律が適用されます。各国によって異なる義務が定められている場合も多いので、この点には注意が必要です。

3．民法等の契約法規の場合

一方で、労働条件等の労働契約に関することは、使用者と社員との間の合意によって日本法が適用されるとすることが可能です。

例えば、海外駐在の場合に、当該社員との間で覚書等を締結して、「労働契約における準拠法を日本法とする」と合意すれば、日本法（民法や労契法など）が適用されることになります（法の適用に関する通則法7条。一方、当事者が準拠法の選択を行わない場合は、その労働契約において労務を提供すべき地の法が、その労働契約に最も密接な関係がある地の法と推定され、適用されます〔同法8条、12条3項〕）。

また、海外支店等であっても、日本本社と同じ就業規則が存在してこれが適用される場合には、その就業規則の内容は、社員との労働契約の内容となり、当該社員に適用されます。

なお、海外赴任であっても、特に海外の別法人への出向という形態を取っているのであれば、日本法人との労働契約は残ることとなります。この場合、出向元である日本法人との契約関係においては、日本の労働関係法規が適用されることになります。

4．具体例

以上のとおりであるため、例えば、海外支店等において海外赴任者に割増賃金を支払わなかったとしても、労基法37条1項、同法119条1号を理由に罰せられることはありません。ただし、この場合、現地の法律に従う必要があるほか、海外支店等の就業規則において「割増賃金を支払う」旨が定められている場合には、これが労働契約の内

容となりますので、もし未払いがあれば、労働者から未払い賃金請求を受けることになります。

5.労災保険の特別加入

なお、海外出張の場合には、上記のとおり日本法が適用されるため、出張先で労働災害（以下、労災）が起きた場合、給付の対象となります。

そして、海外赴任の場合については、現地での補償が不十分なケースが多いことから、一定の要件を満たす海外勤務者について、労災保険の特別加入が認められています。これによって、海外赴任者は海外で労災事故に遭った場合でも、日本で起こったのと同じ給付が受けられることになります。

また、会社側としても、仮に労災事故が起こって労働者から損害賠償請求を受けた場合でも、労災保険の給付を受けた額は賠償金から控除されることとなりますので、加入のメリットが存在するといえます。

（村木　高志）

出向・転籍

出向してきた社員を他社に再出向させることはできるか

当社の社員Aは現在、関連会社に出向中です。先日、その関連会社の人事担当者から「Aをさらに別の子会社に出向させたい」という打診がありました。このような場合、出向先がAに対して子会社に再出向を命じることはできるのでしょうか。①出向命令の可否、②本人同意の有無などの観点からご教示ください。

 出向先が労働者に対し、再出向命令を発することはできない。出向先が労働者本人の同意を得ても同様と考えられる

1.出向命令の可否・要件

ご質問は、再出向命令の可否についてですが、前提として、通常の出向命令に関する現在の実務上の考え方について踏まえておきます。

出向とは、労働者と出向元間の雇用契約関係が存続する一方で、労働者は出向先の指揮命令に服して就労する形態をいいます。それでは、会社（出向元）側から労働者に出向を命じることはできるのでしょうか。

[1]労働契約上の根拠があること

出向については、一般に、会社が一方的に命ずることができるかが問題とされ、現在の判例の考え方では、労働契約の範囲内であれば、会社は労働者に対し出向命令を有効に発し得るものとされています。

具体的には、労働契約上の根拠があれば、労働者に命じ得ることになるのですが、出向が労働者にある程度大きな影響を及ぼすことから、就業規則に、単に「出向を命じ得る」などという規定があるだけでは足りないとされています。結局、労働契約上の根拠があるというためには、就業規則、労働協約、労働契約、採用時における説明と同意などによって、出向を命じ得ることが明確になっていること、出向先での基本的労働条件等が明確になっていることなどが必要とされています。

実際の事案では、一言で出向といっても、関連会社相互間で行う場合や、全く関連のない新規事業に対する出向など、さまざまなケースがあり、これによっても命令がなし得るかどうかは違ってくると思われます。

[2]出向命令が権利濫用とならないこと

さらに、契約上の根拠があるだけで最終的に出向命令が認められるということではなく、出向命令が権利濫用とならないことが必要です。権利濫用となるか否かは、業務上の必要性と労働者の不利益の程度を比較考量して決すべきことになります。

判例上は、労働者の家庭に病気の老母がいたため、その介護の必要性を理由として権利濫用とした事例や（日本ステンレス事件　新潟地裁高田支部　昭61.10.31判決）、懲戒解雇の効力が否定されて労働者が職場復帰したところ、会社が、社内に配置すべきポストがないとして下請会社に出向を命じた事案で、業務上の必要性、人選の合理性がないとして権利の濫用とした判例などがあります（ゴールド・マリタイム事件　最高裁二小平4.1.24判決）。

2.再出向命令は可能か

それでは、出向先からの再出向についても、同様の要件さえ満たせば、会社から一方的に命じることができるのでしょうか。

[1] 通常の出向命令と同様に考えてよいのか

通常の在籍出向では、出向元と出向先の双方と労働者の間にそれぞれ労働契約関係があるなどとされていることから、出向先と労働者との間に完全な労働契約関係があれば、本問の出向先からの再出向についても、通常の出向の問題と同様に考えてよいことになるはずです。

しかし、正確には、出向では、労使間の権利義務が出向元・出向先間で分割され、かつそれが部分的に出向先に移転するものとされています。判例上でも、1個の労働契約を構成する権利義務が出向元と労働者間と出向先と労働者間に分かれて存在する関係であるとされています（朽木合同輸送事件　名古屋高裁　昭62.4.27判決）。

したがって、出向先と労働者との関係を通常の労働契約関係そのものとみることはできません。再出向を通常の出向と同様の問題と割り切ることはできないわけです。

[2] 出向先と労働者との関係──再出向命令は可能か

それでは、以上のような関係を前提に、再出向命令を発することはできるのでしょうか。

出向先が取得する権限は、あくまでも当該労働者を指揮監督し、労務提供をさせるのに必要な範囲です。労務提供先を決めることなど、労働契約の根本に関わる事項については、出向元にとどまるものと考えられます。

例えば、労働契約の根本に関わる解雇等については、労働者が出向先の従業員としての地位まで取得するものではない以上、出向先が行うことはできず、いったん出向元に復帰させた上で、出向元が解雇することになります。

このような観点から、出向先が一方的に発令する再出向は認められるものではなく、あくまでも労働者の明確な同意を、労働契約の根本事項につき権限を有する出向元が得て行わなければなりません。

ご質問に対する回答としても、当該労働者から個別に出向元が明確な同意を得れば可能ですが、同意を得ることなく、再出向命令という形で従わせることや、出向先が労働者から同意を得る形で行うことはできないということになります。

3．トラブルを起こさない再出向の方法

それでは、出向元で労働者の明確な同意を得れば、再出向という形を採ってもよいのでしょうか。出向先との関係を存続させたまま再出向させるということになると、当該労働者をめぐる法律関係が極めて複雑になり、何らかの紛争が生じた場合の対応も困難になることは容易に予想されます。

したがって、法的に可能か否かはさておき、理想的には、出向元が復帰命令を発して、いったん出向元に当該労働者を戻した上で、あらためて再出向先の企業へ通常の出向をさせる、という形を採るべきでしょう。ちなみに、復帰命令については、一般的に出向が復帰を前提とするものであることから（もちろん、実際には復帰しないケースもあります）、会社の側で一方的に命じられるとされています。

（千葉　博）

"片道切符"の出向でも、就業規則で包括的同意を得ていれば、個別の同意なしに命じることは可能か

雇用調整の一環として、数名の社員を関連会社に出向させる予定です。転籍させるわけではありませんが、定年まで当社に戻すことはありません。当社では、就業規則において在籍出向について包括的同意を得ていますが、このようなケースでも、個別の同意は不要ですか。

A 復帰を予定しないこと、雇用調整型の出向を命じることがある旨の就業規則上の規定を整備した上で出向を命じれば原則として個別同意は不要であるが、出向命令が権利濫用に該当しないよう注意すべきである

1. 出向の意義および命令の根拠

在籍出向は、「労働者が使用者（出向元）との間の雇用契約に基づく従業員たる身分を保有しながら第三者（出向先）の指揮監督の下に労務を提供するという形態」（古河電気工業・原子燃料工業事件　最高裁二小　昭60．4．5判決）をいい、人事交流（人材援助・人材育成等）、業務提携、雇用調整等を目的として行われています。民法625条1項に「使用者は、労働者の承諾を得なければ、その権利を第三者に譲り渡すことができない」との定めがあることから、使用者が在籍出向を命じる際に、どの程度の承諾・同意が必要となるか問題となりますが、現在の裁判実務では、事前の包括同意、就業規則や労働協約による包括同意で足りると考えられています（新日本製鐵［日鐵運輸第2］事件　最高裁二小　平15．4．18判決）。

ご質問では、就業規則（通常は出向規程を指し、以下同様です）による包括同意の問題ですが、当該規程には、出向の定義、「出向期間」、出向中の労働者の地位、賃金、退職金、各種の出向手当、昇格・昇給等の査定その他処遇等に関して出向労働者の利益に配慮した詳細な規定が定められることが必要とされています（前掲新日本製鐵［日鐵運輸第2］事件判決。3年間の出向期間を3回延長した事案）。就業規則は、規定内容が合理的なものであれば効力を有し（労契法7条）、出向に関する規定も同様ですので、上記のような詳細な規定が必要になります。それゆえ、抽象的に「業務上必要がある場合には出向を命じることがある」との定めだけでは、出向命令の根拠として合理的であるとはいえないと思われます。

2. 労契法14条の規定——権利濫用法理による制約

労契法14条は「使用者が労働者に出向を命ずることができる場合において、当該出向の命令が、その必要性、対象労働者の選定に係る事情その他の事情に照らして、その権利を濫用したものと認められる場合には、当該命令は、無効とする」と規定しており、出向命令も権利濫用法理による制約を受けることになります。同条は、権利濫用の判断要素として、①出向の必要性、②対象労働者の選定に係る事情、および、③その他の事情を挙げますが、④出向による生活関係や労働条件等における不利益の有無や程度、⑤出向発令に至る手続きの相当性も要素になります（荒木尚志・菅野和夫・山川隆一『詳説労働契約法　第2版』［弘文堂］154〜155ページ）。

3. 復帰を予定しない雇用調整型出向

[1] 出向命令に関して

上記のとおり、出向に関する規定には「出向期間」も定めるべきといわれていますが、その旨法律で定められているわけではありません。そのため、出向期間が定められていないことのみを理由として、出向命令が違法となることはありません。もっとも、採用時の就業規則に、復帰を予定しない出向が含まれていないと解される場合には、同規則に依拠して労働者の個別同意が不要であると解することはできないと判断した裁判例（東海旅客鉄道［出向命令］事件　大阪地裁平6．8．10決定。54歳に達した日以降60歳の定年退職まで出向元への復帰を予定しない在籍出向とした事案）があり、当該出向に関する規定が復帰を予定しないものを想定しているかは問題となります。

そこで、就業規則には、出向期間の定めとともに、「復帰を予定しないこと、雇用調整型の在籍出向を命じることがある旨」を明記しておく必要があります。その際には、就業規則の不利益変更（または新設）となるため、合理性の有無が問題となりますが、雇用調整を目的とした在籍出向の

場合には、その合理性は緩やかに認められると思われます。実際にも、上記東海旅客鉄道（出向命令）事件決定では、採用後に締結された労使協定およびこれに基づく就業規則の出向規定を根拠に、労働者の個別同意がなくとも、これによって、有効に復帰を予定しない出向を命じることができる旨判示しています。

[2]権利濫用に関して

ただし、出向命令が権利濫用に該当するか否かは、別途考察が必要となります。出向命令が権利濫用に該当するかの判断要素については、上記のとおりですが、上記東海旅客鉄道（出向命令）事件決定では、上記④につき、「出向先の労働条件が出向者を事実上退職に追込むようなことになるものではないこと」、上記②につき、「出向対象者の人選・出向先の選択等が差別的なものでないこと」と、より具体的な内容を示していますので参考になります。

ご質問では、業務上出向の必要性があり（整理解雇の回避努力のためであれば緩やかに解されます）、それを出向労働者に対して説明すべきです。

また、出向を命じるに際しても、

(i)恣意性を排除し、ある程度客観的な基準をもって選定し、
(ii)出向先の勤務場所までの通勤時間がさほど変わらず、その他労働条件についても労働者にとって不利益とならず、
(iii)出向命令から実際の出向までの間に一定の猶予期間を設ける

——ことが必要になると思われます。

(i)については、「55歳以上の者」といった基準であれば、その恣意性は原則として排除されると思われます。なお、復帰を予定しない出向が10年程度にわたることが想定されているような場合には、出向期間を一定年数に区切った上で、期間が満了する際に、延長規定にのっとって出向期間を延長するか否か検討すべきであると思われます（前掲新日本製鐵［日鐵運輸第2］事件参照）。

また、(ii)について、不利益になる場合には、不利益解消の措置を講じるべきです。

以上のような対応をとり、出向命令が権利濫用に該当しないよう気を付ける必要があります。

（根本　義尚）

Q31 分社化に伴い、社員を同じ事業場で同一業務に就けたまま転籍させることはできるか

当社では企業競争力の強化ならびに労働条件の適正水準の再編に向けて、事業の分社化を考えています。現地採用された工場の現場作業員の場合、同じ事業場で同一業務に就けたままで、新会社に転籍させ、それに伴い賃金や労働時間などの労働条件を、その地域の地場産業の水準に合わせようと考えています。このような対応は可能でしょうか。また、この条件を拒否した社員について懲戒処分を科すことは可能でしょうか。

 事業譲渡では、個別の同意がある場合に限り、転籍および労働条件の変更が可能である。会社分割では、個別の同意がなくても転籍できるが、労働条件の変更、特に引き下げには慎重に対処すべきである

1.事業分社化の二つの手法

事業を分社化するためには、主として二つの手法があります。

一つは、別の会社に事業譲渡（会社法467条以

下。旧商法245条の「営業譲渡」）する手法です。この「事業」とは、一定の事業目的のために組織化され有機的一体として機能する財産をいいます。一般的な用語でいえば、「ビジネスユニット」を意味するのでしょう。

もう一つは、会社分割（会社法757条以下）の手法です。一つの法人格であった会社を二つ以上に分割することになります。

事業譲渡と会社分割とは、現象としては類似します。しかし、法的には、事業譲渡が事業を売却するという「取引」であるのに対し、会社分割は法人格を分割する「組織改編」です。事業譲渡では譲渡される営業の対象物を個別に選定することができますが、会社分割では組織改編に伴う対象物や顧客等の選別は基本的には法律の定めによります。

2.労働契約の帰趨

[1]事業譲渡

事業譲渡の場合、譲渡会社の労働契約は、当然には譲渡されません。

労働契約は会社法人単位で締結されるものであり、「事業」単位で締結されるものではありません。職種または勤務地特定であったとしても、契約当事者はあくまでも会社です。

事業譲渡は取引行為であり、どの労働契約を譲渡対象とするかは、譲渡会社と譲受会社との合意で決まります。労働者にとって誰が雇用主であるかは重要です。労働契約を事業譲渡されるには、上記二者の合意に加えて、労働者の個別同意が必要です。

このように、事業譲渡の場合の転籍には労働者の個別同意が必要であり、譲渡会社と譲受会社と労働者の三者の合意があって、初めて労働契約は譲渡されることになります。

[2]会社分割

これに対し、会社法上の会社分割をする場合には、会社が組織的に分割するので、労働契約もこれに伴って分割することになります。したがって、会社分割の際の転籍には、労働者の個別同意

が不要となります。

個々の労働契約の具体的帰趨については労働契約承継法に基づくことになります。概していえば、分割された事業に「主として」従事する労働者の労働契約は分割先に当然に承継されます。労働者から見ると、自分が主として従事している事業が分割されたときは強制的に転籍させられることになります。

3.労働条件の変更

[1]事業譲渡

事業譲渡では、労働条件は当然には変更されません。

そもそも事業譲渡は労働者の個別同意が必要です。この個別同意は、労働契約の相手方当事者が譲受会社に変更となることだけでなく、労働契約の内容についても必要です。正確には、事業譲渡では、従前の譲渡会社を退職し、譲受会社と新しい労働契約を締結します。したがって、労働条件の変更というよりも、譲受会社との新しい労働契約の内容に拠ることになります。この新しい労働契約の内容に労働者が同意した場合にのみ、結果として、譲受会社での労働条件が譲渡会社での労働条件と異なることになります。労働者が同意しなければ、従前の会社との労働契約が維持されます。

[2]会社分割

これに対し、会社分割の場合、従前の組織が分割するので、労働契約の内容も従前と同一となります。

「分割会社及び承継会社等が講ずべき当該分割会社が締結している労働契約及び労働協約の承継に関する措置の適切な実施を図るための指針」（平12.12.27　労告127、最終改正：令 3. 3.19 厚労告83）によれば、会社分割を理由とする労働条件の変更はできないと解されています。これは、会社分割「自体」を理由として、という趣旨でしょう。会社分割に至る経緯等は変更の理由となり得ます。会社分割時または分割後に労働条件を変更することは、就業規則の不利益変更等の手

続きによって可能ですが、合理性が必要となります（労契法10条）。

4.ご質問への回答

[1]事業譲渡

　ご質問の会社が分社化に事業譲渡の手法をとるのであれば、転籍について労働者の個別同意が必要です。労働条件を引き下げることについても、個別の同意が必要です。

　仮に労働者が同意しなかった場合、労働契約は譲渡会社との間に従前の労働条件のままで残ります。事業を譲渡した以上、譲受会社内に当該事業はなくなり、従前の業務は消滅しています。転勤・配転対象の正社員については転勤等を実施する必要があります。もっとも、ご質問では「現地採用」の、しかも工場の「現場」作業員であり、入社経緯によっては、勤務地限定または職種限定の労働契約であることもあります。この場合、労働契約で限定された業務が消滅したことは解雇理由となり得ます。

　事後譲渡に伴い譲渡会社を退職し、譲受会社に新しい労働条件で採用されることは労働者の義務ではありません。したがって、労働者がこれに同意しなかったとしても、懲戒事由等に該当するものではありません。

[2]会社分割

　会社分割の場合、使用者は当該事業に主として従事する労働者は強制的に転籍できます。労働条件を下げることは少なくとも会社分割のみを理由としては困難でしょう。

　労働契約承継法で、この転籍の対象として認められる労働者が転籍を拒否したときは、退職の意思表示をしたものとして取り扱えば足ります。

[3]実務的対応

　いずれの手法をとるにしても、転籍および労働条件の引き下げは、労働者にとって不利益が生じます。

　経営上急務であったとしても、労働者に対し十分に事情を説明し、理解を求めて協力を得ることが必要です。個別同意をどの程度取れるのか、個別同意を取れない労働者に対して、どのように対応するのか、労働条件の変更をどのようなタイミングで行っていくのか等について、法律に基づき、また指針を踏まえて計画を立てることが適切です。

（丸尾　拓養）

出張

出張中の時間外労働の取り扱いはどうすればよいか

出張した場合の労働時間についてお伺いします。①出張先で使用者の指示を受け、終業時刻を2時間超過して業務が終了し、そのまま帰宅した場合、②出張先で就業時間内に業務を終わらせ、終業時刻を2時間超過して帰社、書類を置いてそのまま帰宅した場合、③出張先で就業時間内に業務を終わらせ、終業時刻を2時間超過して帰社、残務処理に2時間かかった場合——について、時間外労働の取り扱いはどのようにすべきなのでしょうか。

 出張した場合の労働時間については、出張中の労働時間について事業場外労働に関するみなし労働時間制が適用できるか、出張して帰社した理由が業務上のものであるか等によって取り扱いが異なる

1. 労働時間についての基本的な考え方

労働時間とは、「労働者が使用者の指揮監督のもとにある時間」のことをいいます。

労働時間に該当するには、必ずしも現実に精神または肉体を活動させていることは要件とされず、例えば、定期路線貨物業者において、トラック運転のほか貨物の積卸しを行わせることとして、出発時刻の数時間前に出勤を命じているような場合、荷物の積込み以外全く労働がなくとも、そこで生じる待機時間は労働時間とされ、また、2人体制でトラックを運転し、往路・復路で運転者が交代となる場合、万一事故発生の際は交代運転・故障修理を行うものであることを理由に、交代運転手の乗務時間も労働時間に該当するとされています（厚生労働省労働基準局編『令和3年版 労働基準法・上』労働法コンメンタール③［労務行政］411ページ以下）。

また、上記の例のような時間は一般に手待時間（使用者の指示等があれば直ちに作業に従事しなければならない時間としてその作業上の指揮監督下に置かれている時間）と呼ばれています。

2. 業務遂行に伴う移動時間について

記者の取材、屋外での営業、配達業務、集金業務、修理業務等は、事業場外における労働の典型例です。

こうした業務において、ある作業場所から別の作業場所に移動する時間については、労働時間ではないとする見解は見当たらず、労働時間に当たると解釈されています（東京大学労働法研究会『注釈労働時間法』［有斐閣］544ページ）。

3. 出張に関する労働時間該当性に関して

[1] 出張先における業務遂行中の時間について

まず、出張先における業務遂行中の時間について、労働時間に該当することは疑いがありません。ただし、それが算定可能であるかについては場合によって異なります。

労働時間が算定可能であるかについては、後述します。

[2] 出張に伴う移動・旅行時間について

出張に伴う移動・旅行時間について、行政解釈は、「出張中の休日はその日に旅行する等の場合であっても、旅行中における物品の監視等別段の指示がある場合の外は休日労働として取扱わなくても差支えない」（昭23.3.17 基発461、昭33.2.13 基発90）としています。

そのため、移動・旅行中に物品の監視等の業務が伴う場合については、労働時間に該当することとなりますが、それに当たらない場合には、原則として労働時間には当たらないこととされています。

その理由としては、一般に、通勤時間は労働時間には当たらないと解されていますが、出張に伴う移動・旅行時間もその延長と考えられるといったことが挙げられます。

4.事業場外労働に関するみなし労働時間制について

[1]概要

労基法38条の2第1項においては、「労働者が労働時間の全部又は一部について事業場外で業務に従事した場合において、労働時間を算定し難いときは、所定労働時間労働したものとみなす」との定めがあります。

これを事業場外労働に関するみなし労働時間制といいます。この制度により、労働時間が算定し難いときは、所定労働時間労働したものとみなすことができます。

この制度の要件としては、①事業場外労働であることと、②労働時間の算定困難性があります。

[2]事業場外労働であること

事業場は、工場、事務所、店舗等の一定の場所において相関連する組織の下に業として継続的に行われる作業の一体をいいますが、一の事業・事業場であるかは主として場所的観念によって決定されます。

出張に関しては、他社に出張する場合には、事業場外労働とみることができますが、自社の他事業所への出張については、本来所属する事業場の指揮命令からは離脱しているものの、出張先の指揮命令下に入っている場合には事業場内の労働となると解されます。

[3]労働時間の算定困難性

労働時間を算定し難いことをいいます。

この要件に関して、阪急トラベルサポート（派遣添乗員第2）事件（最高裁二小　平26.1.24判決）は、ツアーにおける添乗員の業務につき、以下のように判示し、労働時間の算定困難性を認めませんでした。

「本件会社は、添乗員との間で、あらかじめ定められた旅行日程に沿った旅程の管理等の業務を行うべきことを具体的に指示した上で、予定され

た旅行日程に途中で相応の変更を要する事態が生じた場合にはその時点で個別の指示をするものとされ、旅行日程の終了後は内容の正確性を確認し得る添乗日報によって業務の遂行の状況等につき詳細な報告を受けるものとされているということができる」「労働基準法38条の2第1項にいう『労働時間を算定し難いとき』に当たるとはいえないと解するのが相当である」

以上より、業務の性質・内容やその遂行の態様・状況等、業務に関する指示および報告の方法、内容やその実施の態様等によって労働時間が算定困難か否か判断されることになります。

なお、「労働時間を算定し難いとき」に当たるか否かを判断した別の最高裁判例として、協同組合グローブ事件（最高裁三小　令6.4.16判決）もあり、こちらも事例判断として参考になります。

5.ご質問のケースにおける取り扱い

[1]①出張先で使用者の指示を受け、終業時刻を2時間超過して業務が終了し、そのまま帰宅した場合

出張先で使用者の指示を受けており、出張先において使用者の指揮命令が及んでいるため、事業場外労働のみなし制は適用となりません。そのため、2時間の時間外労働となります。

なお、業務終了後の帰宅時間については、通勤時間ないしその延長として、労働時間とならないと考えます。

[2]②出張先で就業時間内に業務を終わらせ、終業時刻を2時間超過して帰社、書類を置いてそのまま帰宅した場合

出張先において、使用者の指揮を受けておらず、かつ、業務について労働時間の算定が困難であれば、事業場外労働に関するみなし労働時間制の適用となり、そうでなければ適用対象とならず、実労働時間が労働時間となります。もっとも、このケースにおいては、出張先における労働は、いずれにしても所定時間内で終業していますので、問題は、帰社に要した時間を労働時間とす

るかです。
　これについては、特段の指示や必要性もなく、個人的な判断で書類を置きに帰社したのみであれば、通勤ないしその延長として、労働時間とする必要はないと考えます。よって、その場合は、時間外労働はなしとして扱うことが妥当です。
　これに対して、書類を置きに戻るよう会社から指示があった場合や特段の必要性があった場合には、労働時間になると考えます。この場合には、2時間の時間外労働が発生していると扱うべきです。

[3] ③出張先で就業時間内に業務を終わらせ、終業時刻を2時間超過して帰社、残務処理に2時間かかった場合

　帰社に要した時間と残務処理の時間を労働時間とするかが問題となります。
　この場合、帰社した理由は、その後の残務処理のためですから、帰社に要した時間は、ある作業場所から別の作業場所に移動する時間に該当すると考えられます。そのため、上記のとおり、労働時間と算定すべきと考えます。よって、2時間超過して帰社した部分については、2時間の時間外労働となります。
　次に、残務処理については、労働時間に該当するため、この点も2時間の時間外労働となります。
　以上により、合計4時間の時間外労働となります。

（中村　仁恒）

　残務処理のために出張先から会社へ戻る移動時間は労働時間に当たるか

　コアタイム10～15時、フレキシブルタイムをその前後3時間とするフレックスタイム制を採っています。その対象である営業社員は、日帰りで出張することが多いのですが、時に自分の判断で19時過ぎに帰社し、残務処理をしていることがあります。その日中に必ずしも処理する必要がないケースも少なくなく、上司からも具体的な指示はしていないのですが、こうした残務処理だけのために出張先から会社に移動する時間は、労働時間の申告対象から省くように指示しても問題はないでしょうか。

　帰社するまでの移動時間は、移動中が使用者の指揮命令の下にあったと評価されない限り、労働時間にはならない。帰社後の残務処理時間は、出張業務の一環である場合、必要な範囲で労働時間になる

1. フレックスタイム制
[1] 意義
　労基法32条の3に定めるフレックスタイム制とは、労働者が3カ月以内の単位期間の中で一定時間数（契約時間）労働することを条件に、1日の労働時間を自己の選択する時に開始し、かつ終了できる制度です。平成31年4月から、それまで単位期間（清算期間）が「1カ月以内」であったのが、「3カ月以内」に広げられました。

[2] 要件
　始業・終業時刻を各労働者の決定に委ねることを就業規則で定めるほか、一定の事項を労使協定で定める必要があります。
　その事項は、①対象となる労働者の範囲、②3カ月以内の単位期間（「清算期間」ともいう）、③この単位期間の総労働時間（ただし、単位期間を

平均して週の法定労働時間を超えないことが必要）、④標準となる1日の労働時間の長さ（年休の際に基準となる時間数）、⑤コアタイム（必ず労働しなければならない時間帯）を定める場合、その時間帯の開始および終了の時刻、⑥フレキシブルタイム（選択により労働することができる時間帯）に制限を設ける場合、その時間帯の開始および終了の時刻——です（以上、労基法32条の3、労基則12条の3）。

なお、清算期間が1カ月を超える場合は、⑦有効期間の定めが必要となります（労基則12条の3第1項4号）。また、⑤⑥は、始業・終業の時刻に関する事項なので、就業規則にも記載が必要です（労基法89条1号）。

[3]効果

使用者は、フレックスタイム制を適用する労働者について、「清算期間」を平均し週法定労働時間（40時間。特例事業は特例の44時間。労基則25条の2第3項）を超えない範囲で、1週または1日の法定労働時間を超えて「労働させる」ことができます。

フレックスタイム制で時間外労働となるのは、労働者が自らの選択で労働時間を按配した結果、当該清算期間における労働時間の合計が、清算期間における法定労働時間の枠を超えた場合です。この場合、超えた時間には、36協定の締結・届け出（労基法36条）と割増賃金（同法37条）の支払いを要します。

2. ご質問の「移動時間」の考え方

[1]労働時間の算定

(1)労働時間とは

「労働時間」とは、「労働者が使用者の指揮命令下に置かれている時間をいい、それに該当するか否かは客観的に定まるものであって、労働契約、就業規則、労働協約等の定めのいかんにより決定される」ものではありません（三菱重工業長崎造船所事件　最高裁一小　平12.3.9判決ほか）。

フレックスタイム制においても、この労働時

間の定義が変わることはありません。

(2)残務処理時間

ご質問の、出張先から会社に戻って行った残務処理の時間は、日中の出張業務の処理の一環として必要でしょうから、社会通念上必要と認められる範囲（前掲三菱重工業長崎造船所事件判決）で労働時間となります。

ただ、19時過ぎに帰社した後の時間でフレキシブルタイムの時間枠を外れた時間帯である点は問題となります。この点は、使用者がそれを認めている場合には、労働時間として取り扱われます（厚生労働省労働基準局編『令和3年版　労働基準法・上』労働法コンメンタール③［労務行政］445ページ）。ご質問の会社では、これを黙認しているようです。

(3)移動時間

移動時間が労働時間かについては、下級審裁判例の傾向（総設事件　東京地裁　平20.2.22判決、高栄建設事件　東京地裁　平10.11.16判決、日本インシュアランスサービス［休日労働手当・第1］事件　東京地裁　平21.2.16判決、丸一運輸［割増賃金］事件　東京地裁　平18.1.27判決）、行政解釈（例えば「訪問介護労働者の法定労働条件の確保について」〔平16.8.27　基発0827001、最終改正：平25.3.28　基発0328第6〕）を参考に、一定の基準を示せば、①通勤、②直行直帰の際の自宅と訪問先間の移動、③宿泊を伴う出張——の各時間は、原則、労働時間には当たりません。

一方、④会社と訪問先間の移動、⑤訪問先から訪問先への移動は、その移動時間が、❶会社の移動計画（スケジュール）に組み込まれていて、その結果で実施されている、❷移動中も貴重品の運搬等で十分な注意義務を負わされている——などのように、使用者の指揮命令下にあると評価される場合は労働時間となります。

この観点から検討すると、ご質問にある日帰り出張先から会社への移動時間は上記④に当たりますが、フレックスタイム制の下で労働する（労働者に始業・終業時刻決定の自由がある）

性格上、上記❶のような、会社の移動計画（スケジュール）の実施の結果とは考えられず、よって、❷のように、移動中に貴重品の運搬業務に伴う注意義務の負担などがない限り、労働時間とはなりません。

[2] 申告対象から省くように指示することの法的評価

労働時間でないものを申告しないようにと指示することは、労働者の始業・終業時刻決定の自由に介入するものではありません。正しい労働時間数を申告するように、といっているだけのことです。よって、可能です。ただし、前記［1］(3)のとおり、ここでいう「移動時間」が労働時間には当たらない——ということが前提となります。

（浅井　隆）

旅行会社による出張時の宿泊プランで、クーポン割引等を利用して得をした社員に対し、その分を返還させることは可能か

最近、旅行会社が提供する出張時の宿泊プランで、商品券付きのものやクーポン使用で割り引きとなるものをよく見掛けます。こうしたプランを利用する場合、会社が同料金を負担すれば、実際の利用者である社員は商品券やクーポンの利用分だけ得をすることになります。しかし、実質的には会社がその分を支払っていることになるため、何らかの対応を検討したいと考えています。例えば、社員の同"受益分"については根拠のないものとして、プラン金額から控除した額で精算する、あるいは事後に返還させるなど取り扱いは可能でしょうか。

 出張旅費規程などで、出張時の宿泊プランから取得した商品券や、社員が個人的に使用したクーポンの利用分を返還させる旨の定めを設けることは、合理性があるものとして許容されると考える

1. 一般的な考え方

ご質問の場合以外にも、例えば、会社が取引先を接待する際、社員が前もって交付された仮払金ではなく自己名義のクレジットカードを使用してクレジットカードのポイントを貯める行為、小売店で会社の備品などを購入する際に自分のポイントカードを提示してポイントを貯める行為、出張で航空機を使用する際に自分のマイレージカードにマイルを貯める行為、会社が座席指定料金込みの特急券料金を給付したにもかかわらず、自由席特急券を購入して差額を得る行為など、さまざまなシチュエーションにおいて「会社の経費」から発生する「受益」の問題が生じます。

このような「受益」を社員が利用したり、取得したりすることは問題となるのか、また、これらの「受益」を禁止したり返還させたりすることは可能なのかが問題となります。

この点、必ず「横領罪」が成立するかのような論調を振りかざす説明もあるようですが、一概にそう言い切れるものではありません。

個別に見ていけば、例えば航空会社のマイレージサービスの場合、マイレージカードを発行している各航空会社は航空機を使用した際に付与されるマイルを個人に付与するとしており、もとより法人にはマイレージカードを発行していないので、これらのマイルは社員個人のものと考えることができます。そして、そもそもマイルは「横領罪」の対象となる「もの」ではありません。

したがって、「他人のもの」をあたかも「自分のもの」であるかのように利用することを罰する「横領罪」は成立しようがありません。同じように、自己名義のクレジットカードを使用して会社

の接待費用を精算したり、会社の備品を購入したりしてポイントを得ても、「横領罪」は成立しません。

もっとも、座席指定料金込みの特急券料金と自由席特急券の差額を「受益」するような場合、その後、本来の用途に使用せず余剰となった金銭はあくまで会社に属する財産と考えられますので、これを「受益」すれば「横領罪」が成立する可能性が生じます（「業務上」の説明については割愛します）。

このように考えると、ご質問の場合、旅行会社が提供する出張時の宿泊プランに自分のクーポンを使用することで料金が安くなり、その差額を「受益」したり、宿泊プランを使用することで得られる商品券を「受益」したりすることは、法律上、問題がありそうです。

2.規制の方法

そこで、法律上、問題がありそうな上記行為をどのように規制するかが問題となります。一般的な方法として、社員の労働条件を詳細かつ網羅的に定める就業規則ないし出張旅費規程などで定めることが考えられます。

【出張旅費規程における規定例】
第○条　会社が計算し、支給した出張旅費の額より実際の出張旅費の額が下回り差額が生じた場合、従業員は出張終了後、当該差額分につき直ちに報告し精算しなければならない。

もちろん、規則や規程をもって自由に定めることができるわけではありません。これまで、差額の金銭や商品券の「受益」を放任していたところに新しくこれらを規制する規則や規程を設けるのであれば、社員にとっては不利益な規制となりますので、この場合、[図表]の要件を総合的に判断し、合理性があるものと認められなければなり

図表　就業規則変更の合理性の判断要素

①就業規則の変更によって労働者が被る不利益の程度
　例）どの程度の減額になるのか、労働者の生活にどの程度の影響を及ぼすのかなど
②使用者側の労働条件の変更の必要性の内容・程度
　例）これまでの運用を継続することによって業務に生じる支障、変更しなければならない理由、変更することで得られるメリット、ほかに手段がなかったのかなど
③変更後の就業規則の内容自体の相当性
　例）変更した就業規則の内容自体が常識に沿ったものであるかどうか
④代償措置その他関連する他の労働条件の改善状況
　例）経過措置の有無・内容、代償措置として何か対策を講じて不利益の軽減を図ったかなど
⑤労働組合等との交渉の経緯
　例）労働組合や従業員代表などとの交渉の経緯・内容、同意の有無
⑥他の労働組合または従業員の対応など
　例）少数労働組合や労働者で構成された親睦団体など労働者の意思を代表する者への説明状況、それらの者の対応など
⑦同種事項に関する我が国社会における一般状況等
　例）変更後の規定が我が国の社会において一般的かどうかなど

ません（第四銀行事件　最高裁二小　平9.2.28判決等）。

3.ご質問への当てはめ

以上を基にご質問を当てはめると、もともと法律上、問題があると考えられる行為を規制するという目的があり、社員が差額の金銭や商品券を「受益」することができなくなっても、本来、「受益」し得なかった金銭等のことであり、そのような規制を設けることは日本の社会において特に違和感を覚えることではないことから、合理性があるものとして許容されると考えることができます。

（山岸　純）

雇用調整

希望退職を実施する際、会社の承認制や募集対象者の限定は可能か

希望退職者の募集を予定していますが、各部署のエース級の人材に辞められると業務運営に支障を来します。そこで、①募集定員の枠内でも応募者全員に制度の適用を認めるのではなく、会社の承認を要件とする、②辞めてもらって構わない人をリストアップし、個人名を挙げて募集する、③先着順ではなく、応募者が出そろった段階で、成績の悪い順に適用を認める——といった方法を検討しています。何か問題はあるでしょうか。また、より適切な方法があればご教示ください。

 ①募集要項にあらかじめ承認要件を記載し周知すれば承認制は可能。②募集対象者を個人別に限定することは可能だが、個人名を挙げて募集するのは問題。③承認基準が応募者の成績による場合は、評価が公正なものでなければならない

1.希望退職とは

　希望退職は、会社が退職金額の上積み等の何らかの優遇措置を提示して、従業員の自発的な退職の意思表示を待つ行為です。一般には人件費削減策として一時的・時限的に実施されることが多く、いわゆる整理解雇の４要件（要素）における解雇回避努力義務の一環として行われる場合もあります（このほか、主に中高年層を対象に恒常的な措置として実施する選択定年制・早期退職優遇制度があります）。

　希望退職は、最終的には従業員の退職の申し込みを受けて、会社が承諾する「合意退職」を目指すものです。よって、希望退職者の募集は合意退職の「申し込みの誘因」であって、申し込みそのものではなく、また退職を強要するものではありません。以上から、希望退職は原則として自由に実施できるといえます。

2.希望退職制度の利用を会社の承認制とできるか

　会社が必要とする人材の流出を防ぐために「会社が認める者のみ希望退職制度の利用を承認する」といった承認規定に基づいて、希望退職者を選定することは実務上行われていますが、法的にも可能と考えられます。「会社が認める者」という条件を付けたとしても、本来従業員が持っている自己都合による退職の権利は損なわれないからです。

　この点、最高裁判所も、選定定年制による退職の申し出が不承認とされた従業員は、割増退職金こそ支給されないものの、その退職の自由は制限されていないため、会社が従業員の行う選択定年制による退職の申し込みに対して承認しなければ、割増退職金債権の発生を伴う退職の効果が生ずる余地はないと判断しています（神奈川県信用農業協同組合［割増退職金請求］事件　最高裁一小　平19．1．18判決）。

　以上から、募集要項にあらかじめ承認要件を記載して周知することにより、ご質問の①にある"会社の承認制"を取ることは可能といえます。一方、承認制とすることで、応募人数が減少する可能性も考えられます。希望退職制度を利用できない場合にそのまま会社にとどまるとすると、退職の意思があることを会社に知られた状態で就業を続けることにためらいを持つ従業員が、応募を避けることが想定されるからです。応募人数を充足させる観点からは、例えば承認制とせず、あくまで全社員を対象とした上で、残ってほしい人にはあらかじめ個別に慰留する（いわゆる"逆肩たたき"）のも一つの方法でしょう。

3.適用対象者を限定してもよいか

　希望退職者の募集に当たって、年齢、勤続年

数、職種、所属部門や勤務場所などを限定することがありますが、退職するかどうかはあくまで従業員の意思に任せられており、会社は強制していないため、法的には問題ないと考えます。

また、希望退職者に対する退職金上乗せ等の優遇措置について、従業員から一律・平等な適用を求められることがあります。しかし、優遇措置の対象外であっても、本人の意思で法的手続きに沿って自由に退職できることに変わりはないため、従業員の権利は損なわれないといえます。よって、優遇措置の適用を従業員の一定範囲に限定することは可能と考えます。

実際に、会社と競合関係にある企業への転職等、会社として早期退職優遇制度を適用することが望ましくないと判断する場合は適用外とするとした条項が、公序良俗に反するとは認められないとして、早期退職優遇制度に基づく特別加算金の支払い請求が棄却されたケースがあります（富士通［退職金特別加算金］事件　東京地裁　平17.10．3判決）。

以上から、ご質問の②のように個人別に希望退職の適用対象を限定することも可能といえますが、個人名を挙げて（社内で公にして）募集することには問題があると考えます。裁判例でも、職員会議において、名指しはしないものの、研究費を集めることができる人などの要件に該当しないスタッフは退職すべきなど、当該職員が自身のことを指していると認識できるような記載文書を配布したり、忘年会でも同様の方法で侮辱的な表現を用いて退職勧奨を行い、スピーチによる嫌がらせをしたりしたケースで、裁判所は「衆人環視の下で（中略）ことさらに侮辱的な表現を用いて原告の名誉を毀損する態様の行為であって、許容される限界を逸脱したもの」として、不法行為によ

る損害賠償責任を認めました（東京女子医科大学［退職強要］事件　東京地裁　平15．7.15判決）。例えば、明らかに成績順で個人名を挙げていると分かるような態様で希望退職者を募集することは、問題となる可能性があります。

該当者を限定した希望退職の募集に当たっては、対象者のプライドを尊重し、あくまで希望退職による勇退に見えるよう配慮することがトラブル防止策の一つになります。例えば「個別面談において、希望退職募集の対象になっていることを伝え、応募するよう勧める」といった方法です。本人の自由な判断による決定を損なわない範囲で、かつ、節度をもって行う（強引な働き掛けは避ける）のであれば、このような方法も容認されると考えます。

4.応募者の成績順に適用することは可能か

制度利用の承認基準や対象者の設定が著しく合理性を欠いたり（例えば、性別による差別）、嫌がらせ的な運用がされたりしなければ、承認基準や対象者の範囲も会社が自由に設定できます。よって、ご質問の③のような応募者の成績に基づく適用の順位づけも可能と解されます。

もっとも、個人の成績等で判断する場合、評価が公正でなければなりません。また、評価制度やその運用がある程度定着していないと、適用の判断基準として妥当性を欠くだけでなく、承認結果に対する応募者の納得が得られず、トラブルになったりすることが想定されます。なぜその人の利用を認めないのか、客観的に説明できるようにしておくべきです。さらに、応募者の経験や会社・組織の将来戦略への適合性など、別の観点からの判断要素も検討するとよいでしょう。

（深津　伸子）

雇用調整を実施する場合、公的機関にどのような届け出をすべきか

経営不振により、希望退職優遇制度を実施しました。こうしたリストラ策等により、一定の人員を削減する場合は、公的機関に届け出ることが必要であると聞きました。それはどのようなもので、どこの機関に届け出ればよいのでしょうか。

 事業の縮小などで、1カ月の期間内に30人以上の離職者が見込まれる場合、「再就職援助計画」を作成し、公共職業安定所長の認定を受けなければならない

1. 労働施策総合推進法が定める「再就職援助計画の作成」

一連の働き方改革に伴う法整備により、それまでの「雇用対策法」が「労働施策の総合的な推進並びに労働者の雇用の安定及び職業生活の充実等に関する法律」（以下、労働施策総合推進法）へと変更され、雇用対策のみならず、労働に関する必要な施策を総合的に講じることを目的とする改正が行われました。

労働施策総合推進法では、「事業主は、その実施に伴い一の事業所において相当数の労働者が離職を余儀なくされることが見込まれる事業規模の縮小等であって厚生労働省令で定めるものを行おうとするときは、厚生労働省令で定めるところにより、当該離職を余儀なくされる労働者の再就職の援助のための措置に関する計画（以下、再就職援助計画）を作成しなければならない」と規定しています（同法24条1項）。

これは、事業の縮小などにより相当数の離職者が生じることが見込まれる場合、元々、「特定不況業種等関係労働者の雇用の安定に関する特別措置法」に基づき、国が指定した不況業種の事業主に対し「雇用維持等計画」の作成を義務づけていたものを、平成13年10月1日改正施行の旧「雇用対策法」において、特定不況業種だけでなくすべての業種を対象に円滑な再就職を促進するための対策を講じることとし、業種にかかわらず「再就職援助計画」の作成を義務づけ、それが労働施策総合推進法に引き継がれたものです。

2. 再就職援助計画の作成から認定までの流れ

それでは、どのような場合に再就職援助計画を作成しなければならないのか、またその内容とはどのようなものなのか、さらに認定を受けるまでの一連の流れについて説明していきます。

[1]再就職援助計画を作成しなければならない場合

まず、労働施策総合推進法24条に規定する「事業規模の縮小等」とは、経済的事情による「事業規模若しくは事業活動の縮小又は事業の転換若しくは廃止」をいいます。

さらに、それらに伴い、一の事業所において常時雇用する労働者について1カ月の期間内に30人以上の離職者を生じることとなる場合に、最初の離職者の生ずる日の1カ月前までに再就職援助計画を作成しなければなりません（同法6条2項、同法施行規則7条の2、3）。

[2]再就職援助計画の内容

再就職援助計画に記載しなければならない内容は次のとおりです。

①事業の現状
②再就職援助計画作成に至る経緯
③計画対象労働者の氏名、生年月日、年齢、雇用保険被保険者番号、離職予定日および再就職援助希望の有無
④再就職援助のための措置
⑤労働者の過半数で組織する労働組合、過半数労

働組合がない場合においては労働者の過半数を代表する者の意見

[3] 再就職援助計画の認定の申請

再就職援助計画を作成した事業主は、遅滞なく、再就職援助計画に係る事業規模の縮小等に関する資料を添付し、事業所の所在地を管轄する公共職業安定所長に提出、その認定を受けなければなりません（同法施行規則7条の4）。

[4] 再就職援助計画の認定

再就職援助計画の認定の申請があった場合、公共職業安定所長は、当該計画で定める措置の内容が再就職の促進を図る上で適当でないと認めるときは、事業主に対してその変更を求めることができるとされており、また、その変更に事業主が応じなかったときは、認定を行わないことができると規定しています（同法24条4項）。

再就職援助のための措置としては、再就職援助計画（様式第1号）裏面(5)に下記のように例示されています。

①取引先企業や関連企業への再就職あっせん
②取引先企業、公共職業安定所、公益財団法人産業雇用安定センター等の求人情報の提供
③求職活動や教育訓練受講のための有給休暇の付与
④教育訓練受講のための費用負担
⑤再就職相談室の設置
⑥再就職に係る支援の職業紹介事業者への委託

3. 再就職援助計画の実施ならびに国の助成および援助

認定を受けた事業主は、再就職援助計画に沿って再就職援助措置を行うこととなります。

認定を受けた事業主に対しては、公共職業安定所から、必要に応じて求人情報の提供や出張相談などの援助を受けることができます。

また、事業主が計画対象労働者に求職活動等のための休暇を付与し、通常の賃金の額以上の額を支払った場合や民間の職業紹介事業者（厚生労働省職業安定局長が定める条件に同意している者に限ります）に計画対象労働者の再就職に係る支援

を委託し、委託に係る計画対象労働者の再就職を実現した場合には、労働移動支援助成金（再就職支援奨励金）が支給されます。

さらに、計画対象労働者を、失業を経ることなく受け入れた事業主が、定着のための講習を行った場合には、労働移動支援助成金（受入れ人材育成支援奨励金）が支給されます。

4. 大量の雇用の変動届との関係

労働施策総合推進法27条1項では、一の事業所において常時雇用する労働者について1カ月の期間内に自己の都合または自己の責に帰すべき理由によらないで離職する者が30人以上となった場合に、「大量雇用変動の届出等」を義務づけています。

労働施策総合推進法では、再就職援助計画と大量雇用変動の届け出等の両制度が並立していることになりますが、再就職援助計画は、離職を余儀なくされる労働者が行う求職活動に対する援助、その他の再就職の援助を行うことにより、その職業の安定を図るように努めなければならないとする事業主の責務を具体化したものであり、離職を余儀なくされる労働者の円滑な再就職を促進することを第一義の目的としています。

一方、大量雇用変動の届け出等は、事業所における一時的な雇用が減少し、その地域の労働力需給に影響を及ぼすおそれがある場合に、公共職業安定所長が届け出等を受け、職業安定機関が所要の措置を講ずることにより、このような事態に迅速かつ的確に対応しようとすることが目的となっています。

実際の業務の取り扱いについては、再就職援助計画の認定の申請をした事業主は、その日に大量雇用変動の届け出をしたものとみなされることとなっています。

したがって、再就職援助計画を作成し、認定の申請を行えば、当該計画の対象者については大量雇用変動の届け出の対象から除外され、それ以外の離職予定者（定年退職やあらかじめ予定されていた事業の終了による離職、例年繰り返される季

節的変動による離職、事業主による通常の解雇等）の数が大量雇用変動の届け出の要件に該当しなければ、大量雇用変動の届け出は要しません。

5.罰則

　再就職援助計画の作成等の義務に違反した場合には罰則は設けられていませんが、大量雇用変動の届け出をせず、または偽りの届け出をした者については、労働施策総合推進法40条1項1号の規定により30万円以下の罰金に処せられます。

（益田　浩一郎）

定年・再雇用

定年後再雇用契約をする際、体力測定を行い、一定の基準に達しない者は再雇用を認めないことは問題か

当社では、60歳定年到達後、1年契約の再雇用制度を導入しており、再雇用契約の際、「健康状態が良好で、支障なく業務に従事できること」という条件を付し、60歳を超えると基礎疾患を抱える社員も多くなることから、「支障がない」という自己申告に基づいて継続雇用としています。ところが、筋力の低下が原因とみられる再雇用者の業務中の転倒事故が発生したため、社内に手すりを付けるなどの安全対策を検討するとともに、再雇用契約時に簡単な体力測定を行い、基準に達しない者は継続雇用しないことを考えています。このように企業が一方的に再雇用時の設定基準を定め、これに達しない者は再雇用を認めないという取り扱いは問題でしょうか。

 65歳までの場合は問題があるが、65歳以上の場合は合格基準がよほど厳しいものでない限り、許容されると考えられる

1. 高齢法の規律

高齢法は、「65歳までの雇用確保措置」と「65歳から70歳までの就業確保措置」について、それぞれ異なる規律を設けています。

従前は、60歳から65歳までの再雇用について労使協定で条件を設定することが認められていました。しかし、平成24年の高齢法改正（平25．4．1施行）により、60歳から65歳までの継続雇用制度の対象者を労使協定で限定できる仕組みが段階的に廃止され、定年を65歳未満に定めている事業主は、年金支給開始年齢の引き上げに対応するため、高年齢者雇用確保措置として、①65歳までの定年の引き上げ、②継続雇用制度（再雇用制度・勤務延長制度）の導入、③定年制の廃止のいずれかの措置が義務づけられています（同法9条1項）。そして、平成25年3月31日までに労使協定により制度適用対象者の基準を定めていた場合は、その基準を適用できる年齢を令和7年3月31日までに段階的に引き上げなければならないものとされています（平成24年改正法の経過措置）。

実務的には継続雇用制度の導入が選択される例が多く、ご質問のケースでもそうしているとのことですが、その場合は、原則として希望者全員を対象とする必要があります。

一方、65歳から70歳までは、その就業機会を確保するため、高年齢者就業確保措置について所定の措置を講ずる努力義務があるにとどまります（令3．4．1施行：令和2年改正法）。

2. 継続雇用制度の規律

高齢法9条3項に基づく「高年齢者雇用確保措置の実施及び運用に関する指針」（平24.11.9厚労告560。以下、指針）第2の2によれば、継続雇用制度では希望者全員を対象とするのが原則です。

しかし、指針では「心身の故障のため業務に堪えられないと認められること、勤務状況が著しく不良で引き続き従業員としての職責を果たし得ないこと等就業規則に定める解雇事由又は退職事由（年齢に係るものを除く。以下同じ。）に該当する場合には、継続雇用しないことができる」とされています。

このため、簡単な体力測定を行うことによって、「心身の故障のため業務に堪えられない」と十分に判断できる程度の客観的な確認ができれば、退職事由に該当すると考えられるかもしれません。しかし、簡単な体力測定で会社が恣意的に設けた基準に達しない者の継続雇用を簡単に拒否

できるようでは、指針の原則雇用の趣旨に反することになります。

指針では、「就業規則に定める解雇事由又は退職事由と同一の事由」を、継続雇用しないことができる事由として就業規則に定めることもでき、「継続雇用制度の円滑な実施のため、労使が協定を締結することができる」とあります。しかし、解雇事由または退職事由とは異なる運営基準を設けることは、高齢法の趣旨を没却するおそれがあるため、継続雇用しないことについては、客観的に合理的な理由があり、社会通念上相当であることが求められます。これは判例法理の雇止めの法理や解雇権濫用の法理に準ずる理由がなければ継続雇用を要するということでしょう（水町勇一郎『詳解労働法 第3版』［東京大学出版会］1058ページ等参照）。

企業が一方的に再雇用時の設定基準を定めても、例えば、簡単な体力測定において会社が適当に設けた基準により「心身の故障のため業務に堪えられない」と客観的にいえないにもかかわらず、再雇用を拒否できる制度は、原則として希望者全員を雇用することを求める高齢法の趣旨に反するものとなるでしょう。

ただ、厚生労働省によれば、高齢法が求めているのは、継続雇用制度の導入であって、事業主に定年退職者の希望に合致した労働条件での雇用を義務づけるものではなく、事業主の合理的な裁量の範囲の条件を提示していれば、労働者と事業主との間で労働条件等についての合意が得られず、結果的に労働者が継続雇用されることを拒否したとしても、高齢法違反となるものではありません（高年齢者雇用安定法Q＆A〔高年齢者雇用確保措置関係〕A1-9）。すなわち、定年後再雇用は、事業主に、定年退職者の希望に合致した労働条件での雇用を義務づけるものではなく、企業ごとに再雇用の条件を定めることも可能とされ、「合理的な裁量の範囲の条件」であれば、勤務日数や勤務時間等を弾力的に設定することは差し支えないと考えられています。この「合理的な裁量の範囲の条件」として、体力測定の結果を勘案した処遇を検討する余地はあるかもしれません。

しかし、合理的な裁量の範囲を超え、会社側が提案する労働条件が著しく低廉である場合等には、労働者から慰謝料の請求がなされたり、高齢法9条1項違反の行政措置を受けたりするリスクがあります。無年金・無収入期間の発生を防ぐという趣旨に照らして容認できないような不当な条件の提示は同法の趣旨に反すると考えられ、簡単な体力測定の合格基準によっては問題のあるところです。紛争リスクを考えると、形式的な基準で対応するのではなく、当人と十分に協議して、その就業希望を十分に尊重しながら、体力測定の結果と整合的な職務の在り方を話し合って決めていくのが合理的な対応ではないでしょうか。

3.65歳以上の場合

上記に対して、65歳から70歳までの高年齢者就業確保措置については、努力義務にすぎず、希望者全員を再雇用の対象とすることが法的な義務とされているわけではありません。65歳以降であれば、再雇用の条件を設定することもできるため、体力測定で一定の基準を設けることも認められやすいでしょう。健康診断の結果も条件とされることが少なくなく、例えば、「定年直前の健康診断の結果が業務に堪えられないものではないこと」等の条件がよく見られます。このため、簡単な体力測定の合格基準がよほど厳しいものでない限り、許容されると考えられます。

（浜辺　陽一郎）

Q38 定年後再雇用者が契約期間満了前に退職を申し出た場合、どう対応すべきか

当社は60歳定年制となっており、希望者は65歳まで1年更新による再雇用契約を結ぶことができます。しかし、中には、自身の疾病や家族の介護などの事情により契約期間満了前に退職を願い出るケースもあり、就業規則の「やむを得ない事由」に該当するとしてこれまで退職を認めてきました。ところが、最近では「知人の会社で働くことになった」「地方で起業する」といった事由で退職を希望する者が出てきており、対応に悩んでいます。再雇用とはいえ、当該期間働いてもらうことを前提に人員配置をしているところもあり、今後はこうした契約期間満了前の退職を認めないこととしたいのですが、このような対応は可能でしょうか。

 制度設計および運用において有期の雇用期間を「やむを得ない事由」以外退職を認めないという取り扱いをしていくことになるが、定年後再雇用者の処遇の中で有期労働者の能力やパフォーマンスによって待遇のメリハリを付けるようにしていくのがよい

1.高齢法の規律と多くの企業の制度設計

[1]高齢法の規律

高齢法は、60歳を下回る定年の定めは無効とし（8条）、60歳以上の定年制度を採る企業に対し、以下いずれかの実施による65歳までの雇用継続義務を課しています（9条）。

- 65歳までの定年引き上げ
- 継続雇用制度の導入
- 当該定年の定めの廃止

[2]多くの企業の制度設計

多くの企業では継続雇用制度を選択し、1年単位の有期労働契約を65歳まで反復更新することで同法の義務を履行しています。定年の引き上げないし廃止を選択する企業は少数にとどまっています。

継続雇用制度の導入を選択している企業の多くは、自社で有期労働契約社員を雇い入れる際と同様に、次のように期間設計しています。

【例1：定年後再雇用社員の退職】
第7条　定年後再雇用社員は、次の各号の一に該当するときは、退職とする。
① 雇用期間が満了したとき
② 辞職を申し出て受理されたとき（ただし、退職予定日の30日以上前に申し出なければならない）
③ 死亡したとき

あるいは、次のように設計しつつ、運用上において無条件に承認するケースもあります。

【例2：退職】
第7条　定年後再雇用社員が次の各号の一に該当するときは、退職とする。
① 退職を1カ月前までに願い出て、承認されたとき
② 死亡したとき
③ 雇用期間が満了したとき

2.ご質問における課題

[1]有期労働契約における 期間途中の解除への法規制

本来、有期労働契約では、期間途中での解除は「やむを得ない事由」がなければできません（民法628条）。もっとも、民法の規定は任意規定で、当事者が別の合意をすることは可能です。そのため、「やむを得ない事由」でなくても、上記1.の各例のように期間途中で解除（辞職）できる設計も可能です。しかし、使用者からの解除（解雇

については、強行規定である労契法17条1項で「やむを得ない事由がある場合でなければ、その契約期間が満了するまでの間において、労働者を解雇することができない」とし、使用者から「やむを得ない事由」以外の解除事由を定めることを禁止しています。

以上より、有期労働契約における期間途中の解除（労働者からは辞職、使用者からは解雇）への法規制は、次のように整理できます。

A　労働者からの解除（辞職）は「やむを得ない事由」が必要
➡任意規定なのでこれと異なる設計は可能
B　使用者からの解除（解雇）は「やむを得ない事由」が必要
➡上記Aとは異なり、強行規定化されているため、上記Aの設計は不可

[2]ご質問について

ご質問にある「自身の疾病」や「家族の介護」は、日々の労働と両立しにくい事情であるため、「やむを得ない事由」と考えますので、そのために期間途中で当該労働者が退職しても、それを責めることはできないと考えます。他方、「知人の会社で働くことになった」や「地方で起業する」は主観的な事情であり、それは契約期間の満了後でも可能と考えます。よって「やむを得ない事由」にはならないので、辞職を認める必要はありません。

ところが、もし1.の例1のような規定を定めている場合、「受理」は、単独行為である辞職の意思表示を受け取るだけの行為なので、「知人の会社で働くことになった」や「地方で起業する」場合でも、不受理にはできません。一方、例2の規定では、期間途中の労働者からの退職にしても「承認」を必要とする合意退職の設計をしている

ので、「不承認」にして退職を認めないことは可能です。ただし、これまでの運用において無条件で承認をしてきたとしたら、実質的には例1と同様なので、不承認にはできないのです。企業側が、契約期間の定めを重視した設計をせず（例1）、あるいは運用で契約期間の定めのない労働者と同様にしてきた（例2）ことから、課題が生じているのです。

3.対応
[1]法的対応

前記2.の検討から法的対応は明確で、制度設計および運用において、有期の契約期間の途中では「やむを得ない事由」以外退職を認めない取り扱いをしていく、ということです。

その場合、それまで前記1.の例1ないし例2のような規定の下で事実上中途退職を認めていた運用（労使慣行）を変えるので、労働条件の不利益変更となります。ただ、「当該期間働いてもらうことを期待したのに、そのとおりにいかないものを、本来の姿にする」ということなので、変更の合理性は認められると考えます。

[2]政策的対応

「知人の会社で働くことになった」や「地方で起業する」などの申し出は、もしかすると、定年後再雇用制度の処遇への不満に起因しているかもしれません。その可能性があるなら、再雇用者の能力やパフォーマンスによって処遇のメリハリを付けるといった制度の改正の検討も必要でしょう。筆者は、人事労務管理は（労働者という）人間を対象にする管理なので、法的対応だけでなく、政策的対応＝いかに労働者の気持ちに応えるかが必要と考えています。

（浅井　隆）

私傷病休職中に定年を迎える場合でも、本人が希望すれば定年後再雇用しなければならないか

病気療養で休職している社員が近々定年を迎えます。当社では、希望者全員を定年後再雇用していますが、仮に定年時点で休職中の場合でも、本人が希望するときは再雇用の対象としなければならないでしょうか。また、休職の事由や復帰の見込み等により取り扱いが異なるのか、併せてご教示ください。

 就業規則に定める「解雇事由」や「退職事由（年齢に係るものを除く）」に該当する場合には、再雇用しないことができる。トラブル防止のために、私傷病休職と定年の関係を明確にしておくべき

1.定年後再雇用について

平成25年改正の高齢法により、事業主に、65歳までの高年齢者雇用確保措置として、定年の引き上げ、継続雇用制度の導入、定年の定めの廃止のいずれかの措置を講じることが義務づけられました（9条）。いわゆる「定年後再雇用」というのは、高年齢者雇用確保措置のうち継続雇用制度に該当するものです。そして、この制度の対象者は、以前は労使協定で定めた基準によって限定することが認められていましたが、高齢法の改正により、平成25年4月以降、希望者全員を対象とすることが必要となっています。

もっとも、「高年齢者雇用確保措置の実施及び運用に関する指針」（平24.11.9　厚労告560）によれば、「心身の故障のため業務に堪えられないと認められること、勤務状況が著しく不良で引き続き従業員としての職責を果たし得ないこと等就業規則に定める解雇事由又は退職事由（年齢に係るものを除く）に該当する場合には、継続雇用しないことができる」とされています。これは、「解雇事由」または「退職事由」に該当する場合には、再雇用のための労働契約締結の時点において、そもそも労働契約に基づく債務の本旨に従った労務の提供が期待できないからです。

したがって、私傷病休職中の社員を再雇用の対象とすべきか否かは、就業規則に定める「解雇事由」または「退職事由」に該当するか否かを検討することになります。

なお、令和3年4月1日施行の改正高齢法により、定年年齢を65歳以上70歳未満に定めている事業主または継続雇用制度（70歳以上まで引き続き雇用する制度を除く）を導入している事業主は、

- 70歳までの定年年齢の引き上げ
- 70歳までの継続雇用制度（再雇用制度・勤務延長制度）の導入（他の事業主によるものを含む）
- 定年制の廃止
- 創業支援措置（70歳まで継続的に業務委託契約を締結する制度）の導入
- 70歳まで継続的に社会貢献事業に従事できる制度）の導入

——のいずれかの措置を講ずるよう努める必要があります（10条の2）。ただし、これはあくまで「努力義務」にすぎず、「法的義務」ではありません。

2.定年を迎える私傷病休職中の社員への対応
[1]私傷病休職とは

私傷病休職とは、本来私傷病により債務の本旨に従った労務提供ができない、つまり、労働契約上の債務不履行ゆえに普通解雇とすべきところを、一定期間休職とすることで解雇を猶予する制度です。

この私傷病休職制度は、労基法等に規定がある

わけではなく、あくまでも、事業主が任意に定めている恩恵的な制度になります。そのため、私傷病休職制度をどのように設計するかは、事業主の自由です（ただし、既存の制度を変更する場合には、労働条件の不利益変更の問題が生じ得ることに留意してください）。

[2]定年による私傷病休職の終了が明確な場合

多くの就業規則で私傷病休職は、期間について「勤続〇年以上は休職期間〇年〇カ月」、退職事由について「休職期間満了時点において復職できないとき」と規定されています。

もっとも、これらの規定だけでは、定年と私傷病休職との関係がよく分かりません。定年退職になれば雇用契約上の地位がなくなるため休職期間の残余期間にかかわらず、退職ということになります。しかし、継続雇用制度がある場合には、再雇用を希望する労働者から、「休職期間があり解雇を猶予されている以上、定年退職時に解雇事由・退職事由はなく、再雇用の対象とすべきである」との主張がなされることが往々にしてあります。

そのため、このような場合に備えて、休職期間の定めに加えて、例えば「前項の休職期間の定めにかかわらず、定年退職とともに休職期間は満了とする」などと、私傷病休職と定年制の関係について、きちんと明記しておくべきといえます。

このような規定があれば、定年退職により休職期間満了となり、この時点において復職できず、またその見込みもないときは退職となるため、「退職事由」に該当することになり、再雇用の対象としないことができることになります。

[3]定年による私傷病休職の終了が不明確な場合

定年による私傷病休職の終了が不明確な場合には、定年退職時点において、私傷病休職の事由や復帰の見込みがあるか否かを考慮して、「解雇事由」に該当するか否かを検討することになります。多くの就業規則には、「心身の故障のため業務に堪えられないと認められること」といった解雇事由がありますので、このような解雇事由に該当するか否かを検討します。

長期雇用慣行型の企業では特にそうですが、「心身の故障のため業務に堪えられないと認められる」ためには、療養による回復・改善の機会を十分に与えても、業務を遂行できるような回復がない場合に、初めて、この要件に該当すると判断される傾向にあります。例えば、休職期間も残りわずかで、主治医の判断として「業務に堪えられず復職困難である。残された休職期間相当の間療養したとしても改善の見込みがない」という状況であれば、定年退職時点において「心身の故障のため業務に堪えられないと認められること」に該当し得るといえます。その一方で、定年退職時点において、間もなく治癒が見込まれる場合にまで、「解雇事由」に該当すると判断するのは難しいといえます。また、労働者が職種や業務内容を限定せずに雇用契約を締結している場合、復職の可否を判断するに際しては、休職前の業務について労務の提供が十全にはできないとしても、その能力、経験、地位、使用者の規模や業種、その社員の配置や異動の実情、難易等を考慮して、配置替え等により現実に配置可能な業務の有無を検討する必要があるとされており（東海旅客鉄道［退職］事件　大阪地裁　平11.10.4判決等）、仮に健康上の理由により原職への復帰が難しいからといって「解雇事由」に該当すると即断することにもリスクがあります。

3.実務的対応

前記2.[2]のとおり、実務的には、定年退職に伴って休職期間が満了すること、その時点において復職できなければ「退職事由」に該当することを就業規則に明記しておき、事前にトラブルを防止すべきでしょう。

また、上述してきたとおり、再雇用の対象とする・しないという点について事業主に与えられた裁量は極めて限定的であり、慎重な検討を要します。一方、労働組合と締結した労働協約などにおいて特別な制限を設けていない限り、定年後再雇用した際の労働条件の決定については事業主に広範な裁量が認められています。したがって、定年

前と同じように週5日フルタイムの月給制で雇用をしなければならないというわけではありません。健康状態を考慮して、週数日のパートタイムの時給制での雇用でも問題はありません。そのため、再雇用の対象とした上で、再雇用後の労働条件の設定に当たって、私傷病の状況を踏まえ、どのように働いてもらうかという点で工夫をしていくことも、一つの重要な方策といえます（なお、定年後再雇用時に低い労働条件を設定した場合に高齢法の趣旨に反するなどと判断した裁判例〔トヨタ自動車ほか事件　名古屋高裁　平28．9.28判決　労判1146号22ページ〕がありますが、同判断については批判も強く実務上あまり重視されていません。ただ、念のため注意が必要です）。

（小山　博章）

65歳までの再雇用契約を終了した元社員と業務委託契約を結ぶ際の留意点

　60歳の定年到達者について、希望者を対象に65歳まで再雇用する制度を設けています。こうした高齢のベテラン社員には、特定の技能に秀でた者も少なくないため、65歳までの再雇用期間の経過後は、個別に条件を決め、業務委託契約を結んで後継者の指導などに当たってもらいたいと考えています。また、本人が希望する場合は、60歳の定年退職直後から、こうした業務委託契約を結ぶことも検討しています。このような契約を結ぶ際、必ず設けるべき契約条項や留意すべき点があればご教示ください。

 雇用契約と判断されないよう、判例で示された「労働者」該当性の判断基準に沿った契約内容にするとともに、実態としても業務委託契約であると認められるよう、受託者に裁量を認めることが肝要

1．雇用契約と業務委託契約

　業務委託契約では、労基法や労契法等の適用がなく、社会保険料の使用者負担義務もないなど、会社側にとってメリットは少なくありません。

　ご質問の前段は、貴社における再雇用の上限年齢である65歳に達した後で、雇用契約を業務委託契約に切り替えるということですが、この場合には、高齢法の規制も受けませんので、雇用に伴う上記の負担を避けたい会社と、65歳になってもまだ働きたい労働者の双方に利益のある方法だといえるでしょう。

2．「業務委託」とする場合の留意点

　業務委託契約を締結する際に留意しなければならないことは、たとえ「業務委託契約書」を取り交わし、表面上は業務委託という体裁をとっていたとしても、法的には、雇用契約か業務委託契約かは実態を見て判断される──ということです。実態が雇用契約である場合には、労基法の適用を受けますので、例えば割増賃金等の支払義務が生じますし、契約を解除する際には、労契法の解雇規制が適用されることになります。契約締結後に、受託者から労働者としての地位を主張されないようにするには、契約書の内容だけでなく、受託者による役務提供の実態としても、法的に業務委託と評価し得るものでなければなりません。

　では、雇用契約と業務委託契約を区別する基準とはどのようなものでしょうか。

3.区別の基準

判例を見ると、雇用契約と業務委託契約を区別する判断基準として、以下の事情（いずれも、肯定されれば雇用契約としての性格を補強する要素となり得る）が挙げられています（横浜南労基署長［旭紙業］事件　最高裁一小　平8.11.28判決）。

①受託者が、必要な労働力として会社組織に組み込まれているか

②受託者との契約内容を会社が一方的に決定しているか

③受託者に支払われる委託料が、実質的には労務提供の対価としての性質を有しているか

④受託者が、基本的に会社の依頼に応じなければならないような立場にあるか

⑤受託者の役務の提供が、会社の指揮命令の下になされているか

⑥受託者が、役務の提供について時間的・場所的に一定の拘束を受けているか

⑦受託者の役務の提供に必要な経費が、会社によって負担されているか

⑧受託者が、委託料から所得税や社会保険料等の控除を受けているか

これらの基準は総合的に勘案されますので、上記のうち一つに該当したからといって、直ちに実態として雇用契約であると判断されるわけではありません。つまり、雇用契約と業務委託契約を分ける一義的な基準はないということです。

もっとも、退職前と何ら変わらない態様で役務の提供を受けている場合には、法的には雇用契約に当たると判断される可能性が高くなります（併せて［参考］も参照ください）。

4.対応策

実態で判断されるということですから、まずは上記①～⑧の点を点検することが肝要です。ご質問では、"後進の指導に当たってもらう"とのことですから、その進め方について会社が逐一指図するのではなく、指導に関する方法や内容、時間帯等について受託者の自由度を広げる一方で、日常

参考 労基法上の「労働者」に当たるか否かの判断基準

——内閣官房、公正取引委員会、中小企業庁、厚生労働省の連名で策定した「フリーランスとして安心して働ける環境を整備するためのガイドライン」（令3.3.26）は、判断基準として次のようなポイントを示している。

【「使用従属性」に関する判断基準】
❶「指揮監督下の労働」であること（労働が他人の指揮監督下において行われているか）
　ⓐ仕事の依頼、業務従事の指示等に対する諾否の自由の有無（発注者等から具体的な仕事の依頼や、業務に従事するよう指示があった場合などに、それを受けるか受けないかを受注者が自分で決めることができるか）
　ⓑ業務遂行上の指揮監督の有無（業務の内容や遂行方法について、発注者等から具体的な指揮命令を受けているかどうか）
　ⓒ拘束性の有無（発注者等から、勤務場所と勤務時間が指定され、管理されているか）
　ⓓ代替性の有無（指揮監督関係を補強する要素）（受注者本人に代わって他の人が労務を提供したり、受注者が自分の判断によって補助者を使ったりすることが認められているか）
❷「報酬の労務対償性」があること（報酬が「指揮監督下における労働」の対価として支払われているか）
【「労働者性」の判断を補強する要素】
㋐事業者性の有無（仕事に必要な機械等を発注者等と受注者のどちらが負担しているか等）
㋑専属性の程度（特定の発注者等への専属性が高いと認められるか）

的な業務には従事させないようにするなど、「名実ともに業務委託契約関係にある」といえる状態にすべきでしょう。

契約書の記載に関しては、委託料の計算方法を明記し、在職中のような「○○給」などの文言は避けるべきです。住宅手当や家族手当等の支給もやめ、役務の提供の対価はそれまでの「賃金」ではなく、委託業務の遂行に対する「報酬」であることを明確にすることが必要です。所得税や社会保険料等の控除もせず、これらの納付は受託者自身にしてもらうことにします。

5.60歳の定年後に業務委託に切り替える場合

ご質問の後段では、高齢法の適用があるにもか

かわらず、雇用を継続せずに業務委託とするわけですから、定年を迎える者に対し、定年後の再雇用の制度があることを説明した上で、それでも同人が再雇用を希望しないことをよく確認する必要があります。後々のトラブルを防ぐためには、継続雇用を希望しない理由（例えば「時間的に柔軟性のある働き方をしたい」「並行して他の仕事もしてみたい」「日常業務から離れて後進の指導に専念したい」「業務委託のほうが収入が増える」など）についても、記録を残しておいたほうがよ

いでしょう。また、契約書やその他の書面で「継続雇用を希望しない」旨を明記した上、署名を求めるなどの対応も、紛争の予防には有用です。

なお、汎用性のある特殊な技能を持っている従業員は、他の会社へ移っても重宝されると思われますので、会社にとって貴重な人材については、複数年にわたる業務委託契約を締結することにより、他社への流出を防止することも必要かもしれません。

（岩野　高明）

退職・解雇

従業員が行方不明になった場合、家族による退職届を受理しても問題ないか

ある従業員が行方不明になりました。当社の就業規則では「100日間の無断欠勤で自動退職となる」旨を規定していますが、100日が経過する前に同人の家族が「これ以上迷惑を掛けられない」と退職届を提出してきました。これを受理し、退職扱いとしても問題ないでしょうか。

 法的には、家族の提出した退職届をもって退職と扱うのは問題である

1.従業員の身分の喪失事由

従業員が従業員としての身分を喪失するのは、解雇あるいは退職の二つに限られます。この点をもう少し詳細に説明すると、まず、一定の事実の発生によって当然に退職となる場合があります。例えば、定年退職であるとか、死亡による退職が典型例です。また、多くの企業では、休職期間満了の場合も当然退職としているかと思います。次に、意思表示によって従業員の身分を喪失する場合があります。これは大きく分けて二つあり、一つは、使用者と従業員との合意による場合です。これはいわゆる「合意退職」というものです。二つ目は、使用者または従業員の一方の意思表示による場合です。労働者の一方的な意思表示による場合は、辞職といい、使用者の一方的な意思表示による場合は「解雇」となります。

なお、意思表示については、民法97条1項が「意思表示は、その通知が相手方に到達した時からその効力を生ずる」と定めており、相手方に到達しない限り、効力が発生しない点に留意が必要です。

2.従業員と連絡が取れなくなった場合の使用者の対応

実務上、従業員が突然、会社に来なくなり、連絡も取れず、欠勤が続くというケースがまれにあります（業界によっては、「飛んだ」ともいうようです）。

その場合、使用者としては、まず、従業員本人の携帯電話等に連絡をし、また、従業員本人の自宅に行き、連絡を取ることを試みます。それでも連絡が取れない場合は、通常、従業員の家族等に連絡を取るということが行われます。

それでもなお連絡が取れない場合、使用者としては、無断欠勤を理由として、懲戒解雇あるいは普通解雇をすることも可能ではありますが、上述のとおり、解雇は意思表示ですので、それが従業員に到達しない限り効力は発生せず、行方不明の場合には到達させることができないという事態になります（当たり前ですが、行方不明の場合、家族に対して到達させたからといって、それが従業員本人に到達したとみなすことはできません）。

そうだとすると、一切、解雇ができないのかというとそうではなく、民法98条の定める「公示による意思表示」という方法を採ることによって、解雇の意思表示を到達させることができます。いわゆる「公示送達」と呼ばれるものですが、これは、従業員の最後の住所地である簡易裁判所に申し立てを行い、裁判所が裁判所の掲示場に掲示し、かつ、掲示があったことを官報に少なくとも1回掲載（裁判所が相当と認めるときは官報への掲載に代えて、市役所、区役所、町村役場またはこれらに準ずる施設の掲示場へ掲示）することで、最後に官報に掲載した日付（または官報への掲載に代わる掲示日）から2週間を経過した日に、従業員に解雇の意思表示が到達したものとみ

なされます。ただし、この手続きには費用がかかり、また、従業員が行方不明であることを疎明する必要がある（実務上は、内容証明郵便等が不在によって届かなかった証明書等だけではなく、従業員の自宅に行っても不在であったこと、電気メーターの回転速度、マンションの管理人からの聞き取り、従業員の家族からの聞き取り等を報告書にまとめなければならず、結構な手間がかかります）ため、使用者からすると面倒であることは否めません。

そこで、考えられたのが、就業規則の自動退職条項であり、行方不明の場合には自動的に退職となることを定める方法です。この条項を真正面から法的に問題がないかを論じた裁判例はありませんが、実務上は、有効であることを前提として取り扱いをしているのが現状です。ご質問でも、当該条項が就業規則にあるようですが、「100日間の無断欠勤」としている点は、やや長いような気がします。辞職の効力が発生するのが14日であることや、1カ月という賃金支払期間を考慮して、2週間ないし1カ月と定めている企業が多いのが実感です。

3.ご質問のケースについて

ご質問では、行方不明となった従業員の家族が、会社には迷惑を掛けられないとして、退職届を記入し、会社に提出したとのことですが、従業員本人による退職の意思表示ではないため、仮に会社がそれに合意したとしても合意退職の効力は生じません（もちろん、一方的な意思表示である辞職の効力も生じません）。

したがって、会社としては、就業規則の定めにのっとり、100日間が経過した時点で退職として取り扱うべきでしょう。

仮に、100日経過前に従業員の行方が分かった場合には、無断欠勤するに至った経緯等について事実関係を聴取し、例えば犯罪に巻き込まれたなどの正当な事情があれば、解雇は控え、そうでない場合には、退職勧奨、解雇とするべきでしょう。

なお、従業員が行方不明となった場合に、従業員の家族から退職届を提出させ、会社には一切迷惑は掛けないという趣旨の念書を取るケースも実際にあるようですが、就業規則に自動退職の定めがないケースで、やむなくそのようにしているのではないでしょうか。ご質問のように、自動退職の定めがあるにもかかわらず、そのような対応を取る必要性は低いと思います。

（岡崎　教行）

 Eメールで退職届が提出されたが、これを受理しなければならないか

先日、ある社員が突然Eメールで退職届を提出し、その後出社していません。Eメール受信後、本人に連絡をしてもつかまらず、無断欠勤扱いにしています。こうした本人の署名押印がない書式で退職届が提出された場合でも、法的には正式な様式として受理しなければならないのでしょうか。また、この届けが法的に認められたとしても、提出後、連絡がつかないことを理由に、社員の退職金額を懲戒処分として減額しても問題ないでしょうか。

 労働契約の期間の定めの有無により、退職が認められるか否かは異なる

1.労働者の退職（辞職）

労働者が退職届を提出して退職するのも、労働契約終了事由の一つです。法的には、労働者による労働契約の一方的解約（辞職）です。

[1]法律による規制

かかる解約がどういう要件で認められるかは、労基法に定めはなく、一般法である民法により規制され、労働契約が①期間の定めのあるものか（契約社員、嘱託等）、②期間の定めのないものか（正社員等）により異なります。

①の場合には、期間途中の解約は、原則として認められず、例外として「やむを得ない事由があるとき」に限って認められます（民法628条）。②の場合は、2週間の予告期間を置けば、いつでも解約できます（同法627条1項）。ただし、期間で報酬を定めた場合には、次期（翌月）以降に対して、しかも当期の前半に予告しなければなりません（同条2項。なお、6カ月以上の期間によって報酬を定めた場合は、3カ月前に予告必要、同条3項）。

[2]就業規則による規制とその有効性

企業では、さらに就業規則で規制するのが通常です。

(1)予告期間等の規制

まず上記①の場合に、上記②に準じて期間途中での解約を認めるものです。これは、民法の上記規制より緩やかにするものなので、有効性に問題は生じません。

次に上記②の場合に、予告期間を2週間より長く、例えば、1カ月とするものです。この点、民法学者（鳩山秀夫『増訂 日本債権法各論・下巻』［岩波書店］550ページ［1924年］、我妻 栄『民法講義Ⅴ3』［岩波書店］590ページほか）は、民法627条を"強行規定"と解釈しており、これを前提とすれば、予告期間を1カ月とすることは無効となります。また、実際にかかる考えの下、「民法627条の予告期間は、使用者のためには（中略）延長できない」として、2週間を超える予告期間の定めを無効とする下級審判例（高野メリヤス事件 東京地裁 昭51.10.29判決）もあります。しかしながら、近時は同条を"任意規定"と解した上、不当に長期の予告期間は、公序の規定（同法90条）で個別に有効性を判断する考えが有力です（東京大学労働法研究会編『注釈労働基準法・上巻』［有斐閣］314ページ）。

多くの企業の就業規則には、予告期間を1カ月とする規定が設けられています。これは、民法627条2項の「期間で報酬を定めた場合」に該当すると解しているようですが、仮にそれを肯定しても、期の前半の解約は翌期初日に効力が生じるため（同項）、同項が強行規定であることを前提とすると、1カ月の予告期間は無効となります。

この論点は、最高裁判例がなく、下級審判例もほとんどなく、学説も古く断定できないのですが、近時の任意規定説を前提にしてよいのではないか、と考えます。

(2)その他の規制

就業規則で会社の業務に支障となる時期の解約を禁止したり、様式（所定の退職届によること）を求めたりすることがあります。

前者（就業規則で規制すること）は、上記①では、期間途中の解約が認められない原則（民法628条）からして有効と考えますが、上記②では、いつでも解約できる原則（同法627条）から公序の規定（同法90条）に抵触する可能性があり、個別事案に応じてそれが判断されると思われます。

次に後者（様式を求めること）は、解約の意思を明確にする趣旨と思われますので有効と考えます。ただ、様式を満たしていなくても解約の意思が明確な場合に（ご質問の例はこれに近い）、様式を満たしていないという形式的理由で解約を認めないことはできないと考えます。

2.ご質問への対応

[1] 期間の定めのある契約社員の場合（ただし、就業規則で期間途中の解約を認めている場合は下記[2]へ）

まず、やむを得ない事由がない限り、期間途中

の解約は認められません。ご質問からは、社員からかかる事由の説明はないので、会社は当該社員の解約（辞職）を認める必要はありません。扱いは無断欠勤（債務不履行）ですので賃金は発生せず、当該分は月給から控除されます。そして、無断欠勤によって会社が損害を被れば、債務不履行に基づく損害賠償請求（民法415条）が可能です（ケイズインターナショナル事件　東京地裁平4.9.30判決）。

無断欠勤は、普通解雇事由とともに懲戒解雇事由にもなり得ますが、解雇通知しても未達となるでしょうから、解雇の効力は生じません。もっとも、このような不誠実な社員は退職してもらいたいと会社が考えれば、上記解約を認めることは会社の自由です。この場合に退職金を減額できるかは、下記 [2] で説明します。

[2] 期間の定めのない社員（正社員）の場合

解約が明確となった後2週間ないし1カ月（就業規則で定める場合）の経過によって解約の効力が発生します（前掲ケイズインターナショナル事件）。

問題は、Eメールで退職届を提出してきたことをもって、「解約の意思が明確」といえるかです。客観的に考えると、Eメールによる退職届の提出とその後の無断欠勤、連絡不能の事実を総合すれば、解約の意思ありと判断できます（解約は否定できないと思います）。解約の時期については、Eメールの送信時から無断欠勤の間で会社が社員に解約の意思ありと判断した時点で認定してよいと考えます。

そこで、解約時点から就業規則の予告期間経過、もしその規定がなければ2週間の経過により、解約の効力（退職日）が生じます。

(1) 退職日まで

退職日までは、無断欠勤ですから賃金は発生せず、当該分は月給から控除されます。そして、その無断欠勤によって会社が損害を被れば、損害賠償請求が可能です。

(2) 退職日以降

退職金を減額できるかは、退職金支払請求権が退職金規程所定の条件下に発生するものゆえ（三晃社事件　最高裁二小　昭52.8.9判決）、退職金規程の定め（条件）によります。

そして、同規程で無断欠勤等の場合に退職金を減額できる旨が定められていても、減額が可能かが問題となります。これは、「長年の功労を減殺する程度の背信性」（多くの下級審判例）があるかによって、減額の有無ないし額を決めることになります。

（浅井　隆）

問題社員の円満退職を目的として、規程にない退職金の上乗せを行うことは問題か

当社のある社員は先日、上司から業務上の指示を受けた際、上司の胸ぐらをつかみながら乱暴な口調で「なぜそんなことをしないといけないのか」と言って正当な理由なくこれを拒否しました。同人はこれまでも上司に対し、指示を無視したり反抗的な態度を取ったりし、また他の社員に自分の業務を押し付けるなどの問題行動が見られるため、その都度注意を行い、懲戒処分も科してきましたが、一向に改善の見込みがうかがえません。そこで、これ以上雇用関係を継続することは困難と考え、規程にない退職金を上乗せして合意退職をしてもらうを検討しています。このような取り扱いをすることに問題はありますか。

問題社員への退職勧奨に際して、退職金規程に基づく退職金に加え、規程にない退職金の上乗せを提案することも可能である

1. 問題社員を解雇する場合の企業リスクについて

ご質問のケースのような問題社員との雇用契約を終了する方法としては、合意退職のほか、解雇（普通解雇・懲戒解雇）も考えられます。

もっとも、法律上、解雇の有効性は厳格に解されており、解雇が有効となるためには、客観的合理的理由および社会通念上の相当性が必要となります（労契法16条）。

客観的合理的理由があるか否かは、解雇事由の存在・重大性、労働者の改善の見込みの有無・程度、解雇回避努力措置の有無などを考慮して判断され、また社会通念上の相当性については、解雇するに当たって適正な手続きを踏まえているか、他の労働者との取り扱いの均衡が図られているかなどを考慮して判断されます。

ご質問のような業務指示・命令（以下、業務命令）違反のケースにおいては、当該業務命令の有効性・妥当性が検討された上で、これを拒否することが解雇に値するほど重大なものであるかどうか、当該労働者の改善の見込みの有無・程度等を考慮して解雇の有効性が判断されます。当該業務命令が無効とされる場合には、同命令違反を理由とする解雇は無効とされます（マンナ運輸事件 神戸地裁 平16.2.27判決 労判874号40ページ等）。

このように、裁判に至った際、解雇の有効性は厳格に解されますので、問題社員を解雇した場合、無効となるリスクがあります。解雇が無効となった場合、使用者には解雇期間中の賃金を支払う義務が生じます（民法536条2項）。そして、解雇訴訟は1年以上の長期間にわたるケースが多く、その場合、当該社員の給与額にもよりますが、解雇期間中の賃金は高額になる可能性が高いです。また、解雇が無効になれば、同人の復職を認めざるを得ないですが、"問題社員"の復職を認めることで、企業秩序が乱れるリスクがありま

す。さらに、仮に解雇が有効とされたとしても、訴訟を提起されることによる企業側の負担（訴訟対応の担当者や証人となる社員の肉体的・精神的負担、弁護士費用等の金銭的負担等）は小さくありません。加えて、判決で企業側が敗訴した場合には、報道や判例集等に掲載されること等によるレピュテーションリスクも抱えることになります。

以上のように、問題社員を解雇する場合の企業リスクは非常に大きいため、問題社員に対しては、できる限り退職勧奨をした上での合意退職を目指すべきだと考えます。

2. 退職勧奨の方法

問題社員による合意退職を目指す際の具体的な方法は、具体的な事案により変わりますが、大まかにいえば、

①当該社員への退職勧奨についての方針を社内で協議・決定した上で、当該社員に退職勧奨を行う
②当人がこれに応じない場合は、退職の条件を変更するなどして再度提案・協議する
③退職合意に至った場合には、当該社員から退職届の提出を受け、退職合意書を作成する
——という流れが考えられます。

退職勧奨は、労働者の自由な意思を尊重する態様で行われる限りでは、使用者は自由に行うことができます。ただし、労働者の自由な意思の形成を妨げ、また名誉感情など人格的利益を侵害する態様で行われた場合には、社会通念上相当と認められる範囲を超えた違法な退職勧奨と判断され、不法行為に基づく損害賠償義務（民法709条）を負う可能性があるため、注意が必要です。例えば、労働者が退職しない旨を表明しているにもかかわらず、長時間・長期間にわたって執拗に退職勧奨を繰り返す場合（下関商業高校事件　最高裁

一小　昭55.7.10判決　労判345号20ページ等）、「自分で行き先を探してこい」「ラーメン屋でもしたらどうや」「管理職としても不適格である」などと労働者の名誉感情を不当に害する言葉を用いて退職勧奨が行われた場合（兵庫県商工会連合会事件　神戸地裁姫路支部　平24.10.29判決　労判1066号28ページ）には、退職勧奨が不法行為に該当する可能性があります。

したがって、退職勧奨をする際には、対象社員が録音・記録していることも想定して、1回当たりの勧奨時間、回数・頻度・期間、退職勧奨の態様、言葉遣い等に十分に注意することが肝要です。

3.規程にない退職金の上乗せの可否

問題社員が使用者の退職勧奨に応じて退職に合意した場合、当該社員が退職金規程等に定める退職金の支給要件を満たしていれば、使用者は同規程に基づき退職金を支給する義務があります。

また、ご質問にあるとおり、問題社員への退職勧奨に際して、退職合意を得るため、退職金規程等に基づく退職金に、さらに上乗せした金額の支払いを提案することも可能です。このような退職金の上乗せについては、特に法律上のルールはないため、使用者は、自由に額を決定することが可能です。退職金の上乗せを提案する際には、事前にいくらまでなら支給可能かについて、社内で協議しておくとよいでしょう。

提案する具体的な金額については、当該社員の問題行動の悪質性、企業秩序に与える影響の度合い、当該社員の反省の有無・程度、解雇した場合に有効と判断される可能性、当該社員の生活費（扶養家族がいるか等も考慮します）、再就職にかかる期間、自社の企業規模等、企業側・労働者側それぞれの事情を考慮して決定することが考えられます。

（松本　貴志）

退職勧奨中の社員から退職勧奨拒否通知書が提出されたが、これ以降、退職勧奨を行うことはできないか

ある能力不足の社員に対して何度か退職勧奨を行っています。しかし、先日、当該社員から「退職勧奨拒否通知書」が人事部宛てに提出されました。本提出により、これ以降、退職勧奨を行うことはできないのでしょうか。また、このような書面が提出されたにもかかわらず、退職勧奨ではく、解雇の手続きを進めていくことは問題でしょうか。

「退職勧奨拒否通知書」が届いても、丁寧な説得を行うのであれば退職勧奨を継続することはできる。解雇手続きを進めることも可能であるが、解雇が無効とならないような準備が欠かせないものとなる

1.退職勧奨とその限度
[1]定義

退職勧奨は、「勧奨対象となった労働者の自発的な退職意思の形成を働きかけるための説得活動」であり、「これに応じるか否かは対象とされた労働者の自由な意思に委ねられるべきもの」と考えられています（日本アイ・ビー・エム事件〔1審〕東京地裁　平23.12.28判決　労経速2133号3ページ）。

[2]退職勧奨の限度

そのため、「使用者は、退職勧奨に際して、当該労働者に対してする説得活動について、そのた

めの手段・方法が社会通念上相当と認められる範囲を逸脱しない限り、使用者による正当な業務行為としてこれを行い得るものと解するのが相当であり、労働者の自発的な退職意思を形成する本来の目的実現のために社会通念上相当と認められる限度を超えて、当該労働者に対して不当な心理的圧力を加えたり、又は、その名誉感情を不当に害するような言辞を用いたりすることによって、その自由な退職意思の形成を妨げるに足りる不当な行為ないし言動をすることは許され」ないものとされており、退職勧奨には限度があります（上記日本アイ・ビー・エム事件）。

[3] 限度を超えた場合のリスク

退職勧奨がその限度を超えた場合には、使用者は不法行為責任（民法709条）を負うことや、対象者が退職勧奨によって精神疾患を発症した場合には、それが業務上の傷病と認められる可能性もあります（エム・シー・アンド・ピー事件　京都地裁　平26.2.27判決　労判1092号6ページ）。

また、退職勧奨の態様がその限度を超えた場合、それによってなされた労働者の退職の意思表示は、錯誤（民法95条）、強迫（同法96条）によって取り消され、退職の意思表示の有効性が争われる可能性もあります。

このように退職勧奨が限度を超えた場合には種々のリスクがあります。

2. 退職勧奨拒否後の退職勧奨

前記1.に記載の退職勧奨の限界からすると、労働者が退職勧奨を拒絶している場合には、それ以降の使用者による退職勧奨は限度を超えて違法となるようにも思えます。

この点について、「退職勧奨の対象となった社員がこれに消極的な意思を表明した場合であっても、それをもって、被告（筆者注：会社）は、直ちに、退職勧奨のための説明ないし説得活動を終了しなければならないものではなく、被告が、当該社員に対して、被告に在籍し続けた場合におけるデメリット（被告の経営環境の悪化のほか、当該社員の業績不良による会社又は上司・同僚らの

被る迷惑が残ること、当該社員が待遇に相応した意識改革・業績改善等のための一層の努力を求められること等）、退職した場合におけるメリット（充実した退職者支援を受けられること、当該支援制度は今回限りであること（中略）、業績改善等を要求される精神的重圧から解放されること等）について、更に具体的かつ丁寧に説明又は説得活動をし、また、真摯に検討してもらえたのかどうかのやり取りや意向聴取をし、退職勧奨に応ずるか否かにつき再検討を求めたり、翻意を促したりすることは、社会通念上相当と認められる範囲を逸脱した態様でなされたものでない限り、当然に許容されるものと解するのが相当」と判示されています（前記日本アイ・ビー・エム事件）。また、退職勧奨に応じる意思がないことを明らかにした対象者に対して、会社が再度退職を促した事案で、「退職を一旦は断った者に対し再考を求め、再度退職を促すことも、それが対象とされた労働者の自発的な退職意思の形成を促すものである場合には違法ということはできず、それが社会通念上相当とは認められないほどの執拗さで行われるなど、当該労働者に不当な心理的圧力を加え、その自由な退職意思の形成を妨げた場合に初めて違法となり、不法行為を構成することがあるというべきである」とも判示されています（日立製作所［降格］事件　東京地裁　令3.12.21　労判1266号56ページ）。

ご質問の事案の場合、退職勧奨拒否通知書を提出していることから、対象者において退職しない強い意思が読み取れるものの、前記日本アイ・ビー・エム事件や前記日立製作所（降格）事件に照らせば、対象者の退職について再検討をする余地があるかの確認や翻意を促すことは許容されますので、直ちに退職勧奨を中止すべき状況ではないといえます。対象者からの書面を踏まえて、再度退職に関する意向を聴取し、退職についてのメリット・デメリット（ご質問の事案の場合、在籍するならば業務改善のために努力を求めること等）を具体的かつ丁寧に説明するならば、退職勧奨を継続してもよいでしょう。

ただし、さらなる説得後も対象者の退職拒否の意思が変わらなければ、退職勧奨の継続は執拗なものに当たり、不法行為として違法と評価される可能性が高まりますので、退職勧奨を控えるほうが適切です。すなわち、退職勧奨を継続するに当たっては、対象者の反応や退職勧奨の拒絶の意思の強さに応じて慎重に進めていくことになります。

3. 解雇手続きを進めることの留意点

対象者が自発的な退職を拒否しているとしても、解雇は使用者の一方的な意思表示で成立するため、解雇手続きを進めることは、法律上制限されませんが、客観的合理的理由および社会通念上の相当性がなければ、解雇は無効となるので注意が必要です（労契法16条）。

ご質問の事案の対象者は能力不足とのことですが、能力不足の程度や会社の注意指導の程度に応じて解雇が相当といえる程度に達していれば、退職勧奨を拒否された段階において解雇の手続きを進めることは適切といえます。

他方で、能力不足の程度や注意指導が解雇を相当とするほどの状態には至らない場合、今後も解雇に向けて注意指導を継続していくことがよいでしょう。もっとも、退職勧奨を拒否された後に注意指導を行うことから、対象者からは退職勧奨を拒否したことを理由とする報復であるなどと主張されるおそれもあります。注意指導を行う際には、対象者の問題点を具体的に指摘し、その改善を促しているものであると説明できるよう、準備をすることが必要です。その注意指導が積み重なり、能力不足が改善されないといえる状態となったときに、解雇手続きを進めることが適切な対応といえます。

（菅原　裕人）

退職間際になっても仕事を抱え込んで引き継ぎをせず、退職前の年休日にまで出社し勤務する社員への対応

2カ月後に退職する社員がいます。当該社員は「メンバーに悪いので、退職直前までできることはすべて対応したい」と言ってなかなか業務の引き継ぎを行いません。しかも、本人が予定していた退職前の年次有給休暇（以下、年休）消化期間に入っても変わらず出社し業務を続けており、メンバーから人事部へ苦情が入りました。このように、業務を抱え込んだまま年休日にまで働き続ける社員にどう対応すべきでしょうか。

 年休取得中の就労は拒絶すべきだが、引き継ぎが必要不可欠な場合は、本人同意の下、通常勤務として就労させることとなる。このような事態が生じないよう、会社は予防策を講じておくべき

1. 年次有給休暇
[1] 取得中に就労した場合

労働者は、労働契約により所定労働日に労務提供を行う義務を負っていますが、労基法39条に基づく年休を取得した場合には、当該取得日における労務提供義務が免除されます。年休を取得したにもかかわらず取得日に勤務した場合には、労務提供を行っていることから年休を取得したとは認められず、通常の労働日であったという扱いになります。

このような年休取得状況の変動は、会社の年休管理の観点からも好ましくない（取得日数が年5

117

日に満たない場合には時季指定義務〔同条7項〕も発生する）ことから、会社としては、年休取得日における就労は拒絶する（出社した社員には即座に帰宅を命じる）こととなります。

[2]ご質問のケースについて

ご質問で2カ月後に退職する当該社員についても、既に年休消化期間中であるとのことですから、会社としては同人による就労は拒絶すべきです。

他方、当該社員が引き継ぎに協力する場合は、年休申請した期間において、引き継ぎに必要な期間のみ就労を認めることも考えられます。その場合、引き継ぎに必要な期間について年休取得を撤回してもらい、通常どおり働いてもらうという対応があるでしょう。

このとき、当該社員には退職までに消化できない年休が発生することとなります。未消化の年休は、法的には、退職時点で消滅したと扱えば足ります（特別の規程や合意がない限り、会社が当該年休を買い取る義務もありません）が、会社のために引き継ぎを行ったとして年休の買い取りや退職日の延期を求めてくることもあるため、当該社員に対しては、年休の買い取りの有無や退職日の延期の可否について明示的に説明しておくことが必要です。

2.引き継ぎを行わないことについて

[1]引き継ぎ義務の有無

労働者は労働契約に基づく信義則上の義務として誠実義務を負うところ、その一側面として、退職に当たっては誠実に後任に対して引き継ぎを行う義務があると考えられます。実際、ケイズインターナショナル事件（東京地裁 平4.9.30判決）では、デザイン契約の常駐担当者として入社した労働者が入社直後に辞職し、その結果デザイン契約も解約されたという事案につき、会社による当該労働者への損害賠償を認めています。

[2]引き継ぎ義務違反への対応

引き継ぎ義務が認められることは上記のとおりですが、実際に当該義務に違反した場合に引き継ぎを強制できるかというと、実際上は困難と言わざるを得ません。

まず、引き継ぎを行わない限り退職を認めないという扱いは、職業選択の自由（憲法22条1項）の観点から許容されません。

また、退職日までの就労において引き継ぎ業務を行うよう命じるのであれば、当人がこれに従わない場合には懲戒処分等があり得るとして、間接的に引き継ぎを促すしか方法がありませんが、労働者は退職の申し出から2週間を経過すれば退職できる（民法627条1項。なお、就業規則でこれより長い期間を定めても無効となります）ため、引き継ぎに十分な期間が取れない可能性があります。

さらに、引き継ぎ未了のまま年休申請がなされた場合には、年休の時季変更権（労基法39条5項ただし書き）の行使による対応が考えられますが、退職日まですべて年休の時季指定がされていると時季変更する労働日がないため、時季変更権の行使は不可能となります。

翻って、義務違反を理由とした損害賠償も、当該義務違反と会社の損害との因果関係を立証することが通常は困難であるため、損害賠償義務を前提として事実上引き継ぎを強制することも困難です。上記裁判例でも、会社はデザイン契約解約による損害は1000万円と主張したものの、判決の認容額は70万円にとどまります。特に、引き継ぎ内容が不十分というにとどまる事案では、不十分性の認定をはじめとして立証は困難と言わざるを得ません。

以上のとおり、引き継ぎを強制することは非常に困難といえます。

3.ご質問のケースにおけるあるべき対応

本件は既に引き継ぎが終わらないままに年休消化期間になっているため、その対応は1.で論じたとおりとなります。

ただし、引き継ぎ未了のまま退職日まで年休を取得された場合に引き継ぎを強制する手段がないことは2.[2]のとおりです。当該社員が引き継ぎ

を拒否する態度に転じる可能性もあることに鑑みると、年休取得が開始されるまでに引き継ぎは完了させておくべきであったといえます。

具体的には、会社が当人に対して、年休中は就労が禁じられることを明確に説明した上で、取得開始までに必ず引き継ぎを完了することをあらかじめ命じておく、という対応が望ましいと考えます。

4.会社としての予防策

2.[2]で論じたとおり、引き継ぎ未了について会社が行える対応は少ないものの、下記の対策をあらかじめ講じておくことが望ましいと考えます。

①就業規則に引き継ぎ義務を記載する

引き継ぎ義務が認められることは2.[1]のとおりですが、あらかじめ就業規則に引き継ぎ義務があること、およびその内容を明記しておけば、労働者も当該義務の存在を認識でき、かつ紛争となった場合にも義務違反を主張しやすくなります。

②就業規則に引き継ぎ義務違反時の制裁を記載する

引き継ぎ義務に違反した場合の懲戒処分、損害賠償、退職金減額等を就業規則に明記しておけば、労働者に対し間接的に引き継ぎを促す効果があると考えられます。

ただし、損害賠償額が一定範囲に限定されることは2.[2]で述べたとおりであり、退職金減額について認められるのも同様に一定額にとどまるものと考えられる（全額不支給等は無効となる）ことには留意が必要です。

（豊岡　啓人）

能力不足社員に対し、人事考課面談のたびに退職勧奨を行うことは問題か

仕事にやる気が見られず、指導や教育を繰り返しても改善しないなど、能力不足と評価せざるを得ない社員がいます。そのため、人事考課は低評価で、改善部分を指摘しながら目標を立てさせていますが、なかなか業績が上がりません。異動・配転も検討しましたが、他部署も受け入れに難色を示しているため、退職勧奨をしたいと思います。頻繁な退職勧奨は裁判でも無効とされ、その後の解雇も認められにくいようですので、人事考課面談のたびに、結果を踏まえながら退職勧奨を実施したいと考えていますが、問題でしょうか。

被勧奨者が退職勧奨に応じない意思を明確に表示した後に、人事考課面談でも退職勧奨を執拗に繰り返すことは違法となる可能性が高い

1.退職勧奨の意義

退職勧奨とは、労働者に対し辞職を勧める使用者の行為、もしくは使用者による合意解約の申し込みに対する承諾を勧める行為です。

使用者が労働契約を一方的に解消する行為として解雇や雇止めがありますが、解雇権濫用法理（労契法16条）や雇止め法理（同法19条）による制約があります。そこで、使用者が労働契約の解消を考える場面では、いきなり解雇や雇止めを行わず、まず退職勧奨を行い、同意による労働契約の解消を図る対応が広く行われています。

2.退職勧奨の限界

退職勧奨を行うことは基本的に自由であり、誰を対象者とするかも自由です。異動・配転が退職勧奨の当然の前提となることはありません。

しかし、勧奨行為の手段・方法が社会的相当性の範囲を逸脱するものであったり、被勧奨者の人格を否定するような言動が行われたりしたときには、不法行為となる場合があります。

使用者が労働者に対して退職勧奨を目的とした面談を実施したところ、労働者が退職勧奨に応じない旨を回答した場合でも、使用者が、労働者に対して退職支援制度や退職勧奨に応じることによる有利不利の諸事情を丁寧に説明し、再考を促すことは、社会通念上相当と認められる範囲の対応であれば、違法ではありません。

しかし、労働者が退職勧奨に応じることによる有利不利を十分に検討した後に、退職勧奨に応じる意思がないことを明確に表明したのであれば、それ以降の退職勧奨が違法と判断される場合があるので注意すべきです。

もっとも、退職勧奨が一定の条件に基づき退職を働き掛ける行為であることを考慮すると、退職勧奨で提示する条件に変更がある場合には、改めて退職勧奨を行うことは一概に違法とはいえないと考えます。

3.人事考課面談と退職勧奨

労働者が退職勧奨に応じる意思がないことを一貫して明確に表明した後であっても、使用者が退職勧奨の対象となった労働者に対して退職勧奨の対象となった理由を説明し、勤務態度を含めて業務改善のために一層の努力を求めることはできますし、そのために面談を行うことも可能です。

しかし、人事考課面談といっても、退職勧奨の状況や提示する条件が変わらないにもかかわらず、ことさらに面談回数が多く、長時間にわたる場合や侮辱的な発言等に及んだ場合、さらには、面談で設定される目標自体を達成困難なところに置くような場合は、不当に退職を強要するものとなる可能性が高く、違法な退職勧奨と認められる

ことがあります。

4.参考判例

この点、日本アイ・ビー・エム事件（東京地裁平23.12.28判決　労経速2133号３ページ）において裁判所は、以下のように退職勧奨の自由および限界を詳しく判示しています。

「使用者は、退職勧奨に際して、当該労働者に対してする説得活動について、そのための手段・方法が社会通念上相当と認められる範囲を逸脱しない限り、使用者による正当な業務行為としてこれを行い得るものと解するのが相当であり、労働者の自発的な退職意思を形成する本来の目的実現のために社会通念上相当と認められる限度を超えて、当該労働者に対して不当な心理的圧力を加えたり、又は、その名誉感情を不当に害するような言辞を用いたりすることによって、その自由な退職意思の形成を妨げるに足りる不当な行為ないし言動をすることは許されず、そのようなことがされた退職勧奨行為は、もはや、その限度を超えた違法なものとして不法行為を構成することとなる」

「退職勧奨の対象となった社員がこれに消極的な意思を表明した場合であっても、それをもって、被告は、直ちに、退職勧奨のための説明ないし説得活動を終了しなければならないものではなく、被告が、当該社員に対して、被告に在籍し続けた場合におけるデメリット（中略）、退職した場合におけるメリット（中略）について、更に具体的かつ丁寧に説明又は説得活動をし、また、真摯に検討してもらえたのかどうかのやり取りや意向聴取をし、退職勧奨に応ずるか否かにつき再検討を求めたり、翻意を促したりすることは、社会通念上相当と認められる範囲を逸脱した態様でなされたものでない限り、当然に許容される」

「当該社員が被告に対して退職勧奨に応ずることによる有利不利の諸事情を比較検討した上で退職勧奨に応じない選択をしたこと、更なる説明ないし説得活動を受けたとしても退職勧奨に応じない意思は堅固であり、この方針に変更の余地のな

いこと、したがって、退職勧奨のための面談には応じられないことをはっきりと明確に表明し、かつ、被告（当該社員の上司）に対してその旨確実に認識させた段階で、初めて、被告によるそれ以降の退職勧奨のための説明ないし説得活動について、任意の退職意思を形成させるための手段として、社会通念上相当な範囲を逸脱した違法なものと評価されることがあり得る、というにとどまると解するのが相当である」

また、下関商業高校事件（最高裁一小　昭55．7.10判決　労判345号20ページ）の1審判決（山口地裁下関支部　昭49．9.28判決）は、原告らに対し、約3カ月ないし約5カ月の間におのおの10回ないし12回の退職勧奨が行われたことを指摘し、その他勧奨担当者の人数や勧奨行為の時間等も考慮して、退職勧奨が許容される限度を超えていると判断しています。

5. 結論

被勧奨者が退職勧奨に応じない意思を明確に表示した後であっても、同人に対し人事考課面談で職務能力の改善のために一層の努力を求めることは可能です。

しかし、人事考課面談を利用して、退職勧奨の状況や提示条件に変化がないにもかかわらず、退職勧奨を執拗に繰り返すことは違法とされる可能性が高いと考えます。

（飛田　秀成）

退職した元社員からの元上司・同僚等への嫌がらせにどう対応すべきか

先般、メンタルヘルス不調を抱えていた社員が休職期間満了で退職しました。在職中には私傷病が原因と思われる欠勤を繰り返し、パフォーマンスの低下もあったため、休職をさせた上で、試し勤務なども行って状況を見てきましたが、通常業務が行える状態に至らず、休職期間満了をもって退職となりました。ところが当人は退職後、契約終了は不当であるとして、人事部の担当者や当時の上司・同僚等に対し大量のメールの送信やWEBサイトへの書き込みなどの嫌がらせをするようになりました。当人に訴訟を起こす意思まではないようですが、このまま嫌がらせが続くのではないかと危惧しています。対応をご教示願います。

会社から元社員宛てに警告文書を送付することが、現実的な対応である。警告を行っても状況が改善しない場合には、損害賠償請求や刑事告訴を検討することになる

1. 対応方針
[1] 本人に対する警告

ご質問では、休職期間満了により退職となった社員（以下、元社員）が、契約終了は不当であるとして、人事部の担当者や当時の上司・同僚等に対し大量のメールの送信やWEBサイトへの書き込みなどの嫌がらせをするようになったとのことです。

この場合、既に元社員との間に労働契約関係がないため、懲戒処分等の措置を講じることはできません。また、退職後の非違行為について退職金を不支給とし、あるいは、退職金の返還を求めることができる旨の定めがあるケースもありますが、通常は競業禁止のような事案が想定されており（三晃社事件　最高裁二小　昭52．8.9判決　労経速958号25ページ）、本件のような事案で退職

金を不支給としたり返還請求をしたりすることは一般的には難しいものと解されます。

このため、会社から元社員宛てに警告文書を送付することが現実的対応ではないかと思います。警告文書には、休職期間満了による退職が有効であること、上記のような嫌がらせ行為が名誉毀損（刑法230条）や業務妨害（同法233条）等に該当し得るものであるため直ちにやめること、状況が改善されない場合には損害賠償請求や刑事告訴を検討せざるを得ないことなどを具体的に記載するとよいでしょう。

この警告文書を送付しても状況が改善しない場合には、損害賠償請求や刑事告訴を検討することになります。

[2]情報開示手続き

なお、上記の対応は、嫌がらせ行為が元社員によるものであると特定できている場合を前提としています。WEBサイトへの投稿者が特定できない場合（匿名での書き込みの場合など）には、特定電気通信役務提供者の損害賠償責任の制限及び発信者情報の開示に関する法律（以下、プロバイダ責任制限法）に基づく情報開示手続きを行い、発信者の氏名や住所を取得する必要があります。SNSや掲示板での匿名の投稿により誹謗中傷などの被害を受けて発信者に対して損害賠償請求等を行おうとする場合には、これらの情報が必要となるためです。

この開示を求める手続きについて、2022年10月1日から改正プロバイダ責任制限法が施行されています。これまでの制度では、発信者の情報開示を請求するためには、SNS事業者とインターネット接続事業者に対して別々に裁判を行う必要がありましたが、法改正により一つの手続きで済ませることができるようになったので、手続きの簡易化・迅速化が見込まれます。

2.損害賠償請求および刑事告訴

[1]損害賠償請求について

元社員が会社や上司等にメールを送信して誹謗中傷したり、WEBサイトに名誉信用を毀損するような投稿を行ったりした場合には、損害賠償請求が認められるケースもあるでしょう。

裁判例でも、訴訟提起についての記者会見の中で会社からマタニティーハラスメント（マタハラ）を受けた旨発言したところ、訴訟においてマタハラが否定され、当該発言により会社が受けた名誉・信用毀損による損害として55万円の支払いが認められたケースがあります（ジャパンビジネスラボ事件　東京高裁　令元.11.28判決　労判1215号5ページ）。他方で、「会社、社員もブラック」「お前みたいのがブラック社員っつーんだよ」とのインターネット上の投稿記事について、前後の投稿の内容を併せ読んだとしても抽象的に過ぎ、一般閲覧者の通常の注意と読み方を基準としてX社の社会的評価を低下させるとは認められないと判断された例もあるので注意が必要です（東京地裁　平29．2.10判決）。

[2]刑事告訴について

また、名誉毀損や業務妨害等を理由に刑事告訴を行うことも考えられます。

「告訴」とは、犯罪の被害者その他一定の者（告訴権者）が捜査機関に対して犯罪事実を申告して犯人の処罰を求める意思表示をいいます（刑事訴訟法230条）。これと似たものとして、「告発」がありますが、これは、犯人、告訴権者または捜査機関等以外の第三者が捜査機関に対して犯罪事実を申告して処罰を求める意思表示です（同法239条）。なお、「被害届」は、被害の事実の記載はあるが、犯人処罰の意思表示が含まれていないものをいい、「告訴」「告発」とは異なります。

告訴をするに当たっては、「どのような犯罪により」「どのような被害を受けたのか」を特定する必要があります。ただし、必ずしも犯罪の日時、場所等を詳細に明らかにすることまでは必要なく、どのような犯罪事実を申告するのかが特定されれば足り、書面による告訴の場合は、添付書類も含めた書面全体から犯罪事実が特定されればよいとされています。

実務上は、捜査機関に事前相談を行い、その結果を踏まえて告訴をするか否かを検討するとよい

でしょう。その上で、告訴に踏み切る場合には、犯罪の種類と被害状況が具体的に特定されている必要があります。抽象的な事実を記載するのではなく、可能な限り具体的な事実関係を記載するとともに、これを裏づける資料も添付して行うようにしてください。

告訴状の提出は、合理的・効率的に処理をしてもらうため、犯罪地または告訴される者の現在地を管轄する検察庁の検察官や警察署の司法警察員に対して行うとよいとされています。告訴をしても実際に刑事処分を行ってもらえない可能性はありますが、「悪質な事例については刑事告訴を行う」という会社の姿勢を示すことにも意味があります。刑事告訴を行うか否かは、事案の重大性や元社員の反省状況等も踏まえて検討すべきでしょう。

(中山　達夫)

自社の従業員が退職したいと申し出ている旨の連絡が退職代行業者から来た場合の対応

3カ月ほど前に採用した従業員が退職するとの文書が、とある退職代行業者から届きました。当該従業員は1週間前から無断欠勤しており、本人に連絡を取ろうにも電話もメールもつながりません。本人と直接連絡が取れない以上、退職代行業者を通じてやりとりするしかないのでしょうか。こうしたケースは初めてで、対応に困っています。適切な対応をご教示ください。なお、この退職代行業者は、弁護士や弁護士法人ではありません。

退職代行業者を通じて本人の真意を確認することや、それが奏功しない場合は自動退職規定の適用や黙示の退職の意思表示があったものと取り扱う方法が考えられる

1.退職代行業者の出現の背景

労働者には退職の自由があります。これは、民法627条が、無期労働契約の解約の申し入れについて、何ら解約事由を定めていないことが根拠となります（これに対し、使用者からの解約の申し入れ〔解雇〕については、特別法である労契法16条が、"客観的に合理的な理由"と"社会通念上の相当性"を要求しています）。そのため、労働者が退職したいと考える場合には、理由のいかんを問わず、使用者に対して辞職の意思表示をし、それが使用者に到達しさえすれば、予告期間（原則として2週間）の経過により当然に労働契約は終了し、労働者は退職することができます（民法627条1項）。法的にはこのように整理されるため、労働者の退職には何らハードルがないはずですが、現実には、退職を告げたりほのめかしたりした労働者に対し、使用者が「損害賠償請求や懲戒解雇をする」と述べて退職しないよう圧力をかけたり、退職届の受け取りを拒んだり、業務の引き継ぎや後任者の採用が終わるまで退職を認めないなどと述べたりして、労働者が事実上「辞められない」心理状況に追い込まれる事象が少なからず発生しているようです。

このような「辞められない」労働者の「辞めたい」ニーズに応えるべく出現したのが、退職代行業者です。そして、「辞められない」心理状況に陥った労働者だけでなく、使用者と相対することなく気軽に辞められることにメリットを感じる労働者にも利用が広まっていると考えられます。

2.退職代行業者の法的な位置づけ

　退職代行業者のように、本人の意思表示に別人が介在するケースは、法的には「代理」と「使者」の二つが考えられます。これを踏まえ、退職代行業者がいずれに該当し得るかを検討します。

　まず、ご質問のケースにおける退職代行業者は、本人を代理する（本人の代理人になる）ことはできません。なぜなら、弁護士法72条は、「弁護士又は弁護士法人でない者は、報酬を得る目的で訴訟事件、非訟事件及び審査請求、再調査の請求、再審査請求等行政庁に対する不服申立事件その他一般の法律事件に関して鑑定、代理、仲裁若しくは和解その他の法律事務を取り扱い、又はこれらの周旋をすることを業とすることができない」と規定し、非弁護士の法律事務の取り扱い等（いわゆる非弁行為）を禁止しているからです。この「法律事務」には、法律上の効果を発生・変更する事項の処理や、法律上の効果を保全・明確化する事項の処理が含まれます（日本弁護士連合会調査室編著『条解弁護士法 第4版』[弘文堂]621ページ）。

　使用者に対して退職の意思表示を行うことは、まさに、労働契約の終了という法律上の効果を発生させるものですから、弁護士または弁護士法人でない退職代行業者は、本人の代理人として意思表示を行うことはできません。

　退職代行業者の側も、非弁行為に該当しないよう、あくまで退職の意思表示をするのは本人であり、退職代行業者はそれを使用者に届けるだけという位置づけにしていることが多いようです。そのため、退職届は退職を希望する労働者本人に作成させる業者もあります。このような形で介在する、本人の意思表示を伝達するだけの立場にある者を法的には「使者」といいます。代理人が時に本人に代わって本人のために自ら意思決定し得るのに対し、使者は意思決定できない点に差異があります。使者になることについては、法律上の制限はありません。なお、退職代行業者は勤務先に退職意思を伝えたにとどまり、それを上回る交渉をしたと認めるに足りないなどとして、退職代行

業者による退職意思の伝達は弁護士法に違反しないとした裁判例があります（不当利得返還請求事件　東京地裁　令2.1.9判決、東京地裁令2.2.3判決）。

3.退職代行業者から連絡が来た場合の対応

[1]本人の意思の確認

　退職代行業者から連絡が来た場合には、退職の意思表示が本人の真意によるものかを確認する必要があります。本人が本当にその退職代行業者に依頼したのか、その退職代行業者が真に本人の使者であるのかが不明であれば、外形上存在する退職の意思表示を、本人による意思表示として扱ってよいかを確定させることができないからです。

　確認方法の一つは、ご質問にあるように、本人に連絡をして意思を確認することです。退職代行業者から届いた文書の中に、本人への直接のコンタクトを禁じる文言や、退職代行業者宛てに連絡してほしい旨の依頼文言が入っていたとしても、それに拘束力（強制力）はありません。

[2]本人への直接の意思確認ができない場合

　次に、本人に連絡をしても連絡がつかないときは、退職代行業者から届いた書面上、どの程度本人の真意を確認できるかを検討します。

　例えば、退職届が全文自筆で書かれており、それが本人の筆跡で間違いないと判断できる場合や、印刷による退職届であっても本人の実印が捺印され印鑑登録証明書も添付されている場合には、他に特段不自然な点がない限り、本人の真意によるものであると確定させてよいでしょう。全文自筆の文書や、印鑑登録証明書などは、経験則上、本人しか所持し得ないものであり、また、不用意に第三者に交付することは考えられない性質のものですので、それらが第三者たる退職代行業者の手元にあるということは、本人が自らの意思でその退職代行業者に渡し、会社への送付を依頼したと考えられるからです。

　一方で、そのような書面がなく、本人の真意を確認できない場合は、退職代行業者に本人からの依頼の状況を確認したり、本人の真意を把握でき

る資料の送付を依頼したりすることになります。

さらに、それも奏功せず、本人の真意を確認できる材料が十分に獲得できなかった場合には、就業規則上に、連絡なき欠勤が一定期間継続した場合等の自動退職規定があれば、その適用によって労働契約を終了させることを検討します。また、そのような規定がない場合は、退職代行業者から連絡があったことに加えて、無断欠勤が継続しており、その後、会社からの連絡にも一切応じないことや、私物などをすべて持ち帰っていること、社員証や会社からの貸与物等を返却してきたこと等の客観的な諸事情を総合的に考慮し、黙示による退職の意思表示があったものと取り扱うという方法も考えられます。

これに対し、無断欠勤等を理由として懲戒解雇をするという対応は、弁明の機会の付与や、会社による懲戒解雇の意思表示を本人に到達させることが困難であると想定されるため、実務上は得策ではないと考えられます。

（町田　悠生子）

退職する従業員に対して退職理由を細かく尋ねることは問題か

当社では、ここ最近離職者が相次ぎ、経営へのダメージが懸念されています。改められるところは改めたいとの思いから、退職予定者に退職理由を細かく尋ねたいと考えています。そうした対応は可能でしょうか。可能であれば、留意点を教えてください。

依願退職といった合意解約の場合、退職理由を細かく尋ねることは可能。一方、期間の定めのない労働契約における辞職の場合、退職理由を細かく尋ねることは控えたほうが無難。退職理由を細かく尋ねる際は、あくまで任意である旨をあらかじめ伝えたほうがよい

1.退職の法的性格

退職予定者に退職理由を細かく尋ねることができるか否かについては、退職の法的性格にさかのぼって検討する必要があると考えられますので、まずは退職の法的性格について検討していきます。

従業員が自らの意思に基づいて退職する場合、その法的性格を大きく分けると、「辞職」と「合意解約」に分けることができます。辞職とは、従業員が一方的に行う労働契約の解約を意味します。期間の定めがない労働契約においては、従業員はいつでも解約の申し入れをすることができ、解約の申し入れの日から2週間の経過により労働契約は終了します（民法627条1項）。

これに対し、合意解約とは従業員と会社が合意して労働契約を解約することを意味します。辞職との違いは、辞職が従業員からの一方的な意思表示で足りるところ、合意解約は従業員の一方的な意思表示では足りず、会社の承諾の意思表示があって初めて労働契約が解約される点にあります。

実務においては、「依願退職」が合意解約に該当すると判断されるケースが一般的です。「依願退職」では、退職を従業員が願い出ているため、従業員の一方的な解約の意思表示ではなく、その退職の願いに対する会社の承諾の意思表示が必要になるからです。

とはいえ、辞職か合意解約かの判断は、難しいケースが多いのも実情です。そのため、従業員が退職の意思を表示した場合、その退職の意思表示

は、会社の承諾なく一方的に辞めたいという辞職なのか、会社と協議の上、会社の承諾をもって辞めたいという合意解約なのかについて確認しておくことが必要です。

2. 退職理由を細かく尋ねることについて

退職の法的性格から検討すると、合意解約においては、会社が従業員の退職を承諾するか否かを判断する必要がある以上、承諾に必要な判断事情を収集すべく、退職理由を細かく尋ねることにも合理的理由があると考えられます。そのため、合意解約においては、退職理由を細かく尋ねることも可能といえます。

これに対し、期間の定めがない労働契約において、従業員が一方的に辞職の意思表示をする場合、従業員はいつでも解約の申し入れをすることができる以上、従業員は辞職の理由を必要とすることなく退職できます。

そのため、期間の定めがない労働契約における辞職については、会社として退職理由を細かく尋ねる合理的理由を見いだすことが困難です。したがって、期間の定めがない労働契約において、従業員が一方的に辞職の意思表示をする場合、会社としては退職理由を細かく尋ねることを控えたほうが無難でしょう。

3. 強制労働の禁止

退職理由を細かく尋ねることができる場合であっても、強制労働の禁止（労基法5条）について留意しておく必要があります。なお、強制労働の禁止に違反した場合、罰則（1年以上10年以下の懲役または20万円以上300万円以下の罰金）も定められているので、注意が必要です（同法117条）。

（強制労働の禁止）
労基法5条　使用者は、暴行、脅迫、監禁その他精神又は身体の自由を不当に拘束する手段によって、労働者の意思に反して労働を強制してはならない。

退職理由を細かく尋ねることとの関係では、強制労働の禁止における「精神又は身体の自由を不当に拘束する手段によって、労働者の意思に反して労働を強制してはならない」の意義が問題となります。

この点、「精神又は身体の自由を拘束する手段」とは、「精神の作用又は身体の行動が何らかのかたちで妨げられる状態を生じさせる方法をいう」とされ、「不当」とは、「本条の目的に照らし、かつ、個々の場合において、具体的にその諸条件をも考慮し、社会通念上是認し難き程度の手段の意であり、したがって、必ずしも『不法』なもののみに限られない」と解釈されています（厚生労働省労働基準局編『令和3年版 労働基準法・上』労働法コンメンタール③［労務行政］92ページ）。

さらに、「労働者の意思に反して労働を強制してはならない」については、「最初は自由意思により労働契約を締結したが、その労働者が離職又は休業を希望するのにその意思を抑圧して労働を強制することも含まれる」とされています（前掲書94ページ）。

そのため、退職理由を細かく尋ねることによって精神の作用が妨げられる状態を生じさせたとして、強制労働の禁止に抵触すると判断される可能性も否定できません。

具体的には、退職理由を細かく尋ねるとともに、退職理由を詳細に回答しないと退職を認めないとして、退職理由の詳細な回答を事実上強制するような場合には、強制労働の禁止に違反する可能性があると考えられます。

このような規制がある以上、退職理由を細かく尋ねる際は、あくまで任意で回答してもらうもので、回答したくない場合は回答しなくてもよい旨をあらかじめ明確に伝えておいたほうがよいでしょう。

（片山　雅也）

退職・解雇

高度専門職の採用に当たり「入社後3年間、一定以上の評価を維持できない場合は退職とする」旨の合意は有効か

即戦力となる高度専門職を、高待遇（報酬、福利厚生等）で中途採用したいと考えています。職歴・専門性・人物等を考慮して厳選して採用しますが、当社での活躍度合いは未知数のため、雇い入れ条件として「入社後3年間は一定以上の評価を維持すること。これを満たさない場合は退職すること」を本人が納得・了承した上で、契約締結したい考えです（「一定以上」の基準については、本人との話し合いで決定します）。こうした合意は有効でしょうか。

任意の合意として有効とされる可能性はあるが、解除条件の書面による明確化および実際に退職になった場合の処遇に関する事前合意の必要性に留意すべきである

1. ご質問にある合意の性質

会社が即戦力として期待する社員の中途採用は、雇い入れる会社、入社する社員の双方にとって重い決断です。採用する側としては、経歴や能力のみならず、人物もよく見極めた上で採用するわけですが、いざ雇ってみると、期待したほどの活躍が見られないようなケースもあります。入社する側も、自己のこれまでの経験や能力を新しい会社で生かすことができるのか、周囲の協力やサポートが得られるのか、会社の期待する成果を上げられるか、その成果を会社から正しく評価してもらえるかといった不安を抱くこともあるでしょう。

日本の労働法では、雇用の期間の定めなく採用した社員については、客観的に合理的な理由があり、社会通念上相当であると認められなければ解雇が無効になるリスクがあるため（労契法16条）、社員としての適格性によほどの問題がない限りは、解雇は難しいといえます。そこで、会社としては、入社後の社員の業績（パフォーマンス）を評価して一定以上の評価を得られないような場合には、当該社員を退職させられないか、さらにいえば、雇い入れに当たってそのような条件を付した上で契約できないかとの考えが出てきます。

2. 条件付き雇用契約の有効性

ご質問の契約は複数の解釈が可能と考えられますが、一つには、入社後3年の間に継続して一定以上の評価が得られないとき（すなわち、3年の間に評価が低下したとき）は雇用を終了させるという解除条件付きの雇用契約であると解釈できます。このような合意は有効でしょうか。

まず、「入社後3年間は一定以上の評価を維持すること。これを満たさない場合は退職すること」という条件設定は明確・妥当であるかが問題となります。「一定以上の評価」の該当性基準については本人との話し合いで決定するということですが、基準として明確であるか疑問の余地があります。例えば、営業上の目標が数字等で具体的に定められていれば、その達成・未達成の判定基準としては明確といえるかもしれません。しかし、営業上の数字は、さまざまな要因に左右されるものであり、当該社員にまったく帰責事由のない事情により営業上の目標数字が達成できなかった場合に、それのみを理由に退職とすることは社員にとって酷であり妥当性を欠くと解されるおそれがあります。また、会社の人事評価者による評価は本来的に主観的なものであり、会社による評価と社員による自己評価が食い違うこともよくあります（むしろ一致しないほうが普通です）。そういう場合に、「一定以上の評価」を維持できな

127

かったから退職となるといわれても、それを社員がすんなり受け入れるとは思えません。明確性や妥当性を欠く解除条件は、その条件自体が無効となる可能性もあります。

次に、雇用契約の効力を会社による評価に関連させることが、労働者および使用者が対等の立場で合意する労働契約の原則（労契法3条2項）に反し、公序良俗違反で無効（民法90条）とならないか、という点も問題になり得ます。

労働者自身が納得した任意の合意として有効と解する余地もありますが、会社が採用候補者に対し上記合意内容を押し付けた（強制した）と解釈されるような状況があれば、合意自体が無効と判断されるおそれがあります。

3.まとめ

入社後の評価を見極めたいという会社の意図は、（労働者の同意が得られれば）労働契約に期間を設けることによって事実上実現できます。労基法上、労働契約の期間の上限は、原則3年、特例の上限は5年とされています（14条1項）。し

たがって、ご質問のような解除条件を設定する代わりに1年の有期契約の更新制とする、あるいは3年の有期雇用とするといった選択肢が会社にはあります。

ご質問にあるような解除条件付き雇用契約は、解除条件の合意が書面により明確化され社員の署名捺印（なついん）がなされているような場合には、任意の合意として有効性が認められる可能性はあります。しかし、両当事者が代替策として有期雇用を選択し得ることも考えれば、上記条件設定が最善の方法だとも言い難いところです。また、仮に任意の合意ありとされた場合であっても、いざ合意に基づき雇用関係を終了させようとすれば、一時金を支払うべきか否かなど、退職時の処遇をめぐって争いが生じるおそれもあります。そのため、仮にご質問のような契約を行うのであれば、解除条件の書面による明確化に加え、一時金の支払いの有無など退職に至った場合の具体的な処遇もあらかじめ書面合意に含めておくほうがよいと考えます。

（神田　遵）

採用時に精神障害歴を詐称していた社員を解雇できるか

中途採用した社員が、入社後、体調不良などを訴えて休みがちになったため、本人と面談をしたところ、「実はうつ病で治療を受けたことがあり、それが再発しているかもしれない」とのことでした。採用時には「精神障害歴はない」と説明していたことから、経歴詐称として懲戒解雇したいと考えていますが、問題ないでしょうか。

経歴詐称を理由とする懲戒解雇が有効とされるためには、詐称された経歴が「重要な経歴」であることが必要であるが、ご質問の事情のみからすると、現時点での懲戒解雇は慎重に考えざるを得ない

1.経歴詐称による懲戒解雇の可否

経歴詐称は代表的な懲戒事由の一つであり、一般に、採用時の履歴書や面接等において学歴、職歴や犯罪歴等を正確に申告せず、あるいは虚偽の申告をすることをいいます。

雇用関係は労働者と使用者との相互の信頼関係に基礎を置く継続的な契約関係であるため、「使用者が、雇用契約の締結に先立ち、雇用しようと

する労働者に対し、その労働力評価に直接関わる事項ばかりでなく、当該企業あるいは職場への適応性、貢献意欲、企業の信用の保持等企業秩序の維持に関係する事項についても必要かつ合理的な範囲内で申告を求めた場合には、労働者は、信義則上、真実を告知すべき義務を負う」と考えられます（炭研精工事件　東京高裁　平3. 2.20判決、最高裁一小　平3. 9.19判決）。したがって、経歴詐称はこうした信義則上の義務に反し、相互の信頼関係を破壊すること、また採否の判断を誤らせる結果、雇入れ後の労働力の組織づけ等、企業秩序や運営に支障を生じさせるおそれがあることなどから、懲戒事由となります。

しかし、経歴詐称を理由とする懲戒解雇が有効とされるためには、詐称された経歴が「重要な経歴」であることが必要です。「重要な経歴」とは、通常の使用者が正しい認識を有していれば雇用契約を締結しなかったであろうところの経歴を意味します（日本鋼管鶴見造船所事件　東京高裁　昭56.11.25判決）。

2.病歴詐称による懲戒解雇に関する問題

[1]要配慮個人情報と経歴詐称

個保法により、病歴が含まれる個人情報は要配慮個人情報に当たり（2条3項）、原則として本人の同意を得ないと取得できないことになっています（20条2項）。このことからすると、もはや労働者において自らの病歴を告知する義務はないとも考えられます。

しかし、告知する義務がないとしても、虚偽を述べることまでが許されるわけではありません。したがって、たとえ要配慮個人情報であっても、労働者（求職者）が同意の上で当該情報の提供に応じる以上は、やはり信義則上真実を告知する義務を負い、虚偽の申告をすれば経歴詐称の問題となるといえます。

なお、病歴は個人のプライバシーに関する情報であり、使用者が無制約に調査することは許されませんが、労働能力や業務への適性等の判断のために必要かつ合理的な範囲であれば、採用時に病歴の調査（ただし、上記のとおり本人の同意を得た場合に限られます）を行うことも可能であると考えます（この点、B金融公庫［B型肝炎ウイルス感染検査］事件〔東京地裁　平15. 6.20判決〕では、企業が採用に当たり労務提供を行い得る一定の身体的条件、能力を有するかを確認する目的で健康診断を行うことは、予定される労務提供の内容に応じてその必要性を肯定できるとしつつも、本件でのB型肝炎ウイルスの感染検査については、その必要性が認められず、本人の同意も得ていないため、プライバシーの侵害として違法であると判断されています）。

[2]病歴詐称と「重要な経歴」

病歴の詐称が問題となった裁判例を見ると、以下のような事案があります。

①採用試験においっててんかん発作の病歴を秘匿したこと等により分限免職処分がなされた事案につき、てんかん症状が相当軽度なものであることから職務遂行能力の判定への影響が明らかでないとして、同処分の執行停止を認めたもの（福島市職員事件　仙台高裁　昭55.12. 8決定）

②履歴書の健康状態の欄に視力障害を記載しなかった事案につき、本件の視力障害は総合的な健康状態の良しあしには直接には関係せず、持病とも言い難く、具体的に重機運転手としての不適格性をもたらすとは認められないとして、解雇事由に該当しないとしたもの（サン石油［視力障害者解雇］事件　札幌高裁　平18. 5.11判決）

③採用面接等において腰椎椎間板ヘルニアの既往症を告げなかった事案につき、重量物を運ぶ業務も予定されており健康や身体機能に関する重要な情報であったとしつつも、会社が既往症の有無を尋ねていないことや、入社から事故までの8カ月余、特段の治療もなく業務に従事してきたことから、解雇事由に該当しないとしたもの（英光電設ほか事件　大阪地裁　平19. 7.26判決）

これらの裁判例からすると、病歴詐称について

も直ちに解雇事由（「重要な経歴」の詐称）となるわけではなく、労働能力への影響や職務遂行への支障の有無、程度が重要な判断要素になると考えられます。

3.ご質問のケースにおける懲戒解雇の可否

ご質問のケースにおいては、実際にはうつ病での治療歴があるにもかかわらず、採用時に「精神障害歴はない」と虚偽の説明をしているため、病歴の詐称があったといえます。

問題はこれが「重要な経歴」の詐称であるといえるかどうかです。この点、確かに精神障害を発症すれば労働能力に影響が出ることは免れませんし、当該社員も実際に体調不良を訴えて休みがちとなっているとのことですが、今般の体調不良が過去の精神障害歴といかなる関係にあるのか必ずしも明らかといえないことや、「休みがち」という段階では労働能力等への支障の程度についてもいまだ判断し難いことなどからすると、採用時のやりとりや業種、勤怠状況等の事情にもよるものの、現時点での懲戒解雇は慎重に考えるべきと言わざるを得ません。

仮に体調不良が継続し職務が遂行できない状況となれば、就業規則等において休職制度を備えている限り、これに従って休職を発令し、休職期間満了時にも復職できなければ退職または解雇となります。詐称された精神障害歴による労働能力への影響等が判断し難い場合には、このように対応するほうが穏当といえるでしょう。

（青山　雄一）

頻繁にトラブルを起こす定年後再雇用社員を契約期間中に解雇できるか

当社は65歳定年であり、70歳までは1年ごとの有期労働契約を締結することにより、雇用延長することができます。先般、定年後再雇用者の1人について、ある管理職から「自分の仕事のやり方に固執して若手社員と言い合いになったり、事務処理を忘れたりするなど、トラブル続きのため、契約期間満了前に契約を打ち切りたい」との相談を受けました。まずは契約期間満了まで待つことを提案したのですが、このままでは若手社員のほうが先に辞めかねないとのことで、対応に苦慮しています。当該再雇用社員については注意・指導がしづらく、異動もできないことから、上記の理由により契約期間中に解雇することは可能でしょうか。

「やむを得ない事由」（労契法17条1項）を要するため、契約期間中の解雇をすることは容易ではない

1.労契法17条1項の規律

労契法17条1項において、「使用者は、期間の定めのある労働契約（中略）について、やむを得ない事由がある場合でなければ、その契約期間が満了するまでの間において、労働者を解雇することができない」と定められているところ、解釈通達（平24．8．10　基発0810第2）において、「法第17条第1項の『やむを得ない事由』があるか否かは、個別具体的な事案に応じて判断されるものであるが、契約期間は労働者及び使用者が合意により決定したものであり、遵守されるべきものであることから、『やむを得ない事由』があると認められる場合は、解雇権濫用法理における『客観的に合理的な理由を欠き、社会通念上相当である

と認められない場合』以外の場合よりも狭いと解される」とされています。

したがって、一般に、期間の定めがある労働者に対する契約期間中の解雇は、契約期間満了による雇止め（労契法19条）の場合や、期間の定めのない労働者に対する解雇（同法16条）よりも使用者側にとってハードルが高いものとなっています。

2. トラブルを起こした労働者に対する
　契約期間中の解雇の事案

例えば、医療法人Y会事件（大阪地裁　平30.9.20判決）は、医療法人である被告が経営している病院に勤務していた医師である原告が、定年後再雇用（1年間の期間の定めのある雇用契約を締結）されていたところ、病院の職員に対し、複数回にわたって、平手で両頬を殴打するなどの暴力行為を行っていたこと等を理由として普通解雇されたという事案ですが、裁判所は、「やむを得ない事由」があるとはいえず、解雇は無効と判断しています。

同事案において、裁判所は、原告の暴力行為に関して、以下の事情を斟酌しています。

①原告は頻繁に本件病院の職員に対して暴力行為を行っているが、同暴力行為によって、入院治療等が必要となる程度の傷害等を生じさせたとまでは認められないこと

②原告の暴力行為等に関し、病院の職員から被告理事長に対して投書がなされ、当該投書について看護部長が原告に指摘した後には、原告が頻繁に繰り返していた職員等への暴力行為を行わないようになったこと

③上記指摘後においても、一部の医師に対し、暴力行為を行ったと認められるが、その態様は、8枚の資料を丸めて同医師の頭をポンポンと叩いたという程度のものであって、同行為に至った理由を考慮しても、さほど悪質なものであるとは認められないこと

④原告が、理事や部長からの事実確認の際、反省している旨述べ、被害者に対しても謝罪したい

旨述べたこと

⑤原告には、これまで懲戒処分歴がないこと

⑥被告は、本件投書によって、原告の本件病院の職員に対する暴力行為を認識したにもかかわらず、その後、速やかな調査や検討を行うことなく、また、原告との契約関係を解消することなく、従前の労働条件と同様の内容で、本件雇用契約を締結したこと　等

その上で、「原告の本件暴力行為は、その回数や態様において、（中略）不適切かつ軽率なものであり、（中略）懲戒処分に値するものであるとは認められるものの、その後の原告の対応等上記した原告に有利な事情を十分に斟酌した上で、原告の処遇を決定することも十分に可能であったとも考えられ、原告を直ちに解雇することについては、『やむを得ない事由』（労契法17条1項）があったとは認め難い」と判断しています。

このように、暴行等に及んでいるケースでも、「やむを得ない事由」が容易には認定されないということに十分留意する必要があります。

なお、上記の事案において、裁判所は、病院の注意指導が不足している点について、以下のように指摘し、解雇事由にも該当しないとの評価をしています。

「被告は、本件解雇事由に該当する理由として、『勤務成績が不良で、就業に適さないと認められたとき』（中略）、『服務規律等にしばしば違反し、改悛の情がないとき』（中略）という各点を挙げている（中略）。『服務規律等にしばしば違反し、改悛の情がないとき』（中略）についてみると、（中略）『改悛の情がない』とは、その文言や解雇事由であることからすると、何らかの違法不当行為に関して使用者側（上司等）から注意指導を受けたにもかかわらず、これを悔い改める気持ちや言動が認められない場合をいうと解するのが相当であるところ、被告は原告に対し、これまで、原告の本件病院の職員に対する暴力行為（中略）に対して注意指導を行ったことはなかったこと、（中略）特に、原告は、本件暴力行為について、被告からの指摘を受けて、真摯に反省していたこ

とがうかがわれること、以上の点からすると、本件暴力行為（中略）について、原告に『改悛の情がない』とまで認めることはできない」

上記の事案は、解雇事由に「改悛（かいしゅん）の情がない」ことまで掲げられていたというケースですが、就業規則にこのような定めが置かれていない場合であっても、一般に、勤務不良等を理由とする解雇に先立ち、注意指導による是正の機会の付与が要求されがちですので、この点にも留意が必要です。

3.ご質問のケースについて

定年後再雇用者につき、「自分の仕事のやり方に固執して若手社員と言い合いになったり、事務処理を忘れたりするなど、トラブル続き」であるとのことですが、上記の裁判例に鑑みても、契約期間中の解雇は容易ではありません。

「当該再雇用社員については注意・指導がしづらく」とのことですが、解雇に限らず、雇用関係の喪失を念頭に置いた対応をするのであれば、注意・指導による是正の機会の付与は必須でしょう。

その上で、「このままでは若手社員のほうが先に辞めかねない」ということであれば、契約期間満了時の雇止めも視野に入れつつ、場合によっては一定の解決金の支給や一定期間の労務提供の免除を伴う退職勧奨も検討されてはいかがでしょうか。

（竹林　竜太郎）

行方不明の社員に対する解雇手続きと未払い賃金の支払い方法

1カ月前に入社した契約社員が、2日間の勤務をして以降、欠勤の状態が続いています。入社手続き上の関係書類も未提出のため、連絡を取るべく努力をしていますが、不出の状況が続き伝言を入れても返信がなく、電話もつながりません。

このような状況で本人の意思が確認できず、また入社手続きが完了していないことから、解雇も視野に入れています。仮に解雇する場合の手続きと、解雇予告の必要性、未払い賃金の扱いなどについて、ご教示ください。

①原則として、公示による意思表示によって解雇の通知をすべき。②解雇予告の除外事由に該当すれば、解雇予告は不要。③未払い賃金は会社に保管しておけば足りる

1.解雇する場合の手続き

解雇は、使用者の意思表示に基づく労働契約の解除であり、その意思表示は労働者に到達したときに効力を生じます。

ご質問では、問題となっている契約社員（以下、本件社員）と連絡がつかないため、どのように解雇の意思表示をすべきかが問題となります。

まずは、本件社員の配偶者や両親、その他本件社員に連絡がつきそうな先にも連絡をして、本人との連絡を試みることが一般的です。家族を通じて連絡がつけば、会社に連絡してもらうように伝えたり、家族を通じて解雇の意思表示を伝達したりすることも可能となります。

問題となるのは、家族とも連絡が取れない場合や、家族も居場所を知らないといった、いわゆる行方不明の場合です。このように相手方の居場所

が不明である場合に有効に意思表示を行う方法として、「公示による意思表示」という制度が設けられています（民法98条）。この制度においては、簡易裁判所に申し立てを行い、簡易裁判所が、裁判所の掲示場に掲示し、かつ、その掲示があったことを官報等に掲載することとされています。そして、公示による意思表示は、官報等に掲載された日から2週間を経過した時に、相手方に到達したものとみなされます。

本設問において、社員が行方不明である場合、解雇の意思表示は、公示による意思表示により行うべきといえます。もっとも、公示による意思表示を行った場合であっても、相手方の居場所を知らないことについて過失がある場合には、到達の効力は生じない点には留意が必要です（民法98条3項ただし書き）。

なお、公示による意思表示の手続きを避けるため、以下の方法により、社員が行方不明になったことをもって退職したものと扱うことも考えられます（退職として扱う場合には、下記2.の解雇予告も不要となります）。

[1]就業規則の定めによる退職として扱う方法

就業規則において、社員が一定期間行方不明となった場合に、自動的に退職とする旨の規定があらかじめ設けられている場合には、当該規定をもって、当該社員を退職したものとして扱うことが可能です。

[2]依願退職として扱う方法

退職の意思表示は、黙示の意思表示によって行うこともできます。社員が無断欠勤し、行方不明となった場合において、当該社員のそれまでの勤務状況や行方不明の期間等を考慮して、当該社員が会社に戻る意思がないことが客観的に明らかであると判断できる場合には、依願退職の黙示の意思表示があったものとして扱うことも可能と考えられます。

2.解雇予告の必要性について

使用者は、労働者を解雇する場合には、少なくとも30日前に予告するか、30日前に予告しない場合には平均賃金の30日分以上の予告手当を支払わなくてはなりません（労基法20条）。ただし、労基法は一定の場合に解雇予告の例外を認めています。

[1]解雇予告の例外（労基法21条）について

試用期間中のものを解雇する場合には、解雇予告は不要であるとされています（労基法21条4号）。ただし、試用期間中の社員であっても、14日を超えて引き続き使用されるに至った場合、すなわち雇い入れ後14日を経過した場合においては、解雇予告が必要となります（同条ただし書き、昭24.5.14 基収1498）。

ご質問において、そもそも本件社員が試用期間中であったかは明らかでありませんが、試用期間中であったとしても、既に雇い入れ後14日を経過している場合には、解雇予告が必要となります。また、現時点で14日を経過していない場合であっても、公示による意思表示によって解雇の通知をする場合には、その意思表示が到達したとみなされる日は、官報等に掲載がなされた後2週間が経過した時であるため、その時点においては必然的に雇い入れ後14日が経過していることになり、やはり解雇予告が必要となります。

[2]解雇予告の除外認定（労基法20条ただし書き）について

「労働者の責に帰すべき事由に基いて解雇する場合」で、かつ、当該事由について所轄労働基準監督署長の認定を受けた場合においては、解雇予告は不要とされています（労基法20条ただし書き、同条3項および19条2項）。そして、「労働者の責に帰すべき事由」の例示として「原則として2週間以上正当な理由なく無断欠勤し、出勤の督促に応じない場合」が挙げられています（昭23.11.11 基発1637、昭31.3.1 基発111）。

ご質問においては、2日間のみの勤務の後、欠勤が続いているということですが、「出勤の督促」は（連絡がついていないために）されていませんので、この場合でも解雇予告の除外事由に該当するかは所轄の労働基準監督署にも事前に相談の上、判断してください。

3. 未払い賃金の扱いについて

本件社員は、2日間勤務をしているため、貴社に対して当該勤務に係る賃金支払請求権を有していますが、この賃金をどのように支払うべきかが問題となります。

まず、賃金の支払い場所について、法律に明文の規定はないため、民法の一般原則に従い、持参債務（すなわち、社員の住所において支払う債務）となりそうですが（民法484条）、賃金は銀行振込または会社における手渡しによって支払うという就業規則の規定や労使慣行があることが一般的であるため、民法484条の適用は排除されると考えられます。そして、賃金は社員が現実に受け取り得る状態に置かれていれば足りるとされています（昭63．3．14　基発150・婦発47）。

ご質問においても、本件社員が賃金を受け取りに来た際に支払うことができるよう、未払い賃金を会社にて保管しておけば足りるといえます。なお、供託所に供託をすることも可能です（同法494条）。

（森　規光）

　大型トラックのドライバーとして採用した社員が、入社後てんかんを発症した場合、解雇できるか

先日、大型トラックのドライバーとして採用した社員が、現場に配属しようとしていた矢先、てんかんを発症し、病院に搬送されました。症状はさほど重篤ではないようですが、業務の性質上、このまま同業務を担当させることは避けたいところです。そこで、次の2点につきご教示ください。
①「適切な治療の上、本人が体調を厳格にコントロールすれば、車両の運転自体は可能」との医師の診断がある場合でも、他の業務に配置転換できるか
②他に配転可能な業務がなく、①のような診断結果もない場合、解雇は可能か

　①の場合、大型トラックドライバーとして職種限定の合意がある場合には、原則として本人の承諾がなければ配置転換できない。②については、業務外の原因でてんかんを発症している場合には、解雇が認められる可能性が高い

1. てんかんと運転業務

てんかんは、運転免許において、道路交通法上、欠格事由とはなっていません（同法90条1項1号ロ、同法施行令33条の2の3第2項1号）。一方、この両規定を受けた「一定の病気等に係る運転免許関係事務に関する運用上の留意事項について」（平29．7．31　警察庁丁運発109。以下、警察庁通達）では、てんかんにつき、発作が過去5年以内に起こったことがなく、医師が「今後、発作が起こるおそれがない」旨の診断を行った場合等の一定の場合には、免許申請の拒否、保留、取り消しまたは効力の停止を行わない——という取り扱いを行っています（※）。

※なお、公益社団法人日本てんかん協会では、てんかんのある方について、「大型免許と第2種免許の取得は控えてください。運転を主たる職業とする仕事も、お勧めできません」との立場をとっています。

参考までに、てんかん以外の疾患では、統合失調症、再発性の失神、無自覚性の低血糖症、その他低血糖症、そううつ病、重度の眠気の症状を呈する睡眠障害、その他精神障害、脳卒中、認知症、アルコールの中毒者について、"一定の場合には、免許申請の拒否または取り消し等を行わない"という取り扱いを行っています（前掲警察庁

通達）。

2.職種限定の合意と配置転換

　採用時の労働契約・労働協約および就業規則等により、あるいは、労働契約の展開過程で、職種を限定する合意が認められれば、異職種への配転には労働者の承諾が必要となります。近時の滋賀県福祉用具センター事件最高裁判決（最高裁二小令6.4.26判決）においても、「労働者と使用者との間に当該労働者の職種や業務内容を特定のものに限定する旨の合意がある場合には、使用者は、当該労働者に対し、その個別的同意なしに当該合意に反する配置転換を命ずる権限を有しないと解される」と判示しています。ただし、判例はこれまで、長期雇用システムを背景として、職種限定の合意の認定には消極的でしたが、前述の最高裁判例においては「黙示の職種限定合意」を許容したと解釈できることに注意を要します。

3.ご質問の①について

　ご質問の①では、医師の診断によると、「適切な治療の上、本人が体調を厳格にコントロール」することを条件に、車の運転自体は可能、とされています。しかし、前掲警察庁通達により、運転免許申請の拒否、または取り消し事由に該当する場合には、ドライバー業務に従事させることはできません。

　また、同通達による運転免許申請の拒否等の事由に該当しない場合でも、特に大型トラックのドライバーが運転中、てんかんの発作を起こせば、重大な事故につながる可能性が高く、運転業務に従事させることは、本人の健康面・会社の安全配慮面・社会への影響の面で、極めて高いリスクを生じさせます。つまり、会社がもし、社員から自身がてんかんである旨の申告を受けており、それでも大型トラックのドライバー業務に従事させた結果、事故が起こった場合には、会社は被害者に対して、使用者責任を負う可能性が高いといえます。

　他方、この社員は「大型トラックのドライバーとして採用した」とのことですので、労働契約の締結時、貴社との間で職種を限定する旨の合意があったとも考えられます。したがって、この場合の配置転換に当たっては、本人の承諾が前提となります。

　そのため、会社としては、本人との面談により、その理解度を確認しながら慎重に、まずは疾患と就業上の懸念に関して説明した上で、配置転換を打診する必要があります。また、配転後の業務を検討する際には、本人・上司等の意向を踏まえた上で進めるべきでしょう。こうしたプロセスを経た上で、当該社員に対し、他の業務への配転について説得し、了解を取りつけることになります。

　問題は、それでもこの社員が、他の業務への配転について了解しない場合には、会社としては他の業務への配転を命じることは困難となるため、4.で説明するように解雇を検討せざるを得ません。

4.てんかんと解雇

　当該社員のてんかんの発症が、業務上発生した場合には、原則として、使用者が打切補償を支払った場合（療養開始後3年経過と平均賃金1200日分、または療養開始後3年経過と傷病補償年金の受給。労基法19条1項ただし書き前段・同法81条、労災法19条）を除き、解雇できません（労基法19条1項本文）。

　問題は、てんかんが業務外の原因で発症した場合ですが、解雇は「客観的に合理的な理由を欠き、社会通念上相当であると認められない場合は、その権利を濫用したものとして、無効」とされるため（労契法16条）、その可否は、こうした合理性が存在するかどうかにより判断されることになります。

5.ご質問の②について

　そこで、ご質問の②について検討しますと、まず当該社員のてんかんの発症が、業務上の原因による場合には、4.でも述べたとおり、原則として

解雇できません。

次に、当該社員のてんかんが業務外の原因で発症した場合ですが、会社は、本人の同意なく配転命令を出すことが困難なだけではなく、他に配転可能な業務がないため、この社員に対して配転の打診をすることも困難です。しかも、ご質問の①のような診断結果もないことから、同人を大型トラックのドライバーとしての業務に従事させることは、3.でも述べたとおり、会社として極めて高いリスクを負うものと言わざるを得ません。したがって、会社としては、この社員を同業務に従事させることはできないことから、解雇に合理的理由があるので、解雇が認められる可能性が高いと解されます。

（村林　俊行）

私傷病で欠勤中の社員の休職発令日の決め方と、休職期間満了時の解雇予告の要否

当社では就業規則で「業務外の傷病により欠勤が２カ月以上に及んだ場合は休職を命ずる。休職期間は２年。休職期間が満了したときは社員の地位を喪失する」と規定しています。ある社員が３月１日から私傷病により欠勤していますが、休職の発生する日（休職算定の起算日）はいつにすべきでしょうか。また、休職期間が満了するとき、１カ月前に解雇予告が必要となるのでしょうか。

ご質問の場合、休職期間の起算日は、傷病による欠勤が２カ月以上に及んだときになるが、民法の規定により、５月１日からとなる。解雇予告については、休職期間が２年間置かれているので不要と解される

1.休職の意義

休職という制度は、さまざまな意味を持つ場合があり、一般的にその概念を整理するのは困難な面があります。しかし、最大公約数的なところをいえば、「ある従業員について労務に従事させることが不能または不適当な事由が生じた場合に、使用者がその従業員に対し労働契約関係そのものは維持させながら労務への従事を免除することまたは禁止すること」とされています（菅野和夫・山川隆一『労働法 第13版』[弘文堂] 699ページ）。

ご質問のように、業務外の傷病による長期欠勤が一定期間に及んだ場合の休職は、傷病休職ないし病気休職などと呼ばれます。

2.休職における期間の算定方法

休職の要件や、その期間中の賃金や勤続年数への算入の取り扱いはさまざまであり、基本的にはそれを定めた就業規則等の規定の解釈によることとなります。

ご質問のケースでは、「欠勤が２カ月以上に及んだ場合は休職を命ずる」としており、「以上」は２カ月を含む概念ですから、欠勤が２カ月に至ったときに、使用者が休職を命じられることになります。

そこで「２カ月」という期間をどう算定するのかが次に問題となりますが、期間の算定方法の原則は民法に規定されており、これによることとなります。

3.民法における期間算定の諸原則

この点、民法140条で、「日、週、月又は年によって期間を定めたときは、期間の初日は、算入しない。ただし、その期間が午前零時から始まる

退職・解雇

図表 期間の計算方法

　期間の計算方法は、暦に従って期間の期日を計算する（民法143条１項）。「暦に従って計算する」とは、１カ月を30日として日に換算して計算するのではなく、現行の太陽暦に従って計算することをいう。

　月を単位とする期間計算では、末日は民法143条２項により求めるが、この法意には以下の三つの場合の計算方法が含まれる。

ケース	算出されるべき満了日	根拠条文	具体例
①月の初日から計算する場合	最終月の末日	民法143条２項本文	１月１日から起算して２カ月は、平年なら２月28日、うるう年なら２月29日が満了日
②月の途中から起算し、最終月に応当日のある場合	最終月の応当日の前日	民法143条２項本文	１月20日から起算して２カ月は３月19日が満了日 １月31日から起算して２カ月は３月30日が満了日
③月の途中から起算し、最終月に応当日のない場合	最終月の末日	民法143条２項ただし書き	１月31日から起算して１カ月は平年なら２月28日、うるう年なら２月29日が満了日 ３月31日から起算して１カ月は４月30日が満了日

ときは、この限りでない」としています。「初日不算入」の原則がとられていますが、これは、ただし書きから分かるように、１日の端数は切り捨てるという意味であり、端数が生じない場合には、初日から起算することになります。

　欠勤については、端数は生じない場合ですから、初日から算入してよいことになります。次に、期間の満了ですが、民法は141条で、「前条の場合には、期間は、その末日の終了をもって満了する」としており、末日の終了をもって満了とすることになります。

　具体的には、期間が週、月または年をもって定められたときは、日に換算せず、暦に従って計算します（民法143条１項）。そして、最後の週、月または年においてその起算日に応当する日の前日を末日とします（同条２項）。例えば、令和６年６月３日（午前０時）から１年とすれば、期間の満了は令和７年における起算日の応当日である６月３日の前日すなわち６月２日となります。さらに、最後の月に応当日がないケース、例えば８月31日（午前０時）から１カ月といった場合は、９月には応当日である31日がないことから、その月の末日（９月30日）をもって期間の末日とします。これも同項に規定されているところです［図表］。

4.ご質問における欠勤期間の算定

　以上からすれば、ご質問の３月１日から２カ月ということになると、応当日である５月１日の前日である４月30日をもって２カ月ということになり、この段階で会社は休職を命ずることができ、５月１日から２年間が休職期間ということになります。

　なお、念のため申し上げておくと、「２カ月」というのは、月による定めに当たりますから、先ほど述べたとおり、これを日に換算することなく、暦にしたがって計算することになります。したがって、欠勤日数のみを数えて２カ月に至らなければならない、ということではなく、暦で２カ月間欠勤すれば要件に相当するということになります。

　もちろん、休職の要件をどのように設定するかは基本的に各企業に委ねられているところであり、あえて欠勤日数自体を数えて60日、などという規定を置くことが否定されるわけではありません。

5.休職期間満了時の解雇予告の要否

　２年の休職期間が満了したときは「社員の地位を喪失する」というのがご質問の規定内容ですが、このように期間満了の際に自然退職とする場合は、実際上、休職の意思表示は解雇予告の意思

137

表示を含むこととなります。したがって、解雇に関する規制の脱法にならないかがチェックされなければなりません。

具体的には、休職期間は、労基法20条の所定の解雇予告との関係で、30日以上であることを要するとすべきですし、解雇に準じて、相当性が認められる場合であるかを吟味しなければなりません。

ただ、ご質問の1カ月前の解雇予告自体に関しては、休職期間が30日を超える2年間と設定していることで、その趣旨を満たしていると考えることができます。したがって、解雇予告は不要と考えられます。

(千葉　博)

　退職後の競業他社への転職禁止は何年くらいまでなら許容されるか

　当社では、最近、競業他社への転職を防ぐため、「退職後5年間は競業他社に転職することはできない。競業他社へ転職した場合には退職金は支払わない」という規定を新設しました。しばらくして、ある社員が競業他社へ転職しようとしたので、上記規定の存在を説明したところ、当該社員が「今後5年間、競業他社に移れないのは職業選択の自由を侵している」と怒りをあらわにしています。こうした社員の指摘に対しどう考えたらよいでしょうか。

　競業避止義務に基づく退職後の社員の拘束期間は、当該社員の地位にもよるが、一般的には2年程度でも厳しいとされることもある。5年という長期に拘束する定めは無効となる可能性が高い

1. 競業避止義務とは

　競業避止義務とは、労働者が使用者の利益に反する競業行為を差し控える義務をいいます。たしかに、企業としては、従業員が自社を退社して、市場において競合する同業他社に就職することは、さまざまな営業上の秘密やノウハウなどが漏洩するおそれもあり、避けたい事態であることは否定できません。

　しかし一方、労働者からすれば、企業を退社し、再就職する際には、当然自らの有するスキルを生かして再就職先を探しますから、むしろ同業他社が再就職先の候補になることが多いと思われます。したがって、同業他社への就職ができないとなると、労働者の再就職を著しく困難にし、憲法22条1項で定める「職業選択の自由」を害するおそれがあります。

2. 競業避止義務が認められる要件

　在職中に労働契約を会社と結んでいる場合、一般的に労働者は、労働契約に基づき、使用者の利益に著しく反する競業行為をしてはならない義務を負うとされています。しかし、退職後については、就業規則上の根拠や明確な合意が必要とされます。

　問題は、その効力が認められる要件です。労働者の職業選択の自由への影響などから、判例は、競業避止義務の認められる範囲を限定的に解し、競業避止義務の規定があったとしても、当然に文面どおりの効力が認められるのではなく、規定の合理性や当該ケースへの適用の可否を問題としています。

　この点について、考慮すべき要件を示した判例として次のようなものがあります。「競業の制限が合理的範囲を超え、(中略)債務者らの職業選

択の自由等を不当に拘束し、同人の生存を脅かす場合には、その制限は、公序良俗に反し無効となることは言うまでもないが、この合理的範囲を確定するにあたつては、制限の期間、場所的範囲、制限の対象となる職種の範囲、代償の有無等について、債権者の利益（企業秘密の保護）、債務者の不利益（転職、再就職の不自由）及び社会的利害（独占集中の虞れ、それに伴う一般消費者の利害）の三つの視点に立つて慎重に検討していくことを要する」（フォセコ・ジャパン事件　奈良地裁　昭45.10.23判決）

　判例の傾向を踏まえて作成された経済産業省「競業避止義務契約の有効性について」では、「判例上、競業避止義務契約の有効性を判断する際にポイントとなるのは、①守るべき企業の利益があるかどうか、①を踏まえつつ、競業避止義務契約の内容が目的に照らして合理的な範囲に留まっているかという観点から、②従業員の地位、③地域的な限定があるか、④競業避止義務の存続期間や⑤禁止される競業行為の範囲について必要な制限が掛けられているか、⑥代償措置が講じられているか、といった項目である」とされています。

　今回ご質問のあった「競業避止義務が認められる期間」についても、その期間は限定的であり、労働者の地位が非常に重要な企業秘密に接するものであるかなどによっても異なるため、判例上は単純に割り切ることはできません。例えば、3年のケースで合理的とされた事案（新大阪貿易事件　大阪地裁　平3.10.15判決）や、1年のケースで不合理とした事案（新日本科学事件　大阪地裁　平15.1.22判決）もあり、退職した元社員が、1年間競業他社に転職することを禁止した誓約書に違反したとして、労働者に約140万円の支払い義務を認めた東京地裁の判例も出ています（ヤマダ電機事件　東京地裁　平19.4.24判決）。従来、期間は2年前後に限られるとされる指摘もありましたが、最近は、2年でも厳しい判断がなされる例が出てきています（東京地裁　平24.1.13判決、東京高裁　平24.6.13判決、大阪地裁　平24.3.15判決等）。

　以上の判例の傾向からすると、ご質問の5年間という規定は、従業員が重要な地位にあっても、通常から考えると長きに過ぎ、文字どおりの効力は認め難いとされる可能性が高いと考えられます。また、このような規定を置いておいた場合、5年のうち、例えば2年間の範囲は効力が認められるというものではありません。5年間の規定がそのまま無効となって、規定が存しないこととして、競業避止義務がまったく認められなくなる可能性もあるので要注意です。

3.退職金不支給規定の有効性

　次に、競業避止義務が仮に認められたとしても、競業避止規定に違反して再就職したものは退職金を支払わないという退職金不支給規定の効力はどうでしょうか。

　退職金の不支給というのは、労働者にとって重大な不利益を与えるものですから、これも限定的に解される傾向があります。そもそも、退職金は、"賃金の後払い"という性格と"功労報償"的性格があるといわれ、前者を重視すれば、退職金が発生しなくなるというのは違和感があります。そこで、不支給条項に基づいて退職金の不支給が許容されるのは、顕著な背信性がある場合に限るなどとされる傾向にあります（中部日本広告社事件　名古屋高裁　平2.8.31判決）。

　減額条項については、退職金には功労報償的性格があることから、判例上も合理性が認められています。リーディングケースとなっているのは次の判例です。

　「被上告会社が営業担当社員に対し退職後の同業他社への就職をある程度の期間制限することをもって直ちに社員の職業の自由等を不当に拘束するものとは認められず、したがって、被上告会社がその退職金規則において、右制限に反して同業他社に就職した退職社員に支給すべき退職金につき、その点を考慮して、支給額を一般の自己都合による退職の場合の半額と定めることも、本件退職金が功労報償的な性格を併せ有することにかんがみれば、合理性のない措置であるとすることは

できない。すなわち、この場合の退職金の定め
は、制限違反の就職をしたことにより勤務中の功
労に対する評価が減殺されて、退職金の権利その
ものが一般の自己都合による退職の場合の半額の
限度においてしか発生しないこととする趣旨であ
ると解すべきであるから、右の定めは、その退職
金が労働基準法上の賃金にあたるとしても、所論
の同法3条、16条、24条及び民法90条等の規定に
はなんら違反するものではない」(三晃社事件
最高裁二小　昭52．8．9判決)。

　ご質問のケースで考えてみると、競業避止義務
について、5年間という長期の期間が定められて
いることから、この規定に関する有効性自体が認
められず、退職金不支給も認められない可能性が
高いと思われます。仮に認められるとしても、不
支給とする範囲が全額に及んでよいのは、「顕著
な背信性」が認められる場合に限られることにな
ります。

（千葉　博）

就業規則・労働協約

給与明細を社内で見せ合う行為を就業規則で禁止できるか

最近、人事部に給与に関する質問が複数寄せられるようになり調査したところ、多くの従業員が給与明細をお互いに見せ合っていました。また、中には会社に不満を持った従業員が交流サイト（SNS）上で給与明細を公開していることも発覚しました。給与明細には家族手当等の項目もあり、従業員本人の個人情報でもあることから、社内で見せ合うことそのものを就業規則で禁止できるでしょうか。また、SNSで公開した従業員に対して懲戒処分を行うことは可能でしょうか。

 給与明細を社内で見せ合う行為を禁止することは困難なものの、社外に公開する行為を就業規則によって禁止することはでき、SNSでの公開には懲戒処分を行うことも可能である。また、その防止のために情報管理の研修を行うことも有用である

1.給与明細を社内で見せ合う行為を就業規則で禁止することの可否

[1]問題の所在

社内において従業員が給与明細を見せ合ったり、給与に関して情報交換をすることは往々にしてあるものの、会社として従業員が給与明細を見せ合う行為を抑止したい悩ましさもあります。特に、給与明細をSNSで社外に広く公開することは、給与の実例が知られることにより、従業員の採用活動に悪影響が生じる懸念も考えられます。

[2]私生活上の行為と懲戒事由

この給与明細を見せ合う行為を禁止するために、就業規則の服務規律として給与明細（給与情報）を従業員同士で見せ合うことやSNSなどによって外部に公開することを禁止する旨を定めることは考えられます。もっとも、この行為は業務外の私生活上の行為でもあり、就業規則における労働条件として、こうした行為を禁止できるかが問題となります。

服務規律の違反は懲戒処分の事由となるところ、私生活上の行為に対する懲戒処分に関しては、関西電力事件（最高裁一小　昭58．9．8判決　判時1094号121ページ）において「職場外でされた職務遂行に関係のない労働者の行為であつても、企業の円滑な運営に支障を来すおそれがあるなど企業秩序に関係を有するものもあるのであるから、使用者は、企業秩序の維持確保のために、そのような行為をも規制の対象とし、これを理由として労働者に懲戒を課することも許される」と判示されています。すなわち、私生活上の行為であっても企業秩序と関係を有するような行為であれば懲戒処分の対象となります。

この点から、社内での給与明細の見せ合いや情報交換がなされ、会社への質問が寄せられるとしても、それ自体は従業員自身の労働条件である給与についての正当な質問であるため、会社の円滑な運営に支障を来すものとは評価できず、社内で給与明細を見せ合う行為を禁止することは認められないと考えられます。なお、給与明細に家族手当等の個人情報が含まれるものの、従業員が自らの個人情報を開示することに問題はなく、会社から禁止する理由にはなりません。このため、社内での給与明細を見せ合う行為については就業規則において禁止することはできず、また、これを禁止することによって、かえって会社への不信感を生じさせることにもなりかねません。

これに対して、社外への公開については、それによって競業他社や潜在的応募者にも社内の給与の実例が知られることにより、採用活動や事業への悪影響が想定されるため、上記関西電力事件判決に照らし、企業秩序の維持確保のために、これを就業規則において禁止する理由はあるといえま

す。

[3] 就業規則で定める場合や就業規則の不利益変更の合理性

　ご質問の内容から、これまで社外への給与明細の公開を禁止していなかったものと思われますが、就業規則を変更して給与明細の公開禁止を制度化する場合には就業規則の不利益変更に該当するため、原則として従業員から不利益変更についての同意を得ることが必要となります（労契法9条）。その同意を得られない場合、就業規則の不利益変更を有効とするためには「労働者の受ける不利益の程度、労働条件の変更の必要性、変更後の就業規則の内容の相当性、労働組合等との交渉の状況その他の就業規則の変更に係る事情に照らして」合理性が認められなければなりません（同法10条）。

　この点について、私生活上の行為とはいえ、社外へ給与明細を公開する行為について必要性は乏しく、これを禁止することによる従業員の不利益の程度は大きくはないところ、給与明細が社外に公開されることにより会社への悪影響が想定されることに鑑みると、給与明細の社外への公開行為を禁止する必要性は一定程度認められます。これらの事情を考慮すると、就業規則の変更手続きを適正に行えば合理性は肯定されるように考えられ、就業規則の不利益変更として社外への給与明細の公開禁止を定めることは可能と考えられます。

[4] 小括

　以上から、社内での給与明細を見せ合う行為を禁止することは困難ですが、就業規則において社外に給与明細を公開することを禁止することについては可能と考えられます。

2. 懲戒処分の可否

　この禁止に違反した従業員に対して懲戒処分を行えるかについて、SNSでの給与明細の公開のような事例であれば社外を含めて影響が大きくなることが予想されますので、実際の結果にもよりますが、戒告や譴責といった軽度の懲戒処分を行うのが妥当と思われます。

3. 社外への給与明細の公開防止に向けた研修・教育

　給与明細に限らず、社内の情報や個人情報を不必要にSNSに公開すること自体、情報漏洩の危険があり、適切な行為ではありません。そのため、就業規則において禁止するだけでなく、従業員に対して、特にSNSなどに社内情報や個人情報を公開する行為をしないようにするための情報管理や危機管理の研修・教育を定期的に行っておくことも適切と考えます。

（菅原　裕人）

就業規則の規定につき、曖昧な部分を改定・運用する際の留意点

　このたび、法定外の福利厚生制度である能力開発費用補助において、あと1年で定年となる社員が高額な費用補助を申請してきました。就業規則上、同制度に係る規定では年齢制限が明記されていませんが、「会社が認める場合」という条項があります。これまでの運用上、同補助は若手・中堅社員を対象に支給しており、高齢社員には認めていませんでした。今回、初めて問題となったところ、これを機に就業規則の曖昧な規定部分を見直したいと考えますが、法定外の制度につき細かい部分まで定めたほうがよいか、曖昧な部分を残しておいたほうがよいか、悩んでいます。社員との間で適用対象等の解釈に齟齬が生じないようにするためにも、規定の改定・運用に当たっての留意点をご教示願います。

ご質問のケースでは、就業規則での「会社が認める場合」という規定を残すべき。ただし、常に使用者による自由な判断が許されるわけではないので、判断要素を幾つか規定するか、内規を作成しておくとよい

1.「会社が認める場合」の意義と効力

　福利厚生のように、法律上の義務ではなく、会社の判断によって社員に便宜や優遇を与える場合は、その制度設計や運用において、会社の判断に広い裁量が認められています。

　そのため、福利厚生に関する就業規則の規定では、「会社が認める場合」に社員に便宜や優遇を与えるといった規定ぶりとすることがよく見られます。また、福利厚生以外の処遇についても、私傷病休職からの復職や試用期間の延長のように、具体的な要件をあらかじめ設定しづらい場合において、「会社が必要と認める場合」と規定している例がよく見受けられます。

　さらには、配置転換・異動・出向の要件として「業務上の必要性がある場合」と規定されていたり、懲戒事由において「情状が悪質と認められる場合」は重い懲戒処分を選択する旨が規定されていたりと、会社の判断に広い裁量を確保しようとする規定は、就業規則の随所に盛り込まれていると思われます。

　このような規定の有効性について、正面から取り上げて判断した裁判例は今のところ見当たりませんが、例えば、有期雇用契約の更新に上限年齢を設けた規定（「会社の都合による特別な場合のほかは、満65歳に達した日以後における最初の雇用契約期間の満了の日が到来したときは、それ以後、雇用契約を更新しない。」）の有効性について、裁判所は、特段、「会社の都合による特別な場合」という文言が不明確であることや、会社の判断の裁量が広過ぎるなどといった指摘をすることなく、当該規定の有効性を認めています（日本郵便［期間雇用社員ら・雇止め］事件　最高裁二小　平30．9．14判決）。

　そもそも、就業規則の有効要件としては、使用者が就業規則に合理的な労働条件を定めていることおよび就業規則を労働者に周知させていたこととされています（労契法7条）。就業規則の規定が合理的かどうかについては、「労働者が就業規則を前提とし、これを受け入れて採用されたという状況のなかで問題となる合理性なので、企業の人事管理上の必要性があり、労働者の権利・利益を不相当に制限していなければ肯定されるべきもの」と言ってよいでしょう（菅野和夫・山川隆一『労働法　第13版』［弘文堂］236ページ）。

　つまり、「会社が認める場合」のような会社判断に広い裁量を認める規定は有効であり、会社が諸般の事情に基づいて総合的に検討し、最も適切と思われる判断を行うことができるという点で大きな意義を有することから、このような規定は残しておくことが適切であると考えます。

2.会社の判断が違法と評価されたケース

　ただ、ご質問のように、社員の立場からは、会社が「認める」のか「認めない」のか予測がつかず、そのため、社員の予測と会社の判断結果との間に齟齬が生じる可能性が常にあるというデメリットが存在することは否めません。

　また、会社の広範な判断権を認める規定があるからといって、会社が不合理な理由で判断した場合には、当該判断が人事権の濫用として違法・無効と評価されることもあります。

　例えば、会社に広範な裁量があるとされる配置転換権についても、「業務上の必要性が存しない場合又は業務上の必要性が存する場合であっても、（中略）他の不当な動機・目的をもってなされたものであるとき若しくは労働者に対し通常甘受すべき程度を著しく超える不利益を負わせるものであるとき」には人事権の濫用と判断されるとする判例（東亜ペイント事件　最高裁二小　昭61．7．14判決）が確立しています。

実際に、裁判所は、配置転換を行うべき業務上の必要性があることを認めつつも、実父の介護および実母の世話の必要があり本人以外の家族による介護が困難である等の事情がある社員や、配置転換によって糖尿病の通院や治療への支障等が生じる社員、肺ガンの摘出手術後1年4カ月を経過した妻と同居していて日常的に精神的なサポートを行い、健康状態を子細に見守る必要性等のある社員らに対する遠隔地への配置転換を違法・無効と判断し、それぞれの社員について40万円ないし80万円の慰謝料請求を認めています（NTT西日本［大阪・名古屋配転］事件　大阪地裁　平19．3．28判決、控訴審：大阪高裁　平21．1．15判決、上告審：最高裁三小　平21.12．8決定）。

そのため、「会社が認める場合」の文言の前に、幾つか判断要素を挙げることで、ある程度は社員にとって予測がつくようにしておくことや運用にバラつきが出ないようにしておくことが適切と考えます。運用のバラつきを防ぐ観点からは、社員には公表しない内規や、判断に際して人事部門内部で用いるチェックリストなどを整備しておくことも有用です。

3. 能力開発補助費について

ご質問のケースに当てはめると、能力開発補助費に関する規定において、会社の業績、申請者の成績、定年までの期間等といった判断要素を挙げて、「……などの事情に基づいて会社が認める場合」といった規定にしておくことがよいと考えます。

ただ、定年間際であっても学ぼうとする姿勢は評価すべきですし、定年後再雇用においても役立つことが見込まれる能力開発であれば、積極的に認めるという選択肢もあります。また、「定年までの期間」などと具体的に定めてしまうと、高年齢社員のモチベーションにもと影響し、リスキリング支援という潮流にもそぐわないことになりますので、定年間際の申請は一律認めないとする運用よりも、さほど高額でなく、比較的短期間で修了し得る能力開発に係る補助であれば、定年間際の申請でも認める余地を設けることが妥当と考えます。

（小池　啓介）

出向者が大半を占める子会社の就業規則改定の意見聴取は、親会社の労働組合に行えばよいか

当社には、直接雇用している社員が数人で、当社から約300人の社員を出向させている子会社があります。近く子会社の賃金制度を改定する予定ですが、当社からの出向者には従来どおり当社の賃金制度を適用し、子会社で直接雇用している社員にのみ、新制度を適用します。これに伴い、子会社の就業規則を改める必要がありますが、子会社には独自の労働組合がないので、当社の労働組合に就業規則の変更を申し入れようと思います。子会社で直接雇用している社員に直接意見を聴く予定はありませんが、問題ないでしょうか。

全労働者の過半数で組織する労働組合（＝親会社の労働組合）の意見聴取で足りるが、労務管理上は、直接雇用している社員の意見を聴くことが好ましい

1.子会社の在籍状況

結論から申し上げれば、今の方針で特段労基法違反の問題は生じません。

まず、子会社の在籍状況について見ます。本ケースでは、子会社で直接雇用している社員が数人であるのに対し、親会社から約300人が出向しているとのことですが、ご質問のような出向形態は、出向元（親会社）との関係が引き続き継続する「在籍出向」といわれる形態に当たります。

在籍出向には、出向中に「休職」となり身分関係のみが出向元に残る方式、あるいは、出向中も出向元が賃金の一部につき支払い義務を負うもの等さまざまな形態があります（本ケースは後者に該当します）が、いずれにしても、こうした在籍出向者は、出向先に使用される労働者に当たりますので、出向者を含めて労働者が「常時10人以上」在籍していることから、同法89条により就業規則作成の義務を負うことになります。

2.「労働者の過半数」の捉え方

さて、こうした就業規則の作成・変更について労基法90条1項は、「当該事業場に、労働者の過半数で組織する労働組合がある場合においてはその労働組合、労働者の過半数で組織する労働組合がない場合においては労働者の過半数を代表する者の意見を聴かなければならない」と規定しています。

就業規則は、当該事業場において労働者に適用される規律や、労働時間、賃金その他の労働条件に関する具体的細目等を使用者が定めたものであり、これによって当該事業場の労働条件を統一的・画一的に取り扱うとともに、企業の秩序・能率を維持し、合理的な労働関係を確立するものです。同法90条は、就業規則の作成・変更につき、労働者に意見を述べる発言の機会を与え、それにより就業規則の内容に関する労働者の関心を高めるとともに、内容をチェックさせるために、労働者に対する意見聴取を義務化した規定です。

このように、就業規則は当該事業場の労働条件を統一的・画一的に取り扱うものですので、上記でいう「労働者の過半数」とは、当該事業場の全労働者の過半数を指し、例えば事業場に正社員とパートタイマーがいる場合には、その両者を合わせたものの過半数ということになります。本ケースでは、直接雇用の社員と親会社からの出向者を合わせた全労働者の過半数で組織する労働組合、すなわち、親会社からの出向者が加入している労働組合の意見を聴取し、労働基準監督署に就業規則を届け出る際、これを添付するのが同法にのっとった手続きとなります。ご質問の内容と状況が若干異なりますが、当該事業場の労働者の過半数が加入している労働組合がある場合には、たとえ当該事業場にその労働組合の支部等がなかったとしても、36協定締結の相手方は当該組合となる旨を述べる行政通達が存在します（昭36.9.7 基収4932、平11.3.31 基発168）。

なお、当該労働組合から聴取した意見が賛成・反対のいずれであろうと、就業規則の効力そのものに影響はありません。

3.対象者の意見を聴取しないことについて

考え方次第では、直接雇用している社員の賃金改定に関わる就業規則の変更であるにもかかわらず、これらの労働者を組織していない労働組合の意見を聴取しても意味に乏しいようにも思われます。しかしこの場合、意見を述べる労働組合は、出向者の代表としてというよりも、出向者および直接雇用の社員を含めた当該事業場における全従業員の代表としての立場から意見を述べることが期待されているので、これを直ちに不合理というのは適切ではありません。

もっとも、労基法の規定はともかくとして、労務管理上は、その就業規則の適用対象となる直接雇用社員の意見を聴くことが好ましく、この点の配慮は必要と考えます（パート・有期法7条でも、短時間労働者に適用される就業規則の作成・変更につき、同様の努力義務を規定しています）。

(峰　隆之)

業績不振により一律の減給を予定しているが、社員の同意がなければ実施できないか

　業績不振によりやむを得ず、社員の月例給与につき一律の減給（月額5万円）を予定していますが、一部の社員から「会社保有資産の売却やコストカットなど、もっと経営努力をしてから減給すべき」との反対意見が上がっています。この場合、減給は社員の同意を得なければ実施できないのでしょうか。労働組合がない当社において、減給が可能となるケースやプロセス、限度額等についても教えてください。

 原則として社員の同意が必要。同意を得ずに減額する場合には、就業規則による不利益変更の要件を満たす必要がある

1.労働条件の決定に関する規律
[1]合意内容と就業規則の関係

　そもそも賃金については労働契約の要素となるものですが（労契法6条参照）、労働契約は、労働者および使用者が対等の立場における合意に基づいて締結するものとされています（同法3条1項）。

　そして、労働契約を締結する場合において、合理的な労働条件が定められている就業規則を使用者が労働者に周知させていた場合には、労働契約の内容は、その就業規則で定める労働条件によることとなります（同法7条本文）。労使間での個別の合意内容が就業規則で定める基準を上回る場合には、その合意内容が優先し（同条ただし書き）、逆に、合意内容が就業規則で定める基準を下回る場合には、その部分の合意が無効となり、就業規則で定める基準によることとなります（同法12条）。

[2]給与の定め方のパターン

　以下、具体例で説明していきますが、例えば月額給与32万円の社員がいる場合、この給与額の定め方については、大きく次の(a)(b)二つのパターンが考えられます。

(a)合意によって金額が決定されているケース：就業規則（給与規程）に賃金テーブル等がなく、特段金額の定めが存在せず、個別の合意において月額32万円と決定されている

(b)合意ではなく就業規則（給与規程）によって金額が決定されているケース：給与規程（賃金テーブル）で給与額が明確に定められており、その中で決定されている（例：X等級Y号俸→月額32万円）

2.労働条件の変更に関する規律
[1]総論

　労働条件を不利益に変更するには、①労働者と使用者との間の合意によるか（労契法8条）、②就業規則の変更によるか（同法10条本文）のいずれかの方法を採る必要があります。

　ここで注意しなければならないのは、労働契約において、労働者および使用者が、就業規則の変更によっては変更されない労働条件として合意していた部分については、②就業規則の変更によっても変更することができない（同条ただし書き）ということです。

[2]給与の変更方法のパターン
(1)前記(a)のケース

　合意によって金額が決定されているケースでは、①労使間の合意による変更、②就業規則の変更による変更のいずれの方法でも、給与を変更することが可能です。具体的には、新たに就業規則（給与規程）に賃金テーブル等を設けて

等級制度を導入し、金額を決定すること等が考えられます。

ただし、給与額に関する当該合意が②就業規則の変更による変更を排除することを含むものであれば、①労使間の合意による変更しかできません。

(2)前記(b)のケース

就業規則によって金額が決定されているケースでも、①労使間の合意による変更、②就業規則の変更による変更のいずれの方法でも、給与を変更することが可能です。具体的には、①就業規則（給与規程）の等級制度内で号俸を合意により変更する、②同等級制度の号俸に対応する金額を改定する（賃金テーブルの変更）等が考えられます。

ただし、①労使間の合意による変更が就業規則で定める基準を下回ると、前述したとおり、その部分の合意は無効となり、就業規則で定める基準によることとなりますので（労契法12条）、②とセットで行う必要があります。

3. 減給に関する留意点

[1]合意による減給の場合

労使間での個別の合意による減給に限度額はありませんが、賃金という労働者にとって重要な労働条件の変更であるため、合意の成立については厳格な判断に堪えられるものでなければなりません。

すなわち、判例上、「労働条件の変更が賃金や退職金に関するものである場合には、当該変更を受け入れる旨の労働者の行為があるとしても、労働者が使用者に使用されてその指揮命令に服すべき立場に置かれており、自らの意思決定の基礎となる情報を収集する能力にも限界があることに照らせば、当該行為をもって直ちに労働者の同意があったものとみるのは相当でなく、当該変更に対する労働者の同意の有無についての判断は慎重にされるべきである。そうすると、就業規則に定められた賃金や退職金に関する労働条件の変更に対する労働者の同意の有無については、当該変更を

受け入れる旨の労働者の行為の有無だけでなく、当該変更により労働者にもたらされる不利益の内容及び程度、労働者により当該行為がされるに至った経緯及びその態様、当該行為に先立つ労働者への情報提供又は説明の内容等に照らして、当該行為が労働者の自由な意思に基づいてされたものと認めるに足りる合理的な理由が客観的に存在するか否かという観点からも、判断されるべき」であるとされています（山梨県民信用組合事件 最高裁二小 平28. 2.19判決）。

したがって、単に同意を取り付ければよいというわけではなく、不利益の内容および程度を十分に勘案して、クリアな情報提供を行い、個別質問の受け付けその他の協議等を丁寧に時間をかけて行い、同意書の提出等について、労働者が圧力を受けずに自由な意思に基づいてされたといえるプロセスをたどる必要があります。

[2]就業規則の変更による減給の場合

(1)要件

就業規則の変更による減給の場合には、❶労働者の受ける不利益の程度、❷労働条件の変更の必要性、❸変更後の就業規則の内容の相当性、❹労働組合等との交渉の状況、❺その他の事情──に照らして、就業規則の変更が合理的であることと、変更後の就業規則を周知していることが必要となります（労契法10条本文）。

減額の幅については画一した基準があるわけではないものの、労基法91条が定める減給の制裁額を踏まえて検討している裁判例も存在しますので、「10％」が一つの指標として参考になります（❶）。また、賃金などの重要な労働条件を不利益に変更する場合には、当該不利益を労働者に受忍させることを許容できるだけの"高度の必要性"が必要とされています（❷）。さらに、変更後の就業規則の内容の相当性に関して、代償措置や激変緩和措置を入れ込むことも必要となる場合があります（❸）。そして、当然ながら労働者に対するクリアな情報提供や個別の協議など、可能な限り説明や協議を行うことが求められます（❹）。

(2)ご質問における検討

　ご質問のケースのような一律5万円の減給は、現行給与が月額50万円の場合には10％の減額となりますが、現行給与が月額50万円を下回る場合には10％を超える減額となりますし、労働者にとって極めて大きな不利益となるので（❶）、それに応じた高度の必要性（❷）や相当性（❸）として、「そもそも人件費削減が経営に対してどの程度インパクトがあるのか」「人件費以外の費目の削減ができないか」「激変緩和措置の有無・内容」等の十分な検討・説明・実施が必要になると考えられます（❹）。

（萩原　勇）

Q61　年功的な昇給を改め、評価により昇給しない仕組みを設けるのは労働条件の不利益変更か

　社員50人の中小企業です。これまで社員の昇給は、社長と総務部長が相談して個別に決定していました。今後はA～Dの4段階の相対評価を取り入れ、Dは現給据え置き、標準評価のCは従来の平均的な昇給額の8割程度、Bは従来並みの昇給とし、Aは個別に決定――という仕組みにしたいと考えています。従来は明確な昇給制度はなかったのですが、実際には全員が年功的に昇給しており、昇給額の個人差はほとんどありませんでした。こうした変更は不利益変更に当たるのでしょうか。

従来、事実上成立していた「全員が年功的に昇給する形」を改め、昇給が従前より低い者・昇給がない者が生じることから不利益変更に該当し、制度変更に際しては労契法10条所定の要件を満たすことが必要

1.就業規則の不利益変更

　ご質問のように労働条件を変更するには、個別に労働者の合意を取り付けるほか、就業規則の変更による方法が、実務上、一般的に取られてきました。

　この点につき、これまでの判例を踏まえ、労契法は、「使用者は、労働者と合意することなく、就業規則を変更することにより、労働者の不利益に労働契約の内容である労働条件を変更することはできない」（9条本文）と、原則として労働者の合意を取り付けるべきとしつつ、「変更後の就業規則を労働者に周知させ、かつ、就業規則の変更が、労働者の受ける不利益の程度、労働条件の変更の必要性、変更後の就業規則の内容の相当性、労働組合等との交渉の状況その他の就業規則の変更に係る事情に照らして合理的なものであるときは、労働契約の内容である労働条件は、当該変更後の就業規則に定めるところによるものとする」（10条本文）として、合理性を要件として、就業規則による労働条件の不利益変更を認めています。

　不利益変更であれば、この労契法10条本文の定める合理性の要件を満たさなければならないことになります。

2.不利益変更に当たるか

　ご質問のケースでは、一種の成果主義的な賃金制度が導入されることになっています。従来は、個別決定とはいえ全員について年功的な昇給がなされていたところ、新制度での賃金改定は、A～Dの相対評価により、Aは個別に決定、Bは従来並みの昇給とされていますが、Cについては従来

の平均的な昇給額の8割程度、Dは現給据え置き
となるとのことです。当然に従来の昇給よりも不
利になるわけではなく、Aになれば従来よりも
高額になり得るわけでしょうから、不利益変更と
いえるかが、そもそも問題となります。

この点について判例では、賃金制度の改定によ
り、評価の結果で不利益になる可能性があれば、
次のとおり不利益変更に当たるものとされていま
す（ノイズ研究所事件　東京高裁　平18．6.22判
決、最高裁三小　平20．3.28判決）。

「（前略）本件給与規程等の変更は、年功序列型
の賃金制度を上記（編注：略）のとおり人事考課
査定に基づく成果主義型の賃金制度に変更するも
のであり、新賃金制度の下では、従業員の従事す
る職務の格付けが旧賃金制度の下で支給されてい
た賃金額に対応する職務の格付けよりも低かった
場合や、その後の人事考課査定の結果従業員が降
格された場合には、旧賃金制度の下で支給されて
いた賃金額より顕著に減少した賃金額が支給され
ることとなる可能性があること、以上のとおり認
めることができる。本件給与規程等の変更による
本件賃金制度の変更は、上記の可能性が存在する
点において、就業規則の不利益変更に当たるもの
というべきである」

3．合理性の要件を満たすか

そこで、ご質問の変更を就業規則の変更という
形で行う場合、合理性の要件を満たすかが問題と
なります。ご質問のケースでは、具体的にどのよ
うな必要性があったのかは分かりませんので、成
果主義的賃金の導入による不利益変更について、
一般的な考え方を見ていくことにしましょう。

前述のノイズ研究所事件で、東京高裁は、「（前
略）市場がグローバル化し、日本国内において海
外メーカーとの競争が激化して、売上げ、営業利
益が減少し、税引き前損益が損失に転じたという
経営状況の中で、事業の展望を描き、組織や個人
の実績に見合った報奨でインセンティブを与えて
積極的に職務に取り組む従業員の活力を引き出す

ことにより労働生産性を高めて控訴人（編注：企
業）の競争力を強化し、もって、控訴人の業績を
好転させるなどして早期に技術ノウハウの開発が
可能な企業を目指すこととして、賃金制度の変更
を検討することとしたというのであり、これによ
れば、本件賃金制度の変更は、控訴人にとって、
高度の経営上の必要性があった」と認定していま
す。

一般に、賃金・退職金など重要な労働条件に関
する不利益変更は、大曲市農業協同組合事件（最
高裁三小　昭63．2.16判決）などの判例にみられ
るように、高度の必要性に基づいた合理性がある
場合に限り労働者を拘束するとされ、厳しく判断
される傾向があるのですが、成果主義的賃金の導
入の際の必要性の判断は比較的緩やかとみること
ができます。

次に、労働者の受ける不利益についても、前掲
ノイズ研究所事件の東京高裁判決では、「（前略）
本件賃金制度の変更は、従業員に対して支給する
賃金原資総額を減少させるものではなく、賃金原
資の配分の仕方をより合理的なものに改めようと
するものであり、また、個々の従業員の具体的な
賃金額を直接的、現実的に減少させるものではな
く、賃金額決定の仕組み、基準を変更するもので
あって、新賃金制度の下における個々の従業員の
賃金額は、当該従業員に与えられる職務の内容と
当該従業員の業績、能力の評価に基づいて決定す
る格付けとによって決定されるのであり、どの従
業員についても人事評価の結果次第で昇格も降格
もあり得るのであって、自己研鑽による職務遂行
能力等の向上により昇格し、昇給することができ
るという平等な機会が与えられている（後略）」
という点を重視し、最終的に合理性を認めていま
す。

ご質問のケースでも、このような性質を持つも
のであれば、合理性が認められる可能性は高いも
のといえます。

（千葉　博）

就業規則・労働協約

 社宅の入居基準の厳格化は不利益変更に当たるか

　当社では、社宅の入居基準を「総合職全員」としていましたが、今後一定の資格以下に限定し、利用年限も短縮することを予定しています。社宅の規模を縮小せざるを得ない中で、若い社員の入居を優先することを目的としたものです。もちろん、現時点で上記改定後の基準に適合しない入居者については、相応の経過措置を設けて対応する予定ですが、こうした改定は不利益変更に当たるのでしょうか。

 社宅のような福利厚生施策も労働条件であり、入居資格の厳格化は労働条件の不利益変更に該当する

1. 社宅の利用関係

　社宅の利用関係が賃貸借であるか、その他の契約関係であるかについて、古くは論争がありましたが、最高裁判例は、画一的に決定し得るものではなく、各場合における契約の趣旨いかんによって定まるとした上で、福利厚生施策として社宅制度があり、社宅料が低額で維持費の一部にすぎないという事例において、従業員たる身分を保有する期間に限られる趣旨の特殊の契約関係であって、賃貸借関係ではないとしました（日本セメント社宅明渡事件　最高裁三小　昭29.11.16判決）。その後の裁判例としては、世間並みの家賃相当額を使用料として支払っている場合に、賃貸借契約であるとした例がある一方（最高裁二小　昭31.11.16判決）、入居者の社宅使用料の額が、会社が負担している1人当たり運営経費の一部にすぎない場合（東日本旅客鉄道［杉並寮］事件　東京地裁　平9.6.23判決）、同一の立地条件・同程度の建物の賃料と比較して、使用料が数分の一である場合（JR東日本建物明渡等請求事件　千葉地裁　平3.12.19判決）は、賃貸借契約には該当しないとした例があります。

　もっとも、近年では使用料の額だけでなく契約の趣旨・目的・経緯も重視されるようです。社宅の利用関係が賃貸借契約と認定される場合は、借地借家法による保護もあり、賃貸人が一方的に契約内容（入居資格）を変更して明け渡しを要求するようなことはできません。しかし、社宅は賃貸借契約ではなく、雇用契約に付随する特殊な契約関係と認められるケースが通例であり、この場合には、労働条件の一つである福利厚生として、以下に述べるとおり、一定の範囲で変更が可能となります。

2. 入居資格の変更

　雇用契約に付随する利用関係とされる場合、社宅の入居資格は、社宅利用規程等で定めることができます。入居資格について、男女で差異を設けるのは均等法に違反することになりますし（同法6条、同法施行規則1条4号）、国籍や信条で差別するのは労基法3条に違反します。また、組合員だけ排除するようなことは不当労働行為として禁止されます（労組法7条1号）が、これら法規に抵触しない限り、入居資格の設定は使用者の裁量に委ねられています。

　もっとも、いったん入居資格を決めた以上、自由自在に変更できるわけではありません。社宅制度のような福利厚生施策についても、就業規則等に規定され制度化されているものについては、労働条件に該当することになりますので、変更に際しては労働条件の不利益変更となります（労働契約承継法指針〔平12.12.27　労告127、最終改正：

平28.12.21　厚労告429〕第2−2⑷イ(イ)参照)。

したがって、入居資格の厳格化については、労契法9条、10条の就業規則変更法理によってその可否が判断されます。変更について同意があれば問題ありませんが（9条）、同意しない者に適用するためには、変更後の規定の周知と変更の合理性が要求されます（10条）。賃金・労働時間のような基本的な労働条件と異なり、変更の合理性は肯定されやすいと考えますが、それでも不利益変更の判断枠組みで検討されることに変わりはありません。

3．裁判例

裁判例として、JR東日本事件（東京地裁　平9.5.27判決）は、労契法立法以前の事例ですが、寮の入居資格の変更について、「利用規程を改定する場合は、その内容において不合理なものではなく、またこれにより被告ら居住者を(ママ)不利益が生じさせるような場合は、その不利益の程度を社会通念上受忍すべき程度に止め、さらに改定内容を周知させ一定の猶予期間をおく等居住者の生活の利益を配慮しなければならない義務がある」とした上で、「居住者としては、右の要件を満たした本件利用規程の改定により契約内容が変更されることは黙示的に合意していたものと解するのが相当である」としています。また、前掲東日本旅客鉄道（杉並寮）事件も、労契法以前の事例で、変更が公序良俗（民法90条）に反するか否かというアプローチで検討していますが、判断項目としては変更の必要性や、組合・社員への説明、経過措置など、不利益変更法理と同様のものを検討しています。労契法が立法された今日では、社宅入居基準の改定について争われた場合は、不利益変更の法理を正面から適用することになると解されます。

上記判決はいずれも、結論として改定を有効としていますが、十分な経過措置を置いています。寮の入居について35歳を上限としましたが、約2年半は年齢を問わず退去を猶予し、その後も約2年半は40歳以下の者は退去を猶予していました。ほかにも、社宅以外に住む場合の住宅手当がどうなっているか等も関連しますので、もっと短い期間の経過措置もあり得ると思いますが、参考となる事例といえます。

（石井　妙子）

就業規則の不利益変更に際して、「同意しない旨の意思表示がなければ、同意したものとみなす」ことは可能か

当社では近く、賃金制度の改定を予定しています。当社の改定案ですと、一部の従業員が改定前の賃金水準よりダウンします。一定の経過措置は講じますが、ダウン額全額の補塡（ほてん）はコスト上できません。そこで、従業員個々人から同意を得たいと思います。同意の取り方として、今回の制度変更に際して「同意しない」という明確な意思表示をしなければ、同意したこととみなす方法を考えていますが、問題があるでしょうか。

ご質問のような、みなしによる同意の有無は厳格に判断される。不利益な賃金改定に同意する客観的かつ合理的な事情や労働者が真に同意をしたとみられる事情などが必要となる

1.賃金制度の改定と同意の関係

賃金制度の改定により、改定前より賃金水準がダウンする場合、その制度改定は就業規則の不利益変更となります。

このような賃金制度改定時に労働者の同意を得る場合について、労契法9条は使用者と労働者との合意に基づく就業規則の不利益変更を認めていますので、ご質問のように労働者の同意に基づく就業規則の不利益変更を行うことは、法律上は可能です。

2.労働者の同意の種類

労働者の同意については、労働者から明示的な同意を得る方法ばかりではなく、労働者が明示的に拒否をしない場合に同意したものとみなす方法（以下、みなし同意による方法）も、実務としては行われる場合があります。

このようなみなし同意による方法については、就業規則の不利益変更に対する真の同意（労契法9条）の有無が厳格に認定されるのが裁判例の傾向です。これは、賃金が極めて重要な労働条件の一つであることから、賃金の減額を生じる可能性のある就業規則の変更に対する労働者の同意は、当該労働者の真意である必要があるからです。

この点についての裁判例として、まず肯定例でいえば、エイバック事件（東京地裁　平11.1.19判決）は、使用者の資金繰りが相当にひっ迫していた状況において、使用者から給与体系を固定給のみから固定給と歩合給の新体系に変更することを求められ、即座に異議を述べず、また、その後も振り込まれる給与が少ないという異議を述べていないことから、労働者が賃金体系の変更を黙示に合意したと認めています。一方で、否定例を挙げれば、協愛事件（大阪高裁　平22.3.18判決）は、使用者が退職金制度を廃止する際、全体会議での説明や労使議を経たところ、従業員から異議が出なかったという場合、退職金制度を完全に廃止するという従業員に重大な不利益を強いる改定について、単に異議が出なかったということで同意があったものと推認することはできず、従業

員においてそのような不利益な変更を受け入れざるを得ない客観的かつ合理的な事情があり、従業員が不利益な変更に真に同意していることを示しているとみることができるような場合であることが必要としています。

以上のような裁判例の傾向からすると、みなし同意による方法は、労働者側に、当該就業規則の不利益変更を受け入れざるを得ない客観的かつ合理的な事情がある場合や、当該不利益変更に異議がないことが明らかに認められるような事実関係がある場合、あるいは、信義則上、当該不利益変更に異議を述べることが妥当ではないような場合（例えば、当該不利益変更の具体的内容、必要性を従業員に説明する立場の者が、変更時には何らの異議を述べていなかったにもかかわらず、変更後になって、異議を述べ出すような場合等〔ティーエム事件　大阪地裁　平9.5.28判決〕）等に限られると考えられます。

したがって、ご質問のケースのように、単に賃金制度の改定に関する説明会を開催し、特段の異議がなかったという事情をもって、社員が同意したものとみなすことは、法的には困難な場合が多いでしょう。実務上は、賃金制度の変更内容を具体的かつ明瞭に記載した説明会の資料を作成し、これを全社員に了知させるような説明会を開催することに加え、その説明会では質疑応答の時間を設けて、従業員の疑問を解消することまで行う（できれば、別の日を指定して質問会の場を設ける）といった丁寧な手続きを行うことが出発点となると考えられます。

3.労働者が事後的に同意を撤回した場合

仮にみなし同意による方法を採用して従業員から同意を取得した場合、制度変更後にいったん同意していた社員が事後に賃金制度の改定に対する同意を撤回することが考えられます。

この点について、参考になる裁判例を挙げますと、ザ・ウィンザー・ホテルズインターナショナル事件（札幌高裁　平24.10.19判決）は、ホテル（控訴人〔1審被告〕。以下、会社）の料理人（被

控訴人〔1審原告〕）の年俸を624万2300円から500万円に減額することに対する個別同意に関して、会社のゼネラルマネージャーから料理人に対する説明があったことは認められるが、料理人がこれに明示的な同意をしたことは認められず、料理人の「ああ分かりました」というのは「会社の説明は良く分かった」という程度の重みのものであり、料理人が賃金減額に同意したとはいえないとしています。

このような裁判例からすると、みなし同意による方法を採用した場合、その同意を取得した状況によっては、事後的に労働者が同意を撤回することが可能になると考えられます。

そして、労働者が同意を撤回した場合、当該労働者との間で新しい賃金制度を適用するためには、就業規則の不利益変更の合理性が肯定されることが必要になります（労契法10条）。

度改定の同意を取得する場合、その同意の認定は厳しく評価されます。また、事後的に同意が否定されるおそれがあります。

そのため、異議がないことをもって同意したものとみなすとしても、説明会を開催し（それも、具体的、詳細な説明資料を用いて行う等の考慮が肝要）、労働者が説明内容を理解したこと、異議がないことなどを記載した書面に署名してもらうなどの対応をすることが、法的には望ましいところです。

さらに、事後に労働者が同意を撤回する可能性を踏まえて、就業規則の不利益変更の合理性を担保することも場合によっては必要になります。今回は経過措置を講じるということですので、可能な限り賃金制度変更によって生じる労働者の不利益の程度を少なくする、あるいは変化の幅・期間を緩和することが有用です。

（岡芹　健夫）

4．まとめ

以上のように、みなし同意による方法で賃金制

Q64 犯罪行為で捕まった場合、会社に報告するよう義務づけられるか

最近、報道でビジネスパーソンの犯罪行為（痴漢や暴行、窃盗など）をよく目にします。自社の社員が逮捕・拘留されれば、長期間の欠勤となるため、おのずと会社の知るところとなりますが、中には相手方と内密に示談で済ませるケースもあるようで、その場合、会社が当該犯罪行為を認識することは難しいといえます。会社の名誉・信用問題にも関わることから、会社として把握しておきたく、社員に対し今後、犯罪を行った場合、事案を問わずすべて会社に報告するよう義務づけたいと考えますが、問題はあるでしょうか。

 犯罪行為で捕まった事実は社会的差別の原因となるおそれがある個人情報のため、特別な職業上の必要性がある場合や業務の目的の達成に必要不可欠な場合を除き、一律に会社に報告することを義務づけることはできない

1．労働者の人格的利益への配慮義務

労働契約における基本的義務として、労働者は労働義務を負い、使用者は賃金支払義務を負いま

す。また、基本的義務だけでなく、信義則に基づいた付随義務を負います。

そして、使用者が負う付随義務の一つが、労働

就業規則・労働協約

者のプライバシーや名誉などの人格的利益を尊重する義務です。これは、労務の提供において、労働者の身体と人格を切り離すことはできないという特性から、労働者の人格的利益を尊重する義務が生じると考えられます。

2. 使用者による個人情報収集と限界

使用者が労働契約を締結するに当たり、労働者に対し個人情報の申告を求めることがあります。ただし、使用者は、「その業務の目的の達成に必要な範囲内で求職者等の個人情報を収集し」なければならないとされています（職安法5条の5）。また、同法48条に基づき定められた「職業紹介事業者、求人者、労働者の募集を行う者、募集受託者、募集情報等提供事業を行う者、労働者供給事業者、労働者供給を受けようとする者等が均等待遇、労働条件等の明示、求職者等の個人情報の取扱い、職業紹介事業者の責務、募集内容の的確な表示、労働者の募集を行う者等の責務、労働者供給事業者の責務等に関して適切に対処するための指針」（平11.11.17 労告141、最終改正：令4.6.10 厚労告198）の第5-1(2)で、労働者の個人情報のうち、社会的差別の原因となるおそれがある情報は原則として収集できませんが、「特別な職業上の必要性が存在することその他業務の目的の達成に必要不可欠であって、収集目的を示して本人から収集する」場合は収集できるとしています。

なお、使用者による個人情報の収集に対する制約は、労働者の人格的利益を尊重する義務から生じるため、労働契約締結の過程だけでなく、労働義務が履行される過程でも配慮する必要があると考えられます。

3. 労働者の真実告知義務

前述のとおり、労働契約は、労働義務と賃金支払義務を中核としつつ、労働者と使用者との相互の信頼関係を基礎に持つ継続的な契約関係です。

このことから、使用者が、労働契約締結の過程で労働者に対し、その労働力評価に直接関わる事項ばかりでなく、職場への適応性、貢献意欲、企業の信用の保持等企業秩序の維持に関係する事項についても必要かつ合理的な範囲内で申告を求めることは適法であり、労働者は、信義則上、真実を告知すべき義務を負うとされます（炭研精工事件 東京高裁 平3.2.20判決、最高裁一小平3.9.19判決）。

なお、労働者の真実告知義務が、労働契約締結の過程だけでなく、労働義務が履行される過程でも求められることは、使用者による個人情報の収集に対する制約と裏腹の関係にあると考えられます。

4. ご質問に対する具体的な検討

[1] 個人情報の収集要件

社員が犯罪行為で捕まった事実は、前記の指針に定められた「人種、民族、社会的身分、門地、本籍、出生地その他社会的差別の原因となるおそれのある事項」に該当します。

これらは、使用者が原則として収集を禁止される個人情報ですが、「特別な職業上の必要性が存在する」場合、「その他業務の目的の達成に必要不可欠」な場合は、「収集目的を示して本人から収集する」ことができると規定されています。

[2] ご質問の事案における収集目的

そこで、「特別な職業上の必要性」や「業務の目的の達成に必要不可欠」かを判断するため、使用者が社員の犯罪事実を把握したい目的が問題となります。

ご質問の取り扱いは、社員の犯罪行為から自社の名誉・信用を守るために犯罪行為を把握しておきたいとの企業の秩序維持を意図したもので、目的の正当性は認められます。

[3] 犯罪行為の報告義務づけの可否

では、社員が犯罪行為で捕まった場合、事案を問わず、一律に会社に報告するように義務づけることが、「特別な職業上の必要性」がある場合や「業務の目的の達成に必要不可欠」な場合に該当するでしょうか。

事案によっては、社員の犯罪行為が会社の名

155

誉・信用問題に関わることも想定され、そのような場面では、会社が社員に犯罪行為の申告を求め、社員が真実告知義務を負うと考えられます。

しかし、軽微な犯罪行為や過失による交通事故等の犯罪行為の場合は、被害者と社員との間で示談が成立し、以後当事者間でトラブルが生じないケースも想定されます。

これらのケースでは、企業秩序維持のための措置として「特別な職業上の必要性」がある、または「業務の目的の達成に必要不可欠」な場合とはいえないと考えます。

このケースで報告義務を課せば、社員は、被害者との間では解決済みにもかかわらず、社内では不利益な差別を受けるおそれを否定できません。それは、使用者に労働者の人格的利益を配慮することを求め、個人情報の収集に制約を設けた法の趣旨等に反する結果になる可能性があります。

5.結論

以上述べたとおり、社員の犯罪行為に対する企業秩序維持のためといっても、「特別な職業上の必要性」があるとか、「業務の目的の達成に必要不可欠」とはいえない事案があります。したがって、会社が社員に対し、犯罪行為の申告を一律に義務づけることはできません。

（飛田　秀成）

Q65 労使協定を結ぶ「従業員の過半数代表者」を選出する際に留意すべき点は何か

当社の労働組合は従業員の過半数に満たない状況です。このたび労使協定等の当事者である「過半数代表者」を新たに選ぼうとしましたが、立候補者が出ません。そこで、以下についてお尋ねします。
①立候補者が出てこない場合は、少数組合の委員長でもよいか
②電子メールによる信任投票は可能か
③過半数代表者の任期は任意に決めてもよいか

①選挙等をせずに少数組合の委員長を過半数代表者にすると、労使協定の労働者側当事者の要件を満たさないので不可、②電子メールによる代表者選出手続きは可能、③一般的な任期を定めて代表者を選出することはできないと解される

1.労使協定とは

労使協定とは、企業の事業場単位で、使用者と事業場の労働者の過半数を組織する労働組合がある場合はその労働組合、過半数組合がない場合は労働者の過半数代表者との間で書面で締結する協定を指します。労基法では、時間外・休日労働の労使協定（36条、いわゆる36協定）をはじめとして、賃金控除の協定（24条1項ただし書き）、フレックスタイム制（32条の3）、年次有給休暇の計画的付与（39条6項）等で、労使協定の締結を定めています。

労使協定の締結は、ある労働条件を実施するために法で定められた要件です。労使協定が過半数組合または過半数代表者との締結を要求する趣旨は、一定の労働条件の実施に当たって当該事業場の過半数の労働者の意見を反映させ、適正を担保することにあります。

2.労働者側当事者

労働者側の当事者は2種類あります。

一つは、当該事業場の過半数労働者を組織する労働組合がある場合はその労働組合です。この場合、労働組合の代表者（労組委員長等）または締結権限を付与された者が締結することとなります。ここでいう「労働組合」とは労組法2条に規定する要件を満たすものに限られます。もう一つは、当該事業場の過半数労働者を代表する者です。上記の過半数組合がない場合、過半数代表者を選出する必要があります。

過半数代表者について、労基則6条の2はその適格性を定めています。過半数代表者は、①労基法41条2号の管理監督者ではないこと、②法に規定する協定等を結ぶ者を選出することを明らかにして実施される投票、挙手等の方法による手続きで選出された者であって、使用者の意向に基づき選出されたものでないこと（労基則6条の2第1項）が必要です（なお、管理監督者以外の者が事業場にいない場合、労基法18条2項〔社内預金等の貯蓄金管理〕、24条1項ただし書き〔賃金控除〕、39条4項〔時間単位の年休〕、同条6項〔年休の計画的付与〕および9項ただし書き〔年休の際の賃金〕、90条1項〔就業規則への意見聴取〕で示される過半数代表者は管理監督者であってもよいとされています〔労基則6条の2第2項〕）。また、労基則6条の2第1項では、これまで使用者側が指名するなど不適切な取り扱いがみられていたことから、「使用者の意向に基づき選出されたものでないこと」との要件が明記されています。

これらの要件を設けているのは、労使協定は、当該事業場の労働者の意見を反映させるための制度であり、労働者側当事者は使用者に対して自主性を保つ立場に置く必要があるためです。

使用者は、過半数代表者であること、もしくは過半数代表者として正当な行為をしたこと等を理由に不利益な取り扱いをしないようにしなければなりません（労基則6条の2第3項）。

なお、ここでいう「労働者の過半数」とは当該事業場に使用されているすべての労働者の過半数との意味であり、労基法41条2号の管理監督者、休職者、病欠者等もすべて「労働者」の母数とな

ります（以上について、労基法36条における「労働者」の範囲は次の通達で示されています。昭46.1.18　45基収6206、昭63.3.14　基発150・婦発47、平11.3.31　基発168）。

3.ご質問①に対する回答

労使協定の労働者側当事者は前述のとおり2種類しか認められていません。当該事業場の過半数労働者を組織していない労働組合では、労使協定の当事者となることはできません。

ただし、対応としては次の2点が考えられます。

一つは、当該少数組合の委員長が労働者の過半数代表者として立候補し、少数組合員からの賛成票のみならず他の労働者からの賛成票を得て過半数代表者として選出される方法です。

もう一つとして、当該事業場に少数組合が複数存在し、いずれも単独では過半数の労働者を組織していないがいくつかの労働組合の組合員を合計すれば過半数となる場合、行政は「当該複数組合の意思が一つに統一されていると認められる形式、すなわち、それらの組合代表の連署による協定であることが必要であると解すべきであろう」（厚生労働省労働基準局編『令和3年版 労働基準法・上』労働法コンメンタール③［労務行政］509ページ）と述べています。

4.ご質問②に対する回答

選出方法は、労働者の意向を反映させる民主的な手続きであることが必要です（労基則6条の2第1項および平11.3.31　基発169）が、電子メールでの投票方法はこの点に関しては問題のない手段といえます。

問題となるのは、積極的な返信がない場合を信任（支持）として取り扱う点です。過半数代表者は使用者から自主性を保つ必要があります。使用者が過半数代表者を指名することはできませんし、使用者が選出の過程で関与していた場合は民主的手続きとはいえません。また、労働者からの積極的な投票行為がない場合を支持したものとし

て扱えば、過半数の労働者による支持があること
を明確に証明したことにはなりません。したがっ
て、上記の方法では民主的手続きとはいえないと
判断されます。学校法人松山大学事件（松山地裁
令5.12.20判決　労経速2544号3ページ）は、信
任投票において選挙権者が投票しなかった場合は
有効投票による決定に委ねたとみなす旨の規定が
あっても、それでは選挙権者が当該労働者を支持
していることが明確になるような民主的な手続き
が取られているとは認められないと判断していま
す。

5.ご質問③に対する回答

　労使協定は、当該事業場における労働者の意見
を反映させるための制度ですから、過半数代表者
は労使協定ごとに労働者の意思が反映された者で
あることが求められます。労基法は過半数代表者

の任期制を定めていません。個別案件を離れて一
般的な任期を設け、過半数代表者を選出すること
はできないと解されています（東京大学労働法研
究会『注釈労働時間法』［有斐閣］37ページ）。

　ただし、複数の労使協定締結について同一人物
が過半数代表者となることが禁じられているわけ
ではありません。複数の労使協定の締結について
過半数代表者となることを明示した上で選出手続
きを行い、それによって選出された過半数代表者
が結果として一定期間活動することは可能と思わ
れます。しかしながら、あまりに長期間にわたる
労使協定締結事項を事前に明示したとすれば、こ
れでは選出手続きにおいて労働者の意向が正しく
反映されない可能性が高く、留意する必要があり
ます。

（中井　智子）

労働組合

Q66 複数ある労働組合・従業員会がいずれも過半数に満たない場合、労使協定はどのように締結すればよいか

当社は、三つの会社が合併してできた会社です。合併前の旧3社のうち、2社に労働組合、1社に従業員会があり、現在もそれらが存続しています。いずれの組合・従業員会も従業員の過半数に満たないのですが、時間外・休日労働などの協定は、どのように結べばよいでしょうか。例えば、全体としての従業員代表を選出せず、三つのうち二つの組合・従業員会と同内容の協定を結び、その二つの組合・従業員会の組合員・会員の合計が過半数に達していれば有効ととらえてよいでしょうか。

二つの組合の組合員数の合計が当該事業場の過半数を占める場合、二組合が労働者代表として連名で協定を締結することは可能。二組合間で意思統一ができない場合は、過半数代表者を選出することが必要

1.労使協定の労働者代表

労使協定の労働者側当事者は、労働者代表、すなわち「当該事業場の労働者の過半数で組織する労働組合」であり、そのような組合がない場合には「当該事業場の労働者の過半数を代表する者」です。つまり、各事業場が単位になるということ、そして、その労働者代表は、当該事業場の過半数組合があればその組合、ない場合には、過半数代表者を選ばなければならない、ということになります。

したがって、ご質問の三つの会社が合併してできた会社においても、合併後の各事業場単位において、過半数組合があれば、その組合が労働者代表となり、それがない場合には、過半数代表者を選ばなければならないことになります。なお、従業員会は、法の予定する労働組合ではないので、ある事業場で従業員会の構成員だけで過半数になったとしても、あらためて過半数代表者を選ぶ必要があります（トーコロ事件　最高裁二小　平13．6．22判決）。

2.複数の労働組合等があるとき

複数の労働組合のいずれもが当該事業場の過半数を占めていない場合、例えば、A組合30％、B組合30％の場合には、A組合、B組合いずれも「当該事業場の労働者の過半数で組織する労働組合」には該当しません。よって、「当該事業場の労働者の過半数を代表する者」を選出しなければなりません。

[1]複数の組合が合同で締結するとき

ただ、時間外・休日労働協定に関し、行政解釈は、「協定当事者として使用者側、第一組合および第二組合の三者連名の協定であっても違法ではない」と解していますから（昭28．1．30　基収398、昭63．3．14　基発150・婦発47、平11．3．31基発168）、この方法を時間外・休日労働協定以外の労使協定でも可能と解すれば、A、B両組合が労働者代表として合同で協定を締結することも可能となります。しかし、両組合はあくまで別個のものですから、この協定の法的性格は、「過半数労働者を代表する者」（過半数代表者）が締結したと解すべきものになります（東京大学労働法研究会編『注釈労働時間法』[有斐閣] 33ページ）。他方、ご質問の従業員会は、労使協定締結のために代表者を選任していれば別ですが、そうでなければ、この従業員会が合同で締結しても、この理屈は使えないでしょう。

これに対し、同一期間内に適用すべき同一内容の協定を数組合との間に別個に締結し、それら数個の協定書を合一して労基則16条所定の要件を満

労働組合

図表 過半数に満たない複数組合等が併存する場合の協定締結主体

会社（事業場）

| 労組A（組織率30%） |
| 労組B（組織率30%） |

両組合とも「過半数を組織する労組」に該当しないため、本来は過半数代表者の選出が必要

○使用者と労組A・B代表者との連名での協定締結が可能（この場合は過半数代表者との協定と解される）
✕労組A・Bでの意思統一ができない場合は、あらためて過半数代表者の選出が必要

従業員会

✕法律上の労働組合ではないため、仮に過半数の従業員が参加していても、あらためて過半数代表者の選出が必要

たすときは、有効な時間外・休日労働協定が存するとした裁判例（全日本検数協会事件　名古屋高裁　昭46．4.10判決）があります。

しかし、それぞれの労働組合との間に締結された協定は、それぞれ別個にはいずれも労基則16条の要件を満たすものではなく、このような複数組合が協定当事者となる場合に有効な協定と認められるには、少なくとも、上記のように、当該複数組合の意思が一つに統一されていると認められる形式、すなわち、それらの組合代表の連署による協定であることが必要と解すべきです（厚生労働省労働基準局編『令和3年版 労働基準法・上』労働法コンメンタール③［労務行政］509ページ）（編注：なお、平成31年4月施行の労基法および労基則改正により、旧労基則16条に規定されていた36協定に関する協定事項の要件は同条から省かれ、改正後の労基法36条2項等に規定されています）。

[2] 複数の組合が合同で締結しないとき

次に、事業場でA組合、B組合が合同で締結することができなかったときは、上記の原則に従って、「当該事業場の労働者の過半数を代表する者」を選出する必要があります。つまり、労使

協定の締結等を行う者を選出することを明らかにして実施すること、その実施が投票、挙手等の民主的な手続きによる方法により選出することが必要です。

実際は、A組合、B組合あるいは従業員会が、それぞれ候補者を立てて各事業場の労働者の支持の取り付け競争をして、いずれかの候補者が過半数の信任を得て労働者代表に選出されることとなるでしょう。その結果、過半数の信任を得た労働者代表と企業が労使協定を締結すれば、労働者代表を選出できなかったほうの労働組合あるいは従業員会の労働者に対しても、その協定の効果は及びます。

例えば、A組合とB組合、B組合を支持する従業員会が各事業場の労働者を巻き込んで労働者代表の選出合戦をし、A組合候補者の得票割合が54％を得て労働者代表となり、時間外・休日労働協定や賃金控除協定を締結した場合、その免罰的効果はB組合あるいは従業員会の構成労働者にも及びます。

（浅井　隆）

ユニオン・ショップ協定締結下で社員が外部の労働組合に加入した場合、どう対応すべきか

当社では、労働組合とユニオン・ショップ協定を締結しています。ところが、社員Aは、現在の労働組合が会社との協調の政策を進めていることに疑問を感じ、当該組合を脱退して、外部の一般労働組合に加入してしまいました。このような場合、当社としては、ユニオン・ショップ協定を根拠にして、同社員を解雇できるでしょうか。また、「唯一交渉団体条項」を根拠にして、少数組合や外部の一般労働組合の団体交渉を拒否することは可能でしょうか。

他組合に加入した社員に対して、ユニオン・ショップ協定を根拠に解雇することはできない。また、当該他組合との団体交渉を使用者が拒否することもできない

1．ユニオン・ショップ協定とは

ユニオン・ショップ協定（以下、ユ・シ協定）とは、使用者が労働協約において、自己の雇用する労働者のうち当該労働組合に加入しない者および当該組合の組合員ではなくなった者を解雇する義務を負う制度を指します（菅野和夫・山川隆一『労働法 第13版』[弘文堂] 958ページ）。

労働組合は使用者との団体交渉を通じて労働条件の向上を目的とする団体ですが、自己の組織拡大を図り、労働力の独占を高めることは労働組合にとって有利に働きます。そのため、ユ・シ協定は、使用者に組合に加入しない労働者を解雇することを義務づけ、これによって組織強制を図る手段の一つとして機能しています。このユ・シ協定について扱った日本食塩製造事件（最高裁二小昭50．4.25判決）は、「ユニオン・ショップ協定は、労働者が労働組合の組合員たる資格を取得せず又はこれを失つた場合に、使用者をして当該労働者との雇用関係を終了させることにより間接的に労働組合の組織の拡大強化をはかろうとする制度であり、このような制度としての正当な機能を果たすものと認められるかぎりにおいてのみその効力を承認することができる」と判示しており、学説の大勢もこの見解を支持しています。

なお、ユ・シ協定は、当該事業場の労働者の過半数を組織する労働組合との締結でなければならないと解されています（労組法7条1号ただし書き）。

2．ユ・シ協定の効力はどこまで及ぶか

ユ・シ協定を有効と解するとしても、労働者の組合選択の自由とユ・シ協定とは衝突する問題です。この問題について、ユ・シ協定の効力はどの範囲の労働者まで及ぶかという点から検討してみましょう。

例えば、ユ・シ協定の締結時点において、既に非組合員が別の労働組合を組織している場合、同人に対してユ・シ協定の効力は及びません。そして、この点については争いがありません。なぜなら、どの労働組合にも等しく団結権（憲法28条）が保障されているからです。

では、ユ・シ協定締結組合の組合員が、当該組合から脱退して他の組合を結成したり、あるいは既存の他組合に加入したりした場合はどうでしょうか。

三井倉庫港運事件（最高裁一小　平元.12.14判決）は、「労働者には、自らの団結権を行使するため労働組合を選択する自由があり、また、ユニオン・ショップ協定を締結している労働組合（以下『締結組合』という。）の団結権と同様、同協定を締結していない他の労働組合の団結権も等しく尊重されるべきであるから、ユニオン・

ショップ協定によって、労働者に対し、解雇の威嚇の下に特定の労働組合への加入を強制することは、それが労働者の組合選択の自由及び他の労働組合の団結権を侵害する場合には許されないものというべきである。したがって、ユニオン・ショップ協定のうち、締結組合以外の他の労働組合に加入している者及び締結組合から脱退し又は除名されたが、他の労働組合に加入し又は新たな労働組合を結成した者について使用者の解雇義務を定める部分は、右の観点からして、民法90条の規定により、これを無効と解すべきである（憲法28条参照）」と判示しました。

すなわち、労働組合がユ・シ協定に基づき使用者に対し、解雇を要求する時点において、当該組合からの脱退者あるいは除名者が既に他組合に加入していれば、たとえユ・シ協定を締結している労働組合の組合員であっても、協定の効力は及ばず、解雇をすることはできない——ということになります。

ご質問の場合、労働組合を脱退した社員Ａは、外部の一般労働組合に加入していますので、ユ・シ協定を根拠に解雇することはできません。

3.唯一交渉団体条項を結んでいる場合の考え方

使用者と労働組合が、「会社は、組合が組合員を代表する唯一の労働団体であることを認め、団体交渉は組合とのみ行う」などとする唯一交渉団体条項を締結している場合、使用者がこれを理由として他組合からの団体交渉申し入れを拒否することはできるでしょうか。

労働組合はこのような条項を設けることで、企業内において唯一の団体交渉を行い得る労働組合であることを誇示し、それをもって組織強化を図ることができます。

しかし一方で、他の労働組合も等しく団体交渉権を有しています。また、使用者は労働法7条により正当な理由なくして団体交渉を拒否することはできません。

東京スポーツ新聞社事件（大阪地労委　平12．8．2命令）は、「会社は、東スポ労組との間に唯一交渉団体条項を含む労働協約を締結していることを理由に、組合との団交に応じる義務がないと主張する。しかし、当該条項は、東スポ労組以外の労働組合の固有の団交権を妨げるものではなく、他の労働組合の団交権を侵害する限りにおいて無効と解されるべきである」と判断しています。

したがって、使用者が、唯一交渉団体条項を理由に他の労働組合からの団体交渉を拒否することは、当該他組合の団体交渉権を否定することになり許されません。

以上の点から、ご質問にある唯一交渉団体条項を理由に、外部の一般労働組合や少数組合との団体交渉を拒むことはできません。

なお参考までに、このような唯一交渉団体条項を、労使双方で確認のために規定すること自体は違法ではありません。例えば、企業内に単一の労働組合しかない場合、上部団体との二重交渉をできるだけ避けるために唯一交渉団体条項を設けることも考えられます。

（中井　智子）

団体交渉・賃金交渉

Q68 純粋持株会社は子会社の労働組合の団交申し入れを拒否してもよいか

当社をはじめとした企業グループでは、純粋持株会社を設立して、経営の効率化を進めようと計画しています。純粋持株会社設立後、子会社の労働組合が団体交渉を求めてきた場合、持株会社は、使用者はあくまで子会社であるとして、団体交渉を拒否できますか。

 日頃から、子会社従業員の労働条件決定に具体的かつ直接的に関与するなどの特段の事情がない限り、団交に応じなくとも不当労働行為には該当しない

1.労組法上の「使用者」概念

労組法は「使用者」に団体交渉に応じることを義務づけ、団交拒否を不当労働行為として禁止しています（7条）。

一般に使用者とは労働契約上の雇用主をいいますので、ご相談の場合、子会社が「使用者」に該当し、雇用契約関係のない持株会社は「使用者」には該当しません。

もっとも、労組法の「使用者」概念に関しては、労働契約上の雇用主ではないが実際上それに近似した地位にある企業も含まれるとされます。

最高裁判例（朝日放送事件　最高裁三小　平7．2.28判決）は、労組法7条が団結権の侵害に当たる一定の行為を不当労働行為として排除、是正して正常な労使関係を回復することを目的としていることに鑑みると、雇用主以外の事業主であっても、労働者の基本的な労働条件等について、雇用主と部分的とはいえ同視できる程度に現実的かつ具体的に支配、決定することができる地位にある場合には、その限りにおいて、上記事業主は同条の「使用者」に当たるものと解するのが相当であるとしています。

前記判例は、下請会社従業員と発注元の企業の事案でしたが、「現実的かつ具体的に労働条件を支配・決定している場合には労組法上の使用者に該当する」という理論は、その後、親子会社の関係にも適用されるようになりました。そこで、親会社が子会社の従業員の労働条件について現実的かつ具体的な支配力を有している場合には、親会社も労組法上の使用者の地位にあるとして、子会社の労働組合からの団交要求に対し、応諾義務があるとされることがあります（船井電機事件　徳島地裁　昭62．7.14決定、平和第一交通事件　福岡地労委　平3．6.21命令、東芝アンペックス事件　神奈川地労委　昭59．3.31命令、富士通・高見澤電機製作所再審査事件　中労委　平20.11.12命令等）。

ただし、グループ・ガバナンスの制度設計はさまざまであり、親会社による子会社の管理・監督は一様ではありません。したがって、親会社の労組法上の使用者性は、当該子会社における人事労務管理の実態に照らして判断される問題であり、100％子会社であり、かつ親会社から役員を派遣していても、それだけで当然に親会社に労組法上の「使用者性」があるということにはなりません（富士通・高見澤電機製作所事件　東京地裁　平23．5.12判決、中労委［昭和ホールディングスほか］事件　東京高裁　令4．1.27判決）。

2.純粋持株会社

株式を所有することにより、国内の会社の事業活動を支配することを主たる事業とする会社を純粋持株会社といいます。

持株会社・グループ会社の実態もさまざまですが、純粋持株会社が子会社の経営に関与するとしても、それは経営目標の提示や役員人事等にとど

まるものであり、具体的な事業運営については、子会社が決定権限を有し、子会社の判断で事業活動が行われるのが本来の姿です。労使関係についても、持株会社が直接的に子会社従業員の労働条件決定に関与しているわけではないのが通常だと解されます。

したがって、特段の事情がない限り、純粋持株会社について、子会社従業員の使用者性が認められることはないと考えます。

3.特段の事情がある場合

特段の事情の有無は、持株会社が具体的かつ直接的に子会社従業員の労働条件を決定しているといえるかどうか、実態に照らして判断されることになりますが、この点について、厚生労働省の「『持株会社解禁に伴う労使関係懇談会』中間とりまとめ」（平成11年12月24日）は、使用者性が推定される可能性が高い典型的な例として以下のようなものが考えられるとしています。

① 純粋持株会社が実際に子会社との団体交渉に反復して参加してきた実績がある場合

例えば、(i)純粋持株会社の取締役が交渉担当者として団体交渉に反復して出席してきたような場合、(ii)労働組合の団体交渉申し入れが純粋持株会社に対してなされており、純粋持株会社側がそれを否定してこなかったような場合等。

② 労働条件の決定につき、反復して純粋持株会社の同意を要することとされている場合

例えば、賃上げ等について、(i)子会社が反復して純粋持株会社と相談し同意を得た上で決めている場合や、(ii)その都度純粋持株会社に報告して同意を得ないと実施できないような場合等。

（石井　妙子）

労働組合からの給与レンジ、昇給率表などの開示要求に応じなければならないか

このたび当社の労働組合（以下、組合）から、「賃金制度の公開」要求がありました。具体的には、給与レンジ、メリット昇給率表、人事考課に使用するシート、評価点数の配分に関する資料の提示を求められています。当社としては、これらの資料は、あくまで昇給等を決定するための「参考資料」との位置づけであることから公開にはなじまないと考えています。組合からの公開要求には、応じなければならないのでしょうか。

賃金制度の公開、関係資料の提示要求も団体交渉事項であるから、使用者は誠実に交渉する義務がある。どこまで要求に応じられるか、要求に応じられない場合にはその理由も具体的に説明する義務がある

1.誠実団交義務とは

労組法7条2号は「使用者が雇用する労働者の代表者と団体交渉をすることを正当な理由なくて拒むこと」を不当労働行為とし、使用者には団交応諾義務を課しています。この団交応諾義務については、使用者が労働者の団体交渉権を尊重して誠意をもって団体交渉に当たることまで含めて義務内容となっていると考えられています（誠実交渉義務）。

この誠実交渉義務を尽くしたというためには、「使用者は、自己の主張を相手方が理解し、納得することを目指して、誠意をもって団体交渉に当たらなければならず、労働組合の要求や主張に対する回答や自己の主張の根拠を具体的に説明した

り、必要な資料を提示したりするなどし、また、結局において労働組合の要求に対し譲歩することができないとしても、その論拠を示して反論するなどの努力をすべき」（カール・ツアイス事件東京地裁　平元.9.22判決）とされます。団体交渉における資料の提示が争われた事案としては、東北測量事件（最高裁二小　平6.6.13判決）があり、最高裁が維持した原判決（仙台高裁　平4.12.28判決）では、使用者がゼロ回答に終始して組合に提供すべき経理資料を提供せず、必要な具体的な説明を拒否しているのは不当労働行為に該当すると判断しています。また、宮崎紙業事件（東京地裁　平18.1.30判決）では、平成15年度賃上げ要求に関する団交において、組合が、賃上げ回答額の根拠となる売上額等具体的な経営に関わる数値に基づく説明を求めたのに対し、使用者がこれを拒否し、さらに従前は開示していた従業員の基本給平均額、平均年齢および平均勤続年数といった人件費に関する基礎的な数値の開示についても組合員に係るもの以外は明らかにしない方針に変更するなどしたことが労組法7条2号に該当する不当労働行為に当たるとした中労委命令（平17.5.16）の取り消しを求めた行政訴訟を棄却しています。

2.「賃金制度」の公開要求について

　「賃金」は、労働条件のうちでも最も重要な要素であることから、団体交渉において、賃金に係る制度や設計（給与レンジ等）、賃金の算定の基礎となる査定に係る資料（人事考課シート等）の開示が求められることは少なくありません。企業側としては、どこまで開示すれば上記の誠実団交義務を尽くしたといえるかが問題となります。

　ご質問と類似の裁判例に、中労委（日本アイ・ビー・エム）事件（東京高裁　平14.9.10判決）があります。これは、別件で組合員の昇格差別が争われていた背景事情の下で、組合が、団体交渉の席上、給与レンジ、メリット昇給表等の開示を要求したところ、使用者がこれを拒否したことは、団交拒否の不当労働行為に該当するかが争わ

れた事案です。東京地労委（平6.4.19命令）は、使用者は給与レンジ等を提示し十分説明するなど誠意をもって交渉に応じなければならない旨の救済命令を発しました。中労委（平10.8.5命令）は、使用者が組合の資料提示要求に応じられない場合には、応じられない理由を誠実に説明しなければならない旨の命令を発しています。

　労委命令の取消訴訟の1審（東京地裁　平14.2.27判決）で、裁判所は、まず、使用者が誠実交渉義務を果たしたかどうかは、「労働組合の合意を求める努力の有無・程度、要求の具体性や追求の程度、これに応じた使用者側の回答又は反論の提示の有無・程度、その回答又は反論の具体的根拠についての説明の有無・程度、必要な資料の提示の有無・程度等を考慮して、使用者において労働組合との合意達成の可能性を模索したといえるかどうかにより決せられる」とします。その上で、団交事項である賃金制度について、「使用者は労働組合に対し、常に制度の公開あるいはこれに関連する資料の提示をしなければならないものではなく、労働組合が賃金その他の労働条件に関する具体的な要求をすることなく、合意を求める努力もしないまま、単に賃金制度に関する資料の提示を求めているような場合には、資料を提示せず、その提示できない合理的理由を述べれば誠実交渉義務違反とまではいえない」としました。また、「逆に労働組合が相当具体的な要求をし、それに関連して賃金制度に関する資料の提示が賃金交渉において不可欠である場合には、資料を提示しなければ誠実交渉義務違反となる」と判示しました。

　これを不服として労使双方が控訴しましたが、控訴審も1審の東京地裁判決を維持しました。

　ご質問の場合も、「賃金の資料提示」のみの要求であったのか、その前後に賃金交渉等があって、組合が相当具体的な要求をし、当該資料の開示が不可欠である状況であったかによって結論は異なります。

　前掲中労委（日本アイ・ビー・エム）事件においては、組合の賃金制度の改善・公開の要求は、

具体的な賃金等の労働条件の改善要求を契機としたものではなかったという事実認定の下で、開示要求に応じなかったことが誠実交渉義務違反とはいえないとしましたが、判決は、「賃金制度の公開、関係資料の提示要求も団体交渉事項であり、その要求に対しても会社は誠実に交渉する義務があるから、会社はこのような組合の要求について、どこまで要求に応じられるかを明らかにし、要求に応じられない場合にはその理由を具体的に説明する義務がある」と結んでいる点に留意すべきでしょう。

（山本　圭子）

労使協議が合意に至らない場合、会社から協議を打ち切ることは可能か

　当社では、事業合理化等の経営上の観点から、地方の1事業所を閉鎖し、そこで雇用している従業員全員を整理解雇することを検討しています。これに先立ち、労働組合との協議を実施し、退職金の積み増しなどの労働条件について話し合うこととしましたが、なかなか折り合いがつかず、議論は長らく平行線をたどっています。そこで、このまま続けても合意が見込めない場合、会社側から交渉を打ち切ることは可能でしょうか。

誠実な対応で労使協議に臨み、合意達成の可能性を模索した事実があれば、会社側から労使協議を打ち切っても誠実交渉義務違反にはならない

1.労使協議という交渉方式

　労使協議とは、労働者の待遇に関する不満やその他の労使関係の運営をめぐって生じる諸問題を、労働組合と使用者が自主的に交渉して解決する手続きです。

　労使間で自主的に交渉して問題解決に当たる点では、労使協議という概念と団体交渉という概念は共通することになりますが、団体交渉が労組法に規定された交渉方式であるのに対し、労使協議については、法律上は特に規定もなく、労使関係の歴史の中で自発的に形成されてきた交渉方式であるという違いがあります。このように、インフォーマルな形で形成されてきたことから、労使協議という概念の中には、多様な形式が含まれています。

2.ご質問の労使協議の性格

　ご質問における協議テーマは、事業合理化等の観点からする事業所の閉鎖およびそれに伴う整理解雇ということですから、これは、まさに組合員の労働条件その他の待遇に関する事項であり、使用者が団体交渉を行うことを義務づけている義務的団交事項に該当することになります。

　したがって、本件労使協議では単に情報開示・意向打診などにとどまらず、実質的協議に踏み込んで意見対立の解消を目的とする必要があり、団体交渉に代わる労使協議になると考えられます。

　そこで、本件労使協議には団体交渉に関する法律上の規定および解釈論が適用されるものとして、以下の議論を続けます。

3.誠実交渉義務とは

　団体交渉とは、交渉当事者が対等の立場に立って話し合いを行うことですから、一方当事者の要請に対し他方がそれを「聞き置く」というものであってはなりません。そこで、使用者の団体交渉

義務の基本的な内容として、使用者は労働者の代表者と誠実に交渉に当たる義務があると解されており、使用者は労働者の代表者からの要求に対し、具体的に、かつ追求の程度に応じた回答や主張をなし、必要に応じて自らの回答・主張の根拠やそれを裏づける資料を提示する義務があるとされています。

すなわち、労働組合が合意を求めて交渉を求めてくる以上は、使用者には誠実な対応を通じて合意達成の可能性を模索することが義務づけられるということです。しかしながら、使用者は労働組合の要求ないし主張を必ずしも受け入れたり、それに対して何らかの譲歩をしたりすることまで義務づけられているわけではありません（カール・ツアイス事件　東京地裁　平元.9.22判決）。

労使双方が議題についてそれぞれ自己の主張・提案・説明を出し尽くし、これ以上交渉を重ねても、いずれかの譲歩・新提案により進展の見込みがない段階に至った場合には、使用者は交渉の継続を拒否することが許されるとするものがあります（池田電器事件　最高裁二小　平4.2.14判決）。

もちろん、この場合、労働組合からは不誠実な協議であるとして、会社を非難してくることは十分予想されますが、会社としてこれ以上の進展の見込みがないと判断した以上、自信を持って交渉をやめる以外にないと思います。

反対に、使用者の、交渉の当初から合意達成までもっていく意思のないことを明確にした交渉態度や、拒否回答や一般論を繰り返すのみで、議題の実質的検討に入ろうとしない交渉態度、十分な説明を行わないまま当初の回答に固執する態度、組合の要求・主張に対し十分に回答や説明・資料提出を行わない態度等に対しては、誠実交渉義務違反との判断が下されてもやむを得ないことになります（前掲のカール・ツアイス事件のほか、エス・ウント・エー事件　東京地裁　平9.10.29判決、普連土学園事件　東京地裁　平7.3.2判決など）。

4.ご質問への回答

ご質問では、現在、会社は労働組合との協議において、退職金積み増しなどの労働条件について話し合ってきたものの折り合いがつかず、議論が長らく平行線をたどっているとのことです。例えば数カ月間にわたって7、8回もの労使協議が行われたのでしょうか。

そこで、会社側が、これまでの交渉において、ご質問の実質的な協議課題に踏み込んで、具体的な提案を行い、労働組合側から提出された意見・反論に対し、十分な資料を提示しつつ合理的な説明を行ってきたにもかかわらず、これ以上会社側から譲歩や新提案を行うこともできず、また、労働組合側からも譲歩や新提案が見込めないという状況にあるのであれば、会社側から労使協議を打ち切って事業所閉鎖や整理解雇に踏み切ることは、誠実交渉義務に違反することにはならないことになります。

なお、整理解雇する場合の要素として、①業務上の必要性、②人選の妥当性、③誠実な説明義務の履行、④解雇回避義務の履行の四つが挙げられますが、③誠実な説明義務の履行という点から見ても、上記のとおりの労使協議が十分に行われたことになれば、この要件を満たすことができると思います。もちろん、整理解雇を行う場合は他の要素についても慎重に配慮して進める必要があります。

（山﨑　和義）

団体交渉・賃金交渉

 合同労組との団体交渉を行う前提条件として、組合員名簿の提出を要求できるか

当社には労働組合がありませんでしたが、最近、数人の社員が合同労組に加入し、同労組を通じて労働条件交渉を求めてきました。このような場合、団体交渉を行う前提として、会社宛てに組合員名簿を提出するよう要求できるでしょうか。

 組合員名簿の提出要求が、組合員に動揺を与える観点から組合加入状況を調査する意図を持たなければ、それ自体が支配介入とされることはほぼない。ただし、組合員名簿の不提出を理由とする団体交渉拒否はできない

1. 労働組合による組合員名簿の提出拒否

合同労組（労働者が個人で加入し、企業の枠を越えて組織される労働組合）であるかどうかを問わず、労働組合（以下、組合）が企業からの求めに対し、自らの組合員名簿の提出を拒否することは、よくあります。組合が自ら「匿名労働組合」と称する場合もあります。

組合が、企業による組合員への組合脱退勧奨をおそれているのかは分かりませんが、企業が、「社員の誰が組合に加入しているのか」はもとより、結成から数年たつにもかかわらず、その人数すら把握できないことは少なくありません。実際、一部の組合は、かたくなに組合員名簿の提出を拒み続けます。

2. 組合員名簿の不提出を理由に、団体交渉を拒否できるか

組合員名簿の不提出（提出拒否を含む）を理由に、企業は団体交渉（以下、団交）を拒否できるでしょうか。筆者も実際に、企業から同様の相談を受けることがあります。企業としては、"組合員名簿すら明らかでなく、組合の実態があるかどうか分からない状態で、団交に応じることはできない"というところでしょう。

この問題は、今に始まったものではありません。昔から、組合が組合員名簿の提出を拒否する場合に、企業が団交に応じないことは多くありました。ところが、労働委員会では多くの場合、このケースで企業が負けています（例えば、新星タクシー事件　中労委　昭42. 6.21命令）。つまり、組合員名簿の不提出を理由とする団交拒否はできないことになります。

3. 組合員名簿の提出を受けることの必要性

一方、企業が組合から、組合員名簿の提出を受けることの必要性はあります。

例えば、企業が残業（法定時間外労働）を命令するには、労基法36条に基づく労使協定（以下、36協定）を締結しなければなりませんが、同協定の締結権者は、「労働者の過半数で組織する労働組合がある場合においてはその労働組合」（同法36条1項）と定められており、企業としては、組合が労働者の過半数で構成されているかを確認する必要があるからです（他の労使協定についても同様）。

4. 組合員名簿の提出を求めることは、支配介入に当たるか

組合は、「組合員名簿の提出要求自体、支配介入に当たる」と主張することがあります。この点、参考になる裁判例として、オリエンタルモーター事件（最高裁二小　平7. 9. 8判決）があります。結論から言えば、企業が組合に対し、組合員名簿の提出を求めても、それが組合員に動揺を与えることを目的として、組合への加入状況を調査するものでなければ、それ自体が支配介入とさ

171

れることはほとんどありません。

　同事件において、最高裁は次のように判示しています。

　「労働組合には、その組合員の範囲を使用者に知らせる義務あるいは組合員名簿を使用者に提出する義務が一般的にあるわけではない。他方、使用者がその雇用する労働者のうち誰が組合員であるかを知ろうとすることは、それ自体として禁止されているものではなく、協約の締結、賃金交渉等の前提として個々の労働者の組合加入の有無を把握する必要を生ずることも少なくない。もとより、本来使用者の自由に属する行為であっても、労働者の団結権等との関係で一定の制約を被ることは免れないが、右に述べたところからすれば、使用者が、組合加入が判明することによって具体的な不利益が生ずることをうかがわせるような状況の下で、組合員に動揺を与えることを目的として組合加入についての調査をしたと認められるような場合であれば格別、一般的に、使用者において個々の労働者が組合員であるかどうかを知ろうとしたというだけで直ちに支配介入に当たるものではないというべきである」

　とはいえ、36協定などの労使協定締結に当たり、企業がこの裁判例のように、組合に対して組合員名簿の提出を求めた際、組合は「組合員の名前は明かさないが、組合員数は教える。必要な情報はこれで足りるはず」と回答することがあります。この場合、企業が「あくまで労使協定締結に当たり確認すべき事項である」旨を主張しても、組合はなかなか組合員名簿を提出しないのが実情です。

5.実務上の対応

　2.で述べたとおり、組合員名簿の不提出を理由とする団交拒否はできません。

　では、組合に組合員名簿を提出させるには、どうすればよいでしょうか。

　不当労働行為とはならずに、組合員名簿を提出させる方法があります。チェックオフ（労働協約に基づき、使用者が組合員である労働者の賃金から組合費を控除〔天引き〕して、それらを一括して組合に引き渡すこと）を実施することです。組合員名簿がなければ、そもそも給与から組合費を天引きできないからです。チェックオフにより、組合も組合費を安定的に徴収できます。企業がチェックオフ実施に当たって組合員名簿の提出を求めても、不当労働行為とされることはまずありません。

　一方、チェックオフまではしたくないという場合は、どうすればよいでしょうか。実は、組合結成当時こそ、社員の「誰が」「何人が」加入しているのか分からないとしても、時間がたつにつれ、企業にはさまざまな情報が入ってくるものです。つまり、団体交渉の出席メンバーや人数、常日ごろの社員の人間関係などを見ていれば、組合員の人数や名前は自然と把握できますので、あまり神経質にならなくともよいかと思います。

（向井　蘭）

人事管理

長時間労働になりがちな激務部署への配属が男性社員に偏ることは、男女差別に当たるか

当社には、海外企業との交渉が多いため時差の関係上、長時間労働になりやすく、大半の社員から"激務部署"として認知されている部署があります。先日、ある男性社員から、「当該部署に配属されるのは圧倒的に男性が多く、不公平ではないか」との意見が寄せられました。当社社員の男女構成比はほぼ半々ですが、当該部署については約9割が男性社員となっています。個人の適性に鑑みた配置の結果として現状の男女構成比となっているのですが、これは男女差別に当たるのでしょうか。

 男女差別には当たらないと考える。もっとも、社内の不満を解消するためにも、配置の人選について合理的な理由を十分に説明するとともに、徐々に男女構成比を見直すべき

1. 具体的に問題となる場面

労働者の配置（配転）は、労働者の能力・適性等を総合的に評価して会社が行う配転命令（業務命令）に基づくものであり、その性質上、原則として会社の裁量的判断（人事権）に委ねられるべきものです。もっとも、人事権の行使も無制限に認められるわけではなく、例外的に、配転命令権が濫用された場合（東亜ペイント事件　最高裁二小　昭61．7．14判決　労判477号6ページ）や配転命令が強行法規に違反する場合には、当該配転命令は無効とされます。

ご質問のケースでは、当該部署への配転命令が男女差別の規制に違反し、強行法規違反として無効となるか否かが問題となり得ます。

2. 男女差別に関する規制

労働契約における男女差別について、労基法は賃金差別のみを禁止しています（4条）。そして、賃金以外の労働条件については、合理的な理由なく男女を差別的に取り扱うことを禁止することを目的として、均等法が制定されています。同法の「～しなければならない」（5条）、「～してはならない」（6～7条、9条1～3項）との諸規定は、いずれも私法上の強行法規であり、それらに違反する行為は強行法規違反として無効となります（菅野和夫・山川隆一『労働法　第13版』［弘文堂］311ページ）。

同法6条1号は、「労働者の配置（業務の配分及び権限の付与を含む。）、昇進、降格及び教育訓練」について、「労働者の性別を理由として、差別的取扱いをしてはならない」と規定しています。本来、この条項は女性を差別的に取り扱うことを禁止する趣旨での立法と思われますが、男性を差別的に扱うことを禁止しない趣旨ではないことは明らかです。したがって、ご質問のケースでは男性を差別的に扱っているのか、そしてそれが当該条項に違反するか否かが問題となります。

3. 性差別禁止指針

均等法6条1号の規定の意味内容については、「労働者に対する性別を理由とする差別の禁止等に関する規定に定める事項に関し、事業主が適切に対処するための指針」（平18.10.11　厚労告614、最終改正：平27.11.30　厚労告458。いわゆる性差別禁止指針）で詳細に定められています。

同指針では、「一定の職務への配置に当たって、その対象から男女のいずれかを排除すること」は均等法6条1号により禁止されるものであるとし、排除していると認められる例として、「時間外労働や深夜業の多い職務への配置に当たって、

その対象を男性労働者のみとすること」などを例示しています。

4. ご質問のケースにおける均等法6条1号該当性

上記指針に即してご質問のケースを考えてみますと、仮に「当該部署に男性（女性）しか配置しない」「深夜業が多い当該部署に女性は配置しない」といった措置を取ることは、均等法6条1号に明白に違反するものであり、認められないことになります。一方、当該部署の社員構成は、男性社員が約9割、女性社員が約1割とのことではあるものの、当該部署に男性（女性）しか配置しない、深夜業が多いので女性は配置しないといった措置は行っていませんので、同指針が禁止する差別的取り扱いを行っているとは直ちにはいえず、また、均等法6条1号に明白に違反するとはいえないと思います。

もっとも、貴社全体の男女構成比と当該部署の男女構成比に大きな差があることは、外形的に差別的取り扱いを大いに疑わせるものですので留意が必要です。具体的には、当該部署の男女構成比について、合理的な理由を説明できることが必要と考えます。

5. 貴社が取るべき対応

貴社は、上記4.のとおり、外形的には差別的取り扱いが強く疑われる状況にありますので、「個人の適性に鑑みた」との点に関し、いかなる点を、どのように評価した結果、当該部署に配置しているのか等について、会社として説明できるようにすることが必要であり、これが合理的な理由の説明内容になると考えます。

前記1.のとおり、当該部署への配置が具体的に問題となる場面は配転命令の効力が争われた場合です。貴社では、ある男性社員から「当該部署に配属されるのは圧倒的に男性が多く、不公平ではないか」との意見が寄せられているとのことですが、このような社内の不満を解消するためにも、合理的な理由を説明できるようにしておくことは重要であり、意見を寄せた当該社員に対しても、具体的に説明して理解を得る努力をすることが望ましいでしょう。

仮に十分な理由と思われるものがあったとしても、それが全社員に納得されるとは限りません。したがって、会社全体では男女構成比がほぼ半々の中で、激務部署の約9割が男性社員という状況は、極端に偏り過ぎといえますので、当該部署の男女構成比については徐々に見直していくことが適切であると考えます。

（山﨑　和義）

Q73 トランスジェンダーの社員に生物学上の性別とは異なる性のトイレの使用を禁止することは問題か

当社では、ダイバーシティ推進の一環としてLGBTQなど性的少数者の社員にもさまざまな配慮をしています。一方で、性別適合手術を受けていないトランスジェンダー社員（生物学上の性別と性自認が不一致であるもの）については、生物学上の性別によるトイレ使用を求め、異なる性のトイレ使用は禁止したいと考えています。これは、一定数の女性社員から「たとえ心が女性であっても、身体が男性の人と同じトイレを使用したくない」との声があるところ、ダイバーシティの観点では、こうした意見も尊重すべきと判断してのものですが、問題でしょうか。

対象者と周囲双方に対する丁寧な利害調整により、いずれも納得できる解決策を探る努力が必要。異なる性のトイレ使用を認めないとの結論に至った場合でも、将来の状況の変化に応じた見直しが求められる

1．職場におけるトイレの設置について

　職場に設置すべきトイレの基準については、安衛法に基づく省令が定めています。同省令によると、職場に設置するトイレは、男性用と女性用に区分するのが原則であり、同時に就業する労働者が常時10人を超える場合は、男性用と女性用に区別したトイレを設置することが義務とされています（事務所衛生基準規則17条1項1号、安衛則628条1項1号）。

　多くの企業では、男性用と女性用それぞれのトイレを別に設け、社員が自身の性別に合ったトイレを使用できるようにしており、当然、社員が異なる性のトイレを使用する事態は想定していないことでしょう。

2．トランスジェンダーとは

　しかし、トランスジェンダーについては、単純に男女どちらかの性に区分することができないため、トイレ使用に関して問題を生じます。

　トランスジェンダーとは、生物学的な性と自認している性が異なる人のことを指します。トランスジェンダーの一部は、医学的に性同一性障害の診断を受け、さらに、外性器等の形状を自認する性別のものと一致させることを目的とした性別適合手術を受けることもあります。

　現在の日本では、成年で婚姻をしておらず、未成年の子がいない場合には、性別適合手術により性器の外観を自認する性別のものに近似するよう変更することにより、家庭裁判所の性別変更審判により、戸籍上の性別の取り扱いの変更を求めることができます（性同一性障害者の性別の取扱いの特例に関する法律3条）。

　なお、同条1項4号では、生殖腺の機能喪失も要件として定められていますが、最高裁は、令和5年10月25日、男性から女性への性別変更審判申立事件の特別抗告審において、この要件について違憲と判断しました。さらに、同事案では、最高裁による差し戻し後、性別適合手術を受けていないにもかかわらず、性別変更を認める決定がなされています（広島高裁　令6.7.10決定）。

　性別適合手術については、生命への危険を伴い、経済的負担も大きいことから、性別変更のための要件としない動きもあるところであり、実際にもすべてのトランスジェンダーが性別適合手術を受けることを選択するわけではありません。そのため、戸籍上の性別を変更しておらず、身体的特徴も出生時のままであるトランスジェンダーが、自認する（すなわち、身体的特徴と異なる）性別のトイレの使用を希望してきた場合、使用者としてどのように対応すればよいかが問題となります。

3．トランスジェンダーのトイレ利用

　この問題を検討する上で、経済産業省事件（最高裁三小　令5.7.11判決）が参考になります。この裁判は、性別適合手術を受けていないMtF（Male to Femaleの略。生物学的性別は男性だが、自認する性別は女性であること）の性同一性障害である経済産業省職員が、職場の女性トイレの使用を一定の範囲で制限されたことの適法性を争ったものです。

　最高裁は、女性トイレの使用を認めなかった国の判断を違法としています。理由として、当該職員は、女性トイレを使用できないことにより、男性トイレを使用するか、執務階から離れた女性トイレ（当該トイレの使用は認められていました）を使用せざるを得ないという点で、相応の不利益を受けているとしました。他方で、当該職員は、女性ホルモンの投与等により性衝動に基づく性暴力の可能性は低い旨の医師の診断を受けており、執務階から離れた女性トイレを使用していることによって現にトラブルが生じたこともなく、当該

職員が執務階の女性トイレを使用することについて明確に異を唱えた職員もいない、との事情を挙げています。

これらの事情から、女性トイレの使用を認めなかった国の判断は、他職員に対する配慮を過度に重視し、本件職員の不利益を不当に軽視するものであると判断しています。

本事案について最高裁は、トランスジェンダーに自認する性別のトイレの使用を認めるべきであると判断しました。しかし、これはあくまで同事案における具体的事情に基づいて導かれた結論であり、同種の事案のすべてにおいて常にそのような対応が求められるわけではないことに留意する必要があります。本判決の趣旨は、むしろ、対象者と周囲との利害が対立する中で、一方当事者の利益だけを安易に押し通すのではなく、双方の利害調整を丁寧に行うことの重要性を確認したものです。

このことは、今崎幸彦裁判長が付した補足意見でも明らかにされています。同補足意見では、この種の問題は一律の解決策になじむものではないとして、施設管理者、人事担当者等の採るべき姿勢としては、トランスジェンダーの置かれた立場に十分に配慮して真摯に調整を尽くすべき責務があることを指摘しています。

4．ご質問のケースについて

ご質問においても、MtFのトランスジェンダーである社員に、女性トイレの使用を認めるべきかどうかが問題となっています。

しかし、本件では、上記経済産業省事件とは異なり、対象者が女性トイレを使用することについて明確に異を唱える女性社員が存在しています。このような女性社員の違和感も、決して軽視すべきものではありません。

他方で、性別適合手術を受けているかどうかが唯一の判断基準にはなりません。使用者としては、双方の意見を十分に聴いて、両者が納得できる結論を目指して調整を尽くす必要があります。もし、ビルの一区画に事業所を設けており、同じフロアの他の企業の社員や来訪者ともトイレを共用しているようなケースでは、管理会社など社外を含めた一層困難な調整が必要になる場合も考えられます。

調整の結果、女性トイレの使用を認めないとの結論に至ったとしても、社内でトランスジェンダーへの理解を深めるための一般的な研修を実施したり、対象者本人の同意の下、同人の状況について周囲の社員に説明する機会を設けたりして、トランスジェンダーに対する理解の増進を図る取り組みは継続すべきです。その結果、周囲の理解が進んだ場合には、最終的には、女性トイレの使用を認める形に対応を見直すべき状況に至ることも想定する必要があります。

（北川　弘樹）

うつ病に罹患している従業員の人事評価を大幅に下げることは、人事権の濫用となるか

研究開発部門のある従業員が、家族に不幸があったことを境に軽度のうつ病に罹患しました。残業はほとんどない職場ということもあり、休職するほどではなく、通院と薬の服用で対応可能との診断から、これまでどおり勤務しています。しかし、日によっては指示されたことを忘れたり、作業への取り掛かりが極端に遅れたりするほか、1週間程度の休暇を急に申し出ることも複数回ありました。その都度、上司や同僚がフォローしていますが、現状では今期の人事評価を大幅に下げざるを得ません。疾病に起因してのこうした低評価は、人事権の濫用となるのでしょうか。会社とし

て配慮すべきことがあれば、併せてご教示ください。

うつ病による業務への支障が長期に及ぶ場合には、業務遂行能力低下を理由として人事評価を下げることも可能。ただし、同時に企業は業務負荷軽減等の配慮をすべき

1.人事評価の意義

人事評価とは、企業が各労働者について、一定期間における個人の業績、勤務態度、成長の度合いや能力の高さ等を観察し、分析ないし序列を付ける仕組みのことです。その方法は企業によりさまざまで、目標管理制度と連動させて、上司と部下との間で個人の目標を共有し、その達成度で業績を測る仕組みを取り入れている企業もあります。

もっとも、人事評価は単なる格付けではなく、期待成果や期待行動を労働者に理解させるとともに、適切な評価に沿った処遇を行うことによって、労働者のモチベーションを高めようとするところに意義があります。そのためにも、人事評価は客観的指標に従い、公正かつ公平に行われなければなりません。

2.企業の裁量権と権利の濫用

一般に、人事評価を行うに当たり、企業には広範な裁量権があると解されています。その理由は、「労務の質をどう評価するかの自由が労務の提供を受ける側にはあり、この評価が受け入れ難い労働者には退職の自由を保障するというのが、雇傭を契約として構成する民法の建て前である」（安田信託銀行事件　東京地裁　昭63.10.17判決）というものです。裁量権の逸脱・濫用が争われた光洋精工事件（大阪高裁　平9.11.25判決）でも、「人事考課をするに当たり、評価の前提となった事実について誤認があるとか、動機において不当なものがあったとか、重要視すべき事項を殊更に無視し、それほど重要でもない事項を強調するとか等により、評価が合理性を欠き、社会通念上著しく妥当を欠くと認められない限り、これを違法とすることはできない」と判示されています。

とはいえ、人事評価を行うに当たり、企業は何ら制約のない完全な裁量権を有しているわけではありません。一般に、人事評価に基づき賞与の支給額を算出したり、人事評価の結果を昇給や昇進の判断材料にしたりするわけですが、それらの決定が各種法規制（均等待遇の原則、男女の機会均等、不当労働行為の禁止、同一労働同一賃金等）による制約を受けるのは当然です。

ほかにも、嫌がらせ目的で不当に評価を下げたり、公益通報を行ったことの報復として評価を下げたりするといったことをすれば、そのような人事評価そのものが権利の濫用となる可能性があります。

もっとも、ご質問のケースでは、結果として労働者のパフォーマンスが一定の期間において使用者の期待値に満たなかったという理由により評価を下げるわけですから、嫌がらせ目的で行うものではありません。元来、人事評価には、企業に広範な裁量権が与えられていることを踏まえれば、客観的指標に基づき、正当に評価を行った結果、低い評価とせざるを得ないのであれば、それは権利の濫用とはいえないでしょう。

3.疾病と人事評価の関係

では、疾病を理由に人事評価を下げることは権利の濫用になるかどうかについて考えます。例えば、風邪をひいて一時的に業務遂行能力が低下した場合、それだけを理由に人事評価を下げることはできるでしょうか。

疾病はいつか治るものであって、一時的なものにすぎません。また、どんなに健康な人でもけがや病気になる可能性はあるのですから、けがや病気が原因でパフォーマンスが落ち、仕事が一時的

人事管理

に停滞したからといって、それだけで人事評価を下げ、賞与の額を低くしたり、昇給を見送ったりするといったことになるのは不合理です。

一方、メンタルヘルス不調の場合はどうでしょうか。メンタルヘルス不調も疾病の一類型ですから、基本的には風邪をひいたり、けがをしたりする場合と同様に考えるべきでしょう。したがって、メンタルヘルス不調に陥ったことにより一時的に業務遂行能力が低下したからといって、それだけを理由に人事評価を下げることは不合理との誹(そし)り(非難)を免れ得ません。

ただし、メンタルヘルス不調の場合は、一般に、風邪やけがと異なり、長期に及ぶ場合も少なくありません。そもそも人事評価とは、企業が各労働者について、一定期間における個人の業績、勤務態度、成長の度合いや能力の高さ等を観察し、分析ないし序列を付ける仕組みをいいますので、メンタルヘルス不調が長期に及び、個人の業績や勤務態度、業務遂行能力等に長期的に影響を及ぼす場合には、これを考慮して評価をすることも許されるものと考えます。

4. ご質問のケースが権利の濫用となるか

ご質問のケースでは期間の長短は定かではありませんが、うつ病によるパフォーマンスの低下が見られる期間が評価期間の大部分を占めるのであれば、疾病によるものであったとしても、パフォーマンスの低下を理由に人事評価を下げることは許されると考えます。ただし、理由が分かっていながらパフォーマンス低下の状態を長期間放置してきたとすれば、そのような企業側の態勢にも問題があります。

メンタルヘルス不調の要因がプライベートにあり、業務上の疾病ではないとしても、企業は労働者の健康状態に配慮して業務量の負荷軽減を図るべき義務(健康配慮義務)を負っています。たとえ、労働者からうつ病であるとの申告がなくとも、労働者が負荷軽減を求めていれば、これを考慮しなければなりません(東芝[うつ病・解雇]事件　最高裁二小　平26．3．24判決)。

ご質問のケースでは、休職するほどではなく、通院と薬の服用で対応可能との診断が出ていることから、直ちに対策を講じる段階には至っていないものと思われます。しかし、既に同僚や上司のフォローを必要としていますので、ある程度の期間様子を見て改善の兆しがなければ、評価を下げることよりも、まずは業務の負荷を軽減する、対人関係のストレスがより少ない部署へ異動させるといった配慮を検討すべきでしょう。

(神内　伸浩)

精神疾患が疑われる社員に対し、受診を命じた場合、費用は会社が負担すべきか

最近、仕事でミスが多くなり、身だしなみもだらしなくなってきた社員がいるので、精神疾患に罹患(りかん)しているのではないかと心配しています。医療機関への受診を命じ、早めに対処したいと思っていますが、こうした場合の受診や検査費用は会社が負担すべきでしょうか。また、通院・治療の必要が生じた場合は、本人負担としても差し支えないでしょうか。会社が発令する受診命令が認められるケースはどういうものかを含め、ご教示ください。

就業規則に根拠を定めており、受診命令の必要性および相当性が認められる場合は、受診を命じることができる。費用負担については、労使の協議で定めることになるが、会社が負担することが多いと思われる。なお、通院・治療にかかる費用は、会社に原因がある場合でない限りは、本人負担として差し支えない

1. 受診命令の可否

　会社が、労働者に対して受診命令を行うことができるか否かについては、電電公社帯広局事件（最高裁一小　昭61.3.13判決）において、判断されています。この事件では、就業規則を構成する健康管理規程において、労働者に健康保持増進に努める義務が定められている上、健康管理上必要な事項に関する健康管理従事者の指示を誠実に遵守する義務があることや健康回復を目的とした健康管理従事者の指示に従う義務があることとされていました。そのため、会社による健康回復を目的とする精密健診を受診すべき旨の指示や、病院ないし担当医師の指定および健診実施の時期に関する指示に従う義務があるとされています。

　このような判断がなされたことを踏まえて、端的にいえば、就業規則に定めがある場合、健康管理上必要な事項について、その必要性および相当性が認められる限りは、病院の指定や医師の指定も含めて命じることができると考えられています。

　一方で、治療に当たって医師を選択する自由は労働者にもあると考えられており、例えば、安衛法66条1項では事業者に労働者に対する健康診断を義務づける一方で、同条5項ただし書きにおいて労働者が選択した医師による健康診断の結果を提出することは許容されています。このような医師選択の自由が労働者に保障されていることを踏まえて、受診命令を根拠づける就業規則の合理性を肯定するに当たっては、自ら選択する医師による診察を受けることを制限するものではないことが求められると考えられます。

　したがって、病院や医師を指定した受診命令を行った場合であっても、労働者自身が決めた医師による診察を受けることを制限したり、会社の指定医以外を認めないといった態度を取ったりすることは適切とは言い難いでしょう。

　また、就業規則自体の合理性があるだけでなく、受診命令の必要性および相当性も問題となります。仕事のミスが多くなり、身だしなみがだらしなくなってきているとのことですが、加えて、欠勤や遅刻の増加などの勤怠不良が生じているか否かの確認や、本人と面談を行って心身の不調に関する本人の認識や原因の聴取なども行っておくほうがより適切でしょう。

2. 受診命令に基づく受診・検査費用

　先ほど紹介した安衛法66条1項に基づく健康診断に関して、厚生労働省は、事業者に法律上義務づけられた健康診断の費用は、当然に事業者が負担すべきものとの見解を示しています（昭47.9.18　基発602）。

　しかしながら、精神疾患への罹患が疑われている状況については、事業者において労働者を医師に受診させる義務を負担させるような法律上の根拠はなく、このような場合の受診や検査費用については、特段の決まりはありません。そのため、いずれが費用を負担するかについては、労使間の協議により定めるべき事項であり、必ずしも事業者が負担しなければならないわけではありません。

　ただし、本人の意思に委ねていては受診もままならない状況で推移してしまい、休職させるか判断するために必要な情報が入手できないという事態に陥ることもあり得ます。そこで、実務上の判断としては、指定医による診察を受けてもらうことは会社の判断に資する部分が大きいことも踏まえて、指定医における受診であれば会社において費用を負担することを明示して診察を命じることによって、医師の診断書の獲得に向けて動くことが多いでしょう。

3. 通院・治療に関する費用負担

受診命令に基づく医師の診察の結果、治療を要する状況になったときは、誰が負担すべきでしょうか。会社が受診命令をしたことをきっかけに治療を要することになったともいえそうですが、もともとの心身不調を来したのは労働者にも原因があることもあります。

事業者に労働者に対する安全配慮義務がある半面、労働者には、自分自身の健康を保持する義務（自己保健義務）があると考えられています。また、労働契約の基本的な義務として、労働者には、使用者に対する労務提供の義務があり、不完全な労務提供を行うことは債務不履行として、労働契約に違反することにもつながります。

労働者が自己保健義務を怠っているようなときには、事業主の安全配慮義務違反があったとしても過失相殺される関係にある（システムコンサルタント事件　東京高裁　平11．7．28判決）ほか、労務提供が不完全な場合（例えば、体調不良により早退せざるを得ない場合など）には賃金の控除につながります。

労働者に自己保健義務があることからすれば、労働者は、心身に不調を来したときには治療に当たり、健康な状態を回復すべきであり、その義務を履行するための費用については、労働者自身が負担すべきものでしょう。

なお、心身の不調が発症した原因が使用者にある場合は、労働災害に該当し、安全配慮義務違反が認められるときには、労働者の治療のために生じる通院・治療費のほか、休業補償や逸失利益なども使用者の責任になる可能性があるため、心理的負荷による精神障害の認定基準（令5.9.1基発0901第2）を参考に、原因となるような負荷要因の存否については調査しておくべきでしょう。

（家永　勲）

休日の接待を拒否する社員に当番制で参加を命じることは可能か

当社では長年の取引先との関係を大事にしており、社外での交流イベントや接待を頻繁に行っています。しかし、若手層の一部には「今どき時代遅れである」「休日出勤扱いにもならないのに参加したくない」と接待ゴルフ等への参加を拒否する社員がいます。確かに商談を行う場ではありませんが、関係づくりには必要であると考えており、また、参加する社員との公平性も問題となるところです。そこで、業務命令として拒否する社員に当番制で参加を命じることは問題でしょうか。

業務命令として接待やイベントへの参加を命じること自体に問題はないが、接待等に参加した労働者に対して、その時間分の賃金を支払う必要がある。業務命令とする代わりに自主的に接待等に参加した労働者に一定の手当を支給することも考えられる

1. 接待やイベントへの参加を業務命令とする場合

ご質問によりますと、接待やイベント（以下、接待等）について「休日出勤扱いにもならないのに参加したくない」との声もあることから、接待等への参加について業務とせず、労働時間として取り扱っていないものと見受けられます。それにより、接待等に参加した労働者にのみ会社のために接待等に参加する負担が生じているという不公平な側面は否めません。

その対処として、接待等への参加を拒否する人

に対して、業務命令によって当番制での参加を命じることについては、接待等が顧客との関係づくりになることから業務上の必要性はあり、その内容も不合理ではないため、業務命令自体が権利濫用により違法となるような問題はないものと思われます。

2.接待等への参加時間は労働時間に当たるか

接待等への参加を業務命令とする場合には、接待等の時間は当然に業務として労働時間に該当します。その結果、使用者は、接待等に参加した労働者に対して、その時間分の賃金（時間外労働、休日労働、深夜労働であれば、その分の割増賃金を含みます）を支払わなければなりません。

もっとも、この対応は、ご質問における接待等への参加を拒否する人に対して業務命令で当番制での参加を命じる場合のものですが、従前どおり接待等への参加を拒否せず任意で参加する人についての取り扱いも検討が必要です。現実的には、接待等への参加を拒否した人が業務命令を受けて参加し賃金の支払いを受け、任意で参加した人が業務命令ではないとして賃金の支払いを受けられないという帰結は、不均衡であることは明らかですので、同様に取り扱う必要があるでしょう。

また、法的な観点としても、以下のように考えられます。労働時間の該当性については、「使用者の指揮命令下に置かれている」か否かによって判断され、「労働者が、就業を命じられた業務の準備行為等を事業所内において行うことを使用者から義務付けられ、又はこれを余儀なくされたときは、当該行為を所定労働時間外において行うものとされている場合であっても、当該行為は、特段の事情のない限り、使用者の指揮命令下に置かれたものと評価することができ、当該行為に要した時間は、それが社会通念上必要と認められるものである限り、労働基準法上の労働時間に該当する」とされています（三菱重工業長崎造船所事件　最高裁一小　平12.3.9判決　民集54巻3号801ページ）。これが原則的な労働時間の考え方に当たりますが、研修に関して示した通達において、

「労働者が使用者の実施する教育に参加することについて、就業規則上の制裁等の不利益取扱による参加の強制がなく自由参加のものであれば、時間外労働にはならない」（昭26.1.20　基収2875、平11.3.31　基発168）とされており、労働時間該当性の判断として、接待等への参加についても参考となります。

接待等への参加を拒否する人に対して業務命令での参加を命じることが予定されるとなると、労働者が接待等に任意で参加する場合であっても、事実上、接待等への参加が不可避ですので、参加を余儀なくされているものと考えられます。そのため、業務命令による場合と同じく、接待等に積極的に参加した労働者にも、その時間分の賃金（時間外労働、休日労働、深夜労働であれば、その分の割増賃金を含みます）を支払う必要があることになります。

3.接待等への参加手当

以上のように、接待等を業務命令とする場合には、その分の賃金を支払わなければならないため、会社における賃金の負担が増えることになります。また、接待等への参加に積極的ではない人を参加させることは、取引先との関係づくりという目的からしてもあまり得策ではないようにも思われます。

現状の運用について、自ら参加する人と参加を拒否する人の間の負担が不公平となっていることが問題であるとすると、他の解決策として、自主的に接待等に参加した人に対して、一定の手当を支給することで、多少の不公平を解消することも考えられます。

この場合、接待等への参加に一定の手当を支給するとしても、接待等に参加しない人に懲戒処分を科したり人事評価で不利益に取り扱ったりしないのであれば、接待等に自ら手を挙げて参加する人については、接待等への参加を強制されるような状況ではないため、接待の時間は労働時間ではないと考えられます。

そのため、自主的な接待等への参加に一定の手

当を支給することにより、接待等への参加を業務命令とする場合と比較して賃金の負担を軽度にしつつ、かつ、接待等に参加しない人との不公平の緩和を図ることもできますので、検討に値する方策となるものと思われます。

（菅原　裕人）

Q77 香水の匂いがきつい社員を「職務遂行妨害」として懲戒処分することは可能か

　ある社員より、「同僚の香水の匂いがきついせいで頭痛がし、仕事に集中できない状態が続いている」との苦情が寄せられました。管理職や他の社員にも事情を聞いたところ、同じ意見でしたが、香りのことなので指摘しづらいこともあり、誰も本人には注意をしていない状況でした。当社の就業規則には、「他の社員の職務遂行を妨げる行為は原則として譴責処分とする」と定めてありますが、今回のケースを譴責処分としても問題ないでしょうか。

　香りのことについて触れづらい側面はあるものの、他の社員の職務遂行に悪影響が出ている場合は、懲戒処分または指導の対象とすることは可能である。ただし、懲戒処分を行うか否かについては、その影響の範囲や程度も考慮して慎重に検討すべきである

1. 身だしなみや服装などの私的な事項を懲戒処分の対象にできるか

　私的な事項の延長線上にある事象を懲戒処分や業務命令による改善の対象とすることができるのでしょうか。

　使用者は、労働者に対して、企業秩序維持や施設管理を目的として、広く懲戒処分の対象となる服務規律を定めることや業務命令の対象とすることができると考えられています。ただし、労働契約があくまでも労働時間中の労働者に対する法的な拘束を生じさせるにすぎないことから、労働時間外の私的な事項に対してまで懲戒処分や業務命令の対象とすることはできないと考えられています。

　あくまでも、労働時間外における私的な事項が、業務遂行中の職務専念義務に抵触する場合、企業秩序を乱す場合その他施設管理の観点から許容し難いものにまで及ぶまたは影響があるような場合に限って、これを懲戒処分や業務命令の対象とすることができると考えられます。

　香水による匂いの問題に触れる前に、香水と私的な事項という意味で共通点がある身だしなみや服装、体形などの私的な事項に対する過去の裁判例の判断を紹介します。

　まず、バスの運転手の事例ですが、ひげを生やしていたことを人事考課上不利に扱ったことが違法であるか争われた事案があります（大阪市交通局事件　大阪高裁　令元. 9. 6判決　労判1214号29ページ）。この事件では、「労働者のひげに関する服務規律は、事業遂行上の必要性が認められ、かつ、その具体的な制限の内容が、労働者の利益や自由を過度に侵害しない合理的な内容の限度で拘束力を認めるべき」としつつも、「身だしなみ基準を、職員の任意による協力以上の拘束力を持ち、人事考課において考慮事情とし得ると解するとすれば、それを合理的な制限であると認めることはできない」として、ひげを生やしていたことを人事考課上不利に評価したのは違法であると結論づけました。

　そのほか、髪形や体形に関する言動がセクシュ

アルハラスメントに該当するか否かについて判断した事案があります（東京地裁　平25.11.12判決判タ1418号252ページ）。これは高級ブランドを販売する企業において、社長が人事部長を通じて、労働者に対して、本社から訪問者が来た際に競合ブランドの服を着て応対されると困ることを告げた上で、明らかに競合ブランドと分かる服装ではなく、安価な服を組み合わせることでもよいので自社のブランドらしい服装をするよう指導したこと、自社のブランドイメージに合った髪形にするよう指導するとともに、もう少し痩せる努力をするよう指導したという内容が問題となりました。この事案では、対象となった労働者が、責任のある役職（部長職）に就いて高額な報酬を得ており、服装手当（年間140万円）も支給されていたことなどを考慮して、これらの言動がセクシュアルハラスメントに該当すると断じ難い面があると判断されました。

　当該裁判例は、服装や体形、髪形に対して指導することが許容され得るという珍しい判断だと思われ、これらの事項に対する指導について高級ブランドのイメージを維持することの重要性や高い役職であったことが影響しており、一般化はできないでしょう。しかしながら、業務に対する支障や悪影響が生じ得る場合であれば、私的な事項に対して指導を行うことが直ちにセクシュアルハラスメントに該当するわけではないということを示している例であるともいえます。

2.香水などの匂いに対する注意指導は可能か

　香水などの匂いに対する指導についても、身だしなみ、服装、髪形、体形などと同様に私的な事項に含まれるものであり、原則として、これを理由とした懲戒処分や業務命令を行うことには慎重であるべきでしょう。

　ご質問では、「他の社員の職務遂行を妨げる行為は原則として譴責処分とする」という規定に基づき懲戒処分を行うことを検討されています。当該規定は直接的に私的な事項を対象として懲戒処分を行うというものではなく、あくまでも「他の社員の職務遂行を妨げる」という業務支障が生じたときに懲戒処分を行うものです。そのため、香水による匂いが職務遂行を妨げるに至っているのであれば、当該根拠に基づき懲戒処分を行うことができると考えられます。

　しかしながら、当該規定を適用するに当たって、どの程度の職務遂行への支障が生じていれば懲戒処分を行うことが相当といえるのかという問題については、慎重に検討する必要があります。前述したひげに関する服務規律が争われた裁判例においても、ひげに関する身だしなみが私的事項であることを考慮して、「労働者のひげに関する服務規律は、事業遂行上の必要性が認められ、かつ、その具体的な制限の内容が、労働者の利益や自由を過度に侵害しない合理的な内容の限度で拘束力を認めるべき」と判断されており、私的事項への制限は限定的に解釈すべきと考えられています。

　そうとすれば、職務遂行への具体的な支障の程度を把握する必要があり、どのくらいの範囲で他の社員の業務遂行に支障が生じているのか、全体の労働時間に対して支障が生じている時間数がどの程度の割合を占めているのかといった具体性を確認することが重要でしょう。

　ご質問では既に複数名の社員が同様の認識を示しているという事情からすると、職務遂行を妨げる事情の具体性もあるといえそうです。とはいえ、私的な事項の制限を謙抑的にする観点からは、懲戒処分を行う前に、まずは任意の協力を求め、それでもなお継続する場合に、なぜやめられないのかといった理由を述べる弁明の機会を付与した上で、最終的に懲戒処分が必要かつ相当であるか、慎重に判断すべきでしょう。

（家永　勲）

人事管理

Q78 産業医面談を避けるため残業時間を過少申告する管理職にどう対応すればよいか

当社では、月の残業時間が60時間を超えた場合に産業医面談を実施することとしています。しかし、管理職の中には、明らかに月60時間を超える残業をしているにもかかわらず、過少申告をすることで産業医面談を避けようとする者がいます。この場合、どのように対応すればよいのでしょうか。

管理職であっても、労働時間について過少申告せずに適正把握に協力することが必要であり、違反時には業務命令や懲戒処分の対象となり得ることを示しつつ、産業医面談の対象になることの理解を求めることが適切である

1.管理職に対する労働時間管理

　管理職とは、労基法41条が定める「管理監督者」に該当する労働者を指している場合と、一定の役職に就いている労働者を指している場合があります。後者に該当するだけの場合は、通常の労働者ですので、当然に労働時間管理を適正に行わなければなりません。

　他方で、管理監督者であれば、労働時間、休憩、休日に関する規定が適用されないことになりますので、労働時間管理の管理対象から除外することができるようにも見えます。また、管理監督者に該当するためには、「労働条件の決定その他労務管理について経営者と一体的な立場にある者」をいうと考えられており（昭22．9.13　発基17、昭63．3.14　基発150）、その判断に当たっては、①その職務や責任から見た労務管理上の使用者との一体性があり、部下の査定など一定の人事権を有していること、②自らの勤務時間を自主的・裁量的に決定しており、遅刻・早退への賃金カットなど出社・退社の時間の拘束がないこと、③賃金、手当等の面でその地位にふさわしい待遇を受けており、時間外割増賃金等に相当する基本給増額や管理職・役付手当等の支給を受けていることなどが考慮要素とされています。これらのうち、特に②については、時間の拘束を否定しているかのように見えることから、労働時間管理をすることが、この要素を充足しない原因になりかねないというジレンマも抱えているようにも思われます。

　しかしながら、平成31年４月以降、働き方改革の一環で改正された安衛法により、状況は変わっています。

　同法66条の８の３では、労働者の「労働時間の状況」の把握が義務づけられています。これらの規定が定める「労働者」について、管理監督者は除外されていませんので、管理監督者等を含むすべての労働者の労働時間の状況について、客観的な方法その他適切な方法で把握することが義務づけられるようになりました。さらに、同法66条の８は、労働時間の状況等が一定の基準を超える場合、医師による面接指導を義務づけ、同条が定める一定の基準として、安衛則52条の２が、時間外および休日労働の合計が80時間を超え、かつ、疲労の蓄積が認められる者を対象として、産業医による面接指導を義務づけています。これらに関連して、事業主は、当該労働者の労働時間の状況について産業医へ提供しなければならず、労働者からの申し出に応じて医師による面接指導を行わなければならないものとされています。

　会社がこれらの義務を遵守するためには、管理監督者についても、労働時間の状況を正確に事業主が把握する必要があることから、面接指導の基準を充足しているか否かについて管理監督者の労働時間の状況を把握することは、管理監督者性を

185

否定する要素として考慮されるべきではないでしょう。

したがって、会社が、管理職の労働時間を適正に把握することは、安衛法上の規制を遵守するためにも必要なこととなっています。

2.不正確な労働時間管理により生じるリスクとその予防

労働時間の過少申告が行われていた場合、会社には、安衛法違反の状況を引き起こすおそれが生じるほか、当該労働者が過重労働により健康を害した場合には安全配慮義務違反に基づく損害賠償責任を負担するおそれもあります。また、管理監督者ではない管理職であった場合には、未払い残業代が生じることにもなります。

過重労働によって健康を害するような事態を未然に防止するための制度が医師による面接指導であり、貴社において残業が60時間を超えた場合に産業医面談を義務づけられていることも、その内容は法令の規制に上乗せして労働者への安全配慮を尽くそうとするものであり、合理的な内容の就業規則として労働者を有効に拘束するものと考えられます。

当該管理職は、明らかに月の残業時間が60時間を超えているとのことであり、本人が過少申告していること自体は裏づけられているものと考えられます。60時間を超えたか否か判断する方法については、就業規則に特段の指定がない限り、労働時間の状況の把握と同時に、その時間数は客観的に労働時間を把握して判断されるべきであり、たとえ管理職であったとしても、60時間を超過しているにもかかわらず産業医面談を受けない行為

は、就業規則違反を構成するものと考えることができるでしょう。

したがって、会社は、当該管理職に対して、就業規則違反を理由とした懲戒処分を科すことのほか、過少申告をやめること、産業医面談を受けることを内容とする業務命令を行うことが可能であると考えられます。

3.ご質問への回答

管理職である社員が、なぜ労働時間を過少申告するのかという点も気にかかります。産業医面談を避けるため以外の理由としては、時間外労働の適用がないので労働時間管理に無頓着になっているといった理由も考えられそうですし、産業医面談によって業務軽減を求められると管理職としての役割を果たせないことを不安視しているのかもしれません。

いずれにせよ、たとえ管理監督者であったとしても客観的な方法による労働時間の状況の把握には協力する必要があることや、過少申告が継続するようであれば業務命令や懲戒処分の対象となり得ることを理解してもらうことで、過少申告を予防し、産業医面談を実現することが重要でしょう。

心身ともに不調でないのであれば、面接指導を受けたとしても産業医から必ずしも業務軽減や時間外労働の削減等の指示が出るとは限りません。過重労働によって健康を害する状況になる前に面接指導を受けておくことの重要性を理解してもらうことも必要であると考えられます。

（家永　勲）

人事管理

Q79 完全月給制の従業員が私的なけがを理由に中抜けや早退を繰り返す場合、人事評価を下げてもよいか

　ある従業員が休日の私的な外出中に大けがをしました。その後、傷が痛む等の理由で勤務時間内に中抜けや早退を繰り返し、有給休暇を使い切って欠勤も数日に及びます。こうした勤務状況につき他の従業員から苦情が寄せられ、対応を考えているところ、当該従業員は完全月給制のため、欠勤控除ができません。度重なる欠勤を理由に、人事評価を下げることは可能でしょうか。

 人事評価を下げることは可能

1．完全月給制とは

　賃金形態は、まず、一定の労働時間を単位として賃金を計算する「定額制」と、出来高に応じて賃金を決定する「出来高制」に分けられます。

　定額制の場合、賃金計算の基礎となる期間の長さが、1時間、1日、1週間、1カ月あるいは1年であるのに応じて、時間給、日給、週給、月給あるいは年俸というように区分されます。また、一般に、月給は欠勤時の賃金カットの有無により「日給月給」と「完全月給」に区分されます。単に「月給」という表現の場合、完全月給を指すことが多いのですが、混同を避けるため、日給月給に対し完全月給という表現が用いられています（給与・賞与・退職金実務研究会編『給与・賞与・退職金実務の手引』［新日本法規出版］803～804ページ）。

　今回のケースの場合、欠勤の賃金カットをしないことから、完全月給制として取り扱っているということになります。

2．人事評価（人事考課）とは

　人事評価とは、端的に言うと、上司が日常の業務遂行を通じて部下を評価することです。もう少し敷衍すると、従業員の能力・成果を評価し、賃金や処遇を決定する制度といえるでしょう。「人事考課」「査定」と呼ばれることもあります。

　人事評価は、「従業員の状態を知り、評価する機能を担う管理活動であり、賃金のほか、従業員の適正配置、昇進・昇格等の処遇の決定、能力開発に活用されるもの」と整理されたり、「人事評価制度の目的ないしねらいは、①従業員の能力・適性等を分析、評価し、適正配置をなすことにより労働力の効果的活用をはかる、②従業員の能力・業績を評価し、賃金、賞与、昇進等に反映させることにより業務効率の向上をはかる、ことの二点にある」と説明されたりしています（第一東京弁護士会労働法制委員会編著『多様化する労働契約における人事評価の法律実務』［労働開発研究会］22～23ページ）。

3．人事評価（人事考課）に対する法的制約

　上述のとおり、人事評価は、賃金、賞与、昇進・昇格等、処遇の決定に影響を与えるものですが、人事評価を行うに当たって法的に制約があるのでしょうか。

　この点、人事評価に関する明確な制約を規定した法律はありませんが、労基法は、「使用者は、労働者の国籍、信条又は社会的身分を理由として、賃金、労働時間その他の労働条件について、差別的取扱をしてはならない」という均等待遇（3条）、「使用者は、労働者が女性であることを理由として、賃金について、男性と差別的取扱いをしてはならない」という男女同一賃金（4条）について定めています。また、障害者雇用促進法

187

35条は「事業主は、賃金の決定、教育訓練の実施、福利厚生施設の利用その他の待遇について、労働者が障害者であることを理由として、障害者でない者と不当な差別的取扱いをしてはならない」としているほか、労組法7条は、使用者は「労働者が労働組合の組合員であること、労働組合に加入し、若しくはこれを結成しようとしたこと若しくは労働組合の正当な行為をしたことの故をもつて、その労働者を解雇し、その他これに対して不利益な取扱いをすること又は労働者が労働組合に加入せず、若しくは労働組合から脱退することを雇用条件とすること」等をしてはならないと定めており、これら諸規定は、人事評価を法的に規制するものといえます。

もっとも、これらの規制以外においては、人事評価は、使用者が労働契約において持っている人事権の一部であると捉え、広範な裁量権を肯定するというのが、これまでの裁判例、そして学説です。例えば、「企業の行う人事考課は、その性質上当該企業の広範な裁量に委ねられている」とし、人事考課が恣意的に行われた場合には、裁量権の逸脱として不法行為になるとした裁判例(安田信託銀行事件 東京地裁 昭60.3.14判決 労判451号27ページ)があります。そのほかにも、人事考課が使用者の経営に重大な影響を及ぼすものであることに鑑みれば、いかなる人事考課を行うかは、「基本的には使用者の人事権の裁量の範囲内の問題である」とした裁判例(住友生命保険事件 大阪地裁 平13.6.27判決 労判809号5ページ)、人事考課は使用者の「自由裁量に属する事柄」であると判断した裁判例(マナック事件 広島高裁 平13.5.23判決 労判811号21ページ)があります。

4．ご質問のケースの場合

ご質問のケースでは、私的な外出中に大けがをした従業員が、そのけががもとで遅刻や欠勤を繰り返しているということですが、上述のとおり、使用者には人事評価に関して裁量があり、使用者として、どのような要素を考慮してこれを行うのかを決定することができます。そこで、本来働くべき就業時間帯・労働日に働けていないこと、他の従業員からも苦情が出ていることを考慮し、低い査定とすることは問題がないものと考えます。

ただし、貴社では完全月給制を採用しており、欠勤してもその分の給与は減らさないとのことですので、その趣旨が、欠勤した場合でも給与は減らさないし、査定でも不利益に取り扱わないということまで内容に含むと認められる場合には、欠勤を考慮して低い査定とすることは、裁量権を逸脱したものとして不法行為に該当すると判断される可能性があります。

したがって、なぜ完全月給制という制度を導入したのか、その趣旨を深掘りした上で対応を決めるのがよろしいかと思います。

(岡崎 教行)

酒席でセクハラをしたことがある社員を、会社の歓送迎会に参加させないことは可能か

当社では、社員が退職する際、会社が費用を一部負担し、部署単位の送別会(参加は自由)を開催する慣行があります。現在、退職が決まった社員Aの送別会を企画しているのですが、過去に酒席でセクシュアルハラスメント(以下、セクハラ)行為をし、譴責の懲戒処分を科したことがある社員Bについては、参加を禁止したいと考えています。ただ、こうした一種の会社行事に特定の社員を参加させないことが、人間関係からの隔離など、Bに対するハラスメントに当たらないかを懸念しています。どのように考えればよいでしょうか。

参加を禁止するか否かは、①社員Bのセクハラがどのような内容のものであったのか、②行われた時期はいつ頃か、③セクハラの被害者である社員が出席するのか、④他の社員は、社員Bのセクハラをどのように受け止めているのか——などの事情を踏まえて判断すべきである

1.セクハラと事業主の措置義務
[1]セクハラとは

セクハラとは、一般に「職場において行われる性的な言動に対するその雇用する労働者の対応により当該労働者がその労働条件につき不利益を受け、又は当該性的な言動により当該労働者の就業環境が害されること」をいいます（均等法11条）。また、職場におけるセクハラについて「事業主が職場における性的な言動に起因する問題に関して雇用管理上講ずべき措置についての指針」（平18.10.11　厚労告615、最終改正：令2.1.15厚労告6。以下、セクハラ指針）では、「対価型セクハラ」（労働者の意に反する性的な言動に対する労働者の対応により、当該労働者が解雇、降格、減給等の不利益を受けること）と「環境型セクハラ」（労働者の意に反する性的な言動により労働者の就業環境が不快なものとなったため、能力の発揮に重大な悪影響が生じる等、当該労働者が就業する上で看過できない程度の支障が生じること）の二つに分類されています（セクハラ指針2(1)(5)(6)）。

[2]事業主が職場におけるセクハラに関して雇用管理上講ずべき措置

均等法11条1項は、事業主に対し、職場におけるセクハラに関して雇用管理上必要な措置を講じる義務を定めており、この措置義務の内容は、セクハラ指針（4(1)～(4)）により具体化されています。その概要は以下のとおりです。

> ア　事業主は、セクハラの内容およびセクハラがあってはならない旨の方針を明確化し、管理・監督者を含む労働者に周知・啓発すること。
> イ　相談窓口を定め、相談に応じ適切に対応するために必要な体制を整備すること。
> ウ　事実確認ができた場合には、セクハラを受けた労働者の継続就業が困難とならないよう、被害者と行為者との関係改善の援助、引き離すための配置転換など事後の迅速かつ適切な対応を取ること。
> エ　アからウまでの措置と併せて、相談者・行為者等のプライバシーを保護するために必要な措置を講じ、周知すること。

2.パワハラの概要と"人間関係からの切り離し"
[1]パワハラと法改正の動向

いじめ・嫌がらせなど、職場のハラスメントは近年大きな問題となっていますが、パワーハラスメント（以下、パワハラ）対策を明記した労働施策総合推進法（以下、ここでは「パワハラ防止法」とします）によれば、パワハラとは、「職場において行われる優越的な関係を背景とした言動であって、業務上必要かつ相当な範囲を超えたものによりその雇用する労働者の就業環境が害される」ものをいうと定義されています（30条の2第1項）。

パワハラの定義については、平成24年2月の「職場のいじめ嫌がらせ問題に関する円卓会議ワーキング・グループ報告書」（WG報告書）において議論が示され、その後、平成30年3月の「職場のパワーハラスメント防止対策についての検討会報告書」において示された議論を踏まえたものと考えられますが、パワハラ防止法は、同報告書が示したパワハラ成立の3要素、①優越的な関係に基づいて（優位性を背景に）行われること、②業務の適正な範囲を超えて行われること、③身体的・精神的な苦痛をあたえること、または就業環境を害すること——のすべてを満たすことを要件として整理したとものといえます。

[2]行為類型と具体例

　なお、「事業主が職場における優越的な関係を背景とした言動に起因する問題に関して雇用管理上講ずべき措置等についての指針」（令2.1.15厚労告5）は、パワハラにおける六つの代表的な行為類型について、それぞれ上記①ないし③のパワハラの要素を満たすものとそうでないものを例示しています。

〈パワハラにおける六つの行為類型〉

ⅰ　身体的な攻撃（暴行・傷害）

ⅱ　精神的な攻撃（脅迫・名誉毀損・侮辱・ひどい暴言）

ⅲ　人間関係からの切り離し（隔離・仲間外し・無視）

ⅳ　過大な要求（業務上明らかに不要なことや遂行不可能なことの強制・仕事の妨害）

ⅴ　過小な要求（業務上の合理性なく能力や経験とかけ離れた程度の低い仕事を命じることや仕事を与えないこと）

ⅵ　個の侵害（私的なことに過度に立ち入ること）

　この行為類型のうち「ⅲ　人間関係からの切り離し（隔離・仲間外し・無視）」についていえば、「自身の意に沿わない労働者に対して、仕事を外し、長期間にわたり、別室に隔離したり、自宅研修させたりする」ことは、①ないし③のパワハラの要素を満たすとしています。これに対し、新人社員を研修する目的で、短期間集中的に個室で研修等の教育をすることは、パワハラに該当しないとしています。

3.ご質問のケースにおけるパワハラの成否

[1]"職場"か否かの判断

　酒席であっても、実質上職務の延長と考えられるものは職場に該当しますが、その判断に当たっては、職務との関連性、参加者、参加が強制的か任意か等を考慮して個別に判断する必要があります。

　セクハラに関する裁判例ですが、銀行の支店長が意思疎通を図るためとして女子行員を食事に誘い、その後、支店長であることから会員となり自由に使用可能であったホテルのクラブ内においてセクハラを行った事案では、銀行の責任が認められています（京都セクハラ［日銀支店長］事件京都地裁　平13.3.22判決）。また、大阪セクハラ（S運輸）事件（大阪地裁　平10.12.21判決）では、職場の懇親を図るために企画された飲み会におけるセクハラについて、職務に関連させて上司たる地位を利用して行われたものであるとし、当該上司の責任とともに、会社の使用者責任も認められています。

[2]ご質問のケースでの検討

　そうしますと、ご質問にあるような退職者の送別会についても、職場の延長線にあるものと考えられ、理由なく参加を拒むことは職場の人間関係からの切り離し（上記ⅲ）として、パワハラに当たり得ます。

　ご質問では、過去酒席でセクハラを起こした社員Bに対し、Aの送別会への参加を禁止したいということですが、①社員Bのセクハラがどのような内容のものであったのか、②行われた時期はいつ頃か、③セクハラの被害者である社員が出席するのか、④他の社員は、社員Bのセクハラをどのように受け止めているのか——などの事情を踏まえて判断する必要があります。

（加茂　善仁）

人事管理

 配偶者から暴力を受けている疑いがある従業員に対し、会社としてできることはあるか

当社の従業員で、家庭内で配偶者から暴力を受けている疑いのある者がいます。最近、気分が落ち込んでいるように見え、突然会社を休むなど様子もおかしいため、上司が本人に話を聞いたところ、「配偶者から無視されることが多く、生活費も与えられず困窮しており、精神的に参っている」とのことでした。このような場合、会社として何かできることはあるのでしょうか。

 当該従業員の意思の尊重、プライバシーの確保に留意しつつ真摯に話を聴くことが望ましい。その上で、具体的なアドバイスや支援については公的相談窓口等を利用するよう情報提供するのがよい

1．配偶者からの暴力とは

　配偶者からの暴力（DV）とは、広い意味では、殴る蹴る、物を投げ付けるなどの身体に向けられた直接的な加害行為（身体的暴力）のみでなく、人格を否定するような暴言や交友関係を細かく監視するなどの精神的な嫌がらせ、自分や家族に危害が加えられるのではないかといった恐怖を与えるような脅迫（心理的攻撃）、生活費を渡さない・外で働くことを制限する（経済的圧迫）、嫌がっているのに性的な行為を強要すること（性的強要）などを含みます。

　内閣府男女共同参画局が作成した「男女間における暴力に関する調査報告書」（令和6年3月）によれば、「女性の約4人に1人、男性の約5人に1人は、配偶者から被害を受けたことがあり、女性の約8人に1人、男性の約14人に1人は何度も受けている」「被害を受けた女性の約4割、男性の約6割はどこにも相談していない」「被害を受けた女性の約7割が『別れたい（別れよう）』と思っているが、男性の約5割は『別れたい（別れよう）』とは思わなかった」「被害を受けたことのある人の約8人に1人、そのうち女性の約6人に1人は命の危険を感じた経験がある」などの実態が明らかにされています。

2．DV防止法

　わが国では、配偶者からの暴力の実情を踏まえ、配偶者からの暴力の防止及び被害者の保護等に関する法律（以下、DV防止法）が平成13年に議員立法により成立しています。

　同法は、配偶者からの暴力について、「配偶者からの身体に対する暴力又はこれに準ずる心身に有害な影響を及ぼす言動」としており、前述した広い意味での配偶者からの暴力よりも狭いものとして定義されています。

[1]配偶者暴力相談支援センター

　DV防止法では、各都道府県に配偶者暴力相談支援センターとしての機能を果たす施設を設置するものとされています（3条）。

　同センターでは、①相談に応ずること、または相談機関の紹介、②カウンセリング、③被害者および同伴者の緊急時における安全の確保および一時保護、④被害者の自立生活促進のための情報提供その他の援助、⑤保護命令制度の利用についての情報提供その他の援助、⑥被害者を居住させ保護する施設の利用についての情報提供その他の援助などの業務を行うものと定められています。

[2]保護命令

　配偶者からの身体に対する暴力または生命等に対する脅迫を受けた者（※1）がその後に配偶者から身体に対する暴力を受けた場合において、その生命または身体に重大な危害を受けるおそれが大きいとき（※2）には、裁判所は①被害者の身辺のつきまといおよび徘徊の禁止（6カ月間）、

191

②被害者とともに生活の本拠としている住居からの退去（2カ月間）、③被害者本人への接近禁止命令の実効性を確保するため、面会の要求・監視の告知・乱暴な言動・無言電話・被害者の子または親族等への接近等の行為の禁止（6カ月間）などの保護命令を発出することができるものとされています。

※1　令和6年4月1日施行のDV防止法の改正（以下、改正法）により、「自由、名誉もしくは財産に対し害を加える旨を告知してする脅迫を受けた者」が追加された。

※2　改正法により、「さらなる身体に対する暴力または生命・身体・自由・名誉もしくは財産に対し害を加える旨を告知してする脅迫により生命または心身に重大な危害を受けるおそれが大きいとき」に拡大された。

3.DV被害の相談と援助・支援

DV被害を受けた場合には、上述した配偶者暴力相談支援センターのほか、都道府県警察、福祉事務所、児童相談所等の公的機関、民間団体など、さまざまな組織に被害相談や援助・支援・保護を求めることができます。

また、DV被害に関する全般的な公的相談窓口として、全国共通の電話番号（#8008）から各都道府県の中核的な相談機関を案内する「DV相談ナビ」や、専門の相談員が24時間365日、電話・メール・チャットで対応し、必要に応じて、面接、同行支援などの直接支援、安全な居場所の提供を行う「DV相談＋（プラス）」などがあります。

援助・支援についても、上述したDV防止法に基づく保護命令のほか、加害者からの一時避難、健康保険・年金の手続き、被害者の医療機関への受診、生活拠点の確保、生活資金の確保、告訴等の被害申告、離婚等の法的手続きなど多岐にわたります。

4.ご質問に対する回答

貴社では、配偶者からの暴力を受けていると思われる従業員について、会社としての支援や援助を検討されているとのことです。

DV被害についての社会的な理解が広がっているとはいえ、前掲の内閣府調査でも「被害を受けた女性の約4割、男性の約6割はどこにも相談していない」と回答しており、一人で抱え込んでしまうことが少なくありません。

ご質問のケースのように従業員自身がDV被害を打ち明けた場合には、真摯に話を聴くことが大切です。その際には、本人の安全確保や意思の尊重、プライバシーの確保に留意する必要があります。

もっとも、DV被害に対する具体的なアドバイスや支援については、専門的な知識や経験を必要とします。このため、担当者にこのような専門的な知識や経験がない場合には、独自の判断で踏み込んだアドバイスや支援をすることは避け、基本的にはDV被害対応に習熟した公的機関や民間団体の相談窓口等を利用するよう従業員に対し情報提供するのがよいでしょう。

公的機関等への相談を経て当該従業員が解決に向けて行動する場合には、会社として、本人の一時避難先や転居先の住所地としての取り扱い、会社からの郵便物の転送、配偶者からの所在確認への対応、休暇の申請等について便宜を図るなど、間接的にサポートする方法を検討するのはよいことだと思います。

（西濱　康行）

人事管理

 体調が優れない妊娠中の社員に対し、休職を命じることは可能か

先日、社員から妊娠したとの報告がありました。現在つわりがひどいようで、当日になって休みの連絡を受けたり、出社しても遅刻・早退したりすることが多く、勤務が安定しません。こうした状況のため、当該社員の業務が滞っており、所属部署のメンバーから不満が出ています。本人には勤務する意思があるようですが、当該部署としては、無理して就業を続けるよりは、体調が落ち着くまで休職してもらったほうが業務運営上スムーズとのことです。本人から特に申し出がない場合に休職を命じることは可能でしょうか。

 会社に私傷病休職の制度があり、その要件を満たす場合には、休職命令を行う余地はあるが、妊娠・出産等を理由とする不利益な取り扱い（均等法9条3項）に該当しないよう留意が必要

1.休職命令の可否

労働契約は、労働者が労務の提供をし、使用者がその対価として報酬を支払うことを合意する契約です。休職命令は、労働者が契約どおりの労務を提供しようとしているにもかかわらず、使用者が労働者の労務の受領を拒絶するものであるため、原則として使用者が労働者を一方的に休職させることはできません。

もっとも、実務上は、多くの会社において、私傷病その他の事情により、労働者を就労させることが適切ではない場合に備え、就業規則等で休職制度を設け、一定の場合には休職を命じることができるようにしています。就業規則等により休職制度が定められている場合には、その規定が合理的である限り、労働者が休職を希望していなくとも、使用者は、当該規定に基づき、休職を命じることが可能であると考えられています。

就業規則等で規定する私傷病休職の要件としては、①一定期間連続して欠勤した場合、②従業員が私傷病等により「労務を提供できない状態にある場合」などと定めることが一般的です。

上記①のような要件が規定されている場合には、その期間の設定が合理的である限り、休職命令の可否が問題となることはほとんどありません。期間については、実務上は1カ月程度（最低でも2週間程度）とすることが多いでしょう。

他方、上記②のような抽象的な規定を根拠に休職を命じる場合には、要件の充足性をめぐって従業員とトラブルになる可能性があるため、注意が必要です。休職制度は、一時的に労務を提供できない状態にある従業員の解雇を回避・猶予するための制度であると解されていることから、「労務を提供できない状態にある場合」に該当するか否かの判断は、解雇事由の存否を判断する際と同様に慎重に行う必要があるとする見解もあります。また、職種や業務内容を限定せずに採用された従業員の場合には、従前担当していた業務について労務の提供ができない状態にあるというだけでは足りず、会社内に他に遂行可能な業務がないか否かについても検討することが求められます（片山組事件　最高裁一小　平10. 4. 9判決および片山組〔差戻審〕事件　東京高裁　平11. 4.27判決）。

会社が、休職命令の要件を充足すると判断して同命令を発する場合にも、将来のトラブルを予防する観点から、対象となる労働者に対して十分な説明を行い、本人と協議するなどの配慮をした上で進めることが望ましいでしょう。

193

2.妊娠・出産等を理由とする不利益な取り扱いの禁止

妊娠中の女性労働者に対して休職を命じるに当たっては、それが妊娠・出産等を理由とする不利益な取り扱いに該当しないよう留意する必要があります。

すなわち、均等法9条3項は、雇用する女性労働者が①妊娠・出産をしたこと等を②「理由として」、当該女性労働者に対して③「解雇その他不利益な取扱い」をすることを禁止しています。

同条3項の①妊娠・出産等には、妊娠・出産をしたことそれ自体に加えて、「妊娠又は出産に起因する症状により労務の提供ができないこと若しくはできなかつたこと又は労働能率が低下したこと」も含まれます(同法施行規則2条の2第9号)。そして、ある措置が②妊娠・出産等を「理由として」いるか否かは、妊娠・出産等と不利益取り扱いとの間に因果関係があるか否かで判断されるとされており(「労働者に対する性別を理由とする差別の禁止等に関する規定に定める事項に関し、事業主が適切に対処するための指針」平18.10.11 厚労告614、最終改正:平27.11.30厚労告458〔以下、均等法指針〕第4-3-(1))、「妊娠・出産等」の事由を「契機として」(妊娠・出産等の事由が生じた期間と時間的に近接して)不利益取り扱いを行った場合には、原則として「理由として」行われたものと解されるとされています(平27.1.23 雇児発0123第1)。

均等法指針第4-3-(2)では、③「解雇その他の不利益な取扱い」に該当するものとして、「イ」～「ル」の11の行為が例示されており、休職命令に近いものでは、「ト 不利益な自宅待機を命ずること」が挙げられています。そして、事業主が、産前産後休業の休業終了予定日を超えて休業することや、医師の指導に基づく休業の措置の期間を超えて休業することを労働者に強要することは、「ト 不利益な自宅待機を命ずること」に該当するものの、妊娠中の女性労働者が軽易な業務への転換を請求した場合において、女性労働者が転換すべき業務を指定せず、かつ、客観的に見ても他に転換すべき軽易な業務がない場合に女性労働者がやむを得ず休業する場合は、「ト 不利益な自宅待機を命ずること」に該当しないと説明されています(同指針第4-3-(3))。

したがって、休職命令が「不利益な取扱い」に該当するか否かを判断するに当たっても、上記の指針の記載を参考に、女性労働者の体調に関する医師の診断、他に転換すべき軽易な業務の有無を含めた休職の業務上の必要性等を考慮して判断することになると考えられます。

3.本件における休職命令の可否

ご質問のケースにおいて、女性労働者に対して休職を命じることができるか否かは、会社に私傷病休職の制度があるか、また、本件で、会社の定める休職要件を充足するかによります。

1.で説明したとおり、一般的には、私傷病休職発令の要件として、一定期間の連続欠勤や「労務を提供できない状態にある場合」などと規定されていることが多いところ、ご質問のケースでは、突然の休みや遅刻・早退はあるものの、連続した長期の欠勤をしているわけではないため、連続欠勤を理由とした休職命令は難しいでしょう。また、当該従業員の体調不良により、断続した勤務となり、業務に支障が生じている状況があるものの、本人には勤務する意思があり、当該女性労働者の勤務時には、一定の労務を提供している状況であると解されるため、「労務を提供できない状態にある場合」とまではいえず、休職の要件を満たさないケースが多いものと考えられます。仮に、会社の私傷病休職制度における休職の要件を満たしていたとしても、休職を勧めるような医師の診断がなく、また、他に転換すべき軽易な業務がある場合に、休職を命じることは、均等法9条3項で禁止される不利益取り扱いに該当する可能性が高いと考えられますので、控えたほうがよいでしょう。

(清水 美彩惠)

人事管理

 管理職への登用に際し、女性のみを対象に有利な取り扱い条件を設定することは問題か

女性の管理職が少ないため、能力がある社員を積極的に登用したいと考えていますが、子育てや家庭との両立を理由に、管理職になりたがらない女性社員が多い状況です。このため、管理職登用において、有利な取り扱いとなる条件（例えば、転居を伴う転勤や3日を超える宿泊を伴う出張の免除等）を女性のみに設定することを検討しています。こうした取り扱いをすることは問題ないでしょうか。

 均等法8条の要件を満たせば、ポジティブ・アクションとして設定可能である

1. 均等法が定める性別を理由とする差別の禁止

均等法5条および6条は、募集・採用、配置、昇進、降格、教育訓練等に関し、性別を理由とする差別の禁止を定めています（なお、同法7条は、実質的に性別を理由とするものである間接差別の禁止を定めています）。この均等法の定めは、男性を有利に扱うことだけでなく、女性を有利に扱うことも原則として禁止するものです。

しかし、その一方で、同法8条は、「前3条の規定は、事業主が、雇用の分野における男女の均等な機会及び待遇の確保の<u>支障となっている事情</u>を改善することを目的として<u>女性労働者に関して</u>行う措置を講ずることを妨げるものではない」（下線は筆者）と定めています。これは、「固定的な男女の役割分担意識に根ざすこれまでの企業における制度や慣行が原因となって、雇用の場において男女労働者の間に事実上の格差が生じている」状態を解消する目的から、「女性のみを対象とした措置又は男性と比較して女性を有利に取り扱う措置」については、特例として、均等法違反とはならないことを認めるもので（平18.10.11 雇児発1011002、最終改正：令2.2.10 雇均発0210第2）、一般的に「ポジティブ・アクション」と呼ばれています。

2. ポジティブ・アクション（女性労働者に係る措置に関する特例）の内容

女性を有利に取り扱うことになるポジティブ・アクションは、格差が生じている状態を解消することを目的とするものですので、女性労働者が男性労働者と比較して「相当程度少ない」状態にあることが均等法8条適用の前提となります。上記通達は、「相当程度少ない」とは、「我が国における全労働者に占める女性労働者の割合を考慮して、4割を下回っていることをいう」とし、4割を下回っているか否かについては、次のとおりに判断すると指摘しています。

①募集・採用は雇用管理区分または役職ごとに
②配置は一の雇用管理区分における職務ごとに
③昇進は一の雇用管理区分における役職ごとに
④教育訓練は一の雇用管理区分における職務または役職ごとに
⑤職種の変更は一の雇用管理区分における職種ごとに
⑥雇用形態の変更は一の雇用管理区分における雇用形態ごとに

ここで指摘されている「雇用管理区分」とは、「職種、資格、雇用形態、就業形態等の区分その他の労働者についての区分であって、当該区分に属している労働者について他の区分に属している労働者と異なる雇用管理を行うことを予定して設

195

定しているもの」をいうとされています（「労働者に対する性別を理由とする差別の禁止等に関する規定に定める事項に関し、事業主が適切に対処するための指針」平18.10.11　厚労告614、最終改正：平27.11.30　厚労告458。以下、指針）。

例えば、正社員（雇用管理区分）の管理職として、本部長、部長、次長、課長といった役職ごとに男性・女性の人数を比較することになります。

現に男女労働者の差がある場合であっても、格差を解消しようとする意図ではなく、単に女性をその職務や管理職に登用したいという意図で配置・登用等をすることは均等法8条の趣旨に合致しないため、同条の適用場面とはならないことに注意が必要です（21世紀職業財団編『詳説　男女雇用機会均等法』143ページ）。

3. 管理職登用に関するポジティブ・アクション
[1] 指針の定め

指針は、均等法違反とならない具体例を指摘しており、「昇進」に関する内容は次のとおりです。

> 一の雇用管理区分における女性労働者が男性労働者と比較して相当程度少ない役職への昇進に当たって、
> (1)当該昇進のための試験の受験を女性労働者のみに奨励すること
> (2)当該昇進の基準を満たす労働者の中から男性労働者より女性労働者を優先して昇進させること
> (3)その他男性労働者と比較して女性労働者に有利な取り扱いをすること

(3)の「その他……女性労働者に有利な取り扱い」とは、「対象を女性のみとすること」「男性と比較して女性に有利な条件を付すこと」等、男性と比較して女性に有利な取り扱いをすること一般が含まれるものであるとされており（上記通達）、男女労働者の間における格差を解消するために、女性労働者に有利な取り扱いをすることが広く認められるものと解されます。

[2] ご質問への回答

貴社では、女性管理職が少ないとのことですので、均等法8条適用の有無を確認するために、まず、当該労働者に占める女性管理職の割合が4割を下回っていることを役職ごとに確認する必要があります。

次に、管理職登用において、転居を伴う転勤や3日を超える宿泊を伴う出張の免除等、有利な取り扱いとなる条件を女性社員のみに設定することが問題ないかとのことですが、管理職登用（昇進）の基準・条件を男性よりも女性を有利に取り扱っている点につき、ポジティブ・アクションとして認められるものと解されます。

なお、行政通達（昭22.9.13　発基17、昭25.11.22　婦発311、昭63.3.14　基発150・婦発47、平9.9.25　基発648）によれば、賃金に関して、「差別的取扱いをするとは、不利に取扱う場合のみならず有利に取扱う場合も含む」とされていることから、男性管理職と比較して女性管理職を有利に取り扱うことは、労基法4条が定める性別を理由とする賃金差別の禁止に該当するので、注意が必要です。

（根本　義尚）

人事管理

 職位や業務成績に応じて、貸与するパソコンの性能に差をつけることは問題か

当社は全従業員に業務用のパソコンを貸与しています。経費節減の観点から、すべてを高スペック（性能）の機種とはせず、比較的安価な中程度の性能のものも併せて配備しています。今後、貸与基準としてパソコンのスペックにつき、例えば部長には高性能のもの、一般従業員には中程度のものとするなど、職位の高低によって差をつけたいと考えていますが、問題でしょうか。また、業務成績が良い従業員に優先して高性能のパソコンを貸与したり、成績不良の場合には性能が落ちるものに変更したりしてもよいでしょうか。

 パソコンほか貸与備品等についての取り扱いに差を設けることは原則として可能だが、合理性を欠く場合には権利濫用とされる場合がある。貸与するパソコンの性能につき職位の高低によって差をつけることは一定の合理性を認め得るが、業務成績に応じて差をつけることは合理性を欠くものとして権利濫用とされる可能性があり、控えるべき

1.会社貸与の備品等の取り扱い

会社は、会社所有の備品等について、所有権等に基づいて管理する権限、すなわち「施設管理権」を有しています。この施設管理権について、判例では、「職場環境を適正良好に保持し規律のある業務の運営態勢を確保し得るように当該物的施設を管理利用する使用者の権限」とされています（国鉄札幌運転区事件　最高裁三小　昭54.10.30判決　民集33巻6号647ページ）。

このため、会社が従業員に貸与しているパソコンなどの電子機器についても、会社には当然に管理権限があり、原則として会社がその取り扱いを決定することができます。

もっとも、会社の施設管理権も、「その利用を許さないことが当該物的施設につき使用者が有する権利の濫用であると認められるような特段の事情がある場合」には制約を受けますので（上記国鉄札幌運転区事件）、権利濫用（労契法3条5項）になるような例外的な場合には、その取り扱いが違法とされるケースもあり得ます。

以上を踏まえると、会社は、貸与備品等について、施設管理権に基づき取り扱いに差を設けることも原則として可能ですが、その差について合理性を欠く場合には権利濫用とされる場合があると解されます。裁判例でも、工場の製造長の部下に対する指導が問題になった事案において、「製造長は部下である従業員に対し、個々の従業員の個性、能力等に応じて、適切な指導監督を行うべきであるから、ある従業員に対して他の従業員と別異に取り扱うことがあることは当然のことである。しかし、別異に取り扱うことが合理性のない場合には、別異の取り扱いは違法性をもつ」と述べて、従業員間で異なる取り扱いをすることに合理性がない場合にはそれが違法性を帯びる旨を判示しています（東芝府中工場事件　東京地裁八王子支部　平2.2.1判決　労判558号68ページ）。

2.ご質問のケースについて

[1]職位の高低によって
　パソコンの性能に差をつけることの可否

ご質問では、経費節減の観点から、貸与するパソコンすべてを高スペックの機種とはせず、部長には高性能のもの、一般従業員には中程度のものといったように、職位の高低によって差をつけたいということです。

この場合、高スペックのパソコンは一般的に高

価格であるため、「経費節減」というだけでも一応の理由にはなり、職位の高低によってパソコンの性能に差をつけても原則として問題はないと考えます。実務上も、職位の高低によって執務スペースの場所・広さや机・椅子・パーティションなどのオフィス環境等に差異が設けられることはよく見受けられるところです。

さらに、「経費節減」というだけでなく、例えば、「部長以上については経営や人事に関わる機微情報に触れることが多く、セキュリティーの観点からも高スペックのパソコンを貸与する必要がある」といった具体的な事情があれば、この点からも合理性を説明できるでしょう。

[2] 業務成績に応じて
　パソコンの性能に差をつけることの可否

一方で、業務成績が良い従業員に優先して高性能のパソコンを貸与したり、成績不良の場合には性能が落ちるものに変更したりすることも検討しているということです。

しかし、成績不良であれば、まずは注意指導を行って改善するよう求め、その後も改善が見られなければ、教育・研修や、規律違反を伴えば懲戒処分等を検討するという進め方をするのが本来の対応です。

パソコンは業務遂行上使用するものですから、従業員の業務のうち、特に高い性能のパソコンを必要とする業務か否かにより貸与するパソコンの性能に差をつけることはあり得ますが、従業員各人の成績の程度によりパソコンの性能に差をつけるという合理的根拠は乏しいと思います。また、成績不良の従業員に対して、それまで使用していたパソコンがあるにもかかわらず、あえて性能が落ちるパソコンに「変更」する合理性も乏しく、もっぱら嫌がらせ目的で行われたものとみられる可能性が高いでしょう。スペックの落ちるパソコンの利用によって業務遂行上の不利益（例えば、データ処理が従前より遅いことにより作業効率が低下して時間外労働が増える、在宅勤務の際に接続等が不安定になるなど）が生じれば、もともとの成績不良がさらに悪化するという悪循環にもなり得ます。

以上を踏まえると、業務成績に応じてパソコンの性能に差をつけることは合理性を欠くものとして権利濫用とされる可能性があるため、控えるべきです。

（中山　達夫）

 一度退職した社員が再入社する場合、勤続年数を通算する必要があるか

当社で、一度退職した社員が再入社する予定ですが、当該社員から、「退職時に在籍年数が不足していて退職金の支給がなかったので、今度、退職する際は、退職前の勤続年数も通算してほしい」という要望を受けました。付与年休日数、退職金、永年勤続表彰などに影響があるため、退職前の勤続年数を通算するか否かで労働条件が大きく変わってきます。当該社員からの要望に応える法的な義務はあるのでしょうか。

 法的には、原則として勤続年数の通算は必要ない。あくまで会社側の任意の施策として行う範疇となる

1.労働条件と勤続

近年、終身雇用制度が徐々に崩れているという言説も聞かれますが、まだまだわが国の労働法制および労働をめぐる実態としては、終身雇用・長期勤続が原則的な雇用形態とされていることは、各種の労働法規にも見られます。すなわち、労働者の雇用上の地位の安定を極めて重視する趣旨で、労契法16条ないし19条といった法規が設けられています。また、雇用上の地位のみならず、雇用を前提とする労働条件においても、ご質問にもあるように、例えば退職金の算定においては、勤続年数もしくは勤続による実績を何らかの形で考慮に入れる制度設計をしている企業が大半ですし、年次有給休暇(以下、年休)については、労基法39条2項にあるように、勤続年数が増えるごとに法的に付与される年休の日数も増えていく制度となっています。

ただし、時代の流れとともに、徐々に、転職する労働者も増えつつあり、その中には、ご質問の事案のように、A社をいったん退職して、別の会社(B社)に入社し、就業した後、B社を退職して、再度、元の会社(A社)に入社するといったことも見られるようになりました。このようなときに、ご質問のような再入社における労働条件について、最初に(A社に)勤続していた年数を通算して勤続年数を扱ってほしいといった要望が上がることがあります。これは、ご質問の例(付与年休日数、退職金、永年勤続表彰)のみならず、基本給の全部または一部が勤続年数で金額が決まっているような場合(いわゆる勤続給)、あるいは私傷病休職における休職期間(傷病により就業できずとも、会社に在籍し続けることができる期間)が勤続年数により区別されている場合(例えば、勤続5年以内は○カ月、勤続10年以内は△カ月、それ以上は□カ月といった制度となっている場合)にも、労働条件に大きな影響を与えます。

2.勤続年数の通算の要否

[1]原則

上記のような影響を有する勤続年数の通算の要否ですが、結論から言うと、原則として、会社の裁量に属し、法的には通算を義務づけられるものではありません。というのは、まず理屈の上では、労働契約の当事者である会社と労働者を規律するのは、今まさに当事者間で現存する労働契約であって、既に終了している当該当事者間での労働契約の影響は及ばないと考えられます。また、年休について規定する労基法39条の「継続勤務」についての例を見ると、これには実質的に判断されるとの通達があり、定年退職者の嘱託としての雇用、短期労働契約の更新、在籍型の出向といった例が挙げられてはいますが(昭63.3.14 基発150・婦発47、平6.3.31 基発181)、いずれも就業の継続性を前提としており、ご質問のような、いったん会社での労働契約関係および就業関係が切れてしまっている場合は前提としていないと解されます。

[2]例外

なお、勤続年数の通算を例外的に認める場合としては、形式的には勤続が切れていても、実質的には就業が継続しているとみられるようなケースがこれに該当します。例えば、使用者から半ば強いられていったん退職し、短期間(それこそ1カ月間など)の後に再入社する手続きを取らされたという場合が想定されます。また、あくまで、勤続年数通算についても当事者間の合意によることは可能ですから、退職するときに、再入社した際には勤続年数の通算を認める旨の合意があったような場合、あるいは、再入社の場合に前の退職までの勤続年数を通算する旨の合意をする場合は、通算が当然可能です。さらに、会社の規則に、職種や空白の期間の長さなど一定の要件の下で勤続年数の通算を認める旨を規定している場合は、規定内容が労働契約の内容となることから、使用者としては勤続年数の通算を拒否し得ないこととなります。

3.実務上の取り扱いについて

以上を前提に、ご質問のケースにおける実務上の取り扱いを考えますと、前述2.[2]の例外の事由に該当するような場合でなければ、再入社する

社員の希望である勤続年数の通算は認める必要はありませんし、認めるかどうかは、使用者が通算に合意するかどうかによります。

なお、仮に勤続年数の通算を認める場合、前に退職したときに退職金を出しているケースでは、退職金の算定についてまで再入社において勤続年数の通算を認めてしまうと、前の勤続を二重に評価することとなります。したがって、勤続年数の通算を認めるにしても、退職金算定については、支払い済みの退職金を控除する条件としておくことが妥当でしょう。

(岡芹　健夫)

睡眠障害を抱えて業務に支障が出ている社員に対し、懲戒処分を科したり、休職を命じたりすることは可能か

遅刻や欠勤、勤務中に居眠りをしたり、ケアレスミスを繰り返したりする社員がいます。以前から「よく眠れない」といった睡眠障害を抱えているらしく、受診や服薬をしているそうです。職場の士気にも関わるので、上司がたびたび注意をしているとのことですが、かえってストレスを感じるようで、改善には至っていません。こうした疾病を抱える社員に対し、懲戒処分を科したり、症状が改善するまで休職を命じたりすることは可能でしょうか。

直ちに懲戒処分や休職命令を行うのではなく、産業医や会社協力医との面談等により、業務上必要な配慮や本人に必要な治療を精査すべきである

1. 疾病による影響があると疑われる勤務不良と懲戒処分

前提として、法律において「使用者は、労働契約に伴い、労働者がその生命、身体等の安全を確保しつつ労働することができるよう、必要な配慮をするものとする」(労契法5条)とされているように、使用者は、労働者に対し、安全配慮義務を負っています。

この点、労働者による勤務不良に対する精神障害の影響等を加味して懲戒処分の有効性が検証された裁判例として、日本ヒューレット・パッカード事件(最高裁二小　平24.4.27判決)があります。

同事案は、被上告人である労働者が「被害妄想など何らかの精神的な不調により、実際には事実として存在しないにもかかわらず、約3年間にわたり加害者集団からその依頼を受けた専門業者や協力者らによる盗撮や盗聴等を通じて日常生活を子細に監視され、これらにより蓄積された情報を共有する加害者集団から職場の同僚らを通じて自己に関する情報のほのめかし等の嫌がらせを受けているとの認識を有しており、そのために、同僚らの嫌がらせにより自らの業務に支障が生じており自己に関する情報が外部に漏えいされる危険もあると考え、上告人に上記の被害に係る事実の調査を依頼したものの納得できる結果が得られず、上告人に休職を認めるよう求めたものの認められず出勤を促すなどされたことから、自分自身が上記の被害に係る問題が解決されたと判断できない限り出勤しない旨をあらかじめ上告人に伝えた上で、有給休暇を全て取得した後、約40日間にわたり欠勤を続けた」ものですが、当該欠勤に関する使用者の諭旨退職処分につき、最高裁判所は以下のように評価して無効と判断しています。

「このような精神的な不調のために欠勤を続けていると認められる労働者に対しては、精神的な不調が解消されない限り引き続き出勤しないこと

が予想されるところであるから、使用者である上告人としては、その欠勤の原因や経緯が上記のとおりである以上、精神科医による健康診断を実施するなどした上で（記録によれば、上告人の就業規則には、必要と認めるときに従業員に対し臨時に健康診断を行うことができる旨の定めがあることがうかがわれる。）、その診断結果等に応じて、必要な場合は治療を勧めた上で休職等の処分を検討し、その後の経過を見るなどの対応を採るべきであり、このような対応を採ることなく、被上告人の出勤しない理由が存在しない事実に基づくものであることから直ちにその欠勤を正当な理由なく無断でされたものとして諭旨退職の懲戒処分の措置を執(ママ)ることは、精神的な不調を抱える労働者に対する使用者の対応としては適切なものとはいい難い」

　したがって、特に勤務不良について労働者の疾病の影響が疑われる場合には、直ちに懲戒処分を検討することは適切とはいえず、使用者としては、産業医や会社協力医との面談等を進め、その「診断結果等に応じて、必要な場合は治療を勧めた上で休職等の処分を検討」すべきでしょう。

2.居眠り等の勤務不良に関する事案

　他方、勤務不良に関して、労働者側から疾病の影響が主張されることもあります。

　甲社事件（東京地裁立川支部　平30.3.28判決）は、労働者が「入社のすぐ後から、時間を問わず、職場での業務中や会議中、定期実習（平成26年4月22日、23日開催）における講義中などに居眠りを繰り返し、職場の上司、同僚らから繰り返し指導注意を受けたが改善しなかった」点について、労働者側から「居眠りというのは誤解であり、欠伸発作による意識消失である」等の主張がなされた事案です。同事案では、「欠伸発作」に関して、使用者から当該労働者に対し、てんかん専門医への受診が命じられていました。

　そして、かかる労働者の主張について、裁判所は以下のように判断し、当該労働者の主張を斥(しりぞ)けています。

「欠伸発作は、てんかん発作の一類型であり、発作のない時であっても、特徴的な脳波の異常が見られる。しかるに、原告は、平成27年10月1日、R1病院を受診し、てんかん専門医かつ脳波認定医であるS1医師から、症状の聴取や脳波検査を経て、脳波の異常もてんかんを疑わせる臨床症状もなく、てんかんである可能性はないと診断されている（中略）。てんかん専門医であるS1医師のこの診断を疑う理由はなく、原告は、少なくとも同診察の時点で、欠伸発作ではなかったというべきである。そして、この診断は平成27年10月1日の時点のものではあるものの、てんかんが慢性的な脳の疾患であり、薬物治療等により長期の治療を必要とすることなどからすれば、原告がその僅か20か月程度前の平成26年3月24日の被告への入社時点あるいはその後の時点において、てんかんや欠伸発作を有していたかは疑わしいというべきである」

　このように、勤務不良につき、疾病に起因するとの労働者の主張を検証するという観点からも、産業医や会社協力医との面談等を通じて、疾病の内容や勤務への影響を詳(つまび)らかにすることが肝要です。

3.ご質問のケースについて

　ご質問では、睡眠障害を患っている社員が、「遅刻や欠勤、勤務中に居眠りをしたり、ケアレスミスを繰り返したり」しているとのことですが、かかる事象は、当該疾病に起因して生じているものと疑われます。

　したがって、直ちに懲戒処分を検討するのは不適切であり、上記判例に照らしても、産業医や会社協力医による健康診断等を実施し、当該疾病が当該労働者の労務提供に与えている影響の程度を正確に把握した上で、「その診断結果等に応じて、必要な場合は治療を勧めた上で休職等の処分を検討し、その後の経過を見るなどの対応」を検討すべきでしょう。

（竹林　竜太郎）

発達障害の診断を会社に報告しない社員にどう対応すべきか

　ある従業員が同僚に「自分は発達障害の診断を受けたが、会社には報告せず『クローズ就労』（編注：障害を企業にオープンにせず就労すること）していきたい」と話していたという情報を得ました。会社としては、その情報の真偽を確かめ、事実であれば当該従業員に対して必要に応じた配慮をしたいと考えています。しかし、業務上の問題は今のところないため、このような状況で当該従業員に対して発達障害の診断を受けたか否かを確認してよいか悩んでいます。どのような対応が適切か、ご教示ください。

　発達障害の診断の有無について、当該従業員に対して個別に確認することは問題があるため、従業員全体に申告を呼び掛けた上で、任意の申告を待つという方法が妥当である

1.障害者雇用促進法上の発達障害者の位置づけ

　障害者雇用促進法は、「障害者」について「身体障害、知的障害、精神障害（発達障害を含む。第6号において同じ。）その他の心身の機能の障害（中略）があるため、長期にわたり、職業生活に相当の制限を受け、又は職業生活を営むことが著しく困難な者をいう」（2条1号）としています。

　したがって、発達障害「があるため、長期にわたり、職業生活に相当の制限を受け、又は職業生活を営むことが著しく困難」な場合は、発達障害を有する者も、障害者雇用促進法上の「障害者」に当たります。

　そして、障害者雇用促進法2条6号は、同法上の「精神障害者」について「障害者のうち、精神障害がある者であつて厚生労働省令で定めるものをいう」と定義しており、それを受けて同法施行規則1条の4は、次のとおり定めています。

　「法第2条第6号の厚生労働省令で定める精神障害がある者（中略）は、次に掲げる者であつて、症状が安定し、就労が可能な状態にあるものとする。

　一　精神保健福祉法第45条第2項の規定により精神障害者保健福祉手帳の交付を受けている者

　二　統合失調症、そううつ病（そう病及びうつ病を含む。）又はてんかんにかかつている者（前号に掲げる者に該当する者を除く。）」

　さらに、精神保健福祉法45条1項・2項は、同法上の「精神障害者（知的障害を除く。）」が所定の手続きを行った場合は、精神障害者保健福祉手帳が交付されなければならないことを定めているところ、同法上の「精神障害者」とは「統合失調症、精神作用物質による急性中毒又はその依存症、知的障害その他の精神疾患を有する者」と定められており（5条1項）、この「その他の精神疾患」には発達障害が含まれると解されています。

　このように、障害者雇用促進法上の「障害者」のうち、①精神障害者保健福祉手帳を保有する者、または、統合失調症、そううつ病（そう病およびうつ病を含みます）もしくはてんかんにかかっている者であり、かつ、②「症状が安定し、就労が可能な状態にある」場合は、障害者雇用促進法上の「精神障害者」に該当します。

2.障害者であることの確認方法

　障害者雇用促進法上の「障害者」に該当するか否かは、個人の病歴や障害というセンシティブな情報に関わる事柄ですので、これを確認するに当たっては、プライバシー権や個保法との関係に注

人事管理

意する必要があります。

　この点に関し、厚生労働省は「障害者」の把握・確認について、「プライバシーに配慮した障害者の把握・確認ガイドライン」を策定しています。

　当該ガイドラインは、障害者雇用促進法上の「障害者」を念頭に置いたものと思われますが、個人のプライバシー権や個人情報の保護といった上記ガイドラインの趣旨は、同法上の「障害者」に該当するか否かにかかわらず妥当するため、障害を有する者であれば、同法上の「障害者」に該当しなかったとしても、このガイドラインに従い取り扱うべきであると考えられます。

　同ガイドラインは、採用後に障害を有することとなった者や、採用前や採用面接時等では障害を有することを明らかにしていなかったものの、採用後に明らかにすることを希望した者を把握・確認する場合の方法について、「(1)雇用している労働者全員に対して申告を呼びかけることを原則としますが、例外的に(2)個人を特定して照会を行うことができる場合も考えられます」（Ⅱ.の2.）としています。

　そして、原則である(1)の方法については、「雇用する労働者全員に対して、メールの送信や書類の配布等画一的な手段で申告を呼びかけることを原則とします」とした上で、本人に対して利用目的や、回答することが業務命令ではないこと等を明示するように求めています。

　また、例外である(2)の方法については、「障害者である労働者本人が、職場において障害者の雇用を支援するための公的制度や社内制度の活用を求めて、企業に対し自発的に提供した情報を根拠とする場合は、個人を特定して障害者手帳等の所持を照会することができます」とした上で、照会を行う根拠として適切な例として、①公的な職業リハビリテーションサービスを利用したい旨の申し出や②企業が行う障害者就労支援策を利用したい旨の申し出を挙げ、照会を行う根拠として不適切な例として、①健康等について、部下が上司に対して個人的に相談した内容、②上司や職場の同

僚の受けた印象や職場における風評、③企業内診療所における診療の結果、④健康診断の結果、⑤健康保険組合のレセプトを挙げています（ただし、個別の状況によっては照会を行う根拠として不適切な場合があり得る例として、「所得税の障害者控除を行うために提出された書類」等もあります）。

　なお、(2)の方法では、「障害者手帳等の所持」の照会が念頭に置かれていますが、少なくとも不適切な例については、障害の有無の照会においても同様であると解されます。

　また、厚生労働省が作成した「発達障害のある人の雇用管理マニュアル」では、「個人情報の取扱いという観点から見ると、発達障害に限らず障害のある人にとって、『障害』は極めてデリケートな個人情報ですから、企業が本人の自己申告以外の方法により特定の個人を名指しして障害の把握確認を行うことは不適切であるとみなされる場合があります。また、仮に本人が発達障害の診断を受け障害を受容できている場合であっても、本人が告知していないのに会社から『障害があるのではないか』という話をされれば、そのことに驚き、自信喪失や情緒不安等を生じさせる場合もあるでしょう。そのため、障害の確認・把握という手続きに関しては、企業として極めて慎重な対応が求められます」（第2章の4.）とされています。

3.ご質問のケースの検討

　ご質問のケースでは、今のところ当該従業員について業務上の問題はないようですので、当該従業員と同僚との健康に関する雑談のみが根拠となります。

　このような根拠に基づき個別に発達障害の有無について確認することは、上記ガイドライン（照会を行う根拠として不適切な例「①健康等について、部下が上司に対して個人的に相談した内容」に類似するケース）および上記マニュアルとの関係から見て適切でないと考えられます。

　また、これは、障害者手帳の有無を確認したり、診断書の提出を求めたりすることにおいても

203

同様と思われます。

そのため、会社としては、利用目的や、回答するか否かは任意であることを明示した上で、雇用する労働者全員に対して、メールの送信や書類の配布等画一的な手段で申告を呼び掛け、当該従業員からの任意の申告を待つという方法によることが妥当でしょう。

（櫛橋　建太）

Q88 名刺の英語表記で、役職名や部課名をどう訳せばよいか

当社は近々、海外での事業展開を予定しており、事業所開設に当たり社員の外国語版名刺の作成を検討しています。当社は製造業ですが、直接部門・間接部門を問わず役職名や部課名、社内役割等をどう記載すればよいか悩んでいます。については、代表的な訳例や記載例、作成時の留意点等をご教示ください。なお、名刺の表記は原則として英語としていますが、中国においては中国語表記を考えています。

A 役職名については各国の法制・慣例を踏まえた上で、役職間で呼称の漏れや重複がないように設定し、部課名についてはその組織の業務内容を正確に伝える名称を設定することが望ましい

1. はじめに

日本では名刺を丁寧に扱うことが一般常識となっていますが、欧米をはじめとした海外では対面でのコミュニケーションを重視しているため、日本ほど名刺を重視しているわけではありません。このため、名刺を「名前と会社名が書いてある紙」程度の認識で扱う傾向にあります。

とはいえ、日本以外の国で利用される名刺においても、「自らの立場や職務を分かりやすく伝える」という名刺本来が備えておくべき性質に変わりはありません。これらの性質を満たした名刺を作成するには、①役職名の設定、②部課名の設定、③名刺への記載方法の３点に留意して作成すればよいでしょう［図表１］。

2. 役職名の設定

各国の法制・慣例を踏まえた上で、自社内での役職名に呼称の漏れや重複がないようにすることがポイントです。

例えば"General Manager"の名称が「本部長」「部長」いずれの役位にも用いられる場合があり、日本語での役職名を単純に直訳するだけでは、自社内において、本部長・部長の両方に同じ英語呼称を重複して付けてしまったり、役職間での英語呼称の漏れが発生したりすることがあります。こうしたケースを避けるため、「社長→取締役→本部長→部長→課長→…」のように、組織のトップから役職に沿った名称を順番に決定していくと、各役職名を一意に定めやすくなります［図表２］。

また、各国の法制等を確認する必要もあります。日本の会社法上は全く問題ないものの、設定した役職名の英語呼称が、海外の法制上違和感を

図表１　名刺の英語表記の例

人事管理

持たれるケースがあるからです。例えば、英国ではコーポレート・ガバナンスコード内に"The roles of chairman and chief executive should not be exercised by the same individual."と記載があり（Provisions 9）、ガバナンスの観点からこの記載にのっとれば、"Chairman"（取締役会長）という地位と"Chief Executive"（最高業務執行者）という地位の併存はできないことになります。こういったことから、特に役員層の役職名についてグローバルで通用することを重視する場合は、誤解を与えることのないように留意する必要があります。

さらに、役職名によっては、同じ名称であっても国・業種によって地位の認識が異なる場合があります。特に"Managing Director"は、英国企業

では多くの場合、経営の最高責任者の地位となるのに対し、米系企業であれば取締役級程度の地位を指します。同様に"Vice President"は一部の日系企業の役員クラス以上の英語名称に用いられますが、米系企業であれば中級管理職程度の地位に当たります。また、中国系企業であれば、"主任"という役職は日本企業における部長相当（あるいはそれ以上）の地位を指すことがあります。

3. 部課名の設定

日本語の直訳にはこだわらず、具体的な業務内容が分かる内容とすることがポイントです。

部課名の名称決定において、その組織の具体的な業務内容が伝わる単語を選定するよう留意すべきです。例えば、「開発」であれば"Development"、

図表2　役職名の表記例

役職名	役職名の表記（頻出例）	
	英語	中国語
会　　長	Chairman of the Board of Director / Chairperson of the Board	董事長
社　　長	CEO / President / Managing Director（英）	総経理、董事
副 社 長	Executive Vice President	副総経理、董事
取 締 役	Board of director / Board member / Director / Managing Director（米）	董事
執行役員	Executive Officer / Corporate Officer	执行董事
監 査 役	Audit / Audit & Supervisory / Statutory Auditor	監事
本部長、事業部長	General Manager / Chief of Headquarters	総監、主任
部　　長	General Manager / Division Manager	総監、部长、主任
課　　長	Manager / Section Chief / Section Manager	经理、科长、处长
主　　任	Chief / Senior Staff	主管、高級专员
工 場 長	Plant Site Manager	厂长

図表3　部課名の表記例

部課名	部課名の表記（頻出例）	
	英語	中国語
経　営企画部	Corporate Planning	行政部、経営企划部
営 業 部	Sales / Marketing	销售部
製 造 部	Manufacturing	制造部、生产部
研　究開 発 部	Research and Development	研究开发部
生　産技 術 部	Production Engineering	生产技術部
人 事 部	Human Resources	人力資源部、人事部
総 務 部	General Affairs	総务部
財 務 部	Finance	財务部
購 買 部	Purchasing / Procurement	采购部
法 務 部	Legal Affairs	法务部、法律部
サステナビリティ推 進 部	Sustainability Development / Sustainability Initiatives	可持续发展部
広 報 部	Public Relations	公关部

205

「購買」であれば"Purchasing／Procurement"、「営業」であれば"Sales／Marketing"などの単語を用いれば、その部課の具体的な業務内容が他社の人間にも容易に想像できます。一方、「営業1部」を"Sales＃1"などと表記しても、その組織が何を担当しているのか伝わりにくいのです。したがって、日本語での部課名を直訳するのではなく、「法人単位」「商品種別」「担当地域別」など、当該部課の具体的な業務内容を記載することも対外的な点から望ましいといえます。

この考え方に基づいて代表的な部課の名称を検討すると、［図表3］のようになります。

4.名刺への記載方法

役職名と部課名とは分けて記載することがポイントです。

例えば、"Corporate Planning and HR Department Manager"などのように役職名に部課名を組み込んで記載している場合がありますが、これでは表記が長くなり、対外的に分かりづらいものとなります。これを分かりやすいものとするには、［図表1］のように"Manager"と"Corporate Planning and Human Resources"と役職名と部課名は改行し、分けて記載するのが適切でしょう。

（村中　靖）

社内の「暗黙のルール」に従わない社員の人事評価を下げることは問題か

　当社では、「電話は入社3年目までの社員が最初に取る」「若手のうちは雑務を引き受け、社内イベントの幹事を持ち回りで担当する」「先輩社員は同席した後輩の昼食代を出す」など、さまざまな暗黙のルールがあります。しかし、このほど中途入社した社員がこうしたルールに従わず、他の社員から不満が出ており、あつれきも生じています。当該社員の仕事上の能力に問題はありませんが、職場の雰囲気が悪くなっていることは見過ごせません。対応として、例えば、こうしたルールに従わず協調性がないことを理由に人事評価を下げることを検討していますが、問題はありますか。適切な対処策があれば併せてご教示願います。

情意評価の一環として、協調性を評価することが考えられるが、人事評価の合理性・妥当性や職場の心理的安全性向上を踏まえると、「暗黙のルール」を「具体的な能力・行動・情意等の提示」に変えることが望ましい

　労務行政研究所の「人事評価制度の実態と運用に関するアンケート」（2021年）によると、昇降給に反映する評価要素に「情意評価」を含める企業は一般社員で26.7％、管理職で21.5％（『労政時報』第4020号－21.9.10）となっていますが、具体的な評価基準や着眼点は企業により千差万別です。社会全体で価値観の多様化が進んでいる中で、職場で定着している「暗黙のルール」を守らない社員について、人事評価を下げることで対応することは問題ないのでしょうか。

1.人事評価と職場のルール遵守

　人事評価の目的は、資格等級や役割などに応じて期待する成果・能力・行動・情意等のレベルを設定し、個々の社員の到達度合いを定期的に評価することで、適正な成果配分を行うとともに、中長期的な人材育成を図ることにあります。そのため、評価基準や着眼点を評価者・被評価者が正し

く理解できるように明文化し、言葉で伝わりにくいニュアンス等は研修・ガイダンス等で補うといった工夫が多くの企業でなされています。しかし、近年は個人の情報入手経路がネットニュース・SNS・動画サイトなど、より嗜好性が高い媒体にシフトしており、組織にとらわれない横のつながりが重視される中、企業・職場特有の理念・ルールの浸透には工夫が必要です。

貴社では「暗黙のルール」に従わない中途入社者につき、協調性がないとして人事評価上マイナス査定とすることを検討しているようですが、例えば、貴社の人事評価制度において情意評価に関する項目があれば、その一環として協調性を評価する形で反映することが考えられます。

一方で、貴社の「暗黙のルール」が過去からの慣行であっても、法規制・社会通念など外部環境の変化を踏まえて見直す必要があることも認識すべきです。具体的には今日、ルールそのものに業務遂行上の合理性・必然性が認められない場合、その遵守を求める行為が受け手へのハラスメントやいじめと捉えられる可能性があり、さらにルールの遵守度合いが人事評価に反映された場合、人事権の濫用と見なされかねないリスクも発生します。

2.「具体的な能力・行動・情意等の提示」を工夫することが望ましい

併せて昨今、社員の働き方・価値観の多様化に伴い、職場の「心理的安全性」向上が課題となっている状況を踏まえると、「暗黙のルール」が存在する職場より、"軽々に踏んで炎上を招くような地雷"のない「風通しの良い」職場のほうが望ましいことは言うまでもありません。一方で、「暗黙のルール」に中長期的な人材育成に資する要素がある場合には、評価基準の中に具体的な能力・行動・情意等として明文化・提示し、より主体的に社員が取り組めるように工夫することが求められます [図表]。

なお、「暗黙のルール」の見直しに際しては、長年これを受け入れてきた社員のケア・フォローアップが重要で、拙速な対応で現場の不満を招かないよう、見直しに至った背景や今後の会社のスタンスを丁寧に説明しつつ、賛同を得るようにしたいものです。

3.最後に

筆者が社会人としてのキャリアをスタートした1980年代中盤、多くの企業では「新卒一括採用」「年功賃金」「内部育成」など終身雇用を前提とした人事管理が行われていました。当時は「上司から見て部下は子同然」「先輩社員は言われずとも

図表 「暗黙のルール」➡「人事評価化」等の対応例

暗黙のルール	○人事評価化の例／ ＊人事評価以外での対応例
若手社員が一番最初に電話を取る	○「接遇力」向上に向けて、職場で率先して電話・外来者への応対を行い自身の研さんを図っている
若手社員が雑務を引き受ける	○「フォロワーシップ」を持ち、職場での雑務を進んで引き受けるなど、上司・先輩社員が働きやすい環境づくりに取り組んでいる
若手社員が社内イベントの幹事を担当する	○「調整力」向上に向けて、幹事業務など社員間・職場間の連絡・調整業務を自ら進んで行っている
先輩社員が後輩社員の面倒を見る	○「育成力」を発揮し、職場で積極的に部下・後輩の育成に取り組み、悩みの相談等に乗っている
昼食に同席した際、先輩社員が後輩社員の支払いを負担する	＊ルール存続の必要性があれば、先輩社員の経済的負担に見合った手当・補助等の有無を確認し、必要であれば対策を講じる。ルール存続の必要性がなければ廃止する

後輩社員の面倒を見る」「新入社員は見習いの立場、職場の雑事を進んで行うことが当たり前」といった、いわゆる家族的経営に立脚した価値観・行動が美徳とされていましたが、現在同じような価値観を持ちながら事業を存続させている会社は一部に限られます。

DX（デジタルトランスフォーメーション）や持続的成長が社会課題となっている中で、自社が置かれている市場環境・労働環境を踏まえて、社員にどのようなスキルやマインドセットを求めるのか、また職場でのメンバー間の円滑な協働をどう図っていくのか、本件を契機に多様なキャリア・価値観を持つ社員を巻き込んで議論してみてはいかがでしょうか。

（西田　正享）

就業時間中に事業所外の喫煙所に行くことを禁止できるか

当社では、受動喫煙防止や社員の健康促進の観点から事業所内を全館禁煙としており、敷地内に喫煙所を設けていません。しかし喫煙者の中には、就業時間中に事業所外の喫煙所まで行き、たばこを吸っている者がいます。休憩時間ならともかく、就業時間中は仕事に専念してもらうため、事業所外の喫煙所に行くことを禁止し、違反した者には懲戒処分を科したいと考えていますが、問題ないでしょうか。

職務専念義務の観点から、事業所外の喫煙所に行くことを禁止し、違反者を懲戒処分の対象とすることはできる

1. 問題の所在

2020年４月１日に改正健康増進法および東京都受動喫煙防止条例が全面施行されました。これを受けて、企業の喫煙対策が加速し、事業所の敷地内全面禁煙や建物内全面禁煙を実施する企業も増えています。このような就業「場所」における禁煙に加えて、就業「時間」中の禁煙を導入する企業も増えています。

ただ、これまで多くの企業では就業時間中に喫煙所等でたばこを吸うことが黙認されてきたという実情もあります。そこで、勤務時間中の喫煙を禁止し、懲戒処分の対象とすることが法的に許容されるのかが問題となります。

2. 就業時間中の喫煙行為の法的位置づけ
[1] 労働時間か否か

喫煙は、それ自体「労務の提供」ではありませんので、就業時間中の喫煙時間が労働時間に該当するのかが問題になります。

労働時間とは、労働者が使用者の指揮命令下に置かれている時間をいいます（三菱重工業長崎造船所事件　最高裁一小　平12. 3. 9判決）。そして、喫煙場所が職場に近接した場所にあり、仕事に何かあればすぐに対応できる状況で、短時間、喫煙をするような場合は、使用者の指揮命令下に置かれているといえ、労働時間に該当します（岡山貨物運送事件　仙台地裁　平25. 6.25判決、仙台高裁　平26. 6.27判決）。これに対し、職場から離れた場所で、仕事で何かあってもすぐには対応しなくてもよい状況で、短時間とはいえない時

間（例えば、職場に戻るまで10分前後を要するなど）を要した場合は、労働時間に該当しないといえます（泉レストラン事件　東京地裁　平26.8.26判決）。

[2]職務専念義務違反か否か

就業時間中の喫煙行為は、お茶を飲む、トイレに行くといった私的行為と同様に、これまでは事実上黙認されていました。

しかし、お茶を飲んで水分を補給することやトイレに行くことには、生理現象に基づく必要性がありますが、喫煙行為は同様には解されません。また、労働者は、使用者の指揮命令に従って、誠実に労働する義務を負い（労契法3条4項）、就業時間中は職務に専念し、職務と無関係な私的な行動を差し控える義務（職務専念義務）を負っています。就業規則には、「勤務時間中は職務に専念しなければならない」といった職務専念義務を定めていることが通常です。喫煙行為が職務とは無関係な私的な行為である以上、それを就業時間中に行うことは、たとえ短時間であったとしても、職務専念義務に違反する行為ということができます。にもかかわらず、これまで事実上、就業時間中の喫煙行為が黙認されてきたのは、短時間、職場から近接した場所で喫煙する限りは使用者にて特に問題にしてこなかったにすぎないからといえます。

3. 喫煙の禁止や懲戒処分の対象とすることの可否
[1]禁止の合理性・必要性

前記のとおり、就業時間中の喫煙行為は、短時間、職場から近接した場所で行われる場合以外は労働時間に該当せず、職務専念義務に違反する行為です。また、喫煙者が就業時間中に離席することに対しては、非喫煙者が不公平感を持つことがあり、喫煙者が喫煙から戻って来た際の衣服や呼気に残留しているたばこ煙（いわゆる、サードハンド・スモーク〔三次喫煙〕）が非喫煙者に苦痛を与えていること等もしばしば問題となっています。このような点から、就業時間中の喫煙の禁止は、必要性および合理性が認められます。

[2]不利益変更

就業時間中の喫煙行為について、それを就業規則等において正面から認める定めがなされていることは通常あり得ず、基本的に職務専念義務に違反する行為である以上、これが労使双方の規範意識に支えられた労使慣行になっているということも考え難いといえます。したがって、新たに就業時間中の喫煙を禁止し、違反した場合を懲戒処分の対象としたとしても、労働条件の不利益変更に該当する可能性は低いと考えられます。具体的な取り組みとしては、就業規則に明記するなどした上で労働者に周知することになりますが、喫煙者の理解を得るために、一定の猶予期間を置いてから実施するという配慮をすることも一案です。

[3]懲戒処分の量定

就業時間中の喫煙禁止に違反した場合、どの程度の懲戒処分を科すことができるのでしょうか。処分の量定が問題となります。

就業時間中の喫煙禁止違反は、本質的には職務懈怠という労働義務違反（債務不履行）であるといえます。それゆえ、懲戒の対象となるのは、企業秩序に具体的支障を及ぼし、他の従業員に悪影響を与えるような場合に限られます。したがって、具体的な対応としては、当初は改善を促すために、懲戒処分に至らない厳重注意や訓戒とすることが妥当です。しかし、それでも改まらない場合は、譴責や減給といった軽度な懲戒処分を科すことになります。

4. ご質問のケースについて

就業時間中に事業所外の喫煙所まで行きたばこを吸う行為は、職場から場所的に近接し、いつでも職務に復帰できる短時間の喫煙ではないため、労働時間ではないといえます。また、職務専念義務にも違反する行為といえます。したがって、その行為を就業規則等により禁止し、懲戒処分の対象とすることは可能です。

（吉村　雄二郎）

「しばらく休みます」と上司にメールして出社しない社員を欠勤扱いできるか

「しばらく休みます」と上司にメールして、前月末から出社していない社員がいます。年次有給休暇（以下、年休）の申請もなく、本人に連絡もつかないことから、勝手に年休扱いにもできず困っています。本人の意思を確認できない状況で当月分の賃金を算定しなければならないのですが、欠勤扱いとすることは問題でしょうか。また、前月分の賃金は、既に月額賃金の満額を支払い済みです。

 年休の申請をせずに出社しない社員に対し、欠勤扱いとして当月分の賃金を算定することは問題ない。また、前月の欠勤分の賃金を当月分賃金から控除することも、控除金額が多額に上らない限りは問題ない

1. はじめに

「しばらく休みます」というメールでの連絡後、出社していない社員に対し、欠勤扱いとすることに問題があるかというご質問ですが、「欠勤扱い」とは、欠勤日数分の賃金を月額賃金から控除することを意味されているものと思います。この点に関連して、まずは賃金と労務提供との関係性について、ノーワーク・ノーペイの原則および賃金の全額払いの原則を検討した後、年休として取り扱うことができないという懸念に関し、年休の基本的な法的性質についても触れたいと思います。

2. 欠勤の場合の労働者の賃金

[1] ノーワーク・ノーペイの原則

民法623条は、「雇用は、当事者の一方が相手方に対して労働に従事することを約し、相手方がこれに対してその報酬を与えることを約することによって、その効力を生ずる」と規定し、「労働に従事すること」と「その報酬を与えること」は対価関係にあることとされています。つまり、労働者が労働に従事しなければ、報酬たる賃金を請求することはできません。このことを一般的に、ノーワーク・ノーペイの原則といいます。

また、社員が会社を欠勤する場合、本人が出勤できるにもかかわらず、単なる怠慢で欠勤する場合とは別に、本人が出勤したくても、本人の病気などにより出勤できない場合もあり得ます。その場合についても、使用者および労働者のいずれにも帰責事由がないことにより労務提供ができなかった場合、労働者は賃金の支払いを受けることができません（民法536条1項）。

[2] 欠勤日数分の賃金の控除

そのため、原則として、労働者が自身の都合で欠勤した場合には、労働者は、欠勤日数分の賃金を請求することはできず、使用者も支払う義務を負いません。よって、ご質問のケースでは、社員が出社しなかった期間分の賃金について、欠勤扱いとして月額賃金から控除することは、特段問題ないものと考えられます。

[3] 全額払いの原則

ただし、労働者の欠勤日の賃金を既に支払い済みの場合には、やや特殊な配慮が必要となります。例えば、給与を毎月25日払いとし、当該月の給与を支払う場合、労働者が3月30日および31日に欠勤したが、この期間分の賃金は3月分賃金として3月25日に支払い済みであるといったケースです。この場合、使用者としては、3月30日および31日分の賃金は過払いをしているため、4月分の賃金支払いの際に、相殺処理を行い、控除するのが簡便でしょう。

しかしながら、労基法24条1項では、労働者の経済生活の安定を確保する目的からいろいろな原

図表 賃金支払いに関する諸原則（労基法24条）

区分	原則	例外
通貨払いの原則	賃金は、通貨で支払われなければならない	・法令または労働協約に定めがある場合 ・厚生労働省令で定める場合（労働者の同意を得た場合は、口座振り込み等の方法によることができる）
直接払いの原則	賃金は、直接労働者に支払われなければならない	・使者への支払い
全額払いの原則	賃金は、その全額が支払われなければならない	・所得税、社会保険料など法令に定めがあるもの ・労使協定で定めたもの
毎月1回以上払いの原則	賃金は、毎月1回以上支払われなければならない	・臨時に支払われる賃金、賞与
一定期日払いの原則	賃金は、一定の期日を定めて支払われなければならない	・清算期間が1カ月を超える手当

則が定められており、その中でも、賃金は、「その全額が支払われなければならない」と規定されています［図表］。この原則によって、賃金債権とその他の債権との相殺は原則として禁止されます。もっとも、過払い賃金精算のための調整的相殺については、賃金の過払いが生じることが不可避であることおよび本来支払われるべき賃金は全額支払われることなどを理由に、その時期、方法、金額を考慮し、労働者の経済生活の安定を害さない場合には例外的に許容されます（福島県教組事件 最高裁一小 昭44.12.18判決）。

ご質問のケースでは、前月分の過払い賃金の精算であり、相殺処理する金額の月額賃金に占める割合がある程度低いのであれば、当月賃金と相殺し控除することも可能と考えられます。

3. 年休の法的性質

ご質問では、本人に連絡がつかないため、勝手に年休として取り扱うこともできないと懸念されていますが、ご指摘のとおり、労働者の同意なく、使用者の一方的な判断で年休として取り扱うことはできません。なぜなら、年休は、労働者の権利であり、いつ年休を取得するかという判断権は労働者が有しているからです。この権利を一般的に、年休の時季指定権といいます（労基法39条5項）。

反対に、労働者が、事後的に欠勤日を年休に振り替えてほしい旨を申し出るような場合も考えられます。通常、就業規則において、年休の取得については、事前申請を義務づけていることが多いため、使用者は、当該手続きに反する事後的な振り替えに応じる義務はありませんが、任意に振り替えに応じることは妨げられません。

（都留　綾子）

社員の親が上司の指導や業務指示等に介入してくる場合、どう対応すべきか

　先日、新卒入社者に対し業務上の注意・指導をしたところ、当該社員の親から上司宛てにクレームが入りました。内容は、「入社して3カ月の社員なのに、指導が厳しいと聞いている。やりたい仕事をさせてもらえず、残業も多いようだが、ハラスメントではないか」といったものでした。上司は当該社員の親に対して事情を説明し、ハラスメント等はないことを伝えましたが、今後もこうしたクレームが来ることを懸念しています。今のところ、当該社員は上司への不満を述べておらず、メンタルヘルス不調の兆候もありません。このように社員の親が上司の指導や業務指示等、職場の問題に介入してくるケースに、人事担当者や管理職はどう対応すべきでしょうか。

 "職場における問題解決の主体は社員本人である"と社員の親を説得して理解を求めるべきであり、親からの要求に特別な対応をする必要はない

1. 労働契約関係における親の立場

　社員との雇用関係は、会社と社員との間で締結された雇用契約に基づいて成立しています。契約は、両当事者の意思の合致により成立し、契約の当事者のみを拘束します。社員の親は、会社に対して雇用契約に基づく権利を何ら有するものではありません。例えば、社員が未成年者であるような場合を別とすれば、社員本人に退職の意思がないにもかかわらず、親が退職届を持参してきたとしても、無効なのは当然のことです。

　このように、基本的に親は雇用関係の場面においては当事者ではない第三者にすぎず、会社にとって、親からのクレームに対して特別な対応をする法的義務もありません。したがって、親からのクレームを受けた場合は、雇用関係はあくまで会社と社員との間にあり、職場に関する問題は社員本人と直接話をして解決することなどを説明して、理解を求めることが基本的な方針となります。

2. 執拗に対応を迫られた場合

　親からのクレームに対して、社員本人との話し合いにより解決する旨を伝えたとしても、親からなお執拗に直接の対応を迫られることも考えられます。

　そのような場合であっても、会社側としては丁寧な言葉遣い・真摯な態度で冷静に接するべきであり、その場しのぎの対応は禁物です。職場における問題解決の当事者はあくまで社員本人であることを念頭に、会社としてできないことについてははっきりと断る必要があります。

　会社側の対応にもかかわらず、クレームがエスカレートして、連日長時間の対応が必要になって業務が妨害される、暴力や脅迫が行われるなど、刑法に抵触するような行為があった場合には、弁護士に対応を委任することや、警察に届け出ることが必要になるケースも想定されます。

　また、使用者としては、親との関係ばかりに目を向けるのではなく、クレームの矢面に立たされている担当者に対する配慮も必要です。不相当な行為が繰り返される場合には、1人で担当させるのではなく、複数人で、あるいは組織的に対応することが考えられます。担当者にメンタルヘルス不調の兆候が見られる場合は、クレーム対応の担当を外したり、医療機関の受診を促したりする対応も必要です。

　ところで、厚生労働省は、顧客等からの著しい迷惑行為（カスタマーハラスメント）について、

人事管理

2022年2月に「カスタマーハラスメント対策企業マニュアル」と題するマニュアルを公表しています。同マニュアルは、商品・サービスを利用する顧客からのクレームを主に想定したもので、親による上司の指導や業務指示等への介入について直接取り扱ったものではありませんが、どのようにしてクレーム対応の担当者を守るかという考え方には共通する点もあるため、対応を検討するに当たってはこのような資料も参考になります。

3.親からのクレームが問題発見の端緒となる可能性

前述のように、親が職場の問題に介入してきたとしても、原則として特別な対応をする必要はないといえます。しかし、親が指摘している内容が、会社として把握していない長時間労働やハラスメントなどの問題であった場合、労務管理上、全く相手にしないわけにもいきません。

なぜなら、使用者は、労働者が労務を提供する過程において、労働者の生命および身体等を危険から保護するよう配慮すべき義務（安全配慮義務）を負うためです。使用者が、親からの訴えを通じて労働者の心理的負荷の原因となる事実を認識することができたにもかかわらず、何ら対応を取らなかったことによって社員が精神疾患を発病するに至った場合、使用者は安全配慮義務違反による損害賠償責任を負う可能性があります。

したがって、上記のような事実について親から具体的な指摘があった場合には、当該社員の性格特性などから会社に直接言い出せていない可能性も視野に、本人に聞き取りをするなどして事実関係を調査することが必要です。その結果、労務管理上の問題やハラスメントの事実が認められれば、当然是正しなければなりません。

このように、職場における問題解決の当事者が

あくまで社員本人であるのはもちろんですが、親からの指摘が問題発見の端緒となる場合もあり得ることには留意する必要があります。

4.ご質問のケースについて

さて、ご質問のケースでは、新卒入社者の親からのクレームに対応した上司が、今後も同様のクレームを受ける可能性を懸念しているということです。

貴社は、親からのクレームに対して、ハラスメント等がないことを説明して場を収めていますし、上司との関係や当該社員のメンタルヘルスに問題が見られないことも確認したということですので、今回は適切な対応を取られたものと考えます。

今後のクレームに関する上司の不安に対応するためには、親からのクレームに対する貴社としての方針を明確化し、クレームへの対応方法を決めて当該上司と共有することが考えられます。つまり、"上司の指導や業務指示等の職場の問題は、あくまで社員本人との間で解決する"というのが会社の基本方針であると明確にすることにより、担当者は自身の対応が間違っていないか不安に思うことなく毅然とした態度でクレームに対応することができます。また、クレームへの対応方法（想定問答や、必要に応じて会話を録音することなど）を決めて担当者と共有すること、対応に困った場合に助言を求めるための相談先を定めておくことなども考えられます。

企業には、クレームを申し入れてきた親との関係だけでなく、対応に疲弊しがちな担当者にも配慮することが求められます。

（北川　弘樹）

Q93 職場の自席においてアロマオイルの使用を禁止することはできるか

最近、ある社員が職場の自席でアロマオイルを使用するようになりました。当該社員は「リラックスして仕事がはかどる」と言うのですが、職場の社員の中から「自分の嫌いな臭いがするので、禁止してほしい」という要望が出てくるようになりました。就業規則で禁止するほどの事項ではないため、口頭で伝えようと考えていますが、こうした私的行為の使用を禁止してもよいのでしょうか。また、万一、本人の同意を得られなかった場合の対応もご教示願います。

臭いを原因とする不快感への対処は、人それぞれ感じ方が異なること、発生原因によっては人格を傷つけないような配慮が必要なこともあり、対応が難しい側面がある。しかしながら、職場の自席におけるアロマオイルの使用は純粋な私的行為とはいえず、施設管理の観点から注意することや、使用中止に同意しない場合に使用を禁止することは可能である

1. スメルハラスメント

さまざまあるハラスメントの一種として、「スメルハラスメント」といわれるものがあります。臭いなどを原因として周囲に不快感を与えることを指して用いられる言葉です。

臭いについては、人によって感じ方が異なるものであり、ある臭いが好みな人もいれば、苦手な人もいます。また、臭いの強さを客観的な方法で指数化するなどしたとしても、さまざまな臭いが複合的に混ざって不快に感じることもあり、数値のみに依拠して臭いが不快でないか判断することも容易ではなく、対応方針を見定めること自体が難しい側面があります。

このように、臭いを対象として対策すること自体が難しいことに加えて、臭いの発生原因の観点からも対応が困難な場合があります。例えば、体臭や口臭が原因でトラブルが生じた場合において、体臭や口臭があること自体は自然なことであり、必ずしも加害の意図があるわけでもないため、違法とは言い難いと考えられます。むしろ、そのようなときに、体臭や口臭の原因を指摘して、これを改善するように強制することは、対象者の名誉や名誉感情などの人格を傷つけ、そのことがパワーハラスメントなどに該当するおそれもあります。

とはいえ、職場において不快感なく業務を遂行できる環境を整えることは使用者の責務であり、複数の社員から不快感が示された場合には、臭いへの対処が必要となる場面もあります。しかしながら、臭いによる不快感については、その対処が難しく、職場で生じたときにも、全体に身だしなみへの配慮といった内容を周知する方法で間接的に注意喚起をすることで対応するのが適切な場合も多いと思われます。また、個別に対応する場合には、個室に呼んで信頼関係のある者から伝えてもらうといった方法を採るほうが適切でしょう。

会社の対応方針を検討するに当たって、臭いが問題となった裁判例を紹介します。損害賠償等請求事件（東京地裁　平20.12.19判決）では、会社が、悪臭を生じさせる生活事情などを理由に従業員を解雇したところ、その効力などが争われました。解雇された従業員からは、悪臭の指摘自体がパワーハラスメント、プライバシー侵害として違法であり、解雇も無効であるといった主張がされています。

意外かもしれませんが、この裁判例では解雇が有効と判断されています。前提となった事実関係が重要ですが、複数の従業員が口をそろえて悪臭

に対する不快感を述べており、上司から生活環境をヒアリングしたところ、衣類を毎日洗濯せずに2組の衣類を着回していることなどの回答を得ており、これらの事情から「日によってその程度は異なるものの、執務に差し支える程度の臭いがすることがあった」と認定されています。そして、「執務に差し支える程度の臭いがする」ということを前提として、悪臭の原因と考えられる生活環境を質問することに違法性はなく、解雇された従業員は悪臭の指摘を受けて名誉ないし名誉感情が害されたと解されるものの、悪臭が事実であったことからすると、その指摘や言動に違法性はないと判断されました。

このように業務に支障が生じる程度に至っている場合には、たとえ私的な領域に関する事項を含んだり、名誉感情への配慮が必要であったりするとしても、業務への支障を排除する必要性が認められるのであれば、悪臭の原因を確認し、それを改善するよう求めることは違法とはならないと考えられます。

2. アロマオイルの使用とその制限

臭いの問題は対処が難しいですが、ご質問のようなアロマオイルの香りについては、体臭や口臭などとは異なり、名誉や名誉感情などの人格を傷つけるようなおそれは小さいと考えられます。また、アロマオイルは、アレルギー体質、高血圧、妊娠中などの社員にとっては避けるべき成分が含まれている場合もあり、近くの社員に害を及ぼすおそれがあります。

ご質問では、職場の自席においてアロマオイルを使用することを私的行為と捉えているようですが、自宅で使用することとは異なり、職場の自席での使用は純粋な私的行為とはいえないほか、時に有害な場合もあります。また、使用者は施設管理権を有しており、職場の自席において使用することを許容する用具の範囲を施設管理権に基づき制限することは可能と考えられます。

また、職場の社員の中から禁止するよう要望されるなど、実際に不快に感じている社員が現れているようです。このような状況であれば、使用者の立場としては、不快に感じる原因となっている自席でのアロマオイルの使用を控えるように注意することは許容されるものと考えます。

それでは、本人が使用中止に同意せず、使用を控えない場合には、どうすればよいでしょうか。

体臭や口臭とは異なり、アロマオイルの香りは社員の意思により生じさせています。また、アロマオイルの使用は職務遂行との関連性が低いと考えられ、これを制限することによる影響は小さいでしょう。さらに、自席での使用は純粋な私的行為ともいえません。

したがって、使用者の立場としては、施設管理権に基づき自席におけるアロマオイルの使用を禁止するよう命じることも可能であると考えます。

（家永　勲）

名ばかり管理職と判断された社員が管理監督者と認められるためには対応をどう変えるべきか

先日、当社の管理職が提訴し、名ばかり管理職として未払い残業代を請求した結果、これが認められることとなりました。当社としては、これまで管理職手当を支給してきたので問題ないと認識していたのですが、以後、実態のある管理監督者と判断されるために、管理職手当の増額や経営への積極的な参画などを検討しています。具体的にどう対応を変えるべきでしょうか。

例えば、非管理職よりも管理職の給与が必ず高くなるように管理職手当を増額するほか、当該管理職の人事権の範囲や職務権限の見直し等の対応が必要

1.管理監督者の該当性

労基法41条では、同法の労働時間・休憩・休日の規制が適用されない対象として、「監督若しくは管理の地位にある者」（同条2号）を規定しています。これが、いわゆる"管理監督者"です。

管理監督者に該当するための裁判例上の要素（要件）は、行政解釈（昭22.9.13 発基17、昭63.3.14 基発150）を踏襲し、一般的に「①事業主の経営に関する決定に参画し、労務管理に関する指揮監督権限を認められていること、②自己の出退勤をはじめとする労働時間について裁量権を有していること、および③一般の従業員に比しその地位と権限にふさわしい賃金（基本給、手当、賞与）上の処遇を与えられていること」（菅野和夫・山川隆一『労働法 第13版』[弘文堂]415ページ）と整理されています。管理監督者の該当性が否定された裁判例も多く、この該当性は容易に認められないため、いわゆる"名ばかり管理職"は多く実在しています。

2.管理監督者の該当性を肯定する要素

会社が管理監督者の該当性が認められるように人事改革を行う場合には、裁判例を踏まえると次のことに留意して実現することが重要です。

まず、上記①のうち経営への参画状況を肯定する要素は、その関与の有無、その方法および程度等が評価されることになるため、例えば、当該管理職が会社全体の方針を決定するような重要な会議に要職として出席したり、その経営方針、予算案、職務分掌の立案等を策定する重要な役割・立場にいること等が挙げられます（過去の裁判例では、会社全体の経営方針への関与がないことを消極的に判断する例も少なくなかったものの、最近では会社組織上の重要な組織単位であれば、それでも足るとする判断する裁判例も複数あります）。また、上記①のうち労務管理上の指揮監督権等を肯定する要素は、例えば、部下に対する採用、解雇、人事考課、勤怠管理、待遇決定等の人事権限（その手続き・判断の過程に関与すること）が認められることのほか、職務内容に着目して一般社員と異なり管理業務を行っていること等が挙げられます。

次に、上記②を肯定する要素は、始業・終業時刻の厳守状況、当該時刻を前提に遅刻、早退、欠勤等の場合に賃金控除がなされていないこと、人事上の不利益な取り扱いを受けていないこと等が挙げられます。

最後に、上記③を肯定する要素は、当該待遇の絶対的な金額の高額さもその事情の一つとなるものの、単に年収が高額であるだけでは足りず、社内の相対的な水準比較も重要となります。例えば、❶社員の中では給与が最高位に準じる位置づけとなっていること、❷一般社員との待遇差に着目し、一般社員の平均年収（休日・時間外割増賃金を含む）より相当程度高額であるか最も高額な給与が支給されている一般社員よりも低くなること（逆転現象）がない場合は、管理監督者として十分な待遇を受けていると評価されやすくなります。また、管理監督者として特別な待遇を受けている場合にも同様です。

なお、最近の管理監督者性の判断については、［参考］を参照してください。

3.ご質問への対応

ご質問では、管理監督者性を否定された理由等は分かりませんが、検討状況によれば、前記1.で示した①経営者との一体性、③待遇等が特に改善を要する状況と推察されるところです。①の観点では、社内の意思決定のプロセスを整理し、そのプロセスの中に当該管理職に関与させる意義を踏まえて実際に関与させること、また、当該管理職の社内上の業務遂行および人事上の権限を見直し、改善することが重要です。③の観点では、現時点での当該管理職の社内の給与水準を順位づけ

したり、一般社員の平均年収を算出する等により可視化した上で、例えば、管理職手当を見直すことにより給与水準を最高位に準じるように引き上げたり、最も年収が高額な一般社員に比し確実に上回るように改善することや一般社員の平均年収よりも相当程度高額となるように増額すること等の対応が考えられます。

会社が①③の改善に取り組む場合には、会社の経営手法・意思決定およびキャッシュフロー等に少なからず影響を与えるため、まずは現状把握をした上で改善することが可能な内容や限度を見極めることも必要となります。

(清水　裕大)

参考 最近の管理監督者性の判断（認められた裁判例：○、否定された裁判例：×）

事件名	結論	地位	①経営者との一体性	②労働時間の裁量	③待遇等
辻中事件 大阪地裁 令4.4.28判決	×	総務部長	・原告が担っていた経理業務、総務業務、人事・労務業務、役員店長会議や年度方針発表会の資料作成や会場手配といった庶務業務等は、あくまで事務的性格が強いこと　等	——	・年間約500万円または約600万円の給与では管理監督者としてふさわしい待遇を受けていたとはいえないこと　等
阪神協同作業事件 東京地裁 令4.2.25判決	×	支店長	・社長は個別の業務についても電話等を通じて随時報告を受け、指示を出すなどし、時には原告の仕事を中止させたこともあったこと ・原告は経営戦略等が話題となる幹部会議には出席していたものの、当該出席をもって会社の重要方針の決定に参画していたとは認められないこと ・原告は支店長在任期間中、7割以上の時間を運転業務に費やしていたこと　等	・原告の出退勤のパターンは基本的に一定であり、休暇や早退もほとんど見受けられないこと　等	・月額給与約50万円以上であるものの、採用経緯からすれば、原告独自の人脈等を活かしたイベント関連業務の受注への期待からであったと認めるのが相当 ・社有車の便宜は、原告以外に他の社員も受けていたことから、特別待遇とは認められないこと　等
ダイワリゾート事件 東京地裁 平30.7.27判決	○	料理長	・原告はレストラン部門の料理長であって、レストラン部門において原告に対し指揮命令をする者はいないこと ・レストラン部門を代表して代表を交えた会議に出席し、高額設備の購入等の重要事項に関与しているほか、採用や人事評価等人事管理上の業務をしていたこと　等	・原告は自己の考えで出勤しており、出勤時間に関し人事考課においてマイナスの評価を受けたりするなど不利益な取り扱いはされていないこと ・原告はタイムカードの打刻をしているが、それを利用した時間管理はされていないこと　等	・月額給与約46万円であり、その額は被告会社の正社員50人のうち上から2番目であること、原告には被告会社からホテルのシングルルームが無償で提供されていたこと

INSOU西日本事件 大阪地裁 平27.12.25判決	○	取締役 （管理本部長）	・原告は経営に関する事項を決める重要な各種会議に出席し、会社において経営の中枢に関与する人物と評価されていたこと ・原告は部下の勤怠管理、賞与査定、人事評価、人事採用等の労務管理を担っていたこと　等	・所定労働時間に合致しない勤務実態が認められ、自由に出勤時間を決めることが許されていたこと ・欠勤控除や遅刻早退控除がなされていないこと　等	・支給額が①約74万円および②約84万円であった期間については、それぞれ従業員の中で最も高額であり、かつ、一般従業員の平均支給額よりも①約42万円、②約55万円も多額であること　等

自転車通勤による疲労で業務に支障を来している社員に電車通勤への切り替えを指示することは可能か

　当社では就業規則で自転車通勤を認めていますが、片道1時間以上かけて自転車通勤している社員がおり、出社後は明らかに疲れた様子を見せています。また、汗もなかなか引かないようで、出社してしばらくは仕事が手に付いていません。こうした状況を鑑みて、当該社員の通勤手段を自転車から電車へ切り替えるよう会社が指示を出してもよいでしょうか。当該社員は主要路線沿いに自宅があり、電車通勤が可能です。

就業規則において、一定の場合に自転車通勤を制限する定めを設ける変更を行わない限り「お願い」にとどめるのが無難だが、出社後の業務に関しては指示できる

1.指示・命令の根拠

　労働者の労働義務の遂行に当たって使用者が指揮命令を行う権限は、指揮命令権または労務指揮権と呼ばれ、使用者の業務命令権は、労働者の本来的な職務を超え、出張、研修や健康診断、自宅待機等にも及び得るものです（水町勇一郎『詳解労働法 第3版』[東京大学出版会] 252ページ）。しかし、使用者の指揮命令権および業務命令権の根拠は、労働協約の定めや就業規則の合理的な規定を含む労働契約に求められます（水町・前掲書253ページ）。業務命令権の濫用とされないためには、それ相応の事由も必要です。

　一般に、「通勤」とは、就業に関して住居と就業場所との間の往復等のことで、また、通勤時間は労働時間ではありませんが、通勤は勤務の存在が前提である以上、就業規則等によって、自転車通勤を禁止・制限することはできます。そして、労働協約の定めや就業規則に基づく社内ルール（以下、「社内ルール」と総称します）の内容が、労働契約に含まれているものと考えられます。

　そこで、使用者の指揮命令または業務命令として、通勤手段を自転車から電車へ切り替えるように指示する根拠が、社内ルールにあるといえるかが問題となります。

2.自転車通勤を認める社内ルールの存否

　近時、健康志向等の理由から自転車通勤を希望する社員がおり、環境面から積極的に自転車通勤等を奨励する企業もあります。ご質問の企業でも就業規則で自転車通勤を認めているとのことです。

　しかし、安全面を考慮して、自転車通勤を禁

止・制限する企業も多いところです。マイカー通勤と同様に、自転車の場合も駐輪場の問題があり、違法駐輪のリスクがあるため、就業規則で自転車通勤を禁止する企業もあります。

また、自転車通勤を認めるにしても、例えば、自転車事故に関する保険加入の取り扱いや、通勤用自転車の業務使用禁止、雨天等の理由で電車通勤をした場合などとの関係も含めて、本来は通勤手当の取り扱い等について細かなルールが必要なはずです。

そこで、自転車通勤を許容する社内ルールで、所定の条件の下に自転車通勤を認めているのであれば、その規律の枠内で、通勤手段を自転車から電車へ切り替えるように指示できるかもしれません。例えば、自転車通勤が許可制になっており、状況に応じて不許可にできるのであれば、その規律に基づいて、電車通勤に切り替えるように指示できるでしょう。

しかし、現実には、自転車通勤に関する社内ルールが十分に整備されていない場合が多いようです。ご質問のケースでも、自転車通勤に関するルールにおいて、どういう場合に電車通勤に切り替えるよう指示できるかが明記されていなければ、そこまでの指示ができるかについては判断が微妙です。

3.電車通勤の負担

ご質問のケースでは、就業規則で自転車通勤を認めている以上、社員としては自転車通勤をする権利があり、自転車通勤のほうが健康的で、環境にも優しいので、なるべく自転車通勤をしたいと考えている可能性があります。

もっとも、労働契約においては、その人的・継続的な性格に由来しての信頼関係が要請され、労契法3条4項においても信義誠実の原則が特に確認されています。このため、当事者双方が相手方の利益に配慮し、誠実に行動することを要請され、この誠実・配慮の要請に基づく付随的義務が認められるところです（菅野和夫・山川隆一『労働法 第13版』[弘文堂] 175ページ）。こうした誠

実・配慮の要請から、個別の事情により、会社が自転車通勤から電車通勤に切り替えるように求めた場合には、労働者も臨機応変に応じる義務ないし配慮義務が付随的にあるとする見解も成立し得るでしょう。

しかし、自転車通勤に関する明確なルールがない場合に、そう言い切れるかは疑問もあります。例えば、自転車通勤を理由として通勤手当の支給がない場合には、社員が電車代を負担することに難色を示すかもしれません。また、自転車通勤の経路と、電車通勤の経路を比較した場合に、電車通勤のほうが余計に時間がかかる場合もあり得ます。ご質問のケースにおいて、当該社員は主要路線沿いに自宅があるとのことですが、駅までの距離が遠いケースのほか、会社の場所によっては自転車通勤のほうが到着がはるかに早いケースもあり得ます。電車通勤でも、猛暑等の気候や体調等により、通勤の負担が軽減されるとは限らず、業務効率が上がらないかもしれません。その類いの個別の事情から、使用者が一方的に電車通勤に切り替えるように命じることは、労働者の権利ないし利益を害するケースもあり得ます。そして、従前まで認められてきた自転車通勤が許されなくなるのは、処遇の不合理な不利益変更であるとのクレームを受けるおそれがあります。電車通勤に切り替えることが、問題の唯一の解決策とも限りません。

そこで、今後、一定の場合に、自転車通勤を制限する定めを新たに明記する就業規則の変更をすることも考えられます。しかし、就業規則の不利益変更をする場合には、変更後の就業規則を労働者に周知させ、かつ、就業規則の変更が、①労働者の受ける不利益の程度、②労働条件の変更の必要性、③変更後の就業規則の内容の相当性、④労働組合等との交渉の状況、⑤その他の就業規則の変更に係る事情に照らして合理的なものであることが必要となります（労契法10条）。

4.ご質問への対応

通勤手当の調整を別途整備するなどして労働者

の受ける不利益を最小限にした上で、自転車通勤を制限するのであれば、会社としては合理的な制限を加えることが必要な規制と考えられますから、その詳細が穏当な内容であれば、最終的に就業規則の変更は認められるでしょう。

今後のことを考えれば、就業規則を変更して、明文の根拠規定に基づいて電車通勤に切り替えることが望ましいのですが、それが整備されるまでは、当面、会社としては電車通勤への切り替えの「お願い」ができるにすぎないと考えるのが無難かもしれません。

ただ、出社後の労働時間中の業務に関しては指示命令ができます。汗もなかなか引かず、出社していても仕事が手に付いていない状態に対しては、きちんと業務を行うように注意をすることは可能でしょう。

（浜辺　陽一郎）

勤務場所の変更を希望する社員に対し、どのように対応すべきか

このたび、単身赴任中の社員から「赴任先での出社が月に1回程度とほぼなく、今後もテレワークの方針が変わらないのであれば、勤務場所を元に戻してほしい。それができないのなら、残りの単身赴任期間について自宅から通勤することとし、交通費は実費精算とさせてほしい」との相談がありました。当社は今後もテレワークを基本とした働き方とする方針ですが、当該社員の勤務場所を元に戻すべきか悩んでいます。また、仮に勤務場所の変更を認めないとして、当該社員が自宅から通勤した場合、同交通費は不支給にしたいと考えていますが問題でしょうか。なお、現状の就業規則では詳細を定めていません。

 勤務場所の変更については、労働契約上の根拠に基づいた上で、権限の濫用に当たらない範囲において合理的な判断を行うべき。また、交通費の支給については、就業規則その他の定めに従い取り扱うべき

1．勤務場所の変更

勤務場所の変更については、いわゆる配転の問題として、使用者側の必要性と労働者側の不利益をどのように調整すべきかが議論されてきました。

裁判実務では、東亜ペイント事件（最高裁二小昭61．7.14判決　労判477号6ページ）をはじめとし、①使用者に配転命令を行う権限があるか、②使用者の配転命令に権限の濫用がないかという二つの要素を用いて配転の適否が判断されています。

各要素を具体的に見ていくと、①配転命令を行う権限については、少なくとも、就業規則等による配転命令を基礎づける労働契約上の根拠があること（例えば、「会社は、業務上の必要に応じ、配置転換または転勤を命ずることができる」などの規定が考えられます）、労使間において勤務場所の限定に関する合意が存在しないことが必要とされています。

また、②使用者の配転命令に権限の濫用がないかという要素については、配転命令の業務上の必要性がない場合や、不当な動機・目的がある場合、労働者に通常甘受すべき程度を著しく超える不利益を負わせる場合等、特段の事情が存在する場合でない限り、これに該当しないものとされており、使用者側に一定の裁量が認められているも

のと考えられます。実際、上記東亜ペイント事件最高裁判決においても、71歳の母親、発足したばかりの保育所に勤務する妻、および2歳の長女と同居しているといった原告の家庭の状況について、転勤が与える家庭生活上の不利益は、転勤に伴い通常甘受すべき程度のものであるとして消極的に取り扱われています。

もっとも、育介法26条が、事業主に対し、配転に際して養育および介護の状況への配慮を義務づけていることを考慮して、高齢の両親の介護をする労働者への苫小牧から東京への配転命令を違法であるものとした例（NTT東日本［北海道・配転］事件 札幌高裁 平21.3.26判決 労判982号44ページ）や、配転命令について労働者の社会生活に与える影響や仕事と生活の調和への配慮に欠ける場合には慰謝料請求権の発生原因となる余地があることを示した例（一般財団法人あんしん財団事件 東京高裁 平31.3.14判決 労判1205号28ページ）などもあることから、使用者が軽々に一方的な配転の判断を行うことは避けるべきと考えられます。

なお、上記の考え方に従い、労働者側から既に行われた配転命令の適否を争うことは可能であるとしても、労働契約上、どのような配転が行われるべきかの具体的な根拠がない多くのケースにおいては、労働者側から具体的な配転の請求を行うことは難しいものと考えます。

2. 通勤交通費の支給

労働者の勤務場所に移動するための通勤交通費は、本来的には労働者自らが負担すべき費用ですが、就業規則その他の定めによって支給基準が定められることにより、労働契約上、使用者に支払い義務が生じるものとなります。

例えば、昨今のテレワークの普及などに伴い、労働者が勤務場所から離れた地域に転居した場合において、当該転居場所から勤務場所に移動するための通勤交通費が全額支給されるべきかという問題については、就業規則その他の定めによる支給基準に従うこととなります。もっとも、実務上

は、支給基準において上限金額や一定の制限が定められていることが通常でしょうし、上記の本来労働者が負担すべき通勤交通費の性質から見ると、こうした上限金額や制限を超える分の通勤交通費を使用者が負担する必要はないといえます。

なお、近時の裁判例には、事例判断ではあるものの、テレワークを原則とする実態が浸透している状況下において、雇用契約書等の記載にかかわらず、就業場所が原則として自宅であるものと認定され、業務上の必要性が認められる場合に限り、会社への出勤を命ずることができるものと判断されている例（ITサービス事業A社事件 東京地裁 令4.11.16判決 労経速2506号28ページ）もあることから、出社を命ずる場合に業務上の必要性があるかについては吟味が必要といえます。

3. ご質問のケースについて

ご質問のケースにおいて、社員は、既に行われた過去の配転命令に不満があるというわけではなく、テレワーク中心となった現在において元の勤務場所への配転を求めていると考えられるため、労働契約上の特段の根拠がない限りは、当該社員が当該配転について具体的に請求する権利が認められるものではないと考えられます。したがって、会社としては、当該社員の意見は聞きつつも、元の勤務場所に配転を行うか否かについては、必要性等を勘案し、合理的に判断すればよいものと考えます。

また、社員のもう一つの要望である、自宅から勤務場所への移動にかかる通勤交通費の実費精算については、就業規則その他の定める上限額や制限に従い、これを支払えば足りるものといえます。もっとも、テレワークが基本となっている状況下において、そもそも出社を命ずる業務上の必要性があるかについては、別途検討が必要といえるでしょう。そこで、業務上の必要性があまりないのであれば、新たな配転の判断においても、勤務場所を元に戻すことが合理的といえるかもしれません。

なお、昨今のテレワークの普及などの社会情勢の変化に鑑みますと、遠隔地に居住しつつ、稀にしか出社しない従業員の実情に合わせて、許可を得た従業員について回数や金額の条件を定めて遠隔地居住者用の通勤手当制度を創設するなど、通勤交通費に関する規程の見直しを積極的に検討してもよいと考えます。

（猿渡　馨）

Q97 柔軟剤の香りがきつ過ぎる従業員に対し、どのように対処すればよいか

ある従業員の柔軟剤の香りがきつ過ぎて、部署内で具合の悪くなる者が出てきています。同人に香りを和らげるよう伝えても、「香りは本人の自由」「家族が洗濯しているので対処できない」などと聞き入れてくれません。この従業員に対し、どのように対応すべきでしょうか。また、対応が功を奏しない場合、職場秩序を乱したとして懲戒処分することは可能でしょうか。

 柔軟剤の使用を抑制するよう説得はできるが、応じない場合に懲戒処分することまではできない

1. 職場における柔軟剤の"香り"のトラブル

近年、香り付きの柔軟仕上げ剤（以下、柔軟剤）が人気を集め、衣服にさまざまな好みの香りを付ける人が増えています。もともと柔軟剤は、衣類をソフトに保ち、傷んだ繊維を柔らかくすることをうたったもので、かつては部屋干しや汗の臭いを抑えるための微香タイプが主流となっていました。しかし、2000年代後半より香りの強い海外製の柔軟剤がブームとなったのをきっかけに、現在は、芳香剤を工夫した商品の品揃えが広がっています。

柔軟剤の香りは、当人にとってはよい香りであっても、それを不快に感じたり、何らかの体調不良を起こしたりする人も多くいるようです。国民生活センターによると、柔軟剤のにおいに関する相談件数は増加傾向にあり、体調不良などの症状を訴えるものも含まれているとのことです（「柔軟仕上げ剤のにおいに関する情報提供」2020年4月9日）。また、近年では柔軟剤が化学物質過敏症の原因の一つになるという見解もあります。

2. 化学物質過敏症とは
[1] 概要

化学物質過敏症は、現時点で医学的、病理学的な定義が確立されるには至っていませんが、何かの化学物質に大量に曝露された後、または、微量でも繰り返し曝露された後に発症するとされています。その病態、症候は非常に多様で、①気道障害（咽頭痛、口渇）、②循環器障害（動悸、不整脈）、③免疫障害（皮膚炎、喘息）、④消化器障害（下痢、便秘、悪心）、⑤自律神経障害（発汗異常、手足の冷え、頭痛、易疲労性）、⑥精神障害（不眠、不安、うつ状態、不定愁訴）等が同時に、または交互に出現するとされています。

発症メカニズムについては多方面から研究が行われており、最近では、中枢神経系の機能的・器質的研究と、心因学説に立脚した研究報告が多数なされているものの、決定的な病態解明には至っていません。また、診断方法も現時点で決定的なものはないものの、一定の診断基準に従った診断がなされています。

原因物質については、患者にとって合わない物

であれば何でも当てはまる可能性があります。可能性が高いものとしては、排気ガス、殺虫剤、除草剤、食品添加物、残留農薬、カビ、ダニ、建材、接着剤、塗料のほか洗浄剤、漂白剤、芳香剤などが挙げられます（厚生省長期慢性疾患総合研究事業アレルギー研究班「化学物質過敏症パンフレット」平成9年8月）。

化学物質過敏症の治療方法については、その原因の特定や診断方法と同様にさまざまな問題を抱えており、化学物質過敏症の根本的な治療に結びつくような知見は、今までのところ得られていません。現状、有効な治療方法として、①自覚症状を誘発する原因物質からの回避、②カウンセリングを含む患者教育、③身体状況の改善と有害化学物質の代謝および排出の促進が挙げられています。

[2]関係判決

近時の裁判例においては、化学物質過敏症になったことと業務との間の因果関係が認められるとして労災を認めるもの（国・和気労基署長［化学物質過敏症］事件　広島高裁岡山支部　平23．3．31判決）や、会社に損害賠償の支払いを命ずるもの（花王事件　東京地裁　平30．7．2判決）が見られます。これらの裁判例は、労働者が業務上長期間にわたり、有機溶剤等にかなりの程度曝露されていたケースにおける、労災事案や安全配慮義務違反による損害賠償請求事案ではありますが、化学物質過敏症に関する裁判例として参考になります。

3.会社の対応について

[1]就業規則等による一般的規制

現時点では、柔軟剤に含まれる化学物質が、化学物質過敏症の原因の一つとなり得るという見解は存在するものの、医学的に確立した見解ではな

く、それが健康に一定の悪影響を及ぼすことが広く社会に認知されているということはありません。また、法律や行政通達によって、柔軟剤の使用に関する規制や指導が行われている段階にもありません。

このような状況下においては、企業の就業規則において、一般的に柔軟剤の使用を抑制・禁止するような定めを置いていないのが現状であると思われます。また、柔軟剤の香りの感じ方は人によって異なり、社会通念上受忍限度の範囲内といえる場合も多いでしょう。さらに、そもそも柔軟剤の使用は、業務とは直接関係のない私的な領域の事項といえます。したがって、職場秩序を維持する観点から、就業規則において使用の禁止・抑制、ならびに懲戒処分の対象となることを定めるのは困難であると考えます。

[2]個別の対応

ただし、特定の従業員が放つ柔軟剤の強い香りによって、他の従業員が診断書を提出し、健康被害の申し出を行うような場合、使用者は安全配慮義務を尽くす観点から個別に対応する必要があります。例えば、主治医または産業医に受診させ、医師の意見を聴取した上で、当該従業員がいる職場において、柔軟剤の使用を任意で抑制するよう呼び掛けるなどの措置、換気装置や空気清浄機を設置するなどの配慮が考えられます。それでも症状が続くようであれば、病状を発症した従業員をより環境の良い部署へ配置転換することも検討事項になります。

もっとも、柔軟剤を使用する従業員に対して使用の抑制や停止を命じ、これに従わない場合に懲戒処分することまでは認められないと考えられます。

（吉村　雄二郎）

Q98 「ジョブ型雇用」と「ジョブ型人事制度」はどう異なるか

新聞やネットで「ジョブ型雇用」に関する記事を目にすることがよくあります。一方で、「ジョブ型人事制度」との表現が使われる場合もあります。そこで、「ジョブ型雇用」と「ジョブ型人事制度」それぞれの定義・考え方と相違点についてご教示ください。

 ジョブ型雇用とジョブ型人事制度は明確に区別して用いるべき表現である。ジョブ型人事制度とは以前からある職務等級人事制度の呼称を変えたものであることが多く、ジョブ型雇用の人材マネジメントを構成する要素の一部である。ジョブ型人事制度だけを導入しても、ジョブ型雇用を実現したことにはならない

1．ジョブ型雇用は
　雇用システム全体の特徴を意味する表現

　ジョブ型雇用とは、組織における個々のポジションの職務内容を軸に人材を雇用する仕組み全体を指す表現です。「個々のポジションの職務内容を軸に」という部分がジョブ型雇用の原則ともいえる考え方であり、ここでいう雇用とは採用に限ったものではありません。報酬や昇進、人材育成など企業における人材マネジメント全体が包含され、それぞれメンバーシップ型雇用とは異なる特徴を有しています。

　例えば、ジョブ型雇用における採用では、メンバーシップ型雇用の典型的慣行である新卒一括採用は行われません。「個々のポジションの職務内容を軸に」の原則に基づき、ポジションごとに採用活動が展開されます。一つひとつのポジションの職務内容とその遂行に求められる要件を前提に、募集職場主導で選考を行うのがホワイトカラー職種では一般的です（念のため補足ですが、ジョブ型雇用においても新卒採用は行われます）。

　同様に、報酬もジョブ型雇用の原則である「個々のポジションの職務内容を軸に」決定されます。この報酬決定のよりどころになるのが職務評価によるポジションごとの職務価値の点数化です。同じ課長のポジションであっても、職種や担う職務内容の違いから職務価値の点数に差がつくことが多く、当然、等級や報酬水準も点数に応じて変化します。また、職務評価を行う際に欠かせないのがジョブディスクリプション（職務記述書）です。一般的にジョブディスクリプションは個々の職務内容を明文化したものとして知られていますが、職務評価の参考情報としても極めて重要です。

　そして、昇進もジョブ型雇用とメンバーシップ型雇用とでは考え方が大きく異なります。メンバーシップ型雇用では空きポジションの有無にかかわらず、社員の能力向上などに応じて「昇格」を決定することが一般的です。一方、ジョブ型雇用では「個々のポジションの職務内容を軸に」の原則に基づき、あるポジションに空きが出た場合、その席を埋めるために誰かを任用することになります。任用の方法としては、同じ部署の下位ポジションの現職者から最適な社員を当該ポジションに昇進させるか、もしくは社外から採用してくるかのいずれかになることが多いでしょう。つまり、ジョブ型雇用における昇進と採用は、候補者が社内にいる（＝昇進）のか、社外にいる（＝採用）のかの違いに過ぎないのです。

　したがって、「個々のポジションの職務内容を軸に」採用や報酬、昇進が決まるジョブ型雇用社会においては、どのような企業・職種・ポジションに自らの身を置くかが労働市場における価値に直結し、従業員本人のキャリア形成にとって重大事になります。そのため、職種をまたぐような異

動は専門性向上を阻害し、市場価値を毀損する可能性があるものと見なされ、従業員との事前合意なしに行うことが困難です（そもそも雇用契約によって異動を行えない場合もあります。また、一部の経営幹部候補には本人了承の下で意図的な異動を行うケースもあります）。

2．ジョブ型人事制度は
職務等級人事制度の呼称を変えた表現

前記1．のとおり、ジョブ型雇用には、等級・評価・報酬といった人事制度だけでなく、採用や昇進・異動、人材育成など人材マネジメント全体が包含されます。つまり、人材マネジメントがすべて「個々のポジションの職務内容を軸に」という原則に基づいて運用されて初めてジョブ型雇用が成立するといえます。

一方、世間でジョブ型人事制度と呼ばれているものの多くは、以前からある職務等級人事制度の呼称を変えただけに過ぎない場合がほとんどです。職務等級人事制度の導入は、ジョブ型雇用実現の必要条件ではありますが、十分条件まで満たしているとはいえません。理解促進のためにあえて数式化しますと、「ジョブ型雇用⊃職務等級人事制度」と表すことができます。決してイコールの関係ではありません。

したがって、新卒一括採用や会社都合のジョブローテーションといったメンバーシップ型雇用の人材マネジメントの土台の上に、職務等級人事制度をジョブ型人事制度という呼び名で据えたとしても、それをもってジョブ型雇用を実現したと称するべきではありません。さらには、従業員に自律的なキャリア形成の機会を与えていないにもかかわらず、報酬や昇進といった処遇にだけジョブ型雇用の考え方を取り入れるのは、労務費削減が目的ではないかと従業員から疑念の目を向けられ、逆効果にすらなる可能性があります。

3．成果主義ブームと同じ轍を踏まないために

1990年代前半のバブル経済崩壊以降、人材マネジメント分野において成果主義の導入がブームとなり、多くの日本企業が人事制度の改定に踏み切りました。しかしながら、一定の改善は見られたとしても、当初狙ったような変革と呼べるレベルに至ることはできなかったのが実態ではないでしょうか。その大きな理由の一つは、メンバーシップ型雇用が持つ強い「慣性力」にあります。つまり、メンバーシップ型雇用という人材マネジメントの土台の上にどのような人事制度を導入したとしても、職場で長年継続してきた画一的・同調的な働き方の変革にはつながらないのです。

企業の経営戦略の一環として人材マネジメント変革や多様な働き方の実現を本気で目指すのであれば、職務等級人事制度（ジョブ型人事制度）を導入するだけにとどまらず、人材マネジメントの土台から抜本的に見直していく必要があります。

（石黒　太郎）

新型コロナワクチン接種につき、社員に接種意向や接種状況等を尋ねてよいか

社内感染防止対策を効果的に講じる観点から、社員の新型コロナワクチン接種につき、各人の接種意向や接種状況・予定を把握しておきたいと考えています。そこで、同内容に係る社員アンケートを実施する予定ですが、問題ないでしょうか。また、当社では全社員に接種を強く推奨しているところ、事情により接種できないとする社員に対し、医師の診断書等、当該事情を証明する書類の提出を求めることは可能でしょうか。

接種意向や接種状況等を尋ねても問題ないが、個別の事情を聴取すること、接種しない事情の説明や当該事情の証明を求めることは避けたほうがよい

1．ワクチン接種の位置づけ

　令和2年12月以降、新型コロナウイルス感染症に係る予防接種（以下「ワクチン接種」、または単に「接種」といいます）は、予防接種法附則7条により、全額を公費負担とする特例臨時接種が行われてきました。なお、令和4年12月9日施行の同法改正により同条は廃止されましたが、特例臨時接種は経過措置（同改正法附則14条）を根拠に行われました。

　この特例臨時接種は令和6年3月末までとされ、同年4月1日から新型コロナワクチンの予防接種法上の扱いが変わりました。令和6年4月以降（同年8月現在）、新型コロナウイルス感染症は、同法施行令2条により、同法2条3項3号に定める「B類疾病」と指定されることとなりました。

　この変更により、身近な点でいえば、ワクチン接種が原則有料となりました。また、同法9条1項に定められた、予防接種を受ける努力義務の対象外となりました。しかしながら、特定のワクチンについて、国の定めた対象者が、接種を行う努力義務を負うかどうかにかかわらず、接種が強制ではなく、本人の意思に基づき接種を受けるものであることは当然です。これは、厚生労働省の新型コロナワクチンに関するWEBサイト「新型コロナワクチンQ&A（※）」にも明記されています。

※https://www.mhlw.go.jp/stf/seisakunitsuite/bunya/vaccine_qa.html

2．ワクチン接種を行わない社員への対応

[1] 差別的取り扱いの禁止

　上記のとおり、接種は本人の意思に基づき行われるものであって、強制されるものではないことが前提となります。また、接種が強制されないということは、接種を受けないことも個人の自由であり、ワクチン接種を行わない選択をしたことを理由に差別的取り扱いを行うことは許されません。

　この点は、上記のWEBサイトにおいても記載されており、その内容を抜粋すると以下のとおりです。

> 職場や周りの方などに接種を強制したり、接種を受けていない人に差別的な扱いをすることのないよう、皆さまにお願いしています。（中略）仮にお勤めの会社等で接種を求められても、ご本人が望まない場合には、接種しないことを選択することができます

　同WEBサイトにおいては、上記記載とともに、職場におけるいじめ・嫌がらせなどに関して、総合労働相談コーナーを相談窓口として案内しています。

[2] 業務遂行上必要な情報収集

　会社としては、短期的には接種者に一定の副反応が見られるため、予想される欠勤者への対応が必要となるでしょう。また、中長期的には、国内外を問わず感染拡大が続く地域への赴任・出張等についての人選に関し、社員の安全を確保する観点から接種の状況や予定を把握したいという要請も当然あると思います。

　会社は社員に対して安全配慮義務を負っており、これに新型コロナウイルス感染症への感染のリスクを可能な範囲で下げる義務が含まれると考えられることから、上記の目的のために社員の接種状況・予定あるいは接種意向がないこと（接種予定がないこと）を把握すること自体は、職場における未接種者に対する差別的取り扱いには当たらないと考えられます。

3. 接種状況・予定や接種意向を尋ねてよいか

[1] 接種状況・予定

　令和6年8月現在、ワクチン接種は各自で医療機関を予約して行うことが想定されており、実際の接種がいつ頃になるかは、各人について異なります。そのような状況下において、各人について、ワクチン接種時期を把握することは、事務所への出勤の指示等を（少なくとも把握せずに行うよりは）安全に行うに当たり、業務上の必要性が高いと解され、合理的な範囲で細かく報告を求めても問題がないものと考えます。

[2] 接種意向

　社員に接種意向がないのであれば、当該社員がワクチン接種をすることはないため、それを前提として業務の調整を行うことは、当該社員やほかの社員に対して負う安全配慮義務を果たすために必要であり、接種意向の把握自体は問題がないと考えます。接種意向については、当人の抱える事情や考え方が変わらない限り変更がないものと想定されますので、「接種意向がない」と回答した社員に対しては、接種意向の変更の有無を頻繁に問う必要はないでしょう。

4. 事情を把握する必要性

　ワクチン接種の意向がない社員がいることを把握した場合、会社としてはどのように対応すべきでしょうか。

　会社として新型コロナワクチンに関する科学的事実や、会社として接種を受けてもらいたいことを説明する中で、接種意向のない社員に接種を行うよう説得することは問題がないと考えます。この場合でも、当該社員が、ワクチン接種を強制されたと感じることのないよう、接種することが個人の自由であることを前提とした丁寧な説明が必要です。このような対話の中で、①ワクチン接種をすることができない身体状況にある、②既に分かっている副反応に対する恐怖心がある、③検証されていない未知の弊害を恐れている――といった個別の事情を聞き出すことはあり得るでしょう。そういった場面では、接種意向がない事情を聞き出す必要性があると考えます。

　しかし、ご質問のように、接種意向がない社員について、一律にその事情を説明するよう求め、診断書等を用いて証明させるという方法は、当該社員が接種を事実上強制されたと感じることが避けられないと思われます。会社の対応は、原則的にワクチン接種をすることが合理的であることを前提として、会社が想定する理由以外の接種しない意向を認めないというメッセージになり得るからです。

　身体的にワクチン接種が可能で、かつ、接種しない意向である社員に対し、その意向を変更するよう説得する目的を持たない事情の聴取は必要性がなく、かえって会社が当該社員と対話する意向がないように見えてしまうため、避けることが望ましいと考えます。

（増田　周治）

音信不通となった従業員への賃金支払いと雇用保険・社会保険関係の諸手続きはどのように行えばよいか

　このたび、ある従業員が、数日の年休の取得後、出社しなくなり、そのまま音信不通となってしまいました。このような場合、未払い賃金の支払いや雇用保険、社会保険関係の諸手続きはどのように行えばよいのでしょうか。

本人との接触を試み、手を尽くしても連絡が取れない場合には、退職日または解雇日を確定し、本人との労働契約を明確にした上で未払い賃金は本人の給与口座に振り込み、雇用保険、社会保険は資格喪失届を提出する

1.本人の所在の確認

未払い賃金や社会保険等の諸手続きは、音信不通後の労働契約に依拠します。賃金は欠勤扱いにして欠勤分を賃金から控除できますが、社会保険は欠勤でも被保険者資格は継続しますので、保険料を払い続ける必要があります。

したがって、音信不通となった理由を確認するためにも、まずは繰り返し本人と接触を試みることです。連絡の履歴を残すことも踏まえ、携帯電話に連絡する、留守番電話にメッセージを残す、メールやショートメッセージ等の送信、内容証明郵便を送る、そして自宅を訪問して置き手紙を残すといった手段が考えられます。

並行して、過去の勤務状況や直近の勤務態度など職場にヒアリング等をして出社しなくなった何らかの手掛かりを把握します。例えば、職場での人間関係はどうだったのか、業務遂行上に何か問題がなかったかなど、気になることがあれば確認します。

さらには緊急連絡先である身元保証人、家族、連絡が取れる心当たりのある周辺の人々へ接触することも必要となってきます。

2.行方不明の場合の対応

それでも全く連絡がつかない、いわば行方不明の状態において、欠勤が続けば基本的には退職か解雇のいずれかの選択になってきます。ご質問のケースでは、「数日の年休の取得後、出社しなくなった」とのことで無断欠勤の状態です。ついては、就業規則に該当する定めがあるか確認をします。

まず退職ですが、就業規則に「無断欠勤が２週間以上続く場合は退職とする」等といった定めがあれば自動退職として扱えます。労務の提供がなく自動的に雇用関係を終了するものとなります。ただし、就業規則にそうした定めがなければ退職扱いにはできません。

次に解雇ですが、会社側が労働契約を終了させるという意思表示が相手方に到達することが前提となります。例えば、就業規則における解雇要件で「正当な理由なく14日以上無断欠勤したとき」や「その他前各号に準ずる不適切な行為があったとき」といった包括的な定めに該当するとしても、解雇の意思表示を本人に伝えなければなりません。ちなみに、この場合における解雇は、懲戒解雇か普通解雇が考えられます。ただ、懲戒解雇とした場合に後でトラブルとなることが想定される際には、普通解雇を選択することもあります。

引き続き連絡がつかず慎重に進める場合には、基本的には裁判所に公示送達（意思表示を相手方に到達させることができない場合に、その意思表示を到達させるための公的な手続き）を申し立てることとなります。所在不明になる直前の住所地（最後の住所）を管轄する簡易裁判所に申し立てを行い、裁判所の掲示場に掲示し、その掲示があったことを官報に少なくとも１回掲載します（官報に掲載する代わりに市役所等の掲示場に掲示する方法で簡易に行うことも認められます）。公示による意思表示は、最後に官報に掲載した日付（または官報への掲載に代わる掲示日）から２週間経過したときに効力が生じ、その日から30日後に解雇手続きを進めることになります。

一方で、連絡状況や調査内容そして無断欠勤の日から一定期間（14〜30日程度）経過後においても音信不通の状態であれば、長期になればなるほど本人が現れる可能性は低くなることも考慮し、解雇手続きに踏み切ることも判断としてあり得ます。この場合、繰り返しになりますが、解雇の意思表示を伝えるために、前述の連絡手段を継続的に講じつつ、また黙示の意思表示が推察できる要因（退職を示唆するような言動、デスクの私物整理、自宅からの引っ越しの形跡等）は調査してお

きます。なお、後になって本人が現れることも想定し、解雇が客観的に合理的な理由があり、社会通念上相当であると認められるよう事前にできる限りのことをしておくことが必要です。

ここでもう一つ考えられるものとして、当該調査により本人に退職を意図する言動があって、客観的に明らかと判断できる黙示（もくじ）の意思表示が認められれば、解雇ではなく合意退職にするという可能性も残ります。

あらためてどの方策にするかは、状況に応じて総合的に判断することになるでしょう。

3.解雇予告除外認定について

なお、解雇予告除外認定の申請について触れておきます。本来解雇をする場合に30日前までに解雇の予告をすることが定められており、即時に解雇する場合には解雇予告手当の支払いが必要となります（労基法20条1項本文）。ただし、「労働者の責に帰すべき事由」により解雇する場合には、所轄の労働基準監督署に解雇予告除外申請をして認定されれば予告手当は不要となり、即時解雇が可能となります（同条3項）。この認定事例の一つに「2週間以上正当な理由なく無断欠勤し、出勤の督促に応じない場合」（昭23.11.11 基発1637、昭31.3.1 基発111）があります。認定においては従業員の勤務年数、勤務状況、従業員の地位や職責を考慮し、使用者、従業員の双方から直接事情等を聞いて認定するかどうかを判断するとしています。ご質問では、実際に本人と連絡が取れるかは不明であり、認定期間も相応にかかるので、有効な手続きであるかは判断が必要です。所轄の労働基準監督署にも相談の上、進めるほうがよいでしょう。

4.諸手続きについて

上記から退職日や解雇日が確定したとします。まず、未払い賃金ですが、本人の給与口座に振り込みます。ただし、何らかの理由で振り込めない場合は会社が一時保管することとなります。保管期間は、賃金請求権の消滅時効期間となります。労基法改正により賃金請求権の消滅時効期間は5年（旧法では2年）に延長され、当分の間はその期間が3年とされています（同法附則143条）。

次に、「資格喪失届」を雇用保険の場合は事業所を管轄するハローワークに、社会保険の場合は年金事務所および事業所が加入している健康保険組合に提出します。音信不通となった日から退職や解雇の確定日まで被保険者資格は継続しますので、事業主に保険料の支払い義務があります。その際、本人負担分の雇用保険料や社会保険料は未払い賃金と相殺できますが、仮に不足が生じた場合は会社が立て替えることとなります。なお、退職者が失業給付の請求をするために必要な雇用保険の「離職証明書」については、行方不明という状況から提出する必要はないでしょう。

いずれにしても、本人との労働契約を明確にしてから当該諸手続きを進めることとなります。

（山本　陽二）

休日でも体調不良の場合には、上司に連絡するよう社員に義務づけることは問題か

新型コロナウイルス感染拡大以降、少しでも体調が悪い場合には出社前に必ず電話で会社に連絡し、出社可否の判断を上長に仰ぐよう社員に指示しています。症状によっては何らかの検査など迅速な対応も検討する必要があるため、休日（土日）であっても体調不良の際は上長の個人用携帯電話へ連絡するように求めていますが、問題はあるでしょうか。

A

労働者に、軽度の体調不良の場合まで健康情報の報告および対応を義務づけることは、平日・休日を問わず、労働者の健康確保に必要な範囲を超えた情報の収集となり認められない

1.はじめに

貴社では、コロナ禍を踏まえて労働者の健康状態を把握するために健康情報を本人に連絡させて、出社可否の判断を上長に仰ぐ健康管理措置を取っているとのことです。この健康管理措置においては、その法的根拠、健康情報という個人情報との関係、休日における労働者の連絡義務と上司の連絡対応の義務づけの可否が問題となります。

2.会社の安全配慮義務

貴社は、ご質問の健康管理措置を安全配慮義務の履行として実施していると解されます。

雇用契約上の安全配慮義務とは、労働者が労務提供のため設置する場所、設備もしくは器具等を使用しまたは使用者の指示の下に労務を提供する過程において、労働者の生命および身体等を危険から保護するよう配慮すべき義務をいいます（川義事件 最高裁三小 昭59．4.10判決）。労契法5条では、「使用者は、労働契約に伴い、労働者がその生命、身体等の安全を確保しつつ労働することができるよう、必要な配慮をするものとする」と定めています。

安全配慮義務は労働者の安全確保のためにもろもろの措置を講ずる債務と考えられており、その具体的内容は、安全配慮義務が問題となる当該具体的状況によって異なります。

そこでまず、労働者が少しでも体調が悪い場合は休日でも上長に連絡するように会社が指示することまで安全配慮義務として要求されるか、検討します。

3.労働者の心身の状態に関する情報

安衛法104条1項本文は、「事業者は、（中略）労働者の心身の状態に関する情報を収集（中略）するに当たつては、労働者の健康の確保に必要な範囲内で労働者の心身の状態に関する情報を収集

（中略）しなければならない」と規定しています。

事業者が心身の状態の情報を取り扱う目的は、労働者の健康確保措置の実施や事業者が負う民事上の安全配慮義務の履行であり、そのために必要な範囲での心身の状態の情報を収集する必要があります。

また、労働者の心身の状態に関する情報とは、同法66条1項に基づく健康診断等の健康確保措置や任意に行う労働者の健康管理活動を通じて得た情報とされており、そのほとんどが個保法2条3項の要配慮個人情報に該当する機微な情報です。要配慮個人情報に該当するものについては、「雇用管理分野における個人情報のうち健康情報を取り扱うに当たっての留意事項について」（平29．5.29 個情749・基発0529第3）の健康情報と同義とされています（「労働者の心身の状態に関する情報の適正な取扱いのために事業者が講ずべき措置に関する指針」平30．9.7 労働者の心身の状態に関する情報の適正な取扱い指針公示1）。

ご質問の労働者本人に連絡を義務づけている情報は、疾病管理のための情報であり、労働者本人が自主的に連絡する場合を除き、「あらかじめ労働者本人の同意を得ることが必要」です（上記指針）。したがって、会社が一方的に労働者に連絡を義務づける健康管理措置を採用することはできません。

4.労働者の健康の確保に必要な範囲内の収集か

労働者は、労働契約に付随する誠実義務（労契法3条4項）として、債務の本旨に従った労務を提供できるように健康状態に注意し、確保していく義務を負っています。

したがって、労働者の体調不良が軽度であるような場合は、本来自己保健義務の問題であり、会社に高度の安全配慮義務を認める必要はなく、健

康診断や日常の観察に基づく心身の健康状態の把握等の一般的な健康管理措置の実施で十分です。

ご質問の場合であっても、労働者に発熱や新型コロナウイルス等への感染を疑われる症状が認められないにもかかわらず、健康状態の報告を義務づける措置を実施することは、労働者の自由を不当に侵害するものです。会社は、軽度な体調不良の場合まで安全配慮義務を求められるものではありません。したがって、ご質問の健康管理措置は、労働者の健康の確保に必要な範囲を超えた心身の状態に関する情報の収集となり認められません。

5. 休日の連絡義務の可否

「休日」とは、労働者が労働契約において労働義務を負わない日です。労働義務を負わない日ですから、休日をどのように利用するかは労働者の自由とされます。ただし、労働義務を負わないだけで、労働契約に付随する誠実義務は負っていますから、労働者に発熱や新型コロナウイルス等への感染が疑われる症状がある場合には、上司に対する連絡義務はあると考えます。したがって、ご質問の健康管理措置は、安全配慮義務の履行としては、発熱や新型コロナウイルス等への感染が疑われる症状がある場合に、合理的な措置であるといえます。

6. 管理監督者の休日対応義務

ところで、会社が管理監督者である上長に対し、労働者からの連絡対応を休日にも義務づけた場合、上長は対応しなければならないのでしょうか。

労基法10条は、「この法律で使用者とは、事業主又は事業の経営担当者その他その事業の労働者に関する事項について、事業主のために行為をするすべての者をいう」と定めており、判例も、「使用者は、(中略)労働者の心身の健康を損なうことがないよう注意する義務を負うと解するのが相当であり、使用者に代わって労働者に対し業務上の指揮監督を行う権限を有する者は、使用者の右注意義務の内容に従って、その権限を行使すべきである」と判示しています(電通事件 最高裁二小 平12.3.24判決)。

したがって、会社から部下の労務管理を命じられた管理監督者の地位にある上司は、労働者からの連絡に対応する義務があります。なお、管理監督者の地位にある上司は、休日に関する労基法の規定は適用除外となります(41条2号)。

7. 結論

以上のとおり、会社が安全配慮義務の履行として軽度の体調不良の場合まで労働者に健康情報の報告を義務づけることは、平日・休日を問わず、労働者の健康の確保に必要な範囲を超えた情報の収集となり認められません。

(飛田 秀成)

会社の電源を無断利用し、卓上扇風機を個人的に使用する社員にどう対応すべきか

ある社員が個人で購入した卓上扇風機を会社のデスクで使用していたところ、周囲の社員から「会社の電気を個人的な用途で利用するべきではない」と注意を受け、トラブルに発展する事案がありました。他の社員との関係性も考慮すると、こうした注意指摘はもっともである一方、オフィスのエアコンだけではフロアで勤務する社員全員にとって快適な環境を保つのが難しい側面もあります。どのように対応すべきでしょうか。

A

就業規則の服務規律等において会社電源の無断利用を禁止する旨を定め、同規定の違反者を懲戒処分の対象とすることは可能。ただし、卓上扇風機の利用可否については、電気代の程度、執務環境に鑑みて、慎重に判断すべき

1. 電源の無断利用と服務規律について

使用者は、多数の労働者が共同作業を行えるよう、企業運営上の規律を定め、これを労働者に遵守させることができ、この企業運営上の規律は、就業規則において服務規律として規定されます。そして、労働者が当該規定に違反した場合には、企業秩序の遵守義務に違反している以上、使用者は必要かつ合理的な範囲で懲戒処分を科すことができます。

職場の電源および電気代は、会社が業務のために経費で賄っているものであるため、労働者は業務上必要と認められる場合のみ利用が認められ、無断で私的に利用することは許容されません。電気の無断利用が刑法上は電気窃盗（刑法235条、245条）にも該当することに照らせば、電源の無断利用について服務規律として禁止する旨を就業規則で定めることができます。また、無断利用を禁止する旨が規定されていない場合でも、備品の私的利用禁止規定や包括的な企業秩序維持義務規定に含まれると解することも可能です。

例えば、無断で私用の携帯電話を充電する行為は、上記無断利用禁止の規定に基づいて禁止できます。これに違反して充電した場合には注意を行い、違反を続けるのであれば懲戒処分の対象とすることが可能といえます。

2. ご質問のケースについて

[1] 卓上扇風機の使用は 服務規律規定で禁止できるか

1.のとおり、業務上必要と認められない電源の無断利用は、これを禁ずる旨の服務規律規定によって、禁止されます。そのため、ご質問のケースで問題となる卓上扇風機の使用についても、その使用によって快適な温度環境とすることが「業務上必要」と認められるかどうかで、上記服務規律規定による禁止対象となるか否かの判断が異な

ります。

この点、使用者には、労働者が就業するに当たり、生命身体の安全に配慮した就業環境を構築すべき安全配慮義務が課されています（労契法5条）。このため、例えば職場の気温が高く熱中症のおそれがある場合には、エアコンの設置等により適切に対処する必要があります。また、事務作業に従事する労働者が主として使用する事務所に適用される事務所衛生基準規則5条3項では、エアコン等を設置している場合には事務所内の気温が18〜28℃以下になるよう努めなければならないと定めています。さらに、事業者が講ずべき快適な職場環境の形成のための措置に関する指針（平4.7.1　労告59、最終改正：平9.9.25　労告104）第2の1(2)は、事業者が講ずべき措置として、「屋内作業場においては、作業の態様、季節等に応じて温度、湿度等の温熱条件を適切な状態に保つこと」を挙げています。

以上から、会社は職場の温度につき一定の管理を行う必要がありますが、逆にいえば、このような職場の管理は会社が行うべきものであって、個々の労働者が自主的に判断して対応するものではないと考えられます。したがって、卓上扇風機を利用した温度調節は、「業務上必要」とは認められず、それが会社の許可なくなされた場合には、服務規律規定によって禁止される対象となります。

仮に、エアコン等の設備だけでは当該フロアで就労する労働者全員にとって快適な環境を保つのが難しいという事情があっても、その場合には会社の許可を得て卓上扇風機を利用することも可能である以上、無断利用が正当化されるものではありません。

なお、一定の温度管理を行うべき会社としては、安全配慮義務の観点から、職場の温度環境により当該労働者の健康が害されていると認められ

人事管理

る場合には、卓上扇風機の利用申請があれば許可すべきです。

[2] 懲戒処分を行うことはできるか

会社電源の無断利用として禁止される場合であっても、当該違反行為に対して懲戒処分を行うことができるか否かは別途の検討を要します。

懲戒処分は、懲戒処分対象となった労働者の行為の性質および態様その他の事情に照らして、客観的に合理的な理由を欠き、社会通念上相当であると認められない場合は、その権利を濫用したものとして無効になります（労契法15条）。

ご質問のケースで問題となる卓上扇風機の利用について見ると、それによって生じる電気代は、家電メーカー等による公表資料を参考にすると、高く見積もっても1時間1円程度と想定されます。このような金額の低さに鑑みると、少なくとも初回は懲戒処分でなく注意指導程度にとどめておくべきと考えます。ただし、注意指導を繰り返しても無断利用をやめない場合には、業務命令を遵守せず企業秩序に反する行為をしていること、規則を遵守し電源を無断利用しない他の社員との公平性が問題になることを理由として、懲戒処分を科すことも検討されます。

また、「卓上扇風機の作動音がうるさい」「職場が寒いと感じている社員に卓上扇風機の風が当たっている」といった形で、他の社員に迷惑をかけている等の事情があれば、その点も考慮することができます。この場合も初回は注意指導にとどめるべきですが、その後も無断利用を繰り返すのであれば、通常よりも重い処分（例えば、早い段階で懲戒処分を科す、懲戒処分の程度を重くする等）による対応も考えられます。

なお、無断利用で生じた電気代については、本来利用者側で負担すべきものを会社が負担したものですから、会社は同人に対して不当利得返還請求に基づき返還を求めることができます。

[3] 会社が取るべき対応

労働者が卓上扇風機を使用する理由は、当該労働者にとって社内が暑いという点に尽きます。このため、そのような各人の温度問題の存在を会社がくみ取り、進んで対応することが根本的な解決策になります。例えば、エアコンの温度設定の見直し、エアコンが効きやすい場所への座席移動、会社での扇風機導入、クールビズの導入等があり得ます。

また、卓上扇風機のように、労働者の中で利用者と非利用者が明確に分かれるようなものは、その利用可否をめぐってトラブルになることが多いので、あらかじめ会社から、その利用可否、利用条件、利用申請手続き等のルールをアナウンスしておくべきと考えます。

（豊岡　啓人）

生産性向上のため、トイレ休憩の回数や時間を制限したり、お茶休憩を禁止したりできるか

長時間労働対策の一環として、就業時間中は1分でも無駄なく働いてもらう観点から、休憩中は仕事をせずにしっかり休息し、それ以外のトイレ休憩の回数や時間を制限したり、業務中のお茶休憩を禁止したりする施策案が出ています。こうしたルールを導入することは法律上認められるか、ご教示ください。

休憩中に業務を行わないよう指導するとともに、法定基準を上回る休憩について、お茶休憩を与えないとするルールに変更することは法律上認められ得る。ただし、トイレ休憩の制限については合理性が認められにくい

1.はじめに

ご質問では、長時間労働を解消するための方策として、勤務時間中の生産性を上げるため、休憩中に業務を行わないことを徹底し、トイレ休憩の回数や時間の制限、業務中のお茶休憩の禁止といったルールの導入を検討されているとのことですので、労働時間中の休憩時間に関する基本的な法律上の定めについて説明した上で、ご質問への回答について順に検討します。

2.労働時間中の休憩時間の原則

労働時間中の休憩について、労基法は、1日の労働時間が6時間を超える場合は45分以上、8時間を超える場合は1時間以上の休憩時間を労働時間の途中に一斉に与えることを義務づけています（34条1項・2項）。

[1]休憩時間の長さ

上記のとおり、労働者に与えることが義務づけられる休憩時間の長さは、1日の労働時間の長さによって異なります。1日の労働時間が8時間を超える場合は1時間以上の休憩時間を与える必要があるため、1日8時間ちょうどの労働であれば、45分以上でよいことになります。

ただし、通常、1日8時間労働であっても、時間外労働（労基法33条、36条）によって当該労働時間を延長する場合は、労働者に1時間の休憩を与える必要があることから、通常の労働時間が終了する前に、不足分の休憩時間を与える必要があります。

[2]休憩一斉付与の原則

労基法上、休憩時間の効果を上げるため、休憩時間は、一斉に与えなければならないこととされています（34条2項）。そのため、事業場単位で一斉休憩を与えることが必要となります。

ただし、事業場の労働者の過半数で組織する労働組合、それがない場合には労働者の過半数を代表する者との労使協定があれば、適用除外となり（同項ただし書き）、各労働者によって異なる時間帯に休憩を与えることも可能となります。

[3]休憩時間自由利用の原則

労基法は、使用者が、労働者に対し、休憩時間を自由に利用させなければならないと規定し（34条3項）、労働者が、休息のために労働から完全に解放されるため、使用者に対し、休憩時間中の労働者の行動に制約を加えることを禁止しました。

休憩時間中の事業場内の利用については、労働者は、事業場の規律保持や施設管理上の制約に服するため、使用者が、一定の制約を課すことは許容されます。

3.ご質問のケース

[1]休憩時間中の業務禁止

ご質問では、休憩時間中は、業務を行わないことを徹底されたいとのことですが、休憩時間中も任意で業務を続けたい従業員に対して、業務を行ってはならないと指導することは、上記の休憩時間自由利用の原則に反するのか、問題になり得ます。

しかしながら、使用者に休憩時間の付与が義務づけられ、自由利用の原則が設けられている趣旨は、そもそも労働者を業務から解放し、休息させることが目的ですので、その目的を達成するために、休憩時間に業務を禁止することは合理的と考えられます。そのため、従業員が、いくら業務を続けたいと申し出たとしても、それを禁止し、休息に充てるよう指導することは、休憩時間自由利用の原則に反せず、適切なものと思われます。

[2]トイレ休憩の回数および時間の制限

次に、法定の休憩時間以外の業務時間中に、トイレに行く回数や時間を制限することを検討されているとのことですが、トイレに行くことは生理現象であり必要不可欠なことですので、それを制限することは、原則として合理性は認められにくいように思われます。体調不良などの特段の理由なく、トイレ休憩と称して社会常識を超えるほどの多数回・長時間の離席をする従業員がいる場合は、回数制限などのルールを課すというよりは、上司が声を掛ける、事情を聞く、業務の進捗度

を管理・指導するなどの方法で、業務への集中を促すことが考えられます。

[3] お茶休憩の禁止

業務時間中のお茶休憩の禁止については、現在、どのようなお茶休憩が許可されているのかにもよりますが、業務時間中であっても、数時間に一度程度は離席してコーヒーやお茶を飲みながら一息つくことが許容されているといった状況であれば、法定基準以上の休憩を認めている状態と考えられます。法定基準以上の休憩については、使用者の判断によって付与しないことも可能ですので、ご質問のお茶休憩の禁止も、残業時間の短縮や生産性向上といった合理性が認められる余地があるように思います。

ただし、従前、慣例として認められてきたお茶休憩を、何の説明もなく突然禁止することは、従業員にとって不意打ちとなりますので、事前に、業務時間中の業務の生産性を上げ、残業を減らすための措置であることを十分に説明した上で、慣例の変更を行うことが望ましいです。また、（あまり例は多くないと思いますが）もしお茶休憩について就業規則で規定されている場合は、これを禁止するには就業規則の変更を行う必要があります。変更後の就業規則の周知やその内容の合理性が必要となるため、注意が必要です（労契法10条）。

(都留　綾子)

協調性のない社員にのみ在宅勤務を命じることはハラスメントに当たるか

会議中に反抗的な発言をしたり、仕事のえり好みをしたりするなど、協調性がない社員がいます。チームで行う業務に支障を来しており、上司もさまざまな指導をしているものの、改善が見られません。そこで、当該社員に対してのみ在宅勤務を命じることを検討しています。在宅勤務時は上司からの指示のみで業務を行い、同僚との接触を避けるとのことですが、このような対応はパワーハラスメント（以下、パワハラ）の「人間関係からの切り離し」に該当するのでしょうか。

「人間関係からの切り離し」に該当する可能性があると考える。ただし、必ずしもパワハラに該当するわけではないので、在宅勤務を命じる際には業務上必要かつ相当といえるかを慎重に検討すべき

1. はじめに

パワーハラスメントに当たるか否か（パワハラ該当性）は、実務上、会社がハラスメント防止を目的に行う「雇用管理上講ずべき措置」に係る義務（以下、措置義務）を講ずべき対象、懲戒事由、不法行為、安全配慮義務違反、労災認定等のさまざまな場面で問題となります。各場面におけるパワハラ該当性の判断は、相互に重なる部分もありますが、厳密には要件が異なります。したがって、検討の際には、どの場面であるかを意識する必要があります。

ご質問のケースでは、会社が当該社員に対して、業務命令として在宅勤務を命じる場面ですので、最も基本的な"会社が措置義務を講ずべき対象"としてのパワハラ該当性が問題となります。

2. 会社が措置義務を講ずべき対象としてのパワハラ

会社が措置義務を講ずべき対象としてのパワハラとは、(i)優越的な関係を背景とした言動であって、(ii)業務上必要かつ相当な範囲を超えたものに

より、(iii)労働者の就業環境が害されるものであり、(i)～(iii)の要素をすべて満たすものをいいます（労働施策総合推進法〔いわゆる"パワハラ防止法"〕30条の2第1項）。

パワハラ該当性を検討する際には、「事業主が職場における優越的な関係を背景とした言動に起因する問題に関して雇用管理上講ずべき措置等についての指針」（令2.1.15 厚労告5〔いわゆる"パワハラ防止指針"。以下、指針）および「労働施策の総合的な推進並びに労働者の雇用の安定及び職業生活の充実等に関する法律第8章の規定等の運用について」（令2.2.10 雇均発0210第1。以下、通達）が判断の上で重要となります。

会社は、上記定義に該当するパワハラについて、措置義務を履行しなければならないという公法上の義務を負います。この義務に違反した場合には、厚生労働大臣による助言、指導、勧告があり得ます。是正勧告を受けたにもかかわらずこれに従わなかった場合には、企業名公表の制裁もあり得るところです（労働施策総合推進法33条）。

3.パワハラ防止指針における6類型

指針は、職場におけるパワハラの代表的な言動の類型として次の6類型を挙げ、各類型の該当例・非該当例も併せて紹介しています。

①身体的な攻撃（暴行・傷害）
②精神的な攻撃（脅迫・名誉棄損・侮辱・ひどい暴言）
③人間関係からの切り離し（隔離・仲間外し・無視）
④過大な要求（業務上明らかに不要なことや遂行不可能なことの強制・仕事の妨害）
⑤過小な要求（業務上の合理性なく能力や経験とかけ離れた程度の低い仕事を命じることや仕事を与えないこと）
⑥個の侵害（私的なことに過度に立ち入ること）

指針は6類型について、「個別の事案の状況等によって判断が異なる場合もあり得ること、ま

た、次の例は限定列挙ではないことに十分留意」が必要としており、また、通達も「法及び指針は（中略）個々のケースが厳密に職場におけるパワーハラスメントに該当するか否かを問題とするものではない」としていますので、6類型への該当性・非該当性のみをもって、パワハラ該当性が判断されるものとはされていません。あくまで、パワハラ該当性は、上記2.の冒頭で述べた定義に該当するか否かによって判断する必要があります。

もっとも、6類型は職場におけるパワハラの代表例や典型例を集積したものですので、パワハラ該当性を判断する上で参考とすることが可能です。具体的には、指針が6類型の該当例について「行為者と言動を受ける労働者の関係性を個別に記載していない」としていますので、上記2.の定義のうち、要件(i)（優越的な関係を背景とした言動）を除く、要件(ii)（業務上必要かつ相当な範囲を超えたもの）および(iii)（労働者の就業環境が害されるもの）の判断に当たり参考とするべきです。

4.ご質問のケースについて

ご質問のケースでは、当該社員に対してのみ在宅勤務を命じることが、6類型の「人間関係からの切り離し」に該当するかを懸念されていますが、上記のとおり、6類型の該当性・非該当性のみで、パワハラ該当性は判断されません。その上で、本件業務命令は、当該社員のみに対するものであること、特定の上司以外の同僚との接触を遮断するものであることを考慮しますと、外形的に「人間関係からの切り離し」に該当すると判断される可能性があると考えます。

一方で、当該社員は、会議中に反抗的な発言をしたり、仕事のえり好みをしたりするなどの行為をしていることから、職場秩序を乱し、また、チームで行う業務に支障を来すといった会社業務への実害を生じさせ、6類型に該当したといっても、直ちにパワハラに該当するとはいえないと考えます。

判断のポイントは、本件業務命令が、業務上の

必要性に基づくものといえるか、相当な範囲を超えないものかであると考えます。この判断のためには、具体的にどのような実害が生じているか等を詳しく確認する必要がありますが、当該社員への在宅勤務命令について業務上の必要性があるといえるかは慎重に検討すべきです。慎重に検討した裏づけとして、当該社員の問題点について、どのような指導を行ったか、配置転換は検討したか、注意処分や懲戒処分を行ったか、どのような実害が生じているのか等の具体的根拠となる資料も残しておく必要があります。特にご質問のケースでは、後日裁判等で争われる可能性も大きいことから、軽いものであっても、注意処分あるいは懲戒処分を2～3回行った上での在宅勤務にすべきかと思います。

そもそも、本件業務命令を発したとしても、在宅勤務におけるメールのやりとりやリモート会議への参加などで、反省もせず反抗的な発言をすることは十分考えられ、当該社員の「協調性がない」という問題点は依然として出てくると思います。その後はさらに懲戒処分を行いながら退職勧奨を行う等の方策も考えておくべきでしょう。

さらに、懲戒処分を何回か重ねても全く反省の姿勢を示さなかった場合には、諭旨解雇、懲戒解雇処分の検討もあり得るかもしれません。

(山﨑　和義)

上司に対し"逆パワハラ"を行う社員を懲戒処分することは可能か

ある管理職から「部下がこちらの指示を聞かず、暴言を吐いたり舌打ちをしたりする。これは"逆パワハラ"ではないか」との相談がありました。同部下には都度注意・指導しているとのことですが、聞く耳を持たないようです。当社の懲戒規程では、パワーハラスメント（以下、パワハラ）について「職場内の優越的な関係を背景とした、業務上必要かつ相当な範囲を超えた言動」と規定しているのですが、パワハラとして懲戒処分を科すことは可能でしょうか。

パワハラに該当するかどうかは、職場内での「優越的な関係」を背景に行われているかどうかが問題となる。パワハラに該当しない場合でも、業務命令違反等を理由に懲戒処分の対象とするのが適当

1. 部下から上司に対するパワハラの成否

労働施策総合推進法30条の2第1項は、事業主に対し、パワハラを防止するために雇用管理上必要な措置を講じるよう義務づけています。その一環として、企業に対しては、職場においてパワハラを行ってはならない旨の方針を明確化して社員に周知・啓発したり、パワハラが就業規則の定める懲戒処分の対象となる旨を明確化したりすることが求められています。

同項や同条3項に基づいて厚生労働大臣が定めた「事業主が職場における優越的な関係を背景とした言動に起因する問題に関して雇用管理上講ずべき措置等についての指針」（令2.1.15　厚労告5）によれば、パワハラとは、職場において行われる①優越的な関係を背景とした言動であって、②業務上必要かつ相当な範囲を超えたものにより、③労働者の就業環境が害されるものであり、①から③までの要素をすべて満たすものと定義されています。

上記定義の①に記載されているとおり、ある言動がパワハラに該当するためには、「優越的な関係」を背景に行われたものでなければなりませ

ん。すなわち、当該行為を受ける労働者が、行為者に対して抵抗または拒絶することができない蓋然性が高い関係を背景として行われていることが必要と解されます。典型的には、職務上の地位が上位の者（上司）から下位の者（部下）に対して人格を否定するような言動を行う場合（精神的な攻撃）がこれに当たります。

　もっとも、部下が上司に対して行う言動であっても、両者の関係に照らして上司が抵抗することが困難といえる特別な事情があれば、「優越的な関係」が認められてパワハラに該当する可能性があります。例えば、部下が集団で上司のことを無視して、職場内で孤立させようとするような場合もパワハラに当たり得ると考えられます。また、部下が業務上必要な知識・経験を有しており、当該部下の協力を得られなければ業務の円滑な遂行が困難であるような場合においても、部下が上司に対して優越的な関係にあるとして、部下の上司に対する言動がパワハラに該当する可能性があります。

　以上の観点から検討して、上司に対する部下の言動がパワハラに該当すると判断できる場合には、冒頭で述べたとおり、事業主は労働施策総合推進法30条の2第1項の定める措置を講じる義務を負います。具体的には、企業は、当該上司からのパワハラの申告に対して調査を実施し、パワハラの事実が確認できた場合には、同人に対する配慮のための措置を講じたり、行為者である部下に対する措置を適正に行ったりするなど、上記指針に沿って適切に対応していかなければなりません。

2.業務命令違反を理由とする懲戒処分の可能性

　部下の不適切な言動が、上記1.で論じた「優越的な関係」を背景に行われたと認められない場合には、労働施策総合推進法にいうパワハラには該当しません。

　ここで、パワハラに該当するかどうかと、当該言動に対して懲戒処分を行うことかできるかどうかは別の問題であることに留意する必要がありま

す。パワハラは、同法の定める措置義務の対象となる言動の範囲を画するための概念にすぎません。もちろん、パワハラと認定できた場合に、措置義務の一環として、行為者に対して懲戒処分を行うことは考えられます。しかし、このことは、パワハラには該当しないが不適切というべき行為に対して懲戒処分ができないということではありません。

　懲戒処分を行うためには、いかなる行為が懲戒処分の対象となるかが就業規則（これと一体となっている懲戒規程を含みます）に明記されている必要があります（国鉄札幌運転区事件　最高裁三小　昭54.10.30判決　民集33巻6号647ページ）。

　就業規則において、業務命令違反や職場秩序紊乱が懲戒事由として定められており、社員による不適切な言動がこれらの事由に該当する場合には、当然懲戒処分の対象とすることができます。この意味で、パワハラであるかどうかの認定と、懲戒処分を行うことの可否が常に一致するわけではありません。

3.ご質問のケースについて

　ご質問は、指示を聞かずに反抗的な態度を取る部下の言動が、"逆パワハラ"に当たるとして懲戒処分を行うことができないか、というものです。

　まず、本件の部下の言動がパワハラに該当するかどうかについて検討します。本件は上司に対する部下の言動ですので、「優越的な関係」の要件を満たさず、パワハラに該当しない場合が多いでしょう。そのため、上記要件を満たさない場合には、パワハラに関する懲戒事由の類型に該当することを理由に懲戒処分を行うことは適当ではありません。

　もっとも、多くの企業の就業規則では、パワハラ以外の懲戒事由として、「正当な理由なく業務上の指示・命令に従わなかったとき」や「素行不良で社内の秩序を乱したとき」などの懲戒事由を定めています。貴社の懲戒規程に、これらに相当する文言が定められていないかを再度確認してく

ださい。これらの文言が定められていれば、こうした懲戒事由に該当することを根拠に懲戒処分を行うことができます。

本件の部下の言動は、上司からの指示に従わないばかりでなく、暴言を吐いたり舌打ちをしたりするなどして反抗しているとのことであり、上意下達を基礎とする企業秩序に与える悪影響が大きい部類の行為といえるでしょう。また、これまで上司が都度注意・指導を行ってきたにもかかわらず改善がないとのことですから、単なる注意・指導以上の厳正な対応が必要な段階にあると考えます。

本件では、パワハラに該当するかどうかという点だけにとらわれず、企業秩序維持の観点から、毅然とした対応を取ることをお勧めします。

（北川　弘樹）

部長が部下の結婚報告を本人の許可なく他者に伝えていたことはパワーハラスメントに当たるか

先日結婚した社員から「部長にのみ結婚報告をしていたところ、他部署社員もこれを知っていることが判明しました。部長が他部署の社員に部下の結婚というプライベートな情報を言いふらすのはパワーハラスメントではないか」との相談を受けました。当該部長に確認したところ、「お祝い事なので皆が知っていたほうがよいと思い、特に隠していない」とのことでした。この部長の行いはパワーハラスメントに当たるのでしょうか。また、人事として当該部長に対し、どのような対応をすべきでしょうか、ご教示ください。

直ちにパワーハラスメントが認定できるものではないが、本人のプライバシー権保護の観点から、部長に対し、プライバシー情報を本人の了承なく他の社員に話さないよう、厳重に注意指導をしておく必要がある

1.パワーハラスメントの類型

ご質問は、上司が部下の結婚というプライベートな情報を、本人の許可なく他の社員に話すことがパワーハラスメントに当たるか、ということが問題となっています。

この点、パワーハラスメントに関しては、「事業主が職場における優越的な関係を背景とした言動に起因する問題に関して雇用管理上講ずべき措置等についての指針」（令2.1.15　厚労告5。以下、パワハラ指針）において、［図表］のとおり類型化されています。

ご質問の内容に鑑みれば、「⑥個の侵害」の類型としてのパワーハラスメントに該当するかが問題となるところです。

2.ご質問におけるパワーハラスメント該当性

[1]パワーハラスメントの定義、要件

では、ご質問は、「⑥個の侵害」に該当し、パワーハラスメントが認定できるでしょうか。

この点、パワーハラスメントに関する定義、該当性の要件は、労働施策総合推進法上、以下のとおり定められています（30条の2第1項）。

「職場において行われる❶優越的な関係を背景とした言動であって❷、業務上必要かつ相当な範囲を超えたものにより❸その雇用する労働者の就業関係が害される❹」こと

すなわち、パワーハラスメントが認められるためには、以下の要件が必要となります。
❶職場において行われること
❷優越的な関係を背景とした言動であること（当

[図表] パワーハラスメントの類型と具体例

行為類型	該当すると考えられる例
①身体的な攻撃（暴行・傷害）	・殴打、足蹴りを行う ・相手に物を投げつける
②精神的な攻撃（脅迫・名誉棄損・侮辱・ひどい暴言）	・人格を否定するような言動を行う。相手の性的指向・性自認に関する侮辱的な言動を行うことを含む ・業務の遂行に関する必要以上に長時間にわたる厳しい叱責を繰り返し行う ・他の労働者の面前における大声での威圧的な叱責を繰り返し行う ・相手の能力を否定し、罵倒するような内容の電子メール等を当該相手を含む複数の労働者宛に送信する
③人間関係からの切り離し（隔離・仲間外し・無視）	・自身の意に沿わない労働者に対して、仕事を外し、長期間にわたり、別室に隔離したり、自宅研修させたりする ・一人の労働者に対して同僚が集団で無視をし、職場で孤立させる
④過大な要求（業務上明らかに不要なことや遂行不可能なことの強制・仕事の妨害）	・長期間にわたる、肉体的苦痛を伴う過酷な環境下での勤務に直接関係のない作業を命ずる ・新卒採用者に対し、必要な教育を行わないまま到底対応できないレベルの業績目標を課し、達成できなかったことに対し厳しく叱責する ・労働者に業務とは関係のない私的な雑用の処理を強制的に行わせる
⑤過小な要求（業務上の合理性なく能力や経験とかけ離れた程度の低い仕事を命じることや仕事を与えないこと）	・管理職である労働者を退職させるため、誰でも遂行可能な業務を行わせる ・気にいらない労働者に対して嫌がらせのために仕事を与えない
⑥個の侵害（私的なことに過度に立ち入ること）	・労働者を職場外でも継続的に監視したり、私物の写真撮影をしたりする ・労働者の性的指向・性自認や病歴、不妊治療等の機微な個人情報について、当該労働者の了解を得ずに他の労働者に暴露する

資料出所：厚生労働省「事業主が職場における優越的な関係を背景とした言動に起因する問題に関して雇用管理上講ずべき措置等についての指針」

該言動を受ける労働者が行為者に対して抵抗または拒絶することができない蓋然性〔編注：あることが起こる確実性の度合い〕が高い関係を背景として行われるものを指します）

❸業務上必要かつ相当な範囲を超えたものであること（社会通念に照らし、当該言動が明らかに業務上必要性がない、またはその態様が相当でないものを指します）

❹労働者の就業関係が害されること（当該言動により労働者が身体的または精神的に苦痛を与えられ、労働者の就業環境が不快なものとなったため、能力の発揮に重大な悪影響が生じる等当該労働者が就業する上で看過できない程度の支障が生じることを指します）

[2]ご質問への当てはめ

ご質問は、上司が部下の結婚というプライベートな情報を本人の許可なく、他の社員に話したこととのパワーハラスメント該当性の問題です。この点、職場において話をしていること（❶の要件）、業務上必要性がない行為であること（❸の要件）は容易に認定できると思われます。また、ご質問の詳細は不明ですが、プライバシー情報の他者への暴露行為は、[図表]の「⑥個の侵害」行為の該当事例にも記載されているように、一般的には、当該社員が精神的に苦痛を感じ、就業する上で看過できない程度の支障が生じたと認定し得るところです（❹の要件）。一方で、❷の要件については別途検討が必要になると思われます。すなわち、ご質問では、上司と部下という関係にはあるものの、当該情報の暴露自体は、部長という「優越的な関係」を背景として行われた言動とまでは直ちに言いにくいところがあります。したがって、ご質問については、直ちにパワーハラスメントと認定することは難しいところです。

3.部長への対応について

以上のとおり、ご質問については、直ちにパワーハラスメントと認定することは難しい事案ですが、一方で、結婚というのは純粋なプライバシー情報であり、これを本人の了解を得ずに話をすることは、少なくとも不適切な行為と言わざるを得ません。そこで、プライバシー権保護の観点から、このような個人情報を本人の了解を得ずに他の社員に暴露することのないよう、部長に対しては、厳重に注意指導を行うことが必要と考えます。

（大村　剛史）

証拠はないが、「パワハラを受けた」と主張し、精神疾患の診断書を提出してきた社員への対応をどうすべきか

最近休みがちであった社員から、「上司からパワーハラスメント（以下、パワハラ）を受けた」として、精神疾患に罹患した旨の診断書の提出と、部署異動の申し出がありました。本人に事情を尋ねると、「録音やメモなどの記録はないが、業務について以前から上司に厳しい注意・指導を受けていたことが原因でうつ病になった」とのことでした。一方で、本人の同僚や当該上司に確認したところ、いずれも「適正な注意・指導であり、パワハラの事実はない」旨述べています。このような経緯から、精神疾患が本件注意・指導に起因しているのかの判断もできないため、どのように取り扱うべきか悩んでいます。適切な対応をご教示願います。

パワハラの有無を調査し、会社として、パワハラがないと判断したのであれば、本人にその旨を説明する。また、労災申請を希望する場合は、必要な範囲での事業主証明を行うべき

1.パワハラの訴えがあった場合の対応

[1]パワハラ防止措置義務

職場におけるパワハラについて、これまで法的な拘束力を持つ規定はありませんでしたが、令和2年6月1日に施行された改正労働施策総合推進法において、パワハラの定義が条文に明記されるとともに、事業主に対して、パワハラ防止措置を講じることが義務づけられました。

職場におけるパワハラとは、職場において行われる、①優越的な関係を背景とした言動であって、②業務上必要かつ相当な範囲を超えたものにより、③労働者の就業環境が害されるものであり、①〜③の要素をすべて満たすものをいいます（同法30条の2第1項）。

そして、職場におけるパワハラ防止措置の具体的内容として、事業主によるパワハラ防止の社内方針の明確化と周知・啓発、相談に応じ適切に対応するために必要な体制の整備、職場におけるパワハラに係る事後の迅速かつ適切な対応などが事業主に求められています（同法30条の2第3項、「事業主が職場における優越的な関係を背景とした言動に起因する問題に関して雇用管理上講ずべき措置等についての指針」令2.1.15　厚労告5）。

この措置義務に基づき、就業規則等においてパワハラ防止に関する規定を整備した企業も多いでしょう。これに従い、会社として、社員からパワハラの訴えがあった場合には、速やかに調査を開始するべきです。

[2]調査の手順

調査に当たっては、まず当該社員からのヒアリングを行う必要があります。つまり、何をされた

のかの聴取です。ここでの留意点としては、できる限り、「5W1H」を意識して確認することです。「いつ」「どこで」「誰が」「何を」「なぜ」「どのように」という点を細かく確認します。また、場合によっては当該社員に対し、訴えの内容を整理して書面で会社に提出するよう求め、それに基づいて、具体的にヒアリングを行うという方法も有用です。それに合わせて、同社員に、メールなどの客観的な証拠がないかどうかも確認するべきでしょう。

その上で、会社としては、同人が主張するパワハラの現場を見ていたとされる第三者がいれば、当該第三者からヒアリングを行う必要があるでしょう。

最後に、パワハラをしたとされる社員からヒアリングをします。このヒアリングでは、パワハラをした「加害者」であるという決めつけはせず、淡々と事実関係を聴取するよう心掛ける必要があります。

最終的には、会社として、パワハラを受けたと主張している社員、現場を見ていた同僚、パワハラの加害者とされている社員の言っていること、そして、電子メール等の客観的なデータを踏まえて、パワハラの有無を判断します。

基本的には、電子メール等の客観的なデータを中心として、どの供述が信用できるのかという視点から判断します。そして、パワハラがあったと認められる場合には、被害を受けた社員に対する配慮の措置を迅速かつ適正に行う必要があります。

2. パワハラがなかったと判断した場合の会社の対応

パワハラを受けたという社員から精神疾患に罹患した旨の診断書が提出された一方、会社として、必要な調査を尽くした上で、パワハラがなかったと判断した場合、どのように対応するべきかという問題があります。

まず、当該社員に対し、会社としての判断を丁寧に説明します（結論への理解を求める上で、今後に向けた組織的対応として、パワハラ予防研修

その他社員の意識向上を図る取り組みを充実させる方針を打ち出すことも一つの方法です）。同人が、精神疾患により一定期間の休務を要するという診断をされている場合、会社としては、私傷病休職として取り扱うべきです。そして、会社の制度にのっとった上で、休職期間満了までに復職できないようであれば退職（あるいは解雇）として取り扱うことになります。

また、社員が「会社の調査・結論には納得できない」「私傷病による休職扱いは不適切である」「労災を申請したい」などと要望してくることも実務上よくあります。

その際、パワハラではないとの判断から、「労災に当たらず、労災の申請には協力できない」とする会社もありますが、この対応には問題があります。

労災則23条1項は、「保険給付を受けるべき者が、事故のため、みずから保険給付の請求その他の手続を行うことが困難である場合には、事業主は、その手続を行うことができるように助力しなければならない」と定め、同条2項は、「事業主は、保険給付を受けるべき者から保険給付を受けるために必要な証明を求められたときは、すみやかに証明をしなければならない」と定めています。

労災かどうかを判断するのは、会社ではなく、労働基準監督署長です。そして、上記のとおり、労災の申請に当たって、当該社員から保険給付に必要な証明を求められたときは、会社は、少なくとも、事業主証明を行う必要があります。ここで理解しておくべきは、「証明できないことは証明しなくてよい」ということです。会社として、証明できることは証明し、証明できないことは証明しないという対応で構いません。

当該社員が労災申請を希望するのであれば、当該社員に、必要な労災申請書類に記入の上、会社に提出してもらい、会社として必要な事業主証明を行い同人に返却する、あるいは労働基準監督署長に提出するという対応を取ることになります。

その後、労働基準監督署から会社に対して、必

人事管理

要な書類の送付要請や必要に応じて社員へのヒアリング協力依頼等がありますので、会社としては、それらに真摯に対応する必要があります。

（岡崎　教行）

Q108　ハラスメント行為者を１人部署に異動させることは可能か

先日、当社の社員が取引先の社員に対して、日常的にセクシュアルハラスメント（以下、セクハラ）に当たる発言をしていたことが発覚し、取引先からクレームがありました。当該社員は「反省しており、今後そのような発言はしない」と言っていますが、今の部署でそのまま勤務させるわけにはいきません。とはいえ、ほかに異動先もないのが現状であるところ、社内の資料整理等の部署を新設し、そこで１人で業務を行ってもらうことを検討しています。このような対応は可能でしょうか。

一時的に新設の１人部署で就労させることは可能だが、長期間にわたる場合には、セクハラ対策としての必要性や相当性が客観的に認められる必要があり、それが認められない場合は、行き過ぎた対応としてパワーハラスメントとされるリスクがある

1. セクハラに対する事業主の措置義務

均等法11条１項は、事業主は、セクハラについて、雇用管理上必要な措置を講じなければならないとしています。措置義務の具体的内容については、「事業主が職場における性的な言動に起因する問題に関して雇用管理上講ずべき措置等についての指針」（平18.10.11　厚労告615、最終改正：令2.1.15　厚労告6。以下、セクハラ指針）に定められています。

セクハラ指針は、措置義務の内容について、①事業主の方針等の明確化およびその周知・啓発、②相談・苦情に応じ、適切に対応するために必要な体制の整備、③セクハラに係る事後の迅速かつ適切な対応を定め、④上記①～③の措置と併せて講ずべき措置として、(i)プライバシー保護のために必要な措置を講じて、その旨を周知すること、(ii)セクハラに関し相談をしたこともしくは事実関係の確認等に協力したこと等を理由として、解雇その他不利益な取り扱いをされない旨を定め、周知・啓発すること――が挙げられています。

2. 他社の社員の被害に対する対応

ご相談のケースでは、行為者は自社社員ですが、被害者は他社の社員です。均等法11条１項の条文は、事業主の「その雇用する労働者」の被害防止等のための措置義務を定めていますので、他社社員は対象から外れます。ただし、同条３項では、事業主は、他の事業主から措置の実施に関し必要な協力を求められた場合には、これに応ずる努力義務があるとしており、これを受けて、セクハラ指針は、他の事業主の雇用する労働者に対するセクハラに関して、他の事業主から、事実関係の確認等の雇用管理上の措置の実施に関し必要な協力を求められた場合には、これに応ずるように努めなければならないとしています。また、同指針は、望ましい取り組みの内容として、当該事業主が雇用する労働者が、他の労働者（他の事業主が雇用する労働者および求職者を含む）、個人事業主、インターンシップを行っている者等に対する言動についても必要な注意を払うよう配慮することが望ましいとしています。

243

これらの条文や指針の趣旨を踏まえ、また、取引先社員に対するセクハラは、カスタマーハラスメントの一類でもあるということに鑑み、行為者を雇用している会社としては、行為者に対する注意指導や処分、再発防止などの真摯（しんし）な取り組みが必要となります。

3. 本件セクハラへの対応について

セクハラ指針は、セクハラが確認できた場合の被害者に対する措置の例として、事案の内容や状況に応じ、被害者と行為者の間の関係改善に向けての援助、被害者と行為者を引き離すための配置転換、行為者の謝罪、被害者の労働条件上の不利益の回復、管理監督者または事業場内産業保健スタッフ等による被害者のメンタルヘルス不調への相談対応等の措置を講ずることを挙げています。

また、行為者に対する措置の例としては、必要な懲戒その他の措置を講ずること、併せて、事案の内容や状況に応じ、被害者と行為者の間の関係改善に向けての援助、被害者と行為者を引き離すための配置転換、行為者の謝罪等の措置を講ずることを挙げています。

本件では日常的にセクハラ発言があったとのことですが、発言の具体的内容や、程度、被害者の受け止め（被害の程度）等が不明です。よって、どの程度の処分が適切かは判断できませんが、事実関係を調査し、事案に応じて適切な注意・指導や、場合によっては懲戒処分が必要です。なお、発言のみで身体接触等のないセクハラであっても、出勤停止30日等の比較的重い懲戒処分が有効とされた例もあります（L館事件　最高裁一小平27．2.26判決　労判1109号5ページ）。

また、行為の内容、程度にもよりますが、転勤や部署の異動により被害者と行為者を引き離し、再発や報復の防止あるいは被害者にとって働きやすい職場環境づくりをすることは、一般的に求められている対応といえます。

本件は、社内のセクハラではなく、取引先社員に対する言動ですので、行為者につき担当から外すなどして、接触の機会をなくすなどの対応が考

えられますが、常駐請負の事例などでは、行為者・被害者を引き離すために職場の異動が必要な場合もあり得ます。また、取引先の会社からクレームが来ており、被害者個人の人格権侵害のみならず、行為者を雇用している会社の信用失墜という面もありますので、信用回復の観点から行為者の早急な異動が必要な場合もあるでしょう。

4. 異動先がない場合

セクハラに対する事業主の措置として、異動が必要な場合であっても、行為者の異動先がどうしても見つからないときに、しばらく人事部で預かったり、本来の所属と離れた別室で就労させたりすることがありますが、それが直ちに問題とされることはないと考えます。ただし、部署を新設して、長期間、1人勤務をさせる場合には、パワーハラスメント（以下、パワハラ）に該当するおそれはないか、慎重な検討が必要です。

職場におけるパワハラとは、①優越的な関係を背景とした言動であって、②業務上必要かつ相当な範囲を超えたものにより、③労働者の就業環境が害されるものであり、①〜③の要素をすべて満たすものとされます（労働施策総合推進法30条の2）。

「事業主が職場における優越的な関係を背景とした言動に起因する問題に関して雇用管理上講ずべき措置等についての指針」（令2.1.15　厚労告5）は、パワハラの類型の一つとして「人間関係からの切り離し（隔離・仲間外し・無視）」を挙げています。そして、パワハラに該当しない例として、「懲戒規定に基づき処分を受けた労働者に対し、通常の業務に復帰させるために、その前に、一時的に別室で必要な研修を受けさせること」を挙げていますが、「一時的」という点がポイントと考えます。セクハラの再発防止等の正当な目的があるとしても、必要性・相当性を欠く場合はパワハラとなります。長期間にわたり、別室に隔離して1人で勤務させる場合は、業務上の必要性（再発防止のための必要性等）や、手段としての相当性について、合理的な説明が必要と考え

ます。本人が反省して、「今後そのような発言はしない」と言っている状況では、やはり、部署を新設して別室に隔離して１人で資料整理等をさせるというのは、一時的な措置にとどめるべきだと考えます。

（石井　妙子）

Q109 休職期間終了後の業務を軽減する措置はパワハラとなるか

　メンタルヘルス不調により１年間の休職後、職場復帰した社員がいます。寛解しているとのことでしたが、再発の可能性を危惧し、上司が業務軽減を行っていました。その結果、人事評価が休職前より低くなってしまい、当該社員が「上司が仕事を与えてくれないから評価が悪くなった」と、上司によるパワーハラスメント（以下、パワハラ）を主張してきました。確かに業務軽減は「過小な要求」に該当する面もあったかもしれませんが、当人の健康に配慮しての対応です。このような措置は、パワハラに該当するのでしょうか。

パワハラには該当しない。ただし、職場復帰支援プランを作成し、当該社員に従前の業務に復帰するまでの道筋を示して理解を促すことが望ましい

1.メンタルヘルス不調による傷病休職と復職

[1] 傷病休職

　労働契約では、従業員は中心的な債務として、債務の本旨に従った労務を提供する義務を負っており、私傷病により一定期間労務が提供できない状態になった場合には、就業規則の普通解雇事由（「心身の故障のため、職務の遂行に堪えない場合」など）に該当するものとして、解雇の可否が検討されることになるのが原則です。

　しかしながら、多くの企業では、こうした場合でも直ちに解雇することはせず、療養の機会を与えて傷病からの回復を待つための期間を設け、その期間が満了しても回復できない場合に自然退職または普通解雇とする傷病休職制度を設けています。

[2] 復職可否の判断

　傷病休職は私傷病により労務に従事させることが不能または不適当な状態にある場合に発令されますから、このような状態が解消された場合には復職が認められることになります。

　復職可否の判断は、その会社の就労環境において、労務に従事させることが可能な状態にあるかを判断するものであり、判断の主体は会社です。

　もっとも、休職期間満了時に復職できない場合に退職の効果が生じることになりますから、復職可否の判断では主治医の診断書や意見、産業医の意見等を踏まえた客観性が求められます。

[3] 復職可否の判断の前提となる業務

　復職可否の判断において前提となる業務について、これまでの判例や裁判例から以下のように整理することができます。

　原則として、従前の業務を通常程度に行える健康状態に回復したことを要します（独立行政法人Ｎ事件　東京地裁　平16．3．26判決）。

　職種に限定がない場合には、その労働者の能力や会社の実情に照らし配置される現実的可能性がある他の業務を考慮する必要があります（上記独立行政法人Ｎ事件、片山組事件　最高裁一小　平10．4．9判決）。

　また、軽減業務に就かせることで程なく従前業

務を通常に行うことができると予測される場合には、軽減業務を基準とすることが求められる場合があります（上記独立行政法人N事件、北産機工事件　札幌地裁　平11.9.21判決）。

　これらの裁判例から、使用者は傷病休職からの復職に際して、従前の業務を通常程度に行える健康状態に回復したことを原則とするものの、その労働者の能力や会社の実情に照らし配置される現実的可能性がある他の業務による復職や、回復傾向にある労働者については軽減業務による復職も考慮することが必要であることが分かります。

　また、厚生労働省が公表する「改訂　心の健康問題により休業した労働者の職場復帰支援の手引き」（以下、職場復帰支援の手引き）では、「数か月にわたって休業していた労働者に、いきなり発病前と同じ質、量の仕事を期待することには無理がある。また、うつ病などでは、回復過程においても状態に波があることも事実である。このため、休業期間を短縮したり、円滑な職場復帰のためにも、職場復帰後の労働負荷を軽減し、段階的に元へ戻す等の配慮は重要な対策となる」（6(4)イ）とされ、軽減業務を経た職場復帰が望ましいとされているところです。

2.ご質問に対する回答

　貴社では、メンタルヘルス不調による休職後、復職した社員に対する業務軽減について、当該社員からパワハラに当たるとの指摘を受けているとのことです。

　パワハラとは、職場において行われる①優越的な関係を背景とした言動であって、②業務上必要かつ相当な範囲を超えたものにより、③労働者の就業環境が害されるものであり、①～③の三つの要素をすべて満たすものをいいます（厚生労働省ホームページ「あかるい職場応援団」）。

　メンタルヘルス不調による休職から復帰した社員に対する業務軽減については、これらの要件のうち、「②業務上必要かつ相当な範囲を超えたもの」に該当するかどうかが問題となります。

　ご相談の内容からは、復職を可とする判断において、どのような業務が前提とされていたのか、その際の産業医等の意見がどのようなものであったのかは分かりませんが、疾患の再燃・再発、新しい問題の発生等、復職を可とする判断をした時点において想定していない状況が発生する可能性もあるため、上司が行った職場復帰後の労働負荷を軽減する措置は、それが明らかに不合理である場合を除き、業務上必要かつ相当な範囲を超えたものとはいえず、パワハラの6類型の一つである「過小な要求」によるパワハラには該当しないと考えます。

　それでは、当該社員はなぜ上司のこうした配慮に対してパワハラだと指摘するのでしょうか。

　当該社員はメンタルヘルスの不調から回復しており、休職以前の業務に従事して評価を受けることを望んでいるようですが、当該社員にとっていつ・どのような条件が満たされると従前の業務に戻れるかが不明で、上司の判断に疑問を抱いているのではないかと推察されます。

　上記「職場復帰支援の手引き」では、職場復帰のそれぞれの段階に応じた内容および期間を設定し、各段階で求められる水準も明記した職場復帰支援プランを作成して、労働者の理解を促すことが有益であるとしています。

　貴社においてもこうした職場復帰支援プランを作成し、当該労働者に対して、どのような過程を経て職場復帰を進めるかについての道筋を示して理解を促すことが望ましいと考えます。

（西濱　康行）

人事管理

 ハラスメント被害者から社内調査や加害者の処罰を希望しない旨の申し出があった場合、どう対応すべきか

　当社では、ハラスメントがあった場合には、事実関係に関する社内調査を進めるとともに、加害者には懲戒処分を含めた厳正な対処をすることを規定で示しています。このほどハラスメント事案が発生したところ、被害者から、社内調査や加害者の処罰はしないでほしいとの申し出がありました。しかしながら、被害者の精神的なダメージは大きく、本事案により休職を余儀なくされるとともに、会社に対し労災申請への協力も求めています。こうした場合、どの程度被害者の要望に沿うべきでしょうか。

 会社は、被害者がこうした要望を有する理由を確認した上で、合理的に必要と解される範囲での事実調査の必要性について、被害者の説得に努める必要がある。また、社員が労災申請を行う場合にも、災害の原因および発生状況等につき会社は同様の調査を行わなければならない。懲戒処分の選択に当たっては、会社は、被害者の意向に配慮しつつも自主的判断を下すことが求められる

1.ハラスメントの被害申告がなされたときの会社の取るべき対応

　ハラスメントの被害申告がなされた場合、申告された加害者による行為が事実であるかどうか、調査を行うのが原則です。その理由として、①ハラスメントの加害行為および被害の申告内容が事実であるか否かを調査しなければ、会社は当該申告への対応を決めることができない、ハラスメントが事実であれば、②使用者の安全配慮義務（労契法5条）の履行の観点から、被害を申告した社員（以下、被害者）の精神面および業務上のケアを行いつつ、加害者からの隔離などの対応策を取り、③原因究明とともに、加害者に対し注意・指導を行うなど、再発防止のための措置を講じなければならない、④加害者に対し懲戒処分を科すべきかどうかを決定するにはハラスメントの事実を確定しなければならない――といった点を挙げることができます。会社は被害者の供述をうのみにすることはできませんし、事実を確定することなく、被害者のケアや再発防止策の策定に取り組むことはできません。

　それゆえ、ご質問のように、被害者が「社内調査や加害者の処罰はしないでほしい」と申し出てきた場合には、その意向に沿った例外的対応が必要か否かを判断するために、まずは、そのように要望する理由が何であるのかについて、被害者から事情を聞くことが必要になります。

2.被害者からの要望の背景について

　被害者が「社内調査や加害者の処罰はしないでほしい」との申し出を行う理由としては、①できれば人に知られたくなく、社内調査の実施により大ごとにしたくない、②加害者からの報復が心配である、③多くの社員が知ることになれば、調査の結果たとえ被害の申告内容が事実であるとの結論に至っても、そのとおり周囲の社員に受け入れてもらえるかどうかは不明であり、もし同僚社員が受け入れなければ、結局は自分が会社に居づらくなってしまう、④当該ハラスメント行為がなくなればそれでよく、それ以上の加害者への処罰は最初から望んでいない――などが考えられます。

　上記①～④は、いずれも被害者の心情としては理解できます。しかしながら、会社が被害申告を受け付けた以上、事実調査を行うことなく案件を終わらせることは、実際上非常に難しいところです。とりわけ、ご質問のように被害者の精神的な

247

ダメージが大きく休職を余儀なくされるような
ケースであれば、このような事態に至った原因の
究明および再発防止の観点から、社内調査を行
い、事実を確定した上で必要な対応策・再発防止
策を取ることは、被害者および今後加害者と社内
で接点を持つ可能性のある他の社員に対する安全
配慮義務の履行として必要と解されます。また、
被害者が休職に入る理由が他の社員からのハラス
メントかもしれないと認識している社員（行為の
目撃者など）がいた場合に、会社が社内調査を行
わずに、事実をうやむやにしたまま放置すれば、
「会社はハラスメントおよび被害発生の事実の隠
蔽をもくろんでいる」などと社員に疑われても仕
方ありません。

　以上のような理由から、会社としては、本人の
精神的なケアに努めつつ、合理的に必要と解され
る範囲での関係者および加害者へのヒアリング、
ならびに当該加害者の職場での言動を見聞きする
立場にある他の社員等へのヒアリングを実施し、
申告された被害内容が事実であるか否かの調査を
実施する必要があり、その必要性への理解につき
被害者の説得に努めるべきものと解されます。

3. 実際にハラスメントが確認された場合の加害者に対する処分

　一方、ハラスメントの加害行為の事実の存在が
確認された場合に、加害者に対し、懲戒を含めた
処分を科すべきか、そして具体的にどのような懲
戒その他の処分を行うのかについては、原則とし
て、会社がその自主的判断に基づき決定すべきも
のです。懲戒処分の選択に当たっては、行為と処
分との間の均衡・釣り合い（相当性）や、他の同
種行為への処分と比較したときの公平性の確保と
いった配慮が必要となりますが、それらについて
は、被害者の意向の尊重にも増して、まずは会社
の自主的判断が求められます。

　ただ、その判断を下すに当たり、会社は、被害
者の意向を考慮に入れることまでは妨げられない

と解します。それゆえ、加害行為が事実となれ
ば、それを被害者に告げた上で、同人の意向を聴
取して、可能であれば、その意向に配慮した対応
を選択することを検討すべきでしょう。とはい
え、加害行為が重大で、被害者の意向を考慮に入
れたとしても、行為者への制裁および再発防止の
観点から、会社として懲戒処分を科すことを選択
しなければならないケースがあり得ることは言う
までもありません。

4. 休職に入った社員のケアおよび労災申請への協力

　当該ハラスメントによる精神的なダメージによ
り休職に入った社員については、健康回復のため
に、産業医による面談を定期的に開催したり、会
社から社員の様子を聞いたりして、健康の回復状
況の把握に努めなければなりません。

　社員の被った精神的なダメージにつき医師によ
り傷病であるとの診断が下された場合に、それが
職場の社員等によるハラスメントを原因とするも
のであれば、業務上の疾病・傷病となり、労災申
請の対象となります。使用者は、労働者による労
災申請に協力すべきであり、申請がなされないよ
う誘導するような行為は労災隠しとなります。労
災申請に当たり、申請書には、災害の原因および
発生状況が本人により記入されます。災害発生が
事実でないにもかかわらず、使用者が上記を証明
することはできません。したがって、この観点か
らしても、使用者は、被害者に対するハラスメン
ト行為の有無、該当の行為があったとすれば、被
害者の申告する精神的なダメージの原因は何か
（医師はいかなる診断を下しているのか）、ハラス
メントとの因果関係があるのかについて調査をす
る必要が出てきます。ここでも会社は被害者から
の申告をうのみにすることはできず、社内調査の
必要性はこのような観点からも基礎づけられま
す。

　　　　　　　　　　　　　　　　（神田　遵）

人事管理

能力不足の社員に対し、人事評価を下げ続け、仕事の分量を減らすことはハラスメントに該当するか

先般、人事部内で、ある能力不足の社員に対する処遇が問題となりました。「同じミスを何度も繰り返す」「説明や指導をしても耳を貸さない」など、研修への参加や何度かの異動を経ても、人事評価において同様の理由で低位の判定が付いてしまいます。また、チームでの業務を任せられず、担当する仕事の分量が自然に減っているとも聞きます。今後、教育しても改善の見込みがなければ、退職勧奨ないし解雇を検討すべきかと思いますが、それ以前に人事評価を下げ続けたり、仕事の分量を減らしたりすることが、パワーハラスメント（以下、パワハラ）に該当するのではないかと懸念しています。どう対応すべきでしょうか。

適正な人事評価の結果、その評価が下がることや人事評価に見合った業務を付与すること自体は、原則パワハラに該当しない

1. 近時の労働者からのパワハラ主張の一つの傾向について

企業において雇用する労働者の数が多くなれば、一定の割合で、ローパフォーマーや企業秩序を乱す社員（以下、総称して問題社員）が生じてしまうことは避けられません。

企業は、営利活動を行う団体であることから、上記のような問題社員が存する場合、生産性向上および企業秩序維持の観点から、当該問題社員に対して教育や業務指導を行うことになります。

この部下に対する教育や業務指導は、管理職の職責でもあり、管理職には部下への適正な業務指導を行うことが求められています。

もっとも、問題社員に対して教育や業務指導を行っても改善がなされない場合は、配置転換や降格・降級、最終的には退職勧奨や解雇等を行う可能性もあります。

そして、近時、このような問題社員に対して業務指導を行い、配置転換や降格等の人事上の措置を講じた場合に、そのことがパワハラであると当該問題社員が主張してくるケースが散見されるようになっています。

この点、労働施策総合推進法30条の2で企業に義務づけられたパワハラ防止に関する雇用管理上の措置義務の具体的な内容を定めた「事業主が職場における優越的な関係を背景とした言動に起因する問題に関して雇用管理上講ずべき措置等についての指針」（令2.1.15　厚労告5。パワハラ防止指針）において、「客観的にみて、業務上必要かつ相当な範囲で行われる適正な業務指示や指導については、職場におけるパワーハラスメントには該当しない」ことが明記されています。

この点、パワハラと業務指導の線引きが不明確であることもあり、部下から上記のような主張を受けるのを恐れて、業務指導に不安を抱えている管理職もいるようです。しかし、後述2.のとおり、少なくとも人事評価と業務付与の関係でパワハラと評価されることは、例外的であるということを理解しておく必要があります。

2. 企業の労働者に対する労務指揮権および人事評価とパワハラについて

[1] 労務指揮権および人事評価について

使用者は、労働者の業務遂行について指揮命令の権限を有していますが、この権限は「労務指揮権」（業務命令権）と称されます。

この労務指揮権は、「労働者が労働契約によって労働力の処分権を使用者に委ねたことによって

249

使用者が取得する基本的な権限であって、契約締結時では白地であることが多い労務給付の内容を具体化する効果をもつ。また、使用者は、労務の指揮それ自体にとどまらず、業務の遂行全般について労働者に対し必要な指示・命令を発する。この業務命令が就業規則の合理的な規定に基づく相当な命令であるかぎり、就業規則の労働契約規律効（労契7条）によって、労働者はその命令に従う義務を有する」とされています（菅野和夫・山川隆一『労働法 第13版』［弘文堂］178ページ）。

この点、就業規則の服務規律等において、「その他、会社の諸規定、掲示・命令、通知事項を遵守すること」といった規定が設けられているのが一般的であることから、自社で雇用する労働者にどのような業務を付与するか否かは、上記労務指揮権の一環として、企業の裁量が認められているといえます。

企業の労働者に対して行う人事評価についても、「法律的には、均等待遇（労基3条）、男女同一賃金（同4条）、昇進等についての男女均等取扱い（雇均6条1項）、不当労働行為（労組7条）などの諸規定が査定行為を規制しているが（中略）、これらに反しないかぎりは、査定は人事考課制度の枠内での裁量的判断に委ねられる」とされている（菅野・山川・前掲書349ページ）ことからも明らかなとおり、企業の裁量が認められていると解されます。

[2] 労務指揮権の行使や人事評価とパワハラの考え方

このように、労働者の側から、「人事評価が不当であり、パワハラである」「担当する業務が能力に見合っておらず、パワハラである」といった主張がなされるケースにおいては、使用者の実施する人事評価それ自体や、労働者に対して人事評価に応じた業務を付与する（待遇とする）ことについては、一定の合理性は求められるものの、広く使用者の裁量が認められるということを前提として、パワハラか否かの判断が行われることになります。

[3] 参考判例

参考となる判例として、外国法事務弁護士事務所（以下、Y1事務所）から業務委託を受けたY2社の従業員として、Y1事務所において弁護士秘書業務に従事していたXが、メンタルヘルス不調による休職からの復職後に、担当弁護士を付けられず、周辺秘書のサポート業務を命じられた（以下、本件業務命令）という待遇が、パワハラであると主張し本件業務命令に従わない姿勢を示したことなどから、Y2社は、Xが業務指示に従わないこと、正当な業務指示をハラスメントと主張していることを理由にXを解雇し、Xが当該解雇の有効性等を争って提訴したケース（地位確認等請求事件　東京地裁　平27．3.24判決）があります。

この事案において、裁判所は、まず本件業務命令について「他の秘書とのコミュニケーションも円滑に進めば、適度な業務量に落ち着いて行き、毎朝、周辺秘書を回る必要もなくなって行く可能性もあったといえるのであって、必ずしも非効率であったと断定することもできない」とし、本件業務命令に必要性・合理性が欠けていたとはいえないとしました。そして、Xが本件業務命令に従わなかった点について、Xが本件業務命令はハラスメントであると主張していたことなどから、Xは自身に特定の弁護士を担当させないまま業務を続けさせることはハラスメントであり、そのような業務命令には従う必要はないという態度を明確にしていたというべきで、これは就業規則に定められた懲戒事由である「正当な理由なく、会社命令又は指示に従わなかったことにより」等に当たるなどとして、解雇を有効と判断しています。同裁判例においては、正当な業務命令に対してハラスメントと主張して業務を拒否した場合は解雇事由に該当する場合があることが示唆されており、同種事案の対応において参考になります。

（帯刀　康一）

Q112 職場内で個人別の営業成績を掲示することはパワハラに該当するか

当社の営業部では、営業部全員の営業成績（売上額）を職場のホワイトボードに掲示しています。目標金額までの進捗管理を行うとともに、部員のモチベーションアップを目的としていますが、成績の芳しくない社員から「職場内で誰もが見られる場所に成績を張り出されることで恥ずかしい思いをしており、苦痛だ。パワハラではないか」との訴えがありました。こうした施策はパワーハラスメント（以下、パワハラ）に当たるのでしょうか。

営業部全員の営業成績（売上額）を職場内で掲示することは、記載内容などによってはパワハラに該当する場合も考えられる

1. パワハラとは

令和元年5月、労働施策総合推進法が改正され、令和2年6月より施行されました。その結果、パワハラを防止するために必要な雇用管理上の措置を講じる義務が事業主に課され、令和4年4月1日以降は中小事業主にも適用されています。

同法に基づき定められた「事業主が職場における優越的な関係を背景とした言動に起因する問題に関して雇用管理上講ずべき措置等についての指針」（令2.1.15 厚労告5。以下、指針）において、職場におけるパワハラは、職場において行われる①優越的な関係を背景とした言動であって、②業務上必要かつ相当な範囲を超えたものにより、③労働者の就業環境が害されるものであり、①～③の要素をすべて満たすものをいいます。

また、裁判例においては、「企業組織もしくは職務上の指揮命令関係にある上司等が、職務を遂行する過程において、部下に対して、職務上の地位・権限を逸脱・濫用し、社会通念に照らし客観的な見地からみて、通常人が許容し得る範囲を著しく超えるような有形・無形の圧力を加える行為」などに当たる場合、パワハラが不法行為として損害賠償請求の対象になるものと判示されています（ザ・ウィンザー・ホテルズインターナショナル［自然退職］事件　東京地裁　平24.3.9判決　労判1050号68ページ）。

厳密には指針でいうパワハラの定義と不法行為に当たるパワハラは異なるものですが、両者は重なる点も多いため、不法行為の該当性の有無が問題となった裁判例も、ご質問のケースを検討する上で参考になります。

2. 参考となる裁判例

ご質問のケースを考える上で参考にしたい裁判例としては、A保険会社上司（損害賠償）事件（東京高裁　平17.4.20判決　労判914号82ページ）が挙げられます。

この事件では、上司がほかの同僚もCCに含めて送信したメールの文中において、文字を赤くしサイズも大きくして「やる気がないなら、会社を辞めるべきだと思います。当SC（編注：サービスセンター）にとっても、会社にとっても損失そのものです」などと記載していました。裁判所は、当該メールの送信について、労働者を叱咤激励するという送信目的が正当であったとしても、その表現などは労働者の名誉を害するものとして相当性を欠き、不法行為に該当する旨を判示しました。

当該裁判例は、本件と同様に、業務上必要かつ相当な範囲でなされたかという指針の②の要素の

充足の有無が特に問題になった事案であり、指導の表現の内容や指導の内容を認識する者の範囲などを考慮して、指導が業務上必要かつ相当な範囲であるか否かを判断しています。

3.ご質問のケースについて

　以上を踏まえて、ご質問のケースを検討すると、職場内において営業部全員の営業成績（売上額）を掲示することは、直ちにパワハラに該当するものではありません。

　仮に、営業成績の芳しくない者の営業成績を掲示しない場合、掲示されない社員は、営業部全体の中での営業成績の達成度や貢献度を把握できないものと考えます。しかし、営業成績の掲示の目的である営業社員のモチベーションアップとは、営業成績が良い社員のみを対象とするものではなく、営業成績が芳しくない者についても、他の社員と比べた営業部全体における貢献度や達成度を認識させ鼓舞する意図も含んでいると思われます。仮にそうであるならば、営業部全員の営業成績の掲示は、その掲示を行う業務上の目的を達成するために必要かつ相当なものと考えられます。

4.パワハラに該当する場合

　もっとも、2.で挙げた裁判例と同様に、当該掲示を行う際に、営業成績の芳しくない者のみをことさらに強調する表示（例えば、営業成績の芳しくない者についてのみ赤文字でサイズを大きくして氏名や成績を表示するなど）や、営業成績の芳しくない者を侮辱する表現（例えば、営業成績が最下位の者を「今月のビリ」などと記載すること）など、不相当な記載がされた場合、または、常時、営業部以外の者の目にも触れる形で掲示がされた場合には結論が異なる可能性があります。

　つまり、営業部の者のみの目に触れる形での掲示をすれば、各部員に目標金額までの進捗状況や、自身の営業部全体における貢献度と達成度を認識させ、前述の掲示の目的を達成することに支障はありません。にもかかわらず、営業成績の芳しくない者について、掲示内で文字の色や大きさを変えること等で強調したり、自尊心を傷つける表現などを用いたりすることは、本来の目的を達成する上で不要であり、当該営業社員の名誉権を侵害する不相当なものといえます。このような場合には、前記1.の②の要件を満たすものと考えられます。

　また、営業成績の掲示は、営業部という会社組織の判断、すなわち営業部長などの各営業社員に優越する地位の者の判断によって行われたものであり、指針の①の要素を満たすと考えます。③の要素についても、自尊心を傷つける表現などがあれば、営業成績の芳しくない者の名誉権を侵害するものとして労働者の就業環境を害するものといえます。

　したがって、単に営業部全員の営業成績（売上額）を掲示することは、直ちにパワハラに該当するものではないものの、記載内容その他掲示の態様によってはパワハラに該当する可能性があるため、注意する必要があります。

（川畑　大）

人事管理

 管理職が部下から嫌がらせを受けている疑いがある場合、会社としてどう対処すべきか

　当社のある部署で、管理職が部下から嫌がらせを受けている疑いがあるとの報告がありました。両者の間で特段のトラブルがあったかどうかは不明ですが、ある管理職に対してこの部下が行っている言動は非常に攻撃的なもので、嫌がらせととられかねないケースも散見されるようです。最近では、同管理職がメンタルヘルス不調を来しているのではないかとの話も聞かれます。こうした場合、どのように調査し、改善を促せばよいでしょうか。

 事実関係の調査は、迅速に、調査担当者（調査機関）の選定や調査手続きの公平性を保ち適切に行われるべき。調査後は、当事者の被害回復だけでなく被害拡大を回避するための措置も適宜講ずべき

1.職場におけるハラスメントの問題点

　職場のいじめ・嫌がらせ等のハラスメントは、職場内の人間関係を悪化させ、労働者の勤労意欲の阻害や、労働者のメンタルヘルス不調をもたらすことがあります。また、ハラスメントは、地位を利用して上司から部下に対して行われる場合だけではなく、ご質問の事例のように管理職をメンタルヘルス不調に陥らせる場合もあり、時には刑法上の侮辱罪、名誉毀損罪、脅迫罪等に当たり得るほどの悪質な場合もあります。

　使用者は、労働者に対し、労働契約上の付随義務として良好な職場環境を提供し維持すべき義務（職場環境配慮義務）を負っていることから、労働者が職場のハラスメントによる被害を受けた場合、職場環境配慮義務に違反しているとして債務不履行責任を負う場合があります（三重セクシュアル・ハラスメント［厚生農協連合会］事件　津地裁　平9.11.5判決）。また、使用者は不法行為に基づく損害賠償責任を負うこともあります（川崎市水道局事件　東京高裁　平15.3.25判決等）。近年では、労働者が職場のハラスメントによりメンタルヘルス不調に陥ったなどとして、労災認定の業務起因性が争われる事例も増えています。ハラスメントへの対応が不十分であると、会社が損害賠償責任を負う可能性があるということです。

2.職場におけるハラスメントの対処方法

　職場におけるハラスメントが発覚した場合、使用者には、職場環境配慮義務の一内容として以下のような措置が要請されます。

[1]事実関係の迅速かつ適切な確認

　まず、使用者は、事実関係の調査を迅速に行うことが必要です（迅速な調査を怠った点が問題になった事例として、京都セクシュアル・ハラスメント［呉服販売会社］事件　京都地裁　平9.4.17判決、前記三重セクシュアル・ハラスメント［厚生農協連合会］事件があります）。ハラスメントの行為者は、自己の行為の重大さを認識しておらず、事実を話したがらないこともあるため、調査の際は、ハラスメントという評価を差し挟むことなく客観的な事実を冷静に聞き取るように努めましょう。

　また、ご質問のような部下からのハラスメント事例の場合には、被害者である管理職・上司が被害を申告しにくい立場であることに特に留意する必要があります。他方で、管理職・上司から部下へのハラスメントの場合には、行為者が指導の一環として行っており、ハラスメントの自覚が全くないことが珍しくありません。このようにハラスメントの事例に即して、聞き取りを行いましょう。

　事実関係の調査は、以下のような公平性を保

253

ち、適切に行う必要があります。

①調査担当者（調査機関）の選定の公平性

調査担当者（調査機関）には、行為者の利害関係人や所属部署の従業員を除外し、人事部の担当者や専門の委員会を充てるべきです。場合によっては、弁護士等の第三者を入れることも考えられるでしょう。

②調査手続きの公平性

被害者と行為者の双方の言い分が異なる場合、使用者は、職場の同僚、取引先等の第三者にも調査の協力を要請するなどして、事実関係を正確に把握することが求められます。

判例では、使用者が行う他の労働者の企業秩序違反事件の調査に関して、労働者が協力義務を負う場合とは、❶当該労働者の職責に照らして調査への協力が職務内容となっていると認められる場合、または、❷調査対象である違反行為の性質、内容、違反行為見聞の機会と職務執行の関連性、より適切な調査方法の有無等の事情から総合的に判断して、労働契約上の基本的義務である労務提供義務を履行する上で必要かつ合理的であると認められる場合であると判示したものがあります（富士重工事件　最高裁三小　昭52.12.13判決）。使用者は、上記❶❷のような場合には他の労働者に調査の協力を求めることが可能である点に留意して、適切に協力を要請すべきといえます。

[2]被害の回復・拡大回避のための措置

調査の結果、ハラスメントの事実が確認された場合、使用者は、行為者に対する懲戒処分その他の措置を講じることが必要です。それだけではなく、使用者には、被害の拡大を回避するために、①被害者・行為者間の関係改善に向けた援助、②被害者と行為者を引き離すための配置転換、③被害者の労働条件上の不利益の回復等の措置を適宜講ずることが求められます。

仮にハラスメントの事実が確認できないとしても、当事者双方の言い分等を踏まえ、紛争に発展

することを予防するべく関係改善に努めましょう。

なお、調査結果の情報管理は厳重に行い、情報漏洩などによるハラスメントの二次被害を招かないように留意すべきです。

3.職場におけるハラスメントの再発防止・改善方法

使用者の職場環境配慮義務には、ハラスメント被害の再発防止や改善方法を講ずる義務も含まれています。また、ご質問の事例のようなハラスメントから生じるメンタルヘルス不調を防ぎ、適切なメンタルヘルスケアを実施することも求められます。

近年、行政当局から出される指針等は、使用者の対応策として参考となるものが多いですが、特に、メンタルヘルスケアの一般的な実施方法としては、「労働者の心の健康の保持増進のための指針」（平18．3.31　健康保持増進のための指針公示3、最終改正：平27.11.30　健康保持増進のための指針公示6）が定められています（安衛法70条の2第1項、69条1項参照）。使用者は、同指針を踏まえ、かつ職場におけるハラスメントの問題点を認識して、全社を挙げて以下のような対策に取り組むことが望ましいといえます。

●職場のハラスメントに関する問題意識を高めるため、労働者への情報提供や教育研修等を実施する

●ハラスメントに関する相談窓口の体制を整備する。また、労働者にメンタルヘルスに関わる問題が発生したときの相談窓口等の体制を整備する

●就業規則等でハラスメントの行為者に対する懲戒規程を定め、労働者にその内容を周知・啓発する

●上司や同僚と気軽に相談ができ、コミュニケーションが取りやすい職場環境を整備する

（鬼沢　健士）

人事管理

 上司の常識的な範囲での指導をパワハラと訴えた社員について、どのように対応すべきか

上司から、常識的な範囲での指導を繰り返し受けていた社員が、適応障害と診断され休職しました。同僚の話によると、当該社員への指導は業務上の適正な範囲であり、行き過ぎたものではなかったといいます。当該社員は上司からのパワハラがあったとして、上司を処分するよう訴えていますが、会社としては、そのような必要はないと考えています。当該社員にどのような対応をすればよいでしょうか。

 パワーハラスメント（以下、パワハラ）の申告があった以上、調査は行う必要がある。その結果、上司の指導に問題がないという結論が出たのであれば、その旨を申告者に回答することになるが、申告者への報告の方法（伝え方）については産業医に意見を求めるなど慎重な対応が求められる

1.適正な業務指導はパワハラには該当しない

企業においては、雇用している社員が期待される水準の能力を発揮していない場合や、非違行為をした場合に、当該社員に対して、上司から業務指導がなされるケースがあります。

この点、業務指導は、これを受ける社員の立場からすれば、程度の差こそあれ一定程度の精神的負担となります。

しかし、企業の生産性を向上させていくためには、社員の能力向上、企業秩序維持は必要不可欠であるため、社員を管理する立場にある管理職の職責には、部下に対する業務指導が含まれます。

このように、管理職は、その職責として部下に対する業務指導を行う必要があるところ、部下に対して適正な業務指導を行ったにもかかわらず、そのことがパワハラと判断されるのであれば、管理職はその職責を全うすることができなくなります。

したがって、適正な業務指導については、その指導により部下が一定の精神的な負担を感じたとしても、パワハラには該当しないと解されています。なお、職場のパワハラについては、労働施策総合推進法30条の2第1項により、事業主に対して、その防止に関する措置義務が課されていますが、「事業主が職場における優越的な関係を背景とした言動に起因する問題に関して雇用管理上講ずべき措置等についての指針」（令2.1.15 厚労告5。いわゆるパワハラ防止指針）において、「客観的にみて、業務上必要かつ相当な範囲で行われる適正な業務指示や指導については、職場におけるパワーハラスメントには該当しない」とされています。

2.適正かつ迅速な調査の実施

ご質問のケースでは、同僚が「当該社員への指導は業務上の適正な範囲であり、行き過ぎたものではなかった」と言っているとのことですが、社員からパワハラの申告がなされた場合、事業主としては、パワハラの有無・内容について、適正かつ迅速に調査を行う必要があります。

この点については、労働施策総合推進法の改正を建議した際の労働政策審議会の「女性の職業生活における活躍の推進及び職場のハラスメント防止対策等の在り方について（建議）」（平30.12.14 労審発1032）においても、指針に示すべき事項として、「事後の迅速、適切な対応（相談者等からの丁寧な事実確認等）」とされています。

パワハラの調査においては、申告者から事実関係について詳細なヒアリングを行い、メール等の物的証拠の提出、目撃者等についても確認するこ

とが必要になります。

また、申告者がパワハラと主張する行為者の言動を見聞きした第三者や、行為者に対するヒアリング等の実施も不可欠です。

そして、上記調査を行った結果に基づき、事業主として行為者の言動がパワハラに該当するか否かを判断することになります。

したがって、ご質問のケースにおいても、上記のような調査が未了なのであれば、速やかに適切な調査を実施した上で、パワハラか否かの最終判断を行う必要があります。

3. 調査結果のフィードバック

調査により最終判断が確定した場合は、その調査結果を申告者に説明することになります。

申告者に対して説明する内容ですが、まず、調査を行った結果、行為者とされる上司の言動(業務指導)がパワハラと認定されたケースであれば、①当該上司に対する人事上の措置としての異動の有無・内容、②(厳重)注意処分または譴責等の正式な懲戒処分といった当該上司に対する処分内容、および③当該上司を含む管理職等へのパワハラ防止のための研修の実施等の再発防止策などが考えられます(どこまで詳細に説明するかは事案によります)。

これに対し、調査を行った結果、行為者とされる上司の言動(業務指導)がパワハラには該当しないと認定されたケースであれば、当該上司に対して処分をすることはできないため、申告者に対しては、調査方法の概要などを説明した後に、結論として「適正な業務指導であり、パワハラには該当しないと判断したため、上司を処分することはできない」旨回答することになります。

また、後者のケースであれば、申告者に対して調査結果を報告する際に、「パワハラは許されるものではなく、当社としてもパワハラを容認するものでは断じてないが、社員として会社の指揮命令下で勤務する以上、部下の業務遂行等に問題がある場合は上司として業務指導を行わざるを得ない場合が今後もあるので、そのことは理解してもらいたい」といった申告者への説諭が必要となる場合もあり得ます。

もっとも、ご質問のケースでは、上司の業務指導との因果関係は不明であるものの、結果として申告者が適応障害に罹患しているという事実があります。

そこで、上記のような説諭が必要とされるようなケースであったとしても、説諭を行うこと自体の適否、仮に行うとしても、その時期、伝え方等について、産業医などと連携を取りながら慎重に進めていく必要があります。

(帯刀　康一)

　常駐先会社の社員からハラスメントを受けて精神疾患を発症した場合、会社は安全配慮義務違反を問われるか

当社はコンサルティング業を展開しており、客先に常駐している社員が多数います。先日、常駐先会社の社員から暴言を吐かれるなどのハラスメントを受けたことを機に、うつ病を発症して休職した社員がいます。当該社員は上司に、「常駐先で暴言を受けている」と発症前から話していたようですが、会社として何らかの対応を講じていたわけではありません。この場合、会社は安全配慮義務違反を問われるのでしょうか。

安全配慮義務違反として損害賠償責任を負う可能性が高い

1. 労働者に対するハラスメント対策等

昨今、会社ではさまざまなハラスメントが問題となっており、その典型例であるパワーハラスメントについては、対策が必須です。

[1]公法上の義務

まず、労働施策総合推進法30条の2第1項において、事業主は、職場において行われる、①優越的な関係を背景とした言動であって、②業務上必要かつ相当な範囲を超えたものにより、③労働者の就業環境が害されることがないよう、雇用管理上必要な措置を講じる義務を課されているところです。なお、その「職場」の概念は、労働者が業務を遂行する場所であれば該当するよう広く解釈されており、例えば、取引先との打ち合わせの場所、出張先等も含まれます。

ただし、同項の措置については、当該会社の社員間（役員・社員間も含みます）における事象を対象とするものであって、当該会社の社員が当該会社以外の会社（団体）等に雇用されている社員等によって、上記①～③に該当する言動を受けた場合については、措置の対象とはならないとされています（令2.2.10 雇均発0210第1）。

なお、後掲3.のとおり、「事業主が職場における優越的な関係を背景とした言動に起因する問題に関して雇用管理上講ずべき措置等についての指針」（令2.1.15 厚労告5。以下、指針）では、このような取引先等の他の事業主が雇用する労働者または他の事業主によって、その雇用する労働者の就労環境が害されることがないよう、事業主が雇用管理上の配慮として行うことが望ましいと示されています。

[2]労働契約上の義務（安全配慮義務・職場環境配慮義務）

上記[1]のほか、労契法5条では、使用者は、労働者に対する安全配慮義務が課されています。例えば、ハラスメント等による精神障害・自殺の事案では、「使用者は、事実の有無を積極的に調査し、速やかに善後策（いじめ防止策、関係者への適切な措置、被害者の配転等）を講じるなど、いじめ等を防止するための措置を講じる義務があるとされている（この義務は『職場環境配慮義務』と呼ばれることもある）」（水町勇一郎『詳解労働法 第3版』［東京大学出版会］884ページ参照）と整理されています。具体的な安全配慮義務の内容については、その具体的な事情によって異なります（裁判例でも内容はさまざまです）。

上記[1]と異なり、会社は、当該社員が当該会社（団体）以外の社員等によってハラスメント等の被害を受けている場合であっても、社員が置かれている状況等を踏まえて、当該義務を履行する必要があります。上記指針でも、他の事業主が雇用する労働者または他の事業主によって、その雇用する労働者の就労環境が害されることがないよう、事業主が雇用管理上の配慮として行うことが望ましい取り組みとされています。

2. ご質問への検討

まず、ご質問では、行為者は、被害者が雇用されている会社以外の者のようですので、上記のとおり、労働施策総合推進法30条の2第1項の規定による措置の対象とはなりません。

次に、会社は、当該被害者との関係で、安全配慮義務を負っているため、「常駐先で暴言を受けている」との申告を受けていたのであれば、その申告に関して事実確認をするために、被害者にヒアリングをする機会を設けた上で、必要に応じて、常駐先の責任者等と連携し、被害防止策を講じる義務を負うことが考えられます。貴社の場合、この申告にかかわらず、何ら対応を講じてこなかったとのことですから、うつ病発症が申告どおり当該ハラスメントが原因であれば、安全配慮義務に基づく損害賠償責任を負う可能性が高いと

思われます。

　なお、会社は、当該状況等につき予見可能性がなかったとして、当該責任の成否を争うこともありますが、ご質問のケースでは、上長の目が行き届きにくい社外での被害であるものの、上記申告を受けていたのであれば、そのような主張は採用されるものではありません。

3. 留意事項

　2.で言及しているように、労働施策総合推進法30条の2第1項の規定による措置は必要ないものの、指針には安全配慮義務の観点から、ご質問のように、他の事業主の雇用する社員等からのパワーハラスメント等により、自社で雇用する社員が就業環境を害されることがないよう、事業主は、①相談に応じ、適切に対応するために必要な体制の整備（例えば、相談先の特定および周知、相談窓口による適切な対応のための体制整備等）や、②被害者への配慮のための取り組み（例えば、相談対応のほか、行為者に対する対応が必要な場合に1人で対応させない等の取り組み）を行うことが望ましい旨の記載があり、参考になります。社員が社外で勤務していることが常態化している場合には、社員を取り巻く就労環境や社員の振る舞い、健康状態等を上長が正確に把握しづらい側面があることから、特に留意して社員とコミュニケーションを取ることが重要です。

　なお、労災の観点から、心理的負荷を伴う出来事として、常駐先会社の社員等によるパワーハラスメントの被害が評価され得ることに加えて、例えば、常駐先の勤務体制が変化（従前の常駐人数から減員していること等）している場合には、これらも評価されることに留意が必要です。

（清水　裕大）

二次健康診断の受診を拒絶する社員が病状悪化した場合、会社は責任を問われるか

　定期健康診断の結果で異常の所見を指摘され、二次健康診断の通知を受けた社員がいます。本人は、「何の自覚症状もなく、いたって健康なので二次健康診断は必要ない」と主張し、上司や人事担当者による再三の指導も聞き入れず、頑なに受診を拒絶し続けています。仮に同人がこのまま二次健康診断を受けず、病状が悪化した場合、会社は責任を問われるのでしょうか。

受診を拒絶した労働者をそのまま業務に従事させ、その結果、脳・心臓疾患が発症した場合、事業者（使用者）は安全配慮義務違反に基づく責任を問われかねないことから、再三にわたる指導・説得にもかかわらず頑なに受診を拒絶する労働者については、その労務提供を拒否すべきである

1. 定期健康診断の受診義務

　安衛法66条1項、安衛則44条は、事業者に常時使用する労働者に対して1年に1回の定期健康診断（一般健康診断）を実施する義務を課しています。したがって、事業者は、定期健康診断の受診費用を負担する義務を負うとともに、受診に要した時間の賃金を支払うことが望ましいものとされています（昭47.9.18　基発602）。そして、これに対応して、安衛法66条5項は、労働者に定期健康診断の受診義務を課しています。

　この定期健康診断は、11項目（①既往症歴および業務歴の調査、②自覚症状および他覚症状の有無の検査、③身長、体重、腹囲、視力および聴力の検査、④胸部エックス線検査および喀痰検査、

⑤血圧の測定、⑥貧血検査、⑦肝機能検査、⑧血中脂質検査、⑨血糖検査、⑩尿検査、⑪心電図検査）にわたって行われることが求められており（安衛則44条1項）、その結果異常所見があると診断された場合には、事業者は、労働者の健康を保持するために必要な措置について医師等の意見を聴いた上で（安衛法66条の4）、その意見を勘案して必要があると認めるときは、就業場所の変更、作業の転換、労働時間の短縮、深夜業の回数の減少等の措置のほか、適切な措置を講じなければなりません（同法66条の5）。

2. 二次健康診断の受診義務

直近の定期健康診断の結果、脳・心臓疾患を発症する危険性が高いと判断された労働者に対しては、脳血管および心臓の状態を把握するための二次健康診断、および二次健康診断の結果に基づき脳血管疾患および心臓疾患の発生の予防を図るための医師や保健師による特定保健指導が行われ、これらは労災保険による給付の対象となっています（労災法26条）。しかし、この二次健康診断については労働者に受診を義務づける法令上の根拠はありません。

「健康診断結果に基づき事業者が講ずべき措置に関する指針」（平8.10.1 公示1）でも、事業者は、定期健康診断の結果に基づき、二次健康診断の対象となる労働者を把握し、当該労働者に対して、二次健康診断の受診を「勧奨する」とともに、診断区分に関する医師の判定を受けた当該二次健康診断の結果を事業者に提出するよう「働きかけることが適当」であると定められているにすぎません。

しかし、前記のとおり、二次健康診断は脳・心臓疾患の発症する危険性が高いと判断された労働者に実施されるべきものですから、定期健康診断の結果、労働者にこのような生命に関わる異常所見があることを知りながら、当該労働者が二次健康診断の受診を拒絶しているからといって漫然と放置しておくことは適当ではありません。従前どおりの業務に従事させた結果、当該労働者が現実に脳・心臓疾患を発症した場合、事業者は安全配慮義務違反を問われかねないでしょう。ご質問のように「上司や人事担当者による再三の指導」を行うことは極めて重要です。

それでも当該労働者が頑なに受診を拒絶した場合には、医師の意見を再度確認した上で、脳・心臓疾患発症という労働者の生命に関わる事態の重大性に鑑み、労働者が受診を決断するまでの間労務提供の受領を拒否するという対応も可能だと考えます。そして、この場合、労働者の責に帰すべき事由により事業者（使用者）が労務提供を拒絶することになりますので、賃金支払義務を免れることはもとより、休業手当（労基法26条）の支給も不要だと解すべきでしょう。

3. 就業規則の整備

このように、二次健康診断については、受診義務を定めた法令上の根拠規定が存在しないことから、あらかじめ就業規則に「会社が必要と判断した場合は、二次検査または再検査を命じることがあり、社員は命じられた二次検査または再検査を受診しなければならない」旨の規定を設けておくことが重要です。

判例（電電公社帯広局事件 最高裁一小 昭61.3.13判決）は、「就業規則が労働者に対し、一定の事項につき使用者の業務命令に服従すべき旨を定めているときは、そのような就業規則の規定内容が合理的なものであるかぎりにおいて当該具体的労働契約の内容をなしている」として、就業規則の規定を根拠に、法令上は労働者に受診義務が課されていない頸肩腕症候群総合精密検診について労働者に受診する義務があることを認め、使用者の受診についての業務命令を拒否した労働者に対する懲戒処分を有効と判断しました。

直ちに懲戒処分の対象とすべきか否かについては議論があり得るでしょうが、二次健康診断についても、このような就業規則上の規定を設けておくことによって、業務命令として受診を命ずることが可能になるとともに、受診を拒絶する労働者の労務提供を拒否する対応が取りやすくなるもの

と思われます。

4. 結論

　以上述べましたとおり、事業者（使用者）としては、安全配慮義務の観点から、二次健康診断の受診を拒絶している労働者に対しては、就業規則上の根拠規定があれば業務命令として受診を命じ、また、就業規則上の根拠規定がなくとも二次健康診断による脳・心臓疾患予防の重要性を十分に説明して、受診を勧奨するとともに、それでも頑なに受診を拒む労働者に対しては労務提供を拒否すべきでしょう。受診を拒絶した労働者をそのまま業務に従事させ、その結果、脳・心臓疾患が発症した場合には、事業者（使用者）が安全配慮義務違反に基づく責任を問われかねないものと考えます。

（五三　智仁）

　日々上司から厳しい叱責を受けていた社員の同僚がうつ病に罹患した場合、安全配慮義務違反を問われるか

　先日、営業部の中堅女性社員からうつ病に罹患したため休職したいという申し出がありました。本人に事情を尋ね、診断書を確認したところ、今春、配属された同じ部署の若手社員の顧客対応が悪く、ノルマもクリアできないため、毎日のように上司から厳しい叱責を受けているのを側で聞いていたほか、時には先輩社員の指導やチームワークが悪いことを注意されたり、連帯責任を負わなければならなかったりしたことが原因のようでした。叱責を受けている社員本人は、上司からの叱責をいじめやパワハラとも感じず、受け流しているようです。女性社員が復職する場合、部署を異動させる予定ではいますが、もしこのまま疾病が続き、退職・訴訟が提起されるようなこととなれば、安全配慮義務違反を問われるのでしょうか。

　当該上司から、直接、叱責を受けていない社員でも、同じ部署で当該叱責を見聞きしているような場合には、当該叱責を間接的な原因として退職することもあり得るため、「間接的な退職の強要」として慰謝料等の賠償責任を課せられたり、安全配慮義務違反を問われたりするリスクがある

1. パワーハラスメントの定義

　職場における嫌がらせやいじめなどが「パワーハラスメント」（以下、パワハラ）と呼ばれるようになって久しいところですが、令和元年6月5日に施行された改正労働施策総合推進法では、パワハラを、①「優越的な関係を背景とした」、②「業務上必要かつ相当な範囲を超えた」言動により、③「労働者の就業環境が害されること」と定義しています（同法30条の2第1項）。

　ここで重要なのは、典型的なパワハラとして考えられている「上司から部下に対する行為」に限られず、職場の先輩・後輩間、同僚同士、さらには部下から上司に対する行為もパワハラに当たると定義されたという点です。

　そして、具体的な行為類型として、①身体的な攻撃（暴行・傷害）、②精神的な攻撃（脅迫・名誉棄損・侮辱・ひどい暴言）、③人間関係からの切り離し（隔離・仲間外し・無視）、④過大な要求（業務上明らかに不要なことや遂行不可能なことの強制、仕事の妨害）、⑤過小な要求（業務上の合理性なく能力や経験とかけ離れた程度の低い仕事を命じることや仕事を与えないこと）、⑥個

の侵害（私的なことに過度に立ち入ること）――
が挙げられています（事業主が職場における優越
的な関係を背景とした言動に起因する問題に関し
て雇用管理上講ずべき措置等についての指針）。

このようなパワハラは、「加害者である上司、
先輩、同僚ら個人」と「被害者である他の従業員
個人」との間の、身体の侵害や名誉の侵害などと
も考えることができますが、実は、「会社」と
「従業員」の間の労働契約上の安全配慮義務の問
題も招来することになります。

また、前掲労働施策総合推進法は、令和2年6
月1日の改正（施行）時に「事業主は、（中略）
（パワハラが発生しないように）労働者からの相
談に応じ、適切に対応するために必要な体制の整
備その他の雇用管理上必要な措置を講じなければ
ならない」と定め、事業者に対しパワハラの発生
を未然に防ぐことを義務づけています。

2.安全配慮義務違反

本来であれば、従業員は会社に労働力を提供
し、会社は従業員に対し、その対価である賃金を
支払うことを内容とするのが労働契約であり、そ
れ以上の難しい話にはならないはずです。

しかしながら、高度に複雑化した現代社会で
は、単に「働く」「給与を支払う」だけで済むわ
けもなく、実際には、会社は従業員に健康診断を
受けさせたり、休憩や休暇をしっかりと取らせた
り、また、時には飲み会を開いて従業員を労っ
たりと、さまざまな配慮が必要とされます。

そして、これらの配慮は、実はしっかりと法律
に明記されています。具体的には、労契法5条に
おいて「使用者は、労働契約に伴い、労働者がそ
の生命、身体等の安全を確保しつつ労働すること
ができるよう、必要な配慮をするものとする」と
されています。

この考え方は、かつて陸上自衛隊において任務
中に発生した死亡事故について、陸上自衛隊八戸
車両整備工場事件（最高裁三小　昭50．2.25判
決）が「ある法律関係に基づいて特別な社会的接
触の関係に入った当事者間において、当該法律関

係の付随義務として当事者の一方又は双方が相手
方に対して信義則上負う義務」として、安全配慮
義務の存在を認めたところから始まり、その後、
平成19年の労契法の制定時に、法律として明文化
されたわけです。

3.フクダ電子長野販売事件（東京高裁　平29. 10.18判決）

ここで、今回のご質問の事例によく似たケース
を取り上げます。

ある医療機器メーカー子会社に勤務していた女
性従業員らが、代表取締役からパワハラを受けて
退職を強いられたとして損害賠償を求めた事件が
あります（原審は長野地裁松本支部　平29．5.17
判決）。

この事件について東京高裁は、平成29年10月18
日、パワハラを受けた女性従業員に対する損害賠
償はもちろんのこと、それだけではなく、直接、
パワハラを受けていない同僚についても、同じ職
場で言動を見聞きしているから、今後自分たちに
も同じような対応があると受け止めるのは当然と
指摘し、間接的に退職を強要されたとして損害賠
償等を認めました。

すなわち、東京高裁は、「人間57、58になれば、
自分の考えなんて変わらない」「給与が高額に過
ぎる、50歳代の社員は会社にとって有用でない」
などといった女性従業員に対する代表取締役の発
言をパワハラに該当すると認定した上で、それを
"隣で聞いていた"別の女性従業員が「いずれ自分
たちも同じような対応を受け、退職を強いられる
であろう」と考え、退職を余儀なくされたことに
ついても損害賠償を認めました。

4.ご質問における結論

ご質問のうつ病に罹患した中堅女性社員は、直
接、叱責を受けたわけではありませんが、隣で若
手社員が叱責を受けているのを見ている中で、自
らにも責任の一端があるかのような発言も聞いて
いるわけであれば、うつ病に罹患したこととも因
果関係があると考えることもできます。

この場合、上記裁判例に鑑みれば、当該中堅女性社員に対し、直接、叱責をした場合でなくても、従業員の安全配慮に欠けたところがあるとして安全配慮義務違反を問われ、損害賠償責任を負うこともも十分に考えることができます。

(山岸　純)

育児休業からの復職前に育児によりうつ病になったと申し出てきた社員に、私傷病休職を認めなければならないか

間もなく1年間の育児休業を終了する社員がいます。配偶者が海外赴任中で、近隣に頼れる親類・知人がいないことから、一人で育児をしてきたようですが、復職1カ月前になり、「育児によりうつ病になり、復職する自信がない。このまま私傷病休職をさせてほしい」として、主治医の診断書を提出してきました。当社としては予定どおりの復職を前提に1年間の業務配分を行ってきたため、終了の見通しがつきにくい休職をさらに認めるべきか思案しています。業務負担軽減や短時間勤務等の配慮をすれば、こうした申し出を認めなくともよいでしょうか。

労働契約内容どおりの勤務ができないと認められる場合には休職させ、治療に専念させるべき

1．休職事由の該非判断は原則、使用者が行う

休職とは、「ある従業員について労務に従事させることが不能または不適当な事由が生じた場合に、使用者がその従業員に対し労働契約関係そのものは維持させながら労務への従事を免除することまたは禁止すること」と定義できます（菅野和夫、山川隆一『労働法 第13版』[弘文堂] 699ページ）。

通常、休職とは、就業規則や労働協約などの定めに基づいて発生し、使用者の命令によりなされる場合のほか、労働者との合意によりなされる場合もあり得ます。

その場合の休職事由については、就業規則や労働協約で定められますが、一般に就業規則では、私傷病により労務提供ができない、または不十分な労務提供しかできない状態となった場合を休職事由として定めている事例が見られます。この場合において、労務提供ができないか、あるいは不十分かの判断を医師の診断書によるとするなど、判断根拠や判断過程を一定のものに制約する旨の規定がある場合には、それに従って判断することになりますが、そうでなければ、原則として使用者が判断します。

そのため、判断について制約する旨の規定がなく、原則どおり使用者が休職事由の該非について判断できる場合には、使用者が労務提供は可能であると判断する以上、労働者が申し出たとしても休職に入ることにはなりません。

例えば、ご質問のような場合、就業規則等の規定は不明であるものの、休職事由の判断について制約する旨の規定が特になければ、労務提供の可否は使用者である会社が判断することになるので、会社として労務提供は可能であると判断することも可能です。その場合、休職事由は発生しないことになるので、育児休業期間の満了とともに、その社員は就労義務が生じ、労務の提供をする必要が生じます。

2.休職不要と判断したことで、生じるおそれのある
問題

ただし、休職させずに復職させる判断をした場合、会社の安全配慮義務の問題が生じます。使用者は、労働契約に基づき労働者に労働させるに当たり、生命、身体等の安全を確保しつつ労働することができるよう、必要な配慮をすることが求められます（労契法5条）。そして必要な配慮を怠った結果、労働者の生命、身体等に損害が生じた場合には、その損害賠償が問題となります。

ご質問のような場合、休職させず就労させたものの、その後うつ病が悪化したようなときには、うつ病の悪化が就労による精神的負担によるものであり、就労の実施に当たり会社が必要な配慮を怠ったとして、会社の安全配慮義務違反による損害賠償といった問題が生じる可能性はあります。

そのため、休職事由の該非の判断に当たっては、当該社員の病状が出勤に堪えられる程度のものか、あるいは会社が実施しようとしている業務負担軽減や短時間勤務等の措置が当該社員に対する配慮として十分なものであるかの検討が必要となります。

3.労働契約内容どおりの勤務が可能かどうかなど
を見極める

ご質問の場合、当人がうつ病になったとして、診断書が提出されています。このような場合、①労働契約内容どおりの勤務が可能か、②疾患が改善して労働契約内容どおりの勤務ができるようになっているか、③その精神疾患によって自殺の可能性があるか——の見極めが重要となります。

その見極めに当たっては、診断書の内容のほか、主治医に面談の上、症状・治療状況・就労の可否等に関する意見を聴取する、さらには必要に応じて産業医の診断を求めるといった調査を行い、本人の状況を正確に把握することが重要です。

労働契約内容どおりの勤務の可否などについて、最終的に判断するのは原則として会社です。就業規則上、休職に関しては「診断書に基づいて判断する」といった規定を設けている事情がない限り、医師の診断に拘束されませんが、訴訟になった場合には、その判断の根拠や合理性が問題となります。

したがって、上記のような見極めを行った上で、労働契約内容どおりの勤務ができない状況にあれば、その社員を休職させ、健康を取り戻して職場に復帰できる機会を与えるべきです。特に、精神疾患によって自殺の可能性が懸念されるような場合には、速やかに家族等に連絡の上、治療に専念させるべきでしょう。

また、ご質問で挙げている業務負担軽減や短時間勤務等といった措置は、労働者の負担の軽減につながるものとはいえますが、これらは労働契約内容どおりの勤務が可能な状況であることを前提とした労働者の負担軽減措置であると考えるべきです。労働契約内容どおりの勤務ができない場合には、業務負担軽減や短時間勤務等の措置を講じた上で就労させるよりは、休職させ、治療に専念させるほうが妥当と考えられます。

（土屋　真也）

Q119 休職者の復職を産業医が可能と認めた場合でも、会社の判断で復職不可とすることは問題か

当社ではメンタルヘルス不調による休職者が復職する前に、いわゆる「ならし勤務」を経て、復職の可否を産業医と人事部で判定しています。ある従業員につき、ならし勤務後の復職判定を行った際、産業医は復職可能との見解を示しました。一方、人事部では、ならし勤務で時間どおりに出勤できない日があったこと、離席が頻繁に見られたことなどから、休職期間を延長して様子を見たい考えです。この場合、産業医の意見と異なる結論を出しても問題ないか、後々トラブルが生じる可能性も含めて、ご教示ください。

産業医に対し、安衛法における「勧告」の趣旨を説明した上で、「勧告」を行うに値する程度の意見か、それとも、産業医としては、人事部の判断に委ねる程度の意見かを検討してもらうべき。産業医が「勧告」を行う場合には、これを覆すだけの医学的見地も含めた客観的根拠がない限り尊重すべきであるし、殊更これを無視する結論を出すことは、労働紛争を招来するおそれがある

1.「産業医」の法的根拠

職場における労働災害などを防止し、もって、労働者の安全・健康を確保することを目的として制定された法律として安衛法があります。この中で企業などの事業者には産業医を選任することが義務づけられています（同法13条1項）。

具体的には、常時50人以上の労働者を使用する事業場について産業医を選任することを義務づけ、さらに、常時1000人以上の労働者を使用する事業場の場合には、専属の産業医を選任しなければならないと定められています（安衛令5条、安衛則13条3号）。

このような産業医は、労働者の健康管理等を担いますが、具体的には、健康診断の結果に基づく労働者の健康保持のための措置を構築したり、月100時間を超える時間外労働により疲労の蓄積が認められる労働者に対し面接指導を行ったり、「心理的な負担の程度を把握するための検査」（いわゆる、ストレスチェック）の結果に基づく労働者の健康保持のための措置などが、その主な職務となります。

2.職場復帰支援における産業医の役割

近年、傷病等により長期休業していた労働者が復職するに当たり、事業者においてその労働者の復帰を支援するための措置を講じることが求められています。

実際、厚生労働省は平成16年10月に「心の健康問題により休業した労働者の職場復帰支援の手引き」（最終改正：平成24年7月）を公表し、職場復帰に当たり事業者が行うべき支援の内容などを総合的に示しています。

この手引きの中で、厚生労働省は、労働安全衛生法が規定する産業医について触れ、事業者に対し、おおむね次の対応を求めています。

①休業中の労働者から事業者に対し、職場復帰の意思が伝えられた場合に、事業者は労働者に対し主治医による「職場復帰が可能」という判断が記された診断書の提出を求めること
②診断書には、就業上の配慮に関する主治医の具体的な意見を記入してもらうこと
③その際、主治医による職場復帰可能の判断が、必ずしも職場で求められる業務遂行能力まで回復しているとの判断とは限らないため（主治医は必ずしも職場の状況を詳しく把握しているわ

けではない)、主治医の判断と職場で必要とされる業務遂行能力の内容等について、産業医等の精査を経て、採るべき対応を判断すること

すなわち、休職者が復職するに当たっては、職場の状況を把握し、かつ、医学的知見を有する産業医の意見を十分に斟酌し、その復職の可否を判断するよう求めているわけです。

3. 産業医による勧告

前記のとおり、安衛法は産業医に対し、労働者の安全・健康に関し、広範囲な役割を与えているわけですが、医学の専門家である産業医の意見がないがしろにされてしまっては、労働者の安全・健康を確保することはできません。

そこで、安衛法は、13条5項をもって「産業医は、労働者の健康を確保するため必要があると認めるときは、事業者に対し、労働者の健康管理等について必要な勧告をすることができる」と定め、さらに、「事業者は、当該勧告を尊重しなければならない」と定めました。

ここで、法律用語としての「勧告」とは、相手方に対し一定の措置を取ることを勧め、または促す行為を指しますが、法的な拘束力を有するものではなく、相手方が自発的に受け入れることを目的とするものと解されています。

4. ご質問の場合

以上のとおり、医学の専門家である産業医による意見を傾聴すべきことは当然のこととして、ご質問のように産業医の「復職可能」という意見と人事部の考えが分かれた場合には、まずは、産業医に対し、安衛法における「勧告」の趣旨を説明します。その上で、労働者の安全・健康と、復職後の業務遂行の可能性を鑑み、「勧告」を行うに値する程度の意見か、それとも、産業医としては、人事部の判断に委ねる程度の意見かを検討してもらうことが肝要であると考えられます。

(山岸　純)

Q120 もともとの休職事由と異なる疾病を発症して再休職する場合、休職期間の計算はどのように考えるべきか

当社では「休職の中断期間が1カ月に満たない場合には、前後の休職を通算し、連続したものとして扱う」と規定していました。しかし、メンタルヘルス不調で復職後、すぐに内臓系の他の疾病を発症し、休職せざるを得なくなったような場合、別の疾病であることを考慮し、休職期間をリセットして期間計算をし直す必要があるのでしょうか。

 休職期間をリセットして、期間計算をし直す必要がある

1. 傷病休職

休職とは、労働者が労務に従事することが不能、あるいは不適当な事由が生じた場合に、その労働者との労働契約関係を維持したまま、長期間にわたり労務の提供を免除、または禁止することをいいます。

労働条件の明示事項に、「休職に関する事項」の規定(労基則5条1項11号)がありますが、休職制度を設ける義務はなく、その内容についても特に法的な規制はありません。しかし、多くの企業で、就業規則により、この制度を設けています。

休職事由の一つに傷病休職があります。これは、業務外の疾病のため長期の欠勤が一定期間に及んだ場合に適用され、一定期間労務の提供を免除し、疾病の回復に努めさせる目的を持っています。休職期間の長さは、勤続年数や傷病の種類により異なるのが一般的です。

多くの場合、休職期間中に傷病が回復し、就労可能となれば休職期間は終了し、復職となります。一方、傷病が回復することなく休職期間満了となれば、自然退職あるいは解雇となります。私傷病による労務提供不能は解雇事由の一つですが、休職期間を設けてその労働能力の回復を待つことにより、解雇を猶予する制度といえます。

2.私傷病による労務提供不能と解雇権濫用法理

多くの企業では、就業規則に「身体または精神の障害により、業務に堪えられず、または不完全な労務提供しかできないと認められるとき」は解雇できる旨を定めています。しかし、解雇が客観的・合理的な理由を欠き、社会通念上相当であると認められない場合には、解雇権を濫用したものとして無効となります（労契法16条）。

裁判例では、私傷病に罹患したために一時的に労務提供ができない状態であっても、すでにその傷病が完治しているか、あるいは近い将来回復する見込みがある場合は、その傷病による解雇は無効と判断されています（黒川乳業事件　大阪地裁平10．5.13判決、K社事件　東京地裁　平17．2.18判決）。

3.休職制度と私傷病による不完全な労務提供

休職制度を持っている企業においては、私傷病によって労務の完全な提供ができない事実のみから、直ちに解雇可能となるものではなく、休職をさせて回復を待つことが求められます。裁判例でも、従業員が過敏性大腸炎をはじめとする消化器病により欠勤が重なり、「身体の障害により業務に堪えられない」「業務上やむを得ない必要」という就業規則の解雇事由に当たるとして解雇された事件について、他の職場に配転することが不可

能とはいえず、また、病気休職を命ずるだけの人員の余裕もあったと認定し、"解雇は就業規則に反し合理的な理由を欠く"として、無効と判断したものがあります（日放サービス事件　東京地裁昭45．2.16判決）。

4.休職の繰り返しと休職期間の通算

近年、うつ病等の精神疾患に罹患して休職を繰り返す労働者が増えています。休職と復職を繰り返すことで、長期にわたり十分な労務提供ができないのでは困るので、企業は就業規則に、復職後間もない時期（復職後6カ月以内等）に"同一または類似の傷病により休職した場合には、休職期間を通算する"という規定を置くことが一般的です。

例えば、就業規則に、「休職期間内に復職した者が、復職した日から1カ月以内に再び同一疾病により欠勤を繰り返した場合には、その欠勤日数を休職期間に通算し、休職期間の中断を認めない」などの規定がある場合、就業規則の定めに従って休職期間を通算し、休職期間満了となった時点で復職が不可能であれば、解雇あるいは自然退職とすることができます。しかし、これはあくまで同一疾病により休職を繰り返す場合です。

5.異なる傷病による休職期間の通算は可能か

ご質問のケースは、メンタルヘルス不調で休職し、職場復帰した者が、その後間もなく内臓系の疾病で休職したというものですが、それは内臓系疾患による労務提供不能であり、メンタルヘルス不調によるものではありません。その内臓系の疾患が、就業規則に規定されている本来の休職期間を置くことで治癒し、就労可能であるという医師の診断があるにもかかわらず、直前のメンタルヘルス不調による休職期間と通算することで休職期間が短縮され、復職不能として解雇された場合、解雇権の濫用と判断される可能性は大きいと思われます。自然退職扱いについても、その有効性が問われることになることもあり得ます。

したがって、メンタルヘルス不調で復職後、す

ぐに内臓系の疾病を発症し休職せざるを得なくなったような場合、休職期間をリセットして、期間計算をし直すのが無難だといえます。

（角森　洋子）

Q121 管理職として採用した社員に対し、能力不足を理由に賃金水準の大幅ダウンを伴う降格を実施できるか

広報部長としての手腕を買い中途採用した社員につき、期待したパフォーマンスが見られないため、一般社員に降格させることにしました。同人は「管理職として契約したのだから、同ポストは保証されるべきだ」と降格に同意せず、かつ賃金が年収ベースで3～4割ダウンする点にも激しく反発しています。こうした降格は認められないのでしょうか。

客観的に見て能力不足が認められれば降格は可能であり、規程上の根拠があれば、これに基づく賃金の減額も可能。ただし、3～4割もの大幅な減額については、その合理性を慎重に吟味すべき

1.人事権に基づく降格の可否

人事権に基づく役職や職位の降格は、就業規則上の根拠規定の有無にかかわらず、人事権の行使として、使用者の経営判断に基づいて行うことができると考えられています（アメリカン・スクール事件　東京地裁　平13．8.31判決）。

ただし、降格は、一般的に労働者にとって不利益な措置ですので、使用者の裁量も無制限に認められるわけではありません。業務上・組織上の必要性等の使用者側の事情や、能力・適性の欠如等の労働者側の事情、さらには降格によって労働者が受ける不利益の程度等の事情を総合考慮して効力の有無が判断されます（上州屋事件　東京地裁　平11.10.29判決）。

2.降格に伴う賃金の減額

降格は、役職や職位を下げるものですので、これに伴い賃金も減額となるのが通常です。賃金体系が給与規程等で明示されており、賃金と職位との間の関連性が明確である場合には、降格に伴う賃金の減額も基本的に認められます。

他方、給与規程等で賃金と職位との間の関連性が示されておらず、降格に伴う賃金減額の幅が使用者の裁量に委ねられている場合には、減額措置の合理性が認められない可能性が高くなります（スリムビューテイハウス事件　東京地裁　平20．2.29判決。ただし、降格処分は有効とされた）。

3.降格に伴う賃金の減少額および減少割合

降格に伴い給与規程等に定めるところに従って賃金を減額するにしても、その額や割合については、やはり注意すべきでしょう。役職や職位が下がったからといって、降格前後の職務の内容や責任の差異の程度をはるかに上回る大幅な賃金の減少は、給与規程自体の合理性に疑義が生じます。給与規程に減額幅の定めがなかった事案ですが、前掲のスリムビューテイハウス事件では、降格に伴う4割を超える年俸の減額は、減額幅としても過大だと指摘されています。

4.ご質問のケースで考慮すべき事項
[1]降格は客観的に見て、正当な人事権の行使といえるか

以上の一般的な考え方を踏まえ、ご質問について検討しますと、まず、この管理職に「期待した

パフォーマンスが見られない」点について、客観的な評価がされているかどうかを点検する必要があります。人事権の行使としての降格は、時として、業務上の必要性や被降格者の資質や能力とは無関係に、上司等の人事権者の個人的な感情に基づき濫用されるケースも見受けられますが、そうした場合、概して裁判所は会社に厳しい判断を下しています（＝降格処分を人事権の濫用として認めない）。

また、「期待したパフォーマンスが見られない」という評価を下すまでの期間についても、この管理職の資質を評価するのに十分であるかどうかをもう一度点検したほうがよいでしょう。裁判例の中には、"3〜5カ月程度の期間では、被降格者の資質や能力を判断するのに十分ではない"とした上で、"降格は、社長が自己に反発する者への対抗措置として行ったもの"と認定したものがあります（ハネウェルジャパン事件　東京高裁　平17．1.19判決）。

[2] 賃金減額に合理性、妥当性はあるか

(1)前提として、役職や職位と賃金の連動が規程化されている必要がある

降格自体には問題がないとすれば、次に、賃金の減額について検討することになります。前記のとおり、役職や職位と賃金が連動し、その対応関係が給与規程等に明記されているのであれば、基本的には、賃金を減額することも可能です。

しかし、会社が個別に役職手当等を決めているような場合には、降格とともに賃金の減額を行うことには法的リスクがあることになります。デイエフアイ西友（ウェルセーブ）事件（東京地裁　平9．1.24決定）では、給与規程等に定めがない場合には、配転（職務内容の変更）と賃金は別個の問題であり、法的な関連性を認めることはできないとして、降格に伴う一方的な賃金の減額措置が無効とされました。

(2)減額幅の合理性は、降格の前後で職務の内容や責任にどの程度の差が生じるかで判断される

続いて、減額の幅ですが、賃金が降格により年収ベースで3〜4割もの大幅な減額となることについても、その合理性を吟味しておくべきでしょう。賃金の減額幅が大きい場合、それだけ労働者の不利益が大きいことから、裁判所による人事権濫用の有無に関する判断は、より厳格になされる傾向にあるからです。

具体的には、降格前の職務の内容や責任が、降格後のそれと比べて、上記の程度に高額な賃金の支給を受けるに見合うものであったかどうかをチェックしておくということです。降格の前後でさして職務内容が変わらないのに、役職の有無だけで大幅な格差が生じるというのでは、やはり賃金減額の合理性が揺らぐことになるでしょう。

[3] 採用時に特別な取り決めがあったか

そのほか、この管理職との間に、入社時において特別な取り決めがあったかも確認すべきです。例えば、管理職に限定して入社（採用）する旨の合意があれば、本人の意思に反して会社が一方的に降格させることは原則としてできません。ただし、そのような取り決めがされることはまれでしょう。逆に、このような合意がされたにもかかわらず、本人のパフォーマンスが著しく低いという場合には、リスクはなお大きいものの、能力不足を理由とする解雇が認められる余地も出てきます（ユーマート事件　東京地裁　平5.11.26判決）。

（岩野　高明）

人事管理

家族が精神疾患であるとの理由で特例的に残業を免れている社員に対し、証明書の提出を求めてもよいか

1年ほど前にある社員から、「出産後に妻が育児ノイローゼになり育児や家事が回らないため、しばらくは残業が一切できない」として残業免除の申し出がありました。特例的に当該社員については残業が発生しないよう配慮を続けてきましたが、忙しい部署であることから他の社員は日常的に残業をこなしており、同配慮措置に対する不満の声が上がっています。また、当該社員にその後の状況を尋ねても「以前と変わらない」などと答えるのみで、現在も本当に精神疾患が続いているのかは不明です。そこで確認のため、当該社員に対し、妻が精神疾患であるとの証明書の提出を求めたいと思いますが、問題ないでしょうか。

根拠規定と妻本人の同意がない限り、証明書の提出を求めることは困難であり、慎重な対応が求められる

1．残業を拒否できる場合

貴社が、当該社員の妻が精神疾患であるとの証明書を求めるのは、残業命令を出すか、社員が残業を拒否できることを見越して、事業者側が残業命令を控えるかの判断材料とするためでしょう。それでは、社員がそうした証明書を提出しない場合に、残業命令を出せるのでしょうか。

一般的には、使用者が労働者に対して法的に有効に時間外労働をさせるには、労使協定の締結・届け出（労基法36条）等の労基法上の要件を満たすこと、および労働者の時間外労働の義務を基礎づける契約上の根拠があることの二つが必要であるとされています（水町勇一郎『詳解労働法 第3版』［東京大学出版会］723ページ）。

例えば、就業規則に、残業命令に対して、「正当な理由がなければ、これを拒むことはできない」旨が定められることがあり、その判断については、その場で適宜判断し、検討を要すると思われるものは後刻複数の管理者で検討した上で判断することとし、理由が「正当な理由」に該当しないと判断した場合には、重ねて時間外労働命令を発することを申し合わせているような事例もあります（東海旅客鉄道［大阪第三車両所］事件 大阪地裁 平10.3.25判決）。また、労働者に残業命令に従えないやむを得ない事由があるときには、残業命令に従う義務はないと判断された裁判例があります（トーコロ事件 東京高裁 平9.11.17判決）。

そこで、就業規則上の、あるいは労使間で何らかの申し合わせ等のルールがあり、その中で証明書の提出を要する等の定めがあれば、それに基づいて対応することも考えられますが、何らの特別の定めもない場合には、個別に検討するしかありません。

ご質問のケースで、当該社員が残業を拒否する「正当な理由」ないし「やむを得ない事由」が本当であるかどうかも問題ですが、当該社員のいういわゆる「育児ノイローゼ」とは医学用語ではなく、精神疾患であると主張しているわけではありません。また、「しばらくは残業が一切できない」との申し出は、いつまで続くのか明確ではなく、事業者側としては、その事由が本当かどうか、また残業ができない状態がいつまで続くかを確認するために、それを示す証拠の提出を求めることも一応の合理性がありそうです。しかし、妻が精神疾患であることの証明書が、どのような意義・効果を有するものであるのかは明らかでなく、残業を拒否できる事由の唯一の証拠であるとも限りま

269

せん。

むしろ、会社としては、「労働基準法第36条第1項の協定で定める労働時間の延長及び休日の労働について留意すべき事項等に関する指針」（平30.9.7　厚労告323）や「労働時間等見直しガイドライン」（労働時間等設定改善指針。平20.3.24　厚労告108、一部改正：平30.10.30　厚労告375）等を踏まえた労働環境の改善が期待されるところです。

2.育介法

妻が出産後の育児ノイローゼであるという問題については、育介法を検討する必要があります。同法16条の8第1項は、一定の場合を除き、労働者が子を養育するために請求した場合には、3歳に満たない子どもを養育する労働者に対し、所定労働時間を超えて働かせることはできないものと定めています（同法17条1項の制限も参照）。この請求では、3歳に満たない子がいることの証明があれば足りるため、事業主は、労働者から上記の請求があったときは、当該請求をした労働者に対して、当該請求に係る子の妊娠、出生もしくは養子縁組の事実等や当該子の出生の事実を証明することができる書類等の提出を求めることができる（育介則45条4項、5項）にすぎません。こうした場合に、妻が育児ノイローゼになっていることまでの証明書は不要です。

もっとも、上記の請求に対しては、「事業の正常な運営を妨げる場合は、この限りでない」との定めもあります。しかし、1年ほど前から残業をさせないで事業が運営されてきたことからすると、忙しい部署で他の社員から当該配慮措置に対する不満の声が上がっているだけでは、正常な運営を妨げるとまでは言い難く、むしろ職場では、労働時間の短縮や育児支援の重要性についての理解を図る等の取り組みが求められるでしょう。

3.要配慮個人情報の取り扱い

仮に労使の合意で、妻の状況を証明する資料を提出するような根拠規定があっても、個保法の観点からの検討も必要です。ご質問のケースで育児ノイローゼが精神疾患の診断になるかは明らかではありませんが、妻が何らかの精神疾患であるとの証明書は、妻本人の要配慮個人情報であると解されます。すなわち、同法施行令2条1～3号には、心身の機能の障害があること等、本人の健康に関する事項が定められているため、精神疾患であるとの証明書は、要配慮個人情報の規律に服する可能性があります。

当該社員は、個人情報取扱事業者ではないため、会社に対して妻の個人情報を提供することは妨げられないと思われるかもしれません。しかし、要配慮個人情報は、より厳格な取り扱いを要するものとされ、個人情報取扱事業者は、所定の場合を除き、あらかじめ本人の同意を得ないで、要配慮個人情報を取得してはならないことになっています（個保法20条2項）。また、事業者が要配慮個人情報を取得する際には、その本人が、同意したことによって生ずる結果について十分な判断能力を有しない障害者であるような場合の対応については問題がある（個人情報保護委員会「『個人情報の保護に関する法律についてのガイドライン』に関するQ＆A」〔令和6年3月1日更新〕のQ1‑36参照）ものの、それなりの判断能力が認められるのであれば、本人の同意を要するものと考えられます（同Q＆Aの回答参照）。

したがって、当該社員に対し、妻が精神疾患であるとの証明書の提出を求めることができるとしても、それは妻本人の同意が要件とされると考えられます。任意に提供されればよいのですが、強制できるわけではありません。

以上を考慮すると、約1年前から継続している残業の免除について、当該社員に不利益な変更をするには、慎重な対応が求められます。

（浜辺　陽一郎）

Q123 すべての社内チャットの内容をモニタリングすることは問題か

業務で使用しているチャットツールで私的なやりとりを行っているケースが、社内で問題になっています。そこで、社員のすべてのチャット内容をモニタリングした上で、不適切な内容を投稿している社員や私的な内容の投稿頻度が高い社員に懲戒処分を科したいと思っています。このような対応は問題でしょうか。

 社員のすべてのチャット内容をモニタリングすることは違法と判断される可能性が高い

1. 社内ネットワークの私的利用

[1] 職務専念義務との関係

企業で働く労働者は、労働契約上の義務として、就業時間中は職務に専念すべき義務（職務専念義務）を負っています。しかしながら、使用者が職務専念義務を根拠に就業時間中の一切の私的活動を禁止できるというものではありません。

グレイワールドワイド事件（東京地裁　平15.9.22判決）では、「労働者は、労働契約上の義務として就業時間中は職務に専念すべき義務を負っているが、労働者といえども個人として社会生活を送っている以上、就業時間中に外部と連絡をとることが一切許されないわけではなく、就業規則等に特段の定めがない限り、職務遂行の支障とならず、使用者に過度の経済的負担をかけないなど社会通念上相当と認められる限度で使用者のパソコン等を利用して私用メールを送受信しても上記職務専念義務に違反するものではないと考えられる」との一般論を述べて、社会通念上相当と認められる範囲での私的利用を許容しています。なお、事案の判断としては、就業時間中に1日当たり2通程度の私用メールを送受信した行為について、職務専念義務に違反しないとされています。

[2] 施設管理権との関係

企業は、事業のため建物、敷地、設備などの物的施設を保有しており、これらの施設を利用・維持・管理する権能（施設管理権）を有しています。これらの物的施設は、企業活動のために保有されているものですから、施設管理権に基づいて業務以外の利用を制限することが可能です。

現代の企業実務では、社内ネットワークによる電子メールやチャット等の利用が不可欠であり、これに対する施設管理権に基づく利用制限の限界が問題となります。

前述した裁判例の考え方からすれば、社内ネットワークの私的利用について一定の範囲で許容されるということになるでしょう。また、後述する裁判例でも、社内ネットワーク利用にも一定の範囲でプライバシー権が認められるとされています。

もちろん社内規定において、社内ネットワークの私的利用を禁止することは可能ですが、社会通念上相当と認められる限度の利用について、社内規定違反として処分の対象とすることは難しいでしょう。

職場における社員同士の日常会話が業務の円滑な運営に役立つことを考えれば、テレワークなどで遠隔地勤務となった場合に社内ネットワークを通じた業務外のコミュニケーションが一定の範囲で許容されると考えることに違和感はないと思います。

2.社内ネットワークのモニタリング

社内ネットワークシステムを用いた電子メールのモニタリングについては、次の裁判例があり、参考になります。

F社Z事業部（電子メール）事件（東京地裁平13.12.3判決）では、社内電子メールに関するプライバシー権について、社内ネットワークシステムではサーバーや端末内に一定の通信内容が記録されるものであること、通常は社内ネットワークシステムの管理者がネットワーク全体を監視しながら保守を行っていることなどから、「通常の電話装置の場合と全く同程度のプライバシー保護を期待することはできず、当該システムの具体的情況に応じた合理的な範囲での保護を期待し得るに止まるものというべきである」と述べています。

また、プライバシー権の保護に関しては、①職務上電子メールを監視すべき立場にない者が監視した場合、②監視すべき立場にあったとしても合理的必要性がなく専ら個人的な好奇心等から監視した場合、③社内の管理部署等に監視の事実を秘匿したまま恣意的な手段方法で監視した場合など、監視が許されない場合を列挙しつつ、「監視の目的、手段及びその態様等を総合考慮し、監視される側に生じた不利益とを比較衡量の上、社会通念上相当な範囲を逸脱した監視がなされた場合に限り、プライバシー権の侵害となると解するのが相当である」としています。

当該事案との関係では、電子メールのモニタリングが当初セクシュアルハラスメント行為の調査として開始されたものであること、その調査の過程において許容される限度を超えた私的利用が発見されたために電子メールの監視が継続して行われたことなどを理由とし、法的保護に値するプライバシー侵害には当たらないとしています。

日経クイック情報（電子メール）事件（東京地裁 平14.2.26判決）では、会社を誹謗中傷するメールについて送信者と合理的に疑われる者のメールを調査する必要があったこと、その過程で発見された多量の私用メールについても職務専念義務違反との関係から内容を確認する必要があっ

たことから調査の必要性を認め、会社のファイルサーバーは業務に関連する情報が保存されるものであり、私物の保管のために貸与されるロッカーとは異なるから、必要性の認められる調査は違法ではないとしています。

これらの裁判例は、いずれも電子メールの取り扱いに関する規定が存在しない場合について判断したものですが、そのようなケースにおいても、社会通念上許容される限度を超えてメールが私的利用されている場合や、セクシュアルハラスメント・会社の誹謗中傷等に利用されていることが合理的に疑われる場合など、調査の必要性が認められる場合において、合理的な方法および態様で行われる限りモニタリング調査は適法であると考えられます。

3.ご質問に対する回答

貴社では、業務で使用しているチャットツールについて、社員のすべてのチャット内容のモニタリングを検討されているとのことです。

先に述べた裁判例は電子メールに関するものですが、基本的には同様に考えることになります。

すなわち、チャット内容のモニタリング調査は、その必要性が認められ、合理的方法および範囲で行われる場合には適法ですが、社員のすべてのチャット内容をモニタリングすることは違法と判断される可能性が高いと考えます。

実務的な対応としては、チャットや電子メール等の社内ネットワークの取り扱いに関する規定を定め、私的利用の禁止やモニタリングに関するルール（調査を行う場合の目的、手段および態様等）についてもあらかじめ明示しておくのが適切です。

なお、社内チャット内容の調査は、個保法による規制も受けるため、使用者が調査により取得する情報の利用目的を特定して、労働者に対して公表ないし通知しなければならず（17条、21条）、使用者が取得した情報は、本人の同意を得ずに、目的外に利用したり、または第三者に提供したりしてはなりません（18条1項、27条）。

（西濱　康行）

人事管理

 中途採用者の履歴書を部内回覧することは問題か

　中途採用者から「自分の履歴書が部内回覧されていたが、プライバシー侵害ではないか」との苦情が入りました。当該部署に確認したところ、コミュニケーションの活性化や中途採用者をよく知るために、部内で中途採用者の履歴書を回覧しているとのことでした。このように中途採用者の履歴書を部内で回覧することは問題でしょうか。

 個保法に違反するほか、社員のプライバシー権を侵害するおそれがある。部内のコミュニケーションの活性化等を図るために中途採用者の個人情報が必要であれば、あらためて本人の同意を得ることが必要

1.履歴書と個保法

　使用者には採用の自由が認められ、その中心的内容は「相手方選択の自由」（契約の相手方を選択する自由）です。使用者は、応募者の採否を決定する過程で、おのおのの応募者について判断材料を得ることが必要となります。そのために応募者本人から一定事項の申告を求めて調査する必要があることから、その調査の自由も認められています。一般に、応募者が自らの状況等の情報を提供するものとして、履歴書や応募書類等があります。

　しかし、調査の自由から履歴書の取得が認められるとしても、多くの個人情報が記載されていますから、応募者の個人情報の保護という観点から一定の制約があります。

　個人情報取扱事業者は、書面に記載された応募者の個人情報の取得に関して、あらかじめ利用目的を通知・公表しておく必要があります（個保法21条2項）。個人情報の利用目的の特定については、単に抽象的、一般的に特定するのではなく、最終的にどのような事業の用に供され、どのような目的で個人情報が利用されるのかが、本人にとって一般的かつ合理的に想定できる程度に具体的に特定することが望ましいとされています（同法17条1項）。

　採用活動において応募者から提供された履歴書や応募書類等の個人情報は、使用者の採用活動に利用することを目的としていると考えられます。

　そして、その目的を特定して応募者に通知または公表するに当たっては、各企業のホームページで、「応募者から提出された個人情報は採用活動にのみ利用します」といった「プライバシーポリシー」（個人情報保護指針）が公表されていることが多いでしょう。

　また、個人情報取扱事業者は、個人データを利用する必要がなくなったときは遅滞なく消去するように努めなければならず、個人データの安全管理のために必要かつ適切な措置を講じなければならないとされています（同法22条、23条）。

2.令和4年改正職安法と履歴書

　令和4年10月1日に施行された改正職安法は、職業紹介事業者等に対して、業務の目的の達成に必要な範囲内で、当該目的を明らかにして個人情報を収集・使用する義務（5条の5第1項）や個人情報をみだりに第三者に提出することの禁止義務（51条2項）を定めています。

3.履歴書の部内回覧の可否

　ご質問のケースにおける履歴書の収集目的が、"採用活動に利用するため"と応募者に通知または公表されていた場合、コミュニケーションの活性化等のためという理由をもって、部内で履歴書を回覧することも許されるのでしょうか。

　個保法18条1項は、個人情報の利用はその目的

273

の範囲内に限られ、それ以外の目的での利用は、当該目的を示して本人の同意を得た場合に限られると規定しています。

応募者の合理的な認識では、履歴書が採用活動に利用される以外に、部内のコミュニケーションの活性化等のために回覧されることまで想定できず、また法令に基づく場合等の例外にも該当しないことから（同条3項）、応募者本人の同意なく行われた回覧行為は同条に違反すると考えます。

社会医療法人A会事件（福岡高裁　平27.1.29判決　労判1112号5ページ）では、「被控訴人が従業員であっても、本件情報が被控訴人の患者としての情報であることには変わりないから、それを被控訴人の治療内容等の決定、その実施のための控訴人病院の体制整備等という患者等の情報としての利用目的を超えて、従業員としての被控訴人の労務管理に利用する場合には、手段として利用する場合であっても、目的外の利用として被控訴人の同意が必要というべきである」として、個保法16条1項（現：18条1項）が禁ずる目的外利用に当たるとした1審（福岡地裁久留米支部　平26.8.8判決）の判断が維持されました。

なお、同法17条2項は、利用目的の変更につき規定しており、変更前の利用目的と関連性が合理的に認められれば、本人の同意なく、利用目的を変更することができる旨を定めています。変更前の利用目的との関連性の有無は、社会通念上、本人が通常予期し得る限度と客観的に認められる範囲内であることが必要です。ご質問のケースでは、採用活動に利用される履歴書には、健康情報などの「要配慮個人情報」（本人の人種、信条、社会的身分、病歴等が含まれる個人情報）が記載されている可能性があります。そのような履歴書が、部内でのコミュニケーションの活性化等の目的で回覧されることを本人は通常予期できないことから、利用目的の変更の要件は満たしていないと考えます。

また、部内で履歴書を回覧する行為が、個人データの第三者提供（同法27条）に当たるかが問題になりますが、「第三者」に当たるか否かは外形的に判断され、ある情報を保有する個人情報取扱事業者および当該情報の主体である本人以外の者を意味するというべきであることから（上記社会医療法人A会事件）、同一事業者内での情報提供は第三者に対する情報提供には該当しない（ただし、利用目的による制限がある）と考えます。

4. プライバシー侵害の有無

個保法の適用とプライバシーの侵害との関係について、東京都（警察学校・警察病院HIV検査）事件（東京地裁　平15.5.28判決　労判852号11ページ）は「個人がHIVに感染しているという事実は、一般人の感受性を基準として、他者に知られたくない私的事柄に属するものといえ、人権保護の見地から、本人の意思に反してその情報を取得することは、原則として、個人のプライバシーを侵害する違法な行為というべきである」としています。

前記社会医療法人A会事件においても、HIV感染症に罹患しているという情報は、他人に知られたくない個人情報であり、本件情報を本人の同意を得ないまま法に違反して取り扱った場合には、特段の事情がない限り、プライバシー侵害の不法行為が成立するとした1審の判断が維持されました。

ご質問のケースでは、中途採用者の同意なく利用目的外の利用が行われ、同人の個人データの管理も適切に行われていないなど個保法および職安法に違反した取り扱いがされているほか、プライバシー侵害の不法行為が成立するおそれがあります。

5. 結論

貴社における中途採用者の履歴書の取り扱いは、個保法および職安法に違反するほか、社員のプライバシーを侵害するおそれがある行為です。部内のコミュニケーションの活性化等を図るために中途採用者の個人情報が必要であれば、あらためて本人の同意を得てから提供することが求められます。

（飛田　秀成）

人事管理

 ハラスメント対策として社内に監視カメラを設置することは可能か

　ハラスメント事案の発生時に、当事者や周囲の社員への聞き取りだけでは判断に迷うケースもあるため、事実確認等の対策の一環として社内に監視カメラの設置を検討しています。設置場所は執務スペースのほか、会議室、廊下や給湯室等の共用スペースとし、録画時間帯は休憩時間も含み、就業時間中および始業・終業時刻の前後数時間を想定しているのですが、可能でしょうか。

 労働者が監視カメラの存在を容易に認識できる形で設置する限り可能。個保法上、カメラ映像の利用目的の通知・公表が必要

1.はじめに

　職場は、多数の者が立ち入って仕事を行う場所であり、プライベートな場所とは異なります。更衣室やトイレ等、性質上、プライバシー保護が要請される場所を除けば、労働者は、会社（役員や上司）からその行動を見られている可能性を認識して行動する必要があり、職場内の行動について当然にプライバシーが認められるものではありません。そのため、職場内の状況を撮影する監視カメラの設置が全く許されないということはありません。

　もっとも、監視カメラの設置は、労働者の一挙手一投足を記録するという側面もあり、職場内であるからといって当然に、無制限の監視・録画が許されることにもなりません。したがって、監視カメラの設置が許される範囲・限界については、さらに検討が必要です。

2.監視カメラの設置に関する検討

[1]設置方法

　まず、職場内であるからといって、労働者が、プライバシーを完全に放棄したとはいえません。裁判例では、鉄道・バス会社の営業所内の従業員控室に会社が盗聴器を設置した事案について、同控室では労働者が私的な会話等をすることもあり、労働者がこのような会話を他人に聞かれていることを容認していたものとは考えられないとして、違法なプライバシー侵害に当たると判断したものがあります（岡山電気軌道事件　岡山地裁平 3.12.17判決　労判606号50ページ）。

　監視カメラの設置が労働者に知らされていない場合、監視・録画を想定せずに行動する労働者のプライバシーとの衝突の問題が生じるおそれがあります。個保法施行前のものですが、当時の労働省による「労働者の個人情報保護に関する行動指針」（平成12年２月）は、使用者が職場においてビデオカメラによるモニタリングを行う場合、「労働者に対し、実施理由、実施時間帯、収集される情報内容等を事前に通知するとともに、個人情報の保護に関する権利を侵害しないよう配慮するものとする」としており、参考になります。

　ご質問のケースでは、ハラスメント事案発生時の事実確認のための設置とのことで、監視カメラの存在を隠す必要はないことから、労働者が監視カメラの存在を容易に認識できる形で設置することになると思われます。これにより、労働者は監視カメラの存在を前提に行動することになりますので、基本的に労働者のプライバシー侵害の問題は生じないと考えられます。

[2]設置場所

　設置場所について、裁判例では、セキュリティー向上のため事務所内全体を俯瞰できる位置にカメラが設置された事案で、そのカメラにより労働者の動静をつぶさに観察することが可能で

あったものの、労働者のプライバシー侵害には当たらないと判断したものがあります（東起業事件　東京地裁　平24．5.31判決　労判1056号19ページ）。

ご質問のケースでは、執務スペース、会議室、廊下、給湯室等の共用スペースへの設置とのことであり、プライバシー保護が要請される場所とはいえないため、監視カメラの設置は可能と考えられます。

[3]設置目的

監視カメラの設置について、特定の従業員のみを継続的に監視する目的や、労働組合活動を萎縮させる目的が認められる場合には不法行為に該当することもありますが（後者の裁判例として、奥道後温泉観光バス事件　松山地裁　平21．3.25判決　労判983号5ページ）、他方、防犯上の目的の場合、監視カメラの設置に合理性が認められるのが通常です（上記東起業事件）。

ご質問のケースでは、ハラスメント事案発生時の事実確認のための設置とのことで、一般に音声までは記録しないことが多い監視カメラの映像では、証拠価値に限界があるようにも思われるものの、設置目的が不合理とまではいえないと考えられます。

[4]録画時間帯

ご質問のケースでは、録画時間帯は、就業時間中および始業・終業時刻の前後数時間とするとのことですが、監視カメラが設置されている場合、労働者は、常時録画されていると想定して行動すると思われますので、この点について基本的にプライバシー侵害の問題は生じないと考えられます。

なお、休憩時間も録画時間に含めることについては、録画場所が会社施設内であること、労働者は、監視カメラのない職場外で自由に休憩を取ることも可能であることからすれば、過度な録画とはいえないと考えられます（この点は、始業・終業時刻の前後数時間についても同様です）。

[5]小括

以上から、労働者のプライバシーの観点から

は、貴社の検討している監視カメラの設置は、監視カメラの存在が労働者に知らされている限り、違法なプライバシー侵害には該当せず、可能と考えられます。

給湯室等にまで設置することについては、労働者からすれば監視されていると感じる度合いが強まり、モチベーション等に影響するため、人事管理として適切かという点では疑問がありますが、違法とまではいえないと思われます。

3.個保法との関係

ご質問のケースで撮影する監視カメラの映像は、労働者を識別できるものでなければ意味がありません。そうすると、個人を識別できる映像は個人情報に該当することになり、個保法を遵守する必要があります。

個人情報は、「偽りその他不正の手段」により取得してはならないため（同法20条1項）、この点からも秘密撮影・録画は適当ではなく、監視カメラで撮影されていることを労働者が認識できるようにする必要があります（前記2.[1]）。

また、個人情報であるカメラ映像は、利用目的をできる限り特定し、当該利用目的の範囲内で利用しなければなりません（同法17条1項、18条1項）。そして、個人情報の取得時には、利用目的の通知・公表が必要とされています（同法21条1項）。もっとも、「取得の状況からみて利用目的が明らかであると認められる場合」には、利用目的の通知・公表は不要とされており（同条4項4号）、一般的な防犯カメラであれば、防犯目的であることが明らかといえますので、利用目的の通知・公表は不要と考えられます。

一方、ご質問のケースでは、ハラスメント事案発生時の事実確認のためにカメラ映像を用いることにつき、監視カメラの設置の状況から明らかとまではいえないという考え方も成り立ちます。この考え方によれば、カメラ映像の利用目的の通知・公表が必要です。

（亀田　康次）

人事管理

 住所変更届の申請フローに直属の上長が含まれていることは、個人情報保護の観点から問題があるか

　当社では引っ越しなどにより住所変更を行う場合、社内システムを利用して住所変更届を提出し、申請する必要があります。申請の経路として、一般社員の場合はまず直属の上長が確認し、その後に総務部に回覧される流れとなっていますが、ある社員から、「住所は非常に個人的な情報であり、通勤手当の手続き等に直接関係がない上長が知る必要はないのではないか」との意見が寄せられました。このように、住所変更の申請に際して本人の上長を経由させることは、個人情報保護の観点から問題があるでしょうか。

　部下の住所変更が生じた場合に同内容を上長が把握することは、人事管理上必要なプロセスであり、個人情報の取り扱いとして妥当である

1. 個保法の概要

　個保法（以下、法）は、デジタル社会の進展により個人情報の利用が著しく拡大していることを踏まえ、個人情報の有用性に配慮しつつ、その保護に関する施策の基本となる事項を定め、個人の権利利益を保護することを目的とするものです。

　個人情報取扱事業者は、法に基づき、以下の責務を負うものとされています。

①個人情報の利用目的

　個人情報取扱事業者は、個人情報の利用目的をできる限り特定しなければならず（17条1項）、利用目的による制限の例外に該当する場合を除き（18条3項）、本人の同意を得ずに特定された利用目的の達成に必要な範囲を超えて個人情報を取り扱ってはなりません（同条1項）。

②個人情報の取得

　個人情報取扱事業者は、偽りその他不正の手段によって個人情報を取得してはなりません（20条1項）。個人情報を取得した場合は、あらかじめその利用目的を公表している場合または法の定める例外に該当する場合を除き（21条4項）、利用目的を本人に通知しまたは公表しなければなりません（同条1項）。

　なお、要配慮個人情報（人種、信条、社会的身分、病歴、犯罪の経歴、犯罪により害を被った事実その他本人に対する不当な差別、偏見その他の不利益が生じないようにその取り扱いに特に配慮を要するものとして政令で定める記述等が含まれる個人情報）については、法の定める例外に該当する場合を除き、本人の同意を得ずに取得してはなりません（20条2項）。

③個人データの管理

　個人情報取扱事業者は、取り扱う個人データの漏洩、滅失または毀損の防止その他の個人データの安全管理のために必要かつ適切な措置を講じなければなりません（23条）。従業者に個人データを取り扱わせる場合には、個人データの安全管理が図られるようにその従業者に対する必要かつ適切な監督を行わなければなりません（24条）。

④個人データの第三者への提供

　個人情報取扱事業者は、法が定める例外に該当する場合を除き、本人の同意を得ずに個人データを第三者提供してはなりません（27条1項）。

　なお、オプトアウト方式（本人が反対をしない限り、個人情報の第三者提供に同意したものとみなし、第三者提供を認める方式〔同条2項〕）や、外国にある第三者への提供の制限

277

（28条）などの特則があります。

⑤個人データの漏洩等の報告

　個人情報取扱事業者は、重大な個人データの流出が発生した場合には個人情報委員会に報告し、本人に通知しなければなりません（26条）。

⑥保有個人データの開示・訂正・利用停止

　個人情報取扱事業者は、本人からの請求により、一定の場合に保有個人データの開示・訂正・利用停止をしなければなりません（33〜35条）。

2. 雇用管理分野における個人情報保護

　雇用管理に関する個人情報保護については、従来、厚生労働省により「雇用管理分野における個人情報保護に関するガイドライン」が定められていましたが、同ガイドラインは平成29年5月に廃止され、その内容は個人情報保護委員会が定める「個人情報の保護に関する法律についてのガイドライン（通則編）」（平成28年11月、一部改正：令和5年12月。以下、ガイドライン）に一元化されることになりました。

　また、労働者の健康に関する個人情報については、「雇用管理分野における個人情報のうち健康情報を取り扱うに当たっての留意事項」が定められています（平29.5.29　個情749・基発0529、一部改訂：令和5年10月）。

3. ご質問に対する回答

　貴社では、本人が行った住所変更の申請について、上長を経由するフローとしていることが個人情報保護の観点から問題がないかを検討されているとのことです。

　既に述べたとおり、法は、主として個人情報取扱事業者による個人情報等の取得、利用、管理および第三者提供を規制しており、事業者内部での個人情報の取り扱いについての具体的な規制はありません（23条参照）。

　もっとも、事業者はあらかじめ特定した利用目的の範囲を超えて個人情報を取り扱ってはならないとされていること（法18条1項）、ガイドラインにおいて、事業者は安全管理措置として「個人データが漏えい等をした場合に本人が被る権利利益の侵害の大きさを考慮し、事業の規模及び性質、個人データの取扱状況（取り扱う個人データの性質及び量を含む。）、個人データを記録した媒体の性質等に起因するリスクに応じて、必要かつ適切な内容としなければならない」とされていること（ガイドライン3-4-2）などからすると、個人情報および個人データは事業者内部においても利用目的に関する業務の遂行に必要な範囲および限度において取り扱うことが求められていると考えられます。

　そこでご質問のケースについて検討すると、問題となっている住所は、現代社会においても緊急時などに本人とコンタクトを取るための有力な手段です。直属の上長は、職制上の末端組織として、無断欠勤や災害発生時にいち早く部下と連絡を取り、また通勤経路が申請どおりであるかなどを日々チェックすべき立場にあります。したがって、部下の住所変更が生じた場合に同内容について把握することは人事管理上必要なプロセスであり、個人情報の取り扱いとして妥当であると考えます。

（西濱　康行）

人事管理

 入社してくる社員のプロフィールを回覧しても問題ないか

当社では従来、新しく入社してくる社員のプロフィール（例えば、家族構成、趣味、出身学校など）を社内に回覧していました。どんな人が入社してくるのか、あらかじめ周知して社員に親しみを持ってもらおうと考えてのことですが、ある社員から「プライバシーの侵害に当たる」との指摘がありました。このような回覧は廃止したほうがよいのでしょうか。

 家族構成などは個人情報に該当し得るので、個保法を遵守して利用する必要がある

1.個保法の概要

平成15年5月に個保法が制定され、平成17年4月に全面施行されました。その後、数次にわたり改正されています。同法の条文とともに、指針である「個人情報の保護に関する法律についてのガイドライン（通則編）」（平成28年11月、令和5年12月一部改正）が実務上は重要です。

「個人情報」とは、「生存する個人に関する情報であって」、かつ「当該情報に含まれる氏名、生年月日その他の記述等により特定の個人を識別することができるもの」または「個人識別符号（例：DNA、マイナンバー）が含まれるもの」をいいます（同法2条1項）。氏名、住所、性別、生年月日、顔画像等個人を識別する情報に限られず、一定の「個人に関する情報」を個人情報とします。

個人情報のうち「要配慮個人情報」とは、「本人の人種、信条、社会的身分、病歴、犯罪の経歴、犯罪により害を被った事実その他本人に対する不当な差別、偏見その他の不利益が生じないようにその取扱いに特に配慮を要するものとして政令で定める記述等が含まれる個人情報」をいいます（同法2条3項）。この要配慮個人情報の取得については、原則として本人の同意が必要です（同法17条2項）。その他の個人情報については「偽りその他不正の手段により個人情報を取得してはならない」とされるのに対し、扱いを異にします。

個人情報取扱事業者は、「あらかじめ本人の同意を得ないで」「特定された利用目的の達成に必要な範囲を超えて、個人情報を取り扱ってはならない」とされます。この「取り扱い」には狭義の利用だけでなく、取得、入力、蓄積、加工等の一切が含まれます（同法16条1項）。

また、個人情報取扱事業者は、原則として、「あらかじめ本人の同意を得ないで、個人データを第三者に提供してはならない」とされます（同法23条1項）。この「個人データ」とは、「個人情報データベース等を構成する個人情報」をいいます（同法2条6項）。第三者提供について、要配慮個人情報ではオプトアウトの方法は認められていません。

さらに、個人情報取扱事業者は、「取り扱う個人データの漏えい、滅失又はき損の防止その他の個人データの安全管理のために必要かつ適切な措置を講じなければならない」とされ（同法20条）、この確認のために、「その従業者に個人データを取り扱わせるに当たっては、当該個人データの安全管理が図られるよう、当該従業者に対する必要かつ適切な監督を行わなければならない」とされます（同法21条）。

2.雇用管理の分野での個人情報に関連する指針

雇用管理に関連する個人情報については、個保

法施行時の平成17年7月1日に「雇用管理に関する個人情報の適正な取扱いを確保するために事業者が講ずべき措置に関する指針」が適用され、その後、同指針が平成24年7月1日に「雇用管理分野における個人情報保護に関するガイドライン」に変更されました。同ガイドラインは平成29年5月30日に廃止され、同日、前掲の「個人情報の保護に関する法律についてのガイドライン（通則編）」が適用されました。

「雇用管理分野における個人情報保護に関するガイドライン」（廃止）においては、「『雇用管理情報』とは、事業者が労働者等の雇用管理のために収集、保管、利用等する個人情報をいい、その限りにおいて、病歴、収入、家族関係等の機微に触れる情報を含む労働者個人に関するすべての情報が該当する」として、家族関係を「機微に触れる情報」とされていました。

なお、平成29年5月29日、「雇用管理分野における個人情報のうち健康情報を取り扱うに当たっての留意事項」が適用となっています。

3.ご質問に対する回答

ご質問の会社で回覧している家族構成、趣味、出身学校などは、「生存する個人に関する情報」であって、「氏名という個人を識別することができるもの」ですので、「個人情報」に該当します。家族構成は上記の「機微に触れる情報」に当たるものとして扱われていた経緯がありますが、ガイドラインでは要配慮個人情報としては例示されていません。なお、社内回覧で個別に用いられる場合、「個人データ」には該当しないでしょう。

このような回覧は、「あらかじめ本人の同意を得ないで」「特定された利用目的の達成に必要な範囲を超えて、個人情報を取り扱ってはならない」という利用の制限に反する可能性が生じます。当該新入社員があらかじめ回覧されることを承諾している場合は、「あらかじめ本人の同意を得」たことになります。説明を受けた上で回覧される内容を自ら任意に作成していた場合は、「同意」に当たります。

これに対し、あらかじめ本人の同意を得ていない場合、「特定された利用目的の達成に必要な範囲を超え（る）」か否かが問われます。これは、「プロフィール」をどのように作成したか、利用目的としていかなる特定をしていたかなどによる個別判断となるでしょう。

しかしながら、個人データに限定されるとはいえ、要配慮事項の第三者提供について扱いを別にしていることから、「機微に触れる情報」に当たるとされていた家族構成等の個人情報に関しては、「特定された利用目的の達成に必要な範囲」はかなり限定的に解されることになるでしょう。

また、「個人情報」と「プライバシー」とは類似した概念ではありますが、一致しないと解されています。個人情報保護法というガイドラインなどで具体的な行政解釈が示されているものとは異なり、プライバシー侵害は不法行為などの個別の場面での相対的な判断となります。会社としては、まず個人情報保護法を遵守し、さらに個別事案でプライバシー侵害にならないように留意すべきでしょう。

会社と労働者との間、労働者相互間の関係が大きく変わりつつあり、業務遂行に直接関係を有しない情報の管理や共有について、さらに慎重な姿勢が求められる時代となっています。「親しみを持ってもらおう」という企図は、特に若年層が個人情報保護等に敏感に反応するようになった社会の変容において、その必要性と相当性について、法的視点だけでなく、紛議・紛争の予防の見地からも検討することが適切です。必要な限りの私的な情報の扱いに関して、本人の同意を得る努力をしつつ、最終的には本人に委ねる方向に進んでいくのでしょう。

（丸尾　拓養）

人事管理

Q128 防犯のため従業員用のロッカーの中をチェックするのは問題か

防犯のため、従業員用のロッカー室において、各人に貸与したロッカーを定期的に解錠し、危険物を持ち込んだりしていないかを確認したいと考えています。プライバシーの面で問題でしょうか。

会社の管理権・当該チェックの必要性と従業員のプライバシー権を比較考量する必要があるが、チェックを実施することがあり得る旨を就業規則に定める、具体的な実施の必要性を説明できる場合にのみ実施する——等の要件を満たせば可能と考えられる。なお、不正行為等の証拠がロッカーに現に隠されていることが合理的に疑われる場合には、これらの要件によらずにチェックが認められる余地がある

1.従業員のプライバシー権との比較考量の必要性

会社内にあるロッカーは会社の所有物であり、従業員に貸与しているものです。会社は、自社の所有物に対して管理権を有していますので、これに基づいてロッカーの中をチェックすることもできそうです。

しかし会社は、私物を入れてもよい場所として従業員にロッカーを貸与しており、これに基づいて従業員も、他人に見られないことを前提に私物を入れる場合がある以上、ロッカーをチェックすることは従業員のプライバシー権を侵害する可能性があります。

したがって、チェックの可否を考える際は、会社の管理権・チェックの必要性と従業員のプライバシー保護の比較考量が必要となります。その結果、プライバシー権を侵害すると評価された場合、会社は損害賠償（慰謝料支払い）義務を負うことになります（民法709条・710条）。

2.ロッカーのチェックに関する最高裁判決

従業員用のロッカーを会社が無断で開けて中の私物を写真撮影したという事例である関西電力事件（最高裁三小 平7.9.5判決 集民176号563ページ）は、以下のように述べ、プライバシー権侵害を認めました。

「上告人（編注：会社）は、被上告人（編注：労働者）らにおいて現実には企業秩序を破壊し混乱させるなどのおそれがあるとは認められないにもかかわらず、被上告人らが共産党員又はその同調者であることのみを理由とし、その職制等を通じて、職場の内外で被上告人らを継続的に監視する態勢を採った上、被上告人らが極左分子であるとか、上告人の経営方針に非協力的な者であるなどとその思想を非難して、被上告人らとの接触、交際をしないよう他の従業員に働き掛け、種々の方法を用いて被上告人らを職場で孤立させるなどしたというのであり、更にその過程の中で、被上告人A及び同Bについては、退社後同人らを尾行したりし、特に被上告人Bについては、ロッカーを無断で開けて私物である『民青手帳』を写真に撮影したりしたというのである。そうであれば、これらの行為は、被上告人らの職場における自由な人間関係を形成する自由を不当に侵害するとともに、その名誉を毀損するものであり、また、被上告人Bらに対する行為はそのプライバシーを侵害するものでもあって、同人らの人格的利益を侵害する」

3.ロッカーのチェックが認められるための要件

では、ロッカーのチェックは一切認められないのでしょうか。それとも、一定の要件を満たせば許容され得るのでしょうか。

この点、所持品検査（電車の乗務員に脱靴を求める方法によるもの）に関する西日本鉄道事件

281

（最高裁二小　昭43．8．2判決　民集22巻8号1603ページ）が、検査が可能となるための要件を判示しています。こうした所持品検査は、従業員の身体（衣服の中）を直接チェックの対象とするものであり、ロッカーのチェックよりプライバシー権保護の要請が高くあるべきだといえますので、そこでの要件を満たしていれば、ロッカーのチェックについても可能と考えることができるでしょう。

そこで、同最高裁判決を見ますと、検査は金品（乗客が支払う料金等）の不正隠匿の摘発・防止のために行うものであるが、(1)検査を必要とする合理的理由に基づくこと、(2)一般的に妥当な方法と程度であること、(3)制度として職場従業員に対し画一的に実施されるものであること、(4)就業規則その他明示の根拠に基づいて行われること──という要件を満たすときは、他にそれに代わるべき措置を取り得る余地が絶無でないとしても、個別的な場合にその方法や程度が妥当を欠くなどの特段の事情がない限り、従業員は検査を受忍すべき義務がある、と述べています。

この最高裁判決を踏まえてロッカーのチェックについて考えると、下記の要件が満たされれば、許容される余地があるといえるでしょう。

①ロッカーのチェックを実施することがあり得る旨を就業規則に定めること
②具体的な実施の必要性を説明できる場合にのみ実施すること
③具体的な必要性との関係で、必要な範囲の対象者に画一的・平等に行うこと
④まずは任意の開披（かいひ）を求めること
⑤目で見える範囲を見るにとどめること

④と⑤は上記最高裁判決の(2)の要件を具体化したものです。まずは従業員の意思に基づいて開披してもらうのがプライバシー権保護の観点から望ましいですし、また下級審判決ですが、鞄の中を触らずに確認するのは違法でない（帝国通信工業事件　横浜地裁川崎支部　昭50．3．3　労民集26巻2号107ページ）とする一方で、自家用車の車内を検査するのは違法（芸陽バス事件　広島地裁昭47．4.18判決　労判152号18ページ）だとするものもありますので、手を触れず見る限りにとどめる必要があるといえます。

4.不正行為等の証拠がロッカーに現に隠されていることが合理的に疑われる場合

なお、防犯、つまり犯罪や不正行為を未然に防ぐことを目的とするのではなく、現に不正行為等が行われたことが合理的に疑われ、かつ、ロッカーの中に重要な証拠が隠されていることが合理的に疑われる場合には、上記3.の要件によらずとも、チェックが可能と解される余地があり得ます。この場合はチェックの必要性が特に高いことから、比較考量上、プライバシー権保護の要請が一定程度後退するといえるからです。

ただし、この場合でも、(ⅰ)他の手段による不正行為等の立証が困難なケースに限られ、(ⅱ)目で見える範囲を確認し、写真撮影して保全するのが限度であると思われます。

（木原　康雄）

人事発令情報を全社員に社内報等で公開することは、個保法等に照らして問題か

当社では人事発令事項を毎月発行の社内報に掲載しており、社内サイト上でも全社員に公開しています。発令事項の内容として、採用、異動、出向、休職・復職、定年退職、定年後再雇用等を個人ごとに掲載し、休職・復職については、休職事由（育児、介護、私傷病等）についても記載しています。こうした取り扱いについて、このほど一部の社員から「個保法やプライバシー保護の観点

人事管理

から問題ではないか」との指摘を受けました。法的にはどのように考えられるか、社内公開において問題がない範囲も含めてご教示ください。

採用、異動、出向、復職、定年退職、定年後再雇用等はよいが、休職やその事由（育児、介護、私傷病等）は控えるのが無難

1.名誉・プライバシーへの影響

　一般に、人事発令事項を社内報に掲載したり、社内サイト上で全社員に公開したりすることは、広く行われています。しかし、個人情報をめぐる人々の考え方も大きく変化しており、これまで行ってきたことが常に正しいとは限りません。そこで、個人の名誉・プライバシーへの影響や、個保法の趣旨、特に平成27年の同法改正で導入された「要配慮個人情報」との関係で、この問題を検討します。

　まず、労働者に関する情報を社内公表する場合について、懲戒処分を社内公表することの可否に関する議論があります。その結論としては、業務上の必要性があっても、懲戒処分内容等の社内公表はまったくの無制約ではなく、労働者の名誉・プライバシー等の人格権に対して一定の配慮が求められます。不必要な公開は、その内容・方法によっては損害賠償請求のリスクもあります。例えば、懲戒解雇の事実・理由を記載した文書を社内配布・掲示したことにつき、名誉毀損を認めたものに泉屋東京店事件（東京地裁　昭52.12.19判決）があります。事例としては異なりますが、労働者の個人情報を取り扱う点で、人事発令事項についても、社内公表の目的や関係者の名誉・プライバシー等への配慮が求められることに変わりはないでしょう。

　もっとも、人事発令事項は、必ずしも直ちに労働者の名誉やプライバシーに悪影響を及ぼすわけではありません。採用、異動、出向については、周囲の関係者も、業務上、その職務分担を知る必要性が高く、それを知られたくないという考え方があっても、それは特異なものでしょう。しかし、休職、特に休職事由（育児、介護、私傷病等）については、プライバシーに関わることであり、それを告知する業務上の必要性も乏しく、社内でもあまり他人に知られたくないと思う従業員も少なからずいるでしょう。休職するのであれば、業務から離れるので、業務上の必要性もないか、乏しいはずです。その事由から受ける印象や評価が、将来の職場での地位・待遇に影響を及ぼすおそれもあります。このため、それらの事由まで公表することには、名誉等に影響を及ぼし得る情報として配慮が求められると考えられます。

2.公表の目的

　また、個人情報取扱事業者は、個人情報を取り扱うに当たっては、その利用の目的をできる限り特定しなければならず（個保法15条1項）、その利用目的を変更する場合には、変更前の利用目的と関連性を有すると合理的に認められる範囲を超えて行ってはならないことになっています（同条2項）。人事発令事項は、会社が付与するものですが、個人と結び付けられることにより、個人情報の一部を構成します。また、社内でのみ閲覧可能ならば第三者提供には該当しなくとも、社内報等が外部に配布されると第三者提供となります。

　個人情報保護委員会は、「従業員を雇用するに当たり当該従業員の個人情報を取り扱う場合も、当該個人情報の利用目的をできる限り特定する必要がある」としており、加えて、「個人情報取扱事業者と従業員本人との間で争いとならないようにするためには、あらかじめ労働組合等に通知し、必要に応じて協議を行うことも望ましい」と指摘しています（同委員会「個人情報の保護に関する法律についてのガイドライン」に関するQ&A〔令和6年3月1日更新版〕のQ2-2参

283

照）。人事発令事項は、業務のために利用することが明らかです。各人の採用、異動、出向、復職、定年退職、定年後再雇用等を掲載することは、現時点で誰がどういう職務を行っているかの情報を共有する方法としても合理的です。定年退職等も、会社の従業員ではなくなることを知らせる必要性があります。会社を退職したのに、まだ従業員であると誤解されることで生じる不手際を防止する必要があるからです。

これに対して、休職・復職については、前記1.で述べたことと同じ理由から、休職事由（育児、介護、私傷病等）についてまで告知する必要性を認めることは困難です。実際に、そうした取り扱いについて、一部の社員からでも「個保法やプライバシー保護の観点から問題ではないか」との指摘を受けていれば、そうした情報開示が本人の職場環境に悪影響を及ぼしているおそれもあり、その利用目的の合理性には疑義があります。

3．要配慮個人情報

さらに、休職事由の「私傷病」にわたる事由は、平成27年の個保法改正で新たに定められた「要配慮個人情報」に該当する可能性もあります。要配慮個人情報には、本人の「病歴」等、本人に対する不当な差別、偏見その他の不利益が生じないようにその取り扱いに特に配慮を要するものとして政令で定める記述等が含まれる個人情報をいうものとされ（同法2条3項）、同法施行令2条1～3号には、心身の機能の障害があること等、本人の健康に関する事項が定められています。このため、休職事由の私傷病の記載は、要配慮個人情報の規律に抵触するケースもあるかもしれません。

以上をまとめますと、採用、異動、出向、復職、定年退職、定年後再雇用等は、これまでどおり社内公表は差し支えないことが多いでしょうが、休職やその事由（育児、介護、私傷病等）は社内公表を控えるのが無難であると考えられます。

（浜辺　陽一郎）

 面接担当者のセクハラ行為を理由に内定者全員が入社辞退した場合、当該社員に採用費用等の損害を請求できるか

採用面接を担当していた社員が、面接時に1人の学生に対しセクシュアルハラスメント（以下、セクハラ）行為に及んだことが明らかになり、当該社員を出勤停止の懲戒処分とした上で、被害学生には謝罪して示談をまとめることができました。ところがその事実がSNSで拡散されてしまい、内定を出していた学生10人全員が入社辞退を申し出てきました。こうした場合、採用に要した費用等の損害を当該社員に請求することは可能でしょうか。また、内定者全員が入社辞退を申し出る事態にまで発展したことを踏まえて、同人を再度懲戒処分に付すことは可能でしょうか。

 例外的な事情がない限り、採用に要した費用の損害を当該社員に請求することは困難。また、再度懲戒処分とすることも、一事不再理の原則に反し、懲戒権の濫用となり認められない

人事管理

1. 損害賠償請求の可否

[1] 損害賠償請求には相当因果関係が必要

　ご質問のケースのように、内定者が入社を辞退し、採用に要した費用が無駄になってしまった場合、辞退申し出の理由となるセクハラ行為に及んだ社員に対し、不法行為に基づく損害賠償請求（民法709条）として、その相当額の支払いを求めることができるでしょうか。

　この点、まずは内定者に対するセクハラ行為について不法行為が成立するとして、損害賠償請求が認められるためには、「行為」と「結果（損害）」との間に相当因果関係がなければなりません。なぜなら、債務不履行に基づく損害賠償について相当因果関係の存在を求める同法416条は不法行為にも適用されるものと解されているからです。

　同条の解釈、つまり、どのような場合に相当因果関係が認められるのかという点については、さまざまな見解があるところですが、裁判例等は一般に、次のように整理しています。

①事実的因果関係の認められる損害のうち、通常生ずべきもの、つまり、その種の不法行為（債務不履行）があれば、社会通念上、通常発生すると考えられるものについては、同条1項に基づいて相当因果関係が認められる。他方、

②通常発生すると考えることができない、特別の事情によって生じたと認められる損害については、その特別な事情が行為者にとって、行為当時に予見可能である場合に、かつ、その特別な事情からすれば、社会通念上、通常発生すると考えられるものについてのみ、同条2項に基づいて相当因果関係が認められる

　例えば、ご質問における被害学生がセクハラを受けたことにより被った精神的苦痛などは、社会通念上、同行為により通常発生すると考えられるものですので、同条1項に基づき相当因果関係がある損害と認められ、それに対する損害賠償（慰謝料）請求が認められることになります。

[2] セクハラ行為と「採用に要した費用の損害」の相当因果関係について

　では、セクハラ行為の事実がSNSで拡散したことと、その結果として入社予定者10人全員が入社を辞退したことについては、どう考えるべきでしょうか。

　まず、当該事実が「拡散したこと」については、セクハラの態様にもよるものと思われます。不同意性交等罪などの犯罪に該当し得る行為であれば、SNSや各種報道などで広く世間に知られる事態となることは、社会通念上通常のことと評価し得ます。他方、犯罪に該当しないような重大でない態様の場合には、社会通念上、世間に広まることは通常のこととは言い難いものと思われ、上記②の「特別な事情」によるものというべきでしょう。

　そして、社員が「SNSで拡散されることを特に予見していた」といった例外的な場合でない限り、通常は当該「特別な事情」を予見することはできなかったと評価されるものと思われます。また、もし予見できたとされる場合であっても、他の内定者自身はセクハラ行為を受けていないことからすれば、入社を辞退することは独自の判断によるものであり、社会通念上、通常発生する事態であるとまでは言い難いと考えられます（ただし、多数の学生に対するセクハラ行為が発覚し、内定者が会社自体のセクハラ防止体制に重大な懸念を抱くことも当然だといえるような例外的な場合は、また別と解されます）。

　以上からすれば、上記の各例外的な場合でない限りは、"セクハラ行為の事実が世間に拡散され、10人全員が入社を辞退したため、採用に要した費用が無駄になった"ことは、相当因果関係の範囲内の損害とは言い難く、同行為者である社員に当該費用相当額の賠償を求めることは困難であると思われます。

[3] 補足——予防の重要性

　ちなみに、もし仮に相当因果関係の範囲内の損害であるとされたとしても、当該社員に対して損害の全額を請求して塡補できるとは限りません。

285

加害行為の態様、加害行為の予防や損失の分散に係る使用者の配慮の程度等、諸般の事情から、使用者が社員に賠償請求できる金額は制限されるものと解されているからです（茨石事件　最高裁一小　昭51．7．8判決　民集30巻7号689ページ）。

そもそもこのようなセクハラ行為を発生させないよう、セクハラ防止指針の策定や日頃からのセクハラ対策に係る研修・講習等、セクハラ防止措置義務（均等法11条1項）を確実に履行しておくことが重要です。

2．再度の懲戒処分の可否

[1]一事不再理の原則（二重処分の禁止）

懲戒処分は、企業秩序違反行為に対して、雇用契約に基づく使用者の権能として行われる制裁罰と位置づけられており、したがって、刑罰における罪刑法定主義類似の原則が妥当すると解されています。

そのうちの一つとして、一事不再理の原則があります。これは、同一の違反行為に対して重ねて懲戒処分を行うことはできないものとされるもので、二重処分は懲戒権の濫用として無効とされます（労契法15条）。

また、懲戒処分は、あくまで秩序違反行為に対するものですので、例えば過去に懲戒処分の対象となった行為について反省の態度が見受けられないことだけを理由として懲戒することも、新たな秩序違反行為が発生していない以上、当該過去に処分済みの行為について重ねて懲戒することと同じとみなされ、やはり二重処分として禁止されま

す（平和自動車交通事件　東京地裁　平10．2．6決定　労判735号47ページ）。

[2]ご質問のケースへの当てはめ

さて、ご質問のケースについてですが、確かに、出勤停止の懲戒処分を行った後に、面接時におけるセクハラの事実が広まってしまい、内定者10人全員が入社を辞退するという重大な事態に至っています。しかし、当該社員が新たなセクハラ等の秩序違反行為に及んだわけではなく、以前の秩序違反行為に付随して新たな事情が生じたものにすぎません。

よって、同人に対して再度懲戒処分を行うことは、以前の秩序違反（セクハラ）行為について二重に処分するということにほかならず、一事不再理の原則から困難である（懲戒権の濫用に該当する）と言わざるを得ません。

[3]補足——懲戒処分時の慎重な判断の必要性

なお、裁判例の中には、もともと重い懲戒処分が可能であったにもかかわらず、会社が諸事情から軽い不利益処分を行ったという事案で、当該処分を撤回の上、改めて懲戒処分をする余地があることを認めたとも読めるものがありますが（WILLER EXPRESS西日本事件　大阪地裁　平26.10.10判決　労判1111号17ページ）、ご質問のケースの場合、懲戒処分時にSNSによる拡散・内定辞退という事実は生じていなかったので、事案が異なるというべきです。

懲戒処分を行う際には、拙速な判断は避け、すべての事情を慎重に考慮する必要があります。

（木原　康雄）

自転車を通勤や業務で使用する者に対し、会社としてどのような点に留意すべきか

当社では通勤や営業活動などで自転車を使用している者が十数人います。近年施行された改正道路交通法により自転車運転の危険行為について規制が強化されたことを受け、遅ればせながら、自転車使用者に対して注意を促したいと思いますが、どのような点に留意すべきでしょうか。危険行為に関する法規制や企業の責任としての留意点と併せてご教示ください。

原則車道通行、例外的に歩道を通行できる場合でも、あくまでも歩行者優先であることを徹底させることが最重要。違反を繰り返すと罰金刑にもつながり得ることの教育を行うべき

1.自転車事故による企業の賠償責任

[1]企業の責任の根拠条文

　自動車事故により企業に損害賠償責任が生じる根拠として、①民法715条（使用者責任）、②自動車損害賠償保障法3条があります。②は、自動車による人身事故について特別に規定された重い責任であり、自転車の事故の場合には適用されません。

　したがって、自転車事故による損害賠償責任の発生根拠は、基本的に民法715条によることになります。

[2]使用者責任（民法715条）の要件

　使用者責任とは、企業の従業員が、仕事中に起こした不法行為によって、他者に損害を及ぼした場合に、使用者すなわち企業に損害賠償責任が生じるとするものです。

　具体的な要件は、次の三つです。
①ある事業のために他人を使用する者であること
②事業の執行についてといえること
③被用者が第三者に加えた損害が存すること

　「使用」関係がある、すなわち自社従業員が、「事業の執行について」、すなわち仕事中に、交通事故を起こして第三者に損害を与えた場合に、企業の責任が認められることになります。これ自体は当たり前と思う方も多いでしょう。

　ただし、上記①②の要件については、広く解される傾向にあることから、その範囲を正しく理解しておく必要があります。

　「①ある事業のために他人を使用する者であること」というのは、報償責任という趣旨から、会社と労働契約で結ばれている必要はなく、事実上の指揮監督関係があれば足りるとされています。すなわち、他社の従業員や、出入りの個人事業主であっても、日常的に自社従業員のように指示を出して使っていれば、「使用」関係が認められ、その者の交通事故について、自社に責任が生じるという結論になります。

　「②事業の執行についてといえること」とは、基本的には仕事中という意味ですが、判例は、被害者保護のために広く解し、厳密には被用者の職務執行行為とはいえなくとも、行為の外形から見て、職務範囲内とみられるなら、これも含まれるとしています（損害賠償請求事件　最高裁三小昭46.12.21判決）。これを外形標準説といい、外形を信頼した者を保護するという発想がその基礎にあります。交通事故のような事実的不法行為については、このような事情は当てはまらないという指摘もあり、従業員が雇用主の事業の執行行為を契機とし、これと密接な関連を有すると認められる行為は、事業の執行に当たると判断し、使用者責任を認める判例もあります。

　総じて、常識的なところよりも広く使用者責任の成立が認められており、上記の要件を満たしているケースはないか、現状の自転車利用の形態につき、再確認が必要です。

2.自転車事故の損害賠償

　自転車事故を甘く見てはいけません。自転車事故でも、歩道上で歩行者をはねて重大な後遺症を生じたり、死亡させたりする事故も珍しくはなく、損害額が億レベルまでに達することもあり得ない話ではないのです。

　加えて、自転車は原則として車道通行、例外的には歩道を通行できるとされるものの、その場合であっても、歩道は本来歩行者のためのものであることは言うまでもないため、自転車対歩行者のケースの過失相殺については、交通弱者とされる歩行者の保護が最優先される傾向にあるのです。

　歩行者専用の歩道上での事故では、基本的に、自転車が100％の過失とされますし、自転車通行

可の歩道上での事故でも、たとえ正面衝突の事案であっても、過失割合は自転車90：歩行者10とされたり、場合によっては100：0とされることすらあります。

損害額は高額に上る可能性があり、過失相殺もあまり望めないとなれば、賠償金額は極めて高額になりやすいともいえるでしょう。

従業員に対しては、やむなく歩道上を走る場合も、歩行者には十分に注意し、無理に間をすり抜けるといった運転は、厳に戒めなければなりません。

なお、従業員の自転車通勤を認める場合、各人での保険加入を義務づける動きがみられており、万一に備えてこうした対応も検討すべきでしょう。ただし、個人加入の自転車保険は、補償対象となる範囲が商品によりまちまちですので、ご質問のように営業外回りでの使用がある場合は、損害保険会社が取り扱う施設所有管理者賠償責任保険などの加入を検討する必要があります。

3. 道路交通法の改正・施行

自転車による危険運転が後を絶たないことから、平成25年改正道路交通法では、自転車の左側通行が徹底され、歩道のない道路の端を白線で区切った路側帯を走る場合、左側通行に限ることになり、また、悪質な自転車運転者に対する安全講習を義務化する制度が導入されました。

この自転車に関する部分については、平成27年6月1日に施行され、当時はニュースなどでも盛んに報道されました。

交通の危険を生じさせる違反を繰り返す自転車の運転者には、安全運転を行わせるため講習の受講が義務づけられます。具体的な違反内容として、「信号無視」「指定場所一時不停止等」「遮断踏切立ち入り」「酒酔い運転」などの15項目が定められており、3年以内にこれら違反を2回以上繰り返した自転車利用者は講習受講が義務づけられ、未受講者には罰金刑が適用されることになります。

場合によっては事故を起こさなくても、危険な運転を繰り返すことによって、刑事事件にもなり得ることになります。

前述の自転車事故に対する賠償実務、あるいは世間の厳しい目を考えると、企業としては道路交通法について従業員への教育を徹底し、安全運転を励行させる必要性は極めて高いといえましょう。

上記につき、3年以内に2回以上の危険行為違反により摘発されて講習受講義務が生じた場合の受講料・手数料6000円は運転者の負担となり、受講命令に違反した場合は、5万円以下の罰金の対象となります。

さらに、令和6年には、「信号無視」や「指定場所一時不停止等」など自転車の交通違反に交通反則切符を交付する改正道路交通法が成立し、周知期間を経て令和8年にも運用が始まることとなっています。

業務中の危険行為に関して、この受講料や罰金を企業負担とすることは、企業がかかる危険行為の発生に実質的に加担するようなものであり、行うべきではないでしょう。業務中であっても、判断能力のある大人の行為として、従業員個人の責任において対応させるべきです。

（千葉　博）

人事管理

 言動に問題のある社員について、当該社員の発言を秘密裏に録音することは可能か

当社のある職場に言動に問題のある従業員がおり、同僚から何とかしてほしいと不満の声が出ています。そこで、具体的にどういった発言が駄目なのかを示すとともに、確かな証拠として保存しておくために当該従業員の言動を秘密裏に録音したいと考えていますが、問題ないでしょうか。また、仮にトラブルとなった場合、こうした録音データは有効な証拠となり得るのでしょうか。

 相手方が当事者以外に知られたくないプライバシーが録音されてしまう場合やあらかじめ秘密にする旨を約束した上で聴取した場合を除き、職場での言動を秘密裏に録音することが違法とされる可能性は高くはない。ただし、あらかじめ非公開にする必要性があり、非公開を前提にした上で聴取するような場合には、証拠としての価値が否定される場合もある

1.秘密録音の必要性と問題点について

パワーハラスメントやセクシュアルハラスメントなど、職場において不適切とされる行為が広く知られるようになり、職場においても堂々とこれらが行われる事態は減少していると考えられます。

一方で、これらのハラスメントは、人の目に触れない場や、プライベートと仕事の区別が明確でない職場の仲間との飲み会の場で行われるなど、加害者にとっても被害者にとっても記録に残しづらい場面で行われることが増えているように思われます。

このような場面で行われる場合、被害者からの申告はあるものの、それに基づいて加害者に対する聴取などを実行したところで、具体的な発言内容やその言動の強さや程度が判明せずに、「部下を激励するために行ったのであって、業務上必要な行為であった」などと言い訳されて、言い逃れを許してしまうという懸念があります。

このような場合には、具体的な発言や言動を把握するために録音などの客観的な証拠を取得したいところですが、日本においては、秘密裏に録音すること（以下、秘密録音）に対して、不適切という印象があり、本人の同意がなければ録音をしてはいけないのではないかという意見も根強くあ

ります。

そこで、法的な観点から秘密録音がどのように評価されているのか検討していきます。

2.秘密録音は違法な行為か

民法709条は、「故意又は過失によって他人の権利又は法律上保護される利益を侵害した者は、これによって生じた損害を賠償する責任を負う」と規定しており、さまざまな不法行為を想定するためにあえて抽象的に定められています。

それでは、あらゆる秘密録音が、他人の権利を侵害する違法な行為となるのでしょうか。録音について、秘密であるか、対象者の同意を得ているかというのは、録音の内容ではなく、録音の方法や同意を得たか否かというプロセスの問題です。

録音される内容が、対話する当事者にとってたわいもない話であるのか、それとも重要な話をしているのか、それとも自身の病状などの極めて機微な話題なのかというのは、話をする相手や状況にもよります。そのため、不法行為となるか否かについては、録音対象となる「会話の内容」のほうが、プライバシー性との関係から重視されることになります。

個人のプライバシーに関する情報を第三者に漏洩したり開示したりする行為は、違法となり得ま

289

すが、パワーハラスメントの現場など、業務上の指示などから逸脱した言動が行われたか否かを確認する必要性は高く、秘密裏に録音しなければ、そのような言動に関する客観的な証拠を獲得できません。例えば、録音対象者のカバンに録音機を入れておくなど、私生活にまで録音が及ぶような行為は、プライバシーを侵害する違法な行為と評価されると考えられますが、職場における言動の秘密録音である場合は、違法とまで評価される可能性は高くないでしょう。

3.証拠としての利用について

日本の民事訴訟における証拠については、その方法は制限されておらず、録音や証言などについても、裁判官の判断にその証拠評価は委ねられています。これは「自由心証主義」と呼ばれており、民事訴訟における裁判官の判断の基礎となっています。

この自由心証主義の観点から、同意を得ることなく録音された証拠について、過去の裁判例は、「その証拠が、著しく反社会的な手段を用いて人の精神的肉体的自由を拘束する等の人格権侵害を伴う方法によつて採集されたものであるときは、それ自体違法の評価を受け、その証拠能力を否定されてもやむを得ないものというべきである。そして話者の同意なくしてなされた録音テープは、通常話者の一般的人格権の侵害となり得ることは明らかであるから、その証拠能力の適否の判定に当つては、その録音の手段方法が著しく反社会的と認められるか否かを基準とすべきと解するのが相当」であるとしています（東京高裁　昭52.7.15判決）。なお、当該裁判例においては、不知の間に録取したものであるにとどまり、いまだに同

人らの人格権を著しく反社会的な手段（上記の例示で言えば、精神的肉体的自由を拘束するような方法）で侵害したものということはできないと評価して、同意なき録音テープを証拠として採用しました。

したがって、秘密録音は、人格権を侵害する行為であるという消極的な評価はされているものの、精神的肉体的な拘束をした上での録音であるなどの著しく反社会的な手段とまで認められなければ、証拠としての利用は可能とされてきました。

とはいえ、近年の裁判例において、「当該証拠の収集の方法及び態様、違法な証拠収集によって侵害される権利利益の要保護性、当該証拠の訴訟における証拠としての重要性等の諸般の事情を総合考慮し、当該証拠を採用することが訴訟上の信義則（民事訴訟法2条）に反するといえる場合には、例外として、当該違法収集証拠の証拠能力が否定されると解するのが相当」として、上記の裁判例の基準を若干緩和しているとみられる裁判例も現れています（東京高裁　平28.5.19判決）。

当該裁判例では、非公開の委員会における審議経過（ハラスメントの事実を把握するための委員会であり、自由な発言を可能とするために非公開とされていた）に関する録音について、事実を明らかにするために非公開とする必要性が高く、無断録音の違法性は極めて高いことを認めた上で、証拠としての利用を否定しており、非公開ないし当事者間の秘密とすることを前提に聴取してしまうと、秘密録音の証拠としての利用が否定されることもあり得るため、留意する必要があるでしょう。

（家永　勲）

人事管理

業務上必要な資格試験に合格した者にだけ、資格取得にかかった費用を支払うことは問題か

当社には業務上必要な資格があり、入社後一定期間内での取得を義務づけています。講座を受講して受験資格を得た後に試験を受けるものです。講座の受講には数十万円かかりますが、この費用について試験に合格した者にだけ後から支払うという運用は可能でしょうか。

業務上必要で取得を義務づけている資格取得費用は原則として会社が負担すべきであり、試験に合格した者にだけ後から支払うという運用はできない

1．資格取得や講座受講を命じることができるか

日本の長期雇用システムの下では、人材育成の面で企業の担う役割は大きく、企業はさまざまな教育訓練や研修を行います。職業能力開発促進法においても、事業主の行う職業能力開発促進の措置が定められており、同法9条においては、労働者の業務の遂行の過程での職業訓練（OJT）はもちろん、業務の遂行の過程外における職業訓練（Off-JT）を受けさせることもできるとされています。

このように、企業はその労働者に対し、業務の遂行の過程外での研修の受講や資格試験の受験を命じることができますが、かかる業務命令の法的根拠は、使用者の労務指揮権によるものと解されています。すなわち、使用者は、労働契約上の労働力の利用権に基づいて労働者に対し研修の受講等を命じることができ、労働者は労働契約上の労務提供義務の一環として命じられた教育訓練を受ける義務を負うとされています（両角道代「第9章　職業能力開発と労働法」『講座21世紀の労働法』第2巻［有斐閣］162ページ）。以上のとおり、使用者は、労働者の現在の職務に関連があり職務に必要な教育訓練を受けることを業務命令として命じることができます。

2．合格者に限り、会社が費用負担することは可能か

研修の受講や資格取得が労働者の自主性に任されているのであれば、その費用を合格者に限って会社が負担するとすることも、労働者負担とすることも許されます。しかしながら、業務に必要な知識や技能の習得のために業務命令として受講を命じた研修や資格取得等の費用は、原則として会社の業務に関わる経費として使用者が負担すべきでしょう。

ご質問の事案では、業務上必要な資格があり入社後一定期間内での取得を義務づけており、資格試験の受験資格を得るためには講座の受講が必要ということですから、労働者は業務命令により講座を受講し資格試験を受験していることになります。したがって、一連の資格取得費用については原則として使用者が負担するべきです。

問題は、かかる資格取得費用を合格者に限って会社が負担するという運用が可能かという点です。講座を受講して資格を取得することを業務内容として命じているとすると、試験に合格せずに必要な資格を取得できなかったことは、債務の本旨に従った労務の提供とはいえない（不完全履行に当たる）という立場も一応考えられます。しかしながら、業務命令としての内容は、講座の受講および試験を受けることにとどまり、合格という結果を実現することまでは含まれないと解するのが合理的です。また、仮に、資格を取得できなかったこと（試験に合格しなかったこと）が労働契約の不完全履行に該当するとしても、労働契約の不履行について賠償の予定を禁止している労基法16条（「使用者は、労働契約の不履行について

291

違約金を定め、又は損害賠償額を予定する契約をしてはならない」と定める）との関係も考える必要があります。資格取得費用を合格者にだけ支払う、すなわち、不合格者に業務命令で受講させた講座に関する費用等を自己負担させることは、実質的に見ると、労働契約の不履行について賠償を求めているとも評価され得るため、同条に反する可能性もあります。したがって、業務命令により、業務に必要な資格を取得させ、それに必要な講座受講等をさせる場合には、原則として、合格・不合格にかかわらず、その資格取得費用は会社が負担する必要があります。

ただし、当該業務に必要な資格が一般的な汎用性のある資格であり、当該資格を保持していることを採用の条件とし、保持していない場合には入社後一定期間内に自己の費用で講座を受講し資格を取得してもらうこと（合格すれば費用を会社が負担すること）を明示して労働者もこれに同意して採用する場合には、合格者についてのみ会社が資格取得費用を負担するという運用も可能でしょう。

3. 資格取得費用を労働者に立て替えさせることの是非

また、資格取得費用が数十万円と高額であることも踏まえると、これを講座受講期間を通じて、労働者に立て替えさせることの是非も問題となります。上記のとおり、業務命令による講座の資格取得費用は会社が負担すべき経費といえます。後日会社の経費として精算されるとしても、精算されるまでの間（立て替えている期間）は、実質的には、賃金の一部が労働者に支払われていないとみることもでき、賃金全額払いの原則（労基法24条1項本文）に抵触する可能性もあります。同条1項本文は、使用者が一方的に賃金を控除することを禁止し、もって労働者に賃金の全額を確実に受領させ、労働者の経済生活を脅かすことのないようにして、その保護を図ろうとするものですが、会社が負担すべき経費を長期間立て替えさせることは、同条項の趣旨に反するともいえます。したがって、資格取得費用を労働者に負担させ、合格した場合にのみ支払うという運用は、同条項の賃金全額払いの原則との関係でも問題になり得ますので、注意する必要があります。

もちろん、業務に必要な資格ということですので、当該資格を取得できていないことを、当該労働者の人事考課においてマイナスの事情として考慮することはできます。また、合格にインセンティブを持たせるために、資格取得者にのみ支給される資格手当を設ける等の給与体系を検討することもできるでしょう。

（緒方　絵里子）

 社員が痴漢で逮捕された場合、会社はどのように対応すればよいか

社員が、通勤途中に痴漢行為で現行犯逮捕されました。しかし、本人は「痴漢はしていない」と容疑を認めないまま相手側と争っている状況です。このような場合、会社としては、どのような対応をとればよいでしょうか。時系列的に対応すべき項目とその留意点をご指示ください。

 拙速な解雇等は避けるべき。また、起訴休職の適用は慎重に行う必要がある

1.初動対応

現行犯逮捕とはいえ、当該社員は否認している状態です。痴漢冤罪が増えている昨今の状況を鑑みても、有罪を前提に対処することは避けるべきです。当該社員に対して即時解雇する等の拙速な処分を行うことは、後々、解雇権濫用として争われるリスクを抱えます。今後、当該社員が有罪であることが判明した場合、その時点で懲戒処分の可否を慎重に検討します。また、就業規則に公判中の起訴休職の定めがあっても、安易にこれを適用することには問題があります。

2.勾留中の取り扱い

逮捕されると、警察による留置とその後の勾留を含めて最大で23日間拘束されます。この期間については、欠勤の取り扱い、もしくは、当該社員の申し出があれば年次有給休暇の取り扱いとします。罪状が明白とはいえず、本人も否認していますので、このケースでは即時解雇はできないと考えられます。

また、勾留期間を無断欠勤の取り扱いとし、無断欠勤の一定期間継続を事由とする解雇を行うことも不適切です。

当該社員との連絡は、勾留先での面会にて行うことになります。接見禁止処分がなされている場合は、弁護人を通して連絡を行うことになります。

なお、社会的影響の度合いにもよりますが、一般的にこの事案で新聞報道等になることはないと思われます。しかし、もし、マスコミ等への対応が必要になった場合は、書面にて簡単なコメントを出す程度にとどめておくことが考えられます。

3.起訴された場合

長期間の勾留により、労務の不提供が一定期間継続することが明らかである場合は、一般的に就業規則の定めに従って起訴休職の取り扱いとします。しかしながら、保釈された場合は、労務提供が可能な状態といえます。公判の出頭による欠勤があるといえども、それは当該社員の申し出があ

れば年次有給休暇の取得等で十分対応できる範囲でしょう。このように労務の提供が可能な場合には、起訴された事実のみをもって形式的に起訴休職の規定を当てはめてよいのかという問題が生じます。

起訴休職は無給の取り扱いが一般的ですから、労働者の受ける不利益の程度は大きいといえます。有罪の場合に想定する懲戒処分の重みとバランスがとれているのかという点からも、慎重に判断すべきところです。

判例では、就業規則に起訴休職の定めがある前提で、起訴休職が有効となるための要件として、①企業の対外的信用の維持、②職場秩序の維持、③不安定な労務提供によって業務に支障が生じることの防止のいずれかの理由が必要とされます（日本冶金工業事件　東京地裁　昭61.9.29判決、全日本空輸事件　東京地裁　平11.2.15判決、大阪府教委事件　大阪地裁　平5.9.3判決等）。

③の要件には、身柄拘束されない以上該当しないと解すべきです。①②については、当該社員の職種によっては対外的信用維持のため休職発令もやむを得ない場合も考えられます。また、社内で指導的な立場である場合は、職場秩序の維持に障害を生じるおそれが高いこともあります。しかしながら、そういった客観的な障害が認められない場合は、安易に起訴休職の規定を適用すべきではありません。

4.有罪となった場合

有罪となった場合は、懲戒処分の可否を検討することになります。職場外における職務遂行に関係のない所為について懲戒処分を行うことはできないのが原則ですが、刑事事件については、企業秩序に直接関連性を有する場合、懲戒の対象となり得ます。痴漢行為で有罪となった事実を看過すると企業秩序の維持確保ができないと判断される場合、何らかの懲戒処分を検討すべきです。これまでの経緯や、当該社員の反省の姿勢、事業運営への影響等の事情も考慮して、就業規則の定めに従い適正な手続きで処分内容を決定します。懲戒

解雇を選択する場合は、特に慎重に検討を行う必要があります。当該社員が指導的な立場にある場合や、業務の性格上規律遵守が強く求められる場合、企業の対外的信用の毀損の程度によっては、懲戒解雇の選択によらねば企業秩序や業務の正常な運営を維持できないという判断もあり得ます。しかし、そこまでの判断がためらわれる場合は、諭旨解雇や合意退職を検討する、または、一段階軽度の懲戒処分にとどめるほうが適当でしょう。

また、懲戒解雇の有効性と退職金の減額・没収の有効性とは判断基準が異なりますので注意を要します。退職金は、賃金の後払い的性格も有しますので、この部分までも没収することは困難です。小田急電鉄事件（東京高裁 平15.12.11判決）では、痴漢事件を起こした電鉄会社社員の懲戒解雇はやむを得ないとしながらも、退職金については一定割合を支給すべきとし、3割支給が相当であるとされています。

5.不起訴・無罪となった場合

不起訴・無罪となった場合は、当該社員の円滑な職場復帰を支援します。特に、勾留により精神的にダメージを受けていることも考えられますので、場合によっては、産業医等によるメンタル面のケアも必要となるでしょう。

（社会保険労務士法人みらいコンサルティング）

Q135 従業員がインターネットに自社への風評や不満を載せている場合、どのように対処すべきか

当社では最近、インターネット上で根も葉もない悪質なうわさを書き立てられ迷惑しています。管理職や職場に対する不満など、話の内容から社内の者が書いたと思われます。どうにかして書き込んだ者を見つけ出し、場合によっては懲戒処分にしたいと考えているのですが、どのようにしたらよいでしょうか。

書き込んだ者の特定のため、会社からのアクセスログやパソコンの利用状況のモニタリングが考えられる。当該書き込みが就業時間中や会社のパソコンから行われている場合には、職務専念義務違反や、会社設備の私的利用禁止規定などによる処分が可能

1.モニタリングの可否
[1]モニタリングに関する規定がある場合

社内ネットの不正私的利用を監視するためのモニタリングは、従業員のプライバシーとの関係が問題となります。まず、モニタリングに関する社内規定がある場合については、当該規定に基づくモニタリングは原則として許されると解されます。この点、「労働者の個人情報保護に関する行動指針」（個保法が制定・施行される前に研究会の考え方をまとめたもの。労働省 平12.12)では、電子メールのモニタリングについて、「使用者は、職場において、労働者に関しビデオカメラ、コンピュータ等によりモニタリングを行う場合には、労働者に対し、実施理由、実施時間帯、収集される情報内容等を事前に通知するとともに、個人情報の保護に関する権利を侵害しないよう配慮するものとする」との原則を示しています。また、その解説では、「電子メール等のモニタリング（中略）の実施に当たっては、（中略）電子メール等の利用規則にその旨を明示すること等により、あらかじめその概要を労働者に知らせた上で行うことが適当と考えられる」と指摘してい

ます。このため、モニタリングの方法や範囲を相当なものとする必要があるといえます。

[2]モニタリングに関する規定がない場合

モニタリングに関する規定がない場合に、メールやコンピュータの利用状況についてのモニタリングが可能かについては、F社Z事業部事件（東京地裁　平13.12.3判決）が参考になります。同事件は、セクハラに絡んだ調査の過程で、対象者の電子メールに関する私的利用が発覚した事案です。裁判所は判決の中で、モニタリングとプライバシーとの関係について、従業員の電子メールの私的使用についてもプライバシー保護が及ぶ旨の一般論を述べた上で、「通信内容等が社内ネットワークシステムのサーバーコンピューターや端末内に記録されるものであること、社内ネットワークシステムには当該会社の管理者が存在し、ネットワーク全体を適宜監視しながら保守を行っているのが通常であることに照らすと、利用者において、通常の電話装置の場合と全く同程度のプライバシー保護を期待することはできず、当該システムの具体的情況に応じた合理的な範囲での保護を期待し得るに止まる」として、一定の限界について指摘しています。

その上で、電子メールのモニタリングについて、「（当該対象者の）社内ネットワークを用いた電子メールの私的使用の程度は、（中略）限度を超えているといわざるを得ず、被告（編注：会社）による電子メールの監視という事態を招いたことについての原告（編注：労働者）側の責任、結果として監視された電子メールの内容及び既に判示した本件における全ての事実経過を総合考慮すると、被告による監視行為が社会通念上相当な範囲を逸脱したものであったとまではいえない」と判断しました。

このように、規定がない場合であってもモニタリングが適法とされるケースが裁判例で認められていますが、これらはあくまでもメールなどの濫用的な私的利用に対するものであり、包括的・一般的なモニタリングについてまで、規定なしに常に適法であるとはいえないと考えられます。よっ

て、個々の事案ごとに、モニタリングの必要性とその範囲や方法に照らして相当な範囲か否かを検討しなければなりません。

2.就業時間中の書き込みや、会社のパソコンを利用した場合

会社のパソコンは業務のための利用が認められていることが一般的です。したがって、これを私的な書き込みなどに使用することは、パソコンやメール、インターネットの利用に関する規定があれば当該規定により、また当該規定がなくても就業規則中の企業施設の私的利用禁止規定に基づき、違反行為として懲戒処分の対象になり得ます。また、就業時間中の書き込みは、従業員が雇用契約上負っている"職務専念義務"に違反する行為であり、こちらも懲戒処分の対象となり得ます。

ただし裁判例は、懲戒解雇等の重い処分は懲戒権の濫用に該当する場合もあるとしており、注意が必要です。例えば、リンクシードシステム事件（東京地裁八王子支部　平15.9.19判決）は、勤務時間中に会社のコンピュータ、電話回線を利用した株取引を行った従業員について懲戒解雇処分としたケースですが、裁判所は懲戒権の濫用に該当し無効と判断しています（ただし、普通解雇事由には該当するとしています）。

一方、違反の内容が悪質であったり、会社の信用や評判を著しく低下させたような場合については、懲戒解雇処分とすることも有効となるでしょう（業務用パソコンで出会い系サイトに投稿し、1500回以上の私用メールを送信した専門学校の教員に対する懲戒解雇を有効とした、K工業技術専門学校［私用メール］事件　福岡高裁　平17.9.14判決など）。

3.自宅のパソコンからの書き込みの場合

自宅のパソコンから書き込みがされている場合は、当該書き込みを行っている者の特定が難しいことと、それがプライベートな時間においてなされていることの両面で対応が難しい問題です。ま

ず、該当者の特定ができない場合には、残念ながら、なかなか打つ手がありません。内容がひどい場合には、掲示板の管理者に通報して内容の削除を求める、あるいはプロバイダーに対して発信者情報の開示を求め、書き込んだ者の特定を試みるなどの対処を行うことになると思われます。

書き込みを行っている者が特定できた場合、当該内容が会社の名誉や信用を害するものであったり、企業秘密に該当したりすれば、前記2.と同様に、会社の就業規則上の"秘密保持義務"の規定や、"会社の名誉・信用を害してはならない"という規定の違反として懲戒処分の対象とすることは可能であるといえます。

しかし、そうした事項に該当しないようなケース（単に会社に対する不満を述べているなど）では、規則違反にも該当せず、処分は難しいといえます。

（髙谷　知佐子）

仕事中、私物の携帯端末の使用を禁止できるか

最近、仕事をしながら携帯電話やスマートフォンを使用している社員を多く見掛けます。上司が見とがめて注意すると、多くが「きちんと仕事はこなしているのだから、大目に見てほしい」「子どもからの連絡が頻繁にあるので、常時チェックしておきたい」などとして聞き入れません。確かに現時点で業務上の支障は出ていないようですが、看過してよいものとも思えません。就業時間中の携帯端末等の操作・閲覧をやめるよう強く指導し、またはそもそも禁止することは問題でしょうか。

禁止できるので就業規則に明記すべきであるが、違反に対する人事権の行使は慎重にすべきである

1.職務専念義務

[1]職務専念義務があること

労働者は、労働契約の最も基本的な義務として、使用者の指揮命令に服しつつ職務を誠実に遂行すべき義務を有し、したがって労働時間中は職務に専念し他の私的活動を差し控える義務を負っています。

通常、この義務は就業規則の服務規律の箇所に、「従業員は、会社の指示命令を守り、職務上の責任を自覚し、誠実に職務を遂行しなければならない」などと規定されています。もっとも、就業規則に明記されていなければ職務専念義務はないのかというと、そうではありません。なぜなら、職務専念義務は労働義務の内容から導き出されるものだからです。ただ、従業員への行為規範である服務規律に明記しておいたほうが、労務管理（人事権の行使）をする上で有用です。

[2]職務専念義務が要求する注意義務の程度は争いがあるが、最高裁は包括的専念義務説を採ること

問題は、職務専念義務が要求する注意義務の程度です。過去の裁判では主として、勤務時間中の反戦プレート着用や、組合のリボン闘争、組合バッジ着用などが職務専念義務に反しないかどうかが問われてきました。

目黒電報電話局事件（最高裁三小　昭52.12.13判決）では、「職員は、全力を挙げてその職務の遂行に専念しなければならない」との日本電信電

話公社法の規定を、職員は「勤務時間及び職務上の注意力のすべてをその職務遂行のために用い職務にのみ従事しなければならない」との意であり、勤務中職場の同僚に訴え掛けを行う反戦プレートの着用は精神的活動の面でこの義務に違反する、と判示されました。

また、民間ホテルで就業時間中に行われた春闘時リボン闘争（「要求貫徹」「ホテル労連」と記入）の事件では、組合活動としての正当性はない、との原審が是認されましたが、判決では伊藤正己判事の補足意見が付されました。これは、労働義務に含まれる「職務専念義務」も誠実労働義務の一内容として具体的労働を誠実に遂行するに必要な限りのものにとどまり、勤務時間中であっても同義務と支障なく両立し、同義務に反しないとされる動作・活動はあり得る、という意見です（大成観光［ホテルオークラ］事件　最高裁三小昭57．4.13判決）。

その後、国鉄の分割民営化過程での国労組合員の組合バッジ着用（会社の取り外し命令への不服従）が問題となった事件で、最高裁は、「社員は全力をあげてその職務を遂行しなければならない」との就業規則規定を、注意力のすべてを職務に用いるべき包括的専念義務と解釈した原審判断を是認しています（国鉄鹿児島自動車営業所事件　最高裁二小　平5．6.11判決、JR東海［新幹線支部］事件　最高裁二小　平10．7.17判決）。

以上のように、最高裁は、職務専念義務を包括的（抽象的）専念義務と捉えるのが基本的立場です。

一方、学説では、具体的（実質的）専念義務説の立場も有効です（菅野和夫・山川隆一『労働法 第13版』［弘文堂］1096ページ等）。

[3]それぞれの説からの帰結

包括的専念義務説の立場からは、就業時間中の業務以外の行為は業務に支障がない場合でも認められないことになります。例えば、トラックの運転手がトラックに乗車して運転業務をしている間、要求貫徹というはちまきを頭に巻く行為は、運転業務に支障は通常生じませんが、全力を挙げてその職務の遂行に専念しているとは言い難いため認められません。

他方、具体的（実質的）専念義務説の立場からは、就業時間中の業務以外の行為が両立し得れば、つまり、業務に支障がなければよいということで、上記のトラック運転手の例でも認められます。もっとも、大成観光（ホテルオークラ）事件のように、一流ホテルの業務従事者が、普段着けないリボンを着用すれば、顧客の中には普段と違うな、と気づく人がおり、時間と空間に高い対価をホテルに支払っている顧客の気分を害する可能性はありますので、（ホテルの接客）業務に支障はあり、具体的（実質的）専念義務説でも認められないと思われます。同説に立つ伊藤正己判事も、結論において業務に支障があるとしています。

2.ご質問のケースについて

ご質問のケースは、具体的（実質的）専念義務説からは、事務職等のような、顧客から見えないところで仕事をしている職種なら職務専念義務違反とはならないでしょうが、最高裁の採る包括的（抽象的）専念義務説からは職務専念義務違反となるでしょう。ご質問のように、就業規則に明記して就業時間中の使用を禁止することも差し支えありません。

問題はその対応、つまり人事権の行使の仕方です。人事権の行使は権利濫用になってはいけませんし（労契法3条5項）、懲戒処分は懲戒権濫用法理（同法15条）によって規律されます。つまり、処分に値するほどの非違行為でなければなりません。

そうしますと、ご質問の例にある行為はいずれも職務専念義務違反ですが、どのように人事権を行使するかは慎重に考えます。一つ目の「きちんと仕事はこなしているのだから、大目に見てほしい」は、ただ大目に見てくれというだけなら、労働者に汲むべき事情はありません。よって、やめるように注意をし、それでもやめなければ、譴責くらいはしてもよいでしょう。

二つ目の「子どもからの連絡が頻繁にあるので、常時チェックしておきたい」は、「頻繁に」連絡をさせる理由を聞き、例えば、前日に自宅近所で治安を脅かすような事案が起きたなど、連絡を取り合う必要性があるなら、それこそ大目に見て、何もせず、「事態が落ち着いたら、そういうことはやめてください」と注意するにとどめればよいでしょう。

（浅井　隆）

懲戒（解雇）

昼休みにノンアルコールビールを飲んでいる社員を懲戒処分できるか

毎日、昼休みに自席でノンアルコールビールを飲んでいる社員がいます。職場の風紀を乱すため飲むのをやめるよう再三にわたって注意していますが、「アルコールが入っていないのだからお茶やコーヒーと変わらない」と主張し、聞き入れません。このような場合、職場でノンアルコールビールを飲むことを禁止し、従わない場合に懲戒処分を科すことは可能でしょうか。

職場でノンアルコール飲料を飲むことを禁止し、注意しても違反した場合に懲戒処分を科すことは可能。ただし、まずは戒告や譴責といった軽微な処分に限られる

1．ノンアルコール飲料とは

ノンアルコール飲料について、これを規制する法律上の規定はありませんが、酒税法2条では、酒類は「アルコール分1度以上の飲料」と定義されていることから、含有アルコール量が1％未満の飲料で、外観、香り、味わいが酒類に類似しているものを指すといえるでしょう。

最近ではアルコール度数が0.00％のものも多く販売されており、酒のようなテイストを味わえるもののアルコールは含まれておらず、ドライブの際の食事や休憩の時に飲用が可能であること、日常においてはアルコールが苦手な人でも適度に楽しめることから、人気が高まっています。ノンアルコール飲料には、ビールテイストをはじめとして、カクテルテイスト、梅酒テイスト、ワインテイスト、純米酒テイストなどもあり、酒と同様に多くの種類が販売されています。

2．ノンアルコール飲料を禁止できるか

このように一般に普及しているノンアルコール飲料について、職場内で飲むことを禁止できるのでしょうか。

[1]服務規律の定立職場規律

使用者は、企業秩序を維持するために労働者の就業の仕方および職場の在り方に関する規律（服務規律）を規則によって一般的に定め、または具体的に労働者に指示命令する権限を有しています。

一方で、労働者は、労務提供義務に付随して、企業秩序を遵守する義務を負います。もっとも、労働者は企業の一般的な支配に服するものではなく、使用者が企業秩序において定立する規則や発する命令は、企業の円滑な運営上必要かつ合理的なものであることを要します。

[2]アルコールを含む場合

1．で説明したとおり、ノンアルコール飲料であっても実際には1％未満の微量のアルコールを含む場合があります。微量とはいえアルコール分を含むものを飲むことは、アルコールを摂取することになります。このように微量のアルコールを含むノンアルコール飲料については、勤務時間中はもちろん休憩時間中に摂取することで業務遂行に影響を与える可能性があり、職場秩序維持の観点からも禁止することは必要かつ合理的であるといえます。

[3]アルコールを含まない場合

では、最近多く販売されているアルコール度数が0.00％のものは禁止できるでしょうか。アルコールが含まれていないという点では、お茶やコーヒーなどと同じですので、問題とならないともいえそうです。

とはいえ、ノンアルコール飲料は、単にアルコール分が含まれていないというだけではなく、外観、香り、味わいが酒類に類似しているという

点がお茶やコーヒーなどと大きく異なります。職場でノンアルコール飲料を飲むことで、酒のような香りで周囲に不快感を与える、パッケージが酒に類似しており酒類を飲んでいると誤解されるといったこともあり得ます。

酒類業中央9団体で構成される「飲酒に関する連絡協議会」によれば、ノンアルコール飲料は、アルコール度数0.00%ではあるが、味わいが酒類に類似しており、満20歳以上の者の飲用を想定・推奨していると定義し、酒類に準じて未成年者等への広告を自主規制しています。このようなノンアルコール飲料を取り巻く社会の現状からすると、就業時間中はもちろん休憩時間中においても、職場でノンアルコール飲料を飲むことを禁止することは、職場の風紀を守るために必要かつ合理的であり許容されると解されます。

3.服務規律違反と懲戒事由への該当性

企業秩序に違反する行為があった場合には、違反者に対し制裁として懲戒処分を科すことができます。具体的には、服務規律または服務に関する具体的指示・命令に違反する場合に、企業秩序を乱すものとして、当該行為者に対し、就業規則の定めるところに従い制裁としての懲戒処分を科すこととなります。

もっとも、ノンアルコール飲料を職場で飲むことを禁止した場合の違反について、企業秩序違反としては軽微なものといえます。そこで、まずは違反行為に対して注意指導を行い、それでも行為をやめない場合に懲戒処分の対象となり得ると解されます。

4.懲戒処分の量定
[1]懲戒処分の相当性判断基準

懲戒処分は「社会通念上相当」であること（労契法15条）、すなわち、処分の相当性が有効要件となります。相当性は「当該懲戒に係る労働者の行為の性質及び態様その他の事情に照らして」判断するとされており（同条）、具体的には、労働者の行為の態様・動機、業務に及ぼした影響、損害の程度のほか、労働者の反省の態度・情状・過去の処分歴などの諸事情を総合考慮して判断されます。

[2]ノンアルコール飲料禁止違反の場合

懲戒処分の量定に際しては、①アルコール分が含まれているか否か、②摂取した場所・時間、③業務に与えた影響、④社内外からのクレームの有無などが考慮要素として挙げられます。実際の懲戒処分の内容は、これら諸事情を総合考慮して判断することとなります。

ただ、基本的な考え方としては、軽微な服務規律違反であることから、懲戒処分としては戒告・譴責といった軽い処分から行うことが相当であるといえます。

5.ご質問のケースについて

ご質問では、再三にわたって注意しているにもかかわらず、職場でノンアルコールビールを飲むことをやめず、反省の意思も見えないとのことです。そのため、戒告・譴責といった懲戒処分であれば可能と考えられます。

（吉村　雄二郎）

減給の制裁により最低賃金額を下回る場合、最低賃金法違反となるか

減給の制裁に関してお尋ねします。ある社員がこのほど、就業規則所定の「減給」に該当する行為をし、同規定に基づき、「平均賃金の1日分の半額」を減給することにしました。ところが、この社員の賃金は最低賃金をかろうじて上回る程度で、減給処分をすると、最低賃金の水準を下回る

ことになります。こうした場合、最賃法違反を問われるのでしょうか。

当初の労働者の賃金債権が最低賃金額以上になっていれば、減給処分をした結果、最低賃金額を下回っても最賃法違反とはならない

1. 減給制裁

使用者が労働者に懲戒処分をするには、あらかじめ就業規則において、懲戒の種別および事由を定めておかなければなりません（フジ興産事件最高裁二小　平15.10.10判決）。労基法89条は、制裁の制度を設ける場合、その種類と程度について就業規則に規定することを義務づけており、それらは限定列挙であると理解されています。もちろん、10人未満の事業場においても就業規則を作成することは可能なので、労基法で義務づけられていない就業規則に制裁規定を設けることもできます。しかし、事業場の内規あるいは文章化されていない慣行に基づいて懲戒処分を行うことは、認められません。

減給制裁は職場規律に違反した労働者に対する制裁として、本来ならその労働者が受けるべき賃金の中から一定額を差し引くことをいいます。その額が大きいと労働者の生活を脅かすおそれがあるので、就業規則で労働者に対して減給の制裁を定める場合には、①1回の事案に対しては、減給の総額が平均賃金の1日分の半額を超えてはいけないこと、②さらに一賃金支払期に複数事案について減給制裁を行う場合は、その総額が賃金の総額の10分の1を超えてはならないこと——が定められています（労基法91条）。もし、10分の1を超えて減給の制裁を行う必要がある場合は、超えた部分は翌月以降の賃金支払期に延ばさなければなりません。

ご質問の場合は、「就業規則所定の『減給』に該当する行為をし、同規定に基づき、『平均賃金の1日分の半額』を減給する」ということなので、手続き的にも、金額においても労基法上の問題はありません。

2. 最低賃金

使用者は、労働者に対し、最賃法に基づき適用される最低賃金額以上の賃金を支払わなければなりません（同法4条1項）。

最低賃金は労働者の生活の安定を目的とするものなので、実質的な効果を確保するためには、その対象となる賃金はあらかじめ想定することのできる通常の賃金に限定する必要があります。また、労働強化を招くおそれがあるので、時間外労働手当等を最低賃金の対象とすることには問題があります。

そこで、最低賃金の対象から、①1月を超える期間ごとに支払われる賃金（賞与など）、②時間外労働手当・休日労働手当・深夜労働手当、③当該最低賃金において算入しないことを定める賃金（精皆勤手当、通勤手当、家族手当）は除外されます（最賃法4条3項、同法施行規則1条）。

3. 賃金からの控除と最低賃金

労基法24条は、賃金の全額を払わなければならないと定めていますが、同条1項ただし書き後段では、所得税の源泉徴収や社会保険料の控除など法令で別段の定めがある場合や、事業場の労働者の過半数で組織する労働組合、そのような労働組合がないときは労働者の過半数を代表する者との書面による協定がある場合においては、賃金からその一部を控除することを認めています。

最賃法4条1項で規定する「最低賃金額以上の賃金を支払わなければならない」という意味は、同条2項「最低賃金の適用を受ける労働者と使用者との間の労働契約で最低賃金額に達しない賃金を定めるものは、その部分については無効とする。この場合において、無効となった部分は、最低賃金と同様の定をしたものとみなす」と合わせ

て、労働者に最低賃金額以上の賃金債権を与えなければならないということです。したがって、労基法24条の認める所得税の源泉徴収、社会保険料の控除その他同条1項ただし書き後段により賃金の一部を控除することで、労働者の手取りの賃金額が最低賃金額に達しない場合があっても、それらの控除額に相当する賃金が支払われたことになるので、最賃法4条違反にはなりません。

4. 減給制裁と最低賃金

労基法91条による減給制裁も前述3.の労基法24条1項ただし書き後段の法令による控除に該当し、適法な控除と認められています。したがって、ご質問のように社員が就業規則所定の「減給」に該当する行為をし、同規定に基づき平均賃金の1日分の半額を減給することにより、その手取りの賃金額が最低賃金額を下回ることになっても、当初の労働者の賃金債権が最低賃金額以上になっていれば、税金や社会保険料の控除同様に最賃法違反とはなりません。

（角森　洋子）

  出勤停止処分の結果、賃金を不支給とすることは、減給の制裁に当たるか

当社の懲戒規程には「出勤停止」という懲戒処分があり、事案によっては、半年以上にわたって出勤停止とすることもあります。出勤停止期間は無給ですが、これは労基法91条（減給は、1回の額が平均賃金の1日分の半額を超え、総額が1賃金支払期における賃金の総額の10分の1を超えてはならない）に違反するのでしょうか。

 労基法91条違反にはならない。ただし、出勤停止期間の長さには十分注意する必要がある

1. 労基法91条の趣旨

「出勤停止」という懲戒処分は、服務規律違反に対する制裁として、労働契約を存続させながら、労働者の就労を一定期間禁止するものであり、出勤停止の期間中は、賃金が支給されず、勤続年数にも通算されないのが通常です（菅野和夫・山川隆一『労働法 第13版』[弘文堂] 657ページ）。

さて、労基法91条は、「就業規則で、労働者に対して減給の制裁を定める場合においては、その減給は、1回の額が平均賃金の1日分の半額を超え、総額が一賃金支払期における賃金の総額の10分の1を超えてはならない」と定めています。このため、ご相談のように出勤停止で無給となる部分は、同条の規律に服するかのように見えます。学説には、出勤停止に基づく賃金不支給も同条の規制に服するという見解もあるようです。

しかし、行政解釈では「就業規則に出勤停止及びその期間中の賃金を支払わない定めがある場合において、労働者がその出勤停止の制裁を受けるに至った場合、出勤停止期間中の賃金を受けられないことは、制裁としての出勤停止の当然の結果であって、通常の額以下の賃金を支給することを定める減給制裁に関する法第91条の規定には関係はない」（昭23．7．3　基収2177）とされています。また、裁判例にも、「期間中の賃金を支払わない出勤停止の場合の賃金控除は、労務の提供を受領しつつその賃金を減額するものではないか

ら、それが懲戒処分としてなされる場合でも労働基準法91条の適用はなく、控除される金額の計算方法が労働契約及び労働基準法24条に照らし合理的なものであればよい」としたものがあります（パワーテクノロジー事件　東京地裁　平15.7.25判決）。

したがって、解釈論として、就労した場合の賃金減額に関する労基法91条を、就労の事実がない出勤停止に適用することは困難であろう（土田道夫『労働契約法　第2版』[有斐閣] 480ページ）と考えられ、この考え方に従えば同法91条には違反しないことになります（峰 隆之『賃金・賞与・退職金Q&A』労働法実務相談シリーズ①[労務行政] 77ページ、丸尾拓養『解雇・雇止め・懲戒Q&A 補訂版』労働法実務相談シリーズ⑤[労務行政] 208ページ）。

2. 出勤停止期間の制限

もっとも、"半年以上にわたって出勤停止とすることもある"という点については、注意が必要です。確かに、現行法には出勤停止の期間を制限する明確な定めはありません（丸尾・前掲書206ページ）。かつての工場法解釈例規（大15.12.13発労71）に照らし、「出勤停止は、7日を限度とすること」を今日でも一応の標準とすべきであるとの主張がされることもありますが、現代ではそこまでの制限があるとは考えられていません（首都高速道路公団事件　東京地裁　平9.5.22判決）。基本的には、使用者は懲戒処分に当たって、どの程度の処分とするかについては裁量権があります。しかし、出勤停止期間の上限は就業規則に明記しておく必要があり、あまりにも長期にわたるものは、その出勤停止処分が適切かどうかが問われます。「出勤停止の期間については公序良俗の見地より当該事犯の情状の程度等により制限のあるべきことは当然である」（昭23.7.3　基収2177）とされており、重過ぎることのないよう求めています。その処分が、動機、態様、損害の程度、使用者の業務に及ぼした影響等の諸事情に照

らし、社会通念上妥当性を欠きその裁量を逸脱したと認められる場合には、懲戒権の濫用として違法となります。

3. 慎重な判断の必要性

一般的には、就業規則上、2週間ないし20日程度を出勤停止処分の上限とすることが多いようです（峰・前掲書77ページ、丸尾・前掲書206ページ。労務行政研究所の2023年の調査で、日数の定めのある120社のうち「休日を除く労働日で設定」している81社の集計を見ると「7日」が最も多く39.5%、次いで「10日」が27.2%）。ただ、事案によっては数カ月に及ぶこともあり、労働者にとって過酷な処分となり得るため、出勤停止の無効確認の訴えが可能です（土田・前掲書480ページ）。

出勤停止の有効性は厳しく判定されるため、懲戒事由該当性、処分の相当性、期間の長さ等を勘案して慎重に判断する必要があります（菅野・山川・前掲書657ページ）。その場合、労基法91条とのバランスを考慮しつつ、出勤停止という重い処分を選択したことの相当性や期間の長さは厳しく判断すべきであるとか、非違行為に対する注意や警告にもかかわらず労働者が態度を改めなかったことを要件と解すべきであるという指摘もあります（土田・前掲書480ページ）。

裁判例には、6カ月の懲戒休職とした会社の処分が不当に重過ぎるとして、その根拠事実などから3カ月の限度で有効とされたケース（岩手県交通事件　盛岡地裁一関支部　平8.4.17判決）や7日間の出勤停止を裁量権の逸脱として無効としたケース（七葉会事件　横浜地裁　平10.11.17判決）等がありますから、半年以上にわたって出勤停止とすることは、かなり重い事案に限られるでしょう。したがって、やや長期にわたって出勤停止処分とする場合には、その裁量を逸脱するものとはいえないといえる程度の証拠を十分に備える必要があります。

（浜辺　陽一郎）

Q140 風俗店での副業を禁止し、違反者を懲戒処分することは可能か

当社では社員の副業について、業務によい影響をもたらす面もあることから推奨している一方、風俗店等での副業は、犯罪や反社会的勢力への関与のおそれ、性病に対するリスク、社会的なイメージの問題などから禁止しています。こうした取り扱いは法的に問題ないでしょうか。また、会社に隠れて風俗店等での副業を行っていることが発覚した場合、懲戒処分を科してもよいでしょうか。

 風俗店等での副業を就業規則等で禁止することも、これに違反した場合に懲戒処分を科すことも可能

1. 副業・兼業に対する対応の変化

労働者が労働時間外に他の雇用関係で働いたり、自ら事業を営んだりすることを副業・兼業といいます。企業はこれまで、本業に支障が出ること等を理由として副業・兼業を禁止したり、または許可制としたりして、違反者には懲戒処分を行う取り扱いが広くなされてきました（下記2.で述べる誠実義務の一つに、従来「二重就業〔副業・兼業〕禁止義務」が含まれると解されてきたところです）。

しかし、近時、副業・兼業が、事業機会の拡大や起業の手段となることや、労働者が活躍できる場を広げる役割を果たすことなどが指摘されて、次第に副業・兼業を原則的に容認する企業が増えています。

厚生労働省による「副業・兼業の促進に関するガイドライン」（平成30年1月策定、最終改正：令和4年7月。以下、ガイドライン）でも、企業の対応につき、基本的な考え方として、「原則、副業・兼業を認める方向とすることが適当である」としています。

2. 労働者の誠実義務

労働契約の締結に付随して、信義則（労契法3条4項）に基づき、労働者には誠実義務が生じます。誠実義務とは、使用者の正当な利益を不当に侵害しないように配慮する義務です。

なお、誠実義務というだけでは抽象的で義務内容が明確でないことから、通常は、就業規則において具体化・明確化されています（代表的な誠実義務として、使用者の信用・名誉を毀損しない義務、秘密保持義務、競業避止義務などがあります）。

3. 副業・兼業を禁止・制限できる場合

裁判例においては、労働者が労働時間以外の時間をどのように利用するかは、基本的には労働者の自由であり、例外的に労働者の副業・兼業を禁止または制限することができるのは、次の場合と解されています。

①労務提供上の支障がある場合
②業務上の秘密が漏洩する場合
③競業により自社の利益が害される場合
④自社の名誉や信用を損なう行為や信頼関係を破壊する行為がある場合

4. 就業規則への規定の仕方

そこで、就業規則において、原則として、労働者は副業・兼業を行うことができること、例外的に、上記3.の①～④のいずれかに該当する場合には、副業・兼業を禁止または制限することができると規定することが考えられます（ガイドライン

8ページ)。

5.参考判例

[1]小川建設事件（東京地裁　昭57.11.19決定 労判397号30ページ）

キャバレーでの無断での二重就労について、「兼業の職務内容は、債務者の就業時間とは重複してはいないものの、軽労働とはいえ毎日の勤務時間は6時間に亘りかつ深夜に及ぶものであって、単なる余暇利用のアルバイトの域を越えるものであり、したがって当該兼業が債務者への労務の誠実な提供に何らかの支障をきたす蓋然性が高いものとみるのが社会一般の通念であり、事前に債務者への申告があった場合には当然に債務者の承諾が得られるとは限らないものであったことからして、本件債権者の無断二重就職行為は不問に付して然るべきものとは認められない」として、普通解雇を有効としています。

[2]ジャムコ立川工場事件（東京地裁八王子支部 平17.3.16判決　労判893号65ページ）

原告である労働者がオートバイ店を開店したことが、就業規則上の懲戒解雇事由である「会社の承認を得ないで在籍のまま、他の定職についたとき」に当たるとして、懲戒解雇処分とした事案について、「本件オートバイ店開店に至る動機、申請等の名義、開店にあたっての原告のリスク、営業状況等の諸事情を併せ考慮すると、本件オートバイ店は、原告が、家族の生活を維持するために、自ら開店、経営し、原告の労働力なしではその営業が成り立たないものであり、原告には、長期にわたる経営意思があって、もはや、今後、被告において就労する意思はなかったものと認めるのが相当である。そうすると、原告が、被告から給与を一部支給されたまま本件オートバイ店開店・営業していた行為は、会社の職場秩序に影響^{（ママ）}し、かつ被告従業員の地位と両立することのできない程度・態様のものであると認めるのが相当である」として、懲戒解雇事由が認められるとしています。

[3]東京メディカルサービス・大幸商事事件（東京地裁　平3.4.8判決　労判590号45ページ）

被告の従業員と他社の代表取締役を兼職していた原告を懲戒解雇とした事案につき、原告は被告の経理部長であるから、被告に対してその職務を誠実に履行する職務専念義務ないし忠実義務を負うものであり、許可を得ることなく、他の会社の代表取締役となり、被告に関連する取り引きをして利益を上げるということは、重大な義務違反行為であるとして、懲戒解雇の有効性を認めています。

6.副業・兼業に対する懲戒処分

労働者の副業・兼業が、形式的に就業規則による副業・兼業を制限する規定に抵触する場合であっても、副業・兼業が労働契約上の義務の履行に支障を生じさせる程度に至っていない場合には、実質的に懲戒事由に該当せず、懲戒処分を行うことはできないと解されます。

上智学院事件（東京地裁　平20.12.5判決　労判981号179ページ）は、「被告の就業規則には無許可兼職を懲戒事由としている事実が存するのであるが、就業規則は使用者がその事業活動を円滑に遂行するに必要な限りでの規律と秩序を根拠づけるにすぎず、労働者の私生活に対する使用者の一般的支配までをも生ぜしめるものではない。兼職（二重就職）は、本来は使用者の労働契約上の権限の及び得ない労働者の私生活における行為であるから、兼職（二重就職）許可制に形式的には違反する場合であっても、職場秩序に影響せず、かつ、使用者に対する労務提供に格別の支障を生ぜしめない程度・態様の二重就職については、兼職（二重就職）を禁止した就業規則の条項には実質的には違反しないものと解するのが相当である」として、懲戒解雇を無効としています。

また、懲戒処分の相当性は、副業・兼業による労務提供への支障の大きさや企業利益、信用毀損の程度などを考慮して判断する必要があります。企業が、近時の傾向である副業・兼業を原則的に容認している場合に、副業・兼業に伴うリスクを

防止する措置を合理的な理由なく講じていなかったこと等の事情があると、懲戒処分の相当性については厳しい判断がされることがあると考えられます。

7.結論

風俗店等での副業・兼業は、会社の名誉や信用を著しく毀損するものと考えられ、周囲の従業員へ悪影響を与えることで企業秩序を毀損するものともいえます。

したがって、副業・兼業を原則的に認めるとしても、風俗店等での副業・兼業を就業規則等で禁止することは可能と考えます。

さらに、会社に隠れて風俗店等での副業を行い会社の名誉や信用、企業秩序を著しく毀損したと認められる場合には、相当性がある懲戒処分を行うことも可能です。

（飛田　秀成）

電車遅延を理由に頻繁に遅刻する社員を懲戒処分することは可能か

始業時刻ギリギリになって出社し、頻繁に遅刻を繰り返す社員がいます。当該社員は電車通勤をしており、電車が定時運行している場合には始業時刻に間に合いますが、数分程度遅延した場合には遅刻しており、遅刻回数は週に複数回に及びます。通勤ラッシュ時における数分程度の電車遅延は日常茶飯事であり、これを見越した上で始業時刻に間に合うよう出社すべきであると考えています。このように頻繁に遅刻を繰り返す社員について、懲戒処分を科すことは可能でしょうか。

遅刻回数の多さを理由に懲戒処分を科すことは可能だが、恣意的な運用にならないよう基準を作成すべき

1.労働契約における遅刻の取り扱い

個人の時間に関する捉え方はさまざまですが、労働契約に関していえば、各社員が労働すべき時間は非常に重要な労働条件の一つです。始業時刻に就業を開始（労務を提供）できるようにすることは、各社員の労働契約上の債務であると評価されます。したがって、遅刻は、仮に短時間であっても、社員が労働契約上の債務を履行していない状態といえます。

ご質問において当該社員は、電車が定時運行している場合は遅刻していないことから、おそらく本人としては、"電車遅延が遅刻の原因であり、自己に責任はない"と考えているのでしょう。しかし、当該社員の労働契約上の債務は、特定の電車に乗ることではなく、始業時刻に就業を開始することですから、上記の考えは誤りです。

2.注意指導および欠勤控除について

当該社員に対しては、懲戒処分を検討すると同時に、①懲戒処分に至らない事実上の注意指導および②遅刻時間分の欠勤控除を検討する余地があります。

[1]注意指導

前述のとおり、時間に関する捉え方は人それぞれですから、当該社員は、週に複数回・1回数分程度の遅刻を問題と認識していない可能性があります。会社としては、始業時刻に就業を開始することを求めていること、電車遅延が予想される場合は、それを織り込んだ行動（例えば、数本早めの電車に乗るなど）を検討するよう求めることに

なります。

[2]欠勤控除

欠勤控除を行う場合、その旨を就業規則で制定していることが必要です。また、数分単位での欠勤に対する控除の方法が就業規則等から明確になっていることが望ましいと考えます。ご参考まで、厚生労働省のモデル就業規則における定めは以下のとおりです。

（欠勤等の扱い）
第45条　欠勤、遅刻、早退及び私用外出については、基本給から当該日数又は時間分の賃金を控除する。
　2　前項の場合、控除すべき賃金の1時間あたりの金額の計算は以下のとおりとする。
　　(1)　月給の場合
　　　　基本給÷1か月平均所定労働時間数
　　　　（1か月平均所定労働時間数は第40条第3項の算式により計算する。）
　　(2)　日給の場合
　　　　基本給÷1日の所定労働時間数

3.懲戒処分の可否

[1]総論

会社が社員に対し、遅刻を理由として懲戒処分を行う場合、その根拠規定が存在する必要があります。無断遅刻について懲戒事由としているケースは多いと考えられるため、貴社の就業規則にも無断遅刻が懲戒事由である旨が定められていることを前提として検討します。

遅刻は労働契約上の債務不履行に当たりますが、無断遅刻を原因として懲戒処分を科すことができるのは、無断遅刻が単なる債務不履行を超えて就業に関する規律に反したり、職場秩序を乱したりしたと認められた場合とする見解が支配的です（菅野和夫・山川隆一『労働法 第13版』[弘文堂] 660〜661ページ、水町勇一郎『詳解労働法 第3版』[東京大学出版会] 611ページ）。また、無断遅刻が懲戒事由とされる場合でも、懲戒処分の量定が甚だしく労働者に不利であるなど、懲戒処分が会社の懲戒権の濫用と評価される場合

は、当該懲戒処分は無効となります（労契法15条）。

[2]会社業務や組織秩序への影響

週に複数回・1回数分程度の遅刻が、会社業務に対してどの程度影響をもたらすかは、その会社の事業内容によっても相当に異なります。

例えば、建設業など、朝に会社に集合し、作業用の車両で現場へ向かうといった事業であれば、同じ現場に向かうすべての社員の出発が遅れますし、顧客と約束した作業開始時間に間に合わないことがあり得ます。そのような場合、会社業務への影響が相応にあると評価されると思われます。他方、コールセンターのように、当該社員が遅れても、他の社員は通常どおりに稼働できる事業であれば、当該社員の遅刻が会社業務へ与える影響は限定的です（もちろん、朝礼等での伝達を二重に行わなければならないといった影響はあり得ます）。

これに対して、職場秩序への影響は、業種を問わず相当にあると思われます。遅刻を常習的に繰り返す社員がいると、他の社員が「あの程度の遅刻は許される」と考え、中には自らもギリギリの時間に出勤し、電車が遅れれば遅刻するようになる可能性もあるでしょう。また、「あの人は遅刻しているのに、自分は定刻どおり出社して働いており、割に合わない」と考える社員も出て、職場の士気が下がることも大いにあり得ます。

[3]裁判例に見る遅刻の懲戒処分

実は、遅刻を多数回繰り返したことのみを懲戒事由とする懲戒処分に対して、これを無効とした裁判例はほとんど見当たりません。これは、多数回遅刻する場合には何らかのペナルティーがあることが、日本社会においては常識として理解されている結果だと推測します。

無断遅刻・無断欠勤を繰り返したことを理由とした懲戒解雇を有効とした裁判例として、東京プレス工業事件（横浜地裁　昭57.2.25判決　判タ477号167ページ）があります。この事件で遅刻は6カ月間で24回、1回平均2.7時間、同じ期間に無断欠勤は14日に及んでいました（完全な就労を

した日数は全体の69％強にすぎない状況）。なお、同事件は、労働者が組合幹部であり、懲戒解雇が不当労働行為に当たるとの考えから裁判手続きに発展したという背景があります。

[4] 適切な量定

週に複数回・1回数分程度の無断遅刻を理由として懲戒処分を行う場合は、その量定を慎重に行う必要があります。まずは、2.[1]のとおり事実上の注意指導を行い、改善がない場合は懲戒処分のうち最も軽い処分（多くの場合は譴責）を科して、反省を促すことが必要でしょう。譴責処分を科しても改善がない場合は、処分を一段階ずつ重くしていく必要があります。各懲戒処分において、改善のための注意指導を行い、その記録を取っておくことが重要です。

上述の裁判例でも、事実上の注意指導後の改善がないことから、譴責処分・訓戒処分を行った上で懲戒解雇の意思表示を行っています。

4. 懲戒処分を行う際の注意点

ご質問のケースでは、遅刻が1回数分程度と短時間であり、遅刻それ自体よりも"1本早い電車に乗るという工夫をしない社員に対する苛立ち"が、貴社にあるようにも見受けられます。懲戒処分が恣意的になされたという疑いを持たれないためにも、当該社員の行動についてはいったん離れて、企業秩序維持の観点から、無断遅刻に対する懲戒処分の基準（注意指導のタイミングや量定の考え方等）をつくり、それを適用していくという運用を行うことがよいと考えます。

（増田　周治）

 緊急を要し女性用トイレを使用した男性社員に懲戒処分を科すべきか

ある男性社員が急な腹痛で社内の男性用トイレに行ったところ個室がすべて使用中であったため、やむなく女性用トイレを使用したという事案が発生しました。当時トイレ内に居合わせた女性社員は強い不快感を示しており、当該男性社員に懲戒処分を科すよう求めています。一方で、同人の事情を考えると、懲戒処分の対象とするのは酷だと感じます。この場合、戒告や譴責といった軽いものであっても、懲戒処分を科すべきでしょうか。

 まずは事実調査を行い、①懲戒事由該当性および②社会通念上相当性について検討すべき。その上で、いずれかが欠ける場合には懲戒処分を科すべきではないが、女性社員の納得を得るため会社から男性社員の事情について説明するなどの対応を取るべきである

1. 懲戒処分の有効性

懲戒処分が有効となるためには、①就業規則の定めがあり、懲戒事由に該当した上で、②社会通念上の相当性が認められることが必要です（労契法15条参照）。

2. ご質問における検討

[1] 就業規則の定めがあり懲戒事由に該当するか（①）

就業規則には、一般的に、懲戒処分の種類と懲戒事由が定められています。比較的軽い懲戒処分の種類（譴責、減給、出勤停止等）に対応する懲戒事由について、ご質問のケースに関連し得るも

のとしては、以下のような規定を設けていることが多いです（厚生労働省「モデル就業規則」参照）。

---
⑦素行不良で社内の秩序および風紀を乱したとき

④第○条（服務規律規定）に違反したとき

〈服務規律規定の例〉

　i　会社の名誉や信用を損なう行為をしてはならない

　ii　従業員としてふさわしくない行為をしてはならない

　iii　職場におけるあらゆるハラスメントにより、他の労働者の就業環境を害するようなことをしてはならない

　男性社員による女性用トイレの使用を直接懲戒事由として定めている企業はまれだと思われますので、このような関連し得る条項等に該当するかを検討することになります。

　まず、⑦について、男性社員が女性用トイレを使用したことで、「社内の秩序および風紀を乱した」といえないこともありませんが、「素行不良」との文言は一般的に普段から行いが悪いことを指し、常習性を要すると考えますので、一度のみの行為では該当し難いと考えられます。

　次に、④のiについて、一般的に、社内での行いや従業員同士の関係で完結している場合においては、会社の名誉や信用が損なわれる可能性は低く、該当し難いと思われます。iiについては、「ふさわしくない」との文言が抽象的ではありますが、男性社員が女性用トイレを使用することは、それ自体を見ると望ましくない行為ではありますので、該当する可能性がないとまでは言い切れないと考えられます。iiiについても、女性用トイレ内にいた女性社員が強い不快感を示しているとのことですので、（セクシュアルハラスメントに該当するかは別にして）他の労働者の就業環境を害したといえないこともなく、該当する可能性がないわけではないと思われます。

[2]社会通念上の相当性が認められるか（②）

　次に、仮に①を満たすとしても、懲戒処分を科すことが社会通念上相当か否かを別途検討します。本件の場合、当該男性社員が女性用トイレを使用した行為について、動機、経緯、行為の回数、行為態様、居合わせた女性社員の被害の有無・程度、謝罪の有無等、諸般の事情を考慮して検討することになります。

　まず、動機について、過失ではなく故意ではあるものの、急な腹痛で男性用トイレに行ったところ個室がすべて使用中であったためやむを得ず――というものであり、緊急性が高く個室が空くのを待つ時間的余裕がなかったものと思われますので、悪質性は低いと考えます。特に、使用中の男性用トイレの個室に声掛けを行い、しばらく空きそうにはないことを確認していた場合には、より悪質性は低くなるでしょう。また、行為態様として、女性用トイレに入る前に中に向かって声掛けを行っていたり、他に女性社員が居合わせていることに気付いた際に事情を説明して謝罪を行っていたり、用を足したら直ちに退室していたりするようであれば、これらは悪質性を下げる方向に働く事情となり得ます。

　他方、経緯として、男性用トイレから女性用トイレへの移動に要する時間よりも、他の場所の男性用トイレへの移動時間のほうが短い場合や、より近くに使用できる共用トイレ等があった場合は、当該男性社員の行為が悪質であると判断する方向に傾きそうです（ただし、当該男性社員は急な腹痛により注意力が低下していた可能性もありますので、一概にこのような方向に傾くとも言いにくいところです）。

　本件について、動機以外の事情は明らかではありませんが、ご質問の内容からは特段悪質性を高める要素は読み取れないように思われますので、懲戒処分を科すことが社会通念上相当とはいえないと考えられます。

[3]会社としての対応の帰結

　上記[1][2]のとおり法的検討を行いましたが、本件の事情から、会社としては、そもそも懲戒処分の検討の俎上に載せるべきかについて、悩ましい部分があると思われます。

これについては、女性社員からの訴えにより、当該男性社員の懲戒事由に該当し得る行為が明らかとなっている状況ですので、懲戒処分の前提としての事実調査（本件男性社員・女性社員の双方、および目撃者へのヒアリング、防犯カメラの確認等）については適切に行うべきと考えます。その上で、上述の検討の結果として懲戒処分を科さないこととなったとしても、居合わせた女性社員は強い不快感を示しているとのことですので、会社から当該男性社員の事情を説明する、会社が主導して同人からの謝罪の機会を設けるなど、会社として何らかの対応を取るべきです。

それでも女性社員が納得しない場合は、女性社員に会社としてこれ以上の対応ができない旨を伝えることになります（男性社員の意見も聞きつつ、例えば両人が同じ執務エリアで勤務している場合など、席替え等により両者の距離を空けることで解決できるようであれば、こうした対応を検討してもよいでしょう）。なお、女性社員に民事訴訟等の社外手続きを取り得る旨を伝えることも考えられますが、社内トラブルを可及的かつ円満に解決する観点から、会社としては、女性社員を粘り強く説得すべきです。

（田村　裕一郎）
（井上　紗和子）

Q143 虚偽のセクハラ被害を訴える社員を懲戒処分することは可能か

社員Xが上司との面談中にセクシュアルハラスメント（以下、セクハラ）を受けたと社内で吹聴しています。しかし、当該上司は明確に否定している上、面談で使用した会議室はガラス張りで周囲から内部が丸見えであり、当時近くで仕事をしていた複数の社員も当該行為を一切目撃していない旨、供述しています。また、事実関係を確認した際のXの供述内容は一貫せず、前後で明らかに矛盾する点もあるため、実際にセクハラ行為があったとは考えられない状況です。同じ職場の社員によると、どうやら以前、両人の間でトラブルがあったようで、Xはその報復をしているのではないかとのことです。このような虚偽と思われるセクハラ被害を主張する社員に懲戒処分を科すことは可能でしょうか。

意図的な虚偽のセクハラ被害の申告は企業秩序を乱す行為であり、就業規則に定められた懲戒事由に該当すれば、Xに懲戒処分を科すことは可能。他方、同人の申告したセクハラの事実がなかったと認められる場合であっても、当該申告が虚偽であることが意図的でなかったときは、懲戒処分を差し控えるべき

1. セクハラに係る事実認定
[1] 事実認定の方法

職場におけるセクハラに係る相談があった場合、使用者としては、まず、その事案に係る事実関係を迅速かつ正確に確認する必要がありますが（事業主が職場における性的な言動に起因する問題に関して雇用管理上講ずべき措置等についての指針〔平18.10.11　厚労告615、最終改正：令2.1.15　厚労告6〕4（3）イ参照）、相談者（被害者）と行為者とされる者（以下、「行為者」ともいう）の供述内容が対立する場合は、問題となる性的な言動に係る事実認定を慎重に行わなければなりません。

その判断方法として、まず、客観的な証拠とな

る資料を確認する必要があります。客観的な証拠となる資料としては、写真、動画、メールなどが考えられますが、問題となる性的な言動を直接に証明できる内容を持つ証拠でなくとも、その前後の事実（このような事実は、問題となる性的な言動の有無を推認させる事実といえます）を証明する証拠も、重要な判断資料となります。

また、問題となる性的な言動がなされた場に第三者が居合わせていた場合は、当該第三者の供述も重要な判断資料の一つです。

もっとも、セクハラについては、客観的な証拠に乏しく、また、問題となる性的な言動が相談者と行為者の二人しかいない場所でなされ、第三者の供述を得られないことも少なくありません。そのような場合は、相談者と行為者の供述から事実認定を行うことになります。すなわち、客観的な証拠との整合性、供述内容自体の合理性、供述内容の一貫性・具体性、供述過程（見間違いや聞き間違い、記憶違いなどがないか）などから、相談者の供述と行為者の供述のいずれが信用できるかを判断し、事実認定を行う——ということです。

[2]事実認定における留意点

なお、セクハラに係る事実認定においては、「強姦のような重大な性的自由の侵害の被害者であっても、すべての者が逃げ出そうとしたり悲鳴を上げるという態様の身体的抵抗をするとは限らないこと、強制わいせつ行為の被害者についても程度の差はあれ同様に考えることができること、特に、職場における性的自由の侵害行為の場合には、職場での上下関係（上司と部下の関係）による抑圧や、同僚との友好的関係を保つための抑圧が働き、これが、被害者が必ずしも身体的抵抗という手段を採らない要因として働くこと」（横浜セクシュアル・ハラスメント事件　東京高裁平 9.11.20判決）、「職場におけるセクハラ行為については、被害者が内心でこれに著しい不快感や嫌悪感等を抱きながらも、職場の人間関係の悪化等を懸念して、加害者に対する抗議や抵抗ないし会社に対する被害の申告を差し控えたりちゅうちょしたりすることが少なくないと考えられるこ

と」（L館事件　最高裁一小　平27．2.26判決）に留意する必要があり、相談者（被害者）が積極的に抵抗をしなかったことや被害申告を直ちに行わなかったことを、過大に評価すべきではありません。

2.セクハラ被害の申告が虚偽であることが判明した場合の対応

[1]相談者への対応

ご質問の事案においては、第三者の供述が得られたところ、相談者（社員X）の供述内容が、第三者の供述と整合せず一貫性もないことから、問題となる性的な言動はなかったと認められ、さらに、同じ職場の社員が供述する当事者間のトラブルにも鑑みれば、相談者は意図的に虚偽のセクハラ被害を申告したと認定できるとのことです。

セクハラ被害の虚偽申告は、企業秩序を乱す行為であり、就業規則の定め方にもよりますが、例えば、「事実をねつ造して虚偽の報告を行ったとき」といった懲戒事由に該当するといえます。したがって、そのような申告を行った相談者に対しては、就業規則に定められた懲戒事由に該当するとして、懲戒処分を科すことも可能であると考えます。なお、この場合でも、違反行為の程度に照らして均衡の取れた懲戒処分を行う必要があり、権利濫用とならないよう注意が必要です。

他方、相談者の申告したセクハラの事実がなかったと認められる場合であっても、当該申告が虚偽であることが、相談者の見間違いや聞き間違い、記憶違い等に起因するものであって、意図的なものでなかったとき（相談者において誤った申告であるとの認識を有していなかったとき）は、相談者に対する懲戒処分は差し控えるべきであると考えます。

なお、セクハラ被害の虚偽申告は、行為者とされた者の名誉を毀損するものであり、不法行為（民法709条）に当たるといえますので、相談者が行為者とされた者に対し、損害賠償責任を負うこともあり得ます（学校法人A学院ほか事件　大阪地裁　平25.11.8判決）。

[2] 行為者とされた者への対応

セクハラ被害の虚偽申告がなされた場合、特に、ご質問のように「セクハラを受けたと社内で吹聴」されたときは、行為者とされた者の名誉ないし名誉感情は害されますし、相談者と行為者とされた者の対立は深刻な状況にあるといえます。したがって、セクハラ被害の申告が虚偽であることが判明した場合、使用者としては、安全配慮義務（労契法5条）の履行として、行為者とされた者に対し、その心理的負荷等が過度に蓄積することがないように適切な対応を取る必要があると考えます。

この点について、アンシス・ジャパン事件（東京地裁　平27.3.27判決）は、2人体制で業務を担当する他方の同僚からパワハラの申告があったものの、使用者による調査の結果、パワハラの事実はないとされたところ、行為者とされた者がパワハラを申告した者と一緒に仕事をするのは精神的にも非常に苦痛であり不可能である旨を繰り返し上長に訴えていた事案において、「原告（編注：行為者とされた者）又はA（編注：パワハラを申告した者）を他部署へ配転して原告とAとを業務上完全に分離するか、又は少なくとも原告とAとの業務上の関わりを極力少なくし、原告に業務の負担が偏ることのない体制をとる必要があったというべきである」と判示して、結論として、使用者の損害賠償責任を認めており、参考になります。

（三浦　聖爾）

禁止しているにもかかわらず廃棄処分の食品等を恒常的に持ち帰っていたパートタイマーを懲戒処分できるか

当社は飲食業を経営し、幾つかの店舗を展開しています。当社の規則では、従業員に対し、衛生面などの問題から、閉店後に廃棄処分とする調理済み食品等を持ち帰ることを禁止しています。ところが、あるパートタイマーが廃棄を行わず、食品等を恒常的に持ち帰っていることが発覚しました。環境への配慮の観点から無駄な食品等の廃棄を行いたくはないのですが、食中毒などの発生が心配です。こうした事態を未然に防ぐためにも、当該パートタイマーに対し懲戒処分を科しても問題ないでしょうか。

 懲戒処分はできるが、事前の注意がどの程度なされていたかを踏まえ、懲戒処分の前例がない場合には、処分の理由に比し重過ぎるものとならないよう注意が必要

1.懲戒処分に関する規律

使用者が労働者を懲戒する場合、客観的に合理的な理由を欠き、社会通念上相当であると認められないと、その権利を濫用したものとして、当該懲戒は無効とされます（労契法15条）。現在、多くの企業が就業規則に懲戒に関する規定を整備し、裁判所もそれを前提として、具体的な懲戒処分の有効性を、就業規則上十分な根拠を有していたか否かの枠組みで判断しています（菅野和夫・山川隆一『労働法　第13版』[弘文堂] 668ページ）。また、定められた懲戒事由に該当するか否かの判断においては、就業規則の広範な文言をそのまま受け入れることはせず、労働者保護の見地から限定解釈する傾向にあります（菅野・山川・前掲書659ページ）。

懲戒処分には、戒告や減給、降格など複数の種類があり、当該懲戒が、当該懲戒に係る労働者の行為の性質および態様その他の事情に照らして、

懲戒事由と均衡が取れている必要があり、業務への支障の有無・程度、使用者からの注意・指導・教育の状況、管理体制、改善の見込み、反省の度合い、過去の非行歴、勤務成績、同種事例に対する先例、処分との均衡等の事情を総合的に考慮して（本書347ページ参照）、適切な手続きによって行う必要があります。

2.持ち帰り行為に対する二つの裁判例

ご質問のケースで、その持ち帰りが懲戒事由に該当する場合は、懲戒処分ができそうですが、ここではまず、持ち帰り行為に対する懲戒処分が争われた二つの裁判例を紹介します。

一つは、スーパーマーケットで勤務していた従業員が、精肉商品を会計せずに持ち帰ったことを理由に懲戒解雇がされた事案です。裁判所は、懲戒解雇と予備的に行った解雇の意思表示が、いずれも客観的合理的理由を欠き、社会通念上相当であると認められず無効であるとしただけではなく、会社が元従業員の実名を挙げて「窃盗事案が起きました」「計画性が高く、情状酌量の余地も認められない」「本事案は刑事事件になります」等と記載したことが名誉毀損の不法行為に該当するなどとして、会社から元従業員への損害賠償を命じました（ロピア事件　横浜地裁　令元.10.10判決。なお、控訴後和解）。

もう一つは、大阪市の職員が、平成22年ごろから平成26年ごろまでの間に、市民から提供されたリサイクル衣料を私的に利用するために持ち帰っていたことを理由としてなされた、停職1カ月の懲戒処分の有効性が争われた事案です。裁判所は、懲戒処分に付すこと自体は相当ではあるものの、重い停職処分については、懲戒権を逸脱濫用していると評価せざるを得ないとして、原告の請求が全部認容されました（大阪市事件　大阪地裁平30．5.14判決）。なお、この事案では、職員に対し、職員向けの掲示等で服務規律の確保を再三にわたって呼び掛け、ごみであっても、私的に利用することや私物化することは絶対に許されないとの指導をしていました。

3.ご質問のケースにおける対応

ご質問のケースも形式的には窃盗罪に該当し、会社の「規則」でも、従業員に対し衛生面などの問題から、閉店後に廃棄処分とする調理済み食品等の持ち帰りを禁止していたとのことです。また、その行為を放置すると、他の従業員にも悪影響を及ぼし、持ち帰りが横行するおそれもあり、問題が発生するリスクも高まりますから、何らかの措置は必要でしょう。このため、事実関係が十分に確認でき、立証できるのであれば、その根拠となる事由に基づいて懲戒処分をすることはできるかもしれません。

しかし、食中毒等のリスクが、従業員の健康という利益を守るために懸念されるものであれば、その従業員が自らの利益を放棄してリスクを取ることを、どこまで強く非難できるかという問題もあります。万が一、食中毒が起きた場合は、会社の信用を害するおそれもありますが、それが顕在化していない段階では、その売り上げへの影響や会社のイメージダウンもないとすると、その持ち帰り行為により、会社に何らかの不便、不経済を生じたわけでもないと考えられます。関係者に迷惑をかけたとか、事業の正常な運営が妨げられた等の実害は限定的であり、被害があるにしても、その程度は明らかでありません。

会社の側も、環境への配慮の観点から無駄な食品等の廃棄を行いたくないと考えているように、当該パートタイマーも食品を無駄にしたくないという思いは同じであったという面もあります。この点で、前述のロピア事件の精肉食品や大阪市事件のリサイクル衣料と比較すると、パートタイマーの側に情状酌量の余地がありそうです。

ご質問のケースでは、当該持ち帰りが行われた回数、それが繰り返し行われていたとしたら、その期間、あるいはどのような食品であったか（食中毒リスクの高い食品か）等も踏まえて、その情状を適切に評価する必要があります。その情状を酌量しないで重過ぎる懲戒処分をすると、社会通念上相当なものと認められず、懲戒権を濫用したものとして、無効とされるリスクもあります。考

慮すべき事情には、同様の事例に関する先例を踏まえるべきであり、従来黙認してきた類いの行為に対して懲戒をする場合には、十分な警告を必要とします（菅野・山川・前掲書671ページ）。

そのため、事前の注意がどの程度なされていたかも踏まえ、懲戒処分の前例がなかったような場合には、懲戒処分がその理由に比して重過ぎるものとならないように注意する必要があります。今回の違反で実質的な違法性が低ければ、注意・指導等にとどめること、懲戒をするにしても軽めの処分とすることも考えられます。

これに付随して、社内研修や社内規程の見直しをして、再発防止に向けて取り組むことも考えられ、そのルール内容や位置づけが不明確なままでは、従業員に重い制裁を加えることはできません。なお、再発防止のために懲戒処分を社内で開示しようという場合でも、懲戒対象者の名誉毀損に該当しないか等、その記載方法には十分に留意する必要があるでしょう。

（浜辺　陽一郎）

テレワーク時の中抜けを申告しなかった社員に対し、懲戒処分を科すことは可能か

当社の社員で、テレワーク時に中抜けしているにもかかわらず、それを申告していない者がいることが発覚しました。当該社員は、社内のチャットツールの表示上オンライン状態となるよう社用携帯でこまめにログインするなどして、中抜けを分かりづらくしていたようです。「中抜けしていた時間分は朝や夜に働いて補っている」と主張していますが、当社ではフレックスタイム制は導入していません。そのため、無許可で中抜けしたことをもって懲戒処分を科すことは可能でしょうか。

テレワーク中の労務管理の方式や、勤務時間中の業務離脱に関する就業規則の定めによるが、当該行為が規則違反として非難される度合い等を含め、関連事情を総合的に勘案して懲戒処分を科すかどうか検討すべきである

1. 中抜け時間の一般的取り扱い

自宅等でテレワークに従事している労働者が、私生活の用事を行うために勤務時間中に業務を一時的に離れることを「中抜け」と呼ぶことがあります。

会社に出勤してオフィスで就業する場合には、所定の就業時間（始業時刻と終業時刻に挟まれた時間）において、労働者は、所定の休憩時間を除き職務専念義務を負います。私的な用事を就業時間内に行うことは許されません。仕事の合間に洗面所に行ったりするのは当然で、その時間を労働時間から逐一除外する会社はありませんが、離席時間が1時間、2時間、さらにそれ以上となれば、それを欠勤・遅刻・早退（いずれも原則として賃金カットの対象となる）、あるいは本人の意向に即して時間単位の年次有給休暇（労基法39条4項。以下、時間単位年休）の取得として取り扱うのが適切です。このような賃金カット等に対し異議を唱える労働者はいないでしょう。

一方、テレワーク（ここでは在宅勤務を想定します）では事情が大きく異なります。各自の住居では、私生活上の用事と会社業務の遂行とが混在したり、会社業務の間に私的な用事が割り込んできたりすることは事実上避けられないといえます。そして、実際上、労働者が就業時間内に業務から一時的に離れたとしても、その者が会社に自主的にこの「中抜け」を申告しない限り、会社はその事実を知り得ないのが普通です。

2. 中抜け時間の取り扱い

中抜け時間について、例えば労働者の申告した時間を休憩時間として扱い、労働者のニーズに応じて始業時刻を繰り上げる、または終業時刻を繰り下げることが考えられます。また、別の方法として、時間単位年休として取り扱うことも考えられます。ただし、始業・終業時刻の変更を行う場合には、その旨を就業規則に記載しておかなければならず、また、時間単位年休を与える場合には労使協定の締結が必要となります。その意味では、少々柔軟性に欠ける方式です。

一方、労働者が始業・終業時刻を自主的に決定することができるフレックスタイム制を導入すれば、中抜け時間に関し、労働者自らの判断により、その時間分その日の終業時刻を遅くしたり、清算期間の範囲内で他の労働日において労働時間を調整したりすることができますが、ご質問のケースではフレックスタイム制は採用されていません。

3. テレワークにおける労働時間管理の方法

テレワークにおける労働時間管理の方法は会社ごとにさまざまですが、中には、会社が労働者を信頼して、厳密な労働時間管理を行わないケースもあるでしょう。その場合、仮に労働者が勤務時間中に中抜けすることがあったとしても、それを逐一、職務専念義務の違反として取り上げるのは（さらに懲戒処分の対象とするのは）、社員への信頼をベースとする労務管理にはそぐわないといえます。ただし、中抜け時間が長くなれば、会社はそうもいっていられないと思われ、その意味で、すべてを労働者の自主的管理に委ねる労務管理には欠点もあります。

その一方で、会社が中抜けに対しより厳しく取り扱い、事前の許可取得または事後の届け出を社員に求める規定を就業規則に規定するとともに、私用外出等による業務離脱に係る賃金の取り扱い（賃金カットなど）に関してわざわざ給与規程に定めを置くようなケースでは、社員がそれを怠れば、就業規則違反を構成することになります。こ

の場合、会社としては、同規定違反を理由に懲戒処分を含む制裁を科すことも視野に入ってきます。

4. テレワークガイドラインにおける取り扱い

2021年3月に改定された厚生労働省のテレワークガイドラインは、労基法上、使用者は中抜け時間を把握することとしても、把握せずに始業・終業の時刻のみを把握することとしても、いずれでもよいとして柔軟な立場を示しています。

同ガイドラインは、「テレワーク中の中抜け時間を把握する場合、その方法として、例えば1日の終業時に、労働者から報告させることが考えられる」と記していますが、少なくともご質問のような事例では、社員が自主的に正直に中抜け時間を報告することなどは期待できません。また、無断での中抜けを事実上容認してしまうような労務管理には不備があるものと言わざるを得ません。この点、同ガイドラインは、「中抜け時間を把握しない場合には、始業及び終業の時刻の間の時間について、休憩時間を除き労働時間として取り扱う」とのオプションを記していますが、このような中抜け時間の清算を一切行わない取り扱いを良しとする企業は少ないでしょう。

5. まとめ

まず、ご質問における社員の「中抜けしていた時間分は朝や夜に働いて補っている」との弁明が事実であるかどうかを会社が検証することは容易ではありません。同社員は、「社内のチャットツールの表示上オンライン状態となるよう社用携帯でこまめにログインするなどして、中抜けを分かりづらくしていた」とのことです。会社は、チャットツール上の表示がオンライン状態になっているかどうかで社員が執務中であるか否かを判定し、労務管理を行うことがあります。会社が社員全員に通達して、画面上の表示のタイムリーかつ正確な切り替えを求めていたのだとすれば、ご質問記載の行為は、このルール・指示に違反するものとなります。

懲戒（解雇）

　一方、労務管理の方法としてチャットツール上のオンライン／オフライン表示のモニタリングはしないと会社が事前に社員に対し明示的に伝達していた場合や、その点について事前に何の通達も行っていなかった場合には、当該社員はいわば先回りをして、中抜けが会社に知られないように画面表示を操作していたことになります。

　上記いずれの場合であっても、たとえ当該社員が就業時間外に仕事をして埋め合わせを行い、「他の社員に迷惑を及ぼしていないし職場秩序を乱してもいない」などと述べたとしても、当該社員の行為は誠実な行為であるとは言い難いと考えられます。ご質問のような事例が判明した以上、当該社員に対し、最低限、何らかの注意・警告を発することが必要になると考えられます。また、例えば、ある社員が所定労働時間どおりに勤務したとの日報を会社に提出しておきながら、実際には頻繁な中抜けを繰り返していたとすれば、それは、会社に対し不正直な申告を重ねていたことになり、服務規律違反を構成するでしょう。

　会社の対応としては、懲戒処分ではない厳重注意、あるいは戒告・譴責・出勤停止などの懲戒処分を科す選択肢が考えられます。懲戒処分を行うには、就業規則上の懲戒事由該当性を満たさなければならず、また、社員間の公平な取り扱いを含め、懲戒権の濫用とならないか、懲戒処分の有効性が審査の対象となります。同種の行為に及んでいる他の社員がいないかどうか、調査を実施することが必要となるでしょう。中抜け行為により業務の停滞を招いたとか、緊急対応に支障が生じたといった事情があれば、行為の帰責性が高まることになりますが、そうでなければ非難の度合いは相対的に低くなります。

（神田　遵）

Q146 労働組合の組合費を横領していた従業員を懲戒解雇することは可能か

　当社には労働組合があり、管理職以外のほとんどの従業員が加入しています。先日、同組合で過去に会計係を務めていた者が組合費を1000万円以上着服していたことが発覚しました。会社外のことではあるものの、このような行為をした者を引き続き雇用することはできません。そこで、懲戒解雇とすることを検討していますが、可能でしょうか。

組合費の着服は、会社外の行為であるにしても、企業秩序を直接に害し企業の社会的評価の毀損をもたらすから、懲戒の対象となり得る。懲戒解雇とするには要件・手順を満たすことが必要

1.労働組合の性質と組合財産の管理

　労働組合（以下、組合）は、労働者の経済的地位向上のために使用者と交渉することを主たる任務としており、使用者から独立して自主的に運営されなければなりません。組合の運営に必要な費用は、主に組合員の支払う組合費により賄われます。組合費はまた、特定の目的のためにプールされて組合財産を形成しますが、それは、本来、細心の注意をもって保管・管理されなければなりません。

　しかしながら、組合の会計を長年にわたり同じ人物に任せきりにするなどして監視がおろそかになった結果、着服・横領などの不祥事が発生することがあります。ご質問はそのような事案への対応に関するものです。

2. 会社外の行為を理由に懲戒処分を科し得るか

仮に組合名義の銀行口座から金員を無断で引き出して職場外で費消し、着服したのであれば、それは労働者による会社外の行為であって、しかも職務と無関係の行為ということになります。そのような行為を理由として会社が懲戒処分を科し得るかが問題となります。

この関連で、私生活上の非行に対する懲戒処分の有効性の論点が最高裁で争われてきました。古い判例ですが、横浜ゴム事件（最高裁三小　昭45．7.28判決　民集24巻7号1220ページ）は、深夜に他人の住居に侵入し罰金刑を受けたことを理由として懲戒解雇がなされた事例で、当該行為は私生活の範囲内で行われたものであること、受けた刑罰が罰金2500円程度にとどまったこと、会社における職務上の地位が指導的なものではないこと等を考慮し、「会社の体面を著しく汚した」とまで評価するのは当たらないとして懲戒解雇を無効としました。その他にも、やはり古い判例ですが、以下のような事例があります。

● 国鉄中国支社事件（最高裁一小　昭49．2.28判決　民集28巻1号66ページ）：組合活動に関連した公務執行妨害行為（警察官への暴行）を理由とする懲戒免職処分が有効とされた事例

● 日本鋼管事件（最高裁二小　昭49．3.15判決　民集28巻2号265ページ）：米軍基地拡張のための測量を阻止しようとして法令上の禁止行為に及び、逮捕・起訴されたことを理由とする諭旨解雇・懲戒解雇について、従業員3万人を擁する大企業の一工員がなした上記のような行為が会社の体面を著しく汚したとはいえないとして、上記懲戒処分を無効とした事例

● 関西電力事件（最高裁一小　昭58．9.8判決　労判415号29ページ）：就業時間外に社宅において会社を中傷誹謗（ひぼう）するビラを配布した行為を理由とする譴責（けんせき）処分について、当該行為は従業員の会社に対する不信感を醸成して企業秩序を乱すおそれがあると述べて同処分を有効とした事例

上に掲げた最高裁判例は、懲戒処分のレベルも一定ではなく、いずれも具体的事実関係の下での事例判断と位置づけられるべきものです。会社外の行為が懲戒の対象となり得るとの一般論は成り立つとしても、いかなる行為をもって企業秩序を乱し企業の社会的評価を毀損したものといえるかという個別的検討は必須となります。

3. 組合費の着服は私生活上の非行か

ご質問の事例を検討するに、まず、貴社内組合の組合費の着服は果たして「私生活上の非行」に分類されるべきものかが問題となります。着服行為が組合ひいてはその構成員（組合員）たる同僚従業員の利益を著しく損なうものであることに争いはないでしょう。そのような見地からは、それを単なる「会社外の行為」ないし「私生活上の非行」として片付けることはできないと思われます。企業の業務運営を直接的に阻害したり取引上の不利益を発生させたりするものではないとしても、組合費から1000万円以上もの多額の金員を着服した行為は、企業秩序を直接的に害するものといえます。また、それは業務上横領罪という犯罪行為であり、私的費消に情状酌量の余地は認め難いでしょう。そうであれば、当該着服・横領行為は企業秩序に直接の関わりを有するものであり、また重大な犯罪行為に手を染めた従業員がいるとの事実は客観的に企業の社会的評価の毀損をもたらすといってよいと考えられます。そうすると、企業秩序の維持・回復のための制裁発動の必要性および将来の同種非違行為の再発防止のためにも、会社が行為者に対し、行為の程度に応じた懲戒処分を科することは許されるものと解されます。

一方、着服された組合費に係る被害回復や善後策の構築は、組合が自主的に行うのが原則です。これは組合財政自治の原則から導かれるものであり、組合としては、安易に会社に支援を求めるべきではないことになります。

4. 労組法関連の付随的留意点

前記のとおり、組合は、使用者から独立した組

合員の自主性に基づいて運営されなければならないため、労組法は、使用者による組合に対する支配介入を禁止しています（7条3号）。組合費の着服問題に対し、会社が組合の同意や承認なく元会計係の従業員への調査に乗り出したり、着服金回収のためにアクションを起こしたりすることは、たとえそれが会社として組合を支援したいとの善意によるものであったとしても、組合に対する支配介入に該当するおそれがあります。

また、着服行為に及んだ元会計係を会社が懲戒（懲戒解雇を含む）することも、対象者が組合員である以上、場合によっては組合の自主性を損ない得るものですから、会社が行為者への対応を決めるに当たっては、組合との協議が求められると解されます。

もっとも、組合費の多額の着服は、組合にとっても到底容認し難い不祥事であり、組合自体も自ら科す制裁としての統制処分の検討が必要となるでしょう。それゆえ、組合により内部的制裁がなされた上で、会社としては、それとは別に、企業秩序を乱した重大な非違行為として、当該従業員を懲戒すべきかどうかの検討を行うこととなります。

5. 会社が行為者に対し懲戒解雇の処分を下すに当たっての要件・手順など

懲戒解雇は懲戒処分のうち最も重い処分であり、退職金の減額ないし不支給につながることがあります。このような重い処分であるため、その有効性が裁判で争われることになれば、労契法15条の懲戒権濫用に該当するかどうかについて厳格な判断が行われます。それゆえ、会社は、①就業規則上の懲戒解雇事由への該当性、②対象たる非違行為の内容と懲戒処分の重さとの間で均衡が取れているか（懲戒解雇の相当性）、および③告知・聴聞手続きの実施（懲戒事由を告知した上での弁明の機会の付与）について裁判所の厳格な事後的審査に服することをあらかじめ想定した上で、懲戒解雇に付するか否かの決定を下さなければなりません。

（神田　遵）

上司からの指示がない時間外労働に対し、業務命令違反として懲戒することはできるか

当社ではワーク・ライフ・バランスの一環として、時間外労働の削減に取り組んでいます。ある部署の管理職から、「所定時間内に業務を行うよう指導しているにもかかわらず、頻繁に時間外労働を繰り返す部下について、業務命令違反として懲戒できないか」との相談がありました。一方、この部下は「とても所定時間内に終わる業務ではない。時間外労働の禁止を理由に懲戒処分をするのはパワーハラスメント（以下、パワハラ）ではないか」と主張しています。どちらに理があるかは即断できないため、ひとまず時間外労働分の割増賃金は支払っていますが、この部下につき、業務命令違反として懲戒することはできるでしょうか。また、同人が主張するように懲戒を行ったこと自体がパワハラと認定される可能性はありますか。

部下の「とても所定時間内に終わる業務ではない」との主張が否定できない状況下においては、業務命令違反として懲戒処分を科すことは避けるべきである。一方、無効と判断される可能性がある懲戒処分を科したこと自体が、直ちにパワハラと認定されるわけではない

1. 長時間労働抑制下の無断残業と懲戒処分

　使用者として、労働者に対する安全配慮義務の履行（労契法5条）という観点からすれば、長時間労働を抑止するためにさまざまな施策を講じることは望ましいところです。

　しかし、その施策が、単に上司が部下に対して残業をしないように指導するだけのものであって、部下が現実に行わざるを得ない残業が減少していないケースでは、当該使用者において長時間労働の抑制につながる実質的な施策は講じられていないといえます。

　そして、使用者が明示的に時間外労働を命じていなかったとしても、労働者の業務量などから時間外労働を行わざるを得ない状況にあったと評価された場合には、当該時間外労働に関する黙示の命令があったと認定される可能性があります。

　その場合、時間外労働を行った労働者には落ち度がなかったということになるため、懲戒処分を科す理由はないことになります。

　そこで、ご質問の事案のように、時間外労働の削減のために部下に対して所定労働時間内に業務を終えるように命じるのであれば、上司としては、まず、当該労働者の職責・業務遂行能力等に照らし、それが可能な程度の適正な業務量となるよう調整するといった配慮が求められることになります。

　もっとも、労働者に対してどのような業務を行わせるかについては、使用者（上司）の裁量が認められます。

　しかし、そのことを前提としても、当該部下が、所定時間内に業務が到底終了しない程度の業務量を付与されていたために時間外労働を行わざるを得なかったと認められる場合は、当該部下が時間外労働を行った責任を問う理由が乏しいため、懲戒処分を科すことは避けるべきです。また、ご質問の事案では、当該社員に時間外労働分の割増賃金を支払っているということですので、使用者として同人の時間外労働が正当なものであったと認めているともいえ、その点からも処分は避けるべきでしょう。

　したがって、本事案で懲戒処分を科すのであれば、少なくとも部下の主張に理由があるのか否かについて、適正な調査を実施する必要があります。

2. 残業に対する懲戒処分のパワハラ該当性

[1] 職場のパワハラの定義と類型

　職場のパワハラについては、労働施策総合推進法30条の2第1項により、事業主に対して、その防止に関する措置義務が課されています。

　また、パワハラの定義については、「事業主が職場における優越的な関係を背景とした言動に起因する問題に関して雇用管理上講ずべき措置等についての指針」（令2.1.15　厚労告5。いわゆるパワハラ防止指針）において、「職場において行われる①優越的な関係を背景とした言動であって、②業務上必要かつ相当な範囲を超えたものにより、③労働者の就業環境が害されるものであり、①から③までの要素を全て満たすもの」とされています。

　同指針では、パワハラの代表的な類型として、(i)身体的な攻撃（暴行・傷害）、(ii)精神的な攻撃（脅迫・名誉棄損・侮辱・ひどい暴言）、(iii)人間関係からの切り離し（隔離・仲間外し・無視）、(iv)過大な要求（業務上明らかに不要なことや遂行不可能なことの強制・仕事の妨害）、(v)過小な要求（業務上の合理性なく能力や経験とかけ離れた程度の低い仕事を命じることや仕事を与えないこと）、(vi)個の侵害（私的なことに過度に立ち入ること）の6類型が挙げられています。

[2] 遂行不可能な業務命令違反を理由とする 懲戒処分のパワハラ該当性

　ところで、無効と判断される可能性がある懲戒処分を科したこと自体、直ちにパワハラに該当するのでしょうか。

　この点、懲戒処分が結果的に無効と判断されたか否かと、当該処分がパワハラに該当するか否かの判断には直接的な関連性がないことから、直ちにパワハラと認定されるわけではありません。

　もっとも、ご質問の事案においては、部下が、

「とても所定時間内に終わる業務ではない。時間外労働の禁止を理由に懲戒処分をするのはパワハラではないか」と主張していることからすると、前記[1]の類型(iv)「過大な要求」のうち、「遂行不可能なことの強制」に該当する可能性があることは否定できません（つまり、厳密には、懲戒処分を科すこと自体が必ずしも重要なのではなく、程度問題であるということです）。

そこで、懲戒処分がパワハラの定義に該当するか否かを検討すると、ご質問の事案では前記[1]の定義②の要件が特に問題となります。

例えば、客観的に所定時間内に到底遂行不可能な業務量が付与されていることを明白に認識した上で、部下に所定時間内に終了させることを繰り返し要求し、部下がその要求を達成できないことを理由に何らの教育や配慮もせず、直ちに懲戒処分まで科したような事案であれば、この要件を満たすと判断され、同定義①③についても満たすとして、結論としてパワハラと評価される可能性はあります。

もっとも、前述のとおり、労働者に対してどのような業務を行わせるかは使用者に裁量が認められます。また、近時、処分対象者が、懲戒処分を回避することを目的にパワハラであると主張しているのではないかと疑わざるを得ない事案も生じていることなども踏まえますと、真実、所定時間内に終了させることができない程度の業務量を課されていたのかといった点については慎重な認定がなされるべきであると解されます。

なお、労働者がパワハラの可能性を示唆しているような事案において懲戒処分を科す場合、特に、本人の弁解に理由があるか否かを調査・検討した上で処分を決定するという丁寧な対応が求められる点に留意が必要です。

（帯刀　康一）

パワハラを目撃したことで不快な気分になったと主張する社員に対してもハラスメントは成立するか

ある社員から「同僚がパワハラを受けているのを近くで見てしまい、自分も不快な気分になった。これもハラスメントではないか」との訴えがありました。実際、その同僚に対するパワハラは会社も認識しており、加害者に対し、既に懲戒処分を科したのですが、被害を受けた当事者ではない社員との関係でもハラスメントが成立するのでしょうか。また、もしハラスメントになる場合、あらためて懲戒処分を科すことは可能でしょうか。

パワハラは職場環境を害することでも成立するので、直接の被害者ではない者との関係でも成立し得る。ただし、加害者に対し既に懲戒処分を行っていることから、新たに処分を科すことはできない

1.問題の所在

パワーハラスメント（以下、パワハラ）は、直接の被害者に対する関係で成立することが基本です。しかし、パワハラは直接の被害者のみならず、周囲の社員の職場環境にも影響を与えることが通常です。そこで、直接パワハラを受けていない社員との関係でもパワハラが成立し、懲戒処分の対象となるかが問題となります。

2.パワハラとは
[1]定義

職場におけるパワハラとは、職場において行わ

れる①優越的な関係を背景とした言動であって、②業務上必要かつ相当な範囲を超えたものにより、③労働者の就業環境が害されるものであり、①～③の要素をすべて満たすものをいいます（労働施策総合推進法30条の2第1項、「事業主が職場における優越的な関係を背景とした言動に起因する問題に関して雇用管理上講ずべき措置等についての指針」〔令2.1.15　厚労告5〕参照）。

「①優越的な関係を背景とした言動」とは、事業主の業務を遂行するに当たって、当該言動を受ける労働者が当該言動の行為者とされる者に対して抵抗または拒絶することができない蓋然性（がいぜん）が高い関係を背景として行われるものを指し、典型例としては“職務上の地位が上位の者による言動”などがこれに該当します。

「②業務上必要かつ相当な範囲を超えたもの」とは、社会通念に照らし、当該言動が明らかに事業主の業務上必要性がない、またはその態様が相当でないものを指し、典型例としては“業務上明らかに必要性のない言動”や“業務の目的を大きく逸脱した言動”などがこれに該当します。

「③労働者の就業環境が害されるもの」とは、当該言動により労働者が身体的または精神的に苦痛を与えられ、労働者の就業環境が不快なものとなったため、能力の発揮に重大な悪影響が生じる等、労働者が就業する上で看過できない程度の支障が生じることを指します。この判断に当たっては、「平均的な労働者の感じ方」が基準とされています。これは、同様の状況でそのような言動を受けた場合に、社会一般の労働者が、就業する上で看過できない程度の支障が生じたと感じるような言動であるかどうかが基準となります。

[2]直接の被害者ではない社員との関係

上記［1］の定義からすると、パワハラは、直接パワハラ行為を受けた者との関係で成立することが基本となります。ただし、ご質問のように、「同僚がパワハラを受けているのを近くで見てしまい、自分も不快な気分になった」場合、①自分より職務上の地位が上の者（加害者）が、②同僚に対して業務上必要かつ相当な範囲を超えた言動

を行い、③加害者が自分に対しても同様の言動に及ぶ可能性があると感じて精神的苦痛を受け、安心して就労できない（就業環境が不快なものになる）状況になることもあり、直接の被害者ではない社員との関係でもパワハラが成立する可能性はあるといえます。

3.パワハラと懲戒処分

[1]懲戒処分該当性

パワハラは、被害社員に対して身体的または精神的苦痛を与え、職場における具体的職務遂行能力を阻害し、企業秩序を乱す行為であることから、企業としても加害者に対して厳しい処分を行う必要があり、懲戒処分の対象となり得ます。前記法律および指針は、事業主に対し、パワハラについて雇用管理上必要な措置を取ることを義務づけており、その一環として、事業主は就業規則においてパワハラに係る言動を行った者に対する懲戒規定を定めていることが通常です。それにより、パワハラの行為者は懲戒処分の対象となります。

[2]一事不再理の原則

では、ご質問のケースのようにパワハラの直接の被害者との関係で既に懲戒処分を行っている場合に、当該パワハラを目撃したことで不快な気分になったと主張する社員について、これにより同人の就業環境が害されたと認められるとき、パワハラ行為者に対し重ねて懲戒処分を行うことはできるのでしょうか。

この点、懲戒処分の一般原則として、同一事犯に対して2回の懲戒処分を行うことは許されません。これを一般的には「一事不再理」ないし「二重処分の禁止」と呼んでいます。裁判例も、「懲戒処分は、使用者が労働者のした企業秩序違反行為に対してする一種の制裁罰であるから、一事不再理の法理は就業規則の懲戒条項にも該当し、過去にある懲戒処分の対象となった行為について重ねて懲戒することはできないし、過去に懲戒処分の対象となった行為について反省の態度が見受けられないことだけを理由として懲戒することもで

きない」（平和自動車交通事件　東京地裁　平10．2．6決定　労判735号47ページ）などと判示し、懲戒処分の一事不再理の原則を前提としています。

[3] 懲戒処分の可否

　ご質問のケースにおいては、問題となるパワハラ事案は一つだけであり、それが直接の被害者のみならず、それを見ていた同僚との関係でもパワハラに該当した事案になります。したがって、既に直接の被害者との関係でパワハラを懲戒処分の対象としている以上、二重に懲戒処分を行うことはできません。

　ただし、パワハラは、直接の被害者のみならず周囲の社員の就業環境にも悪影響を与えることが一般であり、この点は懲戒処分の量定で斟酌されるべき事情となります。したがって、今後パワハラについて懲戒処分を実施する場合は、事前に周囲の社員からも事情を聴取して就業環境への影響を確認し、それを懲戒処分の量定に反映することが適当です。

（吉村　雄二郎）

鼻ピアスや舌ピアス、顔へのタトゥーを禁止し、違反者を懲戒処分することは可能か

　当社では、従業員の身だしなみに対する過度な制限は望ましくないとの立場から、髪の色のほか、服で隠れる位置のタトゥーは自由としています。しかし、鼻ピアスや舌ピアス、顔へのタトゥーについては隠すことが困難であり、取引先や顧客への印象も良くないことから禁止したいと考えています。また、違反者については注意・指導の上、それでも改善しない場合や、取引先・顧客から実際に苦情があった場合に懲戒処分を科したいのですが、こうした取り扱いは可能でしょうか。

鼻ピアス等の容貌が業務上悪影響を与える場合、注意・指導の上でも改善しないときには懲戒処分も可能であるが、解雇などの重い処分は避けたほうがよい

1. 身だしなみに対する規制について

　会社は、品位保持、顧客・取引先・関係者等との良好な関係の維持、任務や責任の自覚、安全衛生の確保といった業務上の要請に基づき、従業員の服装や身だしなみについて一定の規制をすることが許されます。そのため、髪の色、ひげの長さ、化粧やマニキュアの色、服装といった身だしなみについて、就業規則や業務命令によって一定の制約を課し、それに反した場合には、懲戒処分を行うことが可能です。

　しかし、このような規律は、見た目や容貌など個人の人格や趣味嗜好といった私的領域に関わるものであるため、過度規制にならないようにする必要があります。会社で定めた一定のルールあるいは業務命令に服することを、懲戒処分によって強制することができるか否かは、会社の運営上に必要かつ合理的な範囲内で、また、具体的な制限の方法が相当かを考慮しながら、慎重に判断する必要があります。

　裁判例でも「一般に、企業は、企業内秩序を維持・確保するため、労働者の動静を把握する必要に迫られる場合のあることは当然であり、このような場合、企業としては労働者に必要な規制、指示、命令等を行うことが許されるというべきである。しかしながら、このようにいうことは、労働者が企業の一般的支配に服することを意味するも

のではなく、企業に与えられた秩序維持の権限は、自ずとその本質に伴う限界があるといわなければならない。特に、労働者の髪の色・型、容姿、服装などといった人の人格や自由に関する事柄について、企業が企業秩序の維持を名目に労働者の自由を制限しようとする場合、その制限行為は無制限に許されるものではなく、企業の円滑な運営上必要かつ合理的な範囲内にとどまるものというべく、具体的な制限行為の内容は、制限の必要性、合理性、手段方法としての相当性を欠くことのないよう特段の配慮が要請されるものと解するのが相当である」との考えが示されています（東谷山家事件　福岡地裁小倉支部　平 9.12.25 決定）。

2. 奇抜な外貌の従業員に対する懲戒処分

　上記東谷山家事件は、貨物トラックの運転手が、髪の毛を短髪にして黄色に染めて勤務したことに対して、社内秩序を乱し社外に対しても悪影響が出ることを理由として会社が髪の毛の色を元に戻すようにとの指示を行い、始末書の提出を求めたものの、これに従わなかったため、諭旨解雇とした事案です。裁判所は、上記考え方を示した上で、従業員が頭髪を黄色に染めたこと自体が就業規則上直ちに譴責事由に該当するわけではなく、会社の説得に従わなかったことについても、会社側の「自然色以外は一切許されない」とするかたくなな態度を考慮に入れると、必ずしも従業員のみに責められる点があったということはできず、始末書を提出しなかったことも「社内秩序を乱した」行為に該当すると即断することは適当でないとして、諭旨解雇を無効と判断しました。

　また、懲戒処分の事案ではありませんが、郵便事業会社の窓口業務を含む職務に従事していた男性が、社内の身だしなみ基準においてひげや長髪は不可とされていたにもかかわらず、ひげを生やし、髪を後ろで束ねる外貌で勤務していたところ、手当カット、担当職務の限定、上司からの執拗な注意を受けたことなどから、損害賠償を請求した事案（郵便事業［身だしなみ基準］事件　大

阪高裁　平22.10.27判決）があります。裁判所は、髪形やひげに関する服務規律は、労働契約の拘束を離れた私生活にも及び得るものであるから、事業遂行上の必要性が認められ、労働者の利益や自由を過度に侵害しない合理的な内容の限度で拘束力を認められるべきであるとし、本件の身だしなみ基準は「顧客に不快感を与えるようなひげ及び長髪は不可とする」という内容に限定解釈して適用されるべきであり、当該労働者の整えられたひげ・長髪はこれに該当しないとして、減額された手当相当額および慰謝料の請求が認められました。

3. ご質問のケースについて

　以上の裁判例からすると、鼻ピアスや舌ピアス、あるいは顔へのタトゥーを施した従業員については、まず、そのような外貌をしていることが業務にどのような悪影響を及ぼすか、顧客や取引先等から具体的にどのようなクレームがあるのかといった点を検討する必要があります。その上で、業務に悪影響を及ぼすのであればその旨を本人に説明し、改めてもらうよう説得することが必要です。本人に対する説得をせず改善の機会も与えないまま一方的に懲戒処分を行った場合、懲戒権の濫用と判断されるおそれがあります。

　また、会社が何度か説得したにもかかわらず本人がこれに応じない場合であっても、鼻ピアス等の外貌が会社の信用性を失わせるほど不快感を与えるものであり、実際に複数の顧客からクレームが寄せられているといった場合でなければ、懲戒処分を科すことは困難でしょう。懲戒処分を行う場合でも、説得により改めるよう促すというプロセスを経た上で、それでも従わなかった場合に限られ、懲戒処分の種類としても、まずは譴責など軽い処分にとどまるものとなります。仮に業務上の悪影響があったとしても、基本的には懲戒解雇・諭旨解雇等の重い処分は避け、比較的軽度の処分にとどめておくのが無難です。

（吉村　雄二郎）

Q150 パワハラを理由に、執行役員に対し一般社員より重い懲戒処分を科すことは可能か

先日、ある若手社員がメンタルヘルス不調により休職することになりました。本人および主治医の話では、執行役員からの度重なる厳しい叱責（しっせき）や業務のやり直し指示による過重労働が疾病の原因とのことでした。また、これまでも同執行役員によるパワーハラスメント（以下、パワハラ）が原因で、複数人が退職しています。執行役員というコンプライアンスが特に重視される立場であることを踏まえ、一般社員の場合より重い懲戒処分を科したいのですが、可能でしょうか。

A 取締役ではなく、かつ、会社との契約関係が雇用契約である執行役員は懲戒処分の対象となり、悪質な場合は諭旨解雇も可能

1. 執行役員の法的位置づけ

そもそも、執行役員に対して懲戒処分を行うことは可能でしょうか。検討に当たっては、執行役員の法的な位置づけが問題となります。

[1] 執行役員とは

執行役員は、会社法や労働法その他の法律において定めはなく、各社が任意に導入している職制であり、その具体的な内容は各社各様に設計することが可能です。もっとも、一般的に執行役員とは、代表取締役以下の業務執行機能を強化するために、代表取締役から権限委譲を受けて業務執行を分担する者をいいます。

[2] 法的な位置づけ

執行役員の法的な位置づけは、①取締役か否か、②雇用契約か委任契約かという点で場合分けが可能です。

① 取締役か否か――取締役である執行役員

取締役に執行役員の役職・肩書きを付与することも可能です。取締役である執行役員は会社法上、「業務執行取締役」（2条15号イ）として位置づけられ、会社との法的な関係は委任関係となります（330条）。

② 雇用契約か委任契約か――取締役ではない執行役員

取締役ではない執行役員は会社法上、「重要な使用人」（362条4項3号）として位置づけられ、会社との法的関係は、(a)雇用契約が締結される場合（雇用型）、(b)委任契約が締結される場合（委任型）、(c)これらが混在する場合（混合型）に分けられます。

[3] 労基法・労契法上の位置づけ

取締役ではない執行役員のうち、雇用型の執行役員は、会社と労働契約関係にありますので、就業規則上の服務規律や懲戒処分の規定の適用を受けますし、労基法や労契法が適用されます。

これに対し、取締役である執行役員や取締役ではない執行役員のうち委任型の執行役員は、会社と労働契約関係ではなく委任契約関係となりますので、就業規則上の服務規律や懲戒処分の規定の適用を受けず、労基法や労契法も適用されません。もっとも、執行役員が労基法や労契法が適用される労働契約関係にあるか否かは、契約の名称や形式にかかわらず、使用者の指揮命令下における労務提供の有無や労務提供の対価としての報酬支払いの有無などについて、その就業実態によって客観的に判断されることには注意が必要です。

2. 執行役員に対する懲戒処分の量定

懲戒処分は「社会通念上相当」（労契法15条）であること、すなわち、処分の相当性が有効要件となります。相当性は「当該懲戒に係る労働者の行為の性質及び態様その他の事情に照らして」判

断するとされており（同条）、具体的には、労働
者の行為の態様・動機、業務に及ぼした影響、損
害の程度のほか、労働者の職責、反省の態度・情
状・過去の処分歴などの諸事情を総合考慮して判
断されます。

労働者の職責に関し、非違行為を行った従業員
につき「管理又は監督の地位にあるなどその職責
が特に高い」場合は、一般の労働者に比べて懲戒
処分を加重するケースもあります（人事院「懲戒
処分の指針」参照）。執行役員の権限は各会社で
決めることができますが、一般の従業員に比べて
相当に広い裁量権が与えられている場合が多いの
で、通常より重い処分となることも多いと思われ
ます。

3.パワハラに対する懲戒処分の量定

「殴る」「物を投げ付ける」などの暴行・傷害、
「死ね」「殺すぞ」といった脅迫などに該当する犯
罪行為を行った場合は、出勤停止、降格、諭旨解
雇、懲戒解雇などの比較的重い処分を検討するこ
とも考えられます。被害者に生じた結果や言動の
悪質性等を考慮して、最終的な処分を決定するこ
とになります。

また、嫌がらせ目的等による強い叱責に起因し
て精神障害を発症したなど、民法上の不法行為が
成立する場合、いきなり懲戒解雇や諭旨解雇とす
ることはできないと考えられ、普通解雇も一般的
には難しいといえます。そこで、懲戒処分として
は、降格（職位を外す）や出勤停止等が相当とさ
れるケースが多いと思われます。もっとも、過去
に同様の行為により、譴責・戒告等の懲戒処分を
受けている場合は、事案によって普通解雇・諭旨

解雇を選択できるケースもあるでしょう。

4.ご質問のケースについて

当該執行役員が、取締役ではない雇用型の執行
役員であれば、パワハラを禁止する就業規則上の
服務規律やそれに違反した場合の懲戒処分の規定
の適用を受けます。したがって、懲戒処分の対象
となります。

被害者は若手社員であり、指導や業務量の調整
に配慮が必要であるにもかかわらず、当該執行役
員は度重なる厳しい叱責や業務のやり直しを指示
し、同人につき過重労働によるメンタルヘルス不
調を引き起こす事態となっており、その行為態様
は悪質で被害も重大といえます。また、当該パワ
ハラは不法行為（民法709条）が成立する可能性
もあります。この場合、会社にも使用者責任（同
法715条）が成立し、損害賠償義務を負う可能性
があり、会社が被る損害や影響も重大です。過去
に同様のパワハラにより社員が退職に至ったケー
スが複数あるとのことですので、常習的にパワハ
ラを行っていたと認められ、改善の見込みも見受
けられません。さらに、執行役員はコンプライア
ンスが特に重視される職責であることから、一般
社員に比べて加重された処分を検討することにも
合理性が認められます。

そこで、懲戒処分の量定としては、最低でも降
格処分とすることが可能であり、当該執行役員の
弁解内容や反省状況によっては、普通解雇・諭旨
解雇とすることも十分に検討の余地があると考え
られます。

（吉村　雄二郎）

懲戒（解雇）

昇進を避けたいとの理由で選抜研修への参加を拒否する社員を懲戒処分できるか

当社では、経営幹部候補を育成するための選抜研修を実施しています。各事業部から推薦があった人材を対象者とし、これまで特に問題なく運用してきましたが、先頃ある社員に対し、この研修への参加を指示したところ、「今の立場で仕事を進めることが自分の性に合っている。昇進はしたくない」として拒否してきました。会社としては、同研修への参加指示は業務命令として行っていることから、拒否自体認められないと考えています。当該研修に参加しない社員に対して、懲戒処分を科すことは可能でしょうか。

法的には懲戒処分を科すことは可能だが、人事政策的にはバランスを取って軽い処分か厳重注意にとどめるのが相当

1. 経営幹部候補を育成するための選抜研修
[1] 法的性格
経営幹部候補者に対し育成のための選抜研修を実施してきたのは、法的には、研修を受けるよう業務命令をしているもの、と解釈できます。しかも、経営幹部候補育成のためなので、会社にとって重要で基幹となる業務命令です。

[2] 違反の意味
その「重要で基幹となる業務命令」に違反すれば、重大な業務命令違反という評価になります。選抜研修は「これまで特に問題なく運用してき」たとのことですので、よく機能してきたことがかがえ、それなのに違反したものであり、企業秩序を傷つけたことになります。また、当人の「今の立場で仕事を進めることが自分の性に合っている。昇進はしたくない」という理由も、正当なものとは認められないと考えます。

2. 人事対応
[1] 基本的な考え方
企業の人事対応は、①法的に適法で有効で、かつ②人事政策的に有効である必要があります。なぜなら、法的に適法・有効であっても、人事政策的に有効でなければ（他の社員のモチベーション等が低下するようなことをしては）適切とはいえ

ないからです。そこで、この二つの視点（①②）から検討します。

[2] 法的適法性・有効性
本件業務命令違反で人事対応として考えられるのは、❶懲戒権行使、❷解雇権行使、❸昇給への反映、❹賞与への反映等です。

そこで、この四つに即して、法的に適法（法令違反がない）でかつ有効（権利濫用等にならない）となるための要件を確認します。

❶懲戒権行使
適材適所の決定は、企業の人事権の中心であり、その前提を否定することにつながる本件業務命令違反は、企業秩序を乱すことになるため、懲戒権行使の対象となります。ただ、どの処分まで可能かは、懲戒権濫用法理（労契法15条）の下で慎重な検討が必要です。

この点、選抜研修命令違反は確かに重大ですが、当該社員の「今の立場で仕事を進めることが自分の性に合っている」という主張からすると、現在担っている職務においては、企業に貢献していることがうかがわれますので、情状として酌むべき事情は相当程度あり、懲戒処分をするとしても、戒告、譴責、減給といった軽い処分が相当と考えます。

❷解雇権行使

業務命令違反は、普通解雇事由に該当するので普通解雇権の対象となります。ただ、解雇権濫用法理（労契法16条：客観的合理的理由＋相当性が必要）の下で、やはり慎重な検討が必要です。

（普通）解雇権の行使も、上記❶で検討したとおり、現時点で同社員は企業に貢献する職務遂行をしていると思われますので、解雇は相当性を欠く（重過ぎる）と考えます。

❸昇給への反映

重大な業務命令違反は、定期昇給における昇給金額に反映される可能性があります。ただし、昇給基準にのっとって判断する必要があります。

すなわち、上記重大な業務命令違反が、（定期）昇給基準のどの部分に位置づけられるかを判断することになります。例えば、貴社の昇給基準で、「前年1年間の会社の業績、本人の職務遂行能力、勤務成績等に基づき決定する」とあれば、上記重大な業務命令違反は、前年1年間の中でされているので「勤務成績」か「等」に入るでしょうから、これをもって、例えば、昇給で最低評価をつけることは、法的には可能です。

❹賞与への反映

業績配分の意味合いを持つ賞与へ重大な業務命令違反を考課材料として反映する可能性がありますが、これも上記❸の昇給への反映と同様、賞与の査定基準にのっとって金額を決める必要があります。

やはり同基準にのっとって判断します。例えば、4～9月の半年間の査定期間で、その間の会社業績、本人の勤務成績と行動等に基づいて決定するとしていれば、当該重大な業務命令違反があったのが同期間のことであれば、その査定期間における「行動」であることから、大きくマイナス評価をして、賞与の金額を決めるこ

とが可能です。

[3] 人事政策的有効性

企業は、人の有機的結合体であり、人事政策は人の組織が最大限の効果を発揮するよう実施することが求められます。したがって、法的対応を行った場合、他の社員のモチベーションを低下させることはないか、検討する必要があります。当該社員への対応が、組織を組成する他の社員の目にどう映るか、すなわち、当該社員に厳しい対応をしたとき、他の社員がどう受け止めるか、ということです。他方、重大な業務命令違反であるにもかかわらず会社が何もしなければ、社員は自社を「社員のわがままが通る会社」だと思うので、あり得ない対応です。

次に、人事対応が法的に適法・有効であっても、人事政策的に有効か検討します。

❶懲戒権行使

周囲の社員が「懲戒処分までするのか」と思うかもしれません。周囲の社員のモチベーションへの影響を確認すると、（人事政策的には）懲戒処分を選択することが適切とはいえない可能性もあります。筆者としては、懲戒しても戒告ないし譴責程度、あるいは懲戒処分はせず厳重注意書の交付で対応することが、人事政策的に適切と考えます。

❷解雇権行使

そもそも法的に解雇権行使は無効となると考えられるので、人事政策的にこの対応を検証する余地はありません。

❸昇給・賞与への反映

上記❶の程度での懲戒ないし人事上の指導だけでは、人事政策的にバランスが取れないため、筆者は当該違反のあった査定期間に限り、一度は昇給・賞与の金額に反映したほうがよいと考えます。その後は、当該社員については経営幹部候補から外し、専門性を追求してもらうように求めていきます。

（浅井　隆）

懲戒（解雇）

感染症を予防するための「飲み会等への参加自粛要請」を無視し、結果的に感染症を社内に広めた場合、当該社員を懲戒できるか

新型コロナウイルスやインフルエンザ等の感染症が拡大した際、当社では社員に終業後の「飲み会」などへの参加を自粛するよう呼び掛けることとしています。もし、社員がそれを聞き入れず飲み会に参加したことで感染症に罹患し、その後、社内で感染が広まってしまった場合、「自粛要請」を無視した結果、業務に多大な影響を及ぼすに至ったとして、懲戒処分を科したいと考えていますが、問題ないでしょうか。

「飲み会」自粛の呼び掛けが業務命令である場合、これに従わないことは業務命令違反として懲戒事由となり得るが、懲戒処分を科すためには、業務命令の有効性および懲戒処分の相当性が認められる必要がある。また同呼び掛けが任意の要請にとどまる場合も、社内で感染症を広げた点が懲戒事由となり得るが、行為の悪質性が高いような場合を除き、慎重に検討するべきである

1.懲戒処分の有効性

使用者が労働者を懲戒するためには、あらかじめ就業規則において懲戒の種別および事由を定めておくことが必要です（フジ興産事件　最高裁二小　平15.10.10判決）。加えて、懲戒処分が有効であるためには、当該懲戒に係る労働者の行為の性質や態様等に照らし、客観的に合理的な理由および社会通念上の相当性が認められることが必要です（労契法15条）。

ご質問の場合における懲戒処分の可否についても、これらの観点から検討する必要があります。

2.本件における懲戒処分の可否

[1]自粛の呼び掛けが業務命令である場合

(1)業務命令の有効性

まず、ご質問では、社員の行為のうち、終業後の「飲み会」等への参加を自粛するようにとの呼び掛け（以下、本件呼び掛け）を無視した飲み会への参加という点が問題となります。

すなわち、本件呼び掛けの性質が業務命令であれば、これに従わないことは業務命令違反であるので、懲戒事由となり得ます。

しかし、本件呼び掛けは、社員の就業時間外の過ごし方についてのものであるところ、使用者は原則として労働者の私生活にまでは介入できず、私生活上の行為を規制できるのは、労働契約上の誠実義務（労契法3条4項）の遵守等の観点から必要かつ合理的な範囲に限られると解されます。

例えば新型コロナウイルス感染症について、厚生労働省「新型コロナウイルスに関するQ＆A（一般の方向け）令和5年5月10日時点版」の「3.新型コロナウイルス感染症の予防法　問1」では、感染拡大のリスクが高い場として、①密閉空間（換気の悪い密閉空間である）、②密集場所（多くの人が密集している）、③密接場面（互いに手を伸ばしたら届く距離での会話や共同行為が行われる）という三つの条件（「3つの密」）のある場が挙げられていることや、酒食の際にはマスクをしないこと、実際に飲食店においてクラスターが発生した例が複数報告されていることを踏まえると、「飲み会」による飲食店の利用は、類型的に感染リスクが高い行為であるといえます。しかし、この感染リスクは、感染拡大・流行の状況（いわゆる緊急事態宣言の発令下と、新型コロナウイルス感

染症の感染症法上の位置づけが「5類感染症」に変更された令和5年5月8日以降とでは、それだけでも相当に状況が異なるといえます）に加え、飲食店の形態、混雑の程度、利用時間、店舗および利用客における感染防止対策の有無・内容等によって変動、軽減され得るものです。

したがって、こうした事情を問わず一律に「飲み会」を禁止する業務命令は、必要かつ合理的な範囲を超え、無効となる可能性が高いと考えられます。ただし、医療機関など職場での感染拡大による支障や影響が大きい場合には、「飲み会」を禁止すべき必要性や合理性がなお肯定される場合もあるでしょう。

(2)懲戒処分の相当性

本件呼び掛けが業務命令として有効であるとしても、懲戒処分を行うには、当該処分の相当性が認められる必要があります。その判断に当たっては、行為の性質および態様のほか、結果や情状、使用者の対応等の具体的事情が考慮されます。

ご質問の場合、行為の具体的な態様のほか、前記(1)で挙げた諸事情や本件呼び掛けの無視を繰り返していたか等によって、行為の悪質性の程度は異なります。また、"社内での感染拡大により業務に多大な影響を及ぼした場合"ということですので、その結果は重大といえますが、具体的な業務への支障の程度・内容（感染した社員の欠勤のみにとどまらず、感染が疑われる社員の自宅待機、社内施設の閉鎖・消毒、マスコミ報道等による企業の信用毀損など）も考慮されます。こういった諸事情を踏まえて、懲戒処分の可否および量定を判断する必要がありますが、一般に疾病への罹患や感染は本人の意思に基づくものではないことからすると、懲戒処分を科すとしても、比較的軽度の処分とすることが相当なケースが多いと考えられます。

なお、例えば新型コロナウイルスについては飛沫、エアロゾルおよび接触によって感染するとされているように、感染症の感染経路は無数

に考え得るため、感染経路の特定が困難であることも想定されます。そのため、実務的には、貴社における感染拡大が当該社員に起因するものであるといえるかも問題となります。このような認定ができなければ、感染拡大について当該社員の責を問うことは困難でしょう。

[2]自粛の呼び掛けが任意の要請にとどまる場合

一方で、本件呼び掛けの性質があくまで任意の要請であるということであれば、これに応じないとしても業務命令違反とはなりません。しかし、当該社員が新型コロナウイルス等の感染症に罹患し、他の社員にも感染を広げた点は、別途問題となり得ます。

すなわち、社内で新型コロナウイルス等への感染が生じた場合、前述のようなさまざまな支障や影響が生じ、場合によっては操業の停止を余儀なくされるなど、深刻な損害が生じる可能性があります。ご質問においても、"社内で感染が広がり、業務に多大な影響を及ぼすに至った場合"を想定していますので、このように会社に損害を与え、業務の運営に支障を生じさせたのであれば、この点は懲戒事由となり得ます。

しかし、懲戒処分を行うためには、こうした行為が労働者の故意または少なくとも過失によることが必要です（過失すら認められない行為に対して懲戒処分を科すことは社会通念上相当とはいえませんし、就業規則においても、懲戒事由として、故意または過失による行為であることを定めている例が多いと思います）。この点、一般に疾病への罹患や感染は本人の意思に基づくものではないので、「当該社員が新型コロナウイルス等に罹患したことを認識しているにもかかわらず、感染拡大を意図して出社した」というような例外的な場合でない限り、故意を認めることは困難です。

また、当該社員において、感染リスクの高い行為を繰り返す、感染したことを認識し得る自覚症状があったにもかかわらず出社する、貴社が励行する感染防止対策（マスクの着用や「咳エチケット」、手洗い等）を実施しない等の事情があれば、

これらを総合的に勘案して過失が認められる可能性はありますが、感染自体は本人の意図によるものでないことに鑑みれば、行為の悪質性が高いと評価できるような場合を除き、懲戒処分を科すことについては慎重に検討されるべきでしょう。

なお、社内での感染拡大が当該社員に起因するといえるかが問題となることは、こちらの場合も[1]と同様です。

（青山　雄一）

「始業時刻ギリギリで出社」「態度が横柄」といった問題行動を繰り返す社員を懲戒処分できるか

毎朝、始業時刻間際に出社する、あるいは、業務指示には一応従うものの、上司・先輩社員に対する態度に問題がある（横柄、注意するとふてくされる等）社員がいます。何度か改めるよう注意・指導しているのですが、なかなか改善されません。いずれも、明らかな就業規則違反ではありませんが、他の社員の手前、何らかのペナルティー（懲戒処分）を検討したいところです。処分の可否や根拠につき、法的にはどう考えられるでしょうか。

ご質問のような理由だけで直ちに懲戒処分をすることは、法的には困難。まずは業務命令として、こうした勤務・職務態度の改善を命じ、これに従わない場合、「業務命令違反」による懲戒処分を検討すべき

1. 問題のある勤務・職務態度と懲戒処分の可否

懲戒処分を行うためには、①就業規則等に懲戒処分の根拠規定が存在し、②社員の行為が、当該就業規則等に定められた懲戒事由に該当し、③当該懲戒処分が社会通念上相当なものであることが必要です。

しかし、ご質問にあるような「始業時刻ギリギリで出社する」というのは、始業時刻と同時に労務提供を開始できていれば、遅刻とはいえず、懲戒事由該当性を肯定するのは困難であり、他方で、「態度が横柄である」という点も、このような態度が原因で社員間の信頼関係が保てなくなり、現実に職場秩序が乱されているような場合を除き、懲戒事由該当性を肯定することは困難といえます。

したがって、これらの事実のみを懲戒事由とし、直ちに懲戒処分を行うことは法的に困難と考えられます。

2. 業務命令の必要性

そこで、そのような勤務・職務態度が思わしくない社員に対し、何らかの処分を科すには、まず、こうした態度を早急に改めるような指導を「業務命令」として行うことが前提となります。

懲戒事由には該当しなくても、職場において好ましくない行動を会社として放置することが許されないのは当然です。よって、そのような職場における"好ましくない態度"を改める（例えば、始業時刻ギリギリで出社しているが故に始業時刻と同時の労務提供が十分に行えていない場合は、始業時刻前に十分ゆとりをもって出社することを注意し改善を求める、上司・先輩社員への接し方に意を払い、仮に注意された場合、自身の非は非として認め、是正するなど）よう、社員に指導を行うことは当然の措置ですし、その遵守を徹底するためには、あくまで「業務命令」という形をとるべきです（ただし、始業時刻よりも極端に早く出社するよう強く命じることは、かえって、当該出

社時間からが労働時間であるなどの主張を招きかねませんので、注意が必要です）。なお、この「業務命令」については、証拠化の観点からも、文書にて行うべきでしょう。

業務命令を発しても改善されない場合には、懲戒処分を見据え、問題のある勤務・職務態度について、これを記録化し、証拠化を徹底することも肝要です。

3.処分の可否とその程度

このような業務命令の効果もなく、相変わらず問題のある勤務・職務態度を続ける場合には、会社として、"好ましくない態度"を改めるよう指示した「業務命令」への違反を根拠に、懲戒処分を検討せざるを得ません。

ただし、前記1.のとおり、懲戒処分には、社会通念上の相当性が要求され、規律違反の種類・程度その他の事情に照らして処分が相当なものでなければならず、行為と処分との間の均衡が保たれていなければなりません。

したがって、当初は、基本的には、譴責処分等の軽微な懲戒処分を行うことが妥当です。

譴責処分等の軽微な懲戒処分を行っても改善がなされず、その後に懲戒処分等が積み重なっても一向に改善がなされない場合などは、先行する業務命令違反の程度やその頻度によっては、その行状の悪性が重視され、「懲戒解雇」が相当とされる場合もあります。

裁判例では、遅刻や欠勤を繰り返す社員（6カ月間に24回の遅刻と14回の欠勤を、1回を除きすべて事前の届け出なしに行った）に対して譴責処分を課したものの、本人はその後も会社からの注意指導を何度も受けながら、こうした勤務態度を改めることがなかったケースについて、懲戒解雇を有効としたものがあります（東京プレス工業事件 横浜地裁 昭57.2.25判決）。同判決は、処分対象となる上記職務怠慢の程度やその継続期間、解雇以前の懲戒処分の有無とその内容等を総合考慮した上で、結論として懲戒解雇を有効と判断しています。

また、無断欠勤や、社長に対し役員を中傷・非難するメールを送信したこと、専務に対し「専務の言うことは信用できません、また、信用できないでいました」と発言し、この態度に注意を与え、出勤停止処分書を渡そうとした人事部長の呼び止めを無視して退席したこと等の2年間にわたる非違行為の積み重ねを総合して、懲戒解雇を有効と判断したものもあります（ライフコミューン事件 東京地裁 平17.4.13判決）。

なお、こうしたケースで、仮に懲戒解雇が認められなくても、そのような職務怠慢を継続している状況から判断して、「会社が期待している適切な労務を今後も提供できない」と判断される場合は、普通解雇することが可能となる場合もあり得ます。

例えば、裁判例では、上司に対し反抗的であり、過激な言辞を発してその指示に素直には従わず、また、他の社員に対し不穏当な言動をしていた社員に対し行った普通解雇の有効性が争われた事案について、会社主張の解雇事由を詳細に検討した上で、「その認定した個々の事実については、その一つをとって解雇事由とするには、いずれもいささか小さな事実にすぎない」としつつも、会社における社員の種々の言動を、総合的に判断することによって、解雇の効力を有効とした例もあります（山本香料事件 大阪地裁 平10.7.29判決）。

4.ご質問のケースへの当てはめ

ご質問のケースでは、当該社員に対して何度か注意・指導を行っているようですが、そのやりとりをしっかり書面に残し証拠化した上で、できる限り「業務命令」、あるいはその次の段階としての（同業務命令違反に対する）「譴責」等の懲戒処分、といった段階的な措置を踏んでおくべきです。そうしておかないと、例えば注意・指導等の対応が不十分、ないしは曖昧に済ませてきたような場合、"好ましくない勤務・職務態度"を繰り返す社員に対して、解雇を含むより重い懲戒処分や懲戒解雇処分を課す前提が欠けることになるから

です。

5.結論
　以上により、ご質問のケースに対する回答としては、次のようになります。
- ご質問のような、「始業時刻ギリギリで出社する」「態度が横柄である」社員に対して、単にこうした点だけを理由に懲戒処分することは、法的には難しいと考えられる
- 使用者としては、本人のこのような勤務・職務態度では、職場環境や他の社員への悪影響（職場の秩序の乱れや士気の低下等）が避けられないことから、これを改めさせるため、まずは業務命令の形で本人に対して注意・指導すべきである
- こうした改善命令にもかかわらず、なお態度を改めない場合は、業務命令違反として、譴責など軽い懲戒処分から科すようにする
- 以降の注意指導や懲戒処分の状況、これに対する本人の対応・態度、あるいは業務命令違反の程度・頻度、職場秩序に与える影響等によっては普通解雇、場合によっては懲戒解雇が可能となる場合もあり得る

（山﨑　貴広）

Q154 懲戒処分の内容を社内で公表することは、プライバシー・人格権の侵害に当たるか

　再発防止のために、懲戒処分の内容を社内で公表することを考えていますが、これはプライバシーや人格権の侵害に当たるのでしょうか。また、どういう点に留意すべきでしょうか。

侵害に当たるケースもあることから、懲戒処分の要件を満たした上で、被処分者等の人格権等を侵害することのない手段・内容とすること

1.被処分者の人格権への配慮
　懲戒処分は、労働者の非違行為により企業秩序を紊乱したことに対する「制裁」です。就業規則の根拠が必要であり（労基法89条9号）、就業規則において懲戒事由、懲戒処分の種類と程度を列挙しておかなければなりません。就業規則の懲戒規定にのっとって懲戒処分を科す際は、労働者の非違行為の性質、内容、結果、労働者の情状などに照らして当該懲戒処分が相当であることが求められます（横浜ゴム事件　最高裁三小　昭45．7.28判決）。この懲戒権濫用法理を法定した労契法15条は「使用者が労働者を懲戒することができる場合において、当該懲戒が、当該懲戒に係る労働者の行為の性質及び態様その他の事情に照らして、客観的に合理的な理由を欠き、社会通念上相当であると認められない場合は、その権利を濫用したものとして、当該懲戒は、無効とする」としています。

　非違行為を犯し処分を受ける従業員であっても、その人格権に配慮する必要があります。この点につき、学説は「労働保護法原理が労働者人格の尊重を要請することは自明のことである。それゆえ、懲戒が労働者の人格を侵害するような方法で行われることは許されないことは当然である」とします（鈴木　隆「労働者の人格利益の保護」日本労働法学会編『労働者の人格と平等』講座21世紀の労働法　第6巻）。

　他方、再発防止や綱紀粛正という観点から、懲戒処分について社内公表することを通例としている企業もあります。企業秩序紊乱の事実と、これ

に対して厳罰をもって処するという企業姿勢を明確にすることによって、再発防止効果を期待してのことでしょう。しかし、上記のように、企業においても労働者の人格権の尊重という観点からすると、社内公表制度にはいくつかの留意点が見えてきます。

まず、懲戒処分が有効になされていることが必要です。冒頭にも記しましたが、懲戒処分につき、就業規則等の懲戒規定の該当性のみならず、相当性があることが求められます。また、懲戒手続きの履行も重視すべきです。慎重・厳正な事実関係の調査とともに、被処分者に弁明機会等を与えることが大切です。テトラ・コミュニケーションズ事件（東京地裁　令3.9.7判決）では、「懲戒処分に当たっては、就業規則等に手続的な規定がなくとも格別の支障がない限り当該労働者に弁明の機会を与えるべきであり、重要な手続違反があるなど手続的相当性を欠く懲戒処分は、社会通念上相当なものといえず、懲戒権を濫用したものとして無効になるものと解するのが相当である」としています。就業規則において事実関係の確認および弁明の機会の付与といった手続き規定を設け、規定に基づき手続きを行うことが懲戒処分の当否を争う紛争の予防につながります。

また、懲戒事由が存しなかったり、懲戒手続きに瑕疵があったり、懲戒の目的が被処分者にことさら不利益を与えることを目的としていた場合などには、懲戒処分の社内公表が、人格権の侵害に当たるとされることがあります。

2.公表基準の明確化

公表基準については、軽微なものも含めてあらゆる懲戒処分を公表対象とするのか、再発防止を特に呼び掛ける必要のある非違行為に対する処分のみとするのか（例えば法令違反、人格権侵害、横領等金銭にかかわる不正等）、一定以上の重い懲戒処分を発した場合のみとするのか（例えば出勤停止処分以上とか、懲戒解雇のみ公表等）を検討する必要があると思われます。

参考までに国家公務員に関する人事院の「懲戒処分の公表指針について」（平15.11.10　総参一786）を紹介しておきます。公表対象は「(1)職務遂行上の行為又はこれに関連する行為に係る懲戒処分、(2)職務に関連しない行為に係る懲戒処分のうち、免職又は停職である懲戒処分」とされ、公表内容は「事案の概要、処分量定及び処分年月日並びに所属、役職段階等の被処分者の属性に関する情報を、個人が識別されない内容のものとすることを基本として公表するものとする」とし、例外として「被害者又はその関係者のプライバシー等の権利利益を侵害するおそれがある場合等（中略）は、公表内容の一部又は全部を公表しないことも差し支えないものとする」としています。国家公務員の不祥事は、記者クラブ等への資料の提供といった方法となるため、個人のプライバシーへの配慮がなされています。

3.公表に際しての留意点

公表の時期、場所、対象者、手段について、就業規則においてあらかじめ定めておくことも求められます。例えば、所属部署のみでの公表とするのか、全社的に公表するのか。また、その方法についても、会社掲示板等に貼付するのか（その際、掲示期間をどの程度の長さとするのか）、社内報等に掲載するのか、電子メール等で公表するのかという点などです。仮に、社内に出入りする人が誰でも掲示物を見ることができるような環境で、被処分者の氏名を記して貼り出し掲示をするとすれば、社内公表といいつつ、処分の事実が外部に漏れてしまうことになります。

泉屋東京店事件（東京地裁　昭52.12.19判決）では、取引業者から金銭を受けたり、競馬の呑み行為などの不正行為をしたことを理由とする組合員らの懲戒解雇に際し、「就業規則第53条第2号、第7号および第13号の規定により昭和46年8月31日付を以つて懲戒解雇する」と記載した告示を社内に配布、掲示し、さらに全従業員の給料袋に同封して配布し、係長から一人ひとりに手交され、全従業員の家庭にも匿名で送付するなどしたことが、公表方法、さらにはその公表内容において社

会的に相当と認められる限度を逸脱し、名誉毀損に当たるとして、慰謝料の請求が一部認容されています。

最近では、電子メールでさまざまな社内通知を行う例も出てきていますが、裁判例では、適法に退職したにもかかわらず、懲戒解雇を遡及して科し、その無効である懲戒解雇を事実であるかのように記した電子メールを全社員（約1100人）に一斉送付したことについて、元社員が元の職場を訴えた事案があります（エスエイピー・ジャパン事件　東京地裁　平14.9.3判決）。判決は、退職後に退職者に対し懲戒処分を科することはできないから当該懲戒解雇を無効とした上で、その無効である懲戒解雇を全社員に電子メールで送付したことにより、社員はもとより業界内にうわさが広まったことにつき、人格権侵害を認め、会社に慰謝料として55万円の支払いを命じています。電子メールによる公表とした場合、それが転送などによって社内外に拡散されてしまうリスクも考慮しておいたほうがよいでしょう。従業員らに、公表内容の転送・転載禁止を徹底しておくことが必要です。

また、公表内容についても、プライバシーに配慮して被処分者の所属や氏名を掲示するか否かも問題となります。石井妙子弁護士は「教育的効果という観点からすれば、個人名を明らかにすることは必ずしも必要ではない。原則として名前の公表はせず、事案内容と処分結果、所属程度の開示にとどめることが望ましい」（「労働新聞」2454号）と記しています。企業によっては、事案内容、処分結果についても、「就業規則××条○項△号に該当する事実」につき「就業規則○条×項△号の懲戒に処す」というように表示する例もあるようです。教育的効果や再発予防のインパクトは薄まりますが、事実を生々しく公表することによる「みせしめ」の印象がない分、よりプライバシー等に配慮した表示方法といえるでしょう。

さらに、セクシュアルハラスメントやパワーハラスメントといった被害者が存在する場合の、懲戒処分内容の公表は、被害者のプライバシー・人格権保護の観点から、公表しないという対応も必要かと思われます。

（山本　圭子）

155　懲戒処分としての出勤停止の期間に上限はあるか

懲戒処分する場合、いわゆる「減給の制裁」に関しては、労基法91条によりその限度が定められていますが、出勤停止の期間については、同法上、特に規定が見受けられません。そこでお尋ねしますが、①同期間は、無制限に認められると理解してよいのでしょうか。また、②従業員が「『使用者の命令』による休業なので、出勤停止期間中、会社は休業手当を支払うべきではないか」と主張してきた場合、どのように対応すればよいでしょうか。

①出勤停止処分にせよ、懲戒休職処分にせよ、その期間につき無制限に認められるわけではない。②本人の就労を許容しないことにつき実質的・合理的理由があることを、具体的な事情や根拠をもって説明した上で、休業手当を支払う義務はない旨回答すれば足りる

1.ご質問前段（①）について

　出勤停止とは、会社の服務規律違反に対する制裁として、労働契約を存続させつつも、労働者の就労を一定期間禁止することをいいます。「自宅謹慎」や、「懲戒休職」と呼ばれることもあります。

　こうした出勤停止の期間については、たしかに明確な法律上の規制はありませんが、行政解釈では「公序良俗（民法90条）の見地」から、当該事犯の情状の程度等により制限があるべき旨が述べられています（昭23．7．3　基収2177）。また、戦前の工場法時代の行政解釈があり、「出勤停止は、職工の出勤が工場の秩序を乱し又は事業の安全を危くする場合又は本人の反省を促すに必要な場合等止むを得ざる場合に於て之を認めるも7日を限度とする」（大15.12.13　発労71）とされていました。現在でも、これらの行政解釈を一応の基準として行政指導が行われているようで、各社の就業規則では「7日」または「10日ないし15日」としている例が多いように見受けられます（2023年の労務行政研究所「懲戒制度に関する実態調査」によると、暦日で設定している場合は「14日」と「1カ月」がともに25.6％で最も多く、「7日」が23.1％で続く一方、労働日による設定の場合、「7日」が39.5％で最も多く、次いで「10日」が27.2％となっており、両者を合わせると66.7％と3分の2以上を占めています）。

　他方、国家公務員の場合は、その「停職」期間は1年を超えない範囲で人事院規則で定める（国家公務員法83条）とされており、それと比較すると7日、10日ないし15日という期間は短いのではないかとも考えられます。

　この点、出勤停止処分に関する裁判例として、ダイハツ工業事件（最高裁二小　昭58．9.16判決）が20日間の出勤停止処分を認めていることも勘案すると、最長で1カ月程度は情状の程度により認められる場合もあると思われます。

　なお、就業規則上、出勤停止処分とは区別して「懲戒休職」処分を定めている場合、懲戒休職は、各社の就業規則上、通例で1カ月ないし3カ月と長く、かつ、懲戒休職期間中は賃金が支給されず、勤続年数にも算入されないのが通例であることから、労働者にとって重大な不利益を及ぼす処分として、裁判所ではその処分の有効性の判断は、厳しく行われています。

　この点、岩手県交通事件（盛岡地裁一関支部平8．4.17判決）では、6カ月の懲戒休職処分が重過ぎるとして、3カ月の限度で有効と判断しています。

　以上のように、出勤停止処分にせよ、懲戒休職処分にせよ、その期間につき無制限に認められると理解することは妥当ではありません。

　なお、出勤停止期間や懲戒休職期間を定めるに当たっては、その期間が暦日か労働日かを明確にしておくべきであり、いずれを選択するかによって、休日の多い月、少ない月でかなりの差が出てきますので、注意が必要です。

2.ご質問後段（②）について

　出勤停止には、厳密に分ければ、(i)懲戒処分そのものとしての出勤停止と、(ii)普通解雇や懲戒解雇の前置措置として、それらの処分の妥当性につき調査・決定するまでの期間について就業を禁止する業務命令としての出勤停止、および(iii)従業員を業務に従事させるのが不適当と認める事情がある場合に業務命令として行われる出勤停止とに分類することができます。

　上記(i)の懲戒処分そのものとしての出勤停止の場合、前述のように、通常就業規則において無給としている会社が多く、しかも、従業員に明確な服務規律違反があるケースですから、従業員からご質問のような主張をされることは考えにくいでしょう。

　従業員から本件のような反発が予想されるのは、従業員を業務に従事させるのが不適当と会社が一方的に判断し、しかも給料も支払わないという場合であり、ご質問もこのようなケースを想定されているものと思われます。

　この点、京阪神急行電鉄事件（大阪地裁　昭37．4.20判決）および日通名古屋製鉄作業事件

（名古屋地裁 平3.7.22判決）は、「使用者は、事故発生、不正行為の再発のおそれなど、当該従業員の就労を許容しないことについて実質的理由が認められない限り、賃金支払いを免れない」と判断しています。

これらの判例からも分かるように、会社は、単に就業規則に無給と明示していれば賃金を支払わなくてもよい、というわけではなく、当該従業員を就業させることによって、職場において事故が発生したり、職場の秩序が保持できなかったり、不正行為の再発のおそれがあったりするなど、出勤停止命令に実質的・合理的理由があることを具体的な事情や根拠をもって説明することができるよう準備しておく必要があります。

したがって、従業員が「『使用者の命令』による休業なので、出勤停止期間中、会社は休業手当を支払うべきではないか」と主張してきた場合には、会社は当該従業員に対して、前記のような具体的事情や根拠をもって就労を許容しないことにつき、実質的・合理的理由があることを説明し、休業手当を支払う義務はない旨回答すれば足りると考えられます。

（大濱　正裕）

一事案に対して複数の懲戒処分を同時に行うことは可能か

当社では、懲戒処分として、譴責、減給、出勤停止、降格、諭旨解雇、懲戒解雇を就業規則に定めています。今般、ある従業員が、部下に対して繰り返しセクシュアルハラスメントを行っていたことが発覚しました。諭旨解雇や懲戒解雇を行うにはリスクがあるため、降格を検討していますが、降格だけではやや軽過ぎるのではないかという意見もあります。例えば、降格と出勤停止の両方を同時に科すことは可能でしょうか。

就業規則に定めがあれば、複数の懲戒処分を同時に科すこと自体は許容され得るが、個別の事案によっては量刑が過大であるとして、懲戒権の濫用と判断される可能性もあるため注意が必要

1.懲戒処分とその限界

懲戒処分とは、使用者が労働者の企業秩序違反行為に対して科す制裁罰という性質を持つ不利益措置であると考えられています。

懲戒処分を行うためには、あらかじめ就業規則において懲戒の種別および事由を定めておくことが必要です（フジ興産事件　最高裁二小　平15.10.10判決　労判861号5ページ）。

また、就業規則において定められた懲戒事由が認められる場合（懲戒事由該当性）においても、客観的合理的理由を欠き、社会通念上相当であると認められないときは、懲戒権を濫用したものとして、懲戒処分が無効となります（労契法15条）。なお、学説上、懲戒事由該当性が独立の要件ではなく、客観的合理的理由において検討されるべきとの見解もあります。

2.一事不再理の原則

懲戒処分は、制裁罰の性質を持つ点で、刑事処罰と類似するため、罪刑法定主義（法律により、事前に犯罪として定められた行為についてのみ犯罪の成立を認め、処罰することができるという考え方）に類似する諸原則を満たさなければならないと考えられています。

この罪刑法定主義類似の諸原則の一つに、一度有罪が確定した行為について二重に処罰してはならないという考え方（一事不再理の原則、二重処分の禁止〔※〕）があります。

※講学上、一事不再理と二重処分の禁止は異なるものとして論じられていますが、ここでは便宜上、一事不再理の原則に統一して説明します。

懲戒処分においても、この一事不再理の原則が適用されるため、同一の事由について、二重に処分を科すことはできません。そのため、同原則に違反して懲戒処分を科した場合には、客観的合理的理由を欠き、社会通念上相当であると認められないことから、懲戒権を濫用したものとして、当該懲戒処分が無効となります（なお、懲戒権の濫用ではなく、公序良俗〔民法90条〕違反であるとする見解もあります）。

それでは、降格と出勤停止のように、2種類の処分を同時に科すことは、一事不再理の原則に違反するのでしょうか。

この点、そもそも刑事処罰における一事不再理の原則において、法律上明記されている場合には、異なる種類の刑罰を科すことが許容されます。例えば、所得税法238条1項では、脱税をした者に対して、懲役刑および罰金刑を併科することを認めています。

したがって懲戒処分においても、就業規則上、懲戒処分を併科することがある旨を明記している場合、同時に科された複数の懲戒処分については、これを一つの懲戒処分と捉えて、一事不再理の原則には違反しないものと考えられます。ただし、就業規則上、懲戒処分の併科について定められている場合でも、複数の懲戒処分を異なる時期に科すことは、同原則に違反することになります。また、就業規則において懲戒処分の併科が明記されていない場合でも、その文言によっては、"併科を認める趣旨であると解釈できる"との主張が認められないわけでもないですが、罪刑法定主義の観点からすると、併科を可能とする文言は明確であるべきですので、例えば、「複数の種類の懲戒処分を併科することがある」などの形で明記する必要があると考えられます。

3. 懲戒権の濫用

就業規則上、懲戒処分を併科することがある旨を明記した場合でも、これをもって、どのような事案においても懲戒処分を併科することができるわけではありません。

1.で述べたとおり、懲戒処分について客観的合理的理由を欠き、社会通念上相当であると認められないときは、懲戒権を濫用したものとして無効となります。

懲戒処分の量刑が不相当に重い場合には、客観的合理的理由を欠き、社会通念上相当であると認められません。

複数の種類の懲戒処分を併科した場合には、懲戒処分を併科しないときと比べて量刑が重くなり得るため、「客観的合理的理由を欠き、社会通念上相当であると認められない」と判断されるリスクが高くなる点に注意が必要です。特に、懲戒処分を併科した場合の裁判例はほとんど見られないため、過去の裁判例における判断を踏まえた検討が難しくなるリスクもあります。

また、懲戒処分の量刑について、「同じ規定に同じ程度違反した場合には、同程度の懲戒処分を科すべき」という公平性の要請もあります。そのため、過去に同様の事例がある場合、その際に科された懲戒処分よりも重くすることは、原則としてできません。このような場合に備えて、懲戒処分の併科を新たに定める際、労働者に対して、"懲戒処分の併科を可能とすることに伴い、企業秩序違反行為に対しては従来よりも厳しく対処していく"ことを説明しておくべきと考えます。

（中野　博和）

Q157 会社の蔵書を勝手に売却し、代金を着服していた社員を懲戒解雇できるか

当社では、部署ごとに業務で必要な情報を得るための書籍を購入し、保管しています。先日、蔵書の数が明らかに減っていたことから、原因を調査したところ、ある社員が勝手に売却していたことが判明しました。1冊当たりの金額は少額ですが、長年にわたる売却により数万円は着服していたようで、当該部署で当初購入した際の金額では数十万円に上ります。本行為は窃盗や横領に当たると考えられるので懲戒解雇としたいのですが、可能でしょうか。

被害物品や被害額の立証の可否などについて慎重な検討を行った上で懲戒解雇とした場合には、直ちに無効となるものではないと考えられる

1. 懲戒解雇（懲戒処分）の有効要件

懲戒については、労契法15条において、①使用者が労働者を懲戒することができる場合であること、②当該懲戒が、当該懲戒に係る労働者の行為の性質および態様その他の事情に照らして、客観的に合理的な理由があり、かつ、社会通念上相当であることが必要であると定められています。

2. 懲戒処分の種別と事由の明定

上記1.の有効要件①に関し、懲戒処分が従業員の企業秩序違反に対する制裁であることから、判例では、あらかじめ就業規則において懲戒の種別および事由を定めておくことを要するとされています（フジ興産事件　最高裁二小　平15.10.10判決）。

そのため、ご質問のケースにおいて懲戒解雇を行うのであれば、懲戒解雇が懲戒処分の種別として就業規則に定められている必要があります。

また、懲戒事由の定めについては、例えば、「会社の金品を窃取し、又は横領するなどの不正な行為を行ったとき」や「会社の金品を無断で廃棄し、又は損壊するなどしたとき」といった趣旨の定めがなされていることが直接的ですが、「社員として不適切な行為」「法令に違反する行為」といったものでも懲戒事由の当てはめとしては可能でしょう。

3. 懲戒処分の程度（懲戒解雇の可否）

このように懲戒の種別と事由が就業規則に定められ、当該社員の行為が懲戒事由に該当する場合であっても、懲戒解雇を有効になし得るためには、客観的に合理的な理由があり、かつ、社会通念上相当であると認められる（上記1.の有効要件②）必要があります。

4. 参考判例

会社の物品を窃取等した事案において、解雇が有効となった判例／無効となった判例を以下に紹介します。

[1] 解雇が有効となった判例（ソニー生命保険事件　東京地裁　平11.3.26判決）

生命保険募集人として生命保険契約の締結の媒介等の業務（ライフプランナーとしての業務）を行っていた労働者が、会社から貸与を受けたパソコンを半年間で合計3回にわたり質入れし、質流れさせてしまったことを理由として懲戒解雇された事案。同判例において、裁判所は、「被告（筆者注：会社）のライフプランナーは、生命保険会社の営業社員であり、（中略）金銭に対しては、とりわけ潔癖性が要求され（中略）、被告の損害額が約20万円とさして大きくなく、質入れによる原告（筆者注：労働者）の利得がわずかであったとしても、見過ごしにはできない（中略）こと（中

略）、パソコンを質入れしている期間、原告はパソコンを使用できず、被告の方針に反していたほか、業務上全く支障がなかったともいえず、原告の職務遂行態度に問題がある（後略）。また、貸与パソコンには、被告の機密情報や被告の開発したシステムがインストールされており、それらが外部に漏洩されることで被る被告の損害は計り知れない」等として、懲戒解雇を有効と判断しています。

[2] 解雇が無効となった判例（ダイハツ工業事件
大阪地裁　昭56.11.30判決、控訴審：大阪高裁　昭60.2.27判決、上告審：最高裁三小　昭62.1.20判決）

労働者が工場棟内の組合事務所前に置いてあったダンボール箱2箱を無断で工場外の付近民家横まで持ち出したことが、「許可なしに会社の物品を持出し、又は持出そうとした」行為等に該当するとして諭旨解雇とされた事案。同判例において、大阪地裁は、「会社の物品」について、「本来、被告会社の所有の物品とか、被告会社が第三者から預っている物品であっても、将来その返還が予定されているとか、これを転売ないし利用して、社会経済的な利益ないし効果を挙げる等、一般社会通念上、社会経済的に価値のあるものをいうものと解すべきところ、本件ダンボール箱は、（中略）組合の所有のものであり、しかも、（中略）間もなく焼却されるものであったし、かつ、（中略）本件ダンボール箱の中には被告会社の『業務上重要な秘密』に関する書類が入っていたとも一概に認め難いから、（中略）『会社の物品』といえるかどうか甚だ疑わし」く、また、「一般に、使用者の懲戒権の行使は、被用者の行為の程度、種類に応じて相当なものであることが必要であ（中略）ると解すべきところ、（中略）原告（筆者注：労働者）が本件ダンボール箱を持ち出したことは、

非難されるべきではあるが、（中略）懲戒処分としては二番目に重い諭旨解雇の処分にすることは、苛酷に過ぎ、著しく不当であ（中略）る」などと述べて、諭旨解雇処分を無効と判断しました。

5.ご質問のケースについて

ご質問のケースでの被害物品は会社所有の蔵書であり、1冊当たりでは少額で、普段それらを頻繁に使用しないとしても、会社で処分を決めたなどの不要となる事情がない以上、無価値な物であるということにはなりません。したがって、当該社員の行為は会社に対する裏切りであり、身勝手かつ悪質であるといえます。

もっとも、ここで注意しなければならないことは、不正行為の立証です。

ご質問のケースでは、何らかの経緯を経て、社員本人へのヒアリングを行い、本人から自白が得られたのではないかと思いますが、刑事事件（ご質問にある窃盗〔刑法235条〕や横領〔業務上横領：同法253条〕）の場合には自白のみでは有罪とすることが困難ですし（刑事訴訟法319条2項）、後日、社員が否認に転じて解雇を争うことにならないとも限りません。

したがって、自白のみならず、どの書籍をいつ売却したのか、その売却代金の収受の有無などについて、可能な限り客観的な証拠で裏づけができるようにしておくことが必要でしょう。

こうした証拠を確認した結果、蔵書の数十万円という被害金額や長年にわたる売却で数万円を着服していた事実が認定できるのであれば、当該社員を懲戒解雇としても、直ちに無効となるものではないと考えます。

（宇井　一貴）

懲戒（解雇）

残業命令に従わずに定時退社する従業員を懲戒解雇できるか

仕事が終わっていないにもかかわらず、「プライベートの予定があるため」などと主張して残業命令に従わず、定時退社する従業員がいます。当社の残業時間は月平均10〜20時間とそれほど多くありませんが、当該従業員はほとんど残業せず、納期までに仕事が終わらない、または仕事の質が著しく低い状況です。何度か指導しましたが全く改善されないため、まずは軽微な懲戒処分を科し、最終的には懲戒解雇することを考えていますが、可能でしょうか。

譴責（けんせき）等の比較的軽微な懲戒処分を科すことが可能。また、譴責を含む懲戒解雇より軽微な懲戒処分を何度も重ね、改善指導し続けてもなお、本人が反省せず、残業命令を拒否し続ける場合には、懲戒解雇も検討すべき

1. 残業命令の根拠

残業、つまり時間外労働は、災害等の臨時の必要ある場合または公務のため臨時の必要がある場合（労基法33条1項・3項）を除き、いわゆる36協定を締結した上、労働基準監督署長に届け出た場合にのみ許されます（同法36条1項）。

残業を命ずるには、36協定の締結・届け出に加えて、残業が労働契約上の義務となっていることが必要です。具体的には、就業規則に当該36協定の範囲内で「一定の業務上の事由があれば労働契約に定める労働時間を延長して労働者を労働させることができる旨定めているときは、当該就業規則の規定の内容が合理的なものである限り（中略）その定めるところに従い、労働契約に定める労働時間を超えて労働する義務を負う」ものとされています（日立製作所武蔵工場事件　最高裁一小　平3.11.28判決　民集45巻8号1270ページ）。

2. 残業命令の有効性

36協定の締結・届け出、および就業規則の規定があったとしても、残業命令に業務上の必要性が認められなければ、同命令は有効要件を欠きます（菅野和夫・山川隆一『労働法 第13版』〔弘文堂〕441ページ）。また、業務上の必要性がある場合であっても、労働者に残業を行えないやむを得ない事由がある場合には、権利濫用（労契法3条5項）になり得ます（菅野・山川・前掲書441ページ、トーコロ事件　東京高裁　平9.11.17判決　労判729号44ページ）。"やむを得ない事由"としては本人の病気や家族の介護・看護など家庭の事情等があり得ますが、残業命令の業務上の必要性の内容・程度等との相関において判断されるものと考えられます。

裁判例では、上記トーコロ事件東京高裁判決において、ノルマの遅れ等の事情から残業を命ずる業務上の必要性が存することを認めつつも、従業員が「眼精疲労等の状態にあることをもって本件残業命令に従えないやむを得ない事由があった」とされています。

他方、JR東海（大阪第三車両所）事件（大阪地裁　平10.3.25判決　労判742号61ページ）においては、教育訓練を目的とした残業命令の拒否の理由として申告された、「子供の世話」「しんどい」等の理由について、「遠距離通勤者であり、かつ、妻を亡くして、当時小学1年生の子を抱えた原告（中略）が（中略）子供の世話を行う必要から、どうしても終業時間後に予定された訓練を受講することができない場合がある」といったような「具体的な事情を示すでもなく」「代替日を申し出るなど、自らの家庭の事情と訓練受講との両立を図ろうと努めた形跡もない」こと等に鑑み、残業命令拒否の「正当な理由」を認めません

341

でした。

3.懲戒処分の可否

懲戒処分をするには、まず、就業規則等に根拠があることが必要です。残業命令の拒否についても、就業規則において業務命令違反等が懲戒事由として定められており、かつ残業命令が前記1.の事情から有効である場合には、その命令拒否につき、規定された種別の懲戒権の根拠があるといえます。

ただし、懲戒権の根拠があっても、具体的事情に照らし、懲戒処分が懲戒権の濫用と評価される場合には、労契法15条により無効となります。同条は比例原則を含んでおり、懲戒処分の重さが規律違反の内容・程度その他の事情に照らし相当である必要があります。

この点を残業命令の拒否について見ると、残業の必要性を説明し注意指導を重ねても残業拒否が続く場合には、譴責等の比較的軽微な懲戒処分をすることは相当といえるでしょう。裁判例においても、上記JR東海（大阪第三車両所）事件は、残業命令拒否の回数に応じて、3回以上の者については戒告処分（懲戒処分の下限）、2回の者は訓告（懲戒処分ではない）、1回の者は処分留保とした事案であるところ、戒告処分および訓告のいずれも有効と判断されています。

もっとも、懲戒解雇等の重大な処分については慎重になるべきです。裁判例では、与野市社会福祉協議会事件（浦和地裁　平10.10.2判決　判タ1008号145ページ）において、残業命令拒否について「譴責ないし減給処分といったより軽度の懲戒処分によって是正が可能であると思われるところ、本件懲戒解雇に至るまで（中略）先行する懲戒処分が全くなかった」として、残業命令拒否等を理由とする懲戒解雇を無効としました。他方、前記日立製作所武蔵工場事件最高裁判決においては、残業命令を拒否した従業員に対する懲戒解雇が有効とされていますが、同事件では、当該従業員に懲戒歴が多数あった上、命令された残業が従業員自身の手抜き作業の結果を補正するためのものであった等の事情がありました。同判例も踏まえると、会社が懲戒処分を複数回重ね、改善指導し続けてもなお、反省が見られないような場合に初めて、懲戒解雇も相当とされる可能性があります。

4.ご質問のケースについて

当日残業をしなければ納期までに仕事が終わらないことが見込まれる場合には、残業を命ずることにつき業務上の必要性があるでしょう。他方で、「プライベートの予定がある」という申告理由は残業を行えない理由として具体性を欠き、やむを得ない事由とは認められないと思われます。

その上で、"何度か指導したが全く改善されない"とのことですので、まずは譴責等軽微な懲戒処分をするべきです。そのような懲戒処分を複数回重ね、改善指導し続けてもなお、残業命令に従わない場合には、懲戒解雇も検討することになるでしょう。

（福井　大地）

 懲戒解雇した社員の懲戒事由が後日冤罪と判明した場合、復職させなければならないか

先月、ある社員を業務上横領により懲戒解雇しました。本人は否定したものの、証拠が確かだったので、懲罰委員会等を経て粛々と手続きをしました。ところがその後、このときの証拠が真犯人による偽装で、"ぬれぎぬ"だったと判明し無罪となったのです。本人が希望した場合、復職させなければなりませんか。そのほか会社には、どのような対応が求められるでしょうか。

懲戒（解雇）

 原則として懲戒解雇は無効であり、復職を認め、賃金もさかのぼって支払う必要がある。ただし、本人の意向を確認し、他の補償を行うことによるなど復職以外の方法も考慮すべき

1.懲戒事由の不存在

　懲戒解雇とは、懲戒処分の一種として行われ、使用者が労働契約を一方的に解消するものであって、懲戒処分の中では最も重い処分です。懲戒解雇する場合は、労契法16条「解雇は、客観的に合理的な理由を欠き、社会通念上相当であると認められない場合は、その権利を濫用したものとして、無効とする」が適用されます。

　もっとも、ご質問のケースでは、懲戒解雇した社員の懲戒事由が後日冤罪と判明しているため、懲戒事由と理解していた事実が「存在していなかった」わけですから、労契法16条の客観性、合理性、社会的相当性を判断するまでもなく、当該処分は遡及的に無効となります。したがって、本人が希望したのであれば、原則として復職を認めなくてはなりません。また、賃金をさかのぼって支払う義務も当然に発生します。

　この点、飲酒運転の取り締まりでアルコール数値をねつ造したとして懲戒免職となった元警部補に関する事案が参考になります。元警部補は、証拠隠滅容疑などで起訴され、1審（大阪地裁　平25．1.23判決）では有罪となりましたが、控訴審（大阪高裁　平26．3.26判決）では逆転無罪となりました。同判決の確定により懲戒免職の根拠たる前提事実は不存在となります。元警部補は復職を希望し、府人事委員会に不服申し立てをしたと報じられています（平26．3.26付　産経WEST）。

2.解雇処分が使用者の不法行為に当たる可能性

　さらに、業務上横領という"ぬれぎぬ"を着せられ懲戒解雇されたことは名誉毀損に当たる等と主張し、当該社員が会社に対して、復職や賃金のほかに慰謝料を求めるといった行動に出る可能性もあります。

　確かに、権利濫用に当たる解雇は、使用者に故意・過失のある限り労働者の雇用を保持する利益や名誉を侵害する不法行為となり得ます。しかし、不法行為の成否は、故意・過失、損害の発生、因果関係など、不法行為の各要件を吟味した上で結論を出すべきであり、権利濫用に当たる解雇が当然に不法行為になると解すべきではありません。

　この点、事実誤認により諭旨解雇が無効とされ、復職した後に当該解雇が不法行為に当たるとして社員が会社に対し損害賠償を求めた事案（静岡第一テレビ［損害賠償］事件　静岡地裁　平17．1.18判決）において、裁判所は、懲戒解雇が不法行為に該当するには、①使用者が行った懲戒解雇が不当、不合理というだけでは足りず、懲戒解雇すべき非違行為が存在しないことを知りながらあえて懲戒解雇した場合、②ずさんな調査や弁明の不聴取によって非違事実を誤認して懲戒解雇した場合、③懲戒処分の相当性の判断において明白かつ重大な誤りがある場合に該当することを要する――と判示し、結論において不法行為の成立を否定しています。

　ご質問のケースに関して言えば、会社は適切な手順・判断により横領の事実を検証し、懲戒解雇処分を決定しており、真犯人による偽装工作のため、当該社員の犯行であると確信したとの経緯を考えれば、故意・過失があるとは言えず、不法行為は成立しないものと考えられます。

3.刑事犯罪について懲戒処分を行う際の留意点

　いずれにしても懲戒処分のための事実確認は慎重に行うべきですが、ご質問のケースのように刑事犯罪に該当する場合は、どの時点で処分を行うかという点も悩ましいところです。比較的軽微な事案や本人が罪を認めている事案については刑事裁判の確定前に処分を行うことも可能ですが、重

343

大事案や否認事案であれば、身柄拘束もあるでしょうから、ひとまず起訴休職を認め、少なくとも刑事裁判の1審判決が出るのを待って処分を決定すべきと考えます。また、後のトラブルを回避するために、処分決定後に苦情・不服申し立ての機会を与えることも有用です。

4.復職以外の解決法

ところで、事実誤認とはいえ、一度、懲戒解雇処分を受けた社員からすれば、復職したとしても「会社に信用してもらえなかった」という思いはなかなか消えないでしょう。冤罪と分かっても、他の社員との人間関係も完全に元どおりになるわけではありません。また、冤罪が晴れるまでの間に既に他社へ就職しているということもあり得ます。実際、酒気帯び運転で懲戒免職になった元中学校教諭が、後日逆転無罪判決を勝ち取り、懲戒免職は取り消しとなったものの、同教諭は処分が取り消された日付で退職届を自ら提出したとの報道もあります（平24．8.24付　産経新聞）。

処分を取り消しても時間を巻き戻すことはできません。したがって、本人の意向をよく聞き取り、復職の許否だけに拘泥することなく、むしろ名誉回復（処分取り消し、謝罪等）や金銭賠償による実体的解決（会社都合退職扱いとし退職金を上乗せする等）を主眼とし、問題解決のために会社としてできることは何かを第一に考え、真摯に対応することが求められます。

（神内　伸浩）

 10年前の経歴詐称を理由に懲戒解雇できるか

10年前に入社した社員が、経歴を詐称して入社していたことがこのほど判明しました。実際は高校卒でしたが、ある有名大学を卒業したと履歴書に記入し、かつ、窃盗罪で実刑判決を受けていたことを秘匿していたものです。当然懲戒解雇に値すると思うのですが、「働きぶりに問題はなく、会社になじんでいるのに、そんな昔のことでいまさら懲戒解雇できるのか」など、処分に否定的な声もあります。やはり懲戒解雇することは難しいでしょうか。

 最終学歴の詐称および犯罪歴の秘匿は、「重大な経歴の詐称」であり、原則として懲戒解雇は可能と考えられるが、10年間の勤務継続など諸事情を考慮し、懲戒解雇の相当性を検討する必要がある

1.ご質問の争点

裁判例においては、経歴詐称が常に懲戒解雇事由に該当するわけではなく、「重大な経歴の詐称があった場合」に限定しています（メッセ事件　東京地裁　平22.11.10判決、炭研精工事件　最高裁一小　平3．9.19判決・同控訴審　東京高裁　平3．2.20判決）。ご質問では、当該社員は、最終学歴が高校卒であるのに有名大学卒と偽り、窃盗罪の実刑判決を秘匿していたところ、最終学歴や犯罪歴は、一般的には、使用者が労働者を採用するに当たり、重要な判断要素となるものと考えられます（前掲炭研精工事件等）。

ただし、当該社員の具体的な業務内容によって、その重要性の程度には差があり得るものです。最終学歴に関しては、単純作業を主とする労働であるか、高度な知能労働を主とする労働であるかによっても異なり、また窃盗罪の犯罪歴に関しては、社内の物品の管理業務や経理業務などに

おいては特に重要視されるものと考えられます。

　また、ご質問の特殊性としては、経歴を詐称したまま入社後すでに10年間勤務を継続している点にあります。裁判例においては、経歴詐称を理由とする懲戒解雇の有効性について、長期間の勤務実績を重視するものとしないものとがあるため、以下では、この点に焦点を当てて検討を行うこととします。

2.裁判例における判断

[1]神戸製鋼所事件——長期間の勤務実績を重視しない

　神戸製鋼所事件（大阪高裁　昭32.8.29判決）は、労働者が、最終学歴について、真実は高等小学校卒業であるにもかかわらず、中学校卒と詐称して入社し、8年間平工員として勤務した後、当該経歴詐称を理由として懲戒解雇された事案において、懲戒解雇を有効と判断したものです。

　裁判例の理由においては、最終学歴は個人の教育程度を示す重要な前歴事項に該当すると述べ、当該労働者が作業能力および勤怠の点において同僚工員の標準に劣っていたこと、中学校卒業者と未卒者との間に賃金の差が設けられていたところ、中学校卒業者としての取り扱いを受けていたこと等を認定した上、8年間の勤務を考慮しても懲戒解雇処分は妥当なものと判断されています。

[2]東光電気事件——長期間の勤務実績を重視する

　他方、東光電気事件（東京地裁　昭30.3.31決定）は、労働者が、住居侵入罪で有罪判決を受けていたことを秘匿して入社し、その後6年間勤務した後、経歴詐称を理由に懲戒解雇された事案において、懲戒解雇が無効とされたものです。裁判所は、当該経歴詐称が懲戒解雇に値するものであることを認めながらその他の諸般の事情を考慮し、当該労働者の会社経営秩序への順応、生産性への寄与を推認するのが相当であり、会社においても労働者の全人格を評価し相当程度の信頼を置くに至ったはずであると述べ、懲戒解雇は客観的妥当性を欠き、より軽い処分をなすべきであった

と判断しました。

[3]まとめ

　上記二つの裁判例は、懲戒解雇の相当性の判断において、労働者が長期間の勤務実績を有していたという類似の事案でありながら、結論として異なる相当性の判断を行っています。

　すなわち、重大な経歴の詐称があった場合であっても、懲戒解雇の客観的相当性の認定においては、経歴詐称の重大性およびその後の勤務実績、労働者の能力等を総合的に考慮されるものであり、当該労働者が信頼に足ると判断できる例外的な場合においては、懲戒解雇が無効と判断される場合もあり得ると考えられます。

3.ご質問のケース

　ご質問のケースでは、前記1.のとおり、当該社員の具体的な業務内容によって経歴詐称の重大性は異なりますが、一般的には最終学歴を高校卒であるところ有名大学卒と偽り、また窃盗罪の実刑判決を秘匿していたことは非常に重大な経歴詐称であり、この詐称の事実により、使用者の当該社

参考　懲戒処分の原則

罪刑法定主義の原則	懲戒の種類・程度が就業規則上明記されている
不遡及の原則	懲戒処分の根拠規定が設けられる以前の行為に対しては、さかのぼって懲戒処分の対象とすることはできない
一事不再理の原則	一度懲戒処分の対象となった事由について2回以上の懲戒処分を行うことはできない
平等取り扱いの原則	同種の非違行為には、同一種類で同程度の処分を科す
相当性の原則	労働者が犯した非違行為・業務命令違反と懲戒処分は、その種類や程度その他の情状に照らして相当なものでなければならない
適正手続きの原則	就業規則上、賞罰委員会の討議・決議を要する場合や労働協約上協議等を要する場合には、それらの手続きを適正に行う。それらの規定がない場合でも、最低、本人に弁明の機会を与える

員に対する信頼は損なわれたと考えられます。そのため、私見では、原則として、懲戒解雇は客観的に相当と考えられ、10年間の勤務実績に照らして懲戒解雇が相当でないと判断されるためには、当該社員の業務が最終学歴や犯罪歴を考慮する必要の少ないものであり、かつ勤務態度および能力に照らし、会社に多大な貢献を行っている場合など限定的なケースに限られると思われます。

なお、懲戒解雇は、懲戒処分の一般原則に従い、就業規則にのっとった適正な手続きによって行われる必要がありますので、その点も留意が必要です［参考］。

（都留　綾子）

161　どのくらいの日数を無断欠勤すれば、懲戒解雇が認められるか

当社では、「正当な理由なく、しばしば欠勤または遅刻するなど、出勤不良なとき」を就業規則上の懲戒解雇事由としています。先日入社した社員が3日連続で無断欠勤したため、解雇を考えていますが、人事部内では「まだ『しばしば』とはいえない」という意見が大勢を占めています。何日くらい無断欠勤すれば、解雇が有効とされるのでしょうか。裁判の傾向などを教えてください。

　裁判例は、無断欠勤の日数だけでなく、さまざまな事情を総合的に考慮して懲戒解雇の有効性を判断しているため、一概に言うことはできないが、3日連続の無断欠勤にとどまる場合は懲戒解雇は困難と考える

1.懲戒解雇の有効要件

懲戒処分の有効要件については、平成20年3月施行の労契法で、従来の判例法理が法文化され、「使用者が労働者を懲戒することができる場合において、当該懲戒が、当該懲戒に係る労働者の行為の性質及び態様その他の事情に照らして、客観的に合理的な理由を欠き、社会通念上相当であると認められない場合は、その権利を濫用したものとして、当該懲戒は、無効とする」と規定されました（15条）。

無断欠勤を理由とする懲戒解雇も懲戒処分の一種ですから、この条文の定める懲戒権濫用法理の制約に服することになります。

2.懲戒処分の根拠規定の存在

懲戒処分が有効とされるには、「使用者が労働者を懲戒することができる場合」でなければならず、そのためには、懲戒の理由となる事由とこれに対する懲戒の種類・程度が就業規則上、明記されている必要があります。多くの企業では、懲戒解雇事由として、「無断欠勤が○日以上に及んだとき」や「正当な理由がなく遅刻、早退または欠勤が重なったとき」などといった条項を定めていると思われ、この種の規定が根拠規定となります。

3.客観的に合理的な理由

懲戒解雇の理由となる「無断欠勤」の内容については、以下のとおり、若干の争いがあります。

[1]届け出の有無

まず、「無断欠勤」の意味として、①文字どおりの「無届欠勤」に限るのか、②「届け出はあるが正当な理由のない欠勤」を含むのかという問題があります。「正当な理由なしに無断欠勤14日以上に及んだとき」という懲戒解雇事由の解釈について、②の立場を採った裁判例も存在しますが

（三菱重工業長崎造船所［懲戒解雇］事件　福岡高裁　昭55．4.15判決）、確立した判例というわけではありません。使用者としては、②の立場を採ることが分かるよう、「届け出があってもその理由が正当でないときは、無断欠勤として扱う」などというように、就業規則上明確に定めておくのが望ましいといえます。

[2]使用者の帰責性等

　紫苑タクシー事件（福岡高裁　昭50．5.12判決）は、無断欠勤該当性について、何日以上の無届欠勤という要件を形式的に判断するのではなく①使用者の責めに帰さない理由による欠勤であるか、または②労働者に欠勤しない選択の自由があるのにあえて欠勤した企業秩序を乱す行為であることを要するとしています。このように、そもそも「無断欠勤」に当たるかという点から、実質的に判断する必要があります。

4.社会通念上の相当性

　無断欠勤日数が何日に達したら、解雇が社会通念上相当とされるでしょうか。この点につき、明確な基準があるわけではありませんし、裁判例はむしろ、日数のみで判断することなく、さまざまな事情を考慮しています。

　そこで、無断欠勤のような勤怠不良を理由とする解雇の有効性につき、裁判例が考慮している判断要素を抽出してみると、①欠勤の回数・期間・程度、正当な理由の有無、②業務への支障の有無・程度、③使用者からの注意・指導・教育の状況、使用者側の管理体制、④本人の改善の見込み、反省の度合い、⑤本人の過去の非行歴、勤務成績、⑥先例の存否、同種事例に対する処分との均衡——などの事情を総合的に考慮して解雇の有効性を判断しています。

5.連続する無断欠勤に関する裁判例

　連続する無断欠勤について、何日に達すれば懲戒解雇が有効とされるか、明確な基準があるわけではなく、結局のところ、上記3.および4.で述べた事情を踏まえて、個々のケースに応じて判断することになります。

　店舗プランニング事件（東京地裁　平26．7.18判決）においては、8日間（出勤すべき日6日）の無断欠勤につき、この程度では就業規則上の懲戒解雇事由である「無断欠勤……が著しく多く」に当たらないと判断されました。また、栴檀学園事件（仙台地裁　平2．9.21決定）では、大学教員の3月13日から4月13日までの連続する無断欠勤につき、就業規則の懲戒解雇事由に該当するとしつつも、当該欠勤は春休み時で講義もなく、大学の業務に支障を来さなかった等の事情を考慮して、無断欠勤のみでの懲戒解雇は権利濫用であると判断されました。他方、日本郵便事件（東京地裁　平25．3.28判決）は、おおむね20日以上の無届欠勤の処分量定につき諭旨解雇または懲戒解雇とする旨の懲戒標準が定められていたところ、26日間連続した無断欠勤を理由として諭旨解雇を選択した事案ですが、これに対して労働者が退職届の提出を拒み続けたことから行った懲戒解雇を有効と判断しています。

　なお、メンタルヘルス上の問題による欠勤が疑われる場合には、別途注意を要します。日本ヒューレット・パッカード事件（最高裁二小　平24．4.27判決）は、精神的な不調によって40日間の欠勤を行った社員を諭旨解雇処分にした事案ですが、最高裁は、精神的な不調によって欠勤を続けていると認められる場合、使用者は「精神科医による健康診断を実施するなどした上で（中略）、その診断結果等に応じて、必要な場合は治療を勧めた上で休職等の処分を検討し、その後の経過を見るなどの対応を採るべき」であったとして、このような対応を経ずに行われた諭旨解雇処分を無効としています。

6.まとめ

　以上から、何日くらい無断欠勤をしたら解雇が有効とされるのか、一概に言うことはできず、前述のさまざまな事情を考慮して検討すべきです。もっとも、ご質問のケースのように、入社したばかりの社員が3日間連続で無断欠勤したにとどま

る場合には、まずは注意・指導を行って改善を図るべきで、それを行わずに懲戒解雇にしてしまうと、解雇無効と判断されると考えられます。

（亀田　康次）

 悪質なセクハラ行為でも、過去に指導等の実績がなければ、解雇処分はできないか

　事業部門長Ａが、部下の女性社員に対し、職場での日常的なセクハラ行為のほか、社員旅行の宴席での性的言動、交際を迫るメールの執拗な送信等を繰り返していたことが判明し、現在、処分を検討しています。その態様やＡの地位等を踏まえると相当に悪質であり、セクハラ防止規程に沿って懲戒解雇としたい考えです。一方、今回の件について、これまでＡに指導や処分を行っておらず、「いきなり懲戒解雇は行き過ぎでは」と懸念する声も聞かれます。どのような対応が妥当か、アドバイスをお願いいたします。

 具体的な事情が明確ではないものの、いきなり解雇を選択するのではなく、より軽い懲戒処分および異動等を実施するなどを経た上で、改善が見られない場合には、解雇に処するという対応が望ましい

1. セクシュアルハラスメントに関する使用者の措置義務

　均等法11条１項は、職場において行われる性的な言動に対する労働者の対応により労働者がその労働条件につき不利益を受けること（対価型セクシュアルハラスメント）、性的な言動により労働者の就業環境が害されること（環境型セクシュアルハラスメント）につき、事業主に対し、防止のために雇用管理上必要な措置を講じなければならないとし、同条４項は、事業主が講ずべき措置に関する指針を定めることとしています。

　当該規定を受けて策定された「事業主が職場における性的な言動に起因する問題に関して雇用管理上講ずべき措置についての指針」（平18.10.11厚労告615、最終改正：令２.１.15　厚労告６）では、事業主の講ずべき措置の内容として、①事業主の方針の明確化およびその周知・啓発、②相談に応じ、適切に対応するために必要な体制の整備、③事後の迅速かつ適切な対応、④プライバシーその他に関して講ずべき措置などが定められています。このうち、③の対応の中には、「行為者に対して必要な懲戒その他の措置を講ずること」が含まれます。

　事業主は、セクシュアルハラスメント（以下、セクハラ）が発生した場合、職場秩序維持および上記措置義務の履行等の見地から、セクハラ行為を行った従業員に対し、個別事情に応じて、各種懲戒処分を実施することになります。

2. 懲戒処分実施に当たっての考慮要素等

　懲戒権の行使は、企業秩序維持の観点から労働契約関係に基づく使用者の権能として行われるものですが、就業規則所定の懲戒事由に該当する事由が存在する場合であっても、当該具体的事情（行為の性質および態様その他の事情）の下において、それが客観的に合理的な理由を欠き、社会通念上相当なものとして是認することができない場合は、権利の濫用として無効となります（労契法15条。ネスレ日本［懲戒解雇］事件　最高裁二小　平18.10.6判決およびダイハツ工業事件　最高裁二小　昭58.9.16判決等）。「具体的事情」の中には、外部に表れた行為態様のほか、行為の原

因、動機、状況、結果等、さらには、行為者の行為前後における態度、懲戒処分等の処分歴、社会的環境、選択する処分が他の従業員および社会に与える影響等諸般の事情が含まれます（国鉄中国支社事件　最高裁一小　昭49．2．28判決）。

セクハラに関する過去の裁判所の判断内容を見てみますと、より具体的には、裁判所は、以下の具体的事情を総合考慮して、セクハラ行為者に対する懲戒処分の相当性を判断しているものと解されます。

①行為の具体的態様
　●時間（就業時間内か否かなど）
　●場所・状況（密室か否かなど）
　●内容・性質（身体的接触があるか否かなど）
　●程度（反復・継続的なものか否かなど）
②当事者の関係
　●上司と部下の関係か否か（加害者・被害者の社内上の地位）
　●被害者の人数
③セクハラ指摘後の加害者の態度
　●真摯な反省や謝罪があったか否か
　●報復行為として被害者に不利益な措置を講じたか否か
④被害者の対応・感情
⑤加害者に対する過去の注意・指導・懲戒処分歴

3. セクハラ加害者に対する解雇の可否

セクハラ行為態様類型のうち、不同意性交等罪や不同意わいせつ罪に該当するような悪質な行為態様のケースでは、その他の考慮要素について詳細には検討することなく、裁判所も懲戒解雇を有効としています（西日本鉄道事件　福岡地裁平９．２．５判決およびコンピューター・メンテナンス・サービス事件　東京地裁　平10.12．7判決）。

その一方、不同意わいせつ等にまでは至らない程度の身体的接触を伴う性的要求や交際要求のケースにおいては、裁判所は、上記に指摘した考慮要素を総合考慮し、慎重に解雇の可否を判断しており、その中でも過去に懲戒処分歴等がない場合やセクハラに関して注意・指導を受けたことがなかった場合には、判決の中において、その点をあえて指摘するなど慎重な姿勢を示しています（前者に該当するケースで、結果的には普通解雇を有効としたA製薬［セクハラ解雇］事件〔東京地裁　平12.8.29判決〕、後者に該当するケースで、懲戒解雇を無効としたY社［セクハラ・懲戒解雇］事件〔東京地裁　平21.4.24判決〕があります）。

このように、裁判所は、セクハラ行為者に対しても解雇は慎重に判断しており、当該解雇に至るまでにセクハラ行為等についての注意・指導等がなされたことがあるか、過去に懲戒処分を受けたことがあるかなどといったことも解雇の有効無効に関する判断の要素として重視しているものと解されます。

そこで、ご質問のケースを見てみますと、前述の2.で挙げた①〜④の考慮要素に関する具体的事情等の詳細は不明となっていますが、いきなり解雇を選択するのではなく、より軽い懲戒処分および異動等を実施するなどを経た上で、改善が見られない場合には、解雇に処するという対応が望ましいものと思われます。

もっとも、これまでに注意や処分をしていなかったとしても、前述の2.の①〜④の考慮要素の情状が非常に悪質であると判断される場合には、職場秩序維持の見地からいきなり解雇を選択しなければならない場合もあり得るとは思いますが、その場合でも退職金を支給する形での諭旨解雇または普通解雇を選択したほうがよいと思われます。

（根本　義尚）

Q163 経費を使い込んだ従業員を懲戒し、着服金額を弁済させる場合、どのような手続きが必要か

　当社では、出張に伴う旅費や宿泊費を支給しています。今般、当社従業員がいわゆる「カラ出張」を繰り返し、旅費や宿泊費を不正受給（以下、着服）していることが発覚しました。長期間にわたってカラ出張を繰り返していたため、着服金額も多額であり、会社としては厳正に処分した上で、同金額を弁済させたいと考えています。どのような処分が可能で、確実に弁済させるためにはどのような手続きを取るべきかご教示ください。

A
懲戒解雇は認められる可能性が高い。確実に弁済させるため、着服金を分割払いにて支払う旨の強制執行認諾文言付公正証書を作成することが考えられる。また、連帯保証人をつけるなどして、回収を担保すべき

1. 経費の着服と懲戒処分

　交際費、宿泊費といった会社経費、通勤手当を着服する行為は、詐欺ないし横領に該当し、その金額の多寡にかかわらず、刑事罰に該当するものです。何より、こうした不正行為は、企業運営に与える影響が大きく、詐取・横領金額が低い場合でも、懲戒処分を含む重い処分がなされることが少なくありません。

　裁判例でも、バス乗務員の運賃1100円の着服（東京都公営企業組合事件　東京地裁　平23.5.25判決　労経速2114号13ページ）、金融機関従業員による顧客からの集金の着服（前橋信用金庫事件　東京高裁　平元.3.16判決　労判538号58ページ）を理由とする懲戒解雇を有効とした事例があります。

2. 従業員が着服した金員の回収方法

　従業員による詐取や横領行為が発覚した場合、懲戒処分を課した上で、不正に取得した金額を弁済させることが基本的な対応となります。

　不正を行った本人に対し、まずは直ちに全額を弁済することを求めます（不法行為に基づく損害賠償請求または不当利得に基づく返還請求）。もし、弁済することを拒絶するようであれば、訴訟提起や刑事告訴の可能性を伝え、着服金額の回収を行うことが考えられます。

　もっとも、着服した金額が大きい場合、当該従業員が直ちに弁済するだけの資力を有していないケースもあるでしょう。こうした場合、同金員を確実に回収する方法として、以下が考えられます。

[1] 給与・退職金との相殺

　金銭の着服行為を行った場合、勤続の功を抹消してしまうほどの重大な不信行為があったとして、着服金額等に応じ、就業規則の定めに基づき、退職金を不支給・減額とすることもあります。

　ただし、退職金を全額不支給とするハードルは低くありません。そこで、給与や退職金が支給される場合に、着服金（不法行為に基づく損害賠償請求権または不当利得に基づく返還請求権）との相殺の可否が問題となります。

　この点、賃金全額払いの原則（労基法24条1項）との関係で、一方的に相殺することは困難です。そこで、合意相殺することが考えられますが、労働者の自由な意思に基づく同意が求められます（日新製鋼事件　最高裁二小　平2.11.26判決　民集44巻8号1085ページ）。会社から損害賠償を求めている場面であるため、労働者の自由意思に基づくといえる状況か否かについては慎重な判断が求められます。

[2]強制執行認諾文言付公正証書

着服金の弁済について、分割払いを許容する場合、一般的な合意書の締結によって、履行を求めることも可能です。もっとも、より実効性を担保するためには、強制執行認諾文言付公正証書を作成することが考えられます。

公正証書は、公証役場において公証人が作成する公文書です。債務弁済公正証書に強制執行認諾文言を付することで、公正証書に記載された支払い義務が滞った場合、訴訟を提起することなく、当該公正証書に基づいて、強制執行を行うことが可能となります。不正を行った労働者にプレッシャーを与え、確実な弁済が期待できるとともに、万が一、支払い義務を怠った場合でも、公正証書を債務名義として差し押さえ等ができるため、迅速に手続きを進めることが可能です。

なお、分割払いの期間がやむを得ず長期になることも少なくありません。不正を行った労働者と連絡が取れなくならないよう、連絡先変更の場合には変更内容を伝えることとする旨も併せて条項に含めておくべきです。

[3]親族等の連帯保証

上記のように不正を行った労働者に分割払いを約束させたとしても、当該労働者に資力がなければ、強制執行も功を奏しないことになります。

そこで、親族等を連帯保証人として、上記の強制執行認諾文言付公正証書に加えることが考えられます。

[4]身元保証人に対する請求

採用時に身元保証人を設けている場合には、身元保証人に対し、損害賠償請求することも考えられます。

ただし、2020年4月に施行された改正民法では、根保証人の責任については極度額を定めなければならないため（465条の2第2項）、身元保証契約書においても、賠償責任の上限を設けておかなければ無効となってしまいます。

また、身元保証契約は、保証期間を最長5年に制限しているため（身元保証に関する法律1条、2条）、有効期間が更新されず、期間が満了している場合には、身元保証人に請求することはできません。

3.刑事告訴

冒頭に述べたとおり、詐欺や横領は刑事罰に該当する行為であり、刑事告訴も検討されます。着服金額によっては、社内・社外に向けてこうした行為を許容しないという姿勢を示すためにも、刑事告訴しなければならない場合もあるでしょう。

もっとも、着服金額が多くなく、本人が反省し、その返済を約束している場合には、刑事告訴までは行わないという取り扱いもよく見られます。事案の悪質性等に鑑み、ケース・バイ・ケースでの判断が求められます。

（織田　康嗣）

賃金・賞与・
退 職 金

Q164 賃金支払期をまたいで休日を振り替えた場合、賃金の支払いはどう取り扱うべきか

このたび法定休日である日曜日に労働させる必要が生じたため、後日に休日を振り替える予定です。しかし、この日曜日が月末で、賃金算定の締め日に近いため、振替休日は賃金支払期（計算期間）をまたいだ翌月に指定することになります。ついては、こうした場合の賃金の支払いはどう取り扱えばよいか、ご教示ください。もともとの休日に労働した部分についていったん100％を支払い、翌月にその分を控除する扱いでは問題があるでしょうか。

賃金全額払いの原則から、いったん100％の支払いが必要となり、次期賃金計算期間にその分を控除する。振り替えにより1週間の労働時間が40時間を超える場合は、割増賃金の支払いが必要となることにも注意が必要

1.休日の振り替えとは

休日の振り替えとは、就業規則等によって「休日」と定められた日をあらかじめ「労働日」に変更し、その代わりに他の労働日を休日とすることをいいます。休日を事前に振り替えることによって、もともとの「休日」における労働は「労働日」の労働となり、労基法上休日労働に求められる36協定の締結（36条）や、割増賃金の支払い（37条）が必要なくなる点が、休日労働させた後、事後的に代休日を与える"代休"との違いといわれています。

2.休日振り替えの留意点

そこで、休日を振り替えさえすれば割増賃金の支払いが必要なくなると理解して、安易にこの制度を利用している例もみられますが、法的に正確な理解をしておかないと、賃金の未払い問題が生じるなど、リスクがある点に注意が必要です。

まず、そもそも就業規則等で特定された休日を他の日に変更するのですから、休日を振り替えるためには労働契約上の根拠が必要となります。つまり、就業規則や労働協約によって「業務上の必要性がある場合には、就業規則等で特定された休日を変更することがある」旨を規定しておく必要があるのです。この規定がない場合、使用者が一方的に休日を振り替えることはできません。

次に、休日を振り替える前に、あらかじめどの休日を労働日とし、その代わりどの労働日が休日となるのか、振り替えるべき日を特定し、労働者に周知しなければなりません。

さらに、休日を振り替えたとしても、労基法35条が求める1週1休（変形休日制を採用している場合には4週4休）が確保されていることが必要です。

また、上記三つの要件を満たして休日の振り替えを行った場合であっても、その振り替えによって1週の労働時間が40時間を超える場合には、時間外労働として36協定の締結や割増賃金の支払いが必要となる点にも注意が必要です。例えば、所定労働時間が1日8時間、土日週休2日制の会社においては、同一週内で休日を振り替えない限り、ほとんどの場合が時間外労働としての割増賃金支払いの対象となります。

3.賃金計算期間をまたいだ振り替え

ご質問では、賃金計算期間をまたいで休日を振り替えた場合の賃金の支払いについて気にされていますが、まずは、上記の休日の振り替えの要件を満たしているか否かを確認してください。上記の要件を満たして休日の振り替えが行われ、さらに振り替えによって1週の労働時間が40時間を超えてもいないという場合であれば、休日を振り替

えることによって、もともと休日であった日曜日に割増賃金を支払うことなく労働させることができます。

しかし、割増賃金を支払う必要がないだけで、通常賃金（100％部分）の支払いは必要です。同一賃金計算期間内での振り替えであれば、所定労働日数（時間）に増減はないので、別途支払いの必要は生じませんが、ご質問のように賃金計算期間をまたいで振り替える場合には注意が必要です。

労基法は賃金の支払いについて「全額払い」を原則としているため、賃金計算期間中に労働した分の賃金は、その支払い日に全額支払わなければなりません（24条）。したがって、次期計算期間（翌月）に休日を振り替えた場合、休日を労働日とした賃金計算期間（当月）では所定労働日（時間）が1日分多くなりますので、この1日分の労働に対する通常賃金（100％部分）は当賃金計算期間（当月）に対する支払い日で支払わなければなりません。時給や日給者の場合には、当該時給・日給に応じた1日分の賃金を上乗せして支払えば足りますが、問題は月給者です。

通常、月給額は暦日や休日の増減によって月の所定労働日数（時間）が増減しても変わりません。したがって、休日の振り替えにより所定労働日数（時間）が1日分増えても月給額に変化はないようにも思われます。しかし、あくまでも通常の所定労働日数（時間）に対しての月給額であり、休日の振り替えによって増えた分の通常賃金分を含んでいるものとは解せません。したがって、次期賃金計算期間（翌月）に休日を振り替えることによって当月の賃金計算期間中の労働日が増えた分については、いったん100％の通常賃金分を上乗せして支払う必要があると考えます。

その上で、次期賃金計算期間では振り替えた分の休日が多くなっていますから、その分を控除して支払うことは可能です。これは、不就労部分について賃金を支払わないというノーワーク・ノーペイの取り扱いですから、労基法の「全額払い」の原則に反するものではないといえます。

（宮本　美恵子）

 割増賃金、休業手当、解雇予告手当の端数処理はどのように決められているか

割増賃金や休業手当、解雇予告手当などを算出する際の端数処理の方法について、実際の計算例を示して教えてください。特に解雇予告手当を計算する際は、小数点以下の端数については、労基法の条文に規定が見当たりません。

 割増賃金では、時間外労働時間数および割増賃金額の取り扱いに注意する。休業手当、解雇予告手当は、基礎となる平均賃金は銭未満の端数は切り捨てるが、実際の休業手当、解雇予告手当の計算については、特約の有無によって扱いが異なる

1．割増賃金の端数処理

割増賃金については、その計算過程において、時間外労働時間数と割増賃金額の二つに端数処理が生じる場合があります。

行政通達では、賃金の計算において生じる労働時間や賃金額の端数の取り扱いについて、「次の方法は、常に労働者の不利となるものではなく、事務簡便を目的としたものと認められるから、法第24条及び法第37条違反としては取り扱わない」としています（昭63．3.14　基発150・婦発47）。

まず、労働時間については、「1カ月における時間外労働、休日労働及び深夜業の各々の時間数の合計に1時間未満の端数がある場合に、30分未満の端数を切り捨て、それ以上を1時間に切り上げること」については、労基法違反として取り扱わないこととしています。

ここで注意しておくべき点は、あくまでも「1カ月における時間外労働、休日労働及び深夜業の各々の時間数の合計」に1時間未満の端数がある場合であり、日々の時間外労働、休日労働、深夜業の時間について、端数を切り捨てることは許されないということです。

次に割増賃金の端数処理について説明します。割増賃金計算における端数処理に関して、上記行政通達では、下記①②については労基法違反として取り扱わないこととしています。

① 1時間当たりの賃金額および割増賃金額に円未満の端数が生じた場合、50銭未満の端数を切り捨て、それ以上を1円に切り上げること

② 1カ月における時間外労働、休日労働、深夜業の各々の割増賃金の総額に1円未満の端数が生じた場合、①と同様に処理すること

また1カ月の賃金支払額における端数処理に関しても、以下③④のように処理すれば労基法違反として取り扱わないこととしています。

③ 1カ月の賃金支払額（賃金の一部を控除して支払う場合には控除した額）に100円未満の端数が生じた場合、50円未満の端数を切り捨て、それ以上を100円に切り上げて支払うこと

④ 1カ月の賃金支払額に生じた1000円未満の端数を翌月の賃金支払日に繰り越して支払うこと

なお、1カ月の賃金支払額における端数処理については、行政通達の中で「これらの方法を取る場合には、就業規則の定めに基づき行なうように指導されたい」とされていることから、このような処理を行う場合には、就業規則や賃金規程にその旨を明記しておく必要があります。

2.平均賃金の端数処理

使用者の責に帰すべき事由による休業の場合に

おいて支払う休業手当（労基法26条）、労働者を解雇しようとする場合に支払う解雇予告手当（同法20条）の計算においては、いずれも平均賃金（同法12条）を基に計算することになります。

平均賃金とは、原則として、算定事由発生日以前3カ月間に支払われた賃金の総額を、その期間の総暦日数で除した金額をいいます（ただし、最低保障額や特殊な場合の計算については、本稿では割愛します）。

行政通達においては、平均賃金の算定に当たり、銭未満の端数が生じたときはこれを切り捨ててもよいとされています（昭22.11.5 基発232）。

```
【平均賃金の計算例】
①前3カ月に支払われた賃金の総額：950,000
 円
②前3カ月の総暦日数：91日
③平均賃金：950,000円÷91日
       ＝10,439.56043≒10,439円56銭
```

3.休業手当の端数処理

休業手当については、労基法26条において「平均賃金の100分の60以上の手当を支払わなければならない」とされています。

上記で計算した平均賃金を基に、休業を7日させた場合の休業手当の端数処理を計算してみます。

10,439円56銭×7日×60/100＝43,846.152円

ここでの端数処理については、休業手当は賃金と解されているため（昭25.4.6 基収207、昭63.3.14 基発150・婦発47）、前述の割増賃金額の端数処理と同様の取り扱いをする必要があります。

4.解雇予告手当の端数処理

行政通達では、解雇予告手当は賃金ではなく、ただその支払いについては、通貨で直接支払うように取り計らうべきものとされています（昭23.8.18 基収2520）。

解雇予告手当の端数処理については、直接的に

図表 平均賃金の端数処理

● 平均賃金：950,000円÷91日＝10,439.56043≒10,439円56銭
平均賃金の算定に当たり、銭未満の端数が生じたときはこれを切り捨ててもよい（昭22.11.5　基発232）

就業規則等における特約の有無	端数の取り扱い	休業手当 10,439円56銭×7日×60/100 ＝43,846円15銭	解雇予告手当 10,439円56銭×30日＝313,186円80銭
あり	100円未満の端数を四捨五入する	43,800円	313,200円
なし	1円未満の端数を四捨五入する［注］	43,846円	313,187円

［注］通貨の単位及び貨幣の発行等に関する法律 3 条「1円未満の端数につき50銭未満は切り捨て、50銭以上は1円に切り上げて支払う」より

示されたものはないことから、賃金に準じて取り扱うことが一般的です。

したがって、就業規則等において、端数処理に関する規定が明記されていれば、それに基づいて計算を行うことになります。

仮に就業規則等において、特段の定めがない場合には、「通貨の単位及び貨幣の発行等に関する法律」3 条の規定に基づき、「1円未満の端数につき50銭未満は切り捨て、50銭以上は1円に切り上げて支払う」ことになります。

5. まとめ

これまで述べてきた事項を箇条書きにまとめると、［図表］のとおりになります。

（益田　浩一郎）

Q166 通勤途中に病人を救護して遅刻したとの申告に対し、欠勤控除を適用してよいか

ある社員から「通勤途中の道路で高齢者が倒れ、救急車を呼ぶなどの救護活動を行っていたため、30分ほど遅刻した。自身の落ち度による遅刻ではないため、始業時刻どおり出勤したことにしてほしい」との申し出がありました。当社では、電車などの遅延により遅刻した場合は遅延証明書の提出をもって賃金を控除しない取り扱いとしていますが、今回のケースでは、同人が主張する救護活動に当たった証拠がありません。この場合、欠勤控除を適用してもよいでしょうか。それとも、特別な取り扱いをする必要があるでしょうか。

A ノーワーク・ノーペイの原則により理由の如何を問わず遅刻分に相当する賃金を控除することは許される。ただし、就業規則等の規定をもって、一定の場合に賃金を控除しない取り扱いをすることも可能。したがって、特別な取り扱いを認めるか否かについては、当該規定に従い、証拠の有無または社員の申し出の信用性を検討し、ある程度の裁量をもって判断することができる

1.ノーワーク・ノーペイの原則

　労契法6条は、「労働契約は、労働者が使用者に使用されて労働し、使用者がこれに対して賃金を支払うことについて、労働者及び使用者が合意することによって成立する」旨、規定しています。

　もっとも、当該条項は労働契約が成立する条件について規定したものであり、使用者が賃金を支払う法的根拠や、賃金の発生根拠について規定したものではありません。

　そこで、労契法の基本法である民法の規定を見てみると、民法624条は、「労働者は、その約した労働を終わった後でなければ、報酬を請求することができない」と規定しています。

　このように、労働者は、原則としてその報酬である「賃金」を「約した労働」を行った後でなければ使用者に対し請求することができないわけですから、労働をしなければ賃金も発生しない、または、現実に労働した分しか賃金を請求できないことになります。これを「ノーワーク・ノーペイの原則」といいます。

　この「ノーワーク・ノーペイの原則」は、労働者が仕事（労働）をしなかった「月」や「日」のみならず、「時間」や「分」単位でも賃金が発生しないことを意味しますので、通勤時に「遅刻」した場合も、当然、始業時刻から実際に出勤した時刻までの間の賃金が発生しないことになります。

　ただし、「ノーワーク・ノーペイの原則」は、①労働しないことについて、労働者に責任がある場合、②労働しないことについて、労働者および使用者の責任ではない場合——のみに適用され、使用者の責任（例えば、使用者の都合による職場の閉鎖など）の場合には適用されないという点に注意が必要です。

　なお、職場においてよく問題となるテーマの一つに、「制服が定められている職場において、着替えの時間は労働時間に含まれるか」というものがあります。このテーマも、「ノーワーク・ノーペイの原則」からすると、「所定の場所で実際に仕事（労働）ができる時刻から賃金が発生する」、すなわち、実態として使用者の指揮命令下にない着替えや準備の時間は労働時間に含まれないので、賃金は発生しないという結論を導くことができるわけです。

2.賃金控除の是非の取り扱い

　上記のとおり、理由の如何を問わず遅刻分に相当する賃金を控除することは許されますが、使用者において、一定の場合に賃金控除をしない旨の規定を設けることも可能です。

　例えば、電車などの公共交通機関の遅延などを理由とする遅刻や、選挙権の行使を理由とする遅刻など、労働者の私的な理由によるものではない遅刻の場合において使用者が賃金控除をしない取り扱いをすることは、労働者の不利にならないものである限りにおいて特段、労基法に違反するものではありません。

　もっとも、どのような場合に賃金控除をしないのかについては、労働者にとっての予見可能性を確保するために、あらかじめ就業規則などに明記しておく必要があります。

3.ご質問における結論

　ご質問では、「通勤途中の道路で高齢者が倒れ、救急車を呼ぶなどの救護活動を行っていた」ことを理由とする遅刻ですが、「ノーワーク・ノーペイの原則」を当てはめれば、理由の如何を問わず遅刻分に相当する賃金を控除することは許されます。

　もっとも、社員からすれば「では、高齢者を見捨てて出勤しろ、というのか」といった意見もあることでしょう。しかしながら、現行法では、交通事故が発生した際の運転者や同乗者に相手方などの負傷者の救護義務（道路交通法72条）が課されていることを除き、一般的な「負傷した者に対する救護義務」はありません。

　したがって、倫理上の問題や道義的な問題はともかく、法律上は「ノーワーク・ノーペイの原則」の適用を回避することはできません。

では、社員が納得できる解決を導くためには、どのように対応すればよいでしょうか。

現実的な対応としては、やはり就業規則や賃金規程に、例えば、以下のような賃金控除の例外に関する規定を設け、ある程度、裁量をもたせることで、妥当な解決を導くことが考えられます。

> 社員の責任ではない遅刻のうち、公共交通機関や公的機関等が発行する証明書等を提出することができる場合、または、これらを提出できない場合において状況を説明した弁明書を提出した場合において、会社が正当な遅刻であると認めるときは、当該遅刻分の賃金控除をしないことができる。

ご質問の場合でも、たとえ、証明書等の証拠がなくとも、「救急車を呼ぶ」ほどの大事があったのであれば、高齢者が倒れた場所、高齢者の様子・風貌、時刻、救急隊員と交わした会話の内容、搬送先の病院名などを聴取したり、119番通報した携帯電話等の履歴を閲覧したりすることにより、たいていの場合、真実かどうかを判断することができるはずです。

（山岸　純）

事務ミスで手当が未支給となっていた従業員から「おわび代」の要求があった場合、応じる必要はあるか

当社では配偶者がいる従業員に対し、毎月1万2000円の家族手当を支給しています。今般、ある従業員が結婚し、会社に届け出たにもかかわらず、家族手当が1年間支給されていないことが判明しました。当該従業員には同期間分を遡及払いすることとしましたが、「支払いが遅れた分、『おわび代』を上乗せすべきだ」と主張しています。このような要求に応じる必要はあるか、また、応じる場合どの程度の水準が「おわび代」として適正か、ご教示願います。

未支給の家族手当については、法定利率に従った遅延損害金を支払うべき

1. 家族手当の法的性質

労基法上の賃金は、使用者が労働者に支払うもので、労働の対償であるものとされています（11条）。家族手当は、具体的労働には対応していませんが、労働者の生活保障の意味合いを持つ手当であり、就業規則や労働契約などで支払い額や支払い基準が明確に定められている場合には、労働の対価として使用者に支払い義務のある金銭となるため、同法上の賃金に当たります（ユナイテッド航空事件　東京地裁　平13.1.29判決　労判805号71ページ）。

したがって、ご質問のケースでは、就業規則や労働契約などで家族手当の支払い額が明確に定められている場合は、同法上の賃金に当たり、その未払い、つまり賃金債務の不履行があったことになります。

2. 遡及払いについて

家族手当が労基法上の賃金に当たる場合、遡及払いの必要性に関連して、賃金請求権の消滅時効が問題となります。

同法115条は「この法律の規定による賃金の請求権はこれを行使することができる時から5年間、この法律の規定による災害補償その他の請求権（賃金の請求権を除く。）はこれを行使することができる時から2年間行わない場合において

は、時効によって消滅する」と規定しています。なお、賃金については当分の間は消滅時効期間を3年とする経過措置が設けられています（同法附則143条3項）。ご質問のケースでは、会社が未支給の家族手当を遡及払いすることを決定していることから、賃金請求権の消滅時効の更新があったと考えられます。そこで、会社は、その後、従業員による「おわび代」の請求があったときから3年間は遡及払いに応じる義務があります。

3. おわび代の定義

民法415条は「債務者がその債務の本旨に従った履行をしないとき又は債務の履行が不能であるときは、債権者は、これによって生じた損害の賠償を請求することができる」と定めています。この規定によると、ご質問のケースでは、会社が家族手当を含んだ賃金債務を履行しなかったのですから、従業員は会社に対して損害賠償の請求ができることになります。ご質問のケースで、従業員は当該損害賠償を「おわび代」と表現していると理解されます。

4. おわび代（損害賠償）の範囲

それでは、会社は従業員に対して、どの範囲の損害を賠償しなければならないでしょうか。

民法416条は、損害賠償の範囲について原則を定め、債務不履行に対する損害賠償の請求範囲を「これによって通常生ずべき損害」（1項）とするとともに、「特別の事情によって生じた損害であっても、当事者がその事情を予見すべきであったときは、債権者は、その賠償を請求することができる」（2項）と規定しています。

一方で、同法419条は「金銭の給付を目的とする債務の不履行については、その損害賠償の額は、債務者が遅滞の責任を負った最初の時点における法定利率によって定める」と規定しています。

ご質問のケースの賃金債務は、金銭の給付を目

的とする債務（以下、金銭債務）に該当しますから、この債務の不履行による損害賠償の額は家族手当支払日の翌日（同法412条1項）の法定利率によって定めることになります。したがって、従業員が、家族手当の支払いがなかったために、法定利率以上の損害が発生したことを立証したとしても、法定利率以上の損害額を賠償請求することはできません。

5. おわび代の算定根拠となる法定利率

それでは、ご質問のケースで支払うべき「法定利率」とは、いかなる利率でしょうか。民法404条は、利息が生じる債権において一般的に適用される「民事法定利率」について、別段の意思表示がないときは年3分と定めています。

なお、商行為によって生じた債務に関して年6分の法定利率を定めた商法514条は廃止されたので、商事法定利率はなくなりました。

また、ご質問のケースにおいて、既に当該従業員が退職しており、かつ退職日までに家族手当が支払われていなかった場合は、退職日の翌日から支払い日までの期間につき、未払いの家族手当の合計額に年14.6％を乗じて得た金額を、遅延損害金として支払う必要があります（賃確法6条、賃確令1条）。

6. 結論

以上のとおり、貴社の従業員に対する「おわび代」としては、まだ在職中であることから、未支給であった家族手当に関して、本来支払われるべき日の翌日から支払いをする日までの期間につき、年3分の割合による遅延損害金を支払うことが相当であると考えます。

なお、実勢金利の変動に応じ、3年ごとに民事法定利率を1％刻みで見直すとされています（民法404条3項）。

（飛田　秀成）

賃金・賞与・退職金

 台風接近に伴う緊急対応のため、休日に社員に自宅待機を命じた場合、賃金の支払いは必要か

土曜・日曜（所定休日）に大型の台風が当社の所在地を含む地域を直撃するとの予報が出ています。事務所や倉庫に浸水等の被害が生じるおそれがあることから、緊急対応の必要が生じた場合に備え、一部社員に対して、土曜・日曜両日にいつでも出社できるよう自宅待機を命じたい考えです。この場合、自宅待機させた社員に対して、賃金あるいは割増賃金の支払いが必要となるか、ご教示ください。

 自宅待機の時間が労働時間に該当しないと評価できる場合には、賃金の支払いは不要。ただし、労働時間に該当すると評価できる場合で、当該時間が、①所定時間外労働に該当するときは、労働契約に従った賃金を支払い、②法定時間外労働（休日・深夜を含む）に該当するときは、割増賃金を支払う必要がある

1.（割増）賃金の支払い義務の発生

所定勤務時間外の労働については、所定時間外労働（いわゆる法内残業）と、法定時間外労働（休日・深夜を含む）に分類できます。例えば、1日の所定労働時間が7時間の場合、7時間を超え8時間（1日の法定労働時間）を超えない労働時間は所定時間外労働に該当します。

労基法37条1項および4項は、使用者に対し、法定時間外労働における労働時間の対償として割増賃金の支払い義務を課しています。一方、同法は、所定時間外労働に係る規制を設けていないため、所定時間外労働について直ちに賃金の支払いが発生するということにはなりません。労使は合意に基づき、労基法等に反しない範囲で、所定時間外労働に関する賃金を自由に定めることが可能です。

もっとも、労働契約において、所定時間外労働に対し通常の賃金を支払う旨を定めていることが少なくないでしょうし、仮に労働契約に所定時間外労働の賃金に関する明示的な定めがなかったとしても、労働契約は有償双務契約であるため、労働時間に該当すれば、通常は、賃金の支払い対象となる時間であることが労働契約の合理的な意思解釈とされています（大星ビル管理事件　最高裁一小　平14.2.28判決）。したがって、所定時間外労働および法定時間外労働に対する（割増）賃金の発生は、基本的に労働時間への該当性が基準になると考えます。

この労働時間については、「労働者が使用者の指揮命令下に置かれている時間をいい、右の労働時間に該当するか否かは、労働者の行為が使用者の指揮命令下に置かれたものと評価することができるか否かにより客観的に定まる」ものとする判例（三菱重工業長崎造船所事件　最高裁一小　平12.3.9判決）があり、以降も同旨に沿った判示が蓄積されているため（上記大星ビル管理事件、大林ファシリティーズ事件　最高裁二小　平19.10.19判決）、実務では、指揮命令の有無が基準とされています（厚生労働省「労働時間の適正な把握のために使用者が講ずべき措置に関するガイドライン」〔平成29年1月20日策定〕等）。

2.自宅待機時間の労働時間該当性

使用者が労働者に対し自宅待機を命じる場合において、自宅待機時間が労働時間に該当するのか、以下では裁判実務の考え方を見ていきましょう。

最高裁は、上記大星ビル管理事件において、ビル管理員の「不活動仮眠時間において、労働者が実作業に従事していないというだけでは、使用者

の指揮命令下から離脱しているということはできず、当該時間に労働者が労働から離れることを保障されていて初めて、労働者が使用者の指揮命令下に置かれていないものと評価することができる」と判示しています。同事件では、当該仮眠時間において、警報や電話への対応義務が存在し、その対応頻度が皆無に等しいとまではいえないという事情等を考慮して、最終的に、労働者が使用者の指揮命令下にあるものと評価され、労働時間への該当性が認められました。なお、判示上の理由付けとしては必ずしも明らかではありませんが、前提として、仮眠時間中の勤務先のビルからの外出禁止や、飲酒の禁止などを原審が認定していることから、最高裁のいう「労働から離れることを保障されているか」という視点において、これらの事情も労働時間への該当性を肯定する方向で事実上考慮されたと推測します。

このように待機時間の労働時間の該当性評価における判断基準としては、労働から離れることの保障の有無という視点も重視されています。この点に関連する裁判例としては、労働時間への該当性を否定したものとして大道工業事件（東京地裁平20．3.27判決）や奈良県（医師・割増賃金）事件（大阪高裁　平22.11.16判決）があります。

以上の最高裁の判断基準やこれを踏襲する裁判例からすると、場所的な拘束性の弱い自宅待機の時間については、労働から離れることを保障されているといいやすく、労働時間への該当性が否定され得る場合があると考えます。

3.ご質問のケースについて

ご質問のケースにおける自宅待機の指示は、台風予報に伴う臨時的な業務指示であり、あくまで事務所や倉庫の浸水被害への対応に備えたものであることから、自宅においてどのような過ごし方をするかについて指示を行う必要はあまりないものと推測します。そのような前提の下、仮に浸水被害が生じ、呼び出しがあった場合には出勤してほしいという趣旨の指示であれば、少なくとも呼び出しがあるまでの間、社員は労働から離れることを保障されていると評価し得るため、労働時間には該当せず、貴社に所定時間外労働ないし法定時間外労働に対する賃金を支払う義務はないものと考えられます。

もっとも、地域の気候の問題などから例年、このような臨時の指示が頻繁に必要となり、実際に対応を行う頻度も少なくないといえる場合や、上記の前提とは異なり、自宅待機中の行動について一定の制限を課す場合などでは、自宅待機の時間を含め、社員が労働から離れることを保障されているとは言い難く、労働時間への該当性が認められることもあり得ます。このような場合、貴社は、当該自宅待機の時間が、所定時間外労働に該当するのであれば労働契約の内容に従った賃金を支払い、法定時間外労働に該当するのであれば割増賃金を支払う必要があるといえます。

（猿渡　馨）

規定はあるものの、運用実績のなかった「降給」を実施する際の留意点

当社の就業規則では、「月例給与の改定は会社業績に応じて実施を判断し、人事評価に応じて昇給を行う。ただし、評価が劣る場合は昇給見送りまたは降給とすることがある」としています。これまでの運用で実際に降給とした例はなかったのですが、ここ数期にわたり最低ランクの評価が続いている社員について、降給としたいと考えています。この場合の留意点があればご教示ください。

紛争予防の観点から、どのような場合に、どのような条件を満たせば、いくら賃金が下がるのか、評価に伴う賃金減額の運用方針を定め、その方針を適用する前に、事前に社員に周知し、就業規則化しておくべき

1. はじめに

ご質問を整理すると、「評価が劣る場合は降給とする」と就業規則で定めていれば、過去に降給した実績がなくとも、数期にわたり最低ランク評価の社員を降給できるのか、ということと思われます。検討すべき問題は、就業規則の定め方と、運用実績がない場合の降給の留意点ですので、以下、これらにつき説明します。

なお、評価に伴う賃金減額には、評価に伴う降格に併せて賃金減額がなされる場合がありますが、ここではその場合は除き、同一資格(同一等級)内での賃金減額のみについて説明します。

2. 法的な問題

[1]問題の整理

評価に伴う賃金減額は、法的に整理すると、会社による、評価に基づく一方的な賃金額の変更です。社員に有利な変更であれば、会社が一方的に可能です。しかし、不利な変更であれば、雇用契約上、会社に(社員にとって不利となる)賃金額の変更権限があるかが、まずは問題となります。

また、会社にその変更権限があるとしても、その権限の濫用は許されません。そのため、評価に伴う賃金減額については、次のA・Bを意識して、問題を整理する必要があります。

- A:雇用契約上、評価に基づき賃金減額する権限が会社に付与されているか
- B:その権限を、会社が濫用していないか

[2]A:権限の有無について

評価に伴う賃金減額に関する雇用契約上の会社の権限については、就業規則において、ご質問のように「評価が劣る場合は降給とする」と抽象的に定めることで足りるか、それとも、具体的な金額や幅・適用基準まで定めなければならないか、という論点があります(『労政時報』第4036号-

22.6.10 小鍛治広道「降職、降格、降級に関する適正な人事権行使の実務」参照)。

この点に関する裁判所の判断は割れており、裁判官次第といえます。例えば、エーシーニールセン・コーポレーション事件(東京地裁 平16.3.31判決)では、「労働契約の内容として、成果主義による基本給の降給が定められていても(中略)降給が許容されるのは、就業規則等による労働契約に、降給が規定されているだけでなく、降給が決定される過程に合理性があること、その過程が従業員に告知されてその言い分を聞く等の公正な手続が存することが必要」と判示しています。しかし、同事件の控訴審判決(東京高裁 平16.11.16判決)では、「労働契約の内容として、成果主義による給与制度が定められている場合には、人事考課とそれに基づく給与査定は、基本的には使用者の裁量に任されているというべき」と判示しています。

筆者としては、貴社の就業規則のように、評価に伴う減額の可能性を示唆する抽象的な定めがあれば、(法理論上は)雇用契約上の権限として十分と考えますが、それでは紛争予防になりません。紛争予防のために会社がすべきことについては、後述します。

[3]B:権限の濫用の有無について

また、上記Aの権限の問題をクリアしても、会社による権限濫用は許されません。どのような場合に評価に基づく賃金減額が権限濫用になるかは、事案ごとのケース・バイ・ケースですが、一般的に、賃金減額の有無・金額の予見可能性や、社員間の公平・公正さが問題になります。

例えば、降給の定めが、ご質問にあるような抽象的な記述であったとしても、過去に高い評価を得て昇給した者が、後に低い評価となった場合に、過去の評価での昇給分を減額されることは予見可能性あり、といえるケースがあると考えます

（評価の公正性が担保されている前提で、同一資格内において、評価による昇給は受け入れて逆の降給は受け入れないのは、不合理といえますし、公平・公正とも言い難いからです）。

　もっとも、紛争予防の観点からは、どのような場合が権限の濫用になるかではなく、どのようにすれば権限の濫用にならないか、という視点で準備をしておく必要があると考えます。

3.賃金減額に伴う紛争を防ぐための対応

　貴社で評価による賃金減額を考えた背景には、数期にわたり最低ランクの評価を受けている社員が、注意指導をしても賃金に見合う仕事ができていないので、賃金を下げなければ他の社員にも示しがつかない、といった事情があるのではと推察します。

　しかし、賃金の減額は、社員の生活にも影響を与えます。また、これまで賃金減額の実績がないことから、社員に予見可能性がなく、紛争となる可能性があります。裁判に勝っても、紛争になること自体が、会社にマイナスとなることもよくあります。

　そのため、ご質問のような事由で賃金の減額をするのであれば、紛争予防の観点から、どのような条件に該当した場合に、いくら賃金が下がるのか、という評価結果を根拠とした賃金減額の運用方針を定め、その方針を適用する前に、事前に社員に周知し、就業規則化しておくべきと考えます。具体的には、「その期の評価が△評価以下の場合は基本給を○○円下げる」という方針を取るのであれば、その期が始まる前に、その方針を社員に周知し、就業規則化するのです。

　すなわち、やや抽象的な現行規定のみでも減給は可能と考えられますが、どの程度の減額が可能かは見定め難く、意図しない紛争を招くおそれもあります。そのため、まずは減給の条件やルールに関する整備を先行させるとともに、当期は該当者への注意指導にとどめて改善を促し、翌期に改善が見られない場合はルールどおり減給する対応をする、ということです。

　こうすることで、上記Aの権限の有無に関する余計な論点が発生することを避けることができ、その事前に周知された運用方針に従い会社が対応することで、社員は評価による減額を予見できるとともに、会社としても評価に伴う賃金減額で権限濫用がないことを説明できます。

（西頭　英明）

上司の許可を得ず残業した場合の割増賃金支払い分を賞与から減額することは問題か

　当社では、残業削減へ向けた各種施策を検討中です。不必要な残業の抑制策として、上司の許可を得ず残業した場合に査定を下げ、当該割増賃金支払い分を限度に賞与から減額したいと考えています。こうした取り扱いは法的に問題ないでしょうか。実質的な割増賃金の支払い逃れとみなされないか懸念しています。また、法的な観点から、残業削減策を進める上での留意点があればご教示ください。

賞与から減額することは法的には可能。もっとも、賞与の査定に当たって、残業が多い従業員を低く評価することは何ら問題ないが、そもそも上司の許可のない残業を労働時間として取り扱うという前提が労務管理上好ましくない

1.賞与の法的性質

　賞与は、一般的に、賃金の後払い的な性格とともに、月々の賃金を補う生活補填（はてん）的な性格、従業員の貢献に対する功労報償的性格、将来の労働に対する勤労奨励的性格、企業の実績の収益分配的な性格など、多様な性格を併せ持つといわれています。法的には、多様な実態を踏まえながら、個別具体的に評価・判断していくことが重要です。

　そして、多くの企業では、就業規則上、賞与について、「賞与を支給することがある」と定めていますので、賞与の請求権は、就業規則によって保障されているわけではありません（もちろん、就業規則に「会社は賞与として、月額基本給の2カ月分を支給する」という定めがあれば、就業規則によって保障されることになります）。

　その場合、各時期の賞与については、労使の交渉または使用者の決定により算定基準・方法が定まり、算定に必要な成績査定もなされて、初めて賞与の請求権が発生するとされています。

　そして、賞与の算定基準・方法の決定については、使用者に広範な裁量があり、その裁量権を逸脱したと評価される場合にのみ違法となります（UBSセキュリティーズ・ジャパン事件　東京地裁　平21.11．4判決　労判1001号48ページ）。

2.上司の許可を得ず残業した場合に査定を下げ、割増賃金分を限度に賞与から減額することの可否

　上述のとおり、賞与の支給の有無、そして、賞与の算定基準・方法については使用者に広範な裁量がありますので、ご質問のように、上司の許可を得ずに残業した場合に査定を下げ、当該割増賃金の支払い分を限度に減額することで賞与額を決定することは、法的には可能であると考えます。

　そして、ご質問のとおり、残業が多い従業員について、業務遂行の効率が悪い等として、賞与の査定において低く評価することは何ら問題ありませんが、上司の許可のない残業を労働時間として取り扱う点は、労務管理上問題があるといえます。

　なぜならば、労働時間とは、使用者の指揮命令下に置かれているか否かにより判断されるものであり（三菱重工業長崎造船所事件　最高裁一小平12．3．9判決　判時1709号126ページ）、時間外労働は、使用者が業務上の必要に応じて、従業員に命令をするものなので、上司の許可を得ないで残業をしたとしても、それは労働時間には該当しないことになるべきだからです。使用者としては、後述のとおり、残業ルールの運用を徹底し、許可のない残業は許さないとすべきです。

3.残業削減策を進める上での留意点

　近時、経費削減という観点だけではなく、従業員の健康保持の観点からも、時間外労働削減の重要性は高まっており、厚生労働省も、企業の時間外労働削減を推進し、「働き方改革　特設サイト」において時間外労働の削減事例を公表しています。具体的な削減策は、そちらをご参照いただきたいと思いますが、どのような削減策であれ、企業が留意しなければならないのは、運用を徹底することです。

　仮に、残業を事前許可制にするとか、午後8時以降の残業は禁止するというルールを使用者が作ったとしても、従業員がそれらルールに違反して働いていることを黙認している場合には、使用者は黙示（もくじ）の残業命令をしていたと評価されてしまいます（ピーエムコンサルタント［契約社員年俸制］事件　大阪地裁　平17.10．6判決　労判907号5ページ等）。よく人事担当者から「就業規則等でルールを定めておけばよいですよね」と聞かれることがありますが、大事なのは運用実態です。「仏作って魂入れず」では意味がありません。

　使用者としては、ルール違反等があれば、それを放置するのではなく、その都度注意をし、場合によっては残業禁止の業務命令を出し、それにも違反するようであれば懲戒処分も検討するなどの徹底が必要です。神代学園ミューズ音楽院事件（東京高裁　平17．3.30判決　労判905号72ページ）は、残業禁止命令に違反した労働について割増賃金を支払う必要があるかが争点となった事件ですが、残業禁止命令の運用が徹底されていたと

して、使用者の指揮命令下に置かれていないため、労働時間とはいえず、割増賃金を支払う必要がないと判断しており、参考になります。

　もう1点、重要なのは、使用者には従業員の労働時間を適正に把握する義務がある（「労働時間の適正な把握のために使用者が講ずべき措置に関するガイドライン」平成29年1月20日策定）ことを意識することです。使用者として、従業員の労働時間をしっかりと把握しなければ、効果的な残業削減策を立案することすらできませんし、運用を徹底することもできないからです。

（岡崎　教行）

Q171 勤務時間外の社内行事に対して時間外手当を支給しなければならない要件とは何か

　若手社員を幹事に任命し、異動する課員の送別会を催す予定です。かつては任意参加でもほぼ全員が出席していましたが、近年は参加率の低下が著しく、職場の一体感醸成のためにも参加を強制したいと検討しています。これに伴い、これまで参加者から実費で徴収していた会費は、一部または全額を会社負担に変更する方針です。会社主催の宴会は就業時間後でも業務に当たるとされ、時間外手当の支給が必要なケースもあると聞きましたが、当社の場合はいかがでしょうか。具体的な線引きがあれば併せてご教示ください。

送別会が業務遂行上極めて重要で、かつ社員を特命で参加させる場合、その労働時間については時間外手当が必要となることがある。ご質問のケースは業務性・職務性が弱く、送別会への出席を命じても時間外手当を支給する必要はない

1．はじめに

　ご質問では、勤務時間外に行われる送別会等の社内行事に社員を参加させた場合、時間外手当の支払いが必要ではないかと危惧されていると思われます。

　職場内の一体感を醸成するために、社員全員の参加を希望することは理解できますが、社内行事への出席が業務の遂行と認められ、時間外手当の支給が必要になるケースもありますから、注意が必要です。

　以下では、「労働時間」についての判例の考え方を紹介しながら、ご質問について詳しく説明します。

2．判例の考え方

　最高裁は、労働時間の定義として、「労働者が使用者の指揮命令下に置かれている時間」としています（三菱重工業長崎造船所事件　最高裁一小平12．3．9判決　労判778号11ページ）。しかし、その判断に当たっては、使用者の指揮命令に加えて、業務性・職務性も考慮して判断を行っています。つまり、「労働時間」といえるためには、使用者の関与と職務性の程度を相互補完的に把握し、客観的に労働させたという程度に達していることを必要としているのです。

　参考として、休日のゴルフコンペへの参加が「労働」「業務」に当たるかが争点となった判例があります（高崎労基署長［糸井商事］事件　前橋地裁　昭50．6.24判決　労判230号26ページ）。

　判決は、ゴルフコンペへの「出席が業務の追行（ママ）と認められる場合もあることを否定できないが、しかし、そのためには、右出席が、単に事業主の通常の命令によつてなされ、あるいは出席費用が、事業主より、出張旅費として支払われる等の

事情があるのみではたりず、右出席が、事業運営上緊要なものと認められ、かつ事業主の積極的特命によつてなされたと認められるものでなければならない」と判示しました。

この判決を前記最高裁判例に基づいて解釈すると、労働時間の判断に当たり、①費用が事業主（会社）から支払われていること（使用者の関与）、②事業運営上緊要なものであること（職務性）、③事業主の積極的特命によってなされたものであること（使用者の関与）、などの事情を考慮していることが分かります。

宴会などの社内行事への参加が「労働」「業務」に当たるかについての判断も、この判例と同様の判断基準によることでよいと考えます。なぜなら、宴会も多くの場合、ゴルフコンペと同様に、出席者の懇親を主たる目的とするもので、通常の勤務時間以外の時間帯に行われることが一般的であるという共通性が認められるからです。次は、実際に宴会等について述べた裁判例を紹介します。

3. 宴会・社員旅行についての裁判例

宴会・社員旅行の業務性について述べた裁判例があります（静岡地裁　平24.4.26判決　労判ジャーナル6号25ページ）。

同裁判例は、「本件社員旅行は、所定勤務日外の休日に行われたものであり、その費用も参加者が半分程度を出捐するものであったこと……親睦ないし懇親と観光を目的とするものであった……こと……費用の天引きが本件社員旅行に参加することの奨励とはなっていたとしても、これをもって欠席することを禁止する程度の動機付けとされていたとは認め難い」ことから「本来の業務とは関連のない任意のものであった」として、業務性を否定し、「本件社員旅行中の宴会で行われたものであるから、業務上のものであるとはいえ」ないと判断しました。

この裁判例も前掲三菱重工業長崎造船所事件と同様に、費用の出捐や、職務性、命令によるものか否かという観点から判断していることが分か

ります。

4. ご質問で注意するポイント

[1] 若手社員を幹事に任命

幹事に任命された若手社員は積極的な特命によって宴会の準備等を命ぜられた者に当たり、宴会の準備等自体が業務となるので、社内行事の業務性が希薄であったとしても、時間外労働に当たるといえます。そこで、幹事の役割が、時間外労働とならないためには、若手社員の有志から幹事を募るなど、特命ではない選出方法を取る必要があるでしょう。

[2] 異動する課員の送別会

ご質問にある送別会は、通常どおり慰労の目的で行われることから、「会社の事業運営上緊要なもの」とまではいえず、宴会も飲食を伴うことが想定され、その業務性・職務性は極めて希薄であるといえます。

[3] 参加の命令

幹事の任命と同様に出席者に役割を定め、使用者の積極的な特命で社員に送別会への参加を強制する場合には、出席者は使用者の指揮命令下にあると判断されるでしょう。しかし、単に社員に出席を命じる程度で、出欠を取らず不参加への制裁や不利益もなければ、指揮命令下にあるとまではいえません。

[4] 会費を会社が一部または全額負担する

会費を会社負担とすれば、社員は参加しやすくなります。しかし、先ほどの判例の解釈に従えば、会社が費用を全額負担する場合には、業務性が強まることに注意が必要です（使用者の関与）。

5. まとめ

送別会と付随する宴会自体は、社員の慰労等を主たる目的とするものですから、業務性・職務性は低いと思われます。したがって、社員に対して送別会への参加を命じても、それだけでは出席者が使用者の指揮命令下にあるとはいえず、時間外手当の支払いは不要と考えます。

（飛田　秀成）

業務に支障を来すような一定時間以上のトイレ休憩分の賃金を控除できるか

頻繁にトイレ休憩に立つ社員がいます。頻度があまりに多く、1回当たりの時間も長いため、業務に支障を来している状況です。本人を聴取したところ「集中力が途切れがちなため、その都度リフレッシュして業務に取り組みたいから」とのことで、特に体調不良や病気等の事情によるものではないようです。他の従業員への影響を考えると看過できないため、改めるよう指導していますが、あまり変化は見られません。そこで、一定時間以上のトイレ休憩分の賃金控除を考えていますが、問題はあるでしょうか。

 休憩時間と言うことができれば賃金控除は可能であるが、その主張立証は現実的には難しい面がある。代案として、職務専念義務違反に基づく注意・軽度の処分や、人事考課で評価して昇給・賞与等に反映させる方法が考えられる

1. 問題の所在

トイレ休憩は、生理現象であり、時間としても通常短時間で済むものなので、トイレ休憩に立つことが労務管理上問題になることはあまりないと思います。しかし、ご質問のケースのように、頻度が多かったり、1回の時間が長く、業務に支障が生じたり、仕事をサボっているのではないかと疑われるような場合には、会社として何らかの対応を講じることができないのかが問題になります。

2. 賃金控除の可否

ご質問の会社では、一定時間以上のトイレ休憩分の賃金控除を考えているとのことですが、賃金を控除するための法的根拠としては、「トイレ休憩は労働時間に当たらない」と構成することが考えられ、これは法的に正しいといえるでしょうか。

労働時間とは、労働者が使用者の指揮命令の下に置かれている時間をいいます（三菱重工業［二次訴訟］長崎造船所事件　最高裁一小　平12．3．9判決）。そして、拘束時間（始業時刻～終業時刻）中の不活動時間が労働時間に当たるかどうかは、労働から解放されているといえるかどうかで判断されます（大星ビル管理事件　最高裁一小　平14．2.28判決）。

この点、トイレ休憩が労働時間に当たるかどうかについて判断した裁判例は筆者が調べた限りでは見当たりませんでしたが、トイレを済ませたらすぐ業務に戻らないといけないことからすれば、労働から解放されているとはいえ、トイレ休憩も労働時間に当たると考えるのが一般的な理解ではないかと思います。事案は異にしますが、過労自殺の事案で就業時間中の喫煙時間が労働時間に当たると判断した岡山県貨物運送事件（仙台地裁平25．6.25判決）があり、同事件で裁判所は、何かあればすぐに業務に戻らなければならないことなどを理由に労働から完全に解放されているとはいえないと判断しており、ご質問のケースでも参考になるところです。

通常のトイレ休憩については上記のとおりですが、ご質問の場合は、トイレに行く頻度があまりに多く、1回当たりの時間も長いとのことであり、また、その理由も体調不良や病気等ではなくリフレッシュのためということからすると、労働から解放された休憩時間に当たる可能性があります。

ただ、現実的な問題として、いつからいつまでトイレに行っているのか都度チェックするのは大変ですし、また、生理現象として行っているのか

単なる息抜きのために行っているのかの区別も容易ではありません。この点、ご質問の場合は、トイレに行く目的については、リフレッシュのためとの応答があります。ただ、リフレッシュのため、例えばトイレでスマホを使っていたということであれば休憩に当たると思いますが、リフレッシュのため何度も用を足しに行っていたと言われてしまうと、生理現象なのかそうでないのかの境界線が曖昧になってしまいます。

何回もトイレに行っていて、それが長時間に及んでいれば、体調不良や病気等でない限り、少なくともある程度の時間は休憩と評価せざるを得ないところですが、法的に賃金控除できるかどうかとの関係でいうと、いつからいつまで何をしていたのかを具体的に主張立証できなければなりません。

そのため、一定時間以上のトイレ休憩について賃金控除するというのは、現実的には、運用の面でかなり難しいと思われます。また、そのような措置を講じていることが独り歩きして、トイレに行くことを制限するようなブラック企業であると言われかねません。

なお、当該社員は特に体調不良や病気等の事情によるものではない旨述べているとのことですが、場合によっては精神的な不調が原因かもしれないので、ストレスを抱えていないか確認をして、必要に応じて、本人を傷つけないように配慮しつつ産業医や病院への受診を勧めたほうがよい場合もあると思います。

3.他に採り得る方法の検討

[1]職務専念義務違反に基づく注意・処分

従業員は雇用契約上の義務として職務専念義務を負っています。体調不良や病気等でもないのに必要以上にトイレに行くことは、この職務専念義務に違反している可能性があります。同義務に違反している場合、業務への支障の有無・程度等にもよりますが、まずは口頭で注意し、それでも改まらなければ、書面で注意または戒告・譴責処分とし、それでもなお改まらなければ減給処分とすることが考えられます。この場合も、どのくらいトイレに行っているのか、トイレで何をしているのか主張立証できるようにしておく必要はありますが、労働時間性を問題にするときほどの厳密さまでは求められないと考えます。ご質問の場合は、本人がリフレッシュのためと応答しており、業務に支障も生じているということですので、本当に体調不良や病気等でなければ、まず注意することが必要ですし、それでも改善されない場合は軽度の懲戒処分をすることも可能であるといえるでしょう。

なお、言うまでもないことかもしれませんが、注意等しても改善されず減給処分ができる状況になったとしても、1回につき減給できるのは平均賃金の1日分の半額が限度であり、複数回の場合も、月給制であれば月給の1割が限度です（労基法91条）。

[2]人事考課による評価

体調不良や病気等でもないのに必要以上にトイレに行っている結果、業務に支障が生じているのであれば、視点を少し変えて、トイレ休憩自体を問題視するよりも、業務に支障を生じさせていることを捉えて人事考課で評価するということも可能であり、その評価に基づいて昇進・昇給、賞与等に反映させることが考えられます。

なお、当該社員が必要以上にトイレに行って仕事が遅れた分を残業でカバーし、残業代を稼ぐようなことがあれば、周りの従業員の士気も下がってしまいますので、残業は許可制にして、厳しく労務管理をする必要があります。

（渡辺　雪彦）

Q173 離婚により別居する子の養育費を負担することになった社員に対し、子の家族手当分を支給すべきか

先般、ある社員が離婚したため就業規則の規定により、これまで支給してきた配偶者と子どもの家族手当を不支給としました。しかし、当該社員から「今後、子どもが18歳になるまで養育費を支払うことになったので、子どもに対する家族手当（1万円）を支給してほしい」といった申し出がありました。規定では、家族手当の支給対象者を「税法上の扶養控除を受ける配偶者および被扶養者」としており、養育費が支払われる当該社員の子どもが当該規定にある「税法上の扶養控除の被扶養者」に該当するのか分かりません。こうした場合、子どもに対する家族手当を支給するべきでしょうか。あるいは、就業規則の規定を見直すべきでしょうか。

 当該子は社員の「税法上の扶養控除の被扶養者」とみなすことができるが、当該家族手当を支給するか否かは会社側の判断となる

1．税法上の扶養控除を受ける被扶養者とは

次の四つの要件のすべてに当てはまると「税法上の扶養控除を受ける被扶養者」であるとされています（所得税法2条1項34号）。
①配偶者以外の親族（6親等内の血族および3親等内の姻族）または都道府県知事から養育を委託された児童（いわゆる里子）や市町村長から養護を委託された老人であること
②納税者と生計を一にしていること
③年間の合計所得金額が48万円以下であること
④青色申告者の事業専従者としてその年を通じて一度も給与の支払いを受けていないことまたは白色申告者の事業専従者でないこと

これらの要件を踏まえると、ご質問の子が「税法上の扶養控除を受ける被扶養者」であるか否かは、当該社員と「生計を一にしている」とみなされるか否かを確認することになります。国税庁によると、「離婚に伴う養育費の支払いが、①扶養義務の履行として、②『成人に達するまで』など一定の年齢に限って行われるものである場合には、その支払われている期間については、原則として『生計を一にしている』ものとして扶養控除の対象として差し支えありません」としています。

さらに、生計を一にすることについては「必ずしも同一の家屋に起居していることをいうものではなく、勤務、修学、療養等の都合上他の親族と日常の起居を共にしていない親族がいる場合であっても、これらの親族間において、常に生活費、学資金、療養費等の送金が行われている場合には、これらの親族は生計を一にするものとして取り扱っているところです」ともあります。

ご質問のケースは、当事者間の話し合いの結果として「今後、子どもが18歳になるまで養育費を支払うことになった」と社員から申し出があったとのことです。つまり、子と別居状態にあったとしても親族であることには変わりなく、扶養義務の履行として養育費を支払い、かつそれを一定の年齢まで支払うことからすると、当該子は社員の税法上の扶養控除の対象とみなすことができます。

2．運用上の複雑性

繰り返しになりますが、国税庁においては、前述の要件を満たせば「生計を一にしている」ものとして扶養控除の対象として差し支えないとしています。

一方で、家族手当を支給する際は、会社はこの

「生計を一にしている」という状態を確認し続ける必要性が出てきます。そのためには事前に関連する資料の提出を社員に求めた上で判定することになるでしょう。例えば、養育費に関する夫婦間で取り決めた文書等の写し、配偶者の扶養控除申告書の写し、都度養育費の定期的な振り込みを確認するための銀行口座の写し等の提出を求めることが考えられます。

また、養育費の支払いが履行されていない場合には、税法上の被扶養者ではなくなり、規定上では対象外となりますので、家族手当も支給を止めることとなります。併せて、当該子が同居する元配偶者の扶養控除の対象に変更していないか等も、都度確認を行う必要が出てくるでしょう。

こう見ると、ご質問のようなケースでは、運用上かなり煩雑な事務になり、正しい運用ができるかどうか懸念されます。

3.家族手当について

そもそも家族手当は、会社が任意に支給する手当です。あくまで会社が定めた支給要件に従って支給されるものなので、実態がどのようであっても明記されている要件を満たさない限り、支払い義務は発生しません。

家族手当は、一般的には配偶者や子どもを扶養している社員に対して、経済的な負担軽減のために支給するものと考えられます。ご質問のような離婚後も税法上の被扶養者としてみなされる場合に、当該子を家族手当の対象とするのか、あるいは対象外とするのかは、一義的には会社の当該手当の支給目的等に応じた判断になりますが、運用上の複雑さとのバランスを考慮してもよいと考えます。

ご質問では、被扶養者の範囲については細部まで定義されていないと思料しますが、就業規則の内容からすると、不支給とは明記されていませんので、社員が請求する気持ちも分からないではありません。

したがって、会社としてもご質問のケースにおける対応を議論し、総合的な判断として方針を定めることがよいでしょう。そして、家族手当を不支給とするとの判断であれば、会社が判断した理由を、当該社員に対して丁寧に伝えることが適切な対応と考えます。

4.就業規則の見直しについて

ご質問のケースでは、離婚後の被扶養者の取り扱いまでは就業規則に明記されていませんでした。明確に社内に周知するのであれば、就業規則の見直しが考えられます。例えば、不支給と判断される際は、ただし書きとして「離婚後別居した場合に、その実態把握が困難と想定されることから、税法上の被扶養者とみなされたとしても不支給とする」等の条文を追記するのはいかがでしょうか。

一方で、ご質問のようなケースは頻出することはないとも考えられることから、就業規則の見直しはせず、運用で対応することでもよいと考えます。

(山本　陽二)

賃金計算期間のほとんどが年休取得日であっても、通勤手当や固定残業代を支払わなければならないか

年末年始や夏休み期間の利用に合わせて年次有給休暇を取得した場合、賃金計算期間のほとんどが休みとなって残業時間が見込まれない状況が生じます。このようなときであっても、その間の通勤手当や固定残業代は支払う必要があるのでしょうか。

就業規則等の定め次第である。一定期間を超えて労務の提供が見込まれない場合には、その間の通勤手当や固定残業代を支払わない旨の定めがあれば、支払う必要はない

1.通勤手当の支給の当否

[1]前提

　通勤費用については、本来的には、労働者による債務の履行のための費用であるため、労働者が負担することが原則です（民法484条1項）。もっとも、通勤手当の支給に関し、会社が就業規則に定めを置き、支給することも可能です。就業規則では合理的な内容の範囲で、通勤手当の支給額および支給要件等を細かく決めることができ（労契法7条）、実際に会社が負担しているのが一般的です。

　通勤手当を支給している会社では、①一定期間の通勤定期相当額の支給、または②実費精算に分かれます（現在、コロナ禍を受けて通勤手当について実費精算に切り替えた会社もあると見聞しています）。

　①の場合については、労基法上の「賃金」に該当すると考えられています（昭25．1．18　基収180、昭33．2．13　基発90）。このため賃金全額払いの原則（同法24条）が及ぶこととなり、就業規則等に定めた支給要件に該当する場合においては、対象期間において通勤しないことが見込まれたとしても、通勤手当を支給する必要があります。他方で、支給要件において、欠勤、休日、年次有給休暇、特別休暇その他の事由により一定期間を超えて労務の提供がない場合または見込まれない場合には一定額を支給しない等の定めがあれば、その定めを理由に通勤手当を支給しないという対応も可能です。

　②の場合については、通勤の事実が通勤手当の支給要件となっているはずですので、通勤の事実がないのであれば、支給要件を欠くと判断しやすいと思われます。

[2]ご質問に対する回答

　貴社では①のケースを想定されていると思われます。この場合、貴社において、想定される実例の場合を念頭に、通勤手当を不支給とすることができる旨の根拠規定があれば、上記[1]のとおり、不支給とする対応を取ることが可能です。仮に、そのような規定が存在しないということであれば、就業規則の変更を検討することが必要です（結論的には不利益変更に該当するとしても、労契法10条の合理性が認められ、許容され得ると思われます）。

2.固定残業代の支給の当否

[1]前提

　固定残業代の制度は、一般的には、労基法37条に定める計算方法による割増賃金を支払うことに代えて、実際の時間外労働時間数にかかわらず、一定の時間分に相当する割増賃金を支給する制度を指します。固定残業代の制度は法律上定められた制度でないため、各会社における適用対象者、支給方法等はさまざまです。支給方法については、①基本給とは別に支払われる定額の手当支給による場合（手当型）と②基本給の中に通常の労働に対応する賃金と割増賃金を併せて支払う基本給組み込みの場合（組込型）があります。会社における制度の導入目的はさまざまですが、①②いずれも労基法にのっとった厳密な割増賃金の事後的な算定・支払いという煩瑣（はんさ）な手続きを回避し、事務手続きの負担の軽減を目的としていると思われます。

　会社が過去の実績に応じて固定残業代として支払う時間外労働時間を設定していたとしても、実際にふたを開けてみると、設定した時間外労働時間数を上回る場合もあれば、下回る場合も十分起こり得ます。前者の場合には、会社は当該超過分に関し法的に支払い義務を負いますが、後者の場合に固定残業代の支給額を減額できるのかが問題になります［図表］。

　各会社では上記のような目的の下で、固定残業

賃金・賞与・退職金

図表 固定残業代制における実際の残業時間と差異があった場合の取り扱い

【前提】基本給22万円、固定残業代4万円（25時間分）、所定労働時間176時間（8時間×22日）

①時間外労働時間数（40時間）が固定残業代で設定した時間数（25時間）を上回る場合

40時間残業したときは、25時間を超えた15時間分（2万3445円）の支払いが必要

②時間外労働時間数（20時間）が固定残業代で設定した時間数（25時間）を下回る場合

実際の残業時間が20時間だったときは、25時間を下回った5時間分（7815円）を減額できるか？

実労働時間数にかかわらず満額支給が必要

代の制度を導入しています。このためノーワーク・ノーペイの原則があるとはいえ、労使の合意内容として、設定時間数を下回る場合に関し、実労働時間数にかかわらず満額支給する旨の合意が形成されているように思われます。実際に、そのように判断している裁判例もあります（上記②に関し、ワークフロンティア事件　東京地裁　平24.9.4判決　労判1063号65ページ）。

以上のように、上記①②のいずれであっても、基本的には実労働時間数とは無関係に所定の固定残業代は支給する必要があると考えます。

もっとも、固定残業代の制度が適用されない限りは、原則どおり時間外労働時間数に応じて割増賃金が発生するにとどまり、労基法37条に基づき計算し、支払えば足ります。このため、固定残業代の支給対象者に関し、例えば、欠勤、休日、年次有給休暇、特別休暇その他の事由により一定期間を超えて労務の提供がない場合または見込まれない場合には適用対象外とする旨の定めを置き、原則的な取り扱いをすること自体も許容され得るものと考えます（①の手当型の制度設計のほうがなじむ定めのように思われます）。

[2] ご質問に対する回答

貴社の就業規則において上記のような適用対象外とする旨の定めがない限り、ご質問の場合、原則的には固定残業代を支給する必要があるように思われます。仮に、そのような規定が存在していないということでしたら、就業規則の変更を検討することが必要です。

（清水　裕大）

 固定残業代制が違法となるのはどのようなケースか

事務手続きの煩雑さの解消等を考慮し、固定残業代制の導入を予定しています。そこで、時間数

の設定などの検討を行っているのですが、制度自体が違法とされるケースもあると聞きました。違法となるのはどのようなケースなのか等、留意点をご教示ください。

固定残業代が有効であるには、①時間外労働等に対する対価として支払われるものであること（対価性要件）、②通常の労働時間の賃金に当たる部分と割増賃金に当たる部分とを判別することができること（判別性要件）が必要である。また、固定残業代に対応する時間外労働等の時間数があまりにも長時間に及ぶ場合には、固定残業代の合意が（一部）無効とされることもある

1. 固定残業代とは何か

固定残業代（定額残業代）とは、労基法37条等所定の計算方法によらずに、時間外、休日および深夜労働の割増賃金として支払われる、あらかじめ定められた一定の金額であり、このような残業代支払いシステムを「固定残業代制」といいます。固定残業代制は、定められた時間内であれば残業代が同額となるため、本来は必要のない時間外労働等をしようとする労働者の思惑を阻害することになって、長時間労働の抑制手段になり得るといわれています。

固定残業代の支払い方法としては、①基本給とは別に定額手当を支給する場合（定額手当制）、および②基本給の中に割増賃金を組み込んで支給する場合（定額給制）の二つがありますが、いずれについても、労基法37条等所定の計算による割増賃金額を下回らない限り適法であるとされています（医療法人社団康心会事件〔最高裁二小　平29．7．7判決〕、日本ケミカル事件〔最高裁一小　平30．7．19判決〕）。

もっとも、固定残業代制においても、固定残業代が労基法37条等所定の計算による割増賃金額を下回る場合には、使用者はその差額を労働者に支払う義務を負いますので、「完全固定残業代制」というものはあり得ません。したがって、労基法37条等所定の計算により割増賃金を算出しなければならないという煩雑さが完全に解消されるものではないことに留意が必要です。

2. 固定残業代の有効要件

[1] 概要

上記1．のとおり、固定残業代制も、労基法37条等所定の計算による割増賃金額を下回らない限り適法であるとされているところ、次に、固定残業代が割増賃金の支払いとして認められるための要件（固定残業代の有効要件）が問題となります。

この点については、定額手当制および定額給制を問わず、①対価性要件を前提として、②判別性要件を満たすことが必要です。

①対価性要件：固定残業代が時間外労働等に対する対価として支払われるものであること
②判別性要件：通常の労働時間の賃金に当たる部分と割増賃金に当たる部分とを判別することができること

これらに加えて、"固定残業代に対応する一定時間を超えて時間外労働等が行われた場合には別途上乗せして割増賃金を支給する旨の合意（や実態）"も独立した要件（差額清算合意の要件）となるかについては、議論がありますが、固定残業代が労基法37条等所定の計算による割増賃金額を下回る場合に、使用者がその差額を労働者に支払わなければならないことは、同法上当然のことであり、差額清算の合意（や実態）を独立の要件と解する必要はないと解されます。

もっとも、差額清算の合意や実態は、①対価性要件や②判別性要件の判断に関する考慮要素にはなりますので、上記差額を支払う旨を明示し、差額清算の実態を備えておくことは有益であると考えられます。

賃金・賞与・退職金

[2]対価性要件

まず、固定残業代が割増賃金の支払いといえるためには、時間外労働等に対する対価として支払われるものでなければならないことは当然です。

この要件は、定額手当制において争われることが多く、手当の名称や支給条件から当該手当が割増賃金支払いの性質を有するかなどといったことが問題となります。

この対価性の判断方法に関しては、熊本総合運輸事件（最高裁二小　令5.3.10判決）が、前記日本ケミカル事件および国際自動車（第2次上告審）事件（最高裁一小　令2.3.30判決）をまとめる形で、「雇用契約に係る契約書等の記載内容のほか、具体的事案に応じ、使用者の労働者に対する当該手当等に関する説明の内容、労働者の実際の労働時間等の勤務状況などの諸般の事情を考慮して判断すべきである。その判断に際しては、労働基準法37条が時間外労働等を抑制するとともに労働者への補償を実現しようとする趣旨による規定であることを踏まえた上で、当該手当の名称や算定方法だけでなく、当該雇用契約の定める賃金体系全体における当該手当の位置付け等にも留意して検討しなければならないというべきである」と判示しており、参考になります。

なお、固定残業代に対応する時間外労働等の時間数と実際の時間外労働等の時間数との乖離(かいり)については、どの程度であれば対価性が否定されるかとの議論もあります。しかし、契約の内容を総合的に判断する中で、この点のみが重要な事情となることは考え難く、また、固定残業代について本来は必要ない残業を抑制するという効果も指摘されていることからすれば、実際の時間外労働等の時間が固定残業代の額に比して過少であることが、対価として支払われたことを否定する事情に当たるか否かについては、慎重な検討を要するとされています（『ジュリスト』［有斐閣］1532号76ページ「最高裁時の判例」池原桃子）。

[3]判別性要件

前記医療法人社団康心会事件で最高裁は、固定残業代が労基法37条等所定の計算による割増賃金額を下回らないか否かを検討する前提として、「労働契約における基本給等の定めにつき、通常の労働時間の賃金に当たる部分と割増賃金に当たる部分とを判別することができることが必要」である旨を判示し、判別性が要件となるとしています。

通常の労働時間の賃金に当たる部分と割増賃金に当たる部分とを判別する方法として、固定残業代の支給対象となる時間数および金額の両方が労働者に明示されている必要があるかについても、議論があります。この点については、時間数または金額のいずれかが明示されており、所定労働時間数が明らかであれば、時間数および金額の両方を計算することは可能であり、通常の労働時間の賃金に当たる部分と割増賃金に当たる部分とを判別することができるため、判別性要件との関係では、時間数または金額のいずれかが明示されれば足りるものと考えられます。

3.固定残業代に対応する時間外労働等の時間数について

近時、長時間労働の抑制が求められていることもあって、固定残業代に対応する時間外労働等の時間数があまりにも長時間に及ぶ場合に、固定残業代の合意を（一部）無効とする裁判例も散見されますので、この点については留意が必要です。

〈参考：近時の裁判例〉
● ザ・ウィンザー・ホテルズインターナショナル事件（札幌高裁　平24.10.19判決）
月95時間分の固定残業代につき、月45時間分の通常残業の対価として合意したものとされた。
● イクヌーザ事件（東京高裁　平30.10.4判決）
月間80時間分相当の固定残業代に係る定めについて、公序良俗に違反するものとして、（部分的無効ではなく）全体が無効とされた。

（三浦　聖爾）

Q176　1カ月の残業時間が固定残業代のみなし時間に満たない場合、不足分を翌月に繰り越してもよいか

　当社では固定残業手当制度を導入し、1カ月当たり30時間相当分の残業手当を支給しています。ほとんどの社員は残業が30時間かそれ以上になるため問題はないのですが（もちろん、30時間超過分は別途支給します）、中には業務の繁閑等で残業時間が極端に少なくなるケースも見られます。例えば、「残業時間が1カ月20時間に満たない場合」など一定の基準を設けて、不足分の残業時間を次月に繰り越して労働させることは可能でしょうか。

　争いはあるが、裁判例は、不足分の残業時間を翌月に繰り越して労働させることを認めている。ただし、その繰り越せる期間は、最大3カ月に限定すべきである

1. 固定残業手当制度、みなし労働時間制度の概要

　時間外労働等が恒常化している業態においては、使用者は、労基法37条に定める計算方法による割増賃金を支払う代わりに、定額の手当を支給する等の時間外労働等に対応する手当を支払う取り扱いをしている場合があります。その利用は、企業の規模・業種を問わず増大しています。その概要は、このような手当の支払い、従業員の労働時間について、厳密に実労働を算定することなく、実際の実労働時間にかかわらず、所定ないし一定の労働時間勤務したものとみなして定額の賃金（固定残業手当）を支払う制度をいいます。

　「職業紹介事業者、求人者、労働者の募集を行う者、募集受託者、募集情報等提供事業を行う者、労働者供給事業者、労働者供給を受けようとする者等が均等待遇、労働条件等の明示、求職者等の個人情報の取扱い、職業紹介事業者の責務、募集内容の的確な表示、労働者の募集を行う者等の責務、労働者供給事業者の責務等に関して適切に対するための指針」（平11.11.17　労告141、最終改正：令4.6.10　厚労告198、以下、職安指針）第3の1（三）ハでも、募集時の固定残業手当明示義務が課されています（岩出　誠『労働法実務大系　第2版』[民事法研究会] 69ページ参照）。しかし、この制度は、残業代に限らず、休日手当、深夜手当にも利用され、一括して検討すべきところから、以下、みなし割増賃金またはみなし手当と呼称します。

2. みなし割増賃金の適法性・法的意義・効果
[1] みなし割増賃金制度利用の適法性

　管理職以外の社員の場合には、法定時間外労働や法定休日労働となる場合は、いずれも36協定が締結されていることを前提にして（労基法36条）、一定の基準外賃金相当の（法定外）みなし割増賃金が支払われている場合に、そのみなし手当でカバーされる範囲内の残業や休日労働・深夜勤務については問題ないのですが、これを超えた残業・休日労働等がなされた場合には、超えた部分に対応して、それぞれの基準外賃金を支払わねばなりません。

　つまり、労基法は、所定の割増賃金を下回らない限り、同法所定の方法によらない割増賃金の支払いを許容し、25％（休日35％）等の割増賃金に代えて一定額のみなし残業・深夜・休日労働手当（みなし手当）を支払うことを禁じてはいません。行政解釈（昭24.1.28　基収3947参照）も、今日の多数学説も、判例も、みなし手当制度自体は適法としています（学説・裁判例の紹介につき、岩出・前掲書252ページ以下参照。ただし、三晃印刷事件〔東京高裁　平10.9.16判決〕や、東和システム事件〔東京地裁　平21.3.9判決〕等は、

固定残業給制度自体を無効としていますが、異例の判決といえます）。

[2]割増賃金の算定基礎からの除外効果

みなし手当を支払っている場合に、現実の時間外労働等の時間がみなし手当でカバーされている労働時間を超えた場合には、毎月の賃金支払いにおいて超過した時間に対応する割増賃金が支払われていなければなりません。その場合の割増賃金の基礎となる賃金について、みなし手当をどう扱うかが問題となります。

労基法37条5項による割増賃金の基礎となる賃金から除外される賃金については、明文上、家族手当、通勤手当、住宅手当等に限定されていることから問題となります。しかし、この除外賃金に当たるかどうかは実質によるとされているので、仮に営業手当等の名目が使われていたとしても、その実質が、みなし手当としての割増賃金であることが賃金規程等で明確になっていれば、当然このみなし手当を算定基礎に入れてしまっては二重の割増となってしまうため、除外して算出すべきこととなります。

逆に、3.の許容要件・要素のないみなし手当はこの除外の対象とならず、これを含んで割増賃金が計算されます（関連して、ある会社で割増賃金の算定基礎から労基法37条5項の除外賃金以外の資格手当等も除外していた場合にも、その代わりに、割増率を25％より高くして、結果的に、算定された割増手当が労基法所定の算定方法により算定された割増賃金を上回っていれば法律上は問題ないとされています（昭24.1.28 基発3947）。

3.法定外みなし制の許容要件・要素
[1]要約

法理論的にどこまでが要件か、要素なのかについては、後述するように、いまだ議論の余地があり（厳格には、重要な許容要素というべきでしょう）、従前の判例・裁判例、学説は、おおむね、以下の要件・要素をみなし手当許容の事情として検討してきましたが、最近の一連の最高裁判決により（国際自動車事件　最高裁三小　平29.2.28

判決、医療社団法人康心会事件　最高裁二小　平29.7.7判決、日本ケミカル事件　最高裁一小　平30.7.19判決等）、下記の(1)性格付け・対価性、(2)判別性（算定可能性を含む）のみを許容要件・要素としていることで、判断要件・要素をめぐる議論は確定した感があります（一連の最高裁判決を引用しつつ、熊本総合運輸事件〔最高裁二小　令5.3.10判決　労判1284号5頁〕はみなし手当の許容要件・要素につき、おおむね次のように判示しました。「使用者が労働者に対して労働基準法37条の定める割増賃金を支払ったとすることができるか否かを判断するためには、その前提として、労働契約における賃金の定めにつき、通常の労働時間の賃金に当たる部分と同条の定める割増賃金に当たる部分とを判別することができることが必要である。そして、上記の判別をすることができるというためには、当該手当が時間外労働等に対する対価として支払われるものとされていることを要するところ、当該手当がそのような趣旨で支払われるものとされているか否かは、当該労働契約に係る契約書等の記載内容のほか諸般の事情を考慮して判断すべき」）。

なお、以下の論議は、原則として、法定時間を超過した時間外労働等に関する議論ですが、法定時間内残業や法定外休日の場合には別異の解釈・処理は可能です（HSBCサービシーズ・ジャパン・リミテッド事件〔東京地裁　平23.12.27判決〕は、割増賃金を年俸に含める取り扱いは、年俸のうち割増賃金に当たる部分とそれ以外の部分とを明確に区分することができる場合に限り、その有効性を認めることができるが、法定時間内残業についてはこの限りではなく、賃金規程上も年俸制対象者に割増賃金を支払わないことが明記されているとして、法定外の時間外労働、休日労働および深夜労働に関する割増賃金の請求のみが認容されています）。しかし、法定時間内残業等につき、特段の定めがない場合は、通常の労使の合理的意思解釈として同様に解されることとなるでしょう（富国生命保険事件〔仙台地裁　平31.3.28判決　労経速2395号19ページ〕は、総合

職加算および勤務手当について法内固定残業手当該当性を肯定しています）。

[2]各要件・要素の検討

(1)みなし割増賃金としての性格の明示

（性格付け・対価性）

かかるみなし手当の許容要件として、まず、原則として、当該みなし手当とされている諸手当（名目はさまざま）や基本給の一定割合等（以下、当該手当等）からみなし割増賃金としての性格が明示されていなければなりません（前掲日本ケミカル事件、前掲国際自動車事件、前掲医療社団法人康心会事件等）。かかる明示がないことを理由として当該手当等がみなし手当として認められなかった例は数多くあります（徳島南海タクシー事件　最高裁三小　平11.12.14決定等）。ただし、この判断は、(2)の要素と一括して判断されることも少なくありませんが、ここでは、切り分けて論じることとします。「店長手当」の深夜割増賃金のみなし手当該当性に関し、ことぶき（損害賠償請求本訴、同反訴）事件（最高裁二小　平21.12.18判決）も同旨を判示し、(1)の要素が独立の要素であることを最高裁としては初めて確認しています（「管理監督者に該当する労働者の所定賃金が労働協約、就業規則その他によって一定額の深夜割増賃金を含める趣旨で定められていることが明らかな場合には、その額の限度では当該労働者が深夜割増賃金の支払を受けることを認める必要はない」と判示）。

明示の存否の判断は就業規則等のみによりません。例えば、前掲日本ケミカル事件は、明示の有無につき「雇用契約に係る契約書等の記載内容のほか、具体的事案に応じ、使用者の労働者に対する当該手当や割増賃金に関する説明の内容、労働者の実際の労働時間等の勤務状況などの事情を考慮して判断すべき」とし、雇用契約に係る契約書および採用条件確認書ならびに会社の賃金規程において、「月々支払われる所定賃金のうち業務手当が時間外労働に対する対価として支払われる旨が記載」されていること

等をもって明示を認めています（ただし、下級審裁判例においては、何らかの文書の記載のみによって判断している傾向も散見されます〔グレースウィット事件　東京地裁　平29.8.25判決　労経速2333号3ページ〈雇用契約書〉、農山漁村女性・生活活動支援協会事件　東京地裁平30.7.18判決　労ジャ81号36ページ〈事務連絡と題する書面〉、アトラス産業事件　東京地裁　平31.3.28判決　労ジャ90号38ページ〈賃金台帳上にある手当項目〉、国・八王子労基署長事件　東京地裁　平31.3.28判決　労ジャ90号40ページ〈年収見込通知書〉等）。

(2)みなし割増賃金として充当額・区分の明示

（判別可能性）

（ⅰ）判別可能性

次に、かかるみなし手当の許容要件・要素として、原則として、当該手当等が、労基法どおりの計算による割増賃金として充当される額の明示または充当されることになる額が容易に判別可能であることが求められます（前掲国際自動車事件、前掲医療社団法人康心会事件、前掲熊本総合運輸事件等）。これらの要素がない場合に、当該手当等がみなし割増賃金として認められなかった例は数多くあります（高知県観光事件　最高裁二小平6.6.13判決、テックジャパン事件　最高裁一小　平24.3.8判決）。

なお、特に、名ばかり管理職に支払われる「管理職手当」のみなし手当該当性に関しては、割増賃金分とそうでない部分（職位給）との区別が明確になっていないことから、割増賃金の算定基礎から除外するのは相当ではないとされることが多くなっています（医療法人社団Y会［差戻審］事件　東京高裁平30.2.22判決、ケンタープライズ事件　名古屋高裁　平30.4.18判決等）。

（ⅱ）みなし割増賃金としての算定可能性

判別可能性の判断要素として、みなし割増賃金としての算定可能性が考慮されることが少なくありません。例えば、前掲テックジャ

パン事件は、みなし割増賃金としての算定可能性が否定された例です（国際自動車事件〔最高裁一小　令2.3.30判決〕と前掲熊本総合運輸事件も、「割増賃金として支払われる賃金のうちどの部分が時間外労働等に対する対価に当たるかは明らかでないから、本件賃金規則における賃金の定めにつき、通常の労働時間の賃金に当たる部分と労働基準法37条の定める割増賃金に当たる部分とを判別することはできない」とするもので、判別可能性の判断要素として、算定可能性が考慮された典型例とも言えます）。

なお、裁判所の中には、基本給には月40時間分のみなし残業手当が含まれているとの規定が、みなし割増手当とする旨の規定につき、労基法どおりの計算による割増賃金として充当される額の明示または充当されることになる額が容易に算定可能とされる場合があります。すなわち、通常、労働時間単価を@とした場合、「月額基本給＝40時間×1.25×@＋月所定時間時間数×@」とした方程式を解けば、@が分かり、みなし残業代も分かるから許容されているという論理です。結論は別として、ザ・ウィンザー・ホテルズインターナショナル事件（札幌地裁　平23.5.20判決）もかかる方式自体を否定していません。しかし、このような方法は、労契法4条1項の趣旨や、最高裁判例からも疑問があり、実務的にはできる限り回避すべきです。ただし、給与体系をグレード給一本で制度化し、そこにみなし割増制度を導入する場合には、この方式を取らざるを得ず、給与明細等での明示が望まれます。

(3)みなし超過分の支払合意ないしその確実な支払実績

みなし手当の許容要件・要素としての「みなし超過分の支払合意等」について検討するに、前述のとおり、判例の中には、この要件・要素に言及するものがあります（前掲テックジャパン事件の櫻井龍子裁判官の補足意見、イーライ

フ事件〔東京地裁　平25.2.28判決〕等）。さらに判例や裁判例の中には、「みなし超過分の支払実績」を要素としているように解せる例もあります（前掲ザ・ウィンザー・ホテルズインターナショナル事件）。

確かに、労基法15条の明示義務や同法89条の就業規則記載事項として、あるいは、労契法4条1項の趣旨からの説明義務から、「みなし超過分の支払合意」が挿入されるべきは当然であり、望ましいでしょう（前述の職安指針もこの明示を求めています）。しかし、「みなし超過分の支払合意」や、まして「みなし超過分の支払実態」が、みなし手当の許容要件とするには論理の飛躍があります。実際、多くの裁判例でも、上記(1)(2)の要素を満たすみなし手当の有効性を前提に、(3)の要素がない場合にも、実際のみなし超過分を算定し、その未払い差額の支払いを認めている例が多いのがその証左です（前掲ザ・ウィンザー・ホテルズインターナショナル事件、前掲ことぶき事件）。むしろ、阪急トラベルサポート（就業規則変更ほか）事件（東京地裁　平30.3.22判決）では、超過分支払い合意等が有効要素になり得ないことを明言しています。

4.みなし手当の翌月以降への繰越しの可否

上記3.の(1)(2)(3)の要素を満たすみなし手当の有効性を前提に、ご質問のように、みなし手当でカバーされている時間外労働時間を余らした場合に、そのみなし時間に不足する手当を翌月以降の時間外労働等につき充当できるかという問題が想定されます（みなし手当自体を違法とする前掲三晃印刷事件は、かかる措置の可能性を示唆していました）。この点につき、賃金の全額払い、定期払いの原則から違法とする見解があります（厚生労働省監修『新・労働法実務相談 改訂新版』〔労務行政研究所〕302ページ）。

しかし、裁判例においては、SFコーポレーション事件（東京地裁　平21.3.27判決）が、計算上算定される残業代と管理手当との間で差額が

発生した場合には、不足分についてはこれを支給するとしつつ、超過分については会社がこれを次月以降に繰り越すことができるとの規定の有効性を前提に、翌月以降の不足分の繰り越し清算を認め、結果的に残業代請求を全面棄却しています。事案を紹介しておくと、①給与規程には、「管理手当は、月単位の固定的な時間外手当の内払いとして、各人ごとに決定する」等と記されていることや、原告の給与支給明細書の管理手当欄にも「管理手当（残業内払）」と記されていることなどの事実に照らせば、管理手当は時間外・深夜労働割増賃金の内払いであると認められるとされ、②会社の給与規程は、計算上算定される残業代と管理手当との間で差額が発生した場合には、不足分についてはこれを支給するとしつつ、超過分については会社がこれを次月以降に繰り越すことができるとしていることから、未払いの時間外・深夜労働割増賃金は存しないとされ、⑶原告の請求はいずれも理由がないとされた事例です。

そこで、検討するに、裁判例においては、既に、賃金の前払い清算が入社時と退職時で認められた例もあり（コンドル馬込交通事件　東京地裁平20．6．4判決等）、みなし手当規定にそのような繰り越し処理があり得ることが明記されていれば、最高裁判例により、下記のような調整的相殺が認められていることとの関係でも、前掲SFコーポレーション事件のような判断から、ご質問のような処理をすることが違法とはいえず、許されるものと解されます。

調整的相殺とは、以下のような判例法理です。すなわち、賃金清算の少額の過誤払い等があった場合の清算について、前払いの賃金計算上の問題として処理できる場合もあり得ますが、形式的には、上記繰り越しと同様に、労基法24条1項の全額払いの原則との関係が問題とされ得ます。ところが、福島県教組事件（最高裁一小　昭44.12.18判決等）は、このような場合には、いわゆる調整的相殺（法律的には過払金賃金の不当利得返還請求権を自働債権としての相殺）の問題として処理することを認めています。ただし、調整的相殺の許容要件として、過払いのあった時期と賃金の清算・調整の実を失わない程度に合理的に接着した時期になされ、労働者に予告され、その額が多額にわたらないなど、労働者の経済生活の安定をおびやかすおそれのない場合を指摘しています（前掲福島県教組事件、岩出・前掲書176ページ参照）。したがって、ご質問に対しては、前記3．の⑴⑵の要素を満たすみなし手当の有効性を前提に、かつ、上記調整的相殺の有効要件の充足を条件として、1～3カ月内での繰り越しは許容されるものと解されます。実務的には各有効要件・要素の充足に留意すべきです。

特に、上記調整的相殺の有効要件としての「過払いのあった時期と賃金の清算・調整の実を失わない程度に合理的に接着した時期」との観点だけでなく、フレックスタイム制における清算期間中の実労働時間に不足がある場合にも、1～3カ月内での清算のみを認めていることとの均衡からも（労基法32条の3第1項2号。岩出・前掲書248ページ参照）、みなし手当の繰越し充当が許されるのは3カ月までと解されます（岩出・前掲書261～262ページ参照）。

（岩出　誠）

Q177　定額残業代につき、深夜割増を含めて支払うことは問題か

当社では定額残業代として、時間外労働20時間分を毎月の給与に上乗せして支払っています。このたびある社員から、「当社の定額残業代には深夜割増は含まれていないので、別途支払ってほし

い」との指摘を受けました。会社としては定額残業代には深夜割増も含めて支払っている認識でしたが、法的にはどう取り扱うべきかご教示ください。

定額残業代については、通常の労働時間に対応する賃金部分と時間外労働等の割増賃金相当とが明確に区分されていることが必要。深夜割増についても同様であり、明確に区分されていないのであれば法違反と判断される

1. 定額残業制とは

労基法37条1項では、法定労働時間を超える労働をさせた場合には、その時間について通常の労働時間の賃金の25％以上（1カ月の時間外労働時間が60時間を超える場合には、原則として50％以上）の割増賃金の支払いを義務づけています。

定額残業制（「固定残業制」「一律残業制」「みなし残業制」などともいわれます）とは、実際の時間外労働時間数に応じて割増賃金を支払うのではなく、毎月の賃金の中にあらかじめ一定の残業代を含めて支払う制度です。

定額残業制には、基本給とは別に定額時間外手当などとして支払う方法や基本給などの賃金の中に含めて支払う方法があります。

定額残業制の導入により、時間外労働が一定時間発生する事業場においては定額残業代の範囲において実際に行われた時間外労働時間数に相当する割増賃金との清算が行われ、また割増賃金の算定基礎から除かれることから、割増賃金を含めた人件費の抑制につながるとして導入する企業も散見されます。

2. 定額残業制の問題点

定額残業制については、これまでも多くの裁判例が出されていますが、最高裁は、割増賃金を基本給や諸手当にあらかじめ含める方法で支払うことについて、労働契約における基本給等の定めにつき、通常の労働時間の賃金に当たる部分と割増賃金に当たる部分とを判別することができることが必要であるとしています（高知県観光事件　最高裁二小　平6.6.13判決、テックジャパン事件　最高裁一小　平24.3.8判決、国際自動車事件　最高裁三小　平29.2.28判決）。

医療法人社団A会事件（最高裁二小　平29.7.7判決）では、医師の1700万円という高額の年俸に割増賃金を含むという合意の有効性が争点となりました。最高裁は「割増賃金をあらかじめ基本給等に含める方法で支払う場合においては（中略）、通常の労働時間の賃金に当たる部分と割増賃金に当たる部分とを判別することができることが必要であり、上記割増賃金に当たる部分の金額が労基法37条等に定められた方法により算定した割増賃金の額を下回るときは、使用者がその差額を労働者に支払う義務を負うというべきである」とし、さらに「上告人（筆者注：労働者）と被上告人（筆者注：使用者）との間においては、（中略）割増賃金を年俸1700万円に含める旨の本件合意がされていたものの、このうち時間外労働等に対する割増賃金に当たる部分は明らかにされていなかったというのである。そうすると、本件合意によっては、上告人に支払われた賃金のうち時間外労働等に対する割増賃金として支払われた金額を確定することすらできないのであり、上告人に支払われた年俸について、通常の労働時間の賃金に当たる部分と割増賃金に当たる部分とを判別することはできない。したがって、被上告人の上告人に対する年俸の支払により、上告人の時間外労働及び深夜労働に対する割増賃金が支払われたということはできない」と判示しました。

この判決を受けて発出された「時間外労働に対する割増賃金の解釈について」（平29.7.31　基発0731第27）では、「時間外労働等に対する割増賃金を基本給や諸手当にあらかじめ含める方法で支払う場合には、通常の労働時間の賃金に当たる部分と割増賃金に当たる部分とを判別することができることが必要であること。また、このとき、

割増賃金に当たる部分の金額が労働基準法第37条等に定められた方法により算定した割増賃金の額を下回るときは、その差額を支払わなければならないこと」としています。

3.実務面からの考察

[1]定額残業代相当額の設計

例えば、基本給30万円、１カ月の所定労働時間160時間、見込み時間外労働時間数を20時間、うち深夜業５時間と仮定した場合、以下のような計算になります。

> 時間外勤務手当：
> 300,000円÷160時間×1.25×20時間
> ＝46,875円
>
> 深夜勤務手当：
> 300,000円÷160時間×0.25×５時間
> ≒２,344円
>
> 合計：46,875円＋２,344円＝49,219円

この時間外相当額を基本給に含める場合には、例えば35万円を基本給として、うち５万円は時間外労働手当および深夜勤務手当に対する賃金とする方法と、基本給30万円と定額残業代として５万円を支給する方法が考えられます。

筆者としては、「時間外労働等に対する割増賃金の適切な支払いのための留意事項について」（平29．7.31　基監発0731第１）において、「基本賃金等の金額が労働者に明示されていることを前提に、例えば、時間外労働、休日労働及び深夜労働に対する割増賃金に当たる部分について、相当する時間外労働等の時間数又は金額を書面等で明示するなどして、通常の労働時間の賃金に当たる部分と割増賃金に当たる部分とを明確に区別できるようにしているか確認すること」とされていることから、後者の方法で設計するほうがよいと考えます。

[2]規定例

定額残業手当を導入する上では、ある程度個々の従業員の時間外労働実績に応じた手当を支給し、バランスを確保することも必要となります。これに対応するためには、以下のような規定が考えられます。

> （定額残業手当）
> 第○条　会社は、残業手当（深夜勤務手当を含む。以下同じ。）について、法に定める計算基準に従って月間20時間以内の範囲内で定額支給する。
> ２　ただし、個々の時間外労働時間（深夜勤務時間を含む。）が定額残業手当の基礎となった時間を超えた場合には、当該超過時間に相当する割増賃金を支払う。
> ３　定額残業手当の基礎となる時間外労働数については、毎年１回、前年度の実績等により決定し、個々の社員に対してその内訳を通知するものとする。

[3]定額残業制を導入する場合の注意点

前述のとおり、基本給30万円の社員が20時間の時間外労働をした場合には、４万6875円の割増賃金の支払いが必要となります。

基本給30万円には時間外勤務手当相当が含まれているとして、現行の基本給総額から時間外手当相当額を分離し、新たに基本給額を設定（引き下げ）するケースも見られます。

例えば、基本給と割増賃金の合計額を30万円としようとする場合、基本給を25万9000円とすれば、時間外勤務手当は25万9000円÷160時間×1.25×20時間≒４万469円となります。端数を切り上げ、４万1000円を定額残業手当とすれば、基本給との合計額が30万円となりますが、この場合、基本給については減額となることから、労働条件の不利益変更の問題が生じることになります。特に、賞与や退職金などが基本給と連動しているような場合には、不利益が及ぶ範囲が広範にわたることにもなるので、注意する必要があるでしょう。

（益田　浩一郎）

賃金・賞与・退職金

全く出勤していない月についても定額残業代を支払う必要はあるか

毎月の給与と併せて、時間外労働の有無にかかわらず、30時間分の時間外手当（定額残業代）を「みなし残業手当」という名称で支給しています。この場合、その月に1日も出勤しなかった社員に対しても定額残業代は支払わなければならないのでしょうか。なお、本給はノーワーク・ノーペイの原則にのっとり、欠勤控除を行います。

就業規則に、1カ月に1日も出勤しなかった社員に対しては定額残業代を支払わないとの定めがあれば、支払う必要はない

1.欠勤した場合の賃金の不支給

賃金は、労働者が労働に従事することの対価ですので、労働に従事した事実がなければ発生しないことになります。これは「ノーワーク・ノーペイの原則」と呼ばれています。したがって、欠勤の場合には、労働に従事した事実がないので、賃金は発生しないのが原則です。

もっとも、就業規則、労働契約等において、欠勤の場合でも賃金を支払うという内容の合意をすることも可能であり、欠勤の場合に賃金を支払わないのであれば、その旨を就業規則等で明確にしておく必要があります（原則として欠勤の場合、賃金は発生しないので、あえて就業規則に書かずとも当然に発生しないと解釈できるのではないかという考えもありますが、法的リスクを考えると明確にしておくほうがよいでしょう）。

2.定額残業代の場合

定額残業代（「固定残業代」「みなし残業代」などともいわれます）とは、実際の時間外労働時間数にかかわらず、一定の時間分（例えば月30時間分など）の割増賃金を毎月の給与で支給する制度です。支給方法としては、割増賃金分を基本給に組み込んで支給するタイプ（いわゆる「組み込み型」）と、基本給とは別に手当として支給するタイプ（いわゆる「手当型」）の二つがあります。ご質問では、「みなし残業手当」という名称からも分かるように「手当型」に該当します。

定額残業代は、要するに時間外手当等を定額で支払うというものですので、その性質は時間外労働等に対する対価といえます。そうすると、働いていないのであるから、賃金を支払う必要がないのが原則ということにもなりそうです。

しかし、定額残業代の趣旨を突き詰めて考えると、例えば、定額残業代について45時間相当分を支給する場合に、時間外労働が0時間であっても、45時間相当分の定額残業代を支給する必要があり、そもそもの合意内容として、働いていなくても支給するという合意があると考えることも十分に可能です。

そうであれば、就業規則上、定額残業代について、1カ月に1日も出勤しなかった社員に対しては支給しないという趣旨の定めがない場合には、支給を求められる可能性が十分にあります（それまでの取り扱いなどの慣行にもよります）。

なお、「組み込み型」の場合は、定額残業代が基本給に組み込まれているので、基本給の欠勤控除を行っているのであれば、就業規則に明記がなくとも、合理的な意思解釈としては、1カ月に1日も出勤しなかった社員に対しては、定額残業代も支給しなくてよいと考えられるのではないかと思います。

3. 就業規則を変更する際の留意点

前述のとおり、就業規則上、定額残業代について、1カ月に1日も出勤しなかった社員に対しては支払わない旨の定めがない場合には、それが労働契約の内容とはなっていないと解釈される可能性が十分にあり、全く働いていなくても定額残業代を支給しなければならないということになりかねません。それを是正し、リスクを低減させるためには、就業規則を変更する必要があります。その場合は、就業規則の不利益変更に当たるので、労契法10条によって規律されることになります。すなわち、「使用者が就業規則の変更により労働条件を変更する場合において、変更後の就業規則を労働者に周知させ、かつ、就業規則の変更が、労働者の受ける不利益の程度、労働条件の変更の必要性、変更後の就業規則の内容の相当性、労働組合等との交渉の状況その他の就業規則の変更に係る事情に照らして合理的なものであるときは、労働契約の内容である労働条件は、当該変更後の就業規則に定めるところによるものとする」とされていますので、「不利益の程度」「変更の必要性」「内容の相当性」「交渉の状況」等に照らして合理的といえるかどうかがポイントになります。

4. ご質問のケースに対する検討

しかるに、定額残業代の性質は時間外労働の対価という点にありますので、1カ月に1日も出勤しない社員に対して、基本給は支払わず、定額残業代だけを支払うというのは合理的とはいえません。それを解消して、定額残業代も支給しないという取り扱いをすることは合理的（所定労働時間働いた労働者に対して支払うものとも評価できる）であり、基本的には変更に合理性は認められるものと考えられます。実務的には、社員に対する説明等を尽くし、また不利益の激変緩和措置を取ることによって法的なリスクを低減させる対応が求められます。

なお、具体的な規定例としては、「欠勤、休職、特別休暇その他の事由により賃金計算期間を全日（もしくは『月の所定労働日の半分以上』とすることも可能でしょう）にわたって労務の提供をしない場合は、当該月にかかる定額残業代を支給しない」というものが考えられます。

（岡崎　教行）

 臨時に支給する「インフレ手当」は割増賃金の算定基礎に含めるべきか

物価が急騰していることから、労働組合との協議を経て、次月の給与支給時に「インフレ手当」を全社員一律で7000円支給することとしました。原資負担も大きいため、毎月支給とはせず、拠点を置く東京都の消費者物価上昇率が一定水準を超えた場合に、協議を経て翌月に支給する方向としています。こうした支給方法を採る場合、手当分は割増賃金の算定基礎に含めなければならないでしょうか。

 割増賃金の算定基礎から除外できる労基法所定の賃金は、実態として労働者の個人的事情によって支給されるものに限られ、一律に支給される手当等については、名称いかんにかかわらず算定基礎に含めなければならない

1.「インフレ手当」支給の動き

石油・電気といったエネルギー関連だけでなく、生活に必要なさまざまな物資の価格上昇が近年問題となっており、「インフレ手当」といった

名目で従業員に特別の手当を支給する企業が増えています。検討中の会社も含めると、全体の4分の1にも上る、あるいはそれ以上であるといった報道もありました。今回のご質問は、これと割増賃金との関係になります。

2.割増賃金の算定方法

労基法37条1項は、法定労働時間を超えた時間外労働について割増賃金を支払わなければならないものとし、「労働基準法第37条第1項の時間外及び休日の割増賃金に係る率の最低限度を定める政令」で、その割増率については25%と定められています。

この割増賃金算定の基礎となる賃金については、労基法37条5項で、「割増賃金の基礎となる賃金には、家族手当、通勤手当その他厚生労働省令で定める賃金は算入しない」とされ、さらに、これを受けて労基則21条は次のように、割増賃金の算定基礎から控除することができる項目を規定しています。

> 第21条　法第37条第5項の規定によって、家族手当及び通勤手当のほか、次に掲げる賃金は、同条第1項及び第4項の割増賃金の基礎となる賃金には算入しない。
> 一　別居手当
> 二　子女教育手当
> 三　住宅手当
> 四　臨時に支払われた賃金
> 五　1箇月を超える期間ごとに支払われる賃金

これらは「限定列挙」とされており、このいずれかの除外賃金に該当しない賃金は、算定の基礎から除外することはできません。

本件で問題となり得るのは、ご質問のインフレ手当が、ここでいう「臨時に支払われた賃金」と「1箇月を超える期間ごとに支払われる賃金」に該当し得るかという点です。

3.除外賃金の意義

[1] 臨時に支払われた賃金

これは、通達により、「臨時的、突発的事由にもとづいて支払われたもの及び結婚手当等支給条件は予め確定されているが、支給事由の発生が不確定であり、且つ非常に稀に発生するものをいう」(昭22.9.13　発基17)とされ、名称のいかんにかかわらず、これに該当しないものは臨時に支払われた賃金とはみなさないとされています。

具体的には、傷病見舞金や結婚祝金、定年退職によらずに支給される退職金等、支給事由の発生が不確定であり、かつ非常に稀に発生するものをいいます。定期的に支払われる賞与は、該当しません。

ご質問のインフレ手当については、社会的に広く見られる物価上昇・インフレ傾向を踏まえて設けられたものであり、東京都の消費者物価上昇率が一定水準を超えた場合に、協議を経て翌月に支給するとの形ですので、臨時的、突発的事由によるとはいえないと考えられます。ただし、"支給事由の発生が不確定であり、かつ非常に稀に発生するもの"との点については、今後の動向により、該当する余地が出てくる可能性は否定できません。

[2] 1箇月を超える期間ごとに支払われる賃金

「1箇月を超える期間ごとに支払われる賃金」の代表例として、定期または臨時に、原則として労働者の勤務成績に応じて支給され、かつ、あらかじめ支給金額が確定されていない賞与やボーナスがこれに当たります(昭22.9.13　発基17)。さらに、こうした賞与・ボーナスに準ずるものとして、労基則8条では次の三つを例に挙げています。

> ①1箇月を超える期間の出勤成績によって支給される精勤手当
> ②1箇月を超える一定期間の継続勤務に対して支給される勤続手当
> ③1箇月を超える期間にわたる事由によって算定される奨励加給または能率手当

ご質問のインフレ手当については、これらの除

外賃金には該当しないと考えられます。

[3] 一律に支給されているものは不可

以上の文言に該当したとしても、それだけで除外賃金と認められるわけではありません。

判例上、労働者の一身的諸事情の存否や労働時間の多寡にかかわらず一律に支給されているものについては、次のとおり、除外賃金には当たらないとされています（壺阪観光事件　奈良地裁　昭56．6.26判決）。

「これらの6項目の除外賃金（編注：労基則21条所定の除外賃金を指し、同判決時点では住宅手当は含まれていない）は、規定の性質上限定列挙と解すべきであり、また具体的に支給されている各種手当や奨励金が右に該当するか否かの判断にあたっては、右諸手当等の名目のみにとらわれず、その実質に着目すべきであって、名目が前記除外賃金と同一であっても労働者の一身的諸事情の存否や労働時間の多寡にかかわらず一律に支給されているものについては除外賃金には該当しないものというべきである。けだし、使用者が除外賃金の名目を付することによって、容易に除外項目となしうるものとすれば、単位時間（又は日数）あたりの割増賃金を名称一つで不当に廉価に算定しうることとなり、所定労働時間（日）よりも高率の賃金を支払うべきことを定めた割増賃金制度の趣旨を没却することとなるからである」

家族手当や通勤手当のように、名称としては除外賃金として規定されているものであっても、それが除外賃金に該当するかの実質的判断は、労働の内容・量とは無関係に個人的事情に基づいて支払われるものか否かという観点から行われることになります。

すなわち、労働者各自の個別的事情に関係なく、一律に支給される賃金・手当については、その名称にかかわらず、除外賃金に該当しないと判断されています。

ご質問のケースでは、次月の給与支給時に「インフレ手当」を全社員一律で7000円支給するとのことですから、除外賃金には当たらず、割増賃金の算定に含めなければならないことになります。

（千葉　博）

 年俸制における賞与分は割増賃金の算定基礎に含めるべきか

当社では一般社員層も含めた年俸制の導入を検討していますが、賞与については「部門と個人のそれぞれの業績に基づき100万～300万円の範囲で支給する」というように支給額に一定の幅をもたせて決定したいと考えています。このような場合、賞与は割増賃金の算定基礎に含めなければならないでしょうか。

 賞与の下限額については、割増賃金の算定基礎に含めて計算するのが妥当

1．年俸制とは

年俸制とは、賃金額を日額や月額で決定するのではなく、1年当たりで決定する形態をいいます。賃金の額は1年当たりで決定されますが、実際の支払いは、労基法24条2項により、「毎月払いの原則」が適用され、年俸額を分割して毎月支払わなければなりません。

2. 年俸制と割増賃金

　労基法では、原則として賃金は労働時間に応じて支払うべきものという考え方に立ち、賃金の支払い形態にかかわらず、法定労働時間を超える時間労働させた場合には、使用者に対し割増賃金の支払いを義務づけています。年俸制がたとえ成果主義的賃金だからといって、時間外労働に対する割増賃金の支払いを免れるものではありません。ところが、年俸制における割増賃金の取り扱いについては、しばしば問題となっています。

　創栄コンサルタント事件（最高裁二小　平15．5．30決定）では、「年俸制を採用することによりただちに時間外割増賃金を当然に支払わなくてもよいことにならず、会社の賃金の定め方から時間外割増賃金部分を本来の基本給部分と区別して確定できない以上、このような賃金の定め方は労基法違反」と判断しました。

　年俸制の導入に当たり、特に時間外手当の支払い対象となる一般社員層は、次に示す行政解釈に注意して年俸額を決定する必要があるでしょう。「一般的には、年俸に時間外労働等の割増賃金が含まれていることが労働契約の内容であることが明らかであって、割増賃金相当部分と通常の労働時間に対応する賃金部分とを区別することができ、かつ、割増賃金相当部分が法定の割増賃金額以上に支払われている場合は、労基法第37条に違反しないと解される。（中略）なお、年俸に割増賃金を含むとしていても、割増賃金相当額がどれほどになるのかが不明であるような場合及び労使双方の認識が一致しているとは言い難い場合については、労基法第37条違反として取り扱うこととする」（平12．2．22　東基発111、平12．3．8　基収78）。

　実務上、年俸制適用者に対して、割増賃金をとりあえず固定額で支払うような場合には、通常の時間に対応する賃金と、時間外割増賃金に相当する賃金とを明確に区分した上で、従前の平均的な時間外労働の実績などによって計算された定額時間外手当相当額を含めて年俸額を決定し、実際に労働した時間によって計算された割増賃金の額が定額時間外手当を上回る場合にはその差額を支払うなどの処理が必要になります。

3. 年俸制の場合の割増単価の算出方法

　割増賃金の基礎となる賃金の計算方法は、労基則19条で定められており、年俸制の場合は「月、週以外の一定の期間によって定められた賃金」（同条1項5号）となり、次のような方法によって計算します。

> 通常の労働時間の賃金
> ＝年俸額÷12カ月÷1カ月の平均所定労働時間

　なお、この場合でも、労基法37条5項で定める「家族手当」「通勤手当」、労基則21条で定める「別居手当」「子女教育手当」「住宅手当」「臨時に支払われた賃金」「1箇月を超える期間ごとに支払われる賃金」は算入しないこととされています。

4. 年俸制における賞与の取り扱い

　それでは、年俸制において割増賃金を算定する場合の基礎額につき、賞与の取り扱いはどうなるのでしょう。

　賞与は、いわゆる「1箇月を超える期間ごとに支払われる賃金」に該当し、通常、割増賃金の基礎額には算入しないこととされています。

　しかし、年俸制における賞与の取り扱いにつき、行政通達では、割増賃金の基礎となる賃金に算入しない賃金の一つである「賞与」とは「支給額が予め確定されていないもの」をいい、「支給額が確定しているもの」は「賞与」とみなされない（昭22．9.13　発基17）としていますので、年俸制で毎月払いと賞与部分を合計して、あらかじめ年俸額が確定している場合の賞与部分は上記の「賞与」に該当しません。したがって、「賞与部分を含めて当該確定した年俸額を算定の基礎として割増賃金を支払う必要がある」（平12．2.22　東基発111、平12．3.8　基収78）としています。

　年俸制の主な形態として、次の三つに区分して考えていきます。

①賞与を合算した額を基本年俸とし、これを15等分や16等分して年2回の賞与支払月に支給する形態

この場合、前述のとおり、年俸額を12で除したものを1カ月の平均所定労働時間で除した金額に時間外割増係数を乗じて割増賃金を算出しなければなりません。

②月例賃金を12倍したもののみを基本年俸とし、賞与は別に支払う形態

この場合、賞与部分を除外して基本年俸額のみを基礎として割増賃金を計算するのが合理的と考えます。

③「月例賃金×12＋基本賞与」を基本年俸とし、さらに業績賞与を加算する形態

ご質問のケースは、この場合に該当すると思われます。すなわち、賞与の下限額が100万円として定められているとすれば、この100万円については、いわゆる基本賞与として、あらかじめ金額が定められている賞与として取り扱うのが妥当と考えます。

当然に、業績部分においては、あらかじめ金額が定められていないことから除外できます。

5．まとめ

年俸制は当初、主に管理職層を対象とした制度でしたが、最近では一般社員層にまで適用するケースも見受けられます。一般社員層を対象とする場合は、時間外・休日労働、深夜労働に関する割増賃金の明確化、賞与の取り扱いを含めた基本年俸の構成、就業規則や賃金規程における内容の詳細な定めが必要になるとともに、労働時間の適正な管理等にも注意する必要があります。

（益田　浩一郎）

管理・監督者の深夜割増賃金はどのように算定すればよいか

労基法41条の管理・監督者でも、深夜業の割増賃金の支払いが除外されないことは認識しています。この割増賃金の算定方法についてお尋ねします。
①割増賃金は深夜割増25％相当分のみ支払えば足りるか、通常の労働時間1時間分の賃金に割増25％相当分を加えた額（125％）を支払う必要があるか、ご教示ください。
②当社では管理・監督者に対して、職責の重さに応じて役職手当を支給していますが、このように通常の賃金に上積み支給する手当がある場合、上記の役職手当を支払っていることを理由に、割増賃金を支払わないとすることは可能でしょうか。

①深夜割増は25％相当分の支給のみでよい、②職責に対する役職手当の支払いを理由に深夜割増賃金を支払わないとすることはできない

1．質問①について

労基法41条は、労基法に定める労働時間、休憩及び休日に関する規定の適用除外について定めており、かかる適用除外の対象者に「事業の種類を問わず、管理若しくは監督の地位にある者」（いわゆる「管理・監督者」）を含めています（同条2号）。

しかしながら、労基法は労働時間に関する規制と深夜業に関する規制を区別し、同条で深夜業に関する規定は適用しないとは明記されていないことから、深夜業に関する規定の適用は除外されないものと解されています（昭63．3．14　基発

150・婦発47、平11.3.31　基発168）。なお、年次有給休暇の規定の適用も除外されません（昭22.11.26　基発389）。

したがって、管理・監督者にも労基法上の深夜業に関する規定が適用され、深夜業に対する割増賃金の支払いが必要です。

もっとも、労基法上は、管理・監督者が深夜業を行った場合の割増賃金は、割増部分の25％相当分の支払いのみで足りると解されています。なぜなら、管理・監督者の場合、労働時間の規制を受けずに働く立場にあるところ、午後10時以降の労働に対する通常の賃金も、所定賃金に含まれていると考えられるからです。したがって、労基法上は、管理・監督者の深夜業に対しては、125％までの支払い義務は生じず、25％相当分のみの支払いで足りると解されています。

このように、管理・監督者の深夜業の割増賃金は、通常の賃金（すなわち、労基法37条3項に定められている「通常の労働時間の賃金」）の25％相当分ということになりますが、管理・監督者の場合、この「通常の労働時間の賃金」はどのようにして計算するのでしょうか。

この点、「通常の労働時間の賃金」は、例えば月給の場合は、その月給の額を月における所定労働時間数（月によって所定労働時間数が異なる場合には、1年間における1カ月平均所定労働時間数）で除した金額になります（労基則20条1項4号）が、管理・監督者は労働時間に関する規定の適用を受けないことから、管理・監督者には所定労働時間という概念が存在しないと誤解している方もいるようです。しかしながら、管理・監督者といえども労働者であることには変わりなく、労基法41条は「労働時間、休憩及び休日に関する規定」の適用を除外するのみですから、管理・監督者についても就業規則において所定労働時間の定めが必要となります（同法89条1号）。

このように、管理・監督者であっても所定労働時間の概念は存在し、労基法41条各号に該当する労働者の深夜業に対する割増賃金の計算基礎時間について、「当該職種の労働者について定められ

た所定労働時間を基礎とする」との通達が出されています（昭22.12.15　基発502）。

よって、管理・監督者の「通常の労働時間の賃金」も、就業規則に定める所定労働時間数を基礎にして計算すべきことになります。

2.質問②について

現在貴社で支給されている役職手当がその名称にかかわらず、実質的には、管理・監督者の深夜業に対する割増賃金の趣旨で支払われているのであれば、実際に行われた深夜業の時間に基づき計算される割増賃金の金額が役職手当の金額を超えない限り、別途割増賃金を支給する必要はないと考えられます。裁判例でも、役職手当や営業手当などが実質的には時間外勤務等に対する割増賃金に該当すると認められた例はあります。

しかしながら、貴社の役職手当は、管理・監督者の職責の大きさに応じて支給されているものとのことですので、実質的に深夜業に対する割増賃金の趣旨として支払われているとは認められ難いものと思われます。

以上から、役職手当とは別に、深夜業に対する割増賃金の支払いが必要と考えます。

そして、深夜業の割増賃金を計算するに当たっては、基本給のみならず、役職手当もその計算の基礎に含める必要があります。すなわち、労基法37条および労基則21条において、割増賃金の計算の基礎から除外できる賃金は、①家族手当、②通勤手当、③別居手当、④子女教育手当、⑤住宅手当、⑥臨時に支払われた賃金、⑦1カ月を超える期間ごとに支払われる賃金のみであるとされており、これら①～⑦のいずれにも該当しない役職手当は計算の基礎から除外することができません。行政通達でも、「責任の加重に従い勤務の実質的加重及び責任者の交際的支出あるを考慮し支給」する手当について割増賃金の基礎となる賃金に算入しなければならない旨の解釈を示したものがあります（昭22.12.26　基発572）。

以上から、貴社におかれましては、役職手当を深夜業に対する割増賃金とみなすことはできず、

別途、深夜業の割増賃金を支給する必要があり、かつ深夜業の割増賃金の計算に当たっては、その基礎に役職手当を含めなければならないものと考えられます。

（内田　恵美）

Q182 扶養家族数に関係なく支給される家族手当は、割増賃金の算定基礎に含めなければならないか

　当社の家族手当は、扶養家族の種類や人数にかかわらず、扶養家族がいれば一律3万円を支給するものです。先日、ある社員から「こうした仕組みの家族手当は、割増賃金の算定基礎に含める必要があるのではないか」との指摘を受けましたが、その必要があるのでしょうか。もし算定基礎に含めなければならない場合は、どのように見直せば除外できるのでしょうか。

扶養家族数に関係なく一律に支給される家族手当は、割増賃金の算定基礎となる賃金から除外できない。見直し方法は規定例を参照

1.割増賃金の算定基礎から除外できる賃金

　割増賃金の算定基礎は「通常支払われている賃金額」ですが、そこから除外できる手当等があります。それは、①家族手当、②通勤手当、③別居手当、④子女教育手当、⑤住宅手当、⑥臨時に支払われた賃金、⑦1カ月を超える期間ごとに支払われる賃金の7種類とされています（労基法37条5項、労基則21条）。この7種類の賃金は、制限的に列挙されているもので、これらに該当していれば、割増計算の基礎に算入しなくてもよいことになります。

2.ご質問における「家族手当」

　ご質問における家族手当は、確かに前記①と名称の上では同一であり、これに該当しています。しかしながら、「家族手当」という名称でありさえすればそのすべてが除外できるわけではありません。その手当の支給基準や支払い方法によって、除外の可否は異なります。なお、これらの判断については、名称にかかわらず実質によって取り扱うこととなっています（昭22.9.13　発基17）。

[1]割増計算の基礎から除外できる場合

　割増計算の基礎となる賃金から除外できる「家族手当」とは、「扶養家族数又はこれを基礎とする家族手当額を基準として算出した手当」をいいます（昭22.11.5　基発231）。

　例えば、「扶養している配偶者については1万円、子については5000円を支給する」とか、「扶養家族が2人の場合には2万円、3人以上の場合には3万円を支給する」といったケースがこれに当たります。

[2]計算の基礎から除外できない場合

　「家族手当」という名称を使用していたとしても、それが扶養家族数に関係なく一律に支給される手当である場合には、除外できる賃金にはなりません（昭22.11.5　基発231、昭22.12.26　基発572）。「人数にかかわらず、扶養家族がいれば一律3万円を支給」するご質問のケースは、これに該当するものと考えます。したがって、社員の指摘どおり、割増賃金を計算する際には、家族手当3万円を算定基礎に含めなければなりません。算定基礎に含めていない現行の取り扱いは、違法となっているのです。

3.見直しの規定例

なお、現行の規定をどのように見直せばよいかについては、次の規定例を参考にしてください。

【規定例】

第○○条（家族手当）

家族手当は、社員が生計扶養する配偶者と子および父母を対象に支給する。支給区分および支給額は次のとおりとする。

(1) 配偶者：月額20,000円

(2) 子および父母：1人につき月額5,000円

2 家族手当の支給対象となる配偶者、子および父母の基準は、次のとおりとする。

(1) 配偶者および実（養）父母

社員が主として生計を維持している配偶者および実（養）父母とする。ただし、収入があって税法上の配偶者控除または扶養控除の対象とならない場合には支給の対象としない。

(2) 子（養子を含む）

(イ) 満18歳未満の子。ただし、満18歳を超えて短大もしくは大学等会社が認めた学校に在学し、社員に引き続き生計扶養されている場合は、卒業までの期間を支給の対象とする。

(ロ) 身体障害者または身体虚弱にして常に介護を要する子。

3 家族手当の支給要件に該当する社員は事実を証明する書類を添えて会社へ届け出なければならない。なお、支給要件に該当しなくなった場合は、速やかにその旨届け出るものとする。

4 家族手当は、届け出のあった日の属する月の翌月分から支給し、停止事由が発生した日の属する月の翌月分から支給しない。

5 家族手当の支給について、虚偽の申請、または正当な理由なく届け出を怠り、その他不当に支給を受けた場合、あるいは事後において不適当と認められる事実が判明した場合は、既支払い額を返還させた上、以後支給を停止するものとする。

4.その他留意すべき事項

ところで、就業規則等を規定例のように変更（見直し）する場合には、次の点に留意する必要があります。

[1]不利益変更に伴う労使合意

これまで「扶養家族がいれば一律3万円」の家族手当を支払っていたわけです。これを規定例のように扶養家族の種類と人数によって支払うよう変更したとすれば、支給額が低下し、結果として社員に対する労働条件の不利益変更となるケースがあります。こういった場合には、あらかじめ労使で十分協議を重ねた上で、社員（側）の合意を得ておくことが必要です。

[2]過去における未払い賃金の清算

就業規則等を変更する前については、家族手当を割増計算の基礎から除外していたわけですから、変更日前における割増賃金の未払いが生じていることになります。これについては、時効まで（3年間）の範囲でさかのぼって清算すべきです。

（武澤　健太郎）

残業許可制にもかかわらず無許可で行った時間外労働に対し、割増賃金を支払う必要はあるのか

当社では、業務効率化等の観点から、時間外労働を許可制にしています。許可の判断は直属の上司に任せているのですが、従業員の中には無許可のまま時間外労働を行っている者がいます。その従業員から時間外労働の割増賃金の請求があった場合、会社は支払わなければならないのでしょうか。

無許可の残業であっても、残業が必要な業務を命じている場合や、許可制が形骸化し残業が恒常化しているような場合には、割増賃金を支払う必要がある

1.残業許可制とは

ご質問のケースのように、業務効率化等の観点から、就業規則に「時間外労働を行うには所属長に申請をし、許可を得なければならない」というような規定を置くことがあります（以下、残業許可制）。

ただ、現実的には、残業許可制を導入している企業においても、労働者が許可を得ずに自らの判断で時間外労働を行うことがあります。このような無許可の時間外労働について割増賃金の請求がなされた場合、企業は応じなければならないのでしょうか。この無許可の時間外労働が、労基法上の「労働時間」に該当するかどうかが問題となります。

2.労基法上の労働時間

時間外労働の割増賃金の対象となる労基法上の労働時間とは、実際に労働している時間、すなわち実労働時間を意味します。この実労働時間について、裁判例は「労働者が使用者の指揮命令下に置かれている時間」のことをいうと判示しながら、当該行為が「使用者から義務付けられ、又はこれを余儀なくされた」か、一定の場所での待機と電話等への対応を義務づけられていたか、断続的な業務への従事を指示されていたか、などによって「使用者の指揮命令下に置かれたものと評価することができる」か否かを判断しています（三菱重工業長崎造船所事件　最高裁一小　平12．3．9判決、大星ビル管理事件　最高裁一小　平14．2．28判決、大林ファシリティーズ事件　最高裁二小　平19.10.19判決）。

すなわち、問題となる時間において、労働者が業務に従事しているといえるか、業務に従事するための待機中といえるか、それら業務への従事またはその待機が使用者の義務づけや指示によるのか、などを実質的に考察して、労働時間か否かが判断されるのです。

3.黙示の時間外勤務命令

以上のように、労働時間の判断が実質的になされることから、使用者が個別に時間外労働を命じておらず、労働者の自己判断で時間外勤務がなされた場合でも、時間外労働を余儀なくされるほどの量の仕事を与え、残業が恒常的な状況にあり、使用者がそのような状況を認識したにもかかわらず、残業を禁止・抑制することなく推移した場合は、黙示の業務命令が認められ、労働時間であると認められる場合があります（ワールドビジョン事件　東京地裁　平24.10.30判決）。

もっとも、労働者が自主的に時間外労働を行った場合であっても、使用者にて時間外勤務を禁ずるなど厳格な管理を行っていた場合には、労働時間性が否定される場合もあります。例えば、神代学園ミューズ音楽院事件（東京高裁　平17．3.30判決）では、「残業を禁止する旨の業務命令を発し、残務がある場合には役職者に引き継ぐことを命じ、この命令を徹底していた」場合には、時間外労働を行ったとしても使用者の指揮命令下にある労働時間とはいえないと判断しています。

4.ご質問の場合（残業許可制）

ご質問のように、残業許可制がある会社で無許可残業をした場合も、上記の労働時間の判断と同様に、許可の有無といった形式的な基準ではなく、時間外労働を行う業務上の必要性の有無や使用者の管理の厳格さによって判断されます。

裁判例（クロスインデックス事件　東京地裁　平30．3.28判決）では、午後7時以降の残業を行う場合は会社代表者の承認を得る必要があるという「残業承認制度」がある企業で、承認を得てい

ない残業について残業代を求めたケースにおいて、「被告が原告に対して所定労働時間内にその業務を終了させることが困難な業務量の業務を行わせ、原告の時間外労働が常態化していたことからすると、本件係争時間のうち原告が被告の業務を行っていたと認められる時間については、残業承認制度に従い、原告が事前に残業を申請し、被告代表者がこれを承認したか否かにかかわらず、少なくとも被告の黙示の指示に基づき就業し、その指揮命令下に置かれていたと認めるのが相当であり、割増賃金支払の対象となる労働時間に当たるというべきである」と判示しました。つまり、本件のような残業承認制度により残業の許可を得ることが必要とされていても、業務実態から黙示の業務指示があると認められる場合は、承認を得ていないとしても労働時間に該当すると判断したのです。

他方で、残業許可制が認められたケースもあります。①就業規則上、時間外勤務は所属長からの指示によるものとされ、②所属長の命じていない時間外勤務は認めないと定められ、③実際の運用上も、時間外勤務は毎日個別具体的に時間外勤務命令書によって命じられ、かつ、④勤務後に時間外勤務時間を労働者本人が「実時間」として上記書面に記載し、それを所属長が確認することによって把握されていたケースでは、労働者が時間外勤務命令書に記載はないが黙示の命令により時間外労働を行っていたとの主張を退けています（ヒロセ電機［残業代等請求］事件　東京地裁平25．5．22判決）。

この裁判例のように、残業許可制を採用する企業において、使用者にて本当に必要な業務についてのみ時間外労働を認め、かつ、その手続きを形骸化させずに励行させている、という厳格な運用をしている場合には、合理的理由なく上司の承認手続きを得ないで自発的に時間外労働をしても、使用者の「指揮命令下に置かれている時間」には該当しないと認められ、当該労働に対応する割増賃金の支払い義務も生じません。

（吉村　雄二郎）

Q184 感染症や災害等の影響により勤務時間の一部を休業とする場合、同時間につき休業手当の支払いは必要か

近年、感染症や災害等の影響により、客数の減少などから店舗の営業に支障が出るケースが増えています。こうした場合、例えば「営業時間を2時間程度短縮する」ことなども検討することになりますが、休業とした勤務時間について労基法上の休業手当を支給する必要はあるでしょうか。もし必要な場合には、短縮した時間分に対して6割の金額を支給すればよいのでしょうか。

 営業時間の短縮は経営上の理由であり不可抗力ではないため、休業手当を支払う必要がある。なお、今回は一部休業に該当するため、1日分の休業手当相当額との差額を支払えばよいが、平均賃金の金額によっては差額の支払いが不要となる可能性もある

1．労基法で定める休業手当とは

2020年以降のコロナ禍では、感染拡大防止や経営上の理由等により労働者を休業させざるを得ない状況が発生しました。こうしたケースでは、労基法における休業手当の取り扱いが問題となりますが、同法では、「使用者の責に帰すべき事由による休業の場合においては、使用者は、休業期間中当該労働者に、その平均賃金の100分の60以上

の手当を支払わなければならない」と規定し、使用者の都合によって労働者を休ませる場合には、休業手当の支払いを義務づけています（26条）。

　もともと、民法536条２項では、「債権者の責めに帰すべき事由によって債務を履行することができなくなったときは、債権者は、反対給付の履行を拒むことができない」と規定していますが、民法の規定は労使の合意によって排除することができ、労働者保護の観点から十分ではないことを踏まえて、強行法規である労基法により休業時の賃金を保障しているのです。

2.具体的な判断基準
[1]使用者の責に帰すべき事由とは

　休業手当の支払いが必要となる「使用者の責に帰すべき事由」について、裁判例では、「民法にいう『債権者の責に帰すべき事由』とは、債権者の故意、過失又は、信義則上これと同視すべきもの（編注：と解するが、労基法26条にいう）『使用者の責に帰すべき事由』とは、これよりもひろく、企業の経営者として不可抗力を主張し得ないすべての場合（たとへば、経営上の理由により休業する場合）を含むものと解すべき」と判示しています（国際産業事件　東京地裁　昭25．8.10決定）。また、他の裁判例でも、「『使用者の責に帰すべき事由』とは、取引における一般原則たる過失責任主義とは異なる観点をも踏まえた概念というべきであつて、民法536条２項の『債権者ノ責ニ帰スヘキ事由』よりも広く、使用者側に起因する経営、管理上の障害を含むものと解するのが相当である」とされています（ノース・ウエスト航空事件　最高裁二小　昭62．7.17判決）。

　したがって、労基法における休業手当の支払いが必要となる「使用者の責に帰すべき事由」とは、①民法の「債権者の責めに帰すべき事由」よりも広く、②不可抗力を除くすべての場合と考えることになります。つまり、民法と比較して金額が６割となっている分、対象範囲が広いわけです。

[2]不可抗力とは

　次に、不可抗力の判断基準ですが、行政解釈（厚生労働省「新型コロナウイルスに関するＱ＆Ａ〔企業の方向け〕」４－問１）では、「①その原因が事業の外部より発生した事故であること、②事業主が通常の経営者として最大の注意を尽くしてもなお避けることのできない事故であることの２つの要件をいずれも満たす必要があ（る）」と解され、例えば、親会社の経営難から下請工場が資材・資金を獲得できずに休業したような場合であっても、休業手当の支払いが必要となるのです（昭23．6.11　基収1998）。

3.ご質問に対する回答

　貴社では、感染症や災害等の影響により、営業時間の短縮を検討する可能性があるとのことですが、上述のとおり、休業手当の支払いが不要となるのは、不可抗力の場合に限られます。例えば新型コロナの影響により営業時間を短縮するのは、あくまでも経営上の理由であり、不可抗力とはいえません。したがって、こうしたケースでは休業となった営業時間（従業員の勤務時間）について休業手当の支払いが必要となります。

　なお、具体的な休業手当の計算方法ですが、所定労働時間の一部を休業する場合の取り扱いについては、行政通達で「１日の所定労働時間の一部のみ使用者の責に帰すべき事由による休業がなされた場合にも、その日について平均賃金の100分の60に相当する金額を支払わなければならないから、現実に就労した時間に対して支払われる賃金が平均賃金の100分の60に相当する金額に満たない場合には、その差額を支払わなければならない」と解されています（昭27．8.7　基収3445）。

　したがって、例えば、所定労働時間が９～18時の８時間（休憩12～13時）、時給1500円で平均賃金の60％が7200円の労働者の場合において、９～12時まで仕事をさせ、13時以降休業させたケースでは、その日の実際の勤務分の賃金が1500円×３時間＝4500円となるため、7200円－4500円＝2700円以上の休業手当の支払いが必要となります。一

賃金・賞与・退職金

方、上記の労働条件で、9〜16時まで仕事をし、その後の2時間を休業させたケースでは、勤務分の賃金が1500円×6時間＝9000円となり、その日の賃金が既に平均賃金の6割である7200円以上となるため、法令上休業手当を支払う必要はありません。

（武澤　健太郎）

 台風の影響で休業措置を講じた場合、休業手当を支払う必要はあるか

当社では、台風の上陸により公共交通機関に影響が生じたため、始業時刻前に公共交通機関が停止していた事業場は全日休業とし、就業時間中に公共交通機関に影響が出始めた事業場は、就業時間中に帰宅させました。このような休業については、休業手当を支払う必要がありますか。また、一部の事業場（店舗）では徒歩や自家用車で通勤した者がいましたが、台風でお客様が来ないという理由で休業させました。こうしたケースにおける休業手当の取り扱いも併せてご教示ください。

 一概に不可抗力として判断することなく、労基法26条に定める「使用者の責に帰すべき事由」に照らして判断すべき

1．労基法26条と民法536条2項との関係

労働契約においては、労働者は使用者の指揮命令に従って一定の労務を提供する義務を負担し、使用者はこれに対して一定の賃金を支払う義務を負担するのが、その最も基本的な法律関係といえます。

したがって、労働者が実際に労務を提供しない限り、使用者は賃金の支払い義務を負わないというのが原則です（いわゆるノーワーク・ノーペイの原則）。しかし、労働者が労働契約の本旨に従った労務提供の意思を有し、かつ、その用意をしているにもかかわらず、使用者側においてその受領を拒否する、あるいは不可能な状態となる場合があります。

このような場合、民法では、「債権者の責めに帰すべき事由によって債務を履行することができなくなったときは、債権者は、反対給付の履行を拒むことはできない。（以下略）」（536条2項）と定めています。

また、労基法26条では、休業手当について「使用者の責に帰すべき事由による休業の場合においては、使用者は、休業期間中当該労働者に、その平均賃金の100分の60以上の手当を支払わなければならない」と定めています。

この両者の関係について、労基法26条の「休業」が民法536条2項にいう「債権者の責めに帰すべき事由」によるものかどうかを検討したものとして明星電気事件（前橋地裁　昭38.11.14判決）があります。この判決では「『使用者の責に帰すべき事由』とは、民法上の帰責事由（民法415・535・536・543・693条など）の概念とは、よって立つ社会的基盤を異にし、労働者の生活保障という観点から規定されているのであるから、民法上の概念としては故意、過失或いは信義則上これと同視すべき事由とされるのに対し、本条（編注：労基法26条）にあってはこれよりも広く、したがって不可抗力に該当しない使用者の管理上ないし経営上の責任を含むものと解すべきである」とされています。

労基法26条に定める「使用者の責に帰すべき事

395

由」には、広く使用者の経営管理上の障害は含まれますが、事業の外部的要因であって、かつ、通常の企業経営における最大の注意を払ってもなお避け得ないような障害までをも含むものではありません。

このような場合として、地震や津波、噴火、台風、風水害などの天災事変やこれらによる事業施設への直接、間接的な被害などによる休業が考えられます。

2.「使用者の責に帰すべき事由」とは

「使用者の責に帰すべき事由」を判断するに当たり、代表的な解釈例規をいくつか示しておきます。

(1)親会社からのみ資材資金の供給を受けて事業を営む下請工場において、親会社の経営難のため資材資金の獲得に支障を来し、下請工場が所要の供給を受けることができず、しかも他よりの獲得もできないため休業した場合は、使用者の責に帰すべき事由に該当する（昭23．6．11　基収1998）。

(2)労働組合が争議をしたことにより同一事業場の当該労働組合員以外の労働者の一部が労働を提供し得なくなった場合にその程度に応じて労働者を休業させることは差し支えないが、その限度を超えて休業させた場合には、その部分については使用者の責に帰すべき事由による休業に該当する（昭24．12．2　基収3281）。

(3)安衛法66条の規定による健康診断の結果に基づいて使用者が労働時間を短縮させて労働させたときは、労働の提供がなかった限度において賃金を支払わなくても差し支えない（昭23.10.21基発1529、昭63．3.14　基発150・婦発47）。

(4)新規学卒者の採用内定については、一般には例年の入社時期を就労の始期とし、一定の事由による解約権を留保した労働契約が成立したとみられる場合が多いから、企業の都合によって自宅待機の措置をとる場合には、その期間について休業手当を支払う必要がある（昭63．3.14基発150・婦発47）。

3.ご質問の場合

台風により公共交通機関に影響が生じたために休業した場合、それは外部的要因であり、一般的には不可抗力によるものとして考えられることから、使用者の責に帰すべき事由には該当せず、かつ、使用者の経営管理上の責任ともいえないことから、休業手当の支払い義務は生じないものとされています。

したがって、ご質問における始業時刻前に公共交通機関が停止していた事業場での全日休業の場合は、休業手当の支払いは必要ありません。

しかし、就業時間中に公共交通機関に影響が出始めた事業場で、就業時間中に帰宅させた場合については慎重に判断する必要があると考えます。

仮に、公共交通機関に影響が出始めたとしても、それが通勤への影響だけであり、業務遂行そのものには支障が生じていないような場合には、休業手当の支払いが必要となるでしょう。

このように1日のうちの一部を休業した場合の取り扱いについては、解釈例規において「1日の所定労働時間の一部のみ使用者の責に帰すべき事由による休業がなされた場合にも、その日について平均賃金の100分の60に相当する金額を支払わなければならないから、現実に就労した時間に対して支払われる賃金が平均賃金の100分の60に相当する金額に満たない場合には、その差額を支払わなければならない」（昭27．8．7　基収3445）とされています。

したがって、現実に就労した時間に対し支払われる賃金が平均賃金の100分の60に満たない場合には、その差額を支払う義務が生じます。

また、徒歩や自家用車で通勤した者に対し、お客様が来ないという理由で休業させたケースについては、台風という外部的要因はあるものの、不可抗力による休業とみなされるものではなく、休業手当の支払いが必要になると考えます。

この場合においても、1日のうちの一部を休業した場合であれば、前述の解釈例規に従って取り扱うこととなります。

（益田　浩一郎）

賃金・賞与・退職金

 時給制のアルバイトにも休業手当は必要か。必要な場合、どのように計算したらよいか

業務の都合で仕事がなくなり、アルバイトに休業してもらった場合、休業手当の支払いは必要でしょうか。必要な場合は、どのように計算すればよいのでしょうか。当社のアルバイトは時給制で、日によって働く時間がバラバラです。

 時給制のアルバイトに対しても、所定労働日に休業させた場合は、休業手当の支払いは必要である。日によって所定労働時間が異なる場合でも、1日につき平均賃金の60％以上の休業手当を支払うこととなる

1．休業手当とは

労基法26条は、「使用者の責に帰すべき事由による休業の場合においては、使用者は、休業期間中当該労働者に、その平均賃金の100分の60以上の手当を支払わなければならない」と定めています。

この「使用者の責に帰すべき事由」とは、使用者の故意、過失または信義則上これと同視すべきものよりも広く、企業の経営者として不可抗力を主張し得ない一切の場合を包含するものと解されています。したがって、貴社の「業務の都合で仕事がなくなった」という事情は、一般には、「使用者の責に帰すべき事由」に該当するものと考えられます。

まず、休業手当を受けることのできる「労働者」とは、労基法9条に定められている「職業の種類を問わず、事業又は事務所に使用される者で、賃金を支払われる者」のことですので、正社員のみならず、準社員、パート、アルバイトなど名称や雇用形態の如何を問わず、すべての労働者がその対象となります。したがって、アルバイトであっても労働者として雇用している以上、休業手当の支給の対象となります。

次に、「休業期間中」とは、就業規則や労働契約で就労すべき日とされている日（すなわち所定労働日）のうち、休業した期間のことをいいます。例えば、アルバイトの中には週2日のみの勤務という条件で労働契約を締結している（すなわち所定労働日が週2日）場合もあると思いますが、その場合は、その2日のみが休業補償の対象となり、その2日の休業に対して、平均賃金の60％以上の休業手当を支払えば足りることとなります（昭24．3．22　基収4077）。また、アルバイト契約の中には、登録のみしておいて労働契約はその日ごとに契約する形態（いわゆる「日雇い」）があると思いますが、その場合は、すでに契約した日以外は、そもそも所定労働日ではないため、「休業」には該当しないと考えられます。

2．平均賃金の計算方法

休業手当の計算の基礎となる平均賃金の算定方法について、労基法12条は「この法律で平均賃金とは、これを算定すべき事由の発生した日以前3箇月間にその労働者に対し支払われた賃金の総額を、その期間の総日数で除した金額をいう」と定めています。

「賃金の総額」には、例えば通勤手当、家族手当なども含め、原則としてすべての賃金がその対象となります。ただし、「臨時に支払われた賃金」（例えば、私傷病手当金、退職金など）、「3カ月を超える期間ごとに支払われる賃金」（例えば、年2回支給される賞与など）および「通貨以外のもので支払われた賃金で一定の範囲に属しないもの」は計算の基礎から除外することとされています。

また、平均賃金は、「事由の発生した日以前3

箇月間にその労働者に対し支払われた賃金の総額」をその期間の総日数で除すことによって計算すべき旨が定められており、通常は、「平均賃金を支払うべき事由の発生した直前の賃金締切日を起算日とした3カ月間の賃金の総額」を基礎として計算します。そして、当該3カ月間の中に、次に該当する期間がある場合には、当該期間は「3カ月間」から控除し、かつ当該期間中の賃金は「賃金の総額」から控除することになります。

①業務上負傷し、または疾病にかかり療養のために休業した期間
②労基法65条に規定される産前・産後休業期間
③使用者の責に帰すべき事由によって休業した期間
④育介法に基づく育児休業・介護休業をした期間
⑤試みの使用期間

　アルバイトの場合、雇用期間が短期であることも多く見受けられますが、雇い入れ後3カ月に満たない場合は、雇い入れ後の期間と当該期間中の賃金の総額を基礎として平均賃金を算出します（労基法12条6項）。この場合でも、原則として、賃金締切日が定められている場合は、直前の賃金締切日からの期間と当該期間中の賃金総額を基礎として算出します（昭23.4.22　基収1065）。ただし、一賃金算定期間（すなわち1カ月を下回らない期間）に満たなくなる場合は、平均賃金を計算すべき事由の発生の日から計算します（昭27.4.21　基収1371）。なお、試用期間中に平均賃金の算定事由が発生した場合は、その期間中の日数および賃金を基礎として平均賃金を算出します（労基則3条）。

3. 最低保障平均賃金

　なお、平均賃金については、次の金額を下ってはならないという最低保障制度があります（労基法12条1項ただし書き）。アルバイトの場合、最低保障制度が適用されることもあるため、注意が必要です。

①日給や時給など賃金が労働した日もしくは時間によって算定され、または出来高払い制その他の請負制によって定められた場合においては、賃金の総額をその期間中に労働した日数で除した金額の100分の60
②賃金の一部が、月、週その他一定の期間によって定められた場合においては、その部分の総額をその期間の総日数で除した金額と①の金額の合算額

4. 日によって所定労働時間が異なる場合

　貴社のアルバイトは、「日によって働く時間がバラバラ」とのことですが、これは、日によって所定労働時間が異なるという意味だと思われます。例えば、金曜日は2時間、土曜日は4時間、日曜日は8時間を所定労働時間とする労働契約を締結されている場合、たまたま所定労働時間が2時間の金曜日に使用者の責に帰すべき事由により休業した場合であっても、平均賃金の60％以上を支払わなければなりません。この場合、休業手当が金曜日の2時間分の時給より高くなると思われますが、平均賃金の60％は必ず支払う必要があります。逆に所定労働時間が8時間の日曜日に休業した場合であっても、金曜日と同じ平均賃金の60％を休業手当として支払えば足りることとなります（昭27.8.7　基収3445）。

5. 一労働日に満たない休業の場合

　日曜日の所定労働時間が8時間のアルバイトが、日曜日に4時間は勤務し、残りの4時間は使用者の責に帰すべき事由により休業した場合、使用者は当日の4時間分の賃金と休業手当の合計が平均賃金の60％以上であれば足りると解されています（昭27.8.7　基収3445）。

（内田　恵美）

賃金・賞与・退職金

物価上昇時に導入した「インフレ手当」を、物価下落後に減額・廃止することは可能か

急激な物価上昇を受け、従業員の生活費補助を目的に、いわゆる「インフレ手当」を導入しました。現在、全従業員に毎月1万円支給していますが、今後、物価が下落した場合、手当の減額・廃止は可能でしょうか。

　可能。ただし、労働条件の不利益変更となるため慎重に対応することが必要

1.インフレ手当

昨今、物価上昇に伴う賃金増額の要請が高まっています。物価上昇への対策として、名称はさまざま（「物価調整手当」「物価手当」ということもあります）ですが、いわゆる「インフレ手当」を支給する会社が現れています。

実際、①2022年10～11月の調査（労務行政研究所「諸手当の支給に関する実態調査」）によれば、支給「あり」との回答が2.0%（集計対象299社）、②2022年11月の調査（株式会社帝国データバンク「インフレ手当に関する企業の実態アンケート」）によれば、「支給した」との回答が6.6%（有効回答企業1248社）得られています。このうち②の調査では、その支給方法については、一時金が66.6%で、月額手当が36.2%という結果となっています。

2.不利益変更の該当性

インフレ手当について、支給要件や支給金額の算定に関する会社の裁量が認められるように就業規則等で定めている場合（主に一時金による支給の場合が、これに当たります）は、労働者の具体的な請求権ではないとして不利益変更に当たらないと考える余地がある一方で、これと異なり、インフレ手当を月当たりの固定額として支給すると定めている場合、この手当を減額・廃止することとなれば、労働条件の不利益変更となります。

3.不利益変更の有効性

このため、労働条件の不利益変更を有効とするには、①労働者と合意するか（労契法9条）、②この変更が合理的な内容であり、かつ、周知することが必要（同法10条）となります。

①の合意については、労働者が自由な意思に基づいて不利益変更を受け入れるものとしたと認めるに足りる合理的な理由が客観的に存在することが必要です（山梨県民信用組合事件　最高裁二小　平28.2.19判決ほか）。

②合理性の判断に当たっては、❶労働者の受ける不利益の程度、❷労働条件変更の必要性、❸変更後の就業規則の内容の相当性、❹労働組合等との交渉の状況その他の就業規則の変更に係る事情が考慮されることになります。この場合、「賃金、退職金など労働者にとって重要な権利、労働条件に関し実質的に不利益を及ぼす就業規則の作成又は変更については、当該条項が、そのような不利益を労働者に法的に受忍させることを許容することができるだけの高度の必要性に基づいた合理的な内容」であることも必要となります（みちのく銀行事件　最高裁一小　平12.9.7判決ほか）。

固定額で支給している手当を減額または廃止する場合には、その支給の手当の性質・金額・月額給与における割合等を踏まえて、高度の必要性が求められる場合があります。なお、裁判例の中には、支給金額にかかわらず、支給基準が明確であり、「賃金」（労基法11条）に該当する内容の不利

399

益変更である場合には、高度の必要性が求められると判示したものがあります（日本ロール製造事件　東京地裁　平14. 5.29判決）。

4.ご質問についての回答

ご質問の場合、月額1万円の固定額の支給となっていますので、いずれにせよ労働条件の不利益変更となります。正社員の賃金が平均賃金程度であれば、これを廃止するとしても、月額当たり1割未満の減額であり、必ずしも実質的な不利益が大きいとは思われない一方で、非正規社員の中には、相当の不利益に及ぶ可能性も十分に考えられるところです。

このため、一律にインフレ手当を廃止することについては、労働者に対する丁寧な説明を通じて、①労働者との合意を得ることを目指したいところですが、これが難しい場合には、過去の裁判例も踏まえ、②その変更の内容として、高度の必要性が求められる可能性があります。なお、以下の整理・対応については、①を目指す場合であっても、当該労働者に対する適切な情報提供・説明を行うことが求められます。

まずは、労働者に対する説明のために、月額1万円を支給することを決定した際に考慮した物価水準がどのように好転（下落）したのか、また、好転しているとして、現在において、さらに低下する可能性は予測することはできないかなど当該事情を整理することが必要です。

上記の検討の結果、物価水準が好転する見込みがあると整理できる場合、その減額に必要性があると思われます。これに加えてこのまま継続的に月額1万円を支給する場合の会社における影響（現在、財政は逼迫していないか、今後、経営に悪影響を及ぼすことが予見されていないか等）も検討し、整理することが望ましいです（そのような事情があれば、高度の必要性があり、合理的な変更と判断されやすくなります）。

このほか、例えば1年程度の期間を見て、半年間で半額に減額し、1年後に廃止するといった経過措置・段階的措置を講じることとし、この措置については、過半数労働組合があればその労働組合に対して説明すること、また、従業員説明会を実施するなど、不利益を受ける労働者に向けて丁寧にプロセスを履践していくことが重要です。

以上の減額・廃止の必要性を踏まえつつ、丁寧なプロセスを経ることを通じて、固定支給のインフレ手当の廃止・減額が可能となると考えます。

（清水　裕大）

 使用人兼務役員の役員報酬を3割減額することは労基法に抵触するか

このたび、取締役営業部長が取引先と大きなトラブルを起こし、コンプライアンス規程にも違反しました。その事態の重大さに鑑み、懲戒処分として役員報酬を3割減額しようと考えています。このような使用人兼務役員の役員報酬の減給に際して、労基法の減給の制裁は適用されるのでしょうか。

 賃金部分には労基法の減給制裁に関する規定の適用があり、3割の減額はできない。会社法上の「取締役の報酬、賞与その他の職務執行の対価として株式会社から受ける財産上の利益（「報酬等」）」は定款または株主総会の決定事項であり、懲戒処分の対象とならない。実務的には報酬等の「返上」という形で処理するのが適当である

1.労基法上の労働者か

　使用人兼務取締役とは、労働契約を締結する営業部長などの労基法上の労働者（使用人）としての地位と会社法上の株主総会で選任され委任契約を締結する取締役としての地位の双方を有する人をいいます。日本では終身雇用制の下で社内昇進する取締役が多かったので、いわゆる取締役が労働者として業務を兼務することがありました。このため、常務会以上が純然な取締役で構成され、実質的な意思決定機関として事実上機能しているといわれていました。今日では、執行役員制度等を採用する大企業が多くなり、社外取締役を含め、取締役を意思決定機関である取締役会の構成員と位置づける会社が増加しています。しかし、使用人兼務取締役は、中小企業はもとより大企業でもまだ見られます。

　使用人兼務取締役は、この両方の地位を有します。つまり、業務執行に関する意思決定および監督機関である一方で、業務執行機関の指揮監督下に入ります。この一見矛盾する地位の法的関係について、一般的には、各々の地位を別個に持つと考えられています。解釈例規においても、「業務執行権又は代表権を持たない者が、工場長、部長の職にあって賃金を受ける場合は、その限りにおいて法第9条に規定する労働者である」としています（昭23．3．17　基発461）。

　労働者としての地位の内容は、会社との労働契約である就業規則や労働協約等により定まります。すなわち、会社と労働契約を締結し、使用者の具体的指揮命令下に入って、労務を提供し賃金を受領するなどの権利義務関係を有します。

　これに対し、取締役としての地位は、会社法に基づき株主総会により選任され、会社とは委任関係に立ち、会社の機関として取締役会の構成員となります。取締役の任務は業務執行に関する意思決定と業務執行の監督です。具体的な業務執行は代表取締役または執行役員らによります。

　この取締役としての報酬は、会社法における「取締役の報酬、賞与その他の職務執行の対価として株式会社から受ける財産上の利益（「報酬等」）」（同法361条1項）であり、賃金とは区分されます。この報酬は定款または株主総会の決定事項であり賃金ではないので、懲戒としての減給の制裁の対象となりません。取締役がこの報酬等を返上（放棄）することは可能です。なお、令和3年3月の会社法改正で、大会社である上場会社等では、取締役の個人別の報酬等の内容についての決定に関する方針を取締役会で定めることが義務づけられました（同法361条7項）。取締役報酬等の総額の規制だけでなく、個々の取締役の報酬等の保護による取締役会の実効化が期待されており、取締役が放棄の任意性（自由意思性）を争った場合、裁判所で慎重に審査される余地があります。

2.懲戒処分の対象となるか

　私人間において懲戒権限は当然に発生するものではありません。会社法に基づく取締役としての委任関係では、懲戒権限は根拠づけられません。使用者が使用人兼務取締役を懲戒できるとすれば、労働契約に根拠を有する懲戒権によることになります。

　使用人兼務取締役に対し、使用人たる地位に基づいて懲戒することが取締役たる地位と矛盾するかについては、二つの地位を分けて考えることから、使用人兼務取締役に対する懲戒処分は法的には可能です。

　しかし、具体的にいかなる処分ができるかは別問題です。使用人たる地位に関する戒告や懲戒解雇は、取締役の地位が労働者の地位を前提とするものではありませんから可能です。取締役としての地位も喪失させたいならば、株主総会で解任することが必要となります。また、出勤停止は、労働者としての地位に関する限りでは可能ですが、取締役として取締役会に出席することを阻止することはできません。

　さらに、減給の懲戒処分は、労働者の地位に対する賃金に関してのみできることになります。しかし、取締役の地位に対する報酬と労働者の地位に対する賃金とが明確に区分されていないことも

あります。このため、徴収法に関する解釈例規では、「区分することが困難である場合には、同種の労働者に対して支払われる賃金額に準じ、賃金額（賞与を含む。）を決定すること」とされています（昭34．8．10　基収4213）。使用人兼務取締役に関しては、一般的には就業規則に基づく相当額が賃金部分であり、これに対して減給の懲戒処分をなすことになります。

3．3割の減給をできるか

労基法91条は、減給の制裁について、1回の額が平均賃金の1日分の半額を超え、総額が一賃金支払期における賃金の総額の10分の1を超えてはならないとしています。この違反に対しては罰則があります。

このことは、使用人兼務取締役に対する労基法の適用においても当然変わりません。したがって、使用人兼務取締役への懲戒としての減給処分は賃金部分に対するものに限り、1回の額は平均賃金の1日分の半額、総額でも一賃金支払い分の1割が限度となります。

4．実務的対応

企業不祥事が生じた場合、取締役の報酬の2割や3割を数カ月にわたってカットするとの報道を目にすることがあります。しかし、正確なニュースリリースでは「返上」等の表現が用いられています。ここでの「カット」の法的性格は懲戒としての減給処分ではなく、取締役としての報酬等の取締役による任意の放棄であることが通例です。

賃金の放棄については、労基法24条の賃金全額払いの原則があることから、労働者の自由な意思に基づいてなされたと認めるに足りる合理的な理由が客観的に存在することが必要とされます（日新製鋼事件　最高裁二小　平2.11.26判決）。これに対し、取締役としての報酬等はそのような法規制がなく、かつ信任関係を基盤としているので、報酬権の放棄は比較的認められやすいでしょう。

ご質問の場合、取締役営業部長個人を懲戒することが目的のようです。取引先と起こしたトラブルの内容にもよりますが、賃金部分に対するものであっても、3割相当の減給の懲戒処分は法に違反し無効です。

実務的には、懲戒の要否は別として、「報酬の返上」という名目で、取締役としての報酬等の一部を返上（放棄）してもらうことが通例です。その額および期間については、会社法における取締役の報酬等に関する趣旨との関係で十分な検討が必要でしょう。

（丸尾　拓養）

休職復帰後にリハビリ勤務する社員の賃金を、休職前の賃金より減額してもよいか

このほど、私傷病により休職していた営業社員が、数カ月ぶりに職場復帰することになりました。休職期間中のブランクを考慮して、まずは事務作業中心の業務に就いてもらうことにしています。ところが、その社員の上司からは「従来と同じ業務ではなく、軽易な作業しか行っていないのだから、休職前と同じ賃金を払うのはおかしい。何割か減額するなどしないと、他の社員との間で不公平になるのでは」との指摘がありました。減額については本人も同意しているようです。これまでになかったケースなので、復帰後の賃金に関しては明確に定めていませんでした。このような場合、賃金を減額することは可能でしょうか。

賃金・賞与・退職金

リハビリ勤務により休職前と異なる業務に就き、この職務変更に伴い賃金が下がる賃金制度を採っている場合には、賃金の減額が可能

1.休職とは

　休職は、社員に職務に従事させることが困難である事由が生じた場合に、その社員との雇用契約上の地位を維持させながら、勤務を免除することをいいます。

　本来、私傷病により長期にわたって就労ができない場合には、社員が雇用契約上の義務を果たせないということになりますので、使用者は正当な事由があるとして、その社員を解雇できることになります。

　しかしながら、労基法に規定はないものの、終身雇用制の下で休職事由が生じた場合には、解雇権を留保し、本人との雇用を継続させることができる「休職制度」があります。

　そして、休職期間満了の際に休職事由が消滅していない場合には退職になることも、一般的に就業規則で定められている方法です。

2.休職事由の消滅

　本来、復職できるかどうかは、その休職中の社員自らが分かる状況にあるわけですので、その社員が復職できるという意思表示をしたものと思われます。そして、このように休職していた社員から復職の申し出があったときは、医師（主治医または産業医、あるいは双方）の診断書を見た上で、さらにはリハビリ勤務をさせた上で、休職事由が消滅したかどうかの最終判断を会社が行うことになります。ご質問では、休職期間中に職場復帰の意思表示がなされ、会社は職場復帰を認めているという前提に立っています。

3.ご質問の検討

　そこで会社は休職期間中のブランクを考慮して、まずは事務作業中心の業務に就いてもらうこととしましたが、従来の営業の業務ではなく、軽易な作業しか行っていないのだから、休職前と同じ賃金を支払うのは不合理ないし不公平である旨の指摘があったということです。

　この点については、休職していた社員が復職する場合には、どこの職場に復帰するかということを就業規則に規定しておくことが最善の方法です。本来ならば、休職前の職務に復帰するのが一般的ですが、ご質問のように、まずは軽易作業に就く場合も考えられます。また、復職に当たって当該社員が、「休職前の職務に戻るのは困難だが、軽作業ならばできる」という医師の診断書を提出してくることがあり、こうしたケースでもご質問と同じような問題が発生します。この場合、特に「休職明けの社員がどのような職務に就くか」ということが就業規則に定められていれば、それに基づいて対応します。あるいは「復職時には元の職場に復帰するとは限らない」旨が就業規則に定められていることもあります。もっとも、そのような定めがなくとも、会社が、どのような業務に就かせるかを、通常の職務の変更と同様に業務上の必要性から決めることができると思われます。

　そして、休職前と異なる職務に就く場合は、その職務に支払われるべき賃金が支払われれば、それで足りることになると思われます。この職務変更に伴い賃金が下がる賃金制度を採っている場合には、賃金が下がることになりますが、これは賃金の減額というよりも、営業職から事務職に職務変更があったことにより自動的に賃金に変更があったと理解すべきと思われます。逆に、この職務変更があっても、当然には賃金引き下げを伴わない賃金制度の場合は、減額自体があり得ないことになります。

4.今後の対応

　したがって、今後はこのような復職をめぐる疑義が生じないよう、休職規程には、以下のような文言を盛り込むべきであると考えます。

> 休職者の復職後の勤務内容、勤務時間、賃金、その他の処遇については、その休職者の回復状況を見て、会社が決定する。

5．リハビリ勤務の必要性

　リハビリ勤務とは、休職期間中に休職事由が消滅して、通常の勤務ができるようになったかどうかを見極める勤務体制であると筆者は考えています。

　ただし、ご質問では、復職後の軽易な作業についても、これに含まれるような前提となっていますので、以下はその趣旨に従って述べます。

　ご質問ではリハビリ勤務──すなわち復職者が従来の通常業務ができるまで私傷病が回復していないときに、軽易作業に就かせるという勤務をさせるわけですが、このようなリハビリ勤務を認めなければならない法律上の義務はないとされています。すなわち、「労働者側の労務の提供の種類、程度、内容が当初の約定と異なる事情が生じた場合には、道義上はともかくとして、使用者においてこれを受領しなければならない法律上の義務ないし受領のためこれに見合う職種の業務を見つけなければならない法律上の義務があるわけではない」（アロマ・カラー事件　東京地裁　昭54．3．27決定）とされています。

　もっとも、その一方で、はじめのうち軽易業務に就かせればほどなく通常業務へ復帰できるという回復ぶりであれば、使用者が現実に就労可能な業務への配転可能性を検討するという配慮を行うことを義務づけられる場合もあるとした裁判例もあります（片山組事件　最高裁一小　平10．4．9判決、エール・フランス事件　東京地裁　昭59．1．27判決、独立行政法人N事件　東京地裁　平16．3．26判決など）。以上を考慮すると、ご質問では、復職後のリハビリ勤務を認めたことを前提にしていますが、例えば運転業務に従事している者のみによって社員のほとんどが構成され、それ以外は1、2名の総務ないし経理の者しかいないというような会社では、実際の医師の診断書による「軽易作業」に当たる仕事が社内にはない場合も考えられます。このような場合には、ご質問のようなリハビリ勤務それ自体を用意することが困難になります。

　そうなると、現実に配転可能性がないわけですから、リハビリ勤務を認める義務はないものと考えられます。

（山﨑　和義）

　出勤日数が極端に少ないか、全く出勤しない月の通勤手当を減額または不支給にできるか。同規定がなく就業規則を変更する場合、不利益変更の問題は生じるか

　当社では、毎月、在籍者全員に通勤手当を支給しています。しかし、休職、長期出張、退職前の長期有給休暇取得などでほとんど出勤しない社員にまで支給するのは適切でないと思います。就業規則では減額や不支給の規定を定めていませんが、通勤手当というものは通勤にかかる費用を会社が負担する趣旨で支給するわけですから、現在の就業規則を変えないまま、出勤日数が極端に少ない、あるいは全く出勤しない月の通勤手当を減額または不支給としたいと考えますが、問題はないでしょうか。また、就業規則を変更する場合には、不利益変更の問題が生じるのでしょうか。

　出勤日数がゼロの場合でも、就業規則に減額・不支給の根拠規定がなければ、所定の金額を支払う必要がある。また、就業規則を変更した場合には不利益変更の問題になる

賃金・賞与・退職金

1.通勤手当の法的性質

通勤にかかる費用は、労働者の債務の履行（労務提供）のための費用ですから、民法の原則からすると、労働者の負担ということになります。しかし、多くの企業では、通勤にかかる費用の一部または全部を通勤手当として支給しています。

就業規則や賃金規程等に通勤手当を定めて支給している場合には、この手当は労基法上の賃金として扱われることになり、同法24条の賃金全額払いの原則が適用されます。したがって、規定上の根拠なく減額や不支給とすることはできません。長期欠勤や出張等で1カ月のうち数日しか出勤しない、さらには全く出勤しないような場合には通勤手当を支給しないとか、所定額でなく出勤日数に応じた実費とするなどの規定がない限り、所定の額を支給する必要があります。

2.出勤日数と通勤手当の減額・不支給規定

前述のとおり、根拠規定のない以上、減額や不支給にはできませんが、「出張、欠勤その他の事由により、月の初日から末日までの期間の全日数にわたって通勤しない場合は当該月に係る通勤手当は支給しない」「20日以上欠務した者には通勤手当は支給しない」「支給対象期間の途中で休職が生じた場合には、日割計算により調整する」などの規定があれば、これを根拠として減額・不支給が可能だと考えます。

もっとも、規定があれば何でも可能ということではありません。労契法7条は、「合理的な労働条件」が定められている就業規則を労働者に周知させていた場合には、労働契約の内容は、その就業規則で定める労働条件によるものとするとしています。つまり、規定内容について、「合理性」が必要です。この点、通勤に要する費用については、労働者負担であっても法的には問題ないのですから、手当を支給する場合の支給要件も企業の裁量に委ねられており、一定の場合に減額・不支給としても合理性なしとはいえないと考えます。しかし、例えば定期券購入を前提としている場合、購入後、会社都合で長期出張したからといっ

て減額するのは、合理性に疑義ありといえそうです。

なお、休職、育児・介護休業等については、通勤手当だけの問題ではないので、むしろ休職期間中の給与支払いに関する規定を整備する必要があるでしょう。

3.年次有給休暇を理由とする通勤手当減額

労基法上の年次有給休暇（以下、年休）の行使について、賃金の減額その他の不利益取り扱いは禁止されています（同法附則136条）。そこで、年休の場合に通勤手当を減額することの可否が問題となります。

この点、年休時の賃金については①平均賃金、②所定労働時間労働した場合に支払われる通常の賃金（労基則25条）、③健康保険法の標準報酬日額の三つの方法がありますが（労基法39条9項）、そのいずれにおいても計算の基礎に通勤手当が算入されます。したがって、あらかじめ選択した支払い方法により計算された額（ないしはそれ以上の額）が支払われているのであれば、一方で通勤手当を減額しても問題ないと考えます。通達にも、年休日に対して平均賃金を支払う場合において、月によって支給される賃金（家族手当、通勤手当等）については、二重払いになるので、その1日当たりの額を差し引いた額を支給すればよいとしたものがあります（昭23．4．20　基発628）。

もっとも、年休日は給与計算上、出勤したものとして扱うという方法を取っている企業も多いようです。この場合、通勤手当を減額すると、結果として労基法の要請する額を下回ってしまうことがあるので要注意です。

4.不利益変更の合理性

就業規則に通勤手当の減額・不支給について定めがなかった場合に、2.で掲げる根拠規定を置いたとしたら、それは就業規則の不利益変更に該当します。

前述のとおり、そのような減額・不支給扱いも、公序良俗違反とはいえませんが、そのこと

405

と、それまで支給していたものを不支給・減額とする就業規則変更の有効・無効は別です。判例は、不利益変更も合理性があれば有効であるとしていますが、この「変更の合理性」に関しては、前述の労契法7条の「合理性」と異なり、単に当該制度が合理的だというだけではなく、「変更の必要性」と「変更の内容」の両面から判断して、労働者が被ることになる不利益の程度を考慮してもなお、就業規則の効力を認めることができるか否かという点から判断されます。

不利益変更の効力に関して、同法10条は、「周知」と「変更の合理性」があれば、同意しない者の契約内容も、変更後の就業規則の定めるところによるとしています。

そして、「変更の必要性」については、「労働者の受ける不利益の程度、労働条件の変更の必要性、変更後の就業規則の内容の相当性、労働組合等との交渉の状況その他の就業規則の変更に係る事情に照らして」判断するとしています。また、判例法理として、賃金、退職金など重要な労働条件の変更については、高度の必要性が要求されています（大曲市農業協同組合事件　最高裁三小昭63．2．16判決）。

通勤手当については、労働の対価そのものというより、通勤のための費用の援助ですから、基本給などと異なり、緩やかに変更が認められると思います。ただし、一般的には事前に通勤定期券を購入していることが多いことを考えると、あらかじめ長期の不出勤が分かっている場合の不支給扱いにとどめたほうが、変更の合理性が肯定されやすいのではないでしょうか。例えば、長期出張、休職、休業等で、長期間通勤しないことがあらかじめ明らかな場合の不支給扱いであれば、変更の合理性が認められる余地があると考えます。

（石井　妙子）

期の途中で部長から課長に降格させる場合、年俸を途中で減額してよいか

ある部門で不祥事が発覚し、その責任を明確にするため、期の途中で部長を課長に降格することを考えています。なお、当社では管理職に年俸制を採用しており、年俸は役職と連動して決定していますが、今回の降格に伴って年俸を期の途中で減額しても問題ないでしょうか。

期中の年俸額の減額は原則できないが、職位と年俸が連動しており、期中の昇格・降格により年俸額が変更されることが予定されている場合には、期中の降格・年俸の減額も許される

1．年俸制とは

年俸制とは、一般に、従業員の業績等に関する目標達成度を評価して、賃金の全部または相当部分を年単位で設定する制度をいいます。通常、定められた手続きにより、目標の設定と達成度合いについての評価がされ、当該評価に基づき年俸額が使用者において決定されます。決定した年俸額につき従業員の同意を得ている会社も多くあります。

2．年俸額の期中の変更（減額）

では、いったん決まった年俸額を年度の途中で変更することはできるでしょうか。上記のように、年俸制は賃金について年単位で設定する制度

ですので、いったん年俸額が決まった場合には、その後の事情により変更されることが本来想定されていません。判例も、年俸額および賃金月額についての合意が存在している以上、（賃金規則を変更したとしても）合意された賃金月額を契約期間の途中で一方的に引き下げることは、賃金規則の改定内容の合理性の有無にかかわらず許されないとして、使用者が当該年度の途中で年俸額を一方的に引き下げることはできないとしています（シーエーアイ事件　東京地裁　平12.2.8判決）。年俸額を変更できるのは、定められた年俸額の見直しの機会のみであり、当期中の成績不良は翌年度の年俸額に反映させるべきである、ということになります。

3．降格による賃金の引き下げ

一方、降格・降職に伴って賃金が下がる場合、会社の賃金体系上、職位と賃金テーブルが連動しているようなケース（職務等級制）では、こうした賃金の引き下げは適法であると解されています。職務等級制は、企業内の職務を職務価値に応じて等級（バンドやグレードなどで表示されることが多い）に分類し、等級ごとに賃金額の上限・下限額を定め、この範囲内で給与を設定する制度です。従業員の賃金は、職務遂行能力や業績目標の達成度に応じて、格付けされた等級の給与範囲内で決定されます。この制度においては、等級が変更されれば当然に賃金額も変更されることになります。

エーシーニールセン・コーポレーション事件（東京地裁　平16.3.31判決）では、職務等級制（給与バンド制）における降給の処分が争われましたが、裁判所は「降給が許容されるのは、就業規則等による労働契約に、降給が規定されているだけでなく、降給が決定される過程に合理性があること、その過程が従業員に告知されてその言い分を聞く等の公正な手続が存することが必要」とした上で、具体的評価について合理性と公正さに問題はなかったとし、降給の決定を有効としました。

ただし、降格・降職といっても職務内容に変化がない場合には、実質的には賃金自体の切り下げとなり、原則許されないことになります。

また、職務の変更があったとしても、就業規則の定めなど、賃金額の変更の根拠が必要であり、職務の変更そのものは賃金の減額の根拠になるものでもない点にも注意が必要です（デイエフアイ西友［ウェルセーブ］事件　東京地裁　平9.1.24決定）。

4．降格に伴う年俸額の変更の可否

そこで、今回のケースのように、年俸制適用者が期の途中で降格により職務の内容が変わった場合に、年俸額を下げることは可能でしょうか。

職務の内容が変わったとしても、それだけでは合意されている給与額を一方的に変更できないことについては、3．で述べたとおりです。前掲デイエフアイ西友（ウェルセーブ）事件は、賃金が年額で定められていたケースですが、裁判所は「使用者は、より低額な賃金が相当であるような職種への配転を命じた場合であっても、特段の事情のない限り、賃金については従前のままとすべき契約上の義務を負っているのである」として、職務内容の変更は、年俸額の減額の理由とならないとしています。

一方、年俸制といっても、給与額の決め方が年単位であるにすぎず、職種に応じて年俸額が決まっているようなケース（職務等級制が採用されているケース）においては、期中に降格がされた場合、降格に伴い年俸額について降格後の職位に対応した年俸テーブルを適用することも可能と思われます。もちろん、職務等級制が採用されることにつき就業規則等において定めがあり、昇格・昇給とともに降格・降給もあり得ることにつき、明らかにされていることが必要となります。また、特に年俸制を採用している場合には、年1回定期的になされる年俸の見直しの際に年俸額が変更されるのが原則となり、等級の見直しとそれに伴う昇格・昇給や降格・降給も年1回が原則となるでしょうから、例外的に期中においても昇格・

降格と、それによる年俸額の増減があり得る場合には、その旨を就業規則などにおいて明記しておく必要があるといえます。この点、懲戒処分としての降格に伴って年度途中に賃金減額された事案において、裁判所は、降格によって年度途中に年俸を引き下げることは許されないとの原告の主張に対し、就業規則では降格に降給を伴うことも明記されているから、懲戒権の濫用には当たらず、降格後の地位の賃金を下回ることがなければ、年俸を引き下げることも可能と判示しています（日立コンサルティング事件　東京地裁　平28.10.7判決）。

5.不祥事発覚に対する降格

なお、今回のケースでは、不祥事発覚に対して責任を明確にするため降格が検討されています。注意しなければならないのは、この降格が懲戒処分としての降格なのか、それとも人事権の行使としての降格なのかをはっきりとさせる必要がある点です。懲戒処分としての降格の場合には、懲戒処分の理由（就業規則上の懲戒事由のいずれに該当するのか）があること、当該処分につき、当該懲戒に係る労働者の行為の性質および態様その他の事情に照らして客観的に合理的な理由があり、社会通念上相当であると認められること（労契法15条）、適正な手続き（懲戒委員会による検討など内部手続きがあればそれに従う。また、こうした内部手続きがなくても、少なくとも本人に弁明の機会を与えることが必要）が履践されていることが必要となります。こうした要件を満たさない懲戒処分は、懲戒権の濫用として無効となる余地があります。

一方、人事権の行使としての降格であれば、人事権の濫用に当たらないようにすることが必要です。不祥事に対する責任を取らせる形で降格する場合には、この懲戒処分と人事権の行使との境界線が曖昧となりがちですので、人事権の行使の場合でも、それまでの役職を果たすだけの資質に欠ける等、降格の理由を社内で十分に検討する必要があります。

（髙谷　知佐子）

業務時間中の喫煙休憩時間分につき、賃金控除してよいか

当社では、業務時間中の喫煙休憩は労働時間としてカウントしていますが、多数の従業員から「非喫煙者よりも多く休憩時間を取っているのだから、その分の賃金を控除すべきだ」との意見が出ています。そこで、喫煙休憩は労働時間としてカウントせず、賃金から喫煙休憩分を控除することを検討していますが、法的には問題ないでしょうか。

喫煙場所が職場から離れており、職場で何かあった場合に対応しなくてよいなど、喫煙中は労働から解放されていたといえるのであれば、喫煙休憩の賃金控除は可能である

1.喫煙時間に関する裁判例の動向

労働時間とは、労働者が使用者の指揮命令下に置かれている時間をいいますが（三菱重工業長崎造船所事件　最高裁一小　平12.3.9判決）、これに対し休憩時間は、始業時刻から終業時刻までの間の時間で、労働時間に該当しないために労働からの解放が保障されていることを要するとされています（大星ビル管理事件　最高裁一小　平

14．2.28判決）。

　つまり、喫煙時間が労働時間に該当するか否かにより、給与支給の要否が定まりますが、喫煙時間の労働時間性については、以下のとおり裁判例でも判断が分かれています。

【労働時間性肯定】
●岡山県貨物運送事件（仙台地裁　平25．6.25判決、仙台高裁　平26．6.27判決）
「業務の合間を見て休憩室へたばこを吸いに行っていたものであり、休憩室が事務所やホームから近距離にあることや何かあればすぐ業務に戻らなければならなかったことからすれば（証拠略）、喫煙時間を休息のために労働から完全に解放されることを保障されていた時間であるということはできず、休憩時間とみることはできない」
●国・北大阪労基署長（マルシェ）事件（大阪高裁　平21．8.25判決）
「（筆者注：持ち場を離れるのは）ベテランのアルバイトと一緒に勤務していても、本件店舗内の更衣室兼倉庫において喫煙をする程度であって、アルバイトだけでは対応できない場合には、直ちに対応しなければならなかったのであるから、このような実労働に従事していない時間も、手待時間であって、休憩時間と見ることはできない」
●穂波事件（岐阜地裁　平27.10.22判決）
「（筆者注：喫煙のために）店舗を離れたことがあったことは原告も認めるところであるものの、その場合でも、常に連絡が取れるような態勢になっており、その店舗の入っているショッピングモールを出る場合には、会社への報告が必要であったことが認められる（中略）のであって、これらの時間を休憩時間とみることはできない」
●Y社事件（東京地裁　平29．9.26判決）
「喫煙所が離れているために自席に戻るまでに10分程度を要することがあったとしても、被告において、喫煙時間が労働時間に該当しないことを前提とした勤怠管理等が行われて

いた形跡は全くないうえ、A社長から原告を喫煙に誘うことがあり、その際に業務に関する指示等を行うこともあった（中略）。そうすると、少なくとも原告については、労働時間内に喫煙のため短時間離席することは許容されていた反面、労働契約上の役務の提供が義務付けられていたと評価するのが相当」
【労働時間性否定】
●泉レストラン事件（東京地裁　平26．8.26判決）
「原告らは、昼食休憩のほかに、所定勤務時間中に、1日4、5回以上、勤務していた店舗を出て、所定の喫煙場所まで行って喫煙していたこと、原告らは喫煙のために一度店舗を出ると、戻るまでに10分前後を要していたことが多かったことが認められる。（中略）喫煙場所が勤務店舗から離れていることや喫煙のための時間を考慮すると、原告らが喫煙場所までの往復に要する時間及び喫煙している時間は、被告の指揮命令下から脱していたと評価するのが相当」

　以上のとおり、裁判例では、喫煙時間の労働時間性について、職場と喫煙場所との場所的離隔の程度、職場で何かあった場合に対応ができるか、喫煙時間中の業務従事の有無、といった要素を考慮して、労働から解放されているか否かを判断していると考えられます。

　そのため、ご質問の場合、職場から離れた喫煙場所等で喫煙をしており、喫煙時間中は職場で何かあった場合でも対応しなくてよい、といった事情があれば、喫煙時間は労働時間ではないと判断される可能性が高いと思われます。しかし、職場の自席で喫煙していたり、職場から離れていても携帯電話等を常に所持していて職場から連絡があったらすぐ対応しないといけなかったりするような場合は、労働から解放されてはおらず、労働時間に当たると判断される可能性が高いでしょう。

2.喫煙時間の取り扱い変更時の注意点

[1]不利益変更および周知について

　喫煙のために労働時間中に休憩をしてよいということが雇用契約や就業規則で定められていることは通常あり得ず、また、就業規則には、通常「勤務時間中は職務に専念すること」といった職務専念義務が定められていることに照らせば、喫煙休憩が労使双方の規範意識により支えられており、労使慣行になっているということも考え難いところです。そのため、勤務中の喫煙が労働条件になっており、喫煙時間を休憩時間とみなすことが法律上の不利益変更に該当するとまで判断される可能性はそれほど高くなく、仮に不利益変更に当たるとしても、その合理性は比較的緩やかに判断されると思われます。

　なお、今後喫煙時間を労働時間と認めないとするのであれば、規程の明確化のためその旨を社内通達等で明示するとともに、喫煙者に禁煙に向けた機会等を与えるために、一定の猶予期間を置いてから賃金控除を実施することが肝要です。

[2]労働時間の把握

　喫煙時間について、賃金控除を実施するのであれば、喫煙時間を労働時間と明確に区分して特定できるようにしておく必要があります。

　具体的な方法としては、喫煙室が社屋内に設けられている場合は、喫煙室に電子錠を設置し、入退室時間を電子的に記録できるようにしておく、喫煙スペースが社屋外に設けられている場合は、入退館の時間を記録できるようにする、といったことが考えられます。国・横浜西労基署長（ヨコハマズボルタ）事件（東京地裁　平24.11.28判決）では、喫煙室の入室時間や通用口からの外出時間が電子的（カードリーダー）に記録されていたところ、退室時間の記録がなかったため具体的な喫煙時間の特定には至らなかったものの、少なくとも一定の休憩時間を取得していたことが認定されています。

（高　亮）

Q193 完全月給制で1日も出勤しなかった場合、給与不支給としてよいか

　当社は完全月給制で、基本的に欠勤控除は行いません。このほど、ある社員が年次有給休暇（以下、年休）をすべて使い切り、1カ月間欠勤しました。同ケースにつき賃金規程上、特段の定めはないのですが、一切の勤務実績がない以上、当該月につき給与不支給として問題ないでしょうか。

会社が適用している欠勤控除をしないというルールを一貫させなければならず、給与不支給は許されないと考えざるを得ない。会社として給与不支給を実現したい場合には、労契法10条に定められている就業規則の不利益変更の手続きに従って、賃金規程を変更する必要がある

1.ノーワーク・ノーペイの原則と「完全月給制」

　具体的な賃金請求権は、労働義務が現実に履行されて初めて発生すると解されています。これは、賃金を労働者の具体的な労働に対する対価と考えるものであり、一般的に「ノーワーク・ノーペイの原則」といいます。その法的根拠は、労働に従事することと報酬を与えることが対価関係にあること（民法623条。労契法6条も同旨）や報酬の支払い時期は「約した労働を終わった後」であること（民法624条1項）にあります。

　このように、労働者が現実に労働義務を履行して初めて賃金の支払いが必要になるというのが原

則ではありますが、実務上は労働者が現実に就労できない場合があり、その際に、ノーワーク・ノーペイの原則どおりでよいのか、賃金請求権の存否が問題となります。

この点、同法536条1項は、当事者双方の帰責事由がない場合は、債権者は反対給付の履行を拒むことができる旨を定めています。労働契約においても、使用者および労働者のいずれにも帰責事由がないことにより労務提供ができなかった場合には、使用者は、反対給付である賃金の支払いを拒むことができます（ノーワーク・ノーペイの原則どおり）。他方で、同条2項が定めているとおり、債権者である使用者の帰責事由によって労働者が労務提供できなかったときは、使用者が賃金の支払いを拒むことはできません。つまり、労働者は賃金の支払いを受けることができます。

以上から考えると、社員の都合による欠勤の場合には当該欠勤分の賃金を支払う必要はないと考えられますが（[図表]の【Ⅰ】のパターン）、ノーワーク・ノーペイの原則も強行規定で定められているものではありませんので、当事者間の合意によって排除ないし変更することが可能です（菅野和夫・山川隆一『労働法 第13版』[弘文堂]1110ページ）。

具体的には、ご質問の会社のように毎月の月給から欠勤控除は行わないことを制度化している場合（これを実務上「完全月給制」と呼ぶことがありますが、法律上定義されている用語ではありません）には、ノーワーク・ノーペイの原則全体を排除していると解されます（土田道夫『労働契約法 第2版』[有斐閣]244ページ。[図表]の【Ⅱ】のパターン）。そのため、当月に出勤しなかった日の賃金についても、当該制度どおりに支払わなければなりません。仮に支払いをしない場合には、賃金支払い義務の債務不履行となり得ます。

2.当月をすべて欠勤した場合

では、当月をすべて欠勤した場合はどう考えるべきでしょうか。

まず、ノーワーク・ノーペイの原則が適用され

図表 想定される対応のパターン

	【Ⅰ】 ノーワーク・ ノーペイの原則	【Ⅱ】 原則の排除	【Ⅱ】′ 原則の排除 （例外付き）
規程・運用	欠勤等の場合、賃金を控除する	欠勤等の場合であっても賃金を控除しない	欠勤等の場合であっても賃金を控除しない。ただし、当月の所定労働日すべてを欠勤した場合はこの限りではなく、賃金を支給しない

るか、それとも排除しているか、規程を確認する必要があります。規程において「欠勤控除は行わない。ただし、当月をすべて欠勤した場合にはこの限りではなく、この場合には当月にかかる賃金債権は発生しないものとする」という趣旨の条項が明定されている場合には、当月をすべて欠勤した社員に対し賃金の支払いを要しません（[図表]の【Ⅱ】′のパターン）。

しかしながら、規程に上記のような条項（ただし書き）が明定されておらず、会社の労使慣行として、当月をすべて欠勤したときも控除が行われてきていない場合には、規程の解釈として、または事実たる慣習（民法92条）として、控除は許されないと考えるのが妥当です（結局、[図表]の【Ⅱ】′ではなく【Ⅱ】のパターンとして考えます）。裁判例においても、就業規則およびこれと一体をなす賃金規程に遅刻、早退、欠勤を理由に賃金を差し引く旨の規定がなく、実際にこれらにより賃金を控除したことがない事案において、「労働者の自己都合による遅刻、早退、欠勤（中略）があり、債務の本旨に従つた労務の提供がなかつた場合にも、遅刻、早退、欠勤（中略）を理由に提供のなかつた労務に対応する賃金部分を控除することをしない（中略）定めであつたと推認すべきである」と判断され、黙示の定めが認定されているケースがあります（日本貨物検数協会事件　東京高裁　昭50.10.28判決）。

したがって、ご質問の場合には、賃金規程上も特段の定めがない以上、会社が適用している欠勤控除をしないというルールを一貫させなければならず、給与不支給は許されないと考えざるを得ないでしょう。会社として給与不支給を実現したい場合には、労契法10条に定められている就業規則の不利益変更の手続に従って、賃金規程を変更する必要があると考えられます（[図表] の【Ⅱ】のパターンから【Ⅰ】または【Ⅱ】'のパターンへの移行）。

（萩原　勇）

賞与支給日に在籍していることを新たに支給要件とする場合、どのような点に留意すべきか

次年度上期支給の賞与から、支給対象を支給日に在籍している者に限る要件を就業規則上の規定として新設したいと考えています。こうしたルールを設けるに当たり留意すべき点についてご教示ください。

現在の労働契約（就業規則）の内容を分析し、賞与の性質（賞与請求権の具体性）を確認して、労働条件の不利益変更に当たるかを検討し、対応する

1.賞与とは

賞与（一時金）は、いわゆるボーナスです。法律上、支給が義務づけられているものではないため、賞与を支給するか否かや、支給する場合の金額の決め方は、企業が労働契約（就業規則）で自由に設計できます。

しかし、賞与は、就業規則の相対的必要記載事項であり（労基法89条4号）、賞与制度を設ける際は、就業規則への記載とその周知が必要です（同法106条）。

2.支給日在籍要件

[1]支給日在籍要件とは

賞与については、各社の就業規則（賃金規定）での定めにより、賞与支給日に在籍していない者には支給しないという取り扱いが行われることがあります。これは、いわゆる「支給日在籍要件」と呼ばれるものです。もっとも、この要件については、賃金全額払いの原則との関係につき確認が必要となります。

[2]支給日在籍要件と賃金全額払いの原則

賃金全額払いの原則とは、「賃金は、通貨で、直接労働者に、その全額を支払わなければならない」と定めた同法24条に基づくものです。企業が支給する賞与が、同法11条で定義される「賃金」に該当すれば、支給日に在籍していないという理由で不支給とすることはできません。そのため、賞与が「賃金」に該当するかが問題となります。

【労基法上の「賃金」の定義】
第11条　この法律で賃金とは、賃金、給料、手当、賞与その他名称の如何を問わず、労働の対償として使用者が労働者に支払うすべてのものをいう。

もっとも、裁判所は、支給日在籍要件が就業規則などに明文で定められている場合には、支給日に在籍していない者に賞与請求権は発生しない、と判断することが多いです（大和銀行事件　最高裁一小　昭57.10.7判決　労判399号11ページ。近時の裁判例として、インタアクト事件　東京地裁　令元.9.27判決　労経速2409号13ページ）。

ちなみに、賞与が賃金の後払い的性格のみを有する場合、その賞与は労基法上の賃金に当たり、賃金全額払いの原則（同法24条）が適用されることとなります。しかし、賞与は一般に、賃金の後払い的性格だけでなく、月例賃金を補う生活補塡（はてん）的性格、従業員の貢献に対する功労報償的性格、将来の労働に対する勤労奨励的性格、企業業績の収益分配的性格など多様な性格を併せ持つと考えられています（東京大学労働法研究会編『注釈労働基準法 上巻』［有斐閣］382ページ、荒木ほか『注釈労働基準法・労働契約法 第１巻』［有斐閣］313ページ）。

そのため、賞与の性格を捉える上では、労働契約（就業規則）における賞与の決め方、支給内容等を確認・分析する必要があります（もっとも、支給日在籍要件が定められている賞与は賃金の後払い的性格のみを有するわけではないと考えられます）。

3. ご質問について

ご質問の企業では現在、賞与につき、支給日在籍要件の明文による定めがない状況と思います。そのため、まず行うべきは上記のとおり、現在の労働契約（就業規則）を確認・分析することです。具体的には、賞与の性格（賃金の後払い的性格の程度・強さ）の確認・分析です。

例えば、「賞与は毎年２回、６月と12月の25日に、それぞれ給与の２カ月相当分を支払う」という労働契約（就業規則）で、これまで労使慣行として支給日在籍要件がない運用をしていた企業であれば、賞与請求権は具体化していて、賃金の後払い的性格はとても強いといえます。こうした場合に、支給日在籍要件を新たに導入することは、労働条件の不利益変更となります。そして、不利益性が大きいので、変更の高度の必要性と内容の相当性（本人の意思で退職時期を選べない定年の場合は除くなど）が必要になると考えられます（労契法10条）。

もっとも、明文での定めはないものの、慣行として賞与支給を支給日在籍者に限定していた企業では、支給日在籍要件の導入は当該慣行を就業規則上で明確化するというもので、不利益変更といっても、不利益性は小さいといえます。上記大和銀行事件判決でも、支給日在籍者のみに賞与を支給する慣行を規定化した就業規則の変更は、内容が合理的であり、有効と判断されています。

他方、「基本給とは別に、毎年１年ごとに、企業と各労働者の業績等を考慮の上、その年の貢献度に応じて、企業の裁量により支給の有無・金額を決定する」という労働契約（就業規則）の企業であれば、企業が決定するまで、賞与の権利は具体化しないこととなります。そのため、この企業での裁量の基準として、就業規則改定により、支給日在籍要件を付加することは、不利益変更とはいえず（仮に不利益変更であっても、不利益の程度がとても小さいので）、一方的に行うことが可能と考えます。

（西頭　英明）

業績悪化を理由に執行役員の賞与を不支給とすることは可能か

ここ数年、当社では業績が悪化しています。そこで、業績に対する責任を考慮して執行役員（役員を兼務しておらず、雇用契約によるもの）の賞与を不支給にすることを検討しているのですが、可能でしょうか。なお、当社では就業規則の規定に基づき、執行役員を含む従業員に業績連動型賞与を導入していますが、一定の固定支給分（基本給×一定月数）を設けており、これまで賞与を不支給としたことはありません。

賞与の不支給の可否は、原則として労働契約の内容・解釈の問題であり、就業規則等における規定内容のほか、制度趣旨、使用者による説明や通知の内容、これまでの運用や実績等を踏まえて判断される。労使慣行の成否も問題となり得るが、その成立が認められるのは例外的な場合に限られる

1.賞与についての判断枠組み

賞与は、労働の対償である限り賃金の一種とされていますが（労基法11条参照）、その金額、内容や支給の有無については法令が定めるものではなく、原則として当事者間の合意に委ねられています。したがって、賞与の支給額の決定方法や、これを不支給とすることの可否は、賞与に関する労働契約の内容次第であるといえます。

すなわち、賞与の不支給の可否は、原則として、就業規則や労働契約書において、賞与の支給の有無や支給額ないしその算定方法についてどのように定められているか（不支給とすることも可能である旨の定めとなっているか）等に基づく、契約解釈の問題です。また、従前の経緯や運用を踏まえ、一定の賞与を支給する旨の労使慣行が成立していないかも問題となります。

2.賞与に関する裁判例の検討

[1]賞与の具体的請求権が否定された例

福岡雙葉学園事件（最高裁三小　平19.12.18判決）は、給与規程に「その都度理事会が定める金額を支給する」と定められていた期末勤勉手当（いわゆるボーナス）につき、同手当の請求権は、理事会が支給すべき金額を定めることにより初めて具体的権利として発生するものと判示しました。

また、クレディ・スイス証券事件（最高裁一小　平27.3.5判決）は、業績連動型の報酬である「IPC報酬」につき、その支給の有無および金額が使用者の完全な裁量により定められる諸要素に基づいて決定される旨が定められていたことなどから、支給額や算定方法についての使用者の決定、労使間の合意または労使慣行があって初めて具体的な請求権が発生すると判示しました。

このように、賞与に対する請求権は、使用者の決定等があって初めて発生するのが原則といえます（同様に賞与の具体的請求権を否定した例として、大阪府板金工業組合事件〔大阪地裁　平22.5.21判決〕など）。

[2]賞与請求権が認められた例

これに対し、学校法人福寿会事件（福島地裁郡山支部　平23.4.4判決）は、使用者が、年俸を15分し、毎月の給与のほか、年2回、各1.5カ月分ずつを賞与として支払う旨の説明をしていたことから、賞与が労働契約の内容となっているとして、賞与請求を認容しました。

このように、賞与の支給額や算定式等が具体的に定められており、賞与額が算出できるような場合には、賞与請求権が認められています。

[3]労使慣行の成立について

また、松原交通事件（大阪地裁　平9.5.19判決）は、労使慣行の成否につき、6年にわたり前年度実績を下らない額の賞与が支給されていたものの、賞与支給に関する内規においても具体的金額は定めずに組合と協議し決定すると規定しており、現実に、毎年度、労使の交渉によって決定されていたことなどから、労使慣行の成立を否定しました。

もとより、労使慣行の成立のためには、①同種の行為等の長期間における反復継続、②労使双方が排斥していないことのみならず、③当該慣行が労使双方の規範意識によって支えられており、特に使用者側においては、当該労働条件についての決定権限者等が規範意識を有していたことが必要とされているところ（商大八戸ノ里ドライビングスクール事件　大阪高裁　平5.6.25判決）、一般に業績等による変動が予定されやすい賞与について、契約内容となっていないにもかかわらず、

使用者が、いかなる事情があっても一定額を支払うとの意思決定をすることは容易には考え難いため、労使慣行が成立するのは例外的な場合に限られるといえます。

3. ご質問のケースにおける賞与の不支給の可否
[1]具体的請求権の発生について

ご質問では、就業規則等における賞与についての規定内容が明らかではありませんが、業績連動型賞与を導入しているとのことですので、例えば業績によって賞与額を決定する旨が定められているのであれば、"使用者による決定等がなくとも具体的な賞与請求権が発生する"という契約内容ではないと考えられます。もっとも、「一定の固定支給分（基本給×一定月数）」については、「基本給」のみならず「一定月数」も特定されており、かつ、業績によって変動し得るなどの留保が定められていない場合には、この固定支給分に限っては賞与額が具体的に算出可能であるとして、具体的請求権が発生している、すなわち不支給とすることはできないとの帰結となる可能性が高いと考えます。

なお、賞与を不支給とする対象は執行役員とのことですが、一般に、会社と執行役員の契約関係は、委任である場合と雇用である場合があるところ、本件の契約関係は雇用契約である（会社法上の役員でもない）とのことです。この場合には、執行役員という名称であっても労働者に当たりますので、一般の従業員の場合と同様、上記の議論が妥当することとなります。

[2]賞与を不支給とすることの可否について

具体的請求権が発生していないのであれば、賞与の支給の有無や金額は使用者において決定することができますが、労働契約の内容の範囲内であることは必要です。例えば、賞与額の下限や前年からの減額幅の限度が定められている場合には、その限度を超えて賞与額を設定したり不支給としたりすることはできません。特に留保がなければ、業績の悪化を勘案して賞与を不支給とすることも労働契約上予定されているといい得るものですが、「固定支給分」については、（具体的請求権の発生までは認められないとしても）その名称などからして、業績にかかわらず金額を算定することが労働契約の内容であるとの解釈になじみやすいともいえます。いずれにしても、契約内容は、賞与についての就業規則等の定めのほか、制度趣旨、使用者による説明や通知等の内容、これまでの運用や実績等も踏まえて判断されます。

なお、これまで賞与を不支給としたことはないとのことですが、上述のとおり、このことのみをもって賞与を必ず支給する旨の労使慣行が存在することにはなりません。労使慣行が成立し得るのは、具体的事情を考慮せずに一定額を支給する意思をもって長期間支給してきたような場合に限られるでしょう。

（青山　雄一）

 年休・産休・労災による休業を賞与査定に反映することの可否

当社では、賞与算定の項目の中に「出勤率」があり、出勤率が80％を下回ると、他の査定が良くてもS、A、B（標準）、C、Dの5段階評価のSとAは付かないルールになっています。この出勤率は欠勤だけでなく、年休・産休・労災による休業も出勤日数からマイナスして算定していますが、こうした制度は法に照らして問題ないでしょうか。

産休、労災については、労働者の不利益の程度が大きくない場合、有効となる余地がある。年休については、慎重に検討することが適当であろう

1. 均等法と育介法の「不利益取扱い」

　労基法は、年次有給休暇の要件である「全労働日の8割以上」の計算において、業務上負傷・疾病、育児・介護休業、産前産後休業の期間を「出勤したものとみなす」と規定します（同法39条10項）。しかし、賞与の算定において、これらの不就労をどう扱うかについての明文はありません。これとは別に、均等法や育介法は「不利益取扱い」を禁止します（均等法9条3項ほか）。賞与の算定でこれらを不就労として扱うことは、かつては「公序」（民法90条）に反するかが問われましたが、近年は「不利益取扱い」に該当して違法無効となるかが問われます。

2. 参考となる裁判例

[1] 賃上げと年休・産休等——無効

　年度の賃金引き上げの対象者から「前年の稼働率が80パーセント以下の者を除外する」という趣旨の条項について、労基法または労組法上の権利に基づく不就労とそれ以外の不就労とを区分して考えるべきであると判示した裁判例があります（日本シェーリング事件　最高裁一小　平元.12.14判決）。労基法または労組法上の権利に基づく不就労については、「基準となっている稼働率の数値との関連において、当該制度が、労基法又は労組法上の権利を行使したことにより経済的利益を得られないこととすることによって権利の行使を抑制し、ひいては右各法が労働者に各権利を保障した趣旨を実質的に失わせるものと認められるときに、当該制度を定めた労働協約条項は、公序に反するものとして無効となる」としました。「従業員の出勤率の低下防止等の観点から、稼働率の低い者につきある種の経済的利益を得られないこととする制度は、一応の経済的合理性を有して（いる）」ともしています。対象者から除外されると次年度以降の賃金や退職金の額に影響することから「受ける経済的不利益」が大きいこと、「80パーセント」という稼働率の数値から見て産前産後や労働災害の比較的長期間となり得る不就労では「それだけで、あるいはそれに加えてわずかの日数の年次有給休暇を取るだけ」で対象者から除外される可能性があることなどが実質的理由として挙げられています。

[2] 精皆勤手当と年休——有効

　精皆勤手当（月額3100円ないし4100円）の支給に関し、タクシー会社での「交番表」作成後の年休の取得について、1回で減額、2回で不支給との取り扱いを有効とした裁判例があります（沼津交通事件　最高裁二小　平5.6.25判決）。交番表で割り当てられた車輌の乗務員を確保するという「自動車を効率的に運行させる必要性」が大きいこと、控除される精皆勤手当の額が相対的に大きいものではないことなどが実質的理由として挙げられています。判決は労基法136条の「使用者は、第39条第1項から第4項までの規定による有給休暇を取得した労働者に対して、賃金の減額その他不利益な取扱いをしないようにしなければならない」を挙げた上で、同条らの「趣旨からして望ましいものではない」としつつも、「労働者の同法上の年次有給休暇取得の権利の行使を抑制し、ひいては同法が労働者に右権利を保障した趣旨を実質的に失わせるものとまでは認められない」としました。

[3] 賞与と年休——無効

　年休の取得日の属する期間に対応する賞与の計算上、年休日を欠勤日として扱うことを無効とした裁判例があります（エス・ウント・エー事件　最高裁三小　平4.2.18判決）。「使用者に対し年次有給休暇の期間について一定の賃金の支払を義務付けている労働基準法39条4項（筆者注：現同条10項）の規定の趣旨からすれば、使用者は、年次休暇の取得日の属する期間に対応する賞与の計

算上この日を欠勤として扱うことはできない」と判示しました。

[4]賞与と産休・育児勤務時間短縮——無効

賞与の支給要件として対象期間の90％以上の出勤率を要求し、産休および育児勤務時間短縮分を欠勤扱いとすることについて、これを無効とした裁判例があります（東朋学園事件　最高裁一小　平15.12.4判決）。

同判決は、法律が「産前産後休業期間を一般に出勤として取り扱うべきことまでも使用者に義務付けるものではない」こと、「短縮された勤務時間を有給とし、出勤として取り扱うべきことまでも義務付けているわけではない」ことから、「産前産後休業を取得し、又は勤務時間の短縮措置を受けた労働者は、その間就労していないのであるから、労使間に特段の合意がない限り、その不就労期間に対応する賃金請求権を有しておらず、当該不就労期間を出勤として取り扱うかどうかは原則として労使間の合意にゆだねられているというべきである」と判示しました。

その上でこの判決は、「出勤率が90％未満の場合には、一切賞与が支給されないという不利益」「従業員の年間総収入額に占める賞与の比重は相当大きい」「90％という出勤率の数値からみて、従業員が産前産後休業を取得し、又は勤務時間短縮措置を受けた場合には、それだけで同条項に該当し、賞与の支給を受けられなくなる可能性が高い」などとした上で、「上記権利等の行使に対する事実上の抑止力は相当強い」として、「公序に反し無効である」と判示しました。

なお、この判決では、前記[3]のエス・ウント・エー事件の最高裁判決は先例として引用されませんでした。

[5]昇格試験受験資格・昇給と育児休業——無効

下級審判決ですが、育児休業による不就労期間が3カ月以上に及んだ場合に昇格試験受験資格を停止し、また不昇給とした事案について、同じ不就労でも遅刻、早退、年次有給休暇、生理休暇、慶弔休暇、労働災害による休業・通院、同盟罷業、組合活動離席と比較して「育児休業を上記欠勤、休暇、休業に比べて不利益に取り扱っている」などと指摘の上で、育介法10条の「不利益取扱い」に該当し、かつ公序に反し無効としたものがあります（医療法人稲門会事件　大阪高裁　平26.7.18判決）。

3.ご質問の事例の検討

ご質問の会社では、賞与の算定項目の一つである出勤率において、欠勤だけでなく年休・産休・労災による休業を不就労として扱い、80％を下回ると5段階評価の上位2評価が付かない扱いになっています。

これまでの最高裁判決を見ると、法律上に根拠を持つ不就労であっても、年休とその他の休業等ではやや扱いを異にすることがうかがわれます。それでも、労働者の都合による欠勤とは異なり、法律上の権利の行使に対する事実上の抑止力とならないことが求められます。

賞与に関する扱いであることから、賞与算定期間に関係するにとどまる場合、労働者の不利益は一時的なものです。上位2評価が付かないという扱いも、全額不支給となるものではなく、対象者から除外されるという不利益ではありません。80％という稼働率は低くはありませんが、不利益の程度との勘案による面もあります。

解釈例規によれば、賞与の額の算定等に際して、年次有給休暇を取得した日を欠勤として取り扱うこと等の不利益な取り扱いはしないようにしなければならないとされています（昭63.1.1基発1）。しかしながら、前記2.[2]の沼津交通事件の最高裁判決は、労基法附則136条を使用者の努力義務とし、不利益取り扱いを直ちに無効とするものではないと解しています。

これに対し、産休期間は就業規則等に定めがない限り無給です。賃金について無給であるのに、賞与に関しては出勤したものとして当然に扱うことまでは求められません。産休を不就労と扱うことの有効性は、休業した期間または労働能率が低下した割合を超えるか、また労働者の不利益がどの程度であるかなどを考慮することになります。

なお、均等法指針では、産休取得について、「賞与の支給額の算定に当たり、不就労期間や労働能率の低下を考慮の対象とする場合において、同じ期間休業した疾病等や同程度労働能率が低下した疾病等と比較して妊娠・出産等による休業や妊娠・出産等による労働能率の低下について不利に取り扱うこと」と「賞与の支給額の算定に当たり、不就労期間や労働能率の低下を考慮の対象とする場合において、現に妊娠・出産等により休業した期間や労働能率が低下した割合を超えて、休業した、又は労働能率が低下したものとして取り扱うこと」は均等法9条3項の「不利益取扱い」となるとされています。実際に産休した日数を不就労日として数えること自体は「割合を超えて」に該当せず、その結果として上位2評価を受けられない可能性が生じることは、当然には「割合を超えて」となるものではないでしょう。もっとも、産後休業は出産後6週間が就労禁止となることもあり、一律に扱うかを含めて制度設計を慎重に検討すべきでしょう。なお、育介法指針も同様に不就労期間を働かなかったものとして扱うことは「不利益取扱い」に当たらないとしていますが、労働能率の低下については規定していません。体調不良となりがちな産前産後休業と異なり、育児・介護休業では、そのような事情がないからでしょう。

労災による休業の場合、賃金は無給であり、労基法の休業補償、実務では労災保険の支給対象となります。不就労として扱うことでの労働者の不利益の程度により、「権利等の行使に対する事実上の抑止力」の強さを勘案して公序に反するかを検討することになります。もっとも、労災による休業は労務提供できないことが前提となっているので、治癒に近い時期であれば格別、事実上の抑止力が働く場面は少ないともいえます。

「不利益取扱い」については労働者の同意において、自由な意思に基づいたとされる合理的な理由が客観的に存在することを求める最高裁判決があります（広島中央保健生活協同組合［A病院］事件　最高裁一小　平26.10.23判決）。これを敷衍して、賞与算定を含むその他の場面での「不利益取扱い」を広く認める見解があり、ネット等で散見されます。しかし、下級審判決はいずれも個別判断であり、そこで取り上げられた一部の理由をそのまま展開することは適切ではないでしょう。「不利益取扱い」の成否は、対象となる処遇の目的や性格との相関関係で決まる面もあります（メトロコマース事件　最高裁三小　令2.10.13判決参照）。裁判所の考え方は依然として個別事案での判断にとどまります。また、不就労の理由によって、やや温度差があるようにも見えます。不就労期間を不就労と扱うこと自体は肯定されるとして、これをどのように不利益に評価するかは個別判断です。少なくとも、一律にこれが禁止される「不利益取扱い」になるとの考え方は、やや短絡的といえるでしょう。

（丸尾　拓養）

賞与の支給に出勤率要件を設ける場合の留意点

現在、当社の賞与制度では、算定対象期間をすべて休んだ場合以外は欠勤による控除をしないこととなっています（考課査定の中で反映することはあります）。しかし、勝手な理由で欠勤を繰り返す者がいるため、「算定対象期間中の出勤率が50％に満たない者には賞与を支給しない」とする規定を新たに設けたいと考えています。一律に出勤率のみで判断し、長期病欠や育児休業といった事由の場合でも該当すれば賞与は支給しませんが、このような規定は有効でしょうか。

賃金・賞与・退職金

賞与の支給対象者を出勤率50％以上の者とする旨の条項を設けることは可能で、長期病欠のような不就労を基礎に出勤率を算定することは原則として違法ではない。ただし、年次有給休暇（以下、年休）や育児・介護休業など労基法・育介法等の法令により休暇・休業の取得が保障されているものについては、出勤率を設けることにより権利行使を抑制し、法律が権利を保障した趣旨を失わせると認められる場合は、公序に反するものとして違法になる

1. 不就労による賞与の不支給

　賞与は、支給対象期間の勤務に対する賃金（労働の対償）ですが、功労報奨、生活保障、将来の意欲の向上などの性格もあるため、支給基準として一定の出勤率以上の者を対象とする例（出勤率要件）が見られます。ご質問もその一例といえます。

　賞与は前記のとおり功労報奨的な面を有していますので、欠勤その他の不就労によって出勤率が低い者については、不支給とすることも、あながち不合理とはいえません。しかし、そうであるからといって、出勤率の定め方や不就労の内容（例えば、欠勤のほかに年休や育児・介護休業等、労基法・育介法等の法令により権利として認められているもの）如何（いかん）を問わず、出勤率の算定に当たり、すべて一律に欠勤として扱うことは、労基法等が休暇・休業の取得を権利として保障した趣旨を没却することにもなりかねません。

2. 労基法等の権利行使と出勤率の算定

　この点、最高裁判所は、賃金、賞与、手当等の支給基準に出勤率要件を設ける等の不利益な取り扱いをする措置は、それにより、法律上保障された権利の行使を抑制し、これらの権利を法律が保障した趣旨を実質的に失わせるものと認められる場合に限り公序に反して無効になると、繰り返し判示しています（エヌ・ビー・シー工業事件　最高裁三小　昭60．7.16判決、日本シェーリング事件　最高裁一小　平元.12.14判決、沼津交通事件　最高裁二小　平５．6.25判決、東朋学園事件　最高裁一小　平15.12．4判決）。問題は、どのような場合に、権利行使を抑制し、法律が権利を保障

した趣旨を実質的に失わせるといえるのかです。

　ところで、休暇・休業について使用者に法律上有給での付与が義務づけられているのは、年休（労基法39条）と業務上災害による休業の最初の３日間（同法76条）のみです。その他、産前産後休業（同法65条）、生理休暇（同法68条）、育児・介護休業（育介法５条、11条）等については、法律上有給での付与が義務づけられているわけではありません。法律上有給での付与が義務づけられているものとそうでないものを分けて扱うことも考えられますが、最高裁判所は、休暇・休業の法的性質、有給・無給にかかわらず、出勤率要件を設定することにより被る不利益の程度・内容、支給条件等を総合的に勘案して、権利行使を抑制し、法が保障した権利を実質的に失わせるものと認められるか否かを具体的に判断しています。

3. 賞与の出勤率要件の留意点

　賞与の支給対象者を出勤率50％以上の者とすることは、出勤率の低下を防止する観点から合理性があるといえます。したがって、労基法など法律上の権利に基づくものではない欠勤等による不就労を基礎に出勤率を算定することは、特段問題とはなりません。

　これに対し、出勤率の算定に当たり、ご質問にある育児休業のような労基法など法の権利に基づく不就労を欠勤と同様に扱い出勤率算定の基礎とする場合は、権利の性格、出勤率の割合、経済的不利益の程度等から見て権利行使を抑制し、ひいては権利を保障した趣旨を実質的に失わせるものではないことが必要です。

　ところで、育介法10条では、「育児休業申出等

（中略）をし、若しくは育児休業をしたこと（中略）を理由として、当該労働者に対して解雇その他不利益な取扱いをしてはならない」とし（介護休業の取得を理由とする同旨規定は同法16条）、これを受け、「子の養育又は家族の介護を行い、又は行うこととなる労働者の職業生活と家庭生活との両立が図られるようにするために事業主が講ずべき措置等に関する指針」（平21.12.28　厚労告509、最終改正：令3.9.30　厚労告366）第2－11（3）ニ（イ）では、①育児休業もしくは介護休業の休業期間中、子の看護休暇もしくは介護休暇を取得した日または所定労働時間の短縮措置等の適用期間中の現に働かなかった時間についての賃金を支払わないこと、②退職金や賞与の算定に当たり、現に勤務した日数を考慮する場合に、休業した期間や休暇を取得した日数または時短措置等の適用により現に短縮された時間の総和に相当する日数を日割りで算定対象期間から控除すること等、専ら育児休業等により労務を提供しなかった期間は働かなかったものとして取り扱うことは不利益取り扱いに該当しないが、休業期間、休暇を取得した日数または時短措置等の適用により、現に短縮された時間の総和に相当する日数を超えて働かなかったものとして取り扱うことは「不利益な算定」に該当するとしています。そこで、育児休業期間について、出勤率50％要件を適用することは、不利益取り扱いに該当するのではないかとの疑問もあります。

しかし、最高裁は出勤率要件が権利を保障した趣旨を失わせる場合には違法としているのですが、賞与支給についての「出勤率50％要件」を設けることが、1.で述べた賞与の性格から見て、果たして権利行使を保障した趣旨を失わせるものといえるかは、判断の分かれるところであると思います。安全策を取るならば、育児休業期間については、「出勤率50％要件」を適用しないことにすべきでしょうが、その場合、出勤率の良否による処遇の公平を維持する観点から、賞与の支給計算式には、育児休業も欠勤として扱う旨の欠勤控除規定を設けることも検討すべきでしょう。

4．就業規則の不利益変更

従来、欠勤を賞与控除の対象としていなかったものを、新たに出勤率要件を設定し、出勤率50％以上の者を対象として賞与を支給する旨の規定を設けることは、就業規則の不利益変更に該当します。

就業規則の不利益変更の効力については、最高裁判所による合理的変更法理が確立し（例えば、みちのく銀行事件　最高裁一小　平12.9.7判決）、現在では、労契法10条に明文化されていますが、出勤率の改善を図るために、ご質問にあるような賞与の支給について出勤率要件を設定することは、合理性があるものと考えられます。また、労基法など法律により休暇ないし休業が保障されている権利であっても、不就労中は賃金請求権を有しておらず無給とされているものについては、賞与の支給についてこれを欠勤扱いとしても、不合理とまでいえないと考えられますので、就業規則の不利益変更であっても効力を有すると考えてよいと思います。

なお、このような賞与制度に出勤率による不支給措置を導入する場合には、そのことを周知しておくことが必要です。

（加茂　善仁）

 「支給日に在籍していない退職者に賞与を支給しない」慣行は有効か

当社では、賞与支給日以前に退職した社員には、その期の賞与を支給していません。会社側はこ

れを当然のことと認識しており、少なくとも20年以上、この取り扱いを継続しています。ところが、ある退職者に賞与の支給を求められたことを機に就業規則を確認したところ、支給日在籍要件の定めがないことが分かりました。退職者以外には関係のないことですので、今回支給を求めてきた者のようにこの取り扱いを知らない社員も多いと思いますが、この取り扱いは労使慣行として認められるのでしょうか。

これまでに支給対象期間後で支給日前に退職した社員への取り扱いの件数と内容（不支給の事実）がポイント

1.賞与

賞与は、通常、年に2回（夏季、冬季）または1回（前年度分を翌年2～3月に）支給し、当該企業の業績配分、賃金後払い的性格を有するものです。賞与制度は任意の制度であり（労基法89条4号）、その設計は当該企業の裁量の問題であって、労働者に当然に賞与請求権が認められるものではありません。

それゆえ、支給日在籍要件（賞与の支給対象期間に在籍していても、支給対象期間後の支給日に在籍しなければ支給されない旨の要件）も適法とされています（大和銀行事件　最高裁一小　昭57.10.7判決）。

もっとも、就業規則に明記されていなければ、支給日在籍要件は、個々の労働契約の内容とならないので（労契法7条）、企業はその主張ができません。ただ、長年そのような取り扱いをしてきたなら、それが労使慣行として個々の労働契約の内容になると考えられます。

2.労使慣行

労使慣行とは、一般に、労使の間で長期間にわたって反復継続して行われてきた取り扱いや行為のことをいいます。この労使慣行が労働条件に関するものである場合、労働契約上の権利義務を創設する法的効力があるかが大きな問題となります。

裁判例（商大八戸ノ里ドライビングスクール事件　最高裁一小　平7.3.9判決の原審、大阪高裁　平5.6.25判決）は、民法92条が定める「法令中の公の秩序に関しない規定と異なる慣習がある場合において、法律行為の当事者がその慣習による意思を有しているものと認められるときは、その慣習に従う」を根拠とし、①長期間にわたって反復継続し、②それについて労使双方が異議をとどめず、③特に使用者（当該労働条件について決定権または裁量権を有する者）のそれに従うという規範意識に支えられている場合に限って、事実たる慣習として労働契約の内容をなすとします。

ただ、労働協約または就業規則に反する労使慣行は、労働協約または就業規則の労働契約に対する規範的効力（労組法16条、労基法93条、労契法12条）ゆえに、それらに優越する効力は持ち得ないはずです（菅野和夫・山川隆一『労働法 第13版』[弘文堂]193ページ参照）。つまり、労使慣行は、労働協約や就業規則に反しない限りで上記の要件を充足した場合に労働契約の内容となるものなのです。

したがって、労使慣行は、通常、労働契約を補うものとして労働契約と同様の性格を有します。ただ、労働協約または就業規則に不備の部分があって、その不備な部分について長年反復継続した取り扱いがされ、それが上記要件を充足していれば、それぞれ労働協約または就業規則を補う労使慣行として、労働協約または就業規則と同様の効力が認められます（黒川乳業［労働協約解約］事件　大阪地裁　平17.4.27判決）。

3. 支給日在籍要件の労使慣行の成否

[1] 労使慣行の「労」の意味

　支給日在籍要件を知らない社員が多くいても、労使慣行が直ちに否定されるものではありません。労使慣行とは、上記2.のとおり、労使の間で長期間にわたって反復継続して行われてきた取り扱いや行為ですが、この「労使」の「労」とは、個別の労働者ではなく、当該事業場の労働者全体です。なぜなら、個別の労働者に「長期間にわたって反復継続して」取り扱いや行為をすれば、黙示の労働契約（特約）が認められ、わざわざ慣行を持ち出すまでもないからです。

　このことは、労使慣行の論点がよく登場する退職金の場面を見ればよく分かります。退職金規程のない企業を退職した労働者から労使慣行に基づく退職金請求がされ紛争になりますが（キョーイクソフト［退職金］事件　東京高裁　平18．7.19判決、吉野事件　東京地裁　平7．6.12判決、大野シャーリング事件　横浜地裁　平8．7.18判決、学校法人石川学園事件　横浜地裁　平9．11.14判決、株式会社丸一商店事件　大阪地裁　平10.10.30判決、シンエイ事件　大阪地裁　平15．5.30判決）、退職金は退職して初めて問題になるので、当該労働者に「長期間にわたって反復継続」などあり得ません。

　もっとも、「労働者全体」であるとしても、その全員に長期間反復継続することが求められるのではなく、全体を一つとみてそのように評価できれば、労使慣行は成立します。ある労働者が入社間もない者でも（長期間でなくても）、適用されるのです。

[2] 支給日在籍要件についての具体的判断

　支給対象期間後で、支給日前に退職した社員への取り扱いの件数とその取り扱いの期間がポイントです（上記2．①の要件）。

　ご質問では、「20年以上」と期間は長期なので問題ありません。問題は、その20年間に、支給対象期間後で支給日前に退職した社員が相当の人数（例えば、5人以上）いて、その全員に不支給としていた事実があるかです。1人でも支給していれば、「反復継続」とはいえません。

　以上の事実があれば、上記2．②③の要件は認められやすいことから、支給日在籍要件は「事実たる慣習として労働契約の内容」となり、ご質問の労働者にも適用が可能です。

　なお、労使慣行には上記2．に述べたとおり、就業規則の不備を補う効力も認められるので、ご質問のケースでも認められるかが一応問題となりますが、支給日在籍要件を欠いても就業規則は不備ではないので、就業規則を補充する効力までは認められないでしょう。

（浅井　隆）

Q99　「退職金の減額に合意する」旨の念書があれば、退職金の減額は可能か

　経営状況が非常に厳しい折、退職金の支払いについて、本人の承諾（念書の提出）を前提に、退職金規定上の水準から一定割合を減額して支給することを検討しています。①合意があれば、そもそも減額は可能でしょうか。また、場合によっては大幅な減額支給、または不支給とすることはできますか。さらに、②減額または不支給について後に争いとなった場合、こうした「念書」の効力は、どこまで有効とされるのでしょうか。

①就業規則を改定して退職金を引き下げた上で、労働者から個別の合意を得れば減額は可能だが、大幅な減額や不支給を期待するのは現実的ではない。②念書は合意の証としては有効

1.退職金の法的性質

退職金の性格について、労基法11条は「この法律で賃金とは、賃金、給料、手当、賞与その他名称の如何を問わず、労働の対償として使用者が労働者に支払うすべてのものをいう」と定め、直接には退職金が賃金であるとの規定はありません。

しかし、行政解釈では、「労使間で労働協約、就業規則、労働契約等により、あらかじめ支給条件が明確に定められている退職金は、労基法24条2項の『臨時の賃金等』に当たる」とされており（昭22．9.13 発基17）、学説・判例もほぼ同様の解釈をしています。

したがって、就業規則等により、支給条件が明確な退職金制度を設けている場合、使用者は労働者に対して、賃金としての退職金の支払い義務を負うことになります。お尋ねの文面には、「退職金規定上の水準」とありますので、貴社における退職金も、上記に該当するといえるでしょう。以下、これを前提にお答えします（ここでは、同退職金が、確定給付企業年金など企業年金化していないものとします）。

2.どのような場合に減額が可能か

賃金としての退職金は、労基法の対象であり、当然、一方的に減額したり、または不支給としたりすることはできません。

考えられる方法としては、次の二つがあります。

(1)就業規則を改定して退職金を引き下げ、その上で労働者から個別の合意を得る
(2)就業規則はそのまま改定せずに、賃金（退職金）債権を放棄してもらう

[1]就業規則の改定と個別合意による場合（上記(1)）

労契法8条では「労働者及び使用者は、その合意により、労働契約の内容である労働条件を変更することができる」としており、労働契約は、当事者の双方の合意で変更することができます。

ただし、同法12条で「就業規則で定める基準に達しない労働条件を定める労働契約は、その部分については、無効とする。この場合において、無効となった部分は、就業規則で定める基準による」としています。したがって、"退職金"という労働条件の内容を変更する場合、まず、就業規則を改定し、その上で改定後の内容について合意を得る必要があります。こうした手続きを踏んで、合意を書面で得ておけば、法的には有効な改定といえます。

なお、合意は当然、労働者の自由意思に基づくものでなければならず、強制や錯誤によるものとされた場合は、裁判等で無効となる可能性があります。したがって、労働者の納得が前提となるため、大幅な減額は、会社が存亡の危機に瀕しているなど、それ相応の理由がない限り現実には難しく、まして不支給とすることは困難でしょう。

[2]就業規則は改定せず、賃金（退職金）債権の放棄による場合（上記(2)）

ご質問によると、「退職金規定上の水準から一定割合を減額して支給することを検討」とありますので、貴社では、就業規則を改定せず、退職金を減額することを検討しているのかもしれません。しかし、就業規則を改定せずに退職金を減額することは、たとえ合意があったとしても、上述の労契法12条により、その合意が無効とされ、就業規則（退職金規定）どおりの退職金の支払いが求められます。それにもかかわらず、「一定割合を減額」すれば、労基法24条の"賃金全額払いの原則"に抵触することになります。

ただし、労働者が、賃金（退職金）債権を放棄する意思表示をした場合には、放棄された賃金について支払わないことは賃金全額払いの原則に反しません。判例では、在職中に不正経理の疑いのある労働者が、その損害の一部を填補する趣旨で

退職金を放棄する旨、念書に署名したが、後日、賃金全額払いの原則によりその放棄は効力を生じないとして退職金の支払いを求めた事案において、賃金債権の放棄は本人の自由な意思に基づいてなされる限り、賃金全額払いの原則に抵触しないとした上で、「（退職金債権放棄の）意思表示が上告人（編注：労働者）の自由な意思に基づくものであると認めるに足る合理的な理由が客観的に存在していたものということができるから、右意思表示の効力は、これを肯定して差支えないというべきである」と判示しています（シンガー・ソーイング・メシーン事件　最高裁二小　昭48．1.19判決）。

したがって、ご質問の件についても、本人が自由な意思に基づき退職金債権を放棄する念書を提出するのであれば、就業規則を改定しないまま、減額あるいは不支給とし得る可能性があります。

しかし、これが認められるのは、上述のように、"退職金債権放棄の意思表示が労働者の自由な意思に基づくものであると認めるに足る合理的な理由が客観的に存在する場合"です。いかに「経営状況が非常に厳しい」といっても、それのみをもって、通常は数百万〜1000万円以上になる退職金の「大幅な減額」や「不支給」について「労働者の自由な意思に基づく」放棄を期待するのは、果たして現実的でしょうか。

また、仮に、労働者が会社の説得に対して、いったんは納得してその時は念書に署名・押印したとしても、後日、これが強制や錯誤等によるものであると争いになる可能性があります。この場合、念書の存在自体は、"債権放棄を行った証"にはなりますが、「労働者の自由な意思に基づくものであると認めるに足る合理的な理由が客観的に存在」した根拠にはなり得ず、裁判で退職金債権放棄が無効とされることも十分に考えられます。

3.結論

以上のように考えると、退職金債権放棄により減額や不支給が可能となる場合もないとはいえませんが、念書があっても、裁判で債権放棄の効力を否定される可能性があるためお勧めはできません。

法的なリスクを考えると、就業規則を改定して退職金を引き下げた上で、労働者から個別の合意を得るべきと考えます。

（前村　久美子）

Q200　急死した社員に身寄りがない場合、退職金等の支払いはどうすべきか

先日、50代後半の社員が心筋梗塞を発症し、急死しました。会社が把握している限りでは、同人は独身で子どもはいないはずです。両親はすでに他界しており、兄弟もいないと聞いていました。死亡退職金や亡くなった月の未払い賃金、また共済会からの弔慰金等を支払いたいのですが、本人の給与口座にそのまま振り込んでよいものでしょうか。しかるべき手続き、その他留意点等につきご教示ください。

金融機関が口座名義人の死亡の事実を把握すると、銀行口座は凍結され、振り込みもできなくなる。たとえ金融機関による凍結前に振り込んだとしても、後日、思わぬトラブルになることもあり得るので、給与口座にそのまま振り込む対応は避けるべき

賃金・賞与・退職金

1. 基本的な考え方

金融機関が、口座名義人の死亡を把握すると、預金口座は凍結され、遺産分割まで原則として入出金はできません。令和元年7月1日の相続法改正により、遺産に属する預貯金債権のうち、一定額については、遺産分割前に相続人が単独で払い戻しをしたり（民法909条の2）、他の共同相続人の利益を害したりしない限り、家庭裁判所の判断で仮払いが認められるようになりましたが（家事事件手続法200条3項）、いずれにせよ入金はできません。

このような場合に、適正な手続きとして何が必要か考えるためには、まず、死亡退職金や賃金、弔慰金について、①会社規程等に定められた受給権者が受け取るべきものなのか、②相続財産の性質を有するものなのかを検討する必要があります [参考]。

①であれば、会社規程に定める受給権者が存在しない場合、会社はそもそも支払債務を負っていないことになりますので、特段の対応は不要です。

他方、②相続財産であれば、遺言がある場合等を除いて、相続人に支払うべきことになりますが、相続人が不存在もしくは存在するかどうか不明で、誰に支払うべきかが分からない場合は、「債権者不確知」として法務局に弁済供託をすることができます（民法494条）。また、利害関係人の申し立てにより、家庭裁判所で相続財産の管理人が選任された場合は、財産管理人に支払うべきことになります（同法952～953条）。

2. 死亡退職金の性質

死亡退職金の受給権者について、退職金規程において、「相続人に支払う」あるいは「遺族に支払う」とあるだけで、受給権者の範囲、順位に関する特段の定めがない場合には、この退職金は相続財産に属するものと解されます。この場合の対応は後述3.の給与と同様です。

他方、退職金規程に民法の相続の規定とは異なる受給権者の範囲、順位が定められている場合には、受給権者たる遺族は、相続人としてではなく、規程の定めにより直接、死亡退職金の受給権を取得するものとされ、死亡退職金は相続財産ではなく、所定の受給権者固有の権利となります（日本貿易振興会事件　最高裁一小　昭55.11.27判決）。

一般的には、退職金規程において、死亡退職金の受給権者について、民法の相続人とは異なる範囲・順位で受給権者が定められていることが多いようです。例えば「死亡退職金は遺族に支払う。遺族の範囲および順位に関しては労働基準法施行規則42条から45条までを準用する（編注：受取人は配偶者、子、父母、孫および祖父母の順）」といった条項です。仮に、そのような定めがあるとすると、死亡退職金は受給権者固有の権利であって、相続財産ではないことになります。そこで、所定の受給権者が不存在であれば、そもそも会社として死亡退職金の支払債務を負っていないということになるので、特段の対応は不要です。

後日、受給権者（例えば兄弟姉妹など）が出現することも皆無ではありませんが、死亡退職金は

参考　基本的な考え方

検討ポイント	受給権者・相続人の有無	会社の対応
①会社規程等所定の受給権者の固有権	受給権者が存在する	受給権者に支払う
	受給権者が存在しない（または存在するかどうか不明）	対応不要（後日請求があれば、受給資格を確認の上、支払う）
②相続財産の性質を持つ	相続人が存在する	相続人に支払う
	相続人が存在しない（または存在するかどうか不明）	・「債権者不確知」として法務局へ弁済供託 ・家庭裁判所が選定した場合、財産管理人に支払う

［注］上記以外の例も存在する。

取立債務（債務者の住所地または営業所で履行されるべき債務）とされますので、債権者である受給権者が会社に取りに来ない限り、期限を過ぎただけでは履行遅滞にならず、遅延利息の支払いは不要です。

なお、後述する「債権者不確知」で供託できるか（民法494条2項）というと、債権者不確知による供託をするためには、債務が現存し、かつ確定している必要がありますので、死亡退職金債務が存するかどうか不明というままでは、供託が認められない可能性があります。

3.未払い賃金の性質

労働者本人に帰属していた財産権は、死亡により相続財産となります。給与支払日前に労働者本人が死亡した場合には、当該月の給与請求権は、相続財産となります。

死亡者の未払い賃金について、相続人が不明で相続財産管理人のない場合には、民法494条により供託ができます（昭15.3.13 民甲270）。さらに、被供託者を、「○○の相続人」として（昭37.7.9 民甲1909）、「債権者不確知」を供託原因とする弁済供託をすることにより、賃金支払債務を消滅させることができます。

債権者を確知することができないことが、債務者の過失によるものではないことが要件ですから、会社としても相応な調査が必要とされます。もっとも、家賃弁済に関する例ではありますが、債務者が相続の有無について調査することを要しないとした通達がありますので（昭38.2.4 民甲351）、供託に際して、会社が戸籍謄本を取り寄せるなどして相続人を調査する必要まではないと考えます。

なお、相続債権者等の利害関係人の申し立てにより、家庭裁判所で相続財産管理人が選任されれば、未払い賃金（月例給・賞与）は相続財産管理人に対して支払います（民法952〜953条）。特別縁故者の請求により、家庭裁判所が相続財産の全部または一部を分与することもあります（同法958条の3）。なお、残余財産は国家に帰属します。会社も、相続債務者として利害関係人に該当しますが、費用も手間もかかりますので、相続債権者の場合と異なり、自ら申し立てをすることは、特段の事情のない限り考えにくいです。

4.共済会からの弔慰金の法的性質

共済会からの弔慰金の法的性質も、共済会の規約等の定めによります。受給権者が定められていたり、「死亡退職金の扱いに準ずる」と規定されたりしていれば、上記死亡退職金と同様、受給権者固有の財産です。所定の受給権者に該当する者がいなければ、支払債務を負っておらず、対応は不要です。

「遺族に支給する」とだけある場合は、解釈の問題になります。例えば、規程制定時の説明内容や、前例などを勘案することになりますが、特段の事情がない限り、通常、相続人の趣旨に解されますので、相続財産としての対応をします。

もっとも、以前から慣行として喪主に渡しているといった事情があれば、その運用に従うことになると解されます。

（石井　妙子）

労働時間

Q201 所定労働時間外や休日の接待は労働時間に当たるか

当社では、営業職に時間外労働を自己申告させており、その申告に基づいて割増賃金を支払っています。時間外労働や休日労働の理由が"接待"の場合も、申告に応じて支払っていますが、会社が実態を把握できていないのが現状です。接待はどの程度まで労働時間と考える必要があるのでしょうか。基本的な考え方をお教えください。

接待の時間が上司の業務命令による場合には使用者の指揮命令下に置かれていると考えられ、労働時間に当たるものとして取り扱うべき

1.労働時間とは

労働時間とは、「労働者が使用者の指揮命令下に置かれている時間をいい、右の労働時間に該当するか否かは、労働者の行為が使用者の指揮命令下に置かれたものと評価することができるか否かにより客観的に定まるもの」（三菱重工業長崎造船所事件　最高裁一小　平12.3.9判決）とされています。

したがって、例えば、始業時刻前の朝礼への参加時間については、参加が義務づけられている場合には、使用者の指揮命令下に置かれているものと判断され、労働時間となります。また、昼休み時間に来客対応を義務づけている場合、来客がない限り業務に従事することはないとしても、指示があればいつでも業務に従事しなければならない時間であるため、使用者の指揮命令下に置かれているものと判断され、労働時間となります。

このように、労働時間に当たるかどうかは、使用者の指揮命令下に置かれているか否かにより個別に判断されます。

2.労働時間の管理

使用者は、社員の労働時間を適正に把握する責務を有しており、始業・終業時刻を確認、記録しなければなりません（労働時間の適正な把握のために使用者が講ずべき措置に関するガイドライン）。この労働時間を把握しなければならない対象者は、正社員だけでなく、パート・アルバイト等の非正社員を含むすべての社員となります。

なお、労働時間の厳格な管理にそぐわない労基法41条2号に該当する者（いわゆる管理監督者）や、営業職等の外勤業務に従事し労働時間を把握することが難しい者などについても、対象となりますので、ご注意ください。

3.事業場外のみなし労働時間制

営業職等の外勤業務に従事し労働時間を把握することが難しい者には、事業場外のみなし労働時間制を適用することができます（労基法38条の2）。

事業場外のみなし労働時間制とは、次の二つの要件を満たす場合に、原則として所定労働時間労働したものとみなす制度です。

①労働時間の全部または一部において事業場外で業務に従事している
②労働時間の算定が困難な業務に従事している

上記に該当する場合には、原則、所定労働時間労働したものとみなしますが、業務により、その業務を遂行するために通常所定労働時間を超えて労働することが必要となる場合には、就業規則や労使協定等で定め、所定労働時間とは異なる時間労働したものとみなすことになります。

（みなし労働時間）
①所定労働時間労働したものとみなす場合

労働時間

②業務を遂行するのに通常必要とされる時間労働したものとみなす場合

なお、営業職の者であれば、毎日、一律に、事業場外のみなし労働時間制を適用することができるとの誤解が多いようですが、当該制度を適用することができるのはあくまで「労働時間の算定が困難な業務に従事している場合」に限られますので、営業職の者が会議等のために会社内で終日業務に従事した場合については、事業場外のみなし労働時間制を適用することはできず、他の社員と同様に、実態に応じて労働時間を把握しなければなりません。

4.ご質問のケース

今回のご質問について、①接待は労働時間に当たるか、②労働時間に当たるとしたらどの程度まで労働時間として考える必要があるか、の二つに分けて考えてみます。

[1]接待は労働時間に当たるか

接待が労働時間に当たるかという点については、先述のとおり、使用者の指揮命令下に置かれているか否かにより個別に判断されます。したがって、上司の業務命令により接待に参加させるような場合には、指揮命令下に置かれていると考えられ、労働時間に当たるものとして取り扱うべきでしょう。

一方、社員が得意先との親睦を深めることを目的に、自主的な判断に基づいて接待を行うような

場合には、会社が親睦を深めるために接待を行うよう命じているわけではないため、指揮命令下に置かれているとは考えにくく、労働時間には当たらないものとして取り扱うのが適当でしょう。

[2]労働時間に当たるとしたらどの程度まで労働時間として考える必要があるか

上記[1]で労働時間に当たると判断された場合には労働時間の把握が必要になりますが、接待は使用者の目の届かないところで実施されることが多く、労働時間の把握が難しいものです。

したがって、労働時間の把握ができない場合には、事業場外のみなし労働時間制を適用し、あらかじめ定めた接待に通常必要となる時間労働したものとみなす対応が考えられます。また、業務命令としての接待が頻繁にあるような場合には、接待の時間も考慮してみなし労働時間を定める方法も考えられるでしょう。

5.今後の対応

接待に対する考え方を社員へ示した上で、どのような場合に労働時間に当たるのかを明確にしておきます。また、現状では、申告に応じて実態が分からないまま割増賃金を支払わざるを得ない状況ですので、一定の労働時間を特定したい場合には、接待に関するみなし労働時間をあらかじめ労使で話し合いの上、決めておかれてはいかがでしょうか。

（社会保険労務士法人みらいコンサルティング）

Q202 「休暇」「休業」「休職」は、法的にどのような違いがあるのか

当社では現在、就業規則や社内規定の整備・見直しをしています。その中で、「休暇」「休業」「休職」という言葉があり、これまでは厳密に違いを精査して使い分けていませんでした。「休暇」「休業」「休職」は、法的にどのような違いがあるのでしょうか。ご教示ください。

429

法律上、その区分について明確な定義はないが、一般的には「休暇」を比較的短い休み、「休業」を長期間の休みと位置づけている。なお、「休職」は「休業」の中に含まれるものと考えられる

1.休日との違い

「休日」とは、就業規則等によって、あらかじめ労働義務が免除されている日であり、そもそも勤務しなくてよい日のことです。

一方で「休暇」「休業」「休職」とは、本来勤務しなければならない労働日の労働義務を、法令あるいは就業規則等の定めによって免除・禁止する日をいいます。

2.休暇、休業、休職について

[1]休暇について

「休暇」には、労基法等の法令によって定められた「法定休暇」と、就業規則等で任意に定める「法定外休暇」とがあります。法定休暇には、同法で定める①年次有給休暇（39条）や②生理休暇（68条）、育介法で定める③子の看護休暇（16条の2）や④介護休暇（16条の5）があり、法定外休暇としては、⑤慶弔休暇、⑥罹災休暇、⑦リフレッシュ休暇、⑧ボランティア休暇、⑨アニバーサリー休暇といった会社が特別に与える休暇があります。

これらの休暇に共通しているのは、その取得が労働者からの請求によって発生し、取得単位が「1日あるいは短期」を基本にしていることです。

なお、労基法で定める「育児時間（67条）」や「公民権行使の保障（7条）」も、この休暇に当たると考えます。

[2]休業について

「休業」には、労基法で定める①産前・産後の休業（65条）や育介法で定める②育児・介護休業（5条、11条）があります。

これらの休業についても、労働者からの請求（①の産後休業期間8週間のうち6週間までは労働者からの請求を要しない）によって、その権利が発生しますが、その取得単位が、①の場合は通算して約3カ月、②の育児休業の場合には原則"子が1歳に達するまで"と「一定期間連続」していて、「比較的長期」であるといえます。

[3]休職について

また、休業と同様に比較的長期にわたって労働を免除するものに「休職」があります。例えば、①傷病のため長期療養が必要になった場合の傷病休職や、②海外留学などを会社が認めた場合の私的事由による休職、③起訴勾留され就業できなくなった場合の起訴休職、④会社の指示により他社へ出向する場合の出向休職などが挙げられます。これらは、いずれも何らかの事由により業務に従事できない社員に対して、一定期間社員としての身分を保有させたまま労務の提供を免除・禁止する制度です。

なお、就業規則等に「休職期間満了までの間に復職できない場合は、同期間満了をもって自動的に退職扱いとする」などの規定がある場合には、定められた休職期間中に休職の事由が消滅せず復職できなければ、その日をもって休職期間満了となり、退職することになります。

3.まとめ

ところで、育介法2条（定義）1号に関する行政通達では、「休暇」と「休業」についての考え方が示されています。それによると、「『休業』とは、労働契約関係が存続したまま労働者の労務提供義務が消滅することをいい、労働基準法第89条第1号の『休暇』に含まれること。『休暇』と『休業』とを厳密に区別する基準はないが、『休暇』のうち連続して取得することが一般的であるものを『休業』としている用語例（労働基準法第65条の産前産後の休業など）にならったものであること」と解しています（平28.8.2 職発0802第1、雇児発0802第3、最終改正：平29.9.29雇均発0929第3）。

この行政通達からすると、「休業」は、就業規則を作成する上では「休暇」として扱い、絶対的

必要記載事項に該当するとし、またそれぞれについて明確に区分する基準がないことを前提とした上で、通常連続して取得することができる、いわゆる長期的な視野に立って労務の提供義務を消滅させるものを「休業」、対して単発あるいはその都度といった短期的な視野で労務の提供義務を消滅させるものを「休暇」としているようです。

また、「休職」については、長期に及ぶことから「休業」に含まれると考えてよいでしょう。ただし、前述のように、「休職」の場合は、休職期間の満了日において休職事由が消滅せず復職できないときには「休職期間満了による退職」となることがあり、その点が「休業」とは異なります。

（武澤　健太郎）

Q203　ランチミーティングの時間は労働時間となるか

最近、社内の各部署で昼食を取りながら打ち合わせをするケースが増えています。「通常の会議よりリラックスして、自由闊達に意見を言い合える」として好評なのですが、一部の社員からは「休憩時間は自由に過ごしたいのに、半ば強制的にランチミーティングに参加しなければならず、その頻度も増えている。事実上の労働時間とみなすべきではないか」との苦情も出ています。各部署や課員の自主性を重んじたいところですが、こうしたランチミーティングの時間は労働時間と考えるべきでしょうか。労働時間となる場合、別途に休憩時間を与えなくてはならないのでしょうか。

職務内容に関するものや職務に密接に関係するランチミーティングは、参加が任意で、不参加による特段の不利益がない場合を除いて労働時間となる。その場合、別途休憩時間を与えるべきである

1．労働時間の意義

労基法32条の労働時間とは、労働者が使用者の指揮命令下に置かれている時間をいいます。労働時間に該当するか否かは、労働者の行為が使用者の指揮命令下に置かれたものと評価することができるか否かにより客観的に定まり、労働契約、就業規則等の定め如何により決定されるべきものではないとされています。そして、使用者から義務づけられ、または、これを余儀なくされたときは、特段の事情がない限り使用者の指揮命令下に置かれたものと評価することができるとされ（三菱重工業長崎造船所事件　最高裁一小　平12．3．9判決）、その時間は労働時間となります。

2．休憩時間とは

労基法は、使用者に対し、労働時間が6時間を超える場合には45分以上、8時間を超える場合には1時間以上の休憩時間を、原則として一斉に与えなければならないものとしています（34条1・2項）。また、休憩時間は労働からの解放が保障されていなければならず、同法は休憩時間の自由利用を定めています（同条3項）。

3．ランチミーティングの労働時間性の有無

昼食休憩時間を利用して、昼食を取りながら業務に関連する事項を話し合う会議を「ランチミーティング」といいますが、これが休憩時間といえるのか、それとも労働時間に該当するのかは、上述した労働時間・休憩時間の意義に照らして判断されます。

すなわち、ランチミーティングであっても、使用者が命じたものではなく、自由（任意）参加の

ものであれば、それへの参加時間は労働時間とはなりません。

もっとも、ランチミーティングへの参加が明示的な業務命令により指示されたものではないとしても、それへの参加を「余儀なくされる」場合には、使用者の指揮命令下に置かれたものとして労働時間となり得ます。例えば、ランチミーティングへの不参加が、業務不参加扱いとされる場合や、昇給・賞与査定に当たりマイナス評価とされるような場合には、労働者がランチミーティングへの参加を余儀なくされたものといえますので、労働時間となります。

通達（昭26．1.20　基収2875、平11．3.31　基発168）は、就業時間外に実施する教育への参加についてですが、「就業規則上の制裁等の不利益取扱による出席の強制がなく自由参加のもの」であれば、時間外労働にはならないとしています。裁判例では、車両事故・労災事故防止のための職場安全会議について、「会社が業務遂行上の安全対策の一環として当該職場全従業員の出席を求めて開催するもので、会社の設定した施策の伝達及び従業員の安全教育のためにするものであること」から見て、それへの出席時間は労働時間であるとされています（丸十東鋼運輸倉庫事件　大阪地裁堺支部　昭53．1.11決定）。また、自動車教習所を営む会社において教習用語の統一に関する研修会への参加時間について、会社が「業務として」研修会を開催している場合、これへの出席は労働時間に当たるとされています（八尾自動車興産事件　大阪地裁　昭58．2.14判決）。

このような通達や裁判例から見ますと、職務内容に関するものや職務に密接に関係するミーティングへの出席は、参加が任意なもので、不参加により特段の不利益を被ることがないような場合を除き、労働時間になるといえます。

4.ランチミーティングへの参加と
別途休憩時間の付与の要否

昼食休憩時間のランチミーティングが労働時間となる場合には、使用者は、ランチミーティング時間について昼食休憩時間を付与しなかったことになります。したがって、使用者が、ほかに休憩時間を与えないと、労基法34条に違反する（罰則は同法119条1号）とともに、就業規則に定める（もしくは同法13条による）休憩時間の付与義務違反（債務不履行）となりますので、これを回避するために使用者は、別途休憩時間を与える必要があります。

なお、休憩時間を別途与える場合は、休憩時間の変更となりますが、就業規則に変更規定があればそれに基づき休憩時間を変更できますし、その変更が、一斉休憩原則の範囲内である場合や事業場に労使協定（一斉休憩除外協定）があれば、同法34条違反にもなりません。

問題は、使用者が別途に休憩時間を付与しない場合に、労働者は独自に休憩時間を取り得るかです。この点、裁判例（大阪空気製作所事件　大阪地裁　昭40.10.29決定）は、「使用者をしてこれを是正させるべきであり、それ以前に、自分だけが独自に適当な時期に適当な長さの休憩をとることは許されない」と判示していますが、休憩は労働者の労基法上の権利ですので、労働者が、休憩時間を自ら別途取ったことをもって不当とまではいえないと考えられます（もっとも、労働者個人が各自適当なときに適当な時間の休憩を取ることは業務への支障が生じますので、信義則上業務に支障の出ない時間に休憩時間を取ることが求められているというべきでしょう）。

なお、ランチミーティングが労働時間となり休憩時間を付与しなかった場合、その参加時間については、就業規則（または同法37条）により賃金（あるいは割増賃金）の支払いが必要ですが、さらに、休憩時間の付与義務違反として、休憩できなかったことによる損害（慰謝料）の支払い義務を負います（住友化学工業事件　最高裁三小　昭54.11.13判決）。

（加茂　善仁）

労働時間

 平日から休日の間で日をまたいで残業した場合、どの時点から休日出勤となるか

当社で、ある社員が金曜日の夜から土曜日の未明にかけ、緊急対応で深夜残業を行いました。当社では土曜日に出勤した場合、法定外休日労働分の割増賃金や、休日出勤手当を支給する旨、就業規則に定めています。土曜日におけるこの社員の深夜残業に対しては、金曜日の深夜残業の割増賃金率を適用すればよいのか、それとも法定外休日労働の割増賃金率＋深夜残業の割増賃金率を適用した上で、休日出勤手当を支給しなければならないのか、教えてください。

 勤務開始時間の属する金曜日の勤務として扱い、法定労働時間を超える部分が時間外労働となる

1.「法定休日」と「法定外休日」

休日は、毎週１日の週休制が原則であり、労基法35条１項は「使用者は、労働者に対して、毎週少くとも１回の休日を与えなければならない」と規定しています。例外として、同条２項で「前項の規定は、４週間を通じ４日以上の休日を与える使用者については適用しない」と定めているため、４週４日以上の休日を与える変則休日制も認められています。ただし、４週４日休日制については、就業規則等に起算日の定めが必要とされています（労基則12条の２第２項）。

この労基法が求める「１週間に１回の休日」または「４週４日の休日」を「法定休日」といい、それ以外に与える休日を、一般に「法定外休日」といいます。

2.「法定休日」の特定義務はない

労基法は法定休日を付与しなければならないと規定していますが、法定休日の特定を要求してはいません。通達においても、「労働条件を明示する観点及び割増賃金の計算を簡便にする観点から、就業規則その他これに準ずるものにより、事業場の休日について法定休日と所定休日の別を明確にしておくことが望ましい」（平21．５.29　基発0529001、平31．４．１　基発0401第43）として、法定休日の特定は望ましいが、特定する義務まではないことを前提としています。

法定休日が特定されていない場合は、「暦週（日～土）の日曜日及び土曜日の両方に労働した場合は、当該暦週において降順に位置する土曜日における労働が法定休日労働となる」（厚生労働省「改正労働基準法に係る質疑応答」平21.10．５Q10）としており、最も後順に位置する休日を法定休日として扱うことになります。ここで、１週間の始期をどの曜日にするかについては、就業規則等の定めに従いますが、定めがない場合には、暦週の始期は日曜日とするのが行政解釈です。

3.休日の割増賃金

労基法に定める「法定休日」の労働には、35％以上の割増賃金を支払う必要があるのに対し、「法定外休日」の労働にはその必要はなく、週の法定労働時間（40時間）を超える場合に25％以上の割増賃金を支払えば足ります。ただし、１カ月60時間の時間外労働の算定に「法定休日」に行った労働は含まれませんが、「法定外休日」に行った時間外労働は含まれますので、１カ月60時間を超えた場合は50％以上の割増賃金を支払わなければなりません［図表１］。

4.ご質問への回答

ご質問のケースは、所定労働日（金曜日）から

図表1　割増賃金

種　類	支払う条件	割増率
時間外 （時間外手当・ 残業手当）	法定労働時間（1日8時間・週40時間）を超えたとき	25％以上
	時間外労働が限度時間（1カ月45時間、1年360時間等）を超えたとき	25％以上 [注]
	時間外労働が1カ月60時間を超えたとき	50％以上
休日 （休日手当）	法定休日（週1日）に勤務させたとき	35％以上
深夜 （深夜手当）	22時から5時までの間に勤務させたとき	25％以上

[注]　25％を超える率とするよう努めることが必要。

図表2　所定労働日の勤務が法定外休日に及んだ場合の割増賃金率

労働日	金曜日（所定労働日）			土曜日（法定外休日）	
割増率	—	25％以上	50％以上		25％以上
労働時間	所定労働日の勤務 （休憩を除く）	時間外労働	時間外労働＋深夜労働		時間外労働
	9:00　　　　　　　18:00　　　　　　22:00　　　　　　　　　5:00　　　　　　　9:00				

[注]　1カ月の時間外労働が60時間を超えた場合は、その超えた時間の労働について、＋25％以上の支払いが必要。

法定外休日（土曜日）に勤務が及んだ場合の割増賃金率の適用についてですが、この場合、「1日及び1週間の労働時間の算定に当たっては、労働時間が2暦日にわたる勤務については勤務の開始時間が属する日の勤務として取り扱う」とされています（平6.5.31　基発330）。すなわち、法定外休日（土曜日）の勤務についても、勤務の開始時間が属する所定労働日（金曜日）の勤務として取り扱い、法定労働時間を超える部分に割増賃金率を適用することになります［図表2］。

（社会保険労務士法人みらいコンサルティング）

Q205　直行直帰、外出先から直帰する際の移動時間は労働時間に当たるか

　当社では、社員が外出先から直帰する場合、仕事が終わった時点で電話かメールで上司へ報告するように義務づけています。このとき、外出先から事業所や社員の自宅までの距離にかかわらず、その報告があった時点までを労働時間として計算し、自宅までの移動時間は労働時間に含めていません。このような出社・退社に関連する移動時間は労働時間に当たるのか、ご教示ください。

直行直帰、外出先から直帰する場合などは労働時間に当たらない。移動時間が労働時間と判断されるためには、①使用者が、業務に従事するために必要な移動を命じている、②当該時間の自由利用が労働者に保障されていない——という二つの要件が必要

1. 労働時間の意義

労基法には労働時間を定義する規定がありません。そのため労働時間をどう定義するかについて議論があるところです。行政解釈は、使用者の指揮監督の下にある時間のことを「労働時間」というとしています（厚生労働省労働基準局編『令和3年版 労働基準法・上』労働法コンメンタール③［労務行政］410ページ）。判例も、労基法上の労働時間とは「労働者が使用者の指揮命令下に置かれている時間をいい、右の労働時間に該当するか否かは、労働者の行為が使用者の指揮命令下に置かれたものと評価することができるか否かにより客観的に定まるものであって、労働契約、就業規則、労働協約等の定めのいかんによって決定されるものではないと解するのが相当である」としています（三菱重工業長崎造船所事件 最高裁一小 平12.3.9判決）。

しかし、指揮命令下にあると定義するだけでは不十分であるとして、最近の学説は指揮命令に加えて労働時間か否かが問題となる活動の職務性・業務性を加える二要件説が有力となっています（土田道夫『労働契約法 第2版』［有斐閣］312ページ）。すなわち、「使用者が知らないままに労働者が勝手に業務に従事した時間までを労働時間として規制することは適切ではないので、業務従事は使用者の明示または黙示の指示によりなされたことを要する」としています（菅野和夫・山川隆一『労働法 第13版』［弘文堂］421ページ）。

前掲判例も、「労働者が、就業を命じられた業務の準備行為等を事業所内において行うことを使用者から義務付けられ、又はこれを余儀なくされたときは、当該行為を所定労働時間外において行うものとされている場合であっても、当該行為は、特段の事情のない限り、使用者の指揮命令下に置かれたものと評価することができ、当該行為に要した時間は、それが社会通念上必要と認められるものである限り、労働基準法の労働時間に該当する」と判示しており、指揮命令下にあることに加えて、「使用者から義務付けられ、又はこれを余儀なくされた」こととして要件を補充しています。

「労働時間の適正な把握のために使用者が講ずべき措置に関するガイドライン」（平29.1.20基発0120第3）においても、「労働時間とは、使用者の指揮命令下に置かれている時間のことをいい、使用者の明示又は黙示の指示により労働者が業務に従事する時間は労働時間に当たる」としています。

2. 通勤時間

民法484条によると、債務の弁済をすべき場所について別段の意思表示がないときは、債権者の現在の住所においてしなければならないと定められており、労務の提供の場合は、債務者である労働者が、債権者すなわち使用者の住所で行う持参債務となります。通勤時間は、労働者が労働契約に基づいて労務の提供を行うために自己の労働力を使用者の住所まで持参する時間です。したがって、通勤時間は債務者である労働者の負担に属する時間であって、労務の提供をする時間とはみなされません。また、労働者はどこに住んで、どのような通勤方法を取ろうが自由なので、使用者の指揮命令下にある時間とはいえません。

3. 直行直帰の移動時間

直行直帰とは、直接自宅から目的地に移動し、また、目的地から直接自宅に移動することをいいます。実際の労務提供は目的地で開始されるものであり、目的地までの移動は通勤と同様に持参行為と考えられ、労働者は移動時間中の過ごし方を

自由に決めることができることから、使用者の指揮命令がまったく及んでいない状態にあるとして、労働時間には当たらないと考えられています。

4. 外出先と会社間の移動時間

外出先から帰社する時間が労働時間になるかについては、訪問介護労働に関して、「移動時間とは、事業場、集合場所、利用者宅の相互間を移動する時間をいい、この移動時間については、使用者が、業務に従事するために必要な移動を命じ、当該時間の自由利用が労働者に保障されていないと認められる場合には、労働時間に該当するものであること」（「訪問介護労働者の法定労働条件の確保について」平16.8.27 基発0827001、平25.3.28 基発0328第6）という行政解釈が出されています。この解釈では、移動時間が労働時間と判断されるためには、①使用者が、業務に従事するために必要な移動を命じていること、②当該時間の自由利用が労働者に保障されていないと認められる場合の二つの要件が必要とされています。前記1.のように判例も、「指揮命令下にあること」という要件に「余儀なくされた」を加えています。

ご質問では、社員が外出先から直帰する場合、仕事が終わった時点で電話かメールで上司へ報告するように義務づけていて、その報告があった時点までを労働時間として計算しているとのことですので、会社は帰社を義務づけていないことになり、外出先から会社までの移動時間は労働時間とはいえないことになります。

（角森　洋子）

Q206　法定休日を任意の時期に設定してもよいか

当社では残業時間削減など働き方改革を進める中で、社員から「休日を任意のタイミングで取得できれば生産性も上がるはず」との要望が出ています。当社は土日休みの週休2日制（法定休日は日曜日）で、仮に1カ月内に土日の合計が8日となる場合「同月内の好きな時期に8日分休んでよい」とするものです。労基法上、4週4日の休日の原則があるため、例えば週に必ず1日休むよう運用を徹底すれば、こうした取り扱いは認められるでしょうか。また、裁量労働制などの勤務形態等による適用制限があるのかについても、併せてご教示ください。

労基法では休日を特定しなければならないとは規定していないが、法定休日を任意の時期に取得する制度は、労働者保護の観点から認められず、行政指導の対象となる

1. 毎週付与する義務

労基法35条1項は、使用者は、労働者に対して、毎週少なくとも1回の休日を与えなければならないと定めながら、2項で4週間を通じて4日以上の休日を与える場合は、毎週1回の休日を与えなくてもよいとしています。しかし、休日の与え方は毎週1回、あるいは4週4日のどちらでもよいわけではなく、指導方針として、「第1項が原則であり第2項は例外であることを強調し徹底させること」（昭22.9.13　発基17）とされているので、週休制を原則とする必要があります。

また、毎週とは、「平均して1週当たり」という意味ではなく、「1週間それぞれの内に」という意味になります。週は、起算日から計算して7

日の期間を意味します（民法138条、143条）。1週間とは、就業規則等で定められている場合はそれにより、定められていない場合は、日曜日から土曜日までのいわゆる暦週をいうとされています（昭63．1．1　基発1・婦発1）。

なお、4週4日の休日制には業種の限定はなく、業務の都合により必要がある場合には採用できるとされています。しかし、「休日を任意のタイミングで取得できれば生産性も上がるはず」という社員の要望で採用するのは不適当と考えられます。

2. 休日の特定

労基法は、休日について特定しなければならないとは規定していません。しかし、いつが休日であるかは労働者の生活設計上重要なことであり、あらかじめ休日を特定しておくことが、労働者保護上必要であることは言うまでもありません。解釈例規も、「法（編注：労基法）第35条は必ずしも休日を特定すべきことを要求していないが、特定することがまた法の趣旨に沿うものであるから就業規則の中で単に1週間につき1日といっただけではなく具体的に一定の日を休日と定める方法を規定するよう指導されたい」としています（昭23．5．5　基発682、昭63．3．14　基発150）。

さらに、4週4日の休日についても、労基法32条の2（1カ月単位の変形労働時間制）の場合と違って4週4日について具体的な定めをすることが要求されていません。しかし、休日の特定をすることが望ましいことは当然なので、「（編注：労基法35条）第2項による場合にも、出来る限り第32条の2第1項に準じて就業規則その他これに準ずるものにより定めをするよう指導すること」とされています（昭22．9．13　発基17、昭63．3．14基発150・婦発47）。

したがって、ご質問のように、「土日休みの週休2日制（法定休日は日曜日）で、仮に1カ月内に土日の合計が8日となる場合『同月内の好きな時期に8日分休んでよい』とする」制度は、労基法違反とはなりません。しかし、そのような制度

は労働者保護の観点から認められず、行政指導の対象となるものです。週に必ず1日休むよう運用を徹底しても休日の特定が行われていないので、そのような取り扱いは認められません。

ちなみに、「働き方改革実行計画」（平29．3.28働き方改革実現会議決定）では、「長時間労働は、健康の確保だけでなく、仕事と家庭生活との両立を困難にし、少子化の原因や、女性のキャリア形成を阻む原因、男性の家庭参加を阻む原因になっている」と分析していますが、健康の確保、仕事と家庭生活との両立、子育て、女性のキャリア形成および男性の家庭参加にとっては、休日の特定も不可欠といえるでしょう。

3. 裁量労働制と休日

専門業務型裁量労働制（労基法38条の3）は、業務の性質上、その遂行の方法を大幅に従事者の裁量に委ねる必要があるため、その業務を進める手段や時間配分などの決定に関し具体的な指示をすることが困難な業務について、労使協定であらかじめ労働時間を定め、労働者をその業務につかせた場合、その日の労働時間が何時間であるかにかかわらず、その決めた時間を労働したものとする制度です。また、企画業務型裁量労働制（同法38条の4）とは、企業の本社等で企画等の業務を行う労働者に対し、法令の要件を満たせば実際に働いた時間に関係なく決議で定めた時間（1日の労働時間）労働したものとみなすことができる制度です。

このように、専門業務型裁量労働制および企画業務型裁量労働制により、対象労働者の裁量に委ねられるのは1日の労働時間の配分です。したがって、裁量労働制による労働時間のみなしが適用される場合でも、休憩、深夜業および休日に関する規定は排除されません（昭63．3．14　基発150・婦発47、平12．1．1　基発1）。裁量労働制の対象労働者に対しても労基法35条が適用され、それ以外の労働者と同様に休日の特定が必要となります。

（角森　洋子）

Q207 法定休日が日曜日の場合、法定外休日の土曜日と入れ替えることは可能か

当社は土日休みの週休2日制で、就業規則において日曜日を法定休日と定めています。この場合、日曜日に勤務を命じる際に、その日を法定外休日とし、もともと法定外休日であった土曜日を法定休日とすることは可能でしょうか。

就業規則において、法定休日と法定外休日を入れ替えることができる旨の規定を設け、あらかじめ入れ替える日を特定する場合は可能である

1.法定休日と法定外休日について

「休日」とは、労働契約において労働義務を負わない日をいいます。この休日に関する労基法の基本原則は、毎週少なくとも1回の休日を与えなければならないとされており、いわゆる「週休制」をとっています（労基法35条1項）。なお、ここでいう週1回の休日は、原則として暦日、すなわち午前0時から午後12時までの24時間をいいます（暦日休日制の原則）。

労基法で定める休日に関する最低基準は週1日ですが、週休2日制を採用する会社も少なくありません。週休2日制とする場合、2日の休日のうち1日は労基法で義務づけられている休日であり、これを「法定休日」といいます。残りの1日は、法定外の会社が任意に定めている休日という位置づけで、これを「法定外休日」といいます。ご質問の会社では、日曜日を「法定休日」、土曜日を「法定外休日」と定めています。

2.法定休日と法定外休日の違い

法定休日と法定外休日は、どちらも労働契約において労働義務のない日ですが、業務の都合により、休日に労働させざるを得ない事情が生じることがあります。このような場合、労働契約において休日労働させることがある旨の定めがあり、事業場で「時間外労働、休日労働に関する労使協定」（以下、36協定）を締結し、行政官庁に届け出た場合においては、36協定の範囲内で休日労働をさせることができます（労基法36条）。

この36協定でいう休日労働とは、法定休日の労働を指します。つまり、週休2日制を採用する会社の場合、2日の休日のうちのいずれかの休日における労働ということになります。では、法定外休日に労働させた場合、36協定上の取り扱いがどうなるかというと、その法定外休日の労働時間が1週間の法定労働時間（40時間）を超えるときは、その超えた時間については時間外労働となります。

上記の休日労働に対する割増賃金の計算においても同じ考え方で、休日労働をさせた場合に会社が支払わなければならない割増賃金にかかる率の最低限度は、法定休日の場合は35％以上、法定外休日の労働が1週間の法定労働時間（40時間）を超える場合は25％以上（時間外労働が1カ月について60時間を超える場合は50％以上）とされていることから、就業規則において、法定休日と法定外休日で異なる割増賃金率を定めていることがあります。

このように、法定休日と法定外休日には異なる性質があることから、取り扱いについても違いがあることを理解する必要があります。

3.週休2日制の場合の法定休日

労基法では、必ずしも休日を週のいずれかの曜日に特定すべきことを求めていません。つまり、就業規則において、休日の曜日を特定するかは会

社が任意で定めることとなります。そのため、週休2日制を採用する会社の場合、法定休日と法定外休日の割増賃金計算その他の便宜上、就業規則において休日の曜日を特定するとともに、2日のうちどちらの休日を法定休日とするか特定することも可能です。

例えば、土・日曜日を休日とする週休2日制で、就業規則において日曜日を法定休日とする旨の定めがあれば、日曜日の労働が36協定上の休日労働であり、35%以上の割増賃金計算が必要となります。では、法定休日を特定しない場合の取り扱いがどうなるかというと、厚生労働省労働基準局作成の「改正労働基準法に係る質疑応答」（平21.10.5 Q10）において、週休2日制とする場合で2日とも休日労働した場合は、当該暦週において後順に位置する休日における労働が法定休日労働となると示されています。つまり、土・日曜日を休日とする週休2日制で、就業規則において法定休日の曜日を定めない場合は、暦週（日曜日から土曜日まで）において後順に位置する土曜日が法定休日となります。

4.法定休日と法定外休日の入れ替え

就業規則上、あらかじめ休日と定められた特定の日は不変ではなく、他の日と交換する、いわゆる「振替休日」を行うことができます **[図表]**。振替休日は、休日を他の労働日と入れ替えることを前提としていますが、週休2日制の場合は、法定休日と法定外休日を入れ替えることも可能です。

図表 振替休日の要件

意味	あらかじめ定めてある休日を、事前に手続きして他の労働日と交換すること。休日労働にはならない
要件	①就業規則等に振替休日の規定をすること ②振替日を事前に特定すること ③振り替えは近接した範囲内とすること ④遅くとも前日の勤務時間終了までに通知すること
賃金	同一週内で振り替えた場合、通常の賃金の支払いでよいこと。週をまたがって振り替えた結果、週法定労働時間を超えた場合は時間外労働に対する割増賃金の支払いが必要である

資料出所：厚生労働省

[注] 法定休日以外の休日（土・日休みの場合の土曜日、日・祝休みの場合の祝日等）については、休日労働に該当しないが、当日の労働時間が8時間以内でも週法定労働時間を超えた場合は、「時間外労働」となることに注意。

この振替休日を行うためには、労働契約として特定されている休日を変更することですから、労働契約上の根拠が必要です。したがって、就業規則において、振替休日を行うことができる旨の規定を設け、これによって休日を振り替える前にあらかじめ交換する日を特定する必要があります。

前記で例示した、土・日曜日を休日とする週休2日制で、就業規則において日曜日を法定休日と特定している場合、就業規則に定める振替休日の規定に従い日曜日と土曜日を事前に入れ替える手続きを行う限りは、土曜日が法定休日、日曜日が法定外休日の扱いとなります。

（社会保険労務士法人みらいコンサルティング）

Q208 長時間に及ぶ休憩時間を設定することは問題か

当社の業務は、午前中に仕込みがあり、11～13時が顧客対応で忙しく、その後は閑散とし、16～19時が再び忙しくなります。そこで、始業時刻は今までと同じく8時ですが、13～16時を休憩時間とし、その後19時を終業とする所定労働時間としたいと考えています。こうした長時間に及ぶ休憩時間の所定労働時間の設定は問題があるでしょうか。

法的には問題ないが、生活時間を圧迫することからすれば一考を要する

1. 休憩時間の意義

休憩時間とは、単に作業に従事しない時間（いわゆる手待時間）は含まず、労働者が権利として労働から離れることを保障される時間をいいます（昭22．9.13　発基17）。長時間連続して労働することは、労働者の身体的、精神的な疲労の蓄積により労働の能率を下げ、場合によっては労働災害の発生を招くおそれもあります。休憩を取ることにより連続労働による疲労を回復させ、作業の能率を高め、災害防止にもつながるとして、休憩の付与は重要な意義を持っています。

2. 休憩時間の最低基準

使用者は、労働時間が6時間を超える場合においては少なくとも45分、8時間を超える場合においては少なくとも1時間の休憩時間を労働時間の途中に与えなければなりません（労基法34条1項）。したがって、連続6時間休憩なしで労働させたとしても、労基法違反とはなりません。しかし、労働者の疲労回復という観点から、6時間以内の労働時間であっても適宜休憩を設けることが望ましいのは言うまでもありません。また、昼食時間を挟んだ勤務時間の場合には、労働時間が6時間以下であっても昼食時間を含んだ休憩を与えることは当然のこととして一般に行われています。

なお、運輸交通業または郵便の事業において列車等に乗務する機関手、車掌等で長距離にわたり継続して乗務するものならびに屋内勤務者30人未満の郵便局において、郵便、電信郵便の業務に従事するものについては、休憩時間を与えないことができます（労基則32条）。

3. 休憩時間の一斉付与の原則

休憩時間は一斉に与えなければなりません（労基法34条2項）。ただし、事業場に、労働者の過半数で組織する労働組合がある場合においてはその労働組合、労働者の過半数で組織する労働組合がない場合においては労働者の過半数を代表する者との書面による協定があるときは、一斉に与えなくてもよいこととされています（同条2項ただし書き）。

なお、坑内労働については同法38条2項により、運輸交通業、商業、金融・広告業、映画・演劇業、通信業、保健衛生業、接客娯楽業および官公署の事業については労基則32条により、休憩時間の一斉付与の規定は適用されません。

4. 休憩時間の自由利用の原則

使用者は休憩時間を自由に利用させなければなりません（労基法34条3項）。しかし、これには例外があり、坑内労働には自由利用の原則は適用されず（同法38条2項）、警察官、消防吏員等、乳児院、児童養護施設等で児童と起居をともにする者および居宅訪問型保育事業において家庭的保育者として保育を行う者にも同様に自由利用の規定は適用されません（労基則33条）。

また、「休憩時間の利用について事業場の規律保持上必要な制限を加えることは休憩の目的を害さない限り差し支へない」（昭22．9.13　発基17）とする解釈例規が出されており、さらに、休憩時間中の外出の許可制については、「事業場内において自由に休息し得る場合には必ずしも違法にはならない」（昭23.10.30　基発1575）とされています。

休憩時間中の政治活動について、休憩時間中の局所内における演説、集会、貼り紙、掲示、ビラ配布等についても局所の管理責任者の事前の許可を受けなければならない旨を定める日本電信電話公社の就業規則の規定が休憩時間の自由利用に対

する合理的な制約であるとする最高裁の判決（目黒電報電話局事件　最高裁三小　昭52.12.13判決）があります。

5.休憩時間の上限

休憩時間が長ければそれにより拘束時間も長くなるので、休憩時間は長ければよいというものではありません。飲食店のような事業における数時間に及ぶ休憩時間は、労働者の生活時間を圧迫することになります。しかし、休憩時間の上限については労基法には何も定められていません。法律ではありませんが、「自動車運転者の労働時間等の改善のための基準」（平元．2．9　労告7、最終改正：令 4.12.23　厚労告367）で、自動車運転者（トラック運転者）について、「１日（始業時刻から起算して24時間をいう。以下同じ。）についての拘束時間は、13時間を超えないもの」とする（同基準２条１項２号）という規定があります。

ご質問の場合は、休憩時間が３時間、拘束時間が11時間となります。休憩時間について労基法の上限規定はないので法的には問題ありませんが、生活時間を圧迫することからすれば問題がないわけではありません。

（角森　洋子）

 テレワーク中に出社した場合、移動時間はどう取り扱うべきか

当社ではテレワーク制度を導入しており、１日単位での制度利用を原則としています。先日、テレワーク勤務日に緊急的に出社する必要が出たため、テレワークを中断して出社した社員がいます。この場合に、自宅から会社までの移動時間はどのように取り扱うべきでしょうか。

 移動時間が労働時間に該当するか否かは、使用者の指揮命令下に置かれているかどうかで決まる

1.テレワーク制度とは

テレワークとは「情報通信技術（ICT＝Information and Communication Technology）を活用した時間や場所を有効に活用できる柔軟な働き方」のことであり、Tel（離れて）とWork（仕事）を組み合わせた造語です。働き方改革やワーク・ライフ・バランスの潮流から導入企業が増え、高い普及率となっています。

しかし、出社を伴うオフィスで行う業務に比べ、労働者の業務に目が行き届かないテレワークは労働時間の管理が困難であるという課題があります。

2.労働時間とは

労働時間とは、使用者の指揮命令下に置かれている時間のことをいい、使用者の明示または黙示の指示により労働者が業務に従事する時間をいいます。

また、労働時間に該当するか否かは、労働契約、就業規則、労働協約等の定めのいかんによらず、労働者の行為が使用者の指揮命令下に置かれたものと評価することができるか否かにより客観的に定まるものであるとされています。そして、客観的に見て使用者の指揮命令下に置かれていると評価されるかどうかは、労働者の行為が使用者から義務づけられ、またはこれを余儀なくされて

いた等の状況の有無等から、個別具体的に判断されるものであるとされています。例えば、業務を行っていなくても使用者の指示があった場合には即時に業務に従事することが求められており、労働から離れることが保障されていない状態で待機等している時間（いわゆる「手待時間」）は、使用者の指揮命令下に置かれていることとなり、この時間は労働時間とみなされます。

3.移動時間の労働時間性

上記のとおり、労働時間とは労働者の行為が使用者の指揮命令下に置かれているか否かにより判断されるため、移動時間についても、移動中に業務を行ったり、移動手段の指示を受け自由な利用が保障されていなかったりするような場合には労働時間に該当します。例えば、訪問介護事業に関する行政通達によると、「移動時間とは、事業場、集合場所、利用者宅の相互を移動する時間をいい、この移動時間については、使用者が、業務に従事するために必要な移動を命じ、当該時間の自由利用が労働者に保障されていないと認められる場合には、労働時間に該当するものであること。具体的には、使用者の指揮監督の実態により判断するものであり、例えば、訪問介護の業務に従事するため、事業場から利用者宅への移動に要した時間や一の利用者宅から次の利用者宅への移動時間であって、その時間が通常の移動に要する時間程度である場合には労働時間に該当するものと考えられる」とされています（平16.8.27 基発0827001、平25.3.28 基発0328第6）。この通達のケースでは、使用者が、業務に従事するために必要な移動を命じ、当該労働時間の自由利用が労働者に保障されていない場合には、使用者の指揮命令下にあるとされ、当該移動時間は労働時間と判断されることになります。

4.テレワークにおける移動時間の取り扱い

厚生労働省の「テレワークの適切な導入及び実施の推進のためのガイドライン」（令3.3.25 基発0325第2・雇均発0325第3）によると、通勤時間や出張旅行中の移動時間中のテレワークについて、テレワークの性質上、通勤時間や出張旅行中の移動時間に情報通信機器を用いて業務を行うことが可能であり、これらの時間について、使用者の明示または黙示の指揮命令下で行われるものについては労働時間に該当するとされています【図表】。

また、このガイドラインによると、勤務時間の一部についてテレワークを行う場合の就業場所間の移動時間について、労働者による自由利用が保障されている時間については、休憩時間として取り扱うことが考えられるとされています。一方で、「テレワーク中の労働者に対して、使用者が具体的な業務のために急きょオフィスへの出勤を求めた場合など、使用者が労働者に対し業務に従事するために必要な就業場所間の移動を命じ、その間の自由利用が保障されていない場合の移動時間は、労働時間に該当する」としています。

5.ご質問に対する結論

上記4.から考えると、移動時間の自由利用が認められない場合には、その移動時間は使用者の指揮命令下に置かれていることになり、当該移動時間は労働時間と判断されることになります。会社の指示による緊急性の高い移動の場合には、「移動時間の自由利用が保障されておらず、使用者の指揮命令下にある」と考えられるため、当該移動時間は労働時間であると判断されます。

一方、自主的な判断で移動する場合には、緊急性も低く、「移動時間の自由利用が保障されておらず、使用者の指揮命令下にある」とは考えにくいため、当該移動時間は労働時間ではないと判断されます。

ご質問のケースでは、本来であれば終日オフィスに出社する必要のないテレワーク制度を利用していたところ、労働者の自主的なものではなく緊急的に出社する必要が出たため、使用者が、業務に従事するために必要な移動を命じていると認められる可能性があり、自宅から会社までの移動時間について自由利用が保障されていないことか

図表 テレワークを行う際の移動時間における労働時間の判断

使用者が移動することを労働者に命ずることなく、単に労働者自らの都合により就業場所間を移動し、その自由利用が保障されているような時間
→ 休憩時間として取り扱うことが可能

ただし、この場合でも
使用者の指示を受けてモバイル勤務等に従事した場合には、その時間は労働時間に該当する

使用者が労働者に対し業務に従事するために必要な就業場所間の移動を命じており、その間の自由利用が保障されていない場合の移動時間
→ 労働時間に該当する

資料出所：厚生労働省「テレワークを活用する企業、労働者の皆さまへ テレワークの適切な導入及び実施の推進のためのガイドライン」

ら、当該時間が労働時間とされる可能性が高いと考えます。

（社会保険労務士法人みらいコンサルティング）

Q210 休日に業務関連のチャットに応対した場合、労働時間とみなされるか

　当社ではチャットツールを全社員に導入しており、スマートフォン端末を貸与している社員については端末からもチャットを確認できます。チャットは基本的には就業時間内に使用することを想定していますが、休日や年次有給休暇（以下、年休）取得時にチャットに投稿したり、返信したりする社員が一部いるようで、それを求める上司もいるようです。数分もかからないような内容が大半ですが、チャットに応対した時間は労働時間とみなされるのでしょうか。

A
労働時間とみなされる可能性が高い。頻度などにもよるが、パワーハラスメントと扱われることも考えられ、企業として適切な運用措置を講じることが求められる

1.労働時間とは

　労働時間とは、休憩時間を除いた時間であり、現実に労働させる時間であるとされています。

　労働時間には、現実に業務に従事している時間ばかりでなく、待機時間（手待ち時間）も含まれるとされ、行政解釈では、「労働時間とは、使用者の指揮命令下に置かれている時間のことをいい、使用者の明示又は黙示の指示により労働者が業務に従事する時間は労働時間に当たる」（平29.1.20　基発0120第3）としています。

　しかし、「指揮命令下」に置かれている時間であるか否かについては、これまでもさまざまな

ケースで問題となっています。

判例では、作業開始前の作業服および保護具等の装着を事業所内で行うことを使用者から義務づけられていたことから、この装着更衣は、会社の指揮命令下に置かれたもので労基法上の労働時間に該当すると判断された例（三菱重工業長崎造船所事件　最高裁一小　平12．3．9判決）や、ビル警備員の仮眠室での仮眠時間（実作業に従事していない不活動仮眠時間）について、「不活動仮眠時間において、労働者が実作業に従事していないというだけでは、使用者の指揮命令下から離脱しているということはできず、当該時間に労働者が労働から離れることを保障されていて初めて、労働者が使用者の指揮命令下に置かれていないものと評価することができる。したがって、不活動仮眠時間であっても労働からの解放が保障されていない場合には労基法上の労働時間に当たるというべきである」とされた例（大星ビル管理事件　最高裁一小　平14．2.28判決）があります。

2.「テレワークの適切な導入及び実施の推進のためのガイドライン」から見える注意点

厚生労働省の「テレワークの適切な導入及び実施の推進のためのガイドライン」（令3．3.25基発0325第2・雇均発0325第3）においては、テレワーク時には「長時間労働による健康障害防止を図ることや、労働者のワークライフバランスの確保に配慮することが求められている」という記載があり、その対策として以下のような事項が挙げられています。

①メール送付の抑制等（役職者、上司、同僚、部下等から時間外等におけるメール送付の自粛）
②システムへのアクセス制限
③時間外・休日・所定外深夜労働についての手続き
④長時間労働等を行う労働者への注意喚起
⑤その他（勤務間インターバル制度）

特に①については、「テレワークにおいて長時間労働が生じる要因として、時間外等に業務に関する指示や報告がメール等によって行われること

が挙げられる。このため、役職者、上司、同僚、部下等から時間外等にメールを送付することの自粛を命ずること等が有効」とされています。

メールやチャットツールでの業務連絡や指示、それらに対する返信等を行うことは、使用者の指揮命令下に置かれていると客観的に判断できる時間といえることから、労働時間と解されます。

このように考えると、休日にメールやチャットでのやりとりをさせることについて自粛させるなどの対策を講じることが求められます。

3.年休取得時の業務

年休とは、労働義務のある日について、その労働義務を免除するものです。したがって、労働義務が免除されている以上、使用者の事情により労務に従事させることには問題があると考えます。

完全に労働義務を免除できないのであれば、時間単位の年休への変更や半日単位での取得への切り替えを行うべきでしょう。ただ、数分もかからないような返信や、断続的に行われるやりとりについて、それらにかかった時間を正確に把握することは実務的には困難であるといえます。

やはり、年休取得日の労働者に対してメールやチャットでの業務指示や報告等を求めることについても、自粛させるなどの対応が必要でしょう。

4.パワーハラスメントとの関連

職場におけるパワーハラスメントは、職場において行われる、①優越的な関係を背景とした言動であって、②業務上必要かつ相当な範囲を超えたものにより、③労働者の就業環境が害されるものであり、①～③までの要素をすべて満たすものと定義しています（労働施策総合推進法30条の2第1項）。

休日や年休取得日については、労働義務はありませんので、そのような日に上司がメールやチャットで業務指示や報告を求めることは本来行うべきではありません。

仮に、上司が部下に対し、緊急性を要しない事案について、休日や年休取得日に業務連絡や報告

を求めた場合には、パワーハラスメントに該当することも考えられますので、注意が必要です。

5. 企業としての対応策

以上のように、休日や年休取得日にメールやチャットでの業務連絡や報告を求めることは、労働時間との関係やパワーハラスメントの観点からも問題となる可能性が大きいと考えられます。

企業としては、少なくともパワーハラスメント対策の一環として、休日や年休取得日だけでなく、時間外や深夜のメールやチャットでの業務指示や報告等を禁止するなどの方針を明確化し、周知・啓発する等の対応が望まれます。

（益田　浩一郎）

台風により帰路の飛行機が欠航となり、出張先のホテルで延泊した場合の労働時間と滞在費はどう取り扱うべきか

沖縄に出張している社員から「台風のため帰路の飛行機が欠航となり、ホテルに2日間延泊することになった」旨の連絡がありました。やむを得ない事情によるもので許可した一方、労働時間と滞在費の取り扱いについて思案しています。滞在費（ホテル代）については支払ってよいかと思いますが、延泊期間中に関しては無給とすべきか、通常勤務とみなすべきか悩んでいます。あるいは、本人の同意を得て、2日間を年次有給休暇としてもらい、滞在費は個人負担として対処することでもよいでしょうか。

労働時間に該当しないので無給扱いでよい。また、休業手当を支払う必要もない。もっとも、実務上は、出張先でも業務を指示し、勤務扱いとして賃金を支払うのが妥当。なお、滞在費は会社が負担すべき

1. 労働時間とは

[1] 労働時間の定義

労基法上の労働時間について、行政解釈は、労働者が「使用者の指揮監督のもとにある時間」（厚生労働省労働基準局編『令和3年版 労働基準法・上』労働法コンメンタール③［労務行政］410ページ）としており、判例も、「労働時間とは、労働者が使用者の指揮命令下に置かれている時間をいい、右の労働時間に該当するか否かは、労働者の行為が使用者の指揮命令下に置かれたものと評価することができるか否かによって客観的に定まる」（三菱重工業長崎造船所［組合側上告］事件　最高裁一小　平12. 3. 9判決　労判778号8ページ）としていますので、労基法上の労働時間に関する基本的な考え方に大きな争いはありません。

もっとも、具体的に、いかなる場合に使用者の指揮命令下に置かれていると評価できるのかについては、一義的には判断できず、結局は、使用者による拘束の程度、活動内容、活動時間等の諸事情を総合考慮した上での個別判断となります。

[2] ご質問のケースへの当てはめ

ご質問のケースでは、出張で沖縄に行き、予定されていた業務が終わったものの、台風のため帰路の飛行機が欠航となり、やむなくホテルに滞在せざるを得なくなったというものですが、ホテルに滞在している間に、顧客の訪問に関する報告書の作成を指示したり、あるいはノートパソコンを使用する業務を指示したという事情があれば、使用者の指揮命令下に置かれている時間といえるので、労働時間に該当することになります。そうではなく、会社として、何らの業務の指示も与えて

いないということであれば、指揮命令下に置かれている時間とはいえず、労働時間に該当しないことになります。

したがって、予定された業務が終了した後、出張先で滞在中に指示した業務が皆無であれば、労働時間には該当しないので、延泊期間中を無給とする取り扱いも可能です（ただし、完全月給制の下で、遅刻・早退・欠勤控除を予定していない場合には、無給とすることはできません）。

2.休業手当の支払いについて

次に、労働時間に該当しないとしても、出張者の休業については、「使用者の責に帰すべき事由による休業」であるとして、最低限、平均賃金の6割の休業手当を支払う必要があるのではないかという問題があります。

ここでいう「使用者の責に帰すべき事由」について、判例は、「『使用者の責に帰すべき事由』とは、取引における一般原則たる過失責任主義とは異なる観点をも踏まえた概念というべきであって、民法536条2項の『債権者ノ責ニ帰スヘキ事由』よりも広く、使用者側に起因する経営、管理上の障害を含むものと解するのが相当である」（ノース・ウエスト航空事件　最高裁二小　昭62．7.17判決　労判499号6ページ）としており、行政解釈でも、以下のように示されています（東日本大震災に伴う労働基準法等に関するQ&A[第3版]Q1-4、平成28年熊本地震に伴う労働基準法等に関するQ&A[第2版]Q1-4、令和6年能登半島地震に伴う労働基準法や労働契約法等に関するQ&A〔自然災害時の事業運営における労働基準法や労働契約法の取扱いなどに関するQ&A〕Q1-4）。

労働基準法第26条では、使用者の責に帰すべき事由による休業の場合には、使用者は、休業期間中の休業手当（平均賃金の100分の60以上）を支払わなければならないとされています。

ただし、天災事変等の不可抗力の場合は、使用者の責に帰すべき事由に当たらず、使用者に

休業手当の支払義務はありません。ここでいう不可抗力とは、①その原因が事業の外部より発生した事故であること、②事業主が通常の経営者として最大の注意を尽くしてもなお避けることのできない事故であることの二つの要件を満たすものでなければならないと解されています。

ご質問の場合、台風のために帰路の飛行機が欠航となったために、やむなく休業となったわけであり、使用者として最大の注意を尽くしても避けることのできないものですから、「使用者の責に帰すべき事由」には該当せず、休業手当の支払いも不要です。

3.実務上の取り扱い（ご質問に対する回答）

以上のとおり、お尋ねの場合について、法的には賃金を支払わなくてもよいことになりますが、労働者から見た場合、会社の業務命令で沖縄へ出張したにもかかわらず、台風のため沖縄に足止めされ、自由が奪われ、さらには、延泊中の賃金も支給されないというのはおかしいのではないか、との疑問を持ったとしてもそれは理解できます。

実務的には、ほとんどの企業でノートパソコンを社員に貸与しており、いわゆるエリアフリーで業務を行うことも可能な状況が整っているのが一般的ですので、延泊期間中に何らかの業務を指示し、勤務をしてもらい、賃金を支払うというのが穏当だと思います。

あるいは、休日の振り替えを行う方法で、延泊期間中を休日としてしまう方法や、労働者の同意が前提ですが、年次有給休暇を取得してもらう方法も可能と考えられます。

なお、滞在費（ホテル代）については、各企業の出張旅費規程などに委ねられるものではありますが、使用者の業務命令で沖縄に出張したわけですから、不可抗力で延泊した場合であっても、使用者が負担すべきでしょう。

（岡崎　教行）

労働時間

 212 新卒採用において、OB・OG訪問の対応時間は労働時間に算入すべきか

当社は新卒採用をほとんど行っていない中小企業であり、これまでOB・OG訪問にも対応する機会はありませんでした。このたび久しぶりに新卒採用を行うことになり、ある社員の出身校の学生からOB・OG訪問の申し込みを受けました。同社員に対応してもらう場合、その時間は労働時間に算入すべきでしょうか。

 OB・OG訪問への対応を義務づける、または余儀なくさせるなどして、当該対応をしている時間が会社の指揮命令下に置かれていると評価できる場合は労働時間に算入すべき

1.労基法上の労働時間の定義等

前提として、労基法上の労働時間概念について確認します。

判例（三菱重工業長崎造船所事件　最高裁一小平12.3.9判決）は、同法32条の労働時間（労基法上の労働時間）とは、「労働者が使用者の指揮命令下に置かれている時間をい」うと述べています。そして、同判例は、労基法上の労働時間に該当するか否かは、上記の指揮命令下に置かれたものと評価できるか否かにより客観的に定まる旨を述べています。さらに、「労働者が、就業を命じられた業務の準備行為等を事業所内において行うことを使用者から義務付けられ、又はこれを余儀なくされたときは、（中略）当該行為は、特段の事情のない限り、使用者の指揮命令下に置かれたものと評価することができ」ると述べています。

同判例は、労働者の行為が、労働契約で義務づけられているか、またはそれを余儀なくされているかが、指揮命令下に置かれていたと評価する上での重要な考慮要素だとしています。なお、「余儀なくされたとき」とは、使用者の明示または黙示の義務づけがあったとまでは評価することは困難だが、諸般の状況等から、労働者がある行為をせざるを得なくされているような場合をいうと解されています（『最高裁判所判例解説　民事篇　平成12年度（上）』［法曹会］206～208ページ）。

2.義務づけ等の有無の判断要素

義務づけの有無や、余儀なくされているか否かの判断に当たっては、労働契約や就業規則上の定めのほか、①使用者側の関与（命令や指示の有無、当該行為がなされていることに対する使用者側の認識、許容・黙認、それを行わない場合に不利益が科せられるか等）の有無や程度、そして、②当該行為の業務との関連性の有無や程度（時間的、場所的拘束性を含む）に関する諸事情を総合考慮すべき場合が多いといえます。

上記判例後の下級審判決でも実質的判断は上記諸事情を考慮し、指揮命令下に置かれているかの説明に帰着させている旨の指摘もされています（荒木尚志『労働法　第5版』［有斐閣］216ページ）。

3.OB・OG訪問への対応時間の労働時間性

以下では、幾つかの場合に分けて、OB・OG訪問への対応の労働時間性について検討します。

[1]会社の指示・命令がある場合

貴社が社員に対し、同訪問に対応するよう指示・命令している場合は、労働契約上の義務づけがされているといえます。このため、OB・OG訪問への対応時間は、所定労働時間内である場合はもちろん、所定労働時間外でも労基法上の労働時間に該当します。

[2]社員が対応を余儀なくされている場合

次に、貴社が命令や指示を出しているとまではいえないものの、例えば、OB・OG訪問に社員が対応しないと人事考課でマイナス評価となる、あるいは懲戒処分の対象になる、その他、労働契約上の不利益な措置の対象になる場合、社員が不利益を受けることを避けるためには、OB・OG訪問に対応するしかありません（不利益の程度が大きいほど、そのようにいえます）。

これに加え、OB・OG訪問への対応は、本務ではないものの、貴社の採用活動に関係するものであって、業務性は一応あるといえます（なお、貴社が主催し、貴社の指定する日時に、貴社会議室や面談室で行うというように、貴社の関与の度合いが強ければ業務性は高まります）。

これらを総合すると、明示の命令や指示がなかったとしても、社員は業務性のあるOB・OG訪問対応に従事することを余儀なくされたといえ、その対応時間は所定労働時間中か、所定労働時間外かを問わず、労基法上の労働時間に該当します。

[3]社員が任意で対応する場合

社員に対し、OB・OG訪問への対応を義務づけず、また対応をせずとも特に不利益を科すこともしておらず、したがって、社員が任意で対応している場合は労基法上の労働時間に当たりません。

例えば、当該社員に、出身大学の後輩である学生から直接OB・OG訪問の申し入れがあって、社員が自主的に対応した場合や、学生から直接貴社にOB・OG訪問の申し入れがあり、貴社が業務でないことを明示した上で、対応してくれる者を募ったところ、自主的に応じる社員がいたという場合は、任意による対応といえます。

[4]休憩時間や終業時間後に 飲食を伴い実施された場合

OB・OG訪問に対応するに当たり、日時や場所は対応する社員と学生との間の調整に委ねていたところ、面会が社員の昼休み等の休憩時間にランチを兼ねて社外の飲食店で行われたり、終業時間後に同じく社外の飲食店で飲食をしながら行われたりする場合もあり得ます。

面会の時間や場所、形式について社員に裁量を持たせたことで、時間的、場所的拘束がなく、面会時のやりとりも世間話的なものが多くなり、ともすれば単なる会食のような内容になっている場合は、業務との関連性は薄まっているといえます。

そうすると、上記のような面会がされたことについては、OB・OG訪問に対応すること自体を命じる等して明確に義務づけているか、対応をしないと懲戒処分を受ける、人事考課で大きなマイナス評価を受けるといった強い不利益措置があるため余儀なくされているといった事情がない限り、対応している時間は労基法上の労働時間に当たらないと解されます。

なお、仮に休憩時間や終業時間後にOB・OG訪問に対応した時間が労基法上の労働時間に当たる場合は、それに応じた賃金の支払いも必要になりますし、取得できなかった休憩については改めて付与する必要があります（休憩につき労基法34条参照）。

4.付言

OB・OG訪問で、実際に勤務している社員の「生の声」を学生に聞いてもらうことは、学生に貴社で勤務するイメージを抱いてもらい、貴社の魅力をアピールする機会にもなります。学生側にとっても、会社説明会などのフォーマルな場と比べれば、敷居が低く、OB・OGに個別にさまざまな質問ができるなど、就職活動における意義は相応にあるといえます。

このため、貴社がOB・OG訪問を久々の新卒採用のために有効活用するならば、社員に業務として、OB・OG訪問への対応を指示することも検討すべきでしょう（すなわち、対応した時間は労基法上の労働時間だと認めることになります）。そして、貴社がふさわしいと考える内容になるよう、日時や場所、対応時間、実施形式（所定労働時間中に社内の面談室で実施するのか、休憩時間

にランチ会を兼ねて、または終業時間後に会食を伴う形式で実施することを認めるのかなど）や、社員に貴社のアピールポイントとして学生に伝えてほしいこと等を共有するとともに、その場の対応として社員に委ねる事項を整理しておくとよいと考えます。

（荒川　正嗣）

休憩するよう上司が求めているにもかかわらず、休憩時間中も働いている社員へどう対応すればよいか

上司が休憩するように求めているにもかかわらず、昼休み中に仕事をしている社員がいます。当社では固定残業代制を採っており、本人いわく「できる限り残業せずに早く帰りたい」とのことです。本人の体調や法律の面から休憩するよう求めていますが、本人は上司の話を聞こうとしません。このような場合の望ましい対応についてご教示ください。

休憩時間にはきちんと休憩時間を取るように注意・指導し、それでも所定の休憩時間を取らない場合には、業務命令違反あるいは就業規律違反として懲戒処分を検討すべきである

1．休憩時間の長さと趣旨

労基法は、「使用者は、労働時間が6時間を超える場合においては少くとも45分、8時間を超える場合においては少くとも1時間の休憩時間を労働時間の途中に与えなければならない」と定めています（34条1項）。すなわち、使用者は労働時間が6時間を超え8時間までの場合には45分以上の、8時間を超える場合には1時間以上の休憩時間を労働時間の途中に労働者に付与すべきものとされています。この趣旨は、労働がある程度継続すると、心身の疲労が蓄積されるため、労働からの解放によって身体と精神の疲労を回復させるとともに、疲労により低下した作業能率の回復や災害発生を防止することにあります。

2．休憩時間の意義とその内容

労基法34条2項は、「休憩時間は、一斉に与えなければならない」としていますが、これは休憩時間の効果を上げるため必要であり、また労働時間や休憩時間の監督の便宜を考慮したものとされています。

さらに同条3項は、「使用者は、第1項の休憩時間を自由に利用させなければならない」と定めていますが、休憩時間は、労働からの解放が保障されていることが必要であり、休憩時間と称しても、その間に、客待ちや電話番をすることなどが義務づけられている場合には、これらの時間はいわゆる「手待時間」であり、労働からの解放が保障されていないために休憩時間とはいえず、労働時間となります。

3．休憩時間付与義務違反に対する制裁

この休憩時間の付与義務違反に対して、使用者は、6カ月以下の懲役または30万円以上の罰金が科されます（労基法119条1号）。

また、休憩に関する事項は、就業規則の絶対的必要記載事項であり、使用者は休憩に関する事項を就業規則に定める必要がありますので、休憩時間を付与しない場合には、休憩時間を付与すべき債務の不履行となり、慰謝料といった損害賠償責任を負う可能性があります（住友化学工業事件最高裁三小　昭54.11.13判決）。

4.ご質問における社員の対応の問題点

ご質問において、社員は、上司からの「休憩を取るように」との指示にもかかわらず、「できる限り残業せずに早く帰りたい」という理由で、休憩時間中も仕事を行っているということです。

おそらく当該社員は、固定残業代が想定している時間内であれば、仕事が早く終わっても固定残業代が出ることに変わりはないので、できるだけ早く帰るために休憩時間を取得せずに仕事をしているものと考えられます。

しかし、当該社員の対応は、1.で述べたように労基法が使用者に休憩時間付与義務を課している趣旨から見ても、好ましくありませんし、他の社員の休憩時間の自由利用の妨げとなるおそれもあります。さらにいえば、結果として使用者に同法34条の休憩時間付与義務違反（使用者に刑罰の対象となる法違反）を惹起させる事態にもなりかねません。また、使用者は同法を遵守するために、就業規則に休憩時間、労働時間等を含む就業規律を定めているわけですから、当該社員の対応が、このような就業規律に反することは明らかです。したがって、使用者が当該社員に対し就業規律に従って、休憩時間はきちんと休息を取るように注意・指導をすることは当然のことであり、社員はこれに従う義務があります。再三にわたる注意・指導に対しても、これを改めない場合には、業務命令違反・就業規律違反として、懲戒処分とすることも可能です。

（加茂　善仁）

休暇中に仕事をした社員が、上司の指示を受けていないことを明言している場合でも労働時間とする必要があるか

ある社員が、休暇中に自宅で仕事をしていたことが判明しました。当該社員にヒアリングすると、「上司の指示は受けていない。書類の締め切りにも余裕があるが、やりかけの仕事があると精神衛生上よくないので仕事をした」と言っています。このような場合でも、当該社員が仕事をした時間は労働時間とする必要があるでしょうか。

当該社員の説明のみで判断することはできない。説明内容が客観的に事実と認められる場合は労働時間に該当しないが、所定時間内に業務を行うよう周知徹底する必要がある

1.持ち帰り残業の労働時間該当性
[1]労基法上の労働時間について

労基法では労働時間についての明確な定義はありません。もっとも、32条では休憩時間が労働時間には当たらないとされていること、41条3号では手待時間が労働時間に当たることが前提とされていることから、同法は労働時間について、現実に作業に従事しているか否かにかかわらず、労働者が使用者の指揮監督下に置かれている時間としていることが分かります。

また、通説・行政解釈では同法上の労働時間に当たる「労働」について、労働者が「使用者の指揮監督のもとにあること」と定義されており（厚生労働省労働基準局編『令和3年版 労働基準法・上』労働法コンメンタール③［労務行政］399ページ）、判例でも「労働者が使用者の指揮命令下に置かれている時間」と定義されていますから（三菱重工業長崎造船所事件　最高裁一小　平12．3．9判決）、同法上の労働時間に関する基本的な考え方はほぼ一致している状況です。

[2] 作業時間の労働時間該当性

労働者が行う作業はさまざまですが、このうち①使用者が指定した一定の場所で、②使用者が指示した時間に、③使用者が定めた規律を遵守しつつ、④使用者が指定した業務を指定した方法で行う典型的な労務提供について、その時間が「労働者が使用者の指揮命令下に置かれている時間」として労働時間に該当することに争いはありません。

しかしながら、現実には、①一定の場所といっても、出張等事業場外で労務提供する場合もあり、必ずしも労務提供が事業場内において行われるとは限りません。②指示した時間についても、事業場外労働のみなし労働時間制が適用される場合や、使用者による黙示の残業命令があったと認められる場合があるなど、労務提供すべき時間について使用者から具体的に指示があるとは限りません。③使用者の指定した業務や、④使用者の指定した態様についても、業務の内容や態様はさまざまで、具体的に特定されていない場合も少なくありません。とりわけ、わが国の多くの労働者が従事しているホワイトカラー労働においては、一定の業務を一定の態様によって処理しなければならない工場労働とは異なり、業務の内容や処理方法について労働者に一定の裁量が認められています。このように、現代社会では典型的な労務提供とは異なる態様のものも多く存在します。

このため、労働者がある作業に従事する時間が労働時間に該当するか否かについては、上記①〜④の性質を考慮しつつ、実質的に使用者の指揮命令が及んでいるか否かの観点から、個別具体的に判断していくことになります。

[3] 持ち帰り残業について

所定時間外に事業場外で行われるいわゆる持ち帰り残業は、①純粋に私生活上の領域である自宅等で、②労働者の好きな時間に行われること、③使用者の定めた規律が及ぶとはいえないこと、④遂行すべき業務について具体的に指定されているとはいえないことなどから、基本的には使用者の指揮命令が及ぶとは認められず、労働時間には該当しないと考えます。

しかしながら、労災に関するものですが、自宅作業の労働時間性が肯定された裁判例があります。

尼崎労基署長事件（神戸地裁　平16. 6.10判決）では、労働者が通常業務と並行して社内発表の準備を進めることを余儀なくされていたという事案において、上司から自宅での準備作業を当然の前提とした指導が行われていたこと、労働者の勤務する工場内で遅くまで準備作業をすることができなかったこと、作業の膨大さやそれに見合う勤務時間が労働時間内に確保されていなかったことが考慮され、自宅作業について黙示の業務命令があったと認定されています。

また、国・甲府労基署長（潤工社）事件（甲府地裁　平23. 7.26判決）では、もともと多忙な通常業務に加えてISO対応業務が指示されていたという事案において、相当の作業量を伴う作業を短期間のうちにやり遂げなければならない状況であり、期限までに終えるため、自宅に持ち帰って作業せざるを得ない状況であったとして業務起因性が認められ、推計によって労働時間も認定されました（その他の裁判例として、川崎南労基署長［日本マクドナルド］事件　東京地裁　平22. 1.18判決等）。

これらの裁判例からも明らかなように、業務量が多く、業務を完成すべき期限などが差し迫っているなど、所定労働時間内に仕事を完成させることが困難であり、期限までに終えるためには自宅に持ち帰って作業せざるを得ない状況であったという場合には、上司等による明示の指示がない持ち帰り残業であっても労働時間と認められる場合があると考えられます。

2. ご質問に対する回答

社員本人が「上司の指示は受けていない。書類の締め切りにも余裕がある」と説明しているとのことですが、労働時間は客観的に定まるものであることから、同人がそのように説明していることのみをもって労働時間に該当しないと判断するこ

とはできません。

　その上で、仮にこの社員が説明するとおり、客観的にも上司からの明示の指示がなく、締め切りにも時間の余裕があって、所定労働時間内に仕事を完成させることが可能であったという事実が認められるのであれば、ご質問のケースは労働時間に該当しないと考えます。

　もっとも、状況によっては労働時間と認められる場合もありますし、労働者の判断で勝手に所定時間外に仕事を行うことは労務管理上も情報管理上も好ましいとはいえませんから、現在のような状態を放置せず、業務は所定時間内に処理するよう改めて周知徹底する必要があります。

（西濱　康行）

新型コロナウイルスのワクチン接種にかかる時間は労働時間か、費用は本人負担でよいか

　従業員が所定労働日に新型コロナウイルスワクチン接種を行おうとした場合、接種にかかる時間は労働時間となるでしょうか。接種に関わる費用は本人負担としてよいでしょうか。また、接種後に副反応で就労できなくなった場合、不就労日の賃金や入通院に要した費用等の取り扱いはどうなるでしょうか。さらに、会社からの強い推奨を受けて接種し、後遺障害等が発生した場合、労災認定がされたり、安全配慮義務違反で損害賠償請求をされたりすることはあるのでしょうか。

ワクチン接種にかかる時間は労働時間に該当せず、費用は本人負担でよい。副反応で就労不可となった場合は欠勤とすることもやむを得ず、費用負担も不要。会社が接種を強く推奨した場合は、労災や安全配慮義務違反は否定できない

1．新型コロナウイルス感染症のワクチン接種

　政府は、新型コロナウイルス感染症の発症を予防し、死亡者や重傷者の発生を減らし、結果として同感染症のまん延の防止を図るべく、2021年2月17日より、ワクチンの接種を開始しました。

　そして、新型コロナウイルス感染症は、2023年5月8日から、感染症の予防及び感染症の患者に対する医療に関する法律上の5類感染症になりました。

　ワクチン接種についても、かつては国民の努力義務とされていましたが、2024年度以降は、新型コロナウイルス感染症が予防接種法上のB類疾病に位置づけられ、同法に基づく定期接種として実施することとされたため、努力義務もなくなりました。

2．ワクチン接種にかかる時間の労働時間該当性

　労基法上の労働時間とは、労働者が使用者の指揮命令下に置かれている時間をいいます（三菱重工業長崎造船所事件〔最高裁一小　平12.3.9判決〕等）。

　ワクチン接種は、労働者の自由意思に基づくものであることから、接種にかかる時間は、使用者の指揮命令下に置かれている時間とはいえず、原則、労働時間には該当しないと考えます。

　この点、厚生労働省の「新型コロナウイルスに関するQ&A（企業の方向け）」の「4　労働者を休ませる場合の措置（休業手当、特別休暇など）」の「〈ワクチン接種に関する休暇や労働時間の取扱い〉」という問においても、「特段のペナルティなく労働者の中抜け（ワクチン接種の時間につき、労務から離れることを認め、その分終業時刻の繰り下げを行うことなど）や出勤みなし（ワ

クチン接種の時間につき、労務から離れることを認めた上で、その時間は通常どおり労働したものとして取り扱うこと）を認めることなどは、（中略）ワクチン接種を受けやすい環境の整備に適うもの」とし、ワクチン接種にかかる時間を労働時間と解していない点も参考となります。

3.ワクチン接種にかかる費用の負担

ワクチン接種は、かつては全額公費で行われていましたが、全額公費による接種は2024年3月31日で終了したため費用がかかり、加えて、医療機関で行われるため交通費等もかかります。

しかし、法的には、これらの費用を使用者が負担する必要はないと考えられます。

すなわち、安衛法上の健康診断に関し、行政通達（昭47．9．18　基発602、昭63．9．16　基発601の1）は、健康診断の実施が使用者の義務であることから、その費用も当然に使用者が負担すべきと解していますが、ワクチン接種は、労働者の自由意思に基づくものであり、その実施が使用者に義務づけられているわけではありません。したがって、使用者が接種にかかる費用を当然に負担しなければならないということにはならないと考えます。

4.副反応で就労不可となった場合の取り扱い

ワクチン接種後は副反応が出ることがあり、これまで、接種部位の痛み、疲労、頭痛、筋肉痛、悪寒、関節痛等のほか、まれにアナフィラキシー（急性のアレルギー反応）が確認されています。

このため、労働者がワクチン接種後の副反応により一時的に就労できなくなることも想定されますが、接種が労働者の自由意思に基づくものである以上、使用者は、法的には、これを欠勤とすることもやむを得ず、副反応による入通院に要した費用等を負担する必要もありません。

なお、ワクチン接種によって健康被害が出た場合、労働者は、厚生労働大臣の認定を受けることで、予防接種法による救済（予防接種健康被害救済制度）を受けることが可能であり、この制度により、医療費や入通院に必要な諸経費の補償を受けることができます。

5.労災・安全配慮義務違反の可能性

ワクチン接種を受けたことで健康被害が生じた場合、厚生労働省は、その接種が、通常、労働者の自由意思に基づくものであることから、一般に業務として行われるものとは認められず、労災保険給付の対象とはならないとしています。一方で、医療従事者等については、労働者の自由意思に基づくものではあるものの、医療機関等の事業主の事業目的の達成に資するものであり、労働者の業務遂行のために必要な行為として、その接種につき業務行為に該当するものと認められ、労災保険給付の対象となると解しています（前掲Q＆A「5　労災補償」）。このため、ワクチン接種による健康被害に労災が適用されることは原則としてありませんが、裁判例（療養及び休業補償不支給処分取消請求事件　仙台地裁　平27.11.19判決）では、会社が従業員に対し、会社の費用負担でインフルエンザの予防接種を受けるよう口頭で推奨し、従業員が予防接種を受けギランバレー症候群に罹患した事案において、会社が接種の日時や期限、病院を指定していなかったこと、接種を受けない者が相当数いたこと、これに対し制裁を科していないこと等を考慮し、予防接種が使用者の業務命令や強制に基づくものとはいえないとして、業務遂行性を否定したものもあり、推奨の度合いによっては、労災も否定できないと考えます。

この場合の安全配慮義務違反については、使用者の関与が推奨にとどまる限り、原則として否定されると考えられますが、推奨の度合いによっては強制に至っていると評価され得、労働者の自由意思に基づくことが前提となるワクチン接種においては、安全配慮義務違反が肯定される可能性も否定できないでしょう。

6.実務上の対応

企業では、接種日と副反応が出た日に特別有給

休暇を付与したり、接種にかかる不就労時間を欠勤としなかったりする等、ワクチン接種を受けやすくする制度を導入する例も見られます。厚生労働省も、前掲Q&A「〈ワクチン接種に関する休暇や労働時間の取扱い〉」にて、このような制度の導入を推奨しており、使用者としては、ワクチン接種を受けやすくするための対応を検討することが望ましいといえます。

（山﨑　貴広）

年末調整の書類を記入する時間は労働時間にカウントすべきか

　例年、年末調整の書類を配布し、社員からの提出を待つ中で、「上司に『仕事と直接関係ない書類だから、業務時間中には記入しないように。時間外に記入しても残業は認めない』と言われた」という相談を受けることがあります。法的にはどのように取り扱うべきでしょうか。また、年末調整の書類を自宅で記入している社員も多いようですが、この場合も労働時間として把握すべきでしょうか。

年末調整を行うことは会社の義務であるが、扶養控除等申告書などの年末調整に係る書類の提出義務は、法律上、社員本人にある。したがって、書類の記入時間は労働時間に該当せず、時間外に記入した場合も残業として取り扱う必要はない。また、自宅で記入した場合も、会社は労働時間として把握する必要はない

1.年末調整書類の提出義務は誰にあるか

　一般的に、年末調整では、会社が社員に対して「給与所得者の扶養控除等（異動）申告書」「給与所得者の基礎控除申告書兼給与所得者の配偶者控除等申告書兼所得金額調整控除申告書（以下、基礎控除等申告書）」（令和6年分に関しては「定額減税のための申告書」が追加）、「給与所得者の保険料控除申告書」「住宅借入金等特別控除申告書」（必要に応じて）を配布し、必要事項を記入した上で提出してもらい、会社はこれら提出された書類等に基づいて所得税額の過不足を調整することとなります。

　この年末調整を行う義務は会社側にありますが、その義務の対象となるのは上記「給与所得者の扶養控除等（異動）申告書」を提出した社員に係る年末調整です（所得税法190条）。

　一方で、各社員には「給与所得者の扶養控除等（異動）申告書」を会社経由で納税地の所轄税務署に提出する義務が課せられています（同法194条）。仮に、「給与所得者の扶養控除等（異動）申告書」を社員が提出しなかった場合、会社は年末調整を行わなくとも同法違反には問われません。また、「基礎控除等申告書」や「保険料控除申告書」は、社員が税額控除を受けるために会社経由で所轄税務署に提出する書類です（同法195条の2、196条）。したがって、これら書類を提出しなかったことをもって社員が所得控除を受けられなかったとしても、その不利益は社員本人が負うものとなります。

　つまり、年末調整に係る申告書類の提出は社員が自らの義務および利益のために行うものであり、会社が業務として行わせているものではありません。

2.労働時間に該当するか

　会社は、労働時間に対して賃金支払いの義務を

負います。したがって、仮に年末調整に係る申告書類の記入時間が労働時間に該当するのであれば、基本的にはその労働者の所定労働時間内に行わせる必要がありますし、仮に時間外に記入させるのであれば、時間外労働手当の支給対象としなければなりません。

そこで、労働時間とは何かということが問題となりますが、一般的には「労働者が使用者の指揮命令下に置かれている時間」と定義されます。つまり、労働時間に該当するには、会社の指揮命令下における労務の提供が前提となり、会社業務ではない、自らの義務および利益のために行うものについて、それを所定労働時間内に行わせる必要はありませんし、時間外に行った私的行為について時間外労働としてカウントする必要もありません。

また、この労働時間中に社員が職務に専念する義務があることについて、公務員を除き、法律上明文化された規定はありませんが、労働契約に付随する義務として当然に存在すると解されます。

さらに、多くの会社においては、就業規則における服務規律の一つとして職務専念義務が規定されているはずです。そのため、労働時間中、社員には会社の指揮命令に従って労務提供に専念する義務があり、勝手に私的行為をすることは許されません（菅野和夫・山川隆一『労働法 第13版』［弘文堂］1095ページ）。

年末調整に係る申告書類の記入は、上記1.で説明したとおり、会社業務ではなく、あくまで社員が自らの義務および利益のためにする私的行為の範囲といえますので、本来的には労働時間中で記入すべきものではないと考えます。

また、時間外や自宅で記入した場合も、会社の指揮命令に服し、業務に従事している時間ではありませんので、労働時間には該当せず、会社に時間外割増賃金等の支払い義務は発生しないものと解されます。

3.実務上の留意点

法的な解釈としては、上記のとおり、年末調整に係る申告書類の記入は、あくまで社員本人の私的行為であり、業務時間中に行うべきものではないといえます。しかし、実際の職場では、配布と同時に業務時間内に記入する社員がいる一方、時間外や自宅で記入する社員がいるなど、統一されていない場合もあるかと思います。

特に、配偶者や扶養親族がいない社員で、保険料控除申告もないような場合であれば、記入箇所も少なく、短時間で終わりますので、業務時間中に記入したとしても大きな問題ではないかもしれません。

しかし、控除項目が多数あるような場合には、書類をそろえ、さらに記載要領を確認しながら記入することが求められるなど、それなりに記入に時間がかかり、業務時間中に記入するとなると他の仕事への影響が出てしまう場合も考えられます。

こうした不統一を職場で放置していると、実は社員間で不満がたまっている状態となってしまい、職場秩序が乱れてしまうリスクを生じさせかねません。したがって、書類の記入については、業務時間外に、または、自宅で行うよう統一して、事前に通知することも必要であると考えます。

（宮本　美恵子）

Q217 就業時間外に自主的に行われている教育・指導は労働時間となるか

先日、営業部の若手社員Ａから「始業前・終業後などの就業時間外や昼休みなどに、先輩社員Ｂから業務上の教育・指導を受けている」との相談を受けました。こうした教育・指導は、上長の不在時に行われることがあるため、上長はその事実をまったく認識していなかったようです。Ａの１年先輩の一般社員であるＢは、「Ａの成長を考えて、自主的に行っているもので、労働時間にはならない」と主張していますが、Ａとしては「断りづらく、自由時間を拘束されてしまい、業務との関連性も強いので、せめて労働時間として取り扱ってほしい」と申し出ています。Ａ・Ｂのそれぞれについて、この教育・指導の時間を労働時間として取り扱うべきでしょうか。

単なる先輩の一般社員であるＢによる就業時間外の自主的な教育・指導に要した時間は、上長がその事実をまったく認識していなかったならば、Ａ・Ｂの双方にとって労働時間には該当しない

1.労働時間の意義

どのような時間が「労働時間」に当たるかという点については、三菱重工業長崎造船所事件の最高裁判例（最高裁一小　平12．3．9判決　民集54巻3号801ページ）が明らかにしています。同判例では、労働時間とは、「労働者が使用者の指揮命令下に置かれている時間をいい、右の労働時間に該当するか否かは、労働者の行為が使用者の指揮命令下に置かれたものと評価することができるか否かにより客観的に定まるものであって、労働契約、就業規則、労働協約等の定めのいかんにより決定されるべきものではないと解するのが相当である。そして、労働者が、就業を命じられた業務の準備行為等を事業所内において行うことを使用者から義務付けられ、又はこれを余儀なくされたときは、当該行為を所定労働時間外において行うものとされている場合であっても、当該行為は、特段の事情のない限り、使用者の指揮命令下に置かれたものと評価することができ、当該行為に要した時間は、それが社会通念上必要と認められるものである限り、労働基準法上の労働時間に該当すると解される」と判示しています。

労基法上の「労働時間」の内容（判断要素、基準）については、学説上、使用者の指揮命令下に置かれている時間とする「指揮命令下説」、使用者の指揮命令下に置かれている時間または使用者の明示・黙示の指示により業務に従事する時間とする「限定的指揮命令下説（部分的二要件説）」、使用者の関与の下で労働者が職務を遂行している時間とする「相補的二要件説」の三つの見解に大きく区分できますが、上記最高裁判例は、労基法上の労働時間について「労働者が使用者の指揮命令下に置かれている時間」と判示し、「指揮命令下説」を採用しました。

そして、最高裁判例が採用した指揮命令下説において、使用者の指揮命令下に当たるかどうかは、具体的な事例の当てはめの場面でさまざまな要素が考慮されているところですが、例えば、義務づけ（強制）の程度（義務性）、業務との関連性の有無（業務性）、時間的・場所的拘束の有無（待機性）などの判断要素（これらは要素であって"要件"ではない）を考慮して、「使用者による指揮命令」の有無を判断し、労働時間該当性を判断することが多いです。

また、使用者が明示的に命令・指示している場合だけでなく、時間外労働を行っていることを認識しつつ使用者がこれを黙認・許容している場合についても、使用者による黙示的な指揮命令が存

在すると評価できることから、それに要した時間も労働時間に該当し得ると解されています（京都銀行事件　大阪高裁　平13．6.28判決　労判811号5ページ、東京都多摩教育事務所［超過勤務手当］事件　東京高裁　平22．7.28判決　労判1009号14ページ等）。

　以上が裁判実務の考え方ですが、行政実務においても、同様の考え方が採用されています。このことは、平成29年1月20日に策定された「労働時間の適正な把握のために使用者が講ずべき措置に関するガイドライン」（以下、適正把握ガイドライン）を見れば明らかです。適正把握ガイドラインは、それまでの「労働時間の適正な把握のために使用者が講ずべき措置に関する基準」（平13．4.6　基発339）をいわばアップデートしたものですが、適正把握ガイドラインの冒頭に「労働時間の考え方」、つまり労基法上の労働時間（実労働時間）該当性に関する記載が追加されています。この「労働時間の考え方」に記載されている内容は、それまでの裁判実務・行政指導実務において用いられていた労基法上の労働時間の定義（使用者の指揮命令の下にある時間）を確認した上で、労働時間該当性の実際の判断の場面においては、「義務性」「業務性」「待機性」が主要な判断要素になるという、これまでのオーソドックスな見解を踏襲したものであり、新たな考え方が示されたものではありませんでした。また、医師に関するものですが、「医師の研鑽に係る労働時間に関する考え方」（令元．7.1　基発0701第9）および「医師等の宿日直許可基準及び医師の研鑽に係る労働時間に関する考え方についての運用に当たっての留意事項について」（令元．7.1　基監発0701第1．令6.1.15　基監発0115第2で改正）においても同様に、業務性と義務性などから判断することが明らかにされています。

2.ご質問における労働時間該当性の検討

　上記のとおり、労働時間に該当するか否かは、労働者の行為が使用者の指揮命令下に置かれたものと評価することができるか否かによって判断さ

れます。以下では、教育・指導を受けていたAと、教育・指導を行っていたBに分けて検討します。

[1]教育・指導を受けていたAについて

　ご質問では、Bの行っている教育・指導が業務上とのことからすれば業務性があり、Bが先輩社員でAとしては断りづらかったとのことですので、指揮命令下に置かれたものと評価することが可能とも思われます。

　しかし、管理職でない単なる一般社員であり、時間外労働を命じる権限を含めた労務管理権限もないBが、自主的に後輩のAに教育・指導を行っており、しかも、それを上長がまったく認識していないことからすれば、そもそも「使用者から義務付けられ、又はこれを余儀なくされたとき」とはいえず、使用者の指揮命令下にあったとはいえません。

　また、上長がBによる教育・指導をまったく認識していなかったのですから、使用者が「黙認・許容」していたとはいえません（ただし、前述したように、上長が黙認していたのであれば、使用者による黙示的な指揮命令が存在すると評価できることから、それに要した時間も労働時間に該当し得ます）。

　したがって、ご質問のケースの場合、AがBから教育・指導を受けていた時間は、労働時間には該当しません。実質的に考えても、就業時間後の飲み会で、先輩社員が後輩に対して、説教（業務上の指導のようなもの）をするのと本質的には変わらないでしょう。

　なお、これが単に先輩の一般社員であるBではなく、上長による教育・指導であれば、業務性や義務性の観点から、労働時間に該当する可能性は高いでしょう。

[2]教育・指導を行っていたBについて

　ご質問で、Bは自ら認めるとおり、上長等からの指示ではなく自主的にAに対して教育・指導を行っていて、上長がBによる教育・指導をまったく認識していない状況でした。

　このような状況からすると、Aの場合と同様

に、そもそも「使用者から義務付けられ、又はこれを余儀なくされたとき」とはいえず、「使用者」の指揮命令下にあったとはいえません。また、上長がBによる教育・指導をまったく認識していなかったのですから、使用者が「黙認・許容」していたとはいえません。

そのため、ご質問のケースの場合、BがAに教育・指導を行っていた時間は、労働時間には該当しません。

ただし、例えば、Bが1年先輩の一般社員ではなくリーダー・主任クラスであって、その役割期待として後輩の教育・指導が明確に示されている場合には、その業務性の程度は高まります。また、Bがいくら自主的に行っているとはいえ、後輩への教育・指導の有無が実質的にBの人事評価等に反映されるのであれば、使用者が「黙認・許容」していたとされる可能性も高まるため、これらの場合には労働時間に該当し得るリスクがあることに留意する必要があります。

（小山　博章）

8時間を超えて勤務させる場合、どの時点で休憩を与える必要があるか

従業員について8時間を超えて勤務させる場合、労基法上、労働時間が6時間を超えて8時間になるまでの間に少なくとも45分の休憩時間を与えなければならないのでしょうか。あるいは、8時間を超えた後に1時間の休憩時間を与えれば、同法上の休憩時間付与義務を果たしたことになりますか。また、従業員ごとに交代的に、30分ずつ分割して与えるといった運用は可能でしょうか。

休憩時間につき、労働時間の途中であればどの時点で付与するかは制約がない。8時間を超える場合の1時間の休憩付与義務上、8時間を超えた後に1時間休憩させることでも問題ないが、安全衛生の観点からは推奨されない。また、30分ずつ分割して与えることも可能だが、休憩は原則として事業場単位で一斉に与えなければならないため、従業員ごとに交代的に与えるには労使協定および就業規則等の定めが必要

1. 休憩時間付与義務

労基法上、使用者は労働者に対して、労働時間が6時間を超え8時間以内の場合は少なくとも45分、8時間を超える場合は少なくとも1時間の休憩時間を労働時間の途中に与える義務を負っています（34条1項）。

ここでいう労働時間とは、実労働時間をいい、所定労働時間が8時間であっても、それを超えて勤務（残業）させる場合には、1時間の休憩時間が必要となります。また、休憩時間とは、単に作業に従事しない手待ち時間を含まず、労働者が権利として労働から離れることを保障されている時間を意味します（昭22．9．13　発基17）。

2. 休憩時間付与の時点

上記のとおり、休憩時間については「労働時間の途中に」付与する義務があります。そのため、始業時や終業時に休憩させたとしても、労基法上の休憩を与えたことにはなりません。

その上で、労働時間が6時間を超え8時間以内の場合に45分の付与が義務づけられているところ、労働時間が8時間を超える場合においては、一勤務において1時間の休憩時間を与える義務があるものであって、労働時間8時間を超えないタ

イミングで45分の休憩時間を付与することまでは要求されていません。

したがって、労働時間が8時間を超えた後に1時間の休憩時間を与え、さらに労働させることも、労基法上の休憩時間付与義務との関係では問題ありません。

ただし、長時間連続した労働の後に初めて休憩時間を与えるのでは、心身の休息は十分に期待し難いと考えられることから、安全衛生の観点からは推奨されず、休憩の実効性も加味した上で適時に与えるべきでしょう。

3.休憩時間の分割付与

労基法上、付与義務のある休憩時間について、連続して付与する義務はなく、分割して与えることも可能です。したがって、例えば、1日の労働時間が8時間を超える場合に別時点で30分ずつ付与することでも付与義務は果たされます。

一方、例えば分割した休憩時間が極端に短く、その時間を自由に利用する余地がない場合には、「権利として労働から離れることを保障されている時間」（前掲通達）とはいえず、休憩時間と評価されない可能性があるため注意が必要です。

4.休憩時間の一斉付与

労基法は、運送、商業、金融・広告、映画・演劇、通信、保健・衛生、接客・娯楽の事業を除き、休憩時間は原則として事業場の労働者全員について一斉に与えられなければならないとしています（34条2項本文、40条、労基則31条）。

ただし、労働者の過半数で組織する労働組合または労働者の過半数を代表する者との労使協定により、上記一斉休憩付与義務の免除を受けることができます（労基法34条2項ただし書き）。同労使協定には、一斉に休憩を与えない労働者の範囲および当該労働者に対する休憩の与え方について定める必要があります（平11．1．29　基発45）。

なお、同労使協定は一斉付与義務を免除する条件にすぎないため、現に交代的に休憩させることができるのは、就業規則等で労使協定に従った休憩取得義務が定められた場合です。したがって、ご質問のように従業員ごとに交代的に休憩を与えるためには、労使協定の締結のほか就業規則等の定めが必要です。

（福井　大地）

残業しないよう指導しても聞き入れない社員に時間外手当を支払わず、また、終業時刻後は強制的に就業できないようにすることは問題か

仕事の効率が悪く、結果的に連日長時間の残業をしている社員がいます。健康上の問題も懸念されるため、上司がこれ以上残業をしないよう指導していますが、聞き入れません。この場合、残業を命じていない以上、時間外手当を支払う必要はないと考えてよいでしょうか。また、終業時刻後は本人が業務で使用するパソコンをシャットダウンする、業務上必要な情報にアクセスできないようにする、執務スペースに入室できないようにするなどして、強制的に就業できないようにすることは問題でしょうか。

残業を明示的に命じていない場合であっても、時間外労働を余儀なくさせるほどの量の仕事を与えている場合は、時間外手当の支払いが必要な場合がある。強制的に就業できない措置を取ることは可能だが、持ち帰り残業に注意が必要

1. 自主的な居残り残業も労働時間となり得る

　労基法32条にいう割増賃金の対象となる労働時間（法定労働時間）とは、実際に労働者が業務に従事した時間（実労働時間）を意味します。この実労働時間について、裁判例は「労働者が使用者の指揮命令下に置かれている時間」のことをいうと判示しつつ、当該行為が「使用者から義務付けられ、又はこれを余儀なくされた」か、一定の場所での待機と電話等への対応を義務づけられていたか、断続的な業務への従事を指示されていたか、などによって「使用者の指揮命令下に置かれたものと評価することができる」か否かを判断しています（三菱重工業長崎造船所事件　最高裁一小　平12．3．9判決、大星ビル管理事件　最高裁一小　平14．2.28判決、大林ファシリティーズ事件　最高裁二小　平19.10.19判決）。

　したがって、使用者が時間外労働を明示的に命じていないにもかかわらず、労働者の自己判断で時間外勤務がなされる場合であっても、時間外労働を余儀なくさせるほどの量の仕事を与えており、使用者が時間外労働の事実を知って容認していたような場合は、黙示の命令があったとして時間外労働があったと認められることがあります。

2. 残業を明示的に禁止した場合

　もっとも、労働者が自主的に時間外労働を行った場合であっても、使用者が時間外勤務を明示的に禁ずるなど厳格な管理を行っていた場合には、労働時間性が否定される場合もあります。「残業を禁止する旨の業務命令を発し、残務がある場合には役職者に引き継ぐことを命じ、この命令を徹底していた」場合には、時間外労働を行ったとしても使用者の指揮命令下にある労働時間とはいえないと判断した裁判例もあります（神代学園ミューズ音楽院事件　東京高裁　平17．3.30判決）。

　したがって、ご質問のケースにおいて、社員が自己の判断で残業を行った場合であっても、上司が当該社員に対して明示的に残業を禁止し、当該社員の業務を上司や他の社員に引き継ぐといった運用を行っていた場合には、上記残業の労働時間性は否定されると解されます。他方で、上司が残業を控えるよう指示していたとしても、時間外労働を余儀なくさせるほどの量の仕事を与えており、それを上司も容認していたような場合は、黙示の時間外労働命令があったと解されます。

3. 強制的に就業を禁止することも可能

　このように、仮に上司が社員に残業をしないように指導していたとしても、社員が現実に居残り残業をしていた場合、その残業が労働時間であると評価され、残業代の請求を受けるリスクがあります。そこで、このようなリスクを回避するためには、居残り残業それ自体ができないような措置を取る必要があります。具体的には、ご質問にあるように、終業時刻後は本人が業務で使用するパソコンをシャットダウンする、業務上必要な情報にアクセスできないようにする、執務スペースに入室できないようにするなどの措置を取ることが可能です。というのも、そもそも時間外労働は、所定ないし法定労働時間を超えた労働をする「義務」が労働者にあるか、という問題であり、労働者に時間外・休日労働をする「権利」があるわけではないからです。そして、使用者が時間外労働を禁止する以上、時間外において、会社のパソコンの使用、情報へのアクセス、執務スペースにおける滞留を禁止することも企業の施設管理権を根拠に可能だからです。

4. 持ち帰り残業にも注意

　もっとも、上記3.のように会社内で強制的に就業できない措置を取ることができたとしても、社員が自宅に持ち帰って会社内で終わらなかった業務を行う可能性も否定できません。このような持ち帰り残業は、本来使用者の指揮監督が及ばない労働者の私的な生活の場である家庭で行われるものであり、指揮命令下の労働とは認められず、原則として労基法上の労働時間には該当しないと解されます。

　しかし、①担当業務に一定の期限が設定されて

おり、期限を徒過した場合に使用者より不利益に取り扱われるようなケースで、②自宅に持ち帰って仕事をしなければ、一定の期限に担当業務を処理できず、③従業員が自宅に持ち帰って仕事をしていることを、使用者（上司を含む）が認識しているような場合、持ち帰り残業の労働時間性が認められる余地があります。また、筆者の弁護士としての経験上、近時の裁判や外部労働組合（ユニオン）との団体交渉において、持ち帰り残業の労働時間性が主張される事例も多くなっており、事実上の紛争のリスクも存在します。

そこで、対応策としては、前記2.と同様に、持ち帰り残業も明示的に禁止することが必要です。

加えて、業務を持ち帰りしなければならない状況が生じないように指導管理を行うことも重要となります。

5.まとめ

以上から、会社が認めていない居残り残業による残業代請求のリスクを回避するためには、明示的に残業の禁止命令を発するのみならず、居残り残業自体を阻止することが必要となります。根本的には、日常的に実態に即した業務量の調整を行うとともに、労働時間の把握および管理を徹底することが重要です。

（吉村　雄二郎）

朝の交通渋滞を避けるために始業時刻より早く出社する場合、本人の申請の有無にかかわらず労働時間として扱うべきか

当社は郊外の工業団地にあり、マイカー通勤が前提です。社員の中には朝の交通渋滞を避けるため、始業時刻より早く出社する者がいます。始業前は「自席で朝食を取りながらメールや回覧資料をチェックしている」とのことですが、こうした時間も労働時間になり得ると聞き、早く出社しないよう指導しています。しかし当人は、「労働時間として残業代を申請していない。本人が『働いていない』と言っていてもダメなのか」と困惑した様子です。こうした場合、本人の申請に沿って労働時間としないことは認められますか。またその場合、どのような手続きを取る必要があるでしょうか。

黙示の指示があると判断される可能性があるため、時間外労働の厳格な運用やパソコンの使用禁止などの対策が必要

1.労働時間とは

労基法32条の労働時間とは、「労働者が使用者の指揮命令下に置かれている時間をいい、右の労働時間に該当するか否かは、労働者の行為が使用者の指揮命令下に置かれたものと評価することができるか否かにより客観的に定まるものであって、労働契約、就業規則、労働協約等の定めのいかんにより決定されるべきではない」と解されています（三菱重工業長崎造船所事件　最高裁一小平12. 3. 9判決）。

ご質問のケースでは、社員が始業前に自席で朝食を取りながら、メールや回覧資料をチェックしているとのことですが、これが使用者の指揮命令下に置かれている状況であれば、労働時間に該当します。さらに、労働者が就業規則における所定労働時間の規定と異なる勤務を行って時間外労働に従事し、使用者が異議を述べていない場合（城南タクシー事件　徳島地裁　平8. 3.29判決）

や、業務量が所定労働時間内で処理できないほど多く、時間外労働が状態化しているような場合（とみた建設事件　名古屋地裁　平3.4.22判決）については、黙示の指示に基づく時間外労働と認められます。これらは、社員が時間外労働を申請していないとしても変わりはありません。

したがって、仮に貴社において就業時間外にも行わなければならないほどの業務量があり、それを始業前に行っていたと認定し得る場合、貴社がその状態を黙認し続けると、時間外労働をすることについて黙示の指示があると判断される可能性があります。それによって早出勤務分の時間外労働手当の支払い義務が発生することになり、その不払いが続くことにもなりかねません。現在の状況は早急に改めるべきでしょう。

2.社員の労働時間の把握

使用者は、管理監督者およびみなし労働時間制が適用される労働者を除き、労働時間を適正に把握する義務があります。労働日ごとに始業・終業時刻を使用者が確認・記録し、これを基に労働者が何時間働いたかを把握・確定する必要があります（「労働時間の適正な把握のために使用者が講ずべき措置に関するガイドライン」〔平29.1.20〕）。貴社においても、自主的に早出している社員が業務を行っているといえるのであれば、それが何時間であるのかを確認・記録する必要があります。

上記ガイドラインによれば、使用者には労働時間を適正に把握する責務があり、原則として以下のいずれかの方法によらなければならないとしています。

①使用者が、自ら現認することにより確認し、記録すること
②タイムカード、ICカード・パソコンの使用時間の記録等の客観的な記録を基礎として確認し、記録すること

これら二つの方法によることなく、例外的に自己申告制にせざるを得ない場合についても、ガイドラインでは取るべき措置を明記しています。主

に次のようなものです。

①自己申告制を導入する前に、その対象となる労働者に対して、適正に自己申告を行うことなどについて十分な説明を行うこと
②実際に労働時間を管理する者に対して、自己申告制の適正な運用を含め、本ガイドラインに従い講ずべき措置について十分な説明を行うこと
③自己申告により把握した労働時間が実際の労働時間と合致しているか否かについて、必要に応じて実態調査を実施し、所要の労働時間の補正をすること

したがって、貴社の場合、該当する社員の労働時間に関する実態調査を行うことが必要です。

また、既に貴社では始業時刻より早く出社して仕事をしている社員を把握しているにもかかわらず、労働時間に計上していない状態を放置することは上記義務違反になるので、早急に改善するべきです。早出しても労働時間ではないといえる状況にするか、労働時間であることは認容し、正確に把握・計上するということになるでしょう。

3.具体的対策

社員が労働時間を自主的に過少申告していたとしても、申告外の時間につき客観的に労働時間と認定できる場合には、使用者に賃金の支払い義務が発生します。また、労働時間に該当する時間が増えることで、社員が疾病等を負った場合の損害賠償責任が発生するリスクがあります。

とはいえ、マイカー通勤における道路渋滞、電車通勤であればラッシュの時間帯を避けたいというのも理解できる事情ですから、社員が自主的に早く出社すること自体を強制的にやめさせることは現実的ではないように思われます。一部の社員が早く出社したいという希望を有している実態は、受け止めざるを得ないでしょう。

そこで、一部の社員が始業時刻より早く出社したとしても、その時間帯に業務を行うためには上司・責任者から明確な指示を受けなければならないことにし、そのことを就業規則に明記するなど、厳格な運用を行うのがよいでしょう。さら

に、会社の始業時刻まではパソコンの電源が入らないようにして、メール等を閲覧できないようにし、事実上業務を行えないようにする措置も考えられます。その上で、早く出社し、朝食を取ったり、新聞を読んだりするだけでしたら、労働時間とみなされることはないといってよいでしょう。

いずれにせよ、社員が会社の意に反し、自主的に始業時刻よりも相当早く出社して仕事をしている状態は、会社にとって望ましい状態とはいえません。できる限り早急な対処をすることが必要となります。

（鬼沢　健士）

電車の遅延証明があれば労働時間扱いとしていた遅刻を、フレックスタイム制導入により労働時間として扱わないこととするのは問題か

　当社では、電車遅延証明のある遅刻については労働時間として取り扱っています。しかし現在、フレックスタイム制の導入を検討中であり（フレキシブルタイムは7～22時、コアタイムは10～15時、休憩は12～13時）、例えば「9時に出社予定」としていた社員が電車遅延により出社予定時刻に遅れたとしても、今後はフレキシブルタイムの活用として遅刻時間分を労働時間と取り扱わないこととしたいのですが、問題でしょうか。なお、コアタイムにおける遅刻については、従来どおり電車遅延証明により労働時間として取り扱います。

フレキシブルタイムにおける電車遅延時の遅刻時間分を労働時間として取り扱わなくともよい

1. フレックスタイム制とは

　労基法32条は、労働時間について1週40時間、1日8時間と定め、これを超えて労働者に労働させるためには、36協定の締結・届け出を必要とする（同法36条）とともに、これにより労働させた場合には、割増賃金の支払いを義務づけています（同法37条）。

　ところで、フレックスタイム制は、一定の期間（清算期間）の中で一定の時間（契約時間）労働することを条件に、労働者自らが各日の労働時間の始業と終業（すなわち、労働時間の長さ）を決定できる制度です（同法32条の3）。

　フレックスタイム制では、労働者が出退勤をすべき時間帯（フレキシブルタイム）が定められるとともに、必ず労働すべき時間帯（コアタイム）が定められることが通常ですが、コアタイムのな

いフレックスタイム制も有効です。

2. フレックスタイム制実施の要件と効果
[1] フレックスタイム制の要件

　フレックスタイム制を実施するためには、就業規則等において、「始業及び終業の時刻」を労働者の決定に委ねることを定めることが必要です（労基法32条の3）。

　その上で、過半数労働組合があればその労働組合と、なければ労働者の過半数を代表する者と書面による協定（フレックスタイム協定）を締結し、①フレックスタイム制により労働させることのできる労働者の範囲、②清算期間（3カ月以内の期間。また、清算期間の起算日を定める必要があります〔労基則12条の2第1項〕）、③清算期間における総労働時間を定める必要があり（以上

①～③については、同法32条の３第１号ないし３号）、さらに、④標準となる１日の労働時間（これは、年次有給休暇を取得した際の基準となる労働時間となります）、⑤コアタイムを定める場合には、その時間帯の開始および終了の時刻、⑥フレキシブルタイムに制限を設ける場合には、その時間帯の開始および終了の時刻を定める必要があります（以上④～⑥については、同法32条の３第４号、労基則12条の３。なお、⑤と⑥は始業、終業時刻に関する定めですから、同法89条１号により、就業規則にも定めておく必要があります）。

[2]フレックスタイム制の効果

　フレックスタイム制においては、清算期間を平均して週の法定労働時間（40時間）を超えない限り、１日８時間、１週40時間の法定労働時間を超えて労働させても、時間外労働となりません。例えば、１カ月を清算期間とした場合、31日の月であれば、１カ月の法定労働時間は177.1時間（40時間×31日／７日）となり、この時間を超えない限り、１日８時間、１週40時間を超えても時間外労働とはなりません。したがって、この範囲であれば36協定の締結も必要ありませんし、割増賃金の支払いも不要です。時間外労働となるのは、清算期間における労働時間の合計において、上記法定労働時間を超えた部分です。

3.フレックスタイム制における遅刻・早退等の取り扱い

　フレックスタイム制は、始業および終業時刻を労働者本人が決定するものですから、始業・終業時刻が定められている定型的労働時間制における遅刻・早退や、日ごとの残業という考えはありません。

　ところで、コアタイムを設けているフレックスタイム制にあっては、コアタイムに遅刻することやコアタイム中に早退するということはあり得ますので、コアタイムでの遅刻・早退を就業規律違反として扱うことや、人事考課上の評価対象とすることは可能です。もっとも、コアタイムの遅刻や早退等があったとしても、定型的労働時間制による場合とは異なり、フレックスタイム制適用の労働者が遅刻あるいは早退した労働時間分をその日または清算期間内の他の労働日に労働することによりカバーし、清算期間内の総労働時間に不足がなければ、賃金カットされることはありません。

4.労働時間として取り扱っていた電車遅延部分をフレックスタイム制導入に伴い、労働時間として取り扱わないことの可否

　ご質問では、これまで電車遅延証明のある場合には、遅刻をしても労働時間として取り扱っていたとのことですが、これは、遅刻分を労基法32条の労働時間として取り扱っていたということではなく、賃金カットの対象とせず、また、規律違反の遅刻としても取り扱っていないという意味であると思われます。同条が規制の対象としているのは実労働時間ですから、遅刻を労働時間として取り扱っていたといっても、遅刻をした時間が実労働時間となるわけではなく、単に賃金の支払い対象時間としていたものと考えられます。

　フレックスタイム制では、先に述べたように、フレキシブルタイムにおける遅刻・早退という観念はありませんので、電車遅延があったことにより出社時刻が遅れた場合には、遅れて出社した時刻が始業時刻になると解されます。この点について、「９時に出社予定」としていた労働者が電車の遅延により遅刻した場合にフレックスタイム制の下で労働時間として取り扱われなくなることは、不利益取り扱いではないかとも思われますが、そもそも当該労働者が、前日に「９時に出社予定」としていたといっても、始業時刻は労働者本人の自由な決定によるものですから、「９時に出社予定」としていたことが意味のあるものとは思われませんし、翌日の出社時刻をあらかじめ使用者に伝えておく必要性もありません。

　また、この場合、不利益とは何かというと、遅刻分は実労働時間にならず、フレックスタイム制における総労働時間にカウントされないということです。その結果、遅刻分を労働してカバーしな

いと、その分だけ賃金カットされることになるということです。しかし、フレックスタイム制においては、清算期間における総労働時間は労働すべき義務がありますし、総労働時間に足りない場合に賃金が支払われないことは、ノーワーク・ノーペイの原則から見て当然のことです。また、大幅な電車遅延がしばしば生ずるわけではないでしょう。

さらにフレックスタイム制の導入は、過半数労働組合ないし過半数の労働者代表との協定に基づいて実施されるわけですから、電車遅延による遅刻が労働時間として取り扱われなくなることが、仮に労働条件の不利益変更に該当するとしても、不利益の程度・内容、変更の必要性・相当性、協定締結の経緯等から見て、労契法10条の合理性が認められると考えられます。

（加茂　善仁）

　フレックスタイム制で休日に労働させる場合の労働時間の取り扱い

フレックスタイム制の導入を検討していますが、フレックスタイム制では、休日に労働させる場合、どのように取り扱えばよいでしょうか。当社の休日は土曜日、日曜日（日曜日が法定休日）で、必要に応じて休日出勤を行うことがあり、休日振替もしくは代休を取得することで対応しています。また、休日に働く場合は、終日のケースもあれば、2～3時間しか勤務しないこともあります。

　法定外休日の場合は、清算期間中の総労働時間に含める。法定休日の場合は休日労働に対する割増賃金の支払いが必要となる

1.フレックスタイム制の要件

フレックスタイム制を導入するに当たっては、「就業規則その他これに準ずるものにより、始業及び終業の時刻をその労働者の決定に委ねる旨定める必要がある」とされており（労基法32条の3第1項）、さらに書面による協定で以下の事項につき定めることとされています。

[1]対象労働者の範囲

対象労働者の範囲とは、職種などによって対象となる労働者の範囲を特定するものです。フレックスタイム制では、始業・終業の時刻を労働者の自由な決定に委ねることが条件となります。導入に不向きな職場もありますので、その対象範囲を労使で十分に話し合い、決定することが必要です。

[2]清算期間（3カ月以内とすること）

清算期間とは、フレックスタイム制の下で労働者が労働すべき時間を定める期間のことです。

平成31年4月1日改正施行の労基法において、清算期間の上限が従前の1カ月以内の期間から最長3カ月に延長されました（同法32条の3第1項2号）。

清算期間が1カ月を超える場合には、当該清算期間をその開始の日以後1カ月ごとに区分した期間ごとに各期間を平均し、1週間当たりの労働時間が50時間を超えない範囲で労働させることができ、50時間を超えた分は、法定の割増賃金を支払う必要があります（労基法32条の3第2項）。

これを例示しますと、次表のようになります。

月 （暦日数）	法定労働時間	実労働時間	週平均50時間の労働時間	割増賃金対象時間
4月 （30日）	171.4	250.0	214.2	35.8 [※]
5月 （31日）	177.1	165.45	221.4	0
6月 （30日）	171.4	104.45	214.2	0
計	519.9	519.9		35.8

※　250.0時間－214.2時間＝35.8時間

なお、1週間当たりの労働時間が50時間を超えない場合でも、清算期間の終了時、清算期間に係る実労働時間が法定労働時間を超えていた場合は、超過した時間分について割増賃金を支払わなければなりません。

月 （暦日数）	法定労働時間	実労働時間	週平均50時間の労働時間	割増賃金対象時間
4月 （30日）	171.4	180.0	214.2	0
5月 （31日）	177.1	180.0	221.4	0
6月 （30日）	171.4	180.0	214.2	0
計	519.9	540.0		20.1 [※]

※　540.0時間－519.9時間＝20.1時間

[3]清算期間中の総労働時間

　1週間の所定労働日数が5日の労働者について、労使協定により、清算期間の所定労働日数に8時間を乗じて得た時間を労働時間の限度とする旨を定めたときは、清算期間を平均し、1週間当たりの労働時間が当該清算期間における暦日数を7で除して得た数をもってその時間を除して得た時間を超えない範囲内で労働させることができます（同法32条の3第3項）。

暦日数	所定労働日数	所定労働時間 （1日）	限度時間
31日	23日	8時間	23日×8時間 ＝184時間

　「当該清算期間における暦日数÷7≒4.43」により、労使協定によって定めることができる上限時間は184時間÷4.43≒41.5時間となります。

[4]1日の標準労働時間

　1日の標準労働時間とは、清算期間内における総労働時間をその期間における所定労働日数で除したものとなります。

　ここで注意しなければならないのは、フレックスタイム制の適用を受けている労働者が、清算期間内において出張したり、年次有給休暇を取得した場合において、その日については標準となる労働時間を労働したものとして取り扱うこととされていることで、これらの時間を総労働時間から除外することはできません。

[5]コアタイムまたはフレキシブルタイムを定める場合の開始および終了時刻

　コアタイムは必ず設けなければならないものではありませんが、これを設けるときは、その時間帯の開始および終了の時刻を明記しなければなりません。

　フレキシブルタイムとは、労働者が自らの決定により労働する時間帯のことをいいます。

　フレキシブルタイムが極端に短く、コアタイムの開始から終了までの時間と標準となる1日の労働時間がほぼ一致している場合等については、基本的には始業および終業の時刻を労働者の決定に委ねたこととはならず、フレックスタイム制とは認められません（昭63.1.1　基発1、平11.3.31　基発168）。

[6]清算期間が1カ月を超えるものである場合には、労使協定の有効期間を定める

　清算期間が1カ月を超えるものである場合には、労使協定の有効期間を定めなければならず（労基則12条の3第1項4号）、また当該協定について所轄労働基準監督署長へ届け出なければなりません（労基法32条の3第4項）。

2.フレックスタイム制における休日労働

　フレックスタイム制の下であっても、時間外労働、休日労働および深夜労働については割増賃金の支払いが必要になります。

　この場合、時間外労働とは、労使協定で定めた清算期間内における総労働時間を超えたものをい

います。

休日労働はこれには含まれず、別途そのままの労働時間が休日労働時間となります。

フレックスタイム制の下では、毎週1回の休日の原則が適用されます。

ご質問では、休日出勤を行った場合、休日振替または代休を取得することとなっているとのことですが、法定休日に労働させた場合には、代休を与えたとしても休日労働をさせたことに変わりはありませんので、休日労働に関する協定の締結と35％以上の割増賃金の支払いが必要となります。

法定外休日労働の場合には、清算期間内における総労働時間（所定労働時間）に対して実際に労働した時間として算入し、これが法定労働時間の総枠を超えていれば、時間外割増賃金の支払いが必要となります。

また、振替休日を指定した場合には、当該休日は通常の労働日となり休日労働には当たりませんので、その日の労働について休日にかかる割増賃金を支払う必要はありません。

ただし、当該休日に出勤することによって清算期間における実際に労働した時間が法定労働時間の総枠を超えた場合には、時間外労働に対する割増賃金（25％以上）を支払わなくてはなりません。

（益田　浩一郎）

Q223 フレックスタイム制でも、休憩時間は"一斉付与"しなければならないか

フレックスタイム制の導入を検討中です。標準となる1日の労働時間は7時間、休憩時間はコアタイムに45分の付与とする予定です（どちらも現行どおりの長さ）。この場合、8時間を超えて労働すると、労基法34条によりさらに15分の休憩を付与する必要が生じますが、フレックス勤務になると、8時間を超える時刻が労働者によりまちまちで、同条2項が定める"一斉付与"の形はとれないことになります。そこで、法に適合する仕組みとして、どのような方法があるかご教示ください。

A コアタイム中に1時間の休憩時間を設けるか、労使協定によって一斉休憩の適用を除外しておくとよい

1. フレックスタイム制と休憩に関する労基法上の規制

フレックスタイム制は、一定の期間（「清算期間」といいます）について、あらかじめ定めた総労働時間（「清算期間の総労働時間」といいます）の範囲内で労働者が日々の始業・終業の時刻、労働時間を自ら決めることのできる制度です（労基法32条の3）。

平成31年4月1日より、清算期間の上限が3カ月に延長されたことで、労働者は月をまたいで労働時間を調整することが可能となり、例えば、小学生の子どもが夏休みで自宅にいるため早く帰宅する必要のある8月は労働時間を減らし、その分9月に働くなど、柔軟な働き方ができるようになりました。

休憩については、労働時間が6時間を超える場合においては少なくとも45分、8時間を超える場合においては少なくとも1時間の休憩時間を労働時間の途中に与えなければならないものとされています（労基法34条1項）。そして、休憩は、原則として、「一斉に」すなわち事業場内の労働者全員について同じ時間帯に付与しなければなりま

せん（同条2項）。

フレックスタイム制を適用する場合、日々の始業・終業の時刻および労働時間は労働者自らの決定に委ねることになりますが、上述の労基法34条の休憩に関するルールの適用が除外されるわけではありません。したがって、フレックスタイム制を適用している場合でも、使用者は、原則として、労働時間が6時間を超える場合には少なくとも45分、8時間を超える場合には少なくとも1時間の休憩を与えなければならず、しかもその休憩は「一斉に」付与しなければならないことになります。

2.フレックスタイム制における休憩時間の取り扱い

フレックスタイム制の場合には各労働者の始業・終業の時刻が必ずしも一定にはならないため、毎日、同じ時間帯に「一斉に」休憩を与えようとしても、その時間帯に、労働者が出社していなかったり、既に退社してしまったりしているという事態が生じ得ます。

そこで、フレックスタイム制の適用に当たり、コアタイムという必ず出勤していなければならない時間帯を設け、当該コアタイムの中に休憩時間を設定することが対応策として考えられます。例えば、毎所定労働日の午前11時から午後2時をコアタイムとし、正午から午後1時は休憩時間とすることが考えられます。

もっとも、コアタイムは、本来は、従業員がそろって会議をしたり、客先からの電話に対応したりするなど、この時間帯には必ず勤務をしてもらう必要があるという時間帯に設けるべきものです。この点、コアタイムに休憩時間を含めてしまうと、その分業務に使える時間が少なくなってしまいます。他方で、それをカバーするために実際に業務に使うべき時間帯に加えて休憩時間もコアタイムに含めてしまうと、その結果、コアタイムが長時間になってしまうことが考えられます。休憩時間を含むコアタイムが長時間になってしまう

と、必ず在社しなければならない時間が増え、各労働者が柔軟に働けるようにするとの本来のフレックスタイム制の効果があまり発揮できなくなってしまうことが懸念されます。

3.休憩を一斉に付与しない取り扱い

上述のとおり、休憩は「一斉に」すなわち事業場内の労働者全員について同じ時間帯に付与しなければならないのが原則ですが、例外的に、労働者の過半数で組織する労働組合がある場合にはその労働組合、労働者の過半数で組織する労働組合がない場合には労働者の過半数を代表する者との書面による協定（労使協定）を締結すれば、この「一斉に」休憩を付与しなければならないとの規制の適用が除外されます。すなわち、労使協定を締結することにより、個々の労働者が自ら休憩の開始時刻と終了時刻を決められるようにすることも許されるようになります。なお、この一斉休憩にかかる規制の適用除外のための労使協定は、労働基準監督署に届け出る必要はありません。

したがって、労使協定に、フレックスタイム制が適用されている各労働者は毎就労日に1時間の休憩を取るべきことを定めた上で、各人ごとに休憩を取る運用を行うことが可能です。あるいは、労使協定に、フレックスタイム制が適用されている各労働者が当日の実労働時間に応じて、①6時間以下の場合は休憩時間なし、②6時間を超えて8時間までの場合は45分間、③8時間を超える場合は1時間の休憩を取る旨を定め、それに従って運用することも可能です。

この方法によれば、一斉に休憩を付与するためだけにコアタイムを設ける必要はなくなりますし、コアタイムを設ける場合でも業務上必要な最小限の時間とすることができます。その結果、労働者が最大限柔軟に労働時間を調整することが可能となり、フレックスタイム制を導入した効果も大きくなることが期待できます。

（内田　恵美）

労働時間

36協定の限度時間に法内残業分を上乗せして時間外労働をさせてもよいか

当社は1日の所定労働時間7時間の会社です。この10月から1年間の36協定の限度時間を、1日4時間、1カ月45時間、1年360時間としようと労使で協議中です。協定を結んだ場合、時間外労働割増の算定については7時間を超えた分より計算しますが、1カ月の労働日数が20日の場合、法内残業分20時間（1日1時間×20日）を協定外として、協定の1カ月45時間＋法内残業分20時間の計65時間までの時間外労働が可能となるのでしょうか。

法内残業と法定外残業とは区別して管理し、法定外残業を協定の範囲内に収めないと違法になる

1. 36協定に定める「1日について延長できる時間」とは

労基法36条1項では、「使用者は、当該事業場に、労働者の過半数で組織する労働組合がある場合においてはその労働組合、労働者の過半数で組織する労働組合がない場合においては労働者の過半数を代表する者との書面による協定をし、厚生労働省令で定めるところによりこれを行政官庁に届け出た場合においては、第32条から第32条の5まで若しくは第40条の労働時間又は前条の休日に関する規定にかかわらず、その協定で定めるところによつて労働時間を延長し、又は休日に労働させることができる」と定めています。

また、同条2項4号では、当該協定において「対象期間における1日、1箇月及び1年のそれぞれの期間について労働時間を延長して労働させることができる時間又は労働させることができる日数」を定めるものとしています。

ここでいう「1日、1箇月及び1年のそれぞれの期間について労働時間を延長して労働させることができる時間」とは、あくまでも労基法上の時間規制を超える労働（以下、法定外残業）をさせる時間を指します。

したがって、ご質問にあるように所定労働時間が7時間である場合には、7時間を超え8時間までの1時間については、法定時間内の時間外労働（以下、法内残業）となり、36協定を締結する必要もありません。

この点については、解釈例規でも「各日の労働時間が8時間を超えない限り労働基準法第36条第1項に基く協定の必要はない」とされています（昭23．4．28 基収1497、昭63．3．14 基発150・婦発47、平11．3．31 基発168）。

例えば、所定労働時間が7時間の事業場で10時間の労働をさせた場合を図示しますと［図表1］のようになります（本問では、以下、法内残業と法定外残業を合わせて「時間外労働」という）。

なお、36協定の延長時間は、本来、法定労働時間を超える時間外労働について協定すべきものですが、法定時間数を超える時間数に加え、所定労働時間数を超える時間数についても協定する場合においては、所定労働時間数を超える時間数を併せて協定届に記入することができます。

図表1

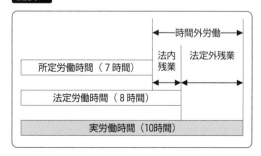

2.法内残業と法定外残業とを区分して管理することの必要性

ご質問の場合、1日4時間、1カ月45時間、1年360時間を限度時間とする協定を締結されるとのことですが、法定外残業について1日4時間と協定した場合には、所定労働時間（7時間）を超えて8時間までの1時間を加え、1日で合計5時間の時間外労働をさせることが可能となります。

つまり、1日5時間の時間外労働のうち1時間については、法内残業となることから、協定された4時間には含まれず、法定外残業としてカウントする必要もないわけです。

しかし、それだけですぐにご質問後段の「1カ月の労働日数が20日の場合、法内残業分20時間（1日1時間×20日）を協定外として、協定の1カ月45時間＋法内残業分20時間の計65時間までの時間外労働が可能となる」と結論づけるには問題があります。例えば、月の所定労働日数が20日の場合で、そのすべての所定労働日において3時間15分の時間外労働をしたとすれば、法内残業は1時間×20日＝20時間、法定外残業は2時間15分×20日＝45時間、時間外労働時間数の合計は65時間となります。

この場合、法定外残業は1日4時間以内、1カ月45時間以内となり、それぞれが協定時間の範囲内となりますので適法です　[図表2]。

しかし、所定労働日のうち、15日間だけ4時間15分の時間外労働をした場合には、法内残業は1時間×15日＝15時間、法定外残業は3時間15分×15日＝48時間45分となり、1カ月の協定時間である45時間を超えてしまうことになります。

時間外労働時間数の合計は、63時間45分であ

図表2

法内残業		法定外残業		時間外労働時間数計	
1日	1カ月	1日	1カ月	1日	1カ月
1時間	20時間	2時間15分	45時間	3時間15分	65時間

図表3

法内残業		法定外残業		時間外労働時間数計	
1日	1カ月	1日	1カ月	1日	1カ月
1時間	15時間	3時間15分	48時間45分	4時間15分	63時間45分

り、月20日にわたりすべて3時間15分の時間外労働をした場合に比べて短くはなるものの、1カ月の協定時間は超えてしまうことから、違法となります　[図表3]。

所定労働時間が7時間の場合、法定労働時間から差し引いた1時間に所定労働日数20日を乗じて20時間の余裕があると考えてしまいそうですが、所定労働時間が法定労働時間より短い場合であっても、法内残業部分を控除した時間が1日4時間、1カ月45時間以内に収まるように法内残業の部分と法定外残業の部分とを区分して管理しておかないと、このように協定の限度時間を超えてしまうケースがあるので注意が必要です。

また、いうまでもなく1年では360時間という限度を設けて協定されるとのことですから、年間の上限にも注意を払っておく必要があります。

（益田　浩一郎）

Q225 裁量労働対象者に対し、出勤の指示ができるのはどのような場合か

企画業務型裁量労働制の導入に当たり、対象者に対して会社から出勤の指示を行う特例のケースを規定で示しておきたいと考えています。具体例として、次のようなケースで、時間を指定して出

勤を指示することは法的に問題ないでしょうか。
① 運営上の連絡・報告を行う課内会議への出席
② 課業務に関連する顧客先への対応
③ その他、対象者の業務の進捗状況に支障があると上司が判断した場合

業務遂行の手段・時間配分の決定に関するものでない限り指示は可能である

1.企画業務型裁量労働制の趣旨

「企画業務型裁量労働制」の対象となる業務は、
① 「事業の運営に関する事項」についての
② 「企画、立案、調査および分析の業務」であって、
③ 「当該業務の性質上これを適切に遂行するにはその遂行の方法を大幅に労働者の裁量にゆだねる必要があるため」、
④ 「当該業務の遂行の手段および時間配分の決定等に関し使用者が具体的な指示をしないこととする業務」

です（労基法38条4の第1項1号）。

すなわち、「企画業務型裁量労働制」は、業務遂行方法を大幅に労働者の裁量に委ねるものですが、使用者が具体的な指示をしないのは、
● その業務の遂行の手段
● 時間配分の決定等

についてであって、業務の内容である「企画、立案、調査および分析の業務」という相互に関連し合う作業をいつ、どのように行うかという点について労働者に裁量が認められているものです。簡単にいえば、当該業務をどのように進めるかという仕事の進め方、当該業務の処理方法について裁量が認められているものです。

裁量労働制といっても、何から何まで自由に、思うようにやっていいということではありません。業務の遂行の手段、時間配分の決定等以外については、企画業務型裁量労働従事者に対して必要な指示をすることは可能です。

当該業務の期限はいつか、当該業務の進捗状況はどうであるか、現在どこまで到達しているか、終了の見通しはどうか等につき状況を聞き、必要な指示をすることは、業務遂行の手段、時間配分の決定についての労働者の裁量を侵すものではありません。

いわゆる「企画業務型裁量労働に従事する労働者の適正な労働条件の確保を図るための指針」（平11.12.27　労告149、改正：平15.10.22　厚労告353）においても、

　企画業務型裁量労働制が適用されている場合であっても、業務の遂行の手段及び時間配分の決定等以外については、使用者は、労働者に対し必要な指示をすることについて制限を受けないものである。

　したがって、（中略）使用者が労働者に対し業務の開始時に当該業務の目的、目標、期限等の基本的事項を指示することや、中途において経過の報告を受けつつこれらの基本的事項について所要の変更の指示をすることは可能であることに留意することが必要である。

としています。また、指針はこれに続けて、労働者の当該業務が過大とならないよう的確な指示を行うよう管理者教育を行う必要性にも言及しています。

すなわち、任せっぱなしにせよといっているのではなく、むしろ、的確な指示をせよといっているのです。

2.質問に対する回答

ご質問の①が、そのような当該業務の最終目標への到達のために必要な打ち合わせを行うものであれば、当然、出席を指示できます。そもそも、

企画業務型裁量労働制といっても、一人ひとりが勝手気ままに仕事をするものではないでしょう。当然グループとしての意思統一のための打ち合わせは必要なものなのではないでしょうか。

また、ご質問の③については、前掲の指針にも言及されているとおり、業務が対象者にとって過大となっていないかは、使用者としても十分に留意すべきことですから、進捗状況に問題がある場合には、当然、的確な指示をすべきものです。

ただ、②については、企画業務型裁量労働制は、基本的に企業（事業場）全体の営業方針、全社的な生産計画の策定、社内組織の再編成等に関する業務、いわば、企業（事業場）の頭脳部分に該当する業務を行うものといえますから、営業部門のように個別の顧客先への対応というのは、調査のため顧客の意見を聞くというような場合を除いて、通常はないはずのものです。もし貴社でそのようなことが頻繁にあるとすれば、当該業務は企画業務型裁量労働制に該当しない可能性もありますから、注意してください。

なお、ご質問に、「時間を指定して出勤を指示することは法的に問題ないでしょうか」とありますが、裁量労働従事者といえども、基本的には就業規則に定められた時間中の就労義務は負っていますから、誤解のないようにしてください。労働者に裁量が認められているのは、就業時間中、どのように仕事を進めるかという点だけです。

（中川　恒彦）

Q226 裁量労働制の場合の労働時間の取り扱いと割増賃金の支払い義務

A 労使協定または決議によってみなした時間に従って支払えばよい

裁量労働制には、専門業務型裁量労働制と企画業務型裁量労働制がありますが、いずれも実施のために備えるべき要件は、かなり厳密であり、複雑です。しかし、みなし労働時間の内容は、きわめて簡単です。

専門業務型裁量労働制の場合は、労使協定において、対象とする業務（労基則において19の業務に限定されている）を定め、かつ、その業務の遂行に必要とされる時間を定めた場合には、実際の労働時間にかかわらず、労使協定で定めた時間労働したものとみなされます。

すなわち、その業務の遂行に必要とされる時間を「1日9時間」と定めた場合には、1日9時間労働したものとみなされます。その結果、1日につき1時間の時間外労働があったものとして、1時間分の割増賃金の支払いが必要となります。

もちろん、勤務の状況によっては、その業務の遂行に必要とされる時間を「1日8時間」というように法定労働時間内で協定することも可能であり、その場合は、割増賃金の支払い義務は生じません。

企画業務型裁量労働制の場合も、労使委員会において、委員の5分の4以上の多数による決議をした場合には、その決議に定める時間労働したものとみなされます。

したがって、専門業務型と同じく、仮に、その業務の遂行に必要とされる時間を「1日9時間」と定めた場合には、実際の労働時間にかかわらず、1日につき1時間の時間外労働があったものとみなされますから、その分の割増賃金の支払い

が必要となります。

また、「1日8時間」というように法定労働時間内で決議することも可能であり、この場合には、時間外労働はなかったものとみなされますから、時間外労働に対する割増賃金の支払いは必要ありません。

（中川　恒彦）

　裁量労働制の適用者は、育児のための所定外労働制限の対象となるか

当社には、裁量労働制の適用者がいます。この者については、育児のための所定外労働の制限の対象となるのでしょうか。もしも対象となる場合、裁量労働制を適用したまま所定外労働を制限するには、どのような点に留意したらよいのでしょうか。ご教示ください。

　裁量労働制の適用者も所定外労働制限の対象となる。みなし労働時間を短縮するだけでなく、確実に所定外労働時間が制限されるよう業務内容・量を調節する必要がある

1．育児のための所定外労働の制限（免除）

事業主は、3歳に満たない子を養育する労働者が請求した場合においては、事業の正常な運営を妨げる場合を除き、所定労働時間を超えて労働させてはいけません（育介法16条の8）。ただし、継続雇用期間が1年に満たない労働者および1週間の所定労働日数が2日以下の労働者について、所定外労働の制限を請求することができないこととする労使協定がある場合には対象外とすることができます（同条1項、育介則44条）。また、日々雇い入れられる者はこの制度の対象から除かれています（同法2条1号）。

2．事業の正常な運営を妨げる場合

「事業の正常な運営を妨げる場合」に該当するか否かは、その労働者の所属する事業所を基準として、その労働者の担当する作業の内容、作業の繁閑、代替要員の配置の難易等諸般の事情を考慮して客観的に判断することとされています（平28．8．2　職発0802第1・雇児発0802第3、最終改正：令5．4．28　雇均発0428第3）。

事業主は、労働者が所定外労働の制限を請求した場合には、当該労働者が請求どおりに所定外労働の制限を受けることができるように、通常考えられる相当の努力をすべきものであり、単に所定外労働が事業の運営上必要であるとの理由だけでは拒むことは許されません。例えば、事業主が通常の配慮をすれば代行者を配置する等により事業を運営することが客観的に可能な状況にあると認められるにもかかわらず、そのための配慮をしなかった場合は、所定外労働が必要な配置人員を欠くこと等をもって「事業の正常な運営を妨げる場合」に該当するとはいえないと解されています（前掲通達）。

一方、事業主が通常の配慮をしたとしても代行者を配置する等により事業を運営することが客観的に可能な状況になかったと認められる場合は、「事業の正常な運営を妨げる場合」に該当します。例えば、所定外労働をさせざるを得ない繁忙期において、同一時期に多数の専門性の高い職種の労働者が請求した場合であって、通常考えられる相当の努力をしたとしてもなお事業運営に必要な業務体制を維持することが著しく困難な場合には、「事業の正常な運営を妨げる場合」に該当すると

解されています（前掲通達）。

3.労基法41条に規定する者は所定外労働制限の対象外

労基法41条に規定する者（①同法別表第１第６号〔林業を除く〕または第７号に掲げる事業に従事する者、②監督もしくは管理の地位にある者〔いわゆる管理監督者〕または機密の事務を取り扱う者、③監視または断続的労働に従事する者）、すなわち、管理監督者や監視・断続的労働者等に該当する者については、労働時間等に関する規定が適用除外されていることから、所定外労働の制限の対象外とされます（前掲通達）。

4．ご質問のケース

裁量労働制が適用される労働者は、所定外労働の制限の対象となります（改正育児・介護休業法に関するQ＆A　Q11〔平成22年２月26日版〕）。ただし、前述1.のように、育介法16条の８第１項に規定される労使協定により対象外とされた労働者を除きます。

ところで、裁量労働制が適用される労働者に所定外労働を制限する方法としては、以下の二つの方法が考えられます。

①労働者を裁量労働制の対象から外し、通常の労働者の労働時間管理を行うこととした上で、所定外労働の制限の対象とする

②労働者を裁量労働制の対象としたまま、所定外労働の制限の対象とする

このうち、②の方法をとるには、事業主は、制度を設けるだけではなく、所定外労働が制限されることを実際に確保する必要があります。単にみなし労働時間を短縮するだけで、常態として所定外労働の制限が実現されていない場合は、事業主の義務を果たしたとは評価されません。

したがって、ご質問のように、裁量労働制を適用したまま所定外労働を制限する場合は、まず、必要に応じ、みなし労働時間を短縮することが求められます。それとともに、短縮する時間に応じて、業務内容および業務量の削減などを行い、労働者が所定外労働を制限されることが実際に確保されることが必要です。もちろん、裁量労働制においては、時間配分の決定に関して具体的な指示をすることはできないことに留意しなければなりません。

なお、みなし労働時間を変更する場合は、専門業務型裁量労働制の場合は労基法38条の３に基づく労使協定を、企画業務型裁量労働制の場合は38条の４に基づく労使委員会決議を変更する必要があります。

（角森　洋子）

Q228 １カ月単位の変形労働時間制で、休日を振り替えることはできるか

当社では、１カ月単位の変形労働時間制を導入しています。通常では休日に当たる土曜日・日曜日に出勤させた場合、翌週のなるべく早い日に振替休日を取得させていますが、出勤した週末が月末に当たってしまうケースもあります。こうした場合、休日を振り替えることはできるのでしょうか。また、休日振り替えが可能な場合、単位期間の法定労働時間の総枠を超えることも想定されますが、時間外労働の取り扱いはどのように考えればよいでしょうか。

就業規則等に合理的で限定された変更事由を明記し、かつ、それにのっとって変更（休日振り替え）を行うこと。なお、振り替えた結果、単位期間（変形期間）の法定労働時間の総枠を超えた分は時間外労働となる

1. 1カ月（以内）単位の変形労働時間

[1]意義

1カ月（以内）単位の変形労働時間制とは、使用者が事業場の労使協定（労働者代表との書面による協定）または就業規則その他これに準ずるものにより、その単位期間（以下、変形期間）を平均して1週間当たりの労働時間が法定労働時間（40時間、労基法32条1項）を超えない定めをしたときは、その定めを根拠に、特定された週において1週の法定労働時間を、または特定された日において1日の法定労働時間（8時間）を超えて労働させることができる（同法32条の2）というものです。

[2]沿革と観点

この1カ月単位の変形労働時間制は、法定労働時間の枠組みを弾力化することを認めた制度であり、ほかに1年以内の期間の変形労働時間制（同法32条の4）、1週間単位の非定型的変形労働時間制（同法32条の5）があります。

国は昭和62年の労基法改正以降、労働時間の短縮を促進し（同改正により、法定労働時間は1週48時間から40時間に段階的に短縮されることになりました）、かつサービス産業の増大や経済のサービス化に即応するために変形労働時間制に手を加えてきました。現在のものは平成10年改正によるものです。

ただし、変形労働時間制は、使用者にとっては業務の繁閑に応じて労働時間の配置が可能となる一方で、労働者にとっては不規則な勤務指定をされるため生活への影響が懸念されます。このため両者の調和の観点から、その要件が設定されており、ご質問もかかる観点からの検討が必要となります。

[3]要件

まず、形式的要件として、変形労働時間の内容を事業場の労使協定か、就業規則（労働者が常時10人以上の事業場の場合）その他これに準ずるもの（労働者が10人未満の事業場の場合）で定める必要があります（同法32条の2）。

次に、内容的な要件として、変形労働をする変形期間と起算日を特定しなければならず（労基則12条の2）、その上で変形期間内の所定労働時間を各週・各日ごとに特定する必要があります。この場合、労働者が常時10人以上の事業場では、始業・終業時刻を就業規則で特定する必要があるので（労基法89条1号）、この所定労働時間の各週・各日ごとの特定は、単なる時間数ではなく、始業・終業時刻によって特定しなければなりません（昭63.1.1 基発1・婦発1、平9.3.25 基発195、平11.3.31 基発168）。

ただし、業務の実態から、就業規則ですべてを特定することが難しければ、変形制の基本事項（変形の期間、上限、勤務のパターンなど）だけを就業規則で定めた上で、各人・各日の労働時間を、例えば1カ月ごとに勤務割表で、各変形期間の開始前までに特定することも認められています（昭63.3.14 基発150・婦発47）。

2.ご質問の論点について

[1]問題の所在

さて、それでは上記1.[3]で事前に特定した労働時間を、変形期間に入った後、変更することは可能でしょうか。ご質問にある"休日を労働日へ振り替えることの可否"については、変形労働時間制において特定された休日を労働日に変更することであって、労働時間の変更にほかなりません。変形労働時間制を採らない企業における休日の労働日への事前振り替えとは異なります。

ここで問題になるのは、法（労基法32条の2）で要求されて特定した労働時間を、変形期間に入った後に使用者が一方的に変更することは同条に違反し無効（同法13条）ではないかという点で

す。この問題は、使用者側の変更の必要性とこれに伴う労働者側の生活への影響をいかに調和させるかが重要なポイントとなります。

[2] 考え方と裁判例

考え方としては、一度特定された労働時間の変更はいかなる理由でも許されない「変更否定説」と、一定の条件の下に変更を認めるべきという「変更肯定説」があります。この点につき、変更肯定説を前提とするJR東日本（横浜土木技術センター）事件（東京地裁　平12.4.27判決）、JR西日本（広島支社）事件（広島高裁　平14.6.25判決）で、裁判所の考えが明確になりました。

裁判所は、JR東日本（横浜土木技術センター）事件で、労基法32条の2の労働時間の特定を要求した趣旨が労働者の生活に与える不利益を最小限にとどめようとする点にあることから、大きな不利益とならない内容の変更条項を定めることは同条の違反にはならず、そして「労働者から見てどのような場合に変更が行われるのかを予測することが可能な程度に変更事由を具体的に定めることが必要である」としています。他方、JR西日本（広島支社）事件では、勤務変更は、業務上のやむを得ない必要がある場合の限定的かつ例外的措置であり、その「事由を具体的に記載し、その場合に限って勤務変更を行う旨定めることを要する」としています。

そして、いずれの裁判例も、会社の「業務上の必要がある場合は、指定した勤務を変更する」という包括的変更条項については、労働者がいかなる場合に変更されるか予測困難であるとして、労基法32条の2の特定の要件に欠け、無効としています。

このように、裁判例は、使用者が労働時間を特定した後に変形期間に入って変更する必要性を認めつつ、労働者の生活上の不利益を考慮し、変更を限定的に肯定する（事由を限定し、それを就業規則等で明記することを求める）ものといえます。

[3] 結論

以上を踏まえてご質問を検討しましょう。

まず、休日だった土曜日、日曜日に出勤させることは、変形労働時間制の下では一度特定した労働時間の変更ですので、就業規則等で限定した合理的な変更事由をあらかじめ明記し、かつその内容にのっとって変更することが不可欠です。

次に、もしそれが肯定され、振り替えられた場合、当然その日が労働日となりますので、ご質問の想定のとおり変形期間の労働時間としてカウントされ、その結果、変形期間の法定労働時間の総枠を超えれば、その労働時間は時間外労働となります（昭63.1.1　基発1・婦発1、平6.3.31基発181）。

（浅井　隆）

1年単位の変形労働時間制では時間外労働をどう算定するか

当社では、1年単位の変形労働時間制の導入を検討していますが、変形労働時間制の場合の時間外労働の算定は、対象期間（変形期間）中の実際の労働時間から対象期間（変形期間）中の法定労働時間を引いたものと考えてよいでしょうか。また、1カ月単位の変形労働時間制と1年単位の変形労働時間制とでは、時間外労働の算定の方法に違いがありますか。

1年単位の変形労働時間制では、1日、1週、対象期間（1年）のそれぞれについて、法定労働時間を超えて所定労働時間を設定している場合は所定労働時間を、法定労働時間を下回る所定労働時間を設定している場合は法定労働時間を超過した部分を時間外労働として扱う

1.変形労働時間制とは

　労基法には、1日および1週間において労働させることができる時間が定められており、これを法定労働時間といいます。就業規則等で始業時刻と終業時刻は会社ごとに自由に定めることができますが、休憩時間を除いた始業から終業までの時間（これを所定労働時間といいます）は、法定労働時間を超えて定めることはできません。

　しかし、業務によっては、週や季節等により労働時間にバラつきがあり、繁忙期には法定労働時間を大幅に超過して労働させる必要があるものの、閑散期には法定労働時間に満たない時間しか労働させる必要がない場合もあります。

　このような季節等によって繁閑がある業務に対し、所定労働時間を弾力的に定めることを認めたのが変形労働時間制です。変形労働時間制では、対象期間（変形期間）を平均して1週間当たりの労働時間が法定労働時間を超えなければ、特定の日または週に法定労働時間を超える所定労働時間を定めることができます。

2.1年単位の変形労働時間制

　変形労働時間制のうち、対象期間を1カ月を超え1年以内に定めたものが「1年単位の変形労働時間制」です。この制度を導入するには、次の事項について労使で協定し、これを所轄労働基準監督に届け出なければなりません。

(i)対象労働者の範囲
(ii)対象期間（1カ月を超え1年以内の期間）および起算日
(iii)特定期間（繁忙期間）
(iv)労働日および労働日ごとの労働時間
(v)労使協定の有効期間

　1年単位の変形労働時間制では、前述の労使協定(iv)の「労働日ごとの労働時間」である「所定労働時間」と「法定労働時間」の関係から、①1日、②1週間、③対象期間のそれぞれについて次のように確認し、①～③の合計時間数を時間外労働として扱い割増賃金の支払いが必要になります。

①1日について、労使協定により法定労働時間（8時間）を超える所定労働時間を定めた日はその時間、それ以外の日は法定労働時間（8時間）を超えて労働した時間［事例1～2］

②1週間について、労使協定により法定労働時間（40時間）を超える所定労働時間を定めた週はその時間、それ以外の週は法定労働時間（40時間）を超えて労働した時間（上記①で時間外労働となる時間を除く）［事例3～4］

③対象期間について、対象期間における法定労働時間の総枠を超えて労働した時間（上記①、②で時間外労働となる時間を除く）［事例5］

3.ご質問の場合

　さて、ご質問では、前述の①～③のうち、③の対象期間だけを考えて時間外労働を算定するとのことですが、例えば、②の［事例4］の状態が1年中続いた場合のように、対象期間全体で見た場合には法定労働時間内であっても、1日または1週間でみた場合には時間外労働として扱うべき部分が出てくる可能性があるため、やはり、対象期間だけでなく、1日、1週間についても時間外労働に該当するか否かを確認しなければなりません。

　また、1カ月単位の変形労働時間制を採用した場合も同様で、1日、1週間、1カ月以内の変形期間のそれぞれについて時間外労働を確認することが必要です。

事例1 1日の所定労働時間が9時間、実働時間が10時間の場合

法定労働時間　8時間
所定労働時間　9時間
実働時間　　　10時間
→時間外労働　1時間　　時間外労働

事例2 1日の所定労働時間が7時間、実働時間が10時間の場合

法定労働時間　8時間
所定労働時間　7時間
実働時間　　　10時間
→時間外労働　2時間　　時間外労働

事例3 1週間の所定労働時間が48時間、実働時間が55時間の場合

法定労働時間　　　　　　40時間
所定労働時間　　　　　　48時間
実働時間　　　　　　　　55時間
1日でみた時間外労働　　6時間
1週間でみた時間外労働　1時間

	日	月	火	水	木	金	土
	休日	8時間	7時間	10時間	7時間	8時間	8時間
		10時間	8時間	10時間	7時間	9時間	11時間
		2時間	0時間	0時間	0時間	1時間	3時間

※1日でみた時間外労働6時間は、各日の時間外労働として扱います。

実働55時間－所定48時間＝7時間　7時間－6時間（1日でみた時間外労働）＝1時間
→1週間でみた時間外労働　1時間

事例4 1週間の所定労働時間が37時間、実働時間が40時間の場合

法定労働時間　　　　　　40時間
所定労働時間　　　　　　37時間
実働時間　　　　　　　　40時間
1日でみた時間外労働　　2時間
1週間でみた時間外労働　0時間

	日	月	火	水	木	金	土
	休日	6時間	6時間	6時間	6時間	6時間	7時間
		6時間	6時間	6時間	6時間	6時間	10時間
		0時間	0時間	0時間	0時間	0時間	2時間

※1日でみた時間外労働2時間は、各日の時間外労働として扱います。

実働40時間－法定40時間＝0時間
→1週間でみた時間外労働　0時間

事例5 1年間の実働時間が2100時間の場合

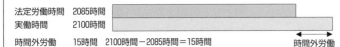

法定労働時間　2085時間
実働時間　　　2100時間
時間外労働　　15時間　　2100時間－2085時間＝15時間　　　時間外労働
→対象期間でみた時間外労働　15時間

※ただし、本文の①②で述べたように、15時間の時間外労働のうち1日または1週間でみて時間外労働としてすでに割増賃金を支払っている時間があれば、その時間分を減じます。

4. 中途入社者や退職者の取り扱い

1年単位の変形労働時間制において、対象期間の途中で入社や退職する社員については、1日、1週間、対象期間のうち、対象期間については実際に勤務した期間を対象期間と読み替えて時間外労働を算定します。

例えば、4月から始まる1年単位の変形労働時間制を採用している会社に、10月から入社した場合は、対象期間を6ヵ月と読み替えて時間外労働を算定します。

1年単位の変形労働時間制導入に当たっては、これまで説明してきた導入後の扱い等も含め、会社に適した制度であるかを十分に検討されることをお勧めします。

（社会保険労務士法人みらいコンサルティング）

1年単位の変形労働時間制の労使協定を、期間の途中で破棄して新たに結び直すことはできるか

地震で、当社の工場が一時期稼動停止となりました。現在は通常どおり稼動していますが、顧客先への納期の都合上、停止期間中に生じた仕事の遅れをなるべく早く取り戻したいと考えています。

当該工場では1年単位の変形労働時間制を採っています。1年単位の変形労働時間制では、期間

の途中で労働日数の変更はできないと聞いたのですが、本当でしょうか。もし本当ならば、仕事の遅れを取り戻すため、労働組合との合意を前提に、一度労使協定を破棄して、再度結び直して労働日数を増やすことで対応したいと考えていますが、可能でしょうか。破棄までの期間の時間外労働については、通常の計算により割増賃金を支払って清算する考えです。

いったん特定した各日、各週の労働時間を途中で変更したり、いったん実施に入った変形労働時間制を途中で中止したりすることはできない

1. 1年単位の変形労働時間制の基本的考え方

　労基法32条の4の規定に基づく1年単位の変形労働時間制は、労使協定の締結等一定の条件の下に、特定された週や日の所定労働時間を法定労働時間より長めに設定し、その他の週や日の所定労働時間を法定労働時間より短めに設定することによって、対象期間（1カ月を超え1年以内）における業務の繁閑に応じた労働時間管理を行うことを可能にしたものです。

　ご質問からは具体的な対象期間は分かりませんが、仮に「1年」と想定して回答します。

　業務の繁閑の態様は、事業場によってさまざまですから、1年単位の変形労働時間制の形もさまざまなものが考えられます。仮に1年（4月から翌年3月まで）の前半が繁忙期で後半が閑散期である事業場の場合、1年単位の変形労働時間制としては、前半6カ月は週45時間労働とし、後半6カ月は週35時間労働とする方法が考えられます。この場合、1年間を平均すれば、1週間当たり40時間で、法定労働時間以下になりますから、労使協定の締結等、他の要件を満たす場合は、協定で定められた範囲内で労働させる限り、時間外労働は生じません。

2. 対象期間の途中における
　　労働時間、労働日数の変更

　本来、労基法が労働時間の在り方の基本形として考えているのは、1日8時間、1週40時間の範囲内で定型的に、安定的に労働することであって、ある日に長く働かせ、他の日に短く働かせて平均して1日当たり8時間になればよしとするものではありません。そういう働かせ方は、極端に偏りが生じた場合、人間生理に反することになりかねません。

　変形労働時間制は、このような考え方を背景に、労使協定において事前に対象期間内の各日、各週の労働時間の長さを特定するなど厳格な要件の下に、例外的に認められているものです。各日、各週によって所定労働時間が異なるとしても、各日、各週の労働時間の長さがあらかじめ分かっていれば、労働者としても生活リズムとの調整が可能であるからです。

　しかし、いったん特定された各日、各週の労働時間が対象期間の途中で変更されたのでは、せっかく変形時間に合わせようとしていた労働者の生活リズムにまた狂いが生じてしまいます。制度面からみても、いったん特定した各日、各週の労働時間を変更することは、厳格な要件の下で例外的に認められた取り扱いのさらなる例外を求めようとするものであり、法律上そこまで許容するような構成にはなっていません。

　厚生労働省は、次のような通達（解釈例規）を出しています（昭63.3.14　基発150、平6.3.31　基発181）。

> 【特定された時間の変更】
> 問　1年単位の変形労働時間制に関する「労使協定」事項中に、「甲・乙双方が合意すれば、協定期間中であっても変形制の一部を変更することがある。」旨が明記され、これに基づき随時、変形労働時間制を変更することについての取扱い如何。
> 答　変形期間の途中で変更することはできな

い。

ただ、休日の振り替えについては、一定の範囲で認められています（平6.5.31　基発330、平9.3.28　基発210、平11.3.31　基発168）。

また、ごく部分的な労働時間の変更（例えば、7時間労働とされていた特定の日を9時間労働にし、代わりに9時間労働とされていた特定の日を7時間労働にする程度の変更）については、一定の条件の下に可能であるとする考え方（1カ月単位の変形労働時間制の場合ですが、東日本旅客鉄道事件　東京地裁　平12.4.27判決等）があります。

しかし、ご質問のケースでは、かなり大幅な労働日数の変更を考えておられるようであり、これには当てはまらないとみられます。

3．対象期間の途中における変形労働時間制の中止

対象期間の途中における変形労働時間制の中止も、途中変更の場合と同様の理由により、認められないものと考えられます。

特に、1.で例示したように、前半6カ月は週45時間としていたような場合に、対象期間の中間付近でこれを破棄し、また前半が長時間労働となるような新たな変形労働時間制を実施するとすれば、労働者はほぼ1年間毎週40時間を超える長時間の「所定労働時間」に服さなければならなくなり、相当に苛酷な労働を強いられることになります。

厚生労働省労働基準局も、次のように述べています。

1年単位の変形労働時間制は、対象期間を単位として適用されるものであるので、労使の合意によって対象期間の途中でその適用を中止することはできないものと解され、少なくともその対象期間中は、その適用が継続される（厚生労働省労働基準局編『令和3年版　労働基準法・上』労働法コンメンタール③［労務行政］456ページ）。

4．次善の対応策

既に説明したとおり、所定労働時間の設定としては、対象期間中は当初の設定を変えることはできません。しかし、時間外労働・休日労働については特段の制限はありませんから、36協定の範囲内で、時間外労働・休日労働を行わせることは可能です。

また、必要があれば、36協定の有効期間内であっても、36協定を締結し直すことも可能です。

対象期間の前半の1週間当たりの労働時間を40時間より長めにし、後半を短めに設定していた場合では、期間の途中で協定を破棄し、通常の計算により割増賃金を支払って清算することと、変形労働時間制を継続したまま、後半の時間外労働を増加させて割増賃金を支払うこととの間には、コスト的にそう大きな隔たりはないと思われます。

今後どうしても労働時間の延長、労働日数の増加が避けられないのであれば、対象期間中は36協定の範囲内で時間外労働・休日労働の増加によって対処することが実行可能な方法といえます。

（中川　恒彦）

みなし労働時間制が適用される事業場外労働の条件

労働時間の全部または一部を事業場外で業務に従事した場合で、労働時間を算定し難いときに適用が可能である

事業場外労働におけるみなし労働時間制は、

> 労働者が、労働時間の全部または一部を事業場外で業務に従事した場合で、労働時間を算定し難いときは、
> ①原則として所定労働時間労働したものとみなす
> ②当該業務を遂行するためには通常所定労働時間を超えて労働することが必要となる場合には、当該業務の遂行に通常必要とされる時間労働したものとみなす
> ③②の場合であって、労使協定（協定当事者の要件は36協定等の場合と同じ）が締結されているときには、その協定で定める時間を当該業務の遂行に通常必要とされる時間とする

と定められています（労基法38条の2）。

みなし労働時間制の対象となる事業場外労働とは、

> ●労働時間の全部または一部を事業場外で業務に従事し、
> ●使用者の指揮監督が及ばないため、労働時間を算定することが困難な場合

であり、事業場外における労働であっても、次のような場合はみなし労働時間制の適用はないとされています。

> ●何人かのグループで事業場外労働に従事する場合で、そのメンバーの中に労働時間の管理をする者がいる場合
> ●事業場外で業務に従事するが、無線やポケットベル等によって随時使用者の指示を受けながら労働している場合
> ●事業場において、訪問先、帰社時刻等当日の業務の具体的指示を受けたのち、事業場外で指示どおりに業務に従事し、その後事業場に戻る場合（昭63.1.1 基発1）

みなし労働時間制の対象となる事業場外労働とは、一般的には、記事の取材、セールス活動等外勤を主たる業務とする労働者の事業場外における労働や、内勤の労働者であっても出張等による事業場外での労働です。

したがって、事業場外における労働であっても、内勤を通常とする労働者が特定の目的をもって、例えば銀行等に手続きに行くために外出する場合等は、労働時間の把握が困難であるという状況にはないため、みなし労働時間制の適用はありません。

外勤を主たる業務とする労働者や出張中の労働者は、事業場外における業務の遂行中は、こまごまとした使用者の指揮監督下にはなく、具体的な業務の遂行方法や時間配分についてある程度その者の自由裁量に任されており、使用者として具体的な労働時間の把握が困難な状態にあるのが通常といってもいいでしょう。

したがって、屋外労働であっても建設労働者のように使用者の指揮監督下にある場合、トラック、バス、タクシー等営業車両の運転手のように事業場外での運転そのものが業務である場合は、みなし労働時間制の適用はありません。これに対し、営業社員が営業活動の必要上、会社の乗用車を使用する場合は、運転そのものが業務の目的ではないことから、みなし労働時間制の適用は排除されません。

なお、上記通達に「無線やポケットベル等によって随時使用者の指示を受けながら労働している場合」とあります。この通達が出された昭和63年ごろは、ポケットベルはともかく、携帯電話はほとんど普及していません。

仮に、携帯電話を携帯していたらみなし労働時間制の適用がないとなると、現在では、ほとんどの事業場外労働者にみなし労働時間制の適用がないこととなり、労基法38条の2はほとんど無用の規定であるということになります。

上記通達の趣旨は、常時労働者の行動が把握され、常時こまごまと「使用者の指示を受けながら」業務に従事している場合（少し言いすぎかもしれませんが、事業場内にいるのとさほど変わらない状態）のことをいっていると考えられますから、ときに連絡事項はあるとしても、原則として業務の遂行方法等について労働者に自由裁量が認められている場合は、携帯電話を所持している場合であってもみなし労働時間制の適用があるものと考えられます。

（中川　恒彦）

Q232 ノー残業デー導入に当たり、該当日に時間外労働をした場合、社員が承諾していれば、「割増手当を支給しない」「査定を低くする」等の取り扱いは認められるか

当社の人事部で、過重労働をなくすため、毎週水曜日をノー残業デーとしてはとの発案がありました。同時に、導入しても形骸化（けいがい）する可能性があるため、該当日に時間外労働をした場合、「割増手当を支給しない」「査定を低くする」等の取り扱いをし、遵守させてはとの意見も出ました。確かに、このような時間外労働は業務命令によらず自主的に行うものだとすれば割増賃金を支払わないことも、効率的な働き方の工夫ができていない証左だとして人事評価を低くすることも、一理あると思います。実務上、社員が承諾していれば、このように取り扱うことは認められるでしょうか。

 明確にノー残業デーの残業を禁止してそれを周知徹底するとともに、該当日に残業の必要が生じても残業しないで済むような体制づくりをしておけば、基本的には認められる

1.問題の所在

ノー残業デーを実施する目的としては、社員のワーク・ライフ・バランス、健康や会社の生産性向上などが挙げられますが、実施している企業の中には、ノー残業デーが徹底されておらず、形骸化してしまっているケースも少なくないと思います。そこで、ノー残業デーを実効性あるものにするための施策の一つとして、ご質問のように、ノー残業デーに残業した場合はその分の「割増手当を支給しない」「査定を低くする」等といった方法を採ることが考えられますが、このような方法が、未払い残業代の問題になったり、不当な人事評価となったりしないか、以下検討します。

2.割増手当を支給しないことができるか

[1]時間外労働および未払い残業代をめぐる裁判例とご質問のケースへの当てはめ

ノー残業デーを実施するに当たり、推奨にとどめている会社もあれば、その日の残業を原則禁止にしている会社もあります。ご質問の会社では、割増手当を支給せず、査定も低くすることを考えているとのことであり、これは実質的にその日の残業を禁止するものであると理解されます。

労働時間とは、「使用者の指揮命令下に置かれている時間」をいい（三菱重工業長崎造船所事件　最高裁一小　平12. 3. 9判決）、会社が残業を禁止しているのであれば、その時間は基本的に「使用者の指揮命令下に置かれている時間」とは言いにくいところです。

裁判例の中にも、未払い残業代請求事件で、残業禁止命令が出ていたのに行った残業が上記労働時間に当たるかどうかが問題となったものがありますが、裁判所は、使用者の明示の残業禁止の業務命令に反して残業を行った場合、賃金算定の対象となる労働時間とはならないとしています（神代学園ミューズ音楽院事件　東京高裁　平17. 3.30判決）。

ご質問のケースでは、該当日に時間外労働をした場合、「割増手当を支給しない」「査定を低くする」等の取り扱いをするとのことですが、前記裁判例に照らせば、労働時間と取り扱われないようにするには、まずは該当日に残業をしてはいけない旨を明確にアナウンスしておくのがよいでしょう。なお、該当日の残業を禁止することは、就業規則等に規定がなくても、業務命令として行うことは可能です（ただし、会社が該当日の残業を禁止していたことを明確にするため、例えば社内通達等文書を作成しておくのが適切です）。

労働時間

[2]残業禁止の留意点

前記神代学園ミューズ音楽院事件では、原告側（筆者注：従業員）は、残業しないで仕事をこなすことは不可能であり、また、原告が残業することを被告（筆者注：学園）は放置していたとして、被告が残業禁止命令を撤回、または黙示的に残業を命じていた旨主張しました。これに対して、裁判所は、被告は残務がある場合には役職者に引き継ぐことを命じていたと事実認定して、原告の上記主張を退けています。

本裁判例では原告が主張するような事実が認定されず否定されていますが、例えば、納期等の関係で該当日に残業せざるを得ない状況になっており、それに対して会社が何らの手だても講じておらず、従業員が残業（早出残業、持ち帰り残業を含みます）していた場合は、残業を禁止していても、黙示的に残業を命じていたと評価される可能性があります。その場合には、残業時間に対する残業代を支払わなければなりません。なお、社員が残業代が支払われないことを承諾していたとしても、その承諾は労基法13条（編注：この法律違反の契約）違反で無効になってしまいます。

したがって、残業を禁止する場合は、単に禁止をするだけではなく、該当日に残業する必要が生じるような社員に対しては、それをカバーする体制（上司のフォロー、業務量・納期の調整、人員の配置等）を整えておく必要があります。

もっとも、神代学園ミューズ音楽院事件は、36協定未締結を理由に残業をすべて禁止したのに対し、ご質問のケースは特定の曜日だけ残業を禁止するものなので、残業する必要があったのかどうかは、該当日にする必要があったのかということが焦点になります。

[3]ご質問のケースについて

以上のとおり、明確に残業を禁止してそれを徹底するとともに、該当日に残業の必要が生じても残業しないで済むような体制づくりをしておけば、ノー残業デーに残業した場合に割増手当を支払わないという対応は問題ありません。

3. 査定を低くすることができるか

会社の査定制度の内容にもよりますが、査定を行うに当たり、会社には原則として広い裁量権があります。

ただ、会社が査定項目を作成している場合、まず評価項目にない事柄で評価してはいけないので、残業禁止に反して残業したことがどの評価項目に含まれるのかを確認する必要があります。

この点については、所定労働時間内に業務を終わらせることができるはずなのにそれができずにダラダラと残業していたのであれば、能力に関する項目の中で評価できますし、会社が残業を禁止しているのにそれに反して残業をしたという点は、勤務態度・姿勢に関する項目の中でも評価できます。他方、該当日に残業せざるを得ないのに会社がフォローせず査定を低くした場合は、その評価は不合理で違法であるとして、不法行為に基づく損害賠償責任を負う可能性があります。

また、これまで残業禁止に反して残業したことをマイナス評価にしていなかったのであれば、手続きの公正さの観点から、該当日に残業を行った場合に査定を低くする旨事前にアナウンスしておく必要があります。

以上の諸点がクリアできていれば、ノー残業デーに残業を行ったことをマイナス評価にすることは違法とはいえません。ただ、例えばダラダラと残業をしていたのか、それとも残業せざるを得なかったのか、微妙なケースもあると思いますので、頑張っている従業員のモチベーションを下げないように評価は慎重に行う必要があります。

4. 最後に

ノー残業デーに残業させないための施策としては、部署ごとに繁忙期が異なる場合、ノー残業デーを部署ごとに設定したり、上司が終業時間後に巡回して退社を促したり、上司が積極的に定時退社して部下が帰りやすい雰囲気をつくる等している会社もあります。また、部署ごとの対応だけではなく、人事部・総務部が中心となって、例えば、社内イントラや社内放送でノー残業デーをア

483

ナウンスして定時退社するよう促すことも一定の
効果があると思いますので、併せて検討されるの
がよいと思います。

（渡辺　雪彦）

休日・休暇

Q233 振替休日と代休の違いについて説明してほしい

A あらかじめ法定休日を労働日と振り替えた上での休日を「振替休日」、事前に振替の手続きをとらず休日労働を行わせた後にその代償として与える休日を「代休」という

「休日の振替」とは、休日と労働日を交換することをいいます。例えば、日曜日を休日と定めている場合に、その日曜日と3日後の水曜日とを入れ替えて、日曜日を労働日に、水曜日を休日にすることを、「休日振替」といいます。

このように「休日の振替」をすると、日曜日の労働は所定労働日の労働となって、休日労働にはなりません。

つまり、「休日の振替」をすれば、もともと休日であった日に労働させても休日労働になりませんから、3割5分増という休日労働の割増賃金を支払う必要がありません。また、18歳未満の年少者のように休日労働を禁止されている者に対しても「休日の振替」をすれば休日（であった日）に労働させることができます。

その代わり、「休日の振替」をした場合、その週に限っては振り替えられた水曜日が休日になりますから、もし水曜日に労働させれば休日労働になります。

「休日の振替」のためには、

● 就業規則に休日を振り替えることのできる旨の規定があること
● 振替に当たっては、事前に、振替の対象となる休日と振替によって新たに休日となる日（振替

休日）を指定すること

が必要です。

事前に振替という手続きをとらず、休日労働を行わせた後にその代償として代休を与えても、すでに休日労働を行ったという事実は消えません。したがって、その場合には休日労働の割増賃金の支払いが必要です。

また、振替は労基法35条の範囲内で行わなければなりません。すなわち、同条は、週1回または4週につき4日の休日を与えるよう求めていますから、振替の結果、4週中に3日しか休日がなくなると労基法に違反してしまいます。したがって、振替は最低限4週につき4日の休日が確保できる範囲で行わなければなりません。

なお、労基法は、週1回または4週4日の休日を与えるべきことを定めており、休日を週2日与えよ、とは規定していませんから、週2日休日のうち1日については振替の手続きをとらなくても、3割5分増の割増賃金の支払いは不要です。

ただし、多くの場合、週40時間を超えることになりますから、その場合は時間外労働となり、2割5分増の割増賃金の支払いが必要です。

（中川　恒彦）

Q234 例えば3カ月以内に代休を取得させるなど、代休の取得を一定の期限内に限ってもよいか

A 一定の期限内に限ってもよい。代休を付与するか否か自体も含め、当事者の自由

休日の振替は、労基法を遵守しながら休日を変更する手続きとして位置づけられていますが、代休というのは、その説明のついでに、いったん休日労働を行わせた後になって代休を与えても、割増賃金の支払い義務は免れないという、いわば傍論で登場するにすぎません。

すなわち、いったん休日労働をさせれば、それに対する割増賃金の支払いは必要であり、割増賃金を支払った以上、それで休日労働への対応は終了します（もちろん、事前措置として36協定の締結届け出は必要です）。したがって、3カ月以内であれ何であれ、代休を与える義務はありませんから、代休を与えることとするか否か、与えることとする場合に3カ月以内で労働者の都合のいい日に代休を取ることとするかは、すべて当事者の自由で、労基法の関知するところではありません。

（中川　恒彦）

図表 代休の取得を一定の期限内に限ることは可能か

いったん休日労働をさせれば、それに対する割増賃金の支払いは必要であり、割増賃金を支払った以上、それで休日労働への対応は終了	したがって	・代休を付与するか否か ・付与する場合、一定期間に取得を限ること

は、当事者の自由

［参考］付与する際、代休の取得が翌月以降になった場合の当月の賃金の支払い
→いったん割増賃金を全額支給し、代休を取得した時点で「1.00」分を控除

Q235 振替休日を再度振り替えることは可能か

当社では、休日に出勤する場合、事前の振替を原則としています。そこでお尋ねですが、いったん振り替えた日に出勤せざるを得なくなった場合、再度振替を行う取り扱いは可能でしょうか。また、再度振り替えた日に出勤した場合、割増賃金の支払いは必要でしょうか。

週1日（または4週4日）の休日が確保されていれば再度の振替も可能だが、慎重

な配慮が必要。振替により勤務日となった日（当初の休日）に勤務しても休日労働とはならず、休日労働としての割増賃金の支払いは不要だが、振り替えた日は休日となるので、この日に勤務すれば休日労働としての割増賃金の支払いが必要（再度振り替えた場合も同様）

1.休日振替の可否

[1]事前の振替

ご質問のように、就業規則において休日と定められている特定の日を指定して、これを労働日に変更し、代わりにその前後の労働日たる特定の日を休日に変更すること（事前の休日振替）は、突発的な受注への対応など、業務上の必要からしばしば行われています。

このような事前の休日振替は、労働者との間の労働契約で定められた休日を他の日に変更することになりますから、就業規則や労働協約などにより、業務上必要があるときは休日振替ができること、およびその事由・方法が規定されているか、または、労働者の個別の同意（鹿屋市立小学校教職員時間外手当等請求事件　鹿児島地裁　昭48.2.8判決）が必要になります。

休日の事前振替が行われると、当初の休日は労働日となり、振り替えられた勤務日は休日となります。したがって、振替により勤務日となった日（当初の休日）に勤務しても休日労働とはなりませんが（昭23.4.19　基収1397、昭63.3.14　基発150・婦発47）、代わりに休日となった日（本来労働日であった日）に勤務すれば、休日労働となります。

ただし、振替対象の日が法定休日の場合には、週1日（労基法35条1項。同条2項の変形週休制を採っている場合は4週4日）の休日を確保しなければならないという要件を満たす必要がありますので、振替の際には注意が必要です。

[2]法定外休日の振替

他方、振替対象の日が法定外休日の場合には、同一週内（変形週休制の場合は4週間以内）の振替などの制限はありません。また、振替休日を与えるかどうかも、労使で自由に決めることができます。

[3]事後の振替（代休）

なお、本ケースのような事前の休日振替ではなく、事後の振替（休日に労働させた後に代休日を与える場合。事前の休日振替とは異なります）についても、事前の振替と同様、就業規則・労働協約等の根拠規定、または労働者の個別の同意があれば可能です。ただし、この場合には、単に休日に労働させただけで、休日自体が変更されるわけではありません。

したがって、労基法上は、代休日を与える必要はありません。また、代休日を与える場合も、前記週1日（または4週4日）の休日の制限は関係ありません。

2.再度の振替の可否

では、一度振り替えられて休日となった日に、また勤務の必要が生じた場合、再度休日の振替を行うことができるのでしょうか。

この点に関しては、労基法等でルールが明確に定められているわけではありません。したがって、週1日（または4週4日）の休日が確保されていれば、再度の振替も直ちに違法となるわけではないと考えられます。

もっとも、「労働者が労働から解放される日の確保」という休日の特定の趣旨からすれば、安易な再振替は避けなければなりません。

そこで、当初の振替の際には予想できなかった、真にやむを得ない臨時的な業務の必要性が新たに生じた場合でなければ、再度の休日振替は、権利濫用との評価を受ける可能性があると考えるべきでしょう。

また、前記のとおり、就業規則や労働協約に定めがあれば、振替につき、労働者による個別の同意は原則として不要ですが、再度の振替の場合には、労働者の個別同意を条件とするなどの慎重な配慮が必要と考えられます。

3. 割増賃金の支払いの要否
[1]事前の振替の場合

前記のとおり、「事前の休日振替」がなされると、当初の休日が労働日となり、代わりに振り替えられた勤務日は休日となります。したがって、振替により勤務日となった日（当初の休日）に勤務しても休日労働とはなりませんので、休日労働に関する36協定の締結や休日労働としての割増賃金の支払いは必要ありません（三菱重工業横浜造船所事件　横浜地裁　昭55．3.28判決）。再度の振替を行った場合も同様です。

ただし、本来の休日を労働日として労働させたことにより、1週の労働時間が40時間を超えた場合は、超えた部分は時間外労働となりますから、時間外労働に関する36協定および時間外労働としての割増賃金の支払いが必要になります（昭22.11.27　基発401、昭63．3.14　基発150・婦発47）。

もし振り替えた日（当初の勤務日）に勤務した場合は、その日は休日となっていますので、休日労働に関する36協定の締結や休日労働としての割増賃金の支払いが必要です。また、再度振替を行った場合も、再度振り替えた日は休日となっていますので、この日に勤務をすれば、休日労働としての割増賃金の支払いが必要となります。

[2]事後の振替（代休）の場合

「事後の振替（代休）」においては、前記のとおり、休日自体を変更したわけではなく、あくまで休日に労働したことになりますから、この場合には、休日労働としての割増賃金を支払う必要があります。

（木原　康雄）

複数の従業員が5日分の年次有給休暇を取得できなかった場合、労基法における罰則の適用はどのように考えるか

当社は、年次有給休暇（以下、年休）5日取得の義務に対し、昨年度は従業員全員が年休を取得し、遵守することができました。しかし、今年度は事業所の縮小や新規事業の開始が予定されており、特定の従業員の年休取得が厳しくなると見込まれています。万一、5日分の年休取得ができない複数の従業員が出た場合、罰則の適用はどのようになりますか。一つの事業所に対し1罪となるか、遵守できなかった従業員1人ごとに1罪となるか、労基法における罰則の適用の考え方をご教示ください。

従業員1人ごとに1罪となる。年休5日分を取得させられなかった従業員の人数だけ罪が成立し、各罪は併合罪の関係になると考えられる

1. 罰則の適用関係

労基法39条7項は、年10日以上の年休が付与される労働者に対し、年休を付与する基準日から1年以内の期間中、年休の日数のうち5日間について、使用者が時季を指定して与えることを求めています。

ただし、同期間内に労働者が時季を指定して年休を取得した場合は、その取得日数分について、使用者が時季を指定して与えることを要さないとされています（同条8項）。

同法の罰則については、117〜121条までの第13章にまとめて記載されており、39条7項の違反については、120条1号が適用され、行為者に対して30万円以下の罰金刑が科されます。

2. 保護法益

ご質問は、労基法39条7項に反した場合の罪は、従業員単位で成立するのか、それとも事業場の単位で成立するのかというものですが、ご質問に答えるためには保護法益という考え方を説明する必要があります。

法学において、ある行為を犯罪化する規定は、特定の法益を保護するためにあると考えられており、保護される法益のことを保護法益といいます。例えば、刑法199条（殺人罪）であれば、保護法益は人の生命です。犯罪は、基本的に保護法益ごとに成立します。

労基法39条7項および同法120条1号の保護法益は、「ある事業場全体の働きやすさ」といったものではなく、「各労働者が年間5日の年休を確保できること」であり、労働者ごとに保護法益が存するといえるでしょう。

3. 参考になる裁判例

労基法違反として刑事事件になり、判決が公表される例は少ないですが、参考になる裁判例があります（千葉家裁松戸支部 平3.7.16判決 家庭裁判月報44巻8号62ページ）。

この事例では、7人の18歳未満の者をそれぞれ別の日にコンパニオンとして派遣した使用者（少年）が同法119条1号、62条2項・3項等違反の罪で罰金40万円に処された事件です。判決は、それぞれの派遣行為が一つずつ同法違反を構成すると解して七つの犯罪を認定し、それらを併合罪として処断しています。

ご質問とは違い、各派遣行為が作為であること、各派遣行為が独立しているという特徴がありますが、18歳未満の各労働者にとって、有害な場所における業務に就かせられないという法益を保護していることが読み取れます。

4. 罪数関係

上記事件では、併合罪（刑法45条）という処理がされています。併合罪は2個以上の罪を同時に処断する場合に使われる規定です。上記事件では各派遣行為が別の日ですので、併合罪として処理することに疑問を挟む余地はありません。

この点、ご質問では「複数の従業員について年5日の年休を与えない」という一つの不作為があるにすぎないようにもみえるため、併合罪ではなく、観念的競合（刑法54条1項前段「1個の行為が2個以上の罪名に触れる場合等の処理」）として処理するという考えもあるかと思われます（なお、観念的競合として処理するほうが、法定刑の上限は低くなります）。

この「1個の行為」とは、「法的評価をはなれ構成要件的観点を捨象した自然的観察のもとで、行為者の動態が社会的見解上1個のものと評価をうける場合をいう」とされています（道路交通法違反・業務上過失致死被告事件 最高裁大法廷昭49.5.29判決 刑集28巻4号114ページ）。

ご質問に当てはめると、事業所において、通常であれば個別の従業員について時季指定を行うことを検討したが、やむなく数人について時季指定を完遂できなかったという経緯になり、「各従業員に年休の時季指定を行うべきであったのに行わなかった」という複数の不作為があると考えることが妥当でしょう。ただし、個別の従業員のことは念頭に置かずに「使用者による年休の時季指定はしない」と意思決定した事情があるなら格別です。

5. 結論

以上より、労基法39条7項違反から、同法120条1号によって処罰される際、複数の従業員に関する違反行為が認められる場合は、従業員ごとに犯罪を構成し、それらは併合罪として処断されます。

蛇足ですが、新年度において事業所の縮小等が予測される場合でも、「年休の時季指定義務があることを前提に人員配置を行うこと」を法が求めていることは明らかですので、法違反のないように運用することが最も重要だと思われます。

（増田 周治）

Q237 出生時育児休業中の就業日に年休の申請があった場合、認める必要はあるか

当社では、出生時育児休業の取得中であっても、労使協定を締結し、就業可能な取り扱いとしています。先日、ある社員から、「もともと就業を予定していたが、所用により就業できなくなったため年次有給休暇を取得したい」との申し出がありました。この場合、年次有給休暇（以下、年休）の取得を認める必要はあるのでしょうか。それとも、就業日を変更し、通常の休業として取り扱うべきでしょうか。

 年休の取得を認める必要があり、会社側から就業日を変更することはできない

1.出生時育児休業制度（産後パパ育休）

令和3年に改正された育介法は、従来の育児休業より柔軟な制度として、新たに出生時育児休業制度を創設し（9条の2以下）、令和4年10月1日から施行されています。

この制度について、厚生労働省は「産後パパ育休」と呼んでおり、男性の育児休業取得を促進するための特別の措置（ポジティブ・アクション）とされています（水町勇一郎『詳解労働法 第3版』[東京大学出版会]919ページ）。

出生時育児休業制度の概要について、育児休業制度との比較を整理すると、[図表]のとおりです。

2.休業期間中の就業
[1]就業の手続き

[図表]の「休業中の就業」欄記載のとおり、出生時育児休業の期間中は、通常の育児休業の期間とは異なり、次の手続きを経ることによって就業することが可能とされています。

①事業所の労使協定で定めた労働者について、当該労働者から出生時育児休業開始予定日の前日までに就業可能日、就業可能日における就業可能な時間帯（所定労働時間内の時間帯に限る）その他の労働条件の申し出を受ける（育介法9条の5第2項、育介則21条の15第1～3項）

②事業主は、①の申し出がされたときは、就業可能日のうち就業させることを希望する日（就業させることを希望しない場合はその旨）、就業させることを希望する日に係る時間帯その他の労働条件を速やかに提示する（同法9条の5第4項、育介則21条の15第4～6項）

③事業主は、出生時育児休業開始予定日の前日までに当該労働者の同意を得る（同法9条の5第4項、育介則21条の16第1～2項）

④事業主は、③の同意を得た場合は、同意を得た旨および就業させることとした日時その他の労働条件を当該労働者に速やかに通知する（育介則21条の16第3～5項）

ただし、無制限で就業することが認められているわけではなく、次の範囲内でなければなりません（同法9条の5第4項、育介則21条の17）。

- 就業日の数の合計が、出生時育児休業期間の所定労働日数の2分の1以下であること（ただし、1日未満の端数があるときは、これを切り捨てた日数であること）
- 就業日における労働時間の合計が、出生時育児休業期間における所定労働時間の2分の1以下であること
- 出生時育児休業開始予定日とされた日または

図表 出生時育児休業制度（産後パパ育休）の概要（育児休業制度との比較）

	産後パパ育休 （育休とは別に取得可能）	育児休業制度
対象期間 取得可能日数	子の出生後8週間以内に4週間まで取得可能	原則子が1歳（最長2歳）まで
申し出期限	原則休業の2週間前まで	原則1カ月前まで
分割取得	分割して2回取得可能 （初めにまとめて申し出ることが必要）	分割して2回取得可能 （取得の際にそれぞれ申し出）
休業中の就業	労使協定を締結している場合に限り、労働者が合意した範囲で休業中に就業することが可能	原則就業不可
1歳以降の延長		育休開始日を柔軟化
1歳以降の再取得		特別な事情がある場合に限り再取得可能

資料出所：厚生労働省リーフレットを基に筆者作成。

出生時育児休業終了予定日とされた日を就業日とする場合は、当該日の労働時間数は、当該日の所定労働時間数に満たないものであること

[2] 撤回・変更

前記 [1] ①の申し出については、出生時育児休業開始予定日とされた日の前日までは、事業主に申し出ることによって変更または撤回が可能です（同法9条の5第3項）。

また、前記 [1] ③の同意についても、その全部または一部を撤回することができるとされていますが、出生時育児休業開始予定日とされた日以後においては、次の特別の事情がある場合に限られます（同条5項、育介則21条の18、21条の19）。

●出生時育児休業申し出に係る子の親である配偶者の死亡
●上記配偶者が負傷、疾病または身体上もしくは精神上の障害その他これらに準ずる心身の状況により出生時育児休業申し出に係る子を養育することが困難な状態になったこと
●婚姻の解消その他の事情により上記配偶者が出生時育児休業申し出に係る子と同居しないこととなったこと
●出生時育児休業申し出に係る子が負傷、疾病または身体上もしくは精神上の障害その他これらに準ずる心身の状況により、2週間以上

の期間にわたり世話を必要とする状態になったとき

3.年休の取得

出生時育児休業開始後に、休業中の部分就業日に2.[2]の撤回事由に該当しない事由で休む場合、年休を取得することは可能です。当該就業日は労働日であるため、年休の対象となるからであり、厚生労働省も同内容の見解（※）を示しています。

※厚生労働省「令和3年改正育児・介護休業法に関するQ&A（令和4年7月25日時点）」Q6-8

この点、事業主から就業日について撤回（変更）をすることはできないため、あくまでも年休取得の問題として対応することになります。すなわち、当該労働者が当該就業日について年休の時季指定を行った場合には、使用者が適法に時季変更権を行使しない限り、年休が成立し、当該就業日について就労義務が消滅することになります（白石営林署事件　最高裁二小　昭48.3.2判決）。

したがって、ご質問のケースにおいても、年休の取得を認める必要があると考えられます。

なお、例えば就業規則等において時季指定を一定期日前までに行う旨のルールを定めている場合

があり、判例においても当該ルールは合理的なものである限り適法とされています（此花電報電話局事件　最高裁一小　昭57.3.18判決）。当該ルールに抵触して直前で時季指定をするケースも想定されますが、直前の時季指定自体が違法無効となるわけではなく、あくまでも代替要員の確保が困難であった等の事情が使用者の時季変更権行使の適法性を基礎づける事実として考慮されるにすぎません（荒木尚志『労働法 第5版』［有斐閣］246ページ）。

（萩原　勇）

 Q238 休職期間中、時効により消滅する年次有給休暇をどう取り扱うべきか

　1年ほど私傷病により休職している社員がいます。当社の私傷病休職規程では、最長2年間の休職期間を設けていますが、まだ当該社員の回復の見込みがなく、もうしばらく休職すると聞いています。しかし、この期間中に当該社員が保有している年次有給休暇の5日分が時効により消滅しますが、このまま年休を消滅させても問題ないでしょうか。あるいは、本人の保護のため、会社として何らかの救済制度を設けるべきでしょうか。

　年次有給休暇の趣旨に鑑み、時効期間を経過した年休は時効消滅せざるを得ないが、法定外休暇制度として、会社側が救済措置を設けることはできる

1.年次有給休暇とは

　年次有給休暇（以下、年休）とは、労働者の心身の疲労を回復させ、労働力の維持培養を図るため、また、ゆとりある生活の実現にも資するという位置づけから、法定休日（労基法35条）のほかに、毎年一定日数の有給休暇を与えなければならない制度（同法39条）です。

　同条1項によれば、使用者は、その雇入れの日から起算して6カ月間継続勤務し、全労働日の8割以上出勤した労働者に対して、継続または分割した10労働日の有給休暇を与えなければなりません。その後、継続勤務年数1年ごとに年休が付与され、この付与日数は、継続勤務期間の長さに応じて20労働日まで増加します（同条2項、［図表］）。パートタイマーなど所定労働日数が少ない労働者に対しては、当該所定労働日数に応じて比例算定された日数が付与日数となります（同条3項）。

　なお、この継続勤務は、実際に出勤することまでは必要でなく、労働契約が継続していること、すなわち在籍していれば足りるため、休業や休職期間であっても継続勤務の要件は充足すると解されています。

　このような年休制度は、イギリス、フランス、ドイツ、カナダ、韓国においても設けられており（アメリカでは、法令上の規定はなく、労働契約

図表　年休の付与日数（週所定労働日数が5日以上または週所定労働時間数が30時間以上の場合）

継続勤務期間	6カ月	1年6カ月	2年6カ月	3年6カ月	4年6カ月	5年6カ月	6年6カ月以上
付与日数	10日	11日	12日	14日	16日	18日	20日

によって定められます）、国際的に見ても、珍しいものではありません。

2. 年休の消滅時効

労基法115条には、「この法律の規定による賃金の請求権はこれを行使することができる時から5年間、この法律の規定による災害補償その他の請求権（賃金の請求権を除く。）はこれを行使することができる時から2年間行わない場合においては、時効によつて消滅する」と規定されています。年休請求権は、同条の「その他の請求権」に該当し、2年の消滅時効が適用されます（昭22.12.15 基発501）。実務上は、1年に限り繰り越しが認められ、発生から2年で時効消滅すると扱われています（国際協力事業団事件 東京地裁平 9.12.1判決 労判729号26ページ）。

令和2年4月1日施行の民法改正に伴い、労基法の規定も改正され、賃金請求権の時効期間は従来の2年から5年に延長（当分の間は3年とされています）となりましたが、その改正の議論の過程で、年休請求権は改正の対象とはなりませんでした。その理由は、年休は、そもそも年休権が発生した年の中で取得することが想定されている仕組みであり、未取得分の翌年への繰り越しは、制度趣旨に鑑みると本来であれば例外的なものであるとの見方があるからではないかと考えられます。諸外国の制度を見ても、未消化年休についてはドイツ、韓国では原則として次年度に繰り越せず、フランスでは消滅するという取り扱いとなっています。

3. 年休の消滅時効の進行や完成を妨げる事由

消滅時効の進行や完成を妨げる事由として、改正前民法では、時効進行中に時効の基礎となる事実状態の継続が破られたことを理由に、それまで進行してきた時効期間をリセットして新たに時効期間を再スタートさせる「中断」と、時効完成直前に権利者による時効中断を不可能もしくは著しく困難にする事情が発生した場合に、その事情が

解消された後一定期間が経過する時点まで時効の完成を延期する「停止」がありました。改正民法では、「中断」が中断事由ごとにその効果に応じて「更新」事由と「完成猶予」事由に、「停止」が「完成猶予」事由に概念整理されました。

時効の中断については、その事由となる請求は、裁判上の請求でなければならないため、請求権がさらに2年延長されるようなケースは法律上極めてまれであると考えられます（昭23.4.28 基収1497、昭23.5.5 基発686）。また、時効中断事由となる使用者の承認は、勤怠簿、年次有給休暇取得簿に年休の取得日数を記載しているのみでは足りないとされています（昭24.9.21 基収3000）。加えて、年休請求権の時効の更新や完成猶予に関する法令上の規定もありません。翻って、年休の制度趣旨は、継続勤務してきた労働者に1年ごとに休暇を付与し、1年の間に現実に年休を取得し、リフレッシュを図ってもらうことにあります。

以上の理由から、発生から2年経過した未消化年休については、消滅時効の進行や完成を妨げる事由は適用されず、時効により消滅すると考えるのが合理的であり、現在の通説および実務上の見解です。

4. 休職期間中に時効消滅する年休について

したがって、ご質問の場合、たとえ休職期間中であったとしても、未消化だった年休5日は、2年の経過とともに時効消滅すると考えられます。

年休の制度趣旨から上記のような取り扱いにせざるを得ませんが、年休のような法律上の制度の枠にとらわれない会社独自の法定外休暇制度の枠組みの中で、ご質問のような休職者の救済措置として、例えば、時効消滅した年休を積み立てて付与する制度をつくることも可能と考えられますので、労使でよく話し合い、使い勝手の良い制度にすることが望まれます。

（飯塚 佳都子）

Q239 子どもの面倒を見る必要のあるパートタイマーからの急な年休申請に対し、時季変更権を行使できるか

台風や大雪などで子女の学校が臨時休校になったとして、当日の朝にパートタイマーから年休申請を受けることがあります。小学校低学年の子どもの面倒を見てもらえる人が近くにおらず、1人にするわけにはいかないという事情は分かりますが、人員が少ない職場で急に休まれては業務に支障が出ます。この場合、会社は時季変更権を行使できますか。また、一方的に休んだ場合、無断欠勤扱いとすることは可能でしょうか。

A 当日の朝は既に1労働日の途中であり、年休を認める場合は、あくまで"事後振替"となり、時季変更権は行使できない。振替を認めず欠勤とすることは可能だが、連絡があった以上、無断欠勤扱いとすることはできない

1. 年次有給休暇の取得手続き

労働者は、6カ月間継続勤務し、初年度は6カ月、2年目以降は1年の勤務期間について全労働日の8割以上出勤したことにより、当然に年次有給休暇（以下、年休）を取得する権利を得ます（労基法39条1項）。

付与された年休の権利の行使については、労働者が請求する時季に与えることとされているので、労働者が具体的な取得日を指定した場合には、使用者が時季変更権を行使しない限り指定された日に年休を取得できることになります［図表］。

このように、年休の取得に際して使用者の承認を得ることは法律上、必要はありません（林野庁白石営林署事件　最高裁二小　昭48.3.2判決）。

一方、使用者は労働者から請求された時季に年休を与えることが「事業の正常な運営を妨げる」場合には、他の時季に変更することができます（労基法39条5項）。「事業の正常な運営を妨げる」とは、裁判例では当該労働者の所属する事業場を基準として、「事業の規模、内容、当該労働者の担当する作業の内容、性質、作業の繁閑、代行者の配置の難易、労働慣行等諸般の事情を考慮して客観的に判断すべきである」（此花電報電話局事件　大阪高裁　昭53.1.31判決）とされています。例えば、年末等特に業務繁忙な時期に時季指定されたとか、同じ日に多数の労働者の休暇指定があり、請求者全員に休暇を付与するのは困難であるという場合が考えられます。

2. 当日の年休請求と時季変更権

労働者の年休の時季指定は、使用者が時季変更権を行使する時間的余裕を置いてなされるべきであることは事柄の性質上当然であり、時季指定を前々日までとする就業規則の定めは合理的なもので労基法39条に違反するものではなく、有効であるとされています（前掲此花電報電話局事件）。もちろん、前日の時季指定を認めている企業もあ

図表　時季指定権と時季変更権

①労働者がその取得時季を事前に指定する（使用者 ← 労働者）

②時季変更権（その日に休まれたら事業の正常な運営ができない場合に別の時季に変更してもらう）を行使する場合を除いて、その指定された時季に付与する

ります。

しかし、当日の朝になされる時季指定は性質が違っています。年休の単位となる「労働日」とは、原則として午前0時から午後12時までの暦日をいいます。時間的に見れば始業時刻から年休が始まるのではなく、暦日の取り扱いによって、使用者は、その日の午前0時から午後12時までの24時間の休息を与えることによって「1労働日」の休暇を与えたことになります。したがって、当日の朝の年休の時季指定は、既にその暦日の途中になっており、事前ではなく事後の年休の振替の請求であり、時季変更の問題は生じません。

なお、2暦日にまたがる交替制勤務については、当該勤務時間を含む継続した24時間を「1労働日」とすることが認められています（昭26．9．26 基収3964、昭63．3．14 基発150・婦発47）。

3.年休の事後振替を認めるか

年休の事後振替を認めるか否かについては労基法には定めがないので、どのように取り扱うかについて規制はありません。企業によっては、休暇を必要とする事情によって事後振替を認めるところもあります（此花電報電話局事件　最高裁一小昭57．3．18判決）。したがって、当日の年休の請求を認めるか否かは、就業規則の事後振替を認める規定の有無、あるいは明文の規定がなくても労働慣行として事後振替が認められているか否かによることになります。

ご質問の企業の就業規則や労働慣行に事後振替を認めるものがあれば、それに従うことになり、なければ年休の事後振替を認めなくてもよいことになります。

4.無断欠勤扱いとすることは可能か

仮に、年休の事後振替を認める就業規則の規定や労働慣行もないために、年休の事後振替が認められないとしても、子どもの面倒を見なければならないので休むということが考えられます。そのような場合には欠勤扱いとして問題はありません。しかし、事前に会社に「休む」と伝えているわけですから、無断欠勤と扱うことはできません。

（角森　洋子）

業務引き継ぎの遅れを理由に、退職前の年休消化を拒否できるか

当社のある社員が自己都合退職となり、退職日の2カ月前から保有する年次有給休暇（以下、年休）の消化に入る予定です。業務の引き継ぎを年休消化に入る前に実施していましたが、退職を予定している社員のモチベーションの問題で進捗が遅れているため、年休消化期間を半月ほど短くし、追加の引き継ぎに充てたいと考えています。このような年休申請の拒否が認められるか、また、認められない場合の代替措置についても、ご教示願います。

年休は法律上当然に発生する権利であるため、理由を問わず申請を拒否できない。また、今回のケースでは時季変更権の行使もできない。そのため、残った年休の買い上げ等を条件として、社員に同意を求めるしかない

1.年休とは

労基法では、労働者の心身の疲労を回復させ、リフレッシュしてもらうことを目的として、休日とは別に年休を規定しています。この年休は、①

入社後6カ月間継続勤務し、②全労働日の8割以上出勤したことを要件として年10日付与され、その後、入社日から2年6カ月までは勤務年数1年ごとに1日が加算、3年6カ月以降は勤続年数1年ごとに2日が加算され、6年6カ月で20日を下限に付与されます（同法39条1・2項）。

なお、年休は原則、暦日単位になりますが、使用者が認めれば半日単位にすることもでき、また、労働者の過半数で組織する労働組合、該当する労働組合がない場合には労働者の過半数を代表する者と「時間単位年休に関する労使協定」を締結することによって、時間単位とすることも可能です（同条4項）。

2.年休の法的性格と使用者の時季変更権

[1]年休の法的性格

ところで、年休は、前述の①6カ月間継続勤務、②8割以上の出勤率の二つの要件を満たせば法律上当然に権利が発生するものであり、労働者の請求や使用者の承認によって権利が発生するわけではありません（白石営林署事件　最高裁二小昭48.3.2判決）。

つまり、法律上当然に発生した年休権について、労働者が取得時季を指定しているだけなのです。そのため、労働者が年休を取得するに当たって、一般的には"上長に対して申請を行い、承認を受ける"といった運用が多く見られますが、法的には、忙しいこと等を理由として労働者に年休を付与しないことは認められません。

[2]使用者の時季変更権

前述のとおり、使用者は労働者が指定した時季に年休を付与しなければなりません。しかしながら、請求された時季に年休を付与することが事業の正常な運営を妨げる場合に限って、指定された時季を変更することが認められています（労基法39条5項ただし書き）。これを「時季変更権」といいますが、「事業の正常な運営を妨げる」場合に該当するか否かの判断は、「当該労働者の所属する事業場を基準として、事業の規模、内容、当該労働者の担当する作業の内容、性質、作業の繁

閑、代行者の配置の難易、労働慣行等諸般の事情を考慮して客観的に判断すべき」とされています（此花電報電話局事件　大阪高裁　昭53.1.31判決）。具体的には、例えば複数の労働者に年休を同じ日に請求され、代替要員が確保できず店舗の営業ができない等、かなり限定されたケースに絞られます。

なお、時季変更権は、あくまでも労働者に指定された年休日を他の労働日に変更することになるものであるため、例えば退職の際に、退職日までの労働日のすべてに年休を請求された場合は、そもそも在籍中に変更できる労働日がなく、また退職日以降に変更することもできないため、使用者は時季変更権が行使できないので注意が必要です。

3.ご質問に対する回答

貴社では、退職する社員に対して、引き継ぎの進捗が遅れていることを理由に年休の申請を拒否したいとのことです。しかしながら、年休はあくまでも法定要件を満たせば法律上当然に発生する権利であるため、理由を問わず申請を拒否することはできません。また、時季変更権についても、退職日までは保有する年休を消化する予定とのことですので、在籍中に変更できる労働日もなく、また退職日以降への変更もできないため、時季変更権を行使することはできないのです。

したがって、引き継ぎをさせるために社員にどうしても出勤してもらう必要があれば、本人にその旨をきちんと説明し、年休を数日取り下げてもらうよう説得するしかありません。なお、その際、年休を取り消したことによって、退職後に残ってしまった年休の買い上げを提案することは可能です。年休の買い上げについては、原則、労基法違反となりますが、退職時の年休の取り扱いについては、行政解釈でも「時効、退職等の理由でこれが消滅するような場合に、残日数に応じて調整的に金銭の給付をすることは、事前の買上げと異なるのであって、必ずしも本条に違反するものではない」と解されています（厚生労働省労働

基準局編『令和3年版 労働基準法・上』労働法コンメンタール③［労務行政］628ページ）。

そこで、結果的に消化し切れなかった年休を買い上げること等を条件として、社員に引き継ぎ期間延長の同意を求めてみてはいかがでしょうか。いずれにしても、今回のようなケースは、労働者との個別の交渉事になってしまいます。今後、雇用の流動化がより加速していく中で、退職時のトラブルを防ぐためにも、日頃からマニュアル等を作成し、業務の属人化を防いでおくことが重要です。

4.参考

ところで、年休については、年10日以上年休が付与される労働者に対して、付与日から1年以内に5日間の年休を取得させなければならず、これは原則すべての労働者が対象となるため、労基法上の管理監督者（同法41条2号）に該当する者も対象となる点には注意が必要です。退職時のトラブルを避けるためにも、また過重労働防止の観点からも、日頃から年休を取得しやすい職場環境づくりが肝要です。

（武澤　健太郎）

新年度早々になされた突然の退職申し出に対し、退職日を前年度末に変更し新規付与年休を取得させないことは問題か

ある社員が、4月1日付の地方事業所への異動直後に退職を申し出て以降、出社していません。異動内示の際は特にこれを渋る様子はなく、3月は異動準備のため、保有していた年次有給休暇（以下、年休）をほぼ使い切っていました（当社の年休基準日は4月1日です）。退職理由を尋ねたところ、「異動先が希望していた部署でも事業所でもなく内示後ずっと悩んでいて、4月に入って退職を決断した」とのことです。当社としては、突然の申し出であり、異動先の要員再調整に係る負担や同人の異動にかかった費用の損害が生じるなど、承服し難いところです。せめて同人の退職日をさかのぼって3月末日とし、4月の新規付与分の年休を取得させないようにしたいのですが、問題でしょうか。

新規付与分の年休取得を制限することはできない。労働者の合意で退職日を変更する場合、退職後の年休取得は認められない

1.年次有給休暇（年休）について

[1]年休とは

年休とは、労基法により、入社後6カ月継続勤務した場合に、初年度は6カ月後、次年度以降は6カ月後から1年ごとに、その期間における全労働日の8割以上出勤した労働者に対して与えられる休暇であって、労働者が年休を取得した場合に使用者が当該休暇に対する賃金支払い義務を負うものをいいます。

[2]年休の法的性質

年休の法的性質については、最高裁判例（林野庁白石営林署事件　最高裁二小　昭48.3.2判決、国鉄郡山工場事件　最高裁二小　昭48.3.2判決）により以下のように整理されています。

年休の権利は、労基法所定の要件が充足されることによって法律上当然に労働者に生じる権利であり、使用者が労働者に年休の権利を与える行為は必要ありません（労基法39条1項・2項）。

具体的な年休の取得については、労働者がその

休日・休暇

有する年休日数の範囲内で、具体的な休暇の始期と終期を特定して時季指定することにより年休が成立し、その日の就労義務が消滅します（同条5項）。

使用者は、労働者による年休の時季指定に対して、客観的に「事業の正常な運営を妨げる場合」と認められるときには時季変更権を行使することができます。

すなわち、使用者の適法な時季変更権の行使は、労働者の時季指定により成立した年休の解除条件ということになります。

[3]退職時の年休消化について

労働者が退職に際して、退職日までの全労働日に対する年休権を行使することがありますが、このような場合に使用者が時季変更権を行使して年休の取得を制限することはできるでしょうか。

既に述べたとおり、年休は、労働者がその有する年休日数の範囲内で、具体的な休暇の始期と終期を特定して時季指定することにより成立します。

使用者は労働者の年休時季指定に対して時季変更権を行使することができますが、使用者の時季変更権は年休の取得時季を変更する権利ですから、他の時季に年休を与えることができることを前提としています（昭49.1.11　基収5554）。

労働者が退職日までの全労働日に対する年休権を行使している場合には、他に年休を与える日が存在しませんから、労働者の年休取得が権利濫用や信義則違反となるような例外的な場合を除き、使用者が時季変更権を行使して年休の取得を制限することはできないことになります。

[4]年休の基準日の統一

年休は、雇入れの日から起算して、初年度は6カ月後、次年度以降は6カ月後から1年ごとに基準日（起算日）が定められており、各労働者の入社日ごとに基準日が異なっています。

もっとも、各労働者の年休の基準日をそれぞれ管理することは煩雑であることから、年休の基準日を統一することが広く行われています。

厚生労働省の通達では、①法定基準日以前に年休を付与する場合の8割出勤の算定は、短縮された期間について全期間出勤したものとみなすこと、②初年度（6カ月後）の付与日を繰り上げた場合、次年度以降の付与日は初年度と同じ期間またはそれ以上の期間、法定基準日から繰り上げることとされています。例えば4月1日の入社時に本来6カ月後に与えられる年休を繰り上げて付与した場合、次年度の年休は1年後の4月1日までに付与する必要があり、4月2日以降に与えることは労基法違反となります（平6.1.4　基発1）。

2.ご質問に対する回答

貴社では、異動直後に退職を申し出た社員に対する新規年休の付与を防止するため、当該社員の退職日を年休の基準日の前日に変更することを検討中とのことです。

貴社では4月1日が年休付与の基準日とされているところ、当該社員は4月1日時点で貴社に在籍していますから、法律上当然に年休を取得しており、貴社は既に発生した年休権を消滅させることはできません。

退職時の年休消化については、1.[3]において述べたとおり、労働者が退職日までの全労働日に対する年休権を行使している場合、他に年休を与える日が存在しないため、時季変更権を行使して年休の取得を制限することはできないことになります。

貴社では年休基準日が4月1日に統一されていると思われることから、当該社員についてのみ年休基準日を本来の基準日に戻すことで年休の発生を妨げることができないかについても検討しますが、1.[4]において述べたとおり、前回の年休基準日から1年後までの日を次回の年休基準日としなければなりませんから（ご質問では4月1日までの日としなければなりません）、いったん年休基準日の統一のために繰り上げた年休基準日を繰り下げることはできません（ご質問では4月1日以降の日とすることはできません）。

退職の意思表示はそれのみで成立する単独行為

であるため、既に労働者が申し出た退職日を貴社の意向のみで変更することはできませんが、労働者との合意により退職日を変更することは可能です。

年休は、労働日に対して時季を指定するため、労働者との合意によって当初の退職日を繰り上げた場合、既に取得された年休を取り消すことはできませんが、新たに合意された退職日の翌日以降の年休は取得できないことになります。

貴社が検討されているように4月1日以降に過去にさかのぼって退職日を3月末日に変更した場合、4月1日時点で新規年休が発生していますから、年休の新規付与分と既に取得された年休を取り消すことはできず、退職合意後の未取得分についてのみ年休取得が制限されることになります。

（西濱　康行）

Q242 年休取得の2日後に休日出勤する社員に対し、「休日の振り替え」への変更を求めることは問題か

　金曜日に年次有給休暇（以下、年休）を取得した社員につき、急遽（きゅうきょ）、日曜日（会社の休日）に休日出勤してもらうことになりました。突発的な顧客対応のためですが、あらかじめ分かっていれば、割増賃金の支払い義務のない「休日の振り替え」で対応していたところです。そこで、事後となりますが、日時が近接しているため、年休を取得した金曜日を振替休日に変更し、日曜日を勤務日としたいのですが、会社がこうした変更を申し出ることは問題でしょうか。

法的に金曜日を振替休日に変更し、日曜日を勤務日とすることは難しい。同意によればできる場合もあるが、それでも金曜日を年休として取得し終わっていれば、会社の申し出は認められ難い

1. 年休制度と休日振替制度

　ご質問に回答する前提として、まずは年休制度と休日振替制度について、簡単に説明します。

　年休とは、労働者が6カ月間継続勤務し全労働日の8割以上を出勤することで当然に発生する休日取得の権利であり（労基法39条1項）、その労働者は、時季を指定することで年休の効果である年休の日（または時間）についての就労義務の消滅と法律による所定の賃金請求権の取得といった法的効果を発生させることができます。ただし、使用者は、事業の正常な運営を妨げる場合については、時季変更権を行使することで、上記の法的効果（簡単に言えば年休日の発生）を阻止することができます（同条5項）。

　一方、休日振替は、①事前の振り替え（本来の休日振替）と②事後の振り替え（いわゆる、代休）とに分かれます。①事前の振り替えは、あらかじめ振替休日の日を指定した上で特定の休日を労働日とする場合をいい、②事後の振り替えは、休日に労働をさせた後に代休日を与える場合をいいます。要件としては、共に労働契約上の根拠（就業規則に規定のある場合が通常です）を必要とします。また、法的効果としては、①事前の振り替えについては、本来の休日が労働日となりますから、労基法上の割増賃金（37条）を要しませんが（ただし、その週の労働時間が40時間を超えた場合は、割増賃金が必要です）、②事後の振り替えの場合は、労働契約上の休日が休日のままで休日労働がなされますから、割増賃金の支払いが必要となります。

　ご質問では、割増賃金の支払い義務のない休日振替を想定されていることから、上記のうち、①

事前の振り替えを想定されていますので、次項2.で、年休を取得済みのケースと未取得のケースに分けてご説明します。

2. ご質問のケースの検討

[1] 年休取得済みの日を休日振替により休日とすることの可否

金曜日に年休を取得「した」労働者に対し、急遽、労働することとなった日曜日を、休日ではなく労働日とし、年休として取得済みの金曜日を休日に振り替えたいということと解されます。これは、取得済みの年休日を後になって休日に振り替えることを意味します。しかし、そもそも事前の休日の振り替えとは、あらかじめ振替休日の日を指定した上で特定の休日を労働日とする場合をいいますので、このような既に年休として取得済みの日を振替休日による休日として指定することはできません[図表]。

[2] いまだ取得されていない年休日を休日振替により休日とすることの可否

次に、ご質問の事例とは少し異なるケースとして、いまだ金曜日の年休を取得する以前の時点で、年休日の金曜日を休日とし、本来会社の休日である日曜日を労働日に振り替えたいという場合について、考えてみましょう。

この場合、事前の振り替えにより日曜日を労働日とすることは不可能ではないと思われますが、年休日として指定済みの金曜日を休日とすることは、当該金曜日が年休日として確定してしまっている以上、やはり困難だと思われます。というのは、前記1.のように、休日の振り替えとは、本来の休日（ご質問のケースで言えば日曜日）を労働日にする一方で、本来の労働日（ご質問のケースで言えば金曜日）を休日とすることですが、そもそも労働者が年休日として指定し確定している場合、当該社員にとっては労働日ではない休日となっており、これを労働日へと振り替えることはできないでしょう。

もっとも、当該社員が金曜日を年休日として指定しつつも、いまだ年休指定日として確定しておらず、会社のほうで時季変更権を用いて金曜日を年休日とせず通常の労働日のままとした上で、休日の振り替えにより金曜日を休日として日曜日を労働日とするという手法も考えられるかもしれません。しかし、そもそも、時季変更権は、労働者が年休日と指定してきた当該労働日において、その労働者に休暇を与えることが事業の正常な運営を妨げるような場合に認められるものですから（前記1.）、上記のように、休日の振り替えにより休日とするような（休日にしても差し支えないような）日を当該社員が指定してきた場合に、時季変更権が認められることはないと思われます。したがって、時季変更権を用いたとしても、会社の意図を達することは難しいと思われます。

3. まとめ

以上述べましたところにより、ご質問における会社の意図は、いずれにせよ法的には難しいと思われます。したがって、あくまで会社が、年休日の金曜日を休日として日曜日を労働日と振り替えたいのであれば、当該社員の同意を得て、金曜日の年休指定日を撤回してもらった上で行う必要があります。加えて、既に年休日とした金曜日を過ぎてしまっている場合には、その金曜日を休日と

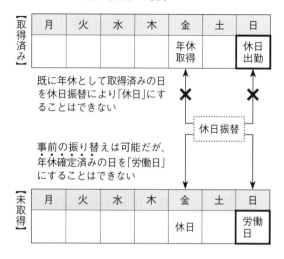

[図表] 年休取得済みの日と未取得の日の場合における休日振替の可否

振り替えるべき労働日と解する余地はありませんので、この場合は当該社員の同意によってもご質問における会社の意図は達し得ないと考えます。

（岡芹　健夫）

年休に対する賃金である「通常の賃金」とは何か、その考え方、計算方法について説明してほしい

「日給については、その金額」「月給については、その金額をその月の所定労働日数で除した金額」を「通常の賃金」という。ちなみに、月給者が年休を取ったときは、その日は出勤したものとしてそのまま月給額を支払えば有給として取り扱ったことになる

1. 年休に対する賃金の支払い方法

年次有給休暇（以下、年休）は、文字どおり「有給」の休暇ですから使用者はその休暇に対し賃金を支払わなければなりません。

年休に対し支払うべき賃金について、労基法39条9項は次の3種類の支払い方法を定めています。

①労基法12条に定める平均賃金
②所定労働時間労働した場合に支払われる通常の賃金
③健康保険法40条1項に定める標準報酬月額の30分の1に相当する金額

このうちどの方法によるかは当事者の自由ですが、あるときは①の方法を採り、あるときは②の方法を採るというように、年休を取る都度、恣意的に選択できるというものではありません。①または②のいずれかの方法を採る場合には、そのいずれの方法を採るかを就業規則その他これに準ずるものによってあらかじめ定めておく必要があり、また、③の方法を採る場合には、36協定の場合と同様、過半数労働組合または労働者の過半数を代表する者と書面による協定を締結しておくことが必要です。

①の平均賃金は、年休を取得した労働者の過去3カ月の賃金から1日当たりの賃金を計算するものです。同様の計算は、労災保険における給付基礎日額の計算にも使われます。この方法は、労働者が年休を取る都度、計算をする必要があります。

③の方法については、説明は要らないでしょう。額は1年間固定されますから、①の方法よりは簡便といえます。

ただ、多くの企業は、年休に対する賃金の支払い方法として、②の「通常の賃金」を採用していることから、以下、「通常の賃金」の考え方、計算方法について説明します。

2.「通常の賃金」によって支払う方法

「所定労働時間労働した場合に支払われる通常の賃金」の計算方法は、労基則25条に定められています。

これによれば、「日給（日によって定められた賃金）については、その金額」を通常の賃金としています。すなわち、日給1万円と定めている場合は、年休1日に対して1万円支払うということです。

「月給（月によって定められた賃金）については、その金額をその月の所定労働日数で除した金額」を通常の賃金としています。

例えば、月給22万円の労働者が1日の年休を取った場合には、その月の所定労働日数が22日であるとすると、

22万円÷22日＝1万円

を1日の年休に対して支払う、ということです。これは月給22万円に加えてさらに1万円支払う、ということではありません。その日休むことによって本来賃金が支払われないはずのところを、平均賃金や通常の賃金を支払って有給保障する、ということですから、このケースについていえば、1日休んだことによって1日分の賃金、すなわち、1万円が差し引かれて21万円になるはずのところ、年休の手当として前述の計算によって1万円を支払いなさい、ということです。結果としては何も計算しなくても同じです。

　したがって、解釈例規（昭27．9．20　基発675、平22．5．18　基発0518第1）も、

> 日給者、月給者等につき、所定労働時間労働した場合に支払われる通常の賃金を支払う場合には、通常の出勤をしたものとして取扱えば足り、規則第25条に定める計算をその都度行う必要はない。

としています。すなわち、月給者が年休を取ったときは、その日は出勤したものとしてそのまま月給額を支払えば有給として取り扱ったことになるわけです。

　なお、時間単位年休に対する賃金は、上記による平均賃金、標準報酬月額の30分の1に相当する金額または通常の賃金の額をその日の所定労働時間数で除して算定します（労基則25条2項・3項）。

（中川　恒彦）

 退職申し出者が残日数の全部について年休を請求することへの対抗手段として、一定日数について買い上げることとしてもよいか

 労働者が請求できる年休を買い上げによって請求できなくすることは、労基法違反。ただし、労働者の任意に基づき、退職時未消化のまま残った年休を買い上げることは可能

　年休の買い上げについては、次のような解釈例規があります（昭30.11.30　基収4718）。

> 年次有給休暇の買上げの予約をし、これに基づいて法第39条の規定により請求し得る年次有給休暇の日数を減じないし請求された日数を与えないことは、法第39条の違反である。

　年休は、有給で「休暇を与えなければならない」ものであり、金銭を支給するだけで現実に休ませないのでは休暇を与えたことにはなりません。

　したがって、労働者が請求できる年休を買い上げによって請求できなくすることは、労基法に違反します。

　ただし、権利の発生から2年が経過し、時効が成立した年休については、もう請求する権利はありません（正確にいうと、労働者の請求に対し、使用者は時効の完成を理由に年休の付与を拒否できる）から、買い上げても必ずしも違反にはなりません。ということは、退職によって請求が不可能となった残余年休についても同じことがいえます。

　したがって、退職時未消化のまま残った年休については、買い上げても労働者の年休権を侵すことにはなりません。

　労働者の任意に期待しなければなりませんが、そのような方法は可能でしょう。

　ただ、買い上げをにおわすことよりも、退職日を遅らす、就業規則に基づく引き継ぎを命ずる等の対策を講ずるほうが正当ではないかと思われます。

（中川　恒彦）

Q245 年休の時季変更は、どのような場合に認められるか

10人のメンバーで編成されている生産工程のある班で、操業上最低7人のスタッフが必要なところ、同じ日に5人から年休申請が出されてしまったため時季変更を求めて調整しようと考えています。こうした場合、時季変更を適法に行うために会社としてはどのような措置をとる必要があるでしょうか。また、年休申請を行った5人のうち、申請が遅かった順に2人のみ時季変更することとしても問題はないでしょうか。

状況から判断して時季変更権の行使は適法と考えられるが、対象となる労働者は合理的な理由により選定すべき

1. 年次有給休暇と時季変更権

年次有給休暇(以下、年休)は、1年間(初年度は6カ月間)継続勤務し、所定労働日の8割以上の勤務をした労働者に、法で定める日数を与えるとされています(労基法39条1項・2項)。

この付与要件を満たした労働者は、「法律上当然に所定日数の年次有給休暇の権利を取得し、使用者はこれを与える義務を負う」ものとされ、「労働者の請求をまって始めて生ずるものではなく、また(労基法39条)第5項にいう『請求』とは、休暇の時季にのみかかる文言であって、その趣旨は、休暇の時季の『指定』にほかならないものと解すべきである」とされています(白石営林署事件 最高裁二小 昭48.3.2判決)。

すなわち、年休は労働者の請求を待たずに、法律上当然に生じる権利であって、「請求」とはその時季の指定であり、労基法39条5項ただし書きにおいて規定されている「請求された時季に有給休暇を与えることが事業の正常な運営を妨げる場合」に該当し、使用者が"時季変更権"の行使をしない限り、その指定によって年休が成立するものと解されています。

2.「事業の正常な運営を妨げる場合」とは

労働者が指定した時季に年休を与えることが「事業の正常な運営を妨げる場合」には、使用者はその時季を変更することができるとされています(労基法39条5項ただし書き)。

では、この時季変更権を行使することができる「事業の正常な運営を妨げる場合」とは、どのような基準で判断することになるのでしょうか。

これについては、「当該労働者の所属する事業場を基準として、事業の規模、内容、当該労働者の担当する作業の内容、性質、作業の繁閑、代行者の配置の難易、労働慣行等諸般の事情を考慮して客観的に判断すべきである」としています(此花電報電話局事件 大阪高裁 昭53.1.31判決)。

時季変更権をめぐる判例においては、これまで「労働者の時季指定に対して使用者はできる限り労働者が指定した時季に休暇を取得することができるように、状況に応じた配慮をすることを要請しているものとみることができる」(弘前電報電話局事件 最高裁二小 昭62.7.10判決ほか)とし、時季の変更については、使用者に配慮をするように求めています。

また、横手統制電話中継所事件(最高裁三小 昭62.9.22判決)では、「『事業の正常な運営を妨げる場合』か否かの判断に当たって、代替勤務者確保の難易は、判断の一要素となるというべきであるが、勤務割による勤務体制がとられている事業場においても、使用者としての通常の配慮をすれば、代替勤務者を確保して勤務割を変更するこ

とが客観的に可能であると認められるにもかかわらず、使用者がそのための配慮をしなかった結果、代替勤務者が配置されなかったときは、必要配置人員を欠くことをもって事業の正常な運営を妨げる場合に当たるということはできないと解するのが相当である」としています。

3.ご質問の場合

前述のとおり、判例では、使用者に対し「できる限り労働者が指定した時季に休暇を取得することができるように、状況に応じた配慮をすること」を求めています。

しかし、ご質問の場合、従業員から指定された日に最低7人が必要なところ、同じ日に10人のメンバー中5人から年休請求が出されたとあります。

会社としては、この班が携わる生産工程が止まれば事業の正常な運営を妨げることになり、しかも代替要員を確保することが困難であるといったような事情があることから、今回の時季変更権の行使は適法なものであると考えられます。

それでは、競合する5人の年休取得日の指定について、誰に時季変更権を行使すべきかについて考えてみます。

判例においては、「時季変更権を行使する労働者の選定に当たっては、使用者の合理的な裁量に委ねられている」（津山郵便局事件　岡山地裁昭55.11.26判決）としています。

これを基に考えますと、質問にある「申請が遅かった順に2人のみ時季変更すること」は、例えば、就業規則等において、年休の時季指定をその取得予定日の一定日前までに行うように定めていたにもかかわらず、それを超過して時季指定を行ってきたような場合は別として、単に時季指定（申請）が遅かったという理由だけで時季変更権を行使するというのは、問題が残る可能性もありそうです。

年休を指定してきた従業員を集めるなどして、①業務を遂行する上で最低7人は必要なことを説明し、その上で現在5人が年休の時季を指定して

きていること、②年休の利用目的に照らし、時季変更権の行使を受け入れることができる社員を求めていることなどを話した上で、時季変更権の行使ができる者を選抜する方法などが考えられます。

ただし、判例においても「年休の利用目的は労基法の関知しないところであり、休暇をどのように利用するかは使用者の干渉を許さない労働者の自由」とされているように、使用者が年休の利用目的に干渉することについては問題もあることから、上記②については、あくまでも従業員の自主的な判断に任せるほうがよいと考えます。

それでも同じような状況の者ばかりであり、時季指定に差がつけられないといったような場合には、時季変更権を行使する対象者を抽選や先着順で選択する方法もやむを得ないでしょう。

当然のことながら、いつもギリギリの人数で対応しているという場合には、時季変更権の行使そのものが違法と判断されることになりますから、できるだけ労働者が指定した時季に休暇を取得することができるよう、状況に応じた配慮（人員体制の整備）をすることが必要となります。

4.使用者による時季の指定

労基法39条7項において、「使用者は、第1項から第3項までの規定による有給休暇（これらの規定により使用者が与えなければならない有給休暇の日数が10労働日以上である労働者に係るものに限る。以下この項及び次項において同じ。）の日数のうち5日については、基準日（中略）から1年以内の期間に、労働者ごとにその時季を定めることにより与えなければならない」という規定があります。

この時季指定に関して、労基則24条の6では、①あらかじめ、労基法39条7項の規定により当該年次有給休暇を与えることを当該労働者に明らかにした上で、その時季について当該労働者の意見を聴かなければならない、②使用者は、できる限り労働者の希望に沿った時季指定となるよう、聴取した意見を尊重するよう努めなければならない

と定めています。年休については、この時季指定の制度なども上手に運用しながら、可能な限り労働者の年休取得の自由を制限することがないようにしていくことも大切であると考えます。

（益田　浩一郎）

Q246 当日の年休申請を認める回数を制限することはできるか

体調不良や家庭の事情などでやむを得ずなされた当日の休みの申請は、これまで年次有給休暇扱いとして認めてきました。しかし、体調不良を訴えて繰り返し当日に休みを申請する社員がおり、対応に困っています。そこで、当日に申請する休みで年次有給休暇扱いにできるのは年5日までとするルールを作りたいのですが、問題になるでしょうか。

当日の年休申請に関して上限回数を設定することは可能

1.当日の年次有給休暇の行使の法的性質

年次有給休暇（以下、年休）は、労働者がその年休の時季を指定する場合に、使用者が時季変更権を行使しない限りは、その指定時季に労働義務が免除され、休暇として与えられるものです（労基法39条5項）。

この時季指定は、「年休予定日（時間単位の年休の場合には予定時間）の前までに（遅くとも予定日（予定時間）の労働義務が発生する前までに）行われる必要がある」とされています（水町勇一郎『詳解労働法 第3版』〔東京大学出版会〕788ページ）。

すなわち、例えば労働者が4月1日において終日の年休を行使したい場合には、前日の24時の到来前に時季指定する必要があるということです。もっとも、年休予定日（予定時間）が到来した後の年休申請（以下、事後振り替え）については、使用者の裁量により、年休として取り扱うことも可能であり、実務ではよくあります。

なお、事後振り替えに係る規定の整備状況は会社によってさまざまです。これに関し、人事院規則においてやむを得ない場合に事後申請を認める旨の定めが設けられており、始業20分前にその当日の終日の年休を申請したという事後振り替えの事案につき、時季変更権の行使が争点となった上で、労働者による年休の行使がその指定した時季に極めて接近して行われたことにより、使用者が時季変更権を行使するか否かを事前に判断する時間的余裕がなかったようなときには、事業の正常な運営を妨げるおそれがあり、その変更権の行使が遅滞なく行われた場合には、指定時季を徒過していたとしても、当該変更権の行使は有効と判断された判例があります（電電公社此花電報電話局事件　最高裁一小　昭57．3.18判決）。会社の場合はその規定の有無もさまざまであることから、会社一般において当然に事後振り替えが認められるものではないと考えられます（最高裁判所判例解説民事篇〔昭和57年度〕249ページ参考）。

2.年休の行使に係る制度の導入の可否

年休の行使に係る制度については、就業規則において原則希望する日の前日の正午までに書面で申請する旨と定めていた事案につき、「使用者に時季変更権を行使するか否かの判断をするための

時間の余裕を与えるとともに、職員の勤務割を変更して代替要員を確保することを可能にすることで時季変更権の行使をできるだけ控えるようにする趣旨であると考えられる。(中略)年休の請求を前日の正午までに書面で行うように定めても、これによって労働者の時季指定権の行使が著しく困難になるものではないから、年休の時季指定権の行使時期、方法の制限として合理的」と判断されている裁判例があります(東灘郵便局事件　神戸地裁　平 9. 5.20判決)。

このように年休の行使に係る制度を導入することは、使用者に時季変更権を行使するか否かの判断をするための時間の余裕を与えることを目的として、年休予定日までに行われることを確保するために、労働者の時季指定権の行使が著しく困難にならない限りは合理的なものとして許容されると考えられます。もとより事後振り替えに関しては、会社の裁量によるものですので、より広範に制度設計を行うことが可能と考えられます。

3.ご質問に対する回答

ご質問のケースのように、当日申請の事後振り替えに関して上限(以下、行使上限)を設定することは、そもそも年休予定日が到来した後の年休の取り扱いであることから、厳密には、任意の事後振り替えについてのルールを定めるものです。

このルールについては、頻発している当日の事後振り替えを抑制することにより、会社の事業運営を改善または維持することにつながるという必要性があると考えられます。このルールを策定しても、労働者は、前日までに年休の行使を許容さ

れますので、労働者の時季指定権の行使が著しく困難になるとは考えられず、その内容も合理的な範囲のものと考えられます。なお、現行の運用からすれば、不利益変更である旨の主張も考えられますが、上記必要性や合理性から、その変更も適法と考えられます。

その上で、このようなルールを導入した以上、労働者が行使上限を超えて当日の事後振り替えを申請してきた場合に、後述のリスクも踏まえて事後振り替えを認めないという運用を徹底することも重要です。この際、厳密には時季変更権の行使ではありませんが、事業運営の支障についても整理しておくことが望ましいです。

4.その他の選択肢

ご質問のように、当日の事後振り替えが頻発する事態は極めて問題のある状況ですが、体調不良のケースは突発的に当日の事後振り替えを申し出ることが比較的多いと思われます。これが年5回を超えるということについて、会社全体として見たときの割合の多寡という点はありますが、これまでの運用を変えることになる以上、反発が予想されます。

これに関して、その労働者の状況を踏まえて、事後振り替えの許否を判断するということも会社の運用としてあり得ますが、このような取り扱いだとルールが形骸化されるとともに、前例との整合性が常に問われることになるため、そのリスクも考慮して、将来を見据えた対応が必要です。

(清水　裕大)

通勤災害による休業は、年休の発生要件である8割出勤の計算において出勤として扱うか

先日、社員が通勤災害により労災保険の給付を受け、約1カ月間休業しました。年次有給休暇の付与に関しては、前1年間の出勤率が8割以上のときは与えなければなりませんが、年休の出勤率の計算において、通勤災害により休業した期間は出勤として扱うのでしょうか。

出勤日から除外しても問題ない

1. 年次有給休暇の発生要件

労基法39条では年次有給休暇（以下、年休）の発生要件として、「その雇入れの日から起算して6箇月間継続勤務し全労働日の8割以上出勤した」場合と「継続勤務した期間を6箇月経過日から1年ごとに区分した各期間（最後に1年未満の期間を生じたときは、当該期間）の初日の前日の属する期間において出勤した日数が全労働日の8割」以上ある場合を挙げています。

つまり、労働者の勤怠の状況を見て、特に出勤率の低い者を除外する趣旨で、雇い入れの日から6カ月間と、それ以降は1年間ごとに全労働日の出勤率が8割未満の場合には年休を与える必要はなくなります。なお、この要件はあくまでもその年に年休を付与するか否かを判断することを規定するものであり、例えば6カ月目の時点で出勤率が8割未満で、その年は年休付与がなかったとしても、1年6カ月目の時点で1年間の出勤率が8割以上であれば、その年は11日の付与を行うこととなります。

2.「全労働日」と「出勤したとみなされる日」

[1] 全労働日の考え方

年休の発生要件である出勤率は、出勤日を全労働日で割って算出されます。この分母となる全労働日は基本的に対象期間の暦日数から就業規則等で定める休日を除いた日数をいいます。そのほか、以下の日も全労働日からは除外されますので注意してください。
①所定の休日に労働した日
②使用者の責に帰すべき事由によって休業した日
③正当なストライキその他の正当な争議行為により労務がまったくなされなかった日

ただし、②のようなケースでも、裁判所の判決により解雇が無効と確定した場合や、労働委員会による救済命令を受けて会社が解雇の取り消しを行った場合の解雇日から復職日までの不就労日のように、労働者が就労を拒まれたために就労できなかった日は全労働日に含まれ出勤したものとみなされます（昭33. 2.13 基発90、昭63. 3.14 基発150、平25. 7.10 基発0710第3）。

[2] 出勤日の考え方

分子の出勤日については、次の日は出勤したものとして扱われます（労基法39条10項、昭22. 9.13 発基17、平 6. 3.31 基発181）。
①業務上の負傷、疾病による療養のための休業期間
②産前産後の休業期間
③育介法に基づく育児休業および介護休業期間
④年休を取得した日

そのほか、遅刻、早退をした日でも、この出勤率計算は労働日単位で見るため、通常の出勤の扱いとなります。出勤率の計算について間違いのないよう、全労働日、出勤日の考え方を確認しておきましょう。

3. 通勤災害による休業の扱い

ご質問にある通勤災害による休業についてですが、前述したとおり、労災保険の中で業務災害については労基法により出勤日とみなすことが定められていますが、通勤災害については対象とはされていません。そのため、通勤災害による休業を出勤日とみなす法律上の義務はありません。

なお、法律上保障された権利であるにもかかわらず、同じように年休の出勤率算定の際に出勤したものとして取り扱うことを要しないとされている「生理休暇」について「生理日の就業が著しく困難な女性が休暇を請求して就業しなかった期間は労働基準法上出勤したものとはみなされないが、当事者の合意によって出勤したものとみなす

こと」は問題なしとされています（昭23．7.31基収2675、平22．5.18　基発0518第1）。

また、任意に定めている特別休暇（慶弔休暇等）についても、出勤と扱うか欠勤と扱うかは会社の判断によります。

以上により、通勤途上の災害により休業している期間についても、これを出勤したものとして取り扱うことは当事者の合意があれば可能と考えられます。この場合には就業規則等でその取り扱いを明確にしておくことが必要です。

（山口　寛志）

私傷病による欠勤・休職期間は、年休の出勤率の算定ではどのように取り扱うか

当社では、私傷病で長期に仕事を休む場合は、2カ月間の欠勤の後、2年間の休職に入り、休職期間が満了すると退職となります。このとき、欠勤期間、休職期間は、年次有給休暇の付与を決める出勤率の算定に当たっては、どのように取り扱えばよいのでしょうか。

欠勤期間は全労働日に算入し、出勤日数からは控除する。休職期間は欠勤と同様に扱うか、就労義務を免除したものとして全労働日、出勤日数のいずれからも除外するかを就業規則等で定めておく

1.年次有給休暇の発生要件

労基法39条1項では「使用者は、その雇入れの日から起算して6箇月間継続勤務し全労働日の8割以上出勤した労働者に対して、継続し、又は分割した10労働日の有給休暇を与えなければならない」と規定しています。

この出勤率の算定に当たっては、同条10項で「労働者が業務上負傷し、又は疾病にかかり療養のために休業した期間及び育児休業、介護休業等育児又は家族介護を行う労働者の福祉に関する法律第2条第1号に規定する育児休業又は同条第2号に規定する介護休業をした期間並びに産前産後の女性が第65条の規定によつて休業した期間は、第1項及び第2項の規定の適用については、これを出勤したものとみなす」と規定しています。また、行政通達では「年次有給休暇としての休業日数は本条（編注：労基法39条）第1項及び第2項の規定の適用については出勤したものとして取り扱うこと」（昭22．9.13　発基17、平6．3.31　基発181）とされています。

2.全労働日に含まれないもの

年次有給休暇算定の基礎となる全労働日は、労働契約上労働義務の課せられている日をいい、具体的には労働協約、就業規則等で労働日として定められた日のことで、一般には6カ月（1年）の総暦日数から所定の休日を除いた日がこれに該当するとされています。したがって、所定休日に労働したとしても、その日は全労働日には含まれません。また、使用者の責に帰すべき事由による休業日、正当な同盟罷業その他正当な争議行為により労務の提供がまったくなされなかった日についても全労働日に含まれないとされています（昭33．2.13　基発90、昭63．3.14　基発150・婦発47、平25．7.10　基発0710第3）。

3.私傷病による欠勤期間、休職期間の取り扱い

労基法が年次有給休暇の発生要件として、全労働日の8割以上の出勤を条件としているのは、労働者の勤怠の状況を勘案して、特に出勤率の低い者を除外する趣旨であると考えられています。

図表 「全労働日」と「出勤したとみなされる日」の取り扱い

区　　　　分	全労働日に算入するか	出勤としてみなすか
①業務上の災害による休業	○	○
②産前産後休暇	○	○
③育児・介護休業日	○	○
④年次有給休暇取得日	○	○
⑤欠勤（債務不履行の責任が問われる不就労）	○	除外
⑥休職期間（労働義務を免除した場合）	除外	除外
⑦休日労働日	除外	除外
⑧同盟罷業	除外	除外
⑨使用者の責に帰すべき休業	除外	除外
⑩生理休暇日	会社の定めによる	会社の定めによる
⑪法定外休暇取得日	会社の定めによる	会社の定めによる
⑫通勤災害による休業	会社の定めによる	会社の定めによる

　このような考え方によれば、私傷病休職に当たっては、就業規則所定の要件を満たすことにより、労働者が労働義務を免除されていると考えられ、必ずしも勤務成績不良といった評価を受ける性質のものではなく、全労働日（分母）、出勤日数（分子）のいずれからも除外して計算すべきものということができます。

　しかし、貴社のように私傷病休職を命じる前の段階として、一定期間欠勤を許容するケースもあります。

　病気欠勤の場合、労働義務を免除する性質を与えず、労働義務不履行の責任を問わない不就労として取り扱われることになりますが、この病気欠勤との均衡から私傷病休職についても、出勤率の算定においては欠勤として取り扱う定めも可能と考えられます。

　これまでの貴社の取り扱いについて詳細をうかがい知ることはできませんが、労働慣行といえるほどの前例がないのであれば、就業規則等において定めることになります。

　ご質問の場合、休職期間について、①労働義務の免除の性格を与えるのであれば全労働日、出勤日数のいずれからも除外すること、②欠勤との均衡を考慮して欠勤と同様に労働義務不履行の責任を問わない不就労として取り扱うのであれば全労働日には算入し、出勤日から控除すること――のいずれかを就業規則等により定めておくことが必要になります。

　なお、法令や通達で定められている日を一覧にすると、[**図表**] のようになります。

（益田　浩一郎）

Q249 事業譲渡と共に転籍させた従業員の年休日数や消化日数は承継されるか

事業の再編に伴い、年度の途中で、一部の事業を従業員ごと外部に譲渡することになりました。この場合、譲渡の時点における従業員の年次有給休暇（以下、年休）の日数や消化した日数の取り扱いは、どのようになるでしょうか。

 会社から従業員に対し、「年休日数や消化日数は、事業譲渡に際し承継されない」との明確な説明がなされなかった場合には、当該事業年度の年休日数や消化日数は、事業譲渡後の労働契約に承継されると考えられる

1. 事業譲渡の法的性質

ある会社が、別の会社に従業員ごと事業を譲渡した場合における従業員の年休の取り扱いを考える際には、まず、事業譲渡が行われた場合の権利義務の承継の仕方から考えてみる必要があります。会社が、ある事業を別会社に譲渡する際には、その事業に係る譲渡会社の権利義務は、一括して当然に譲受会社に承継されるわけではありません。そうではなく、譲渡会社の個々の権利義務は、事業譲渡の際の譲渡会社・譲受会社間の個々の合意に基づき、個別的に承継されるのです。これを特定承継といいます。

これに対し、会社分割においては、ある事業ごとに、譲渡会社の権利義務が譲受会社に包括的に承継されます（部分的包括承継）。

2. 労働契約の譲渡の際の労働者の同意

次に、従業員との間の労働契約に基づく権利義務も、譲渡会社の権利義務の中に含まれるものですが、事業譲渡の場合、労働契約上の権利義務の承継には、他の権利義務の承継とは異なり、譲渡会社・譲受会社間の合意に加えて、従業員本人の同意も必要とされます。これは、労働者の権利義務の一身専属性を定めた民法625条1項の適用があるためです。

したがって、譲渡会社・譲受会社間において、①特定の労働契約を承継させないとの合意がある場合、または②これを承継させるとの合意があったとしても、従業員がこれに同意しない場合には、当該労働契約は譲受会社に承継されません。

①の事例としては、エーシーニールセン・コーポレーション事件（東京地裁　平16.3.31判決）があります。裁判所は、譲渡会社・譲受会社間において、営業譲渡に際して従業員との間の労働契約を譲渡会社から譲受会社へ承継させない旨が明記されていたことなどを認定した上で、営業譲渡に伴い、譲渡会社の従業員が譲受会社に雇用されるに至った根拠は、「労働契約の承継ではなく、個別契約に基づく雇用関係の成立である」としました。そして、「労働条件は、新会社と雇用関係が発生した日に施行された就業規則の合意により決定された」と認定し、同就業規則に定めた新人事制度の下で行われた降給を有効としました。

②の事例としては、本位田建築事務所事件（東京地裁　平9.1.31判決）が挙げられます。この事件は、譲渡会社・譲受会社間の営業譲渡契約書に、退職金の額を算出する際の要素である勤続年数を大きく制限する条項が含まれていたため、営業譲渡から3カ月後に譲受会社を退職した従業員が、譲渡会社に対して退職金の支払いを求めたというものです。裁判所は、「企業間において営業譲渡契約がなされるに当たり、譲渡する側の会社の従業員の雇用契約関係を、譲渡される側の会社がそのままあるいは範囲を限定して承継するためには、譲渡・譲受両会社におけるその旨の合意の成立に加え、従業員による同意ないし承諾を要す

ると解される」と説示しました。そして、そのような同意ないし承諾があったとは認められないことを理由に、原告従業員は、営業譲渡に際して譲渡会社を退職したものと評価し、譲渡会社に対して退職金の支払いを命じました。

3.事業譲渡の際の労働条件の変更

譲渡会社・譲受会社間で上記の②の合意がある場合に、労働契約の承継について従業員が同意すれば、当該労働契約は譲受会社に承継されることになりますが、その際、承継される労働契約の内容に変更が加えられる旨が当該従業員に示されなかった場合には、具体的な契約内容も何ら変更のないものとして、そのまま承継されると考えられます（公共社会福祉事業協会事件　大阪地裁　平12．8.25判決を参照）。

これに対し、❶労働契約を承継させることについて、従業員の同意がなされることと併せて、❷従業員に対し、承継後の労働契約の内容を変更する旨が告知され、これについても従業員の同意がなされる場合があり得ます。この後者❷の同意は、労働契約自体の承継に対する同意とは別個の法律行為と考えられます。

そして、事業譲渡の際に労働条件を変更しようとする場合は、上記❶❷の両同意は、従業員に対して同時に求められるものであって、譲渡会社・譲受会社間においても、これらの同意がなされることを労働契約の譲渡の効力発生の条件としているものと考えることができます（平成12年2月発表の「企業組織変更に係る労働関係法制等研究会報告」〔座長：菅野和夫　東京大学法学部教授（当時）〕を参照）。

したがって、従業員が、労働契約の承継自体には同意するが、労働条件の変更については同意しないというような場合には、労働契約自体も承継されないことになります。前記本位田建築事務所事件の事案において、仮に従業員が労働契約の承

継には同意しつつ、退職金の勤続年数の制限には同意しないという場合には、やはり労働契約自体が承継されないという帰結になるでしょう。

4.ご質問のケースの検討

ご質問のケースでは、年休という労働契約の一内容が問題となっていますが、賃金や退職金等ほど切実な問題ではないため、この扱いについて、事業譲渡の際、具体的に告知がなされ、それに対して同意が行われるということは少ないと考えられます。

たしかに、譲受会社にも就業規則があり、その中には年休についての定めもあるはずですが、このことをもって、譲渡前の年休日数や消化日数についての変更の告知があったと認めることは難しいと思われます。

そうすると、事業譲渡に際して、会社側が従業員に対し、譲渡前の年休日数や消化日数が承継されない旨を明確に示さない限り、会社側としてもこの点につき変更する意思を有していなかったものとみなされそうです。

以上のことから、ご質問において、会社側から明確な告知がなかったのであれば、譲渡前の年休日数や消化日数は、労働契約の内容として承継されるものと考えられます。

5.会社分割の場合

これに対し、会社分割の場合には、分割計画書・分割契約書に基づいて包括承継がなされます。その結果、分割される事業に係る労働契約やその内容（年休を含む）についても、個々の従業員の同意を得ることなしに、当然に新設会社・吸収会社に承継されることになります。

したがって、この場合には、年休日数や消化日数も承継されることになります。

（岩野　高明）

Q250 育児休業中の者にも年休は発生するのか。また、請求があれば与えなくてはならないか

育児休業を取得している者がおり、休業期間中に年休の起算日が到来します。この場合、年休を新規に付与すべきでしょうか。また、休業期間中に年休の申請があれば、これを認めなくてはならないのでしょうか。ご教示ください。

 育児休業中の者も要件を満たせば年休は発生するが、育児休業期間中の年休取得については認めなくてよい

1. 年次有給休暇の発生要件

労基法39条では年次有給休暇（以下、年休）の発生要件として、「その雇入れの日から起算して6箇月間継続勤務し全労働日の8割以上出勤した」場合と「継続勤務した期間を6箇月経過日から1年ごとに区分した各期間（最後に1年未満の期間を生じたときは、当該期間）の初日の前日の属する期間において出勤した日数が全労働日の8割」以上ある場合を挙げています。

つまり、労働者の勤怠の状況を見て、特に出勤率の低い者を除外する趣旨で、雇い入れの日から6カ月間と、それ以降は1年間ごとに全労働日の出勤率が8割未満の場合には年休を与える必要はなくなります。なお、この要件はあくまでもその年に年休を付与するか否かを判断することを規定するものであり、例えば6カ月目の時点で出勤率が8割未満で、その年は年休付与がなかったとしても、1年6カ月目の時点で1年間の出勤率が8割以上であれば、その年は11日の付与を行うこととなります。

年休は、この法定要件を満たした場合、法律上当然に発生する権利であるとして、次のように行政解釈（昭48．3．6　基発110）で示されています。

> 年次有給休暇の権利は、法定要件を充たした場合法律上当然に労働者に生ずる権利であって、労働者の請求をまってはじめて生ずるものではない。（中略）年次有給休暇の成立要件として、労働者による「休暇の請求」や、これに対する使用者の「承認」というような観念を容れる余地はない

このように一定の勤続年数を経過し、かつ8割以上の出勤率を満たして法律上の要件を満たしているのであれば、法定の年休は当然に発生すると考えられます。

育児休業中の労働者にも年休が発生するかとのご質問ですが、育児休業を取得している期間は労働関係が断続しているわけではなく、会社に在籍している期間（労働契約の存続期間）には変わりないため、労働者が全労働日の8割以上出勤したのであれば、育児休業中であっても、当然に年休が発生することとなります。

2. 出勤率計算における育児休業期間の取り扱い

年休の発生要件である出勤率は、出勤日を全労働日で割って算出します。この分母となる全労働日は基本的に対象期間の暦日数から就業規則等で定める休日を除いた日数をいいます。そのほか、次に掲げる日も全労働日からは除外されますので注意してください。

①所定の休日に労働した日
②使用者の責に帰すべき事由によって休業した日
③正当なストライキその他の正当な争議行為により労務がまったくなされなかった日

また、分子の出勤日については、次に掲げる日は出勤したものとして扱われます（労基法39条10

項、昭22．9.13 発基17、平6.3.31 基発181）。

① 業務上の負傷、疾病による療養のための休業期間
② 産前産後の休業期間
③ 育介法に基づく育児休業および介護休業期間
④ 年休を取得した日

このように育児休業期間は出勤日にカウントされるため、ご質問のケースですと、育児休業以外の欠勤等で出勤率が8割を下回らない限り、育児休業期間中に年休の起算日が到来した場合には年休を新規に付与することが求められます。

3．育児休業期間中の年休申請

年休制度とは、賃金の減収を伴うことなく、所定の休日のほかに労働者に毎年一定日数の休暇を付与することにより、労働者の心身の疲労を回復させ労働力の維持涵養（かんよう）を図ることを目的とする制度です。

このような年休の意義・目的を見ても分かるとおり、年休は労働義務のある日についてのみ請求できることを前提としており、労働義務が免除された休日等については年休を請求する余地はありません。

ご質問後段の育児休業期間中の労働者から、育児休業期間中の時季を指定した年休の申請があった場合ですが、育児休業期間中はその期間の労働義務はすでに免除されていますから、年休が成立する余地がなく、年休の申請をすることはできないと考えられます。仮に請求されたとしても、これを認めなくとも労基法上は問題ありません。ただし、育児休業申出前に、育児休業期間中の日について時季指定や計画的付与が行われた場合には、その日は年休を取得したと扱い、当該日に係る賃金支払日については、所要の賃金を支払わなければなりません（平3.12.20 基発712）。

（山口　寛志）

年度途中でフルタイム勤務になったパートタイマーに対する年休付与の考え方

当社のパートタイマー社員Aは週2日の勤務ですが、来月からフルタイム（週5日）勤務に変わる予定です。現在、Aには年次有給休暇（以下、年休）を比例付与していますが、フルタイム勤務となることで、年休の付与日数を増やす必要があるのでしょうか。

正社員への登用などにより雇用形態が変わったときは、フルタイムになった直後の基準日（年休付与年度の初日）から、所定労働日数に応じた日数の年休を付与することになる

1．年休の比例付与とは

労基法では、入社後6カ月間継続勤務し、全労働日の8割以上出勤していれば、年休を付与することになっています（39条1項）。例えば、雇用契約期間を2カ月と定めて雇用している場合でも、契約更新を繰り返して雇用期間が6カ月以上継続し、かつ8割以上出勤していれば、当然に年休の権利が発生するわけです。

ところで、同条3項では、使用者は、所定労働日数が少ない従業員に対しても年休を与えなければならないとしています。つまり、「所定労働日数が週1日」または「1年間の所定労働日数が48日」のパートタイマーであっても、年休を与える必要があるのです（労基則24条の3）。

休日・休暇

図表1　年次有給休暇の付与日数（◻︎◻︎◻︎部分が比例付与の内容）

短時間労働者の週所定労働時間	短時間労働者の週所定労働日数	1年間の所定労働日数（週以外の期間によって、労働日数を定めている場合）	継続勤務期間に応じた年次有給休暇の日数						
			6カ月	1年6カ月	2年6カ月	3年6カ月	4年6カ月	5年6カ月	6年6カ月以上
30時間以上			10日	11日	12日	14日	16日	18日	20日
30時間未満	5日以上	217日以上							
	4日	169日～216日	7日	8日	9日	10日	12日	13日	15日
	3日	121日～168日	5日	6日	6日	8日	9日	10日	11日
	2日	73日～120日	3日	4日	4日	5日	6日	6日	7日
	1日	48日～ 72日	1日	2日	2日	2日	3日	3日	3日

[注]　比例付与の対象となるのは、所定労働日数が、通常の労働者の所定労働日数に比べて、相当程度少ない労働者。

　このように、一般の従業員に比べ所定労働日数が少ないパートタイマーやアルバイトといった臨時社員に対しても、週または1年間の所定労働日数に応じた日数の年休を与える仕組みのことを、「年休の比例付与」といいます。

2.比例付与の対象者

　従業員が比例付与の対象者となるか否かの区分は、雇用契約で定める週の所定労働時間および週または1年間の所定労働日数によって決まります（[図表1] の◻︎◻︎◻︎部分）。

　例えば、社内での身分をパートタイマーやアルバイトとして雇い入れたとしても、その勤務形態が一般の従業員と同じく常用の状態であれば、比例付与ではなく一般従業員と同様の年休を付与することになります。

　したがって、1日の所定労働時間が短くても、①週の所定労働日数が5日以上の者、あるいは②1年間の所定労働日数が217日以上ある者、また③1週の所定労働時間数が30時間以上となる者も、比例付与の対象ではなく、一般の従業員と同様の基準で取り扱います。

3.勤務形態を変更した場合の取り扱い

　先にも述べたとおり、比例付与における年休の

付与日数は1週間または1年間の所定労働日数に応じて定められています。

　しかしながら、実務的には、ご質問のように年度の途中で「所定労働日数を変更」したり、「パートタイマーから正社員に登用」したりするなど、勤務形態を変更するケースが少なくありません。

　このような場合は、年休が新たに発生する日、すなわち直後の基準日（年休付与年度の初日）時点の勤務形態によって付与日数を決めることになっています（昭63.3.14　基発150・婦発47）。なお、この場合、年休の付与要件である「継続勤務年数」については、パートタイマーとして最初に雇い入れた日からの勤続年数となり、その年数に応じた日数を付与することになります。

4.結論

　貴社のパートタイマー社員Aの勤務形態を「年度途中で週2日勤務からフルタイムの週5日勤務に変更した」場合、つまり年度の途中で所定労働日数の取り扱いを変えたとしても、その時点で年休付与日数を増加させる必要はなく、直後の基準日（年休付与年度の初日）において、当該勤務形態であるフルタイム（週5）勤務に応じた日数の年休を付与すればよいでしょう [図表2]。

（武澤　健太郎）

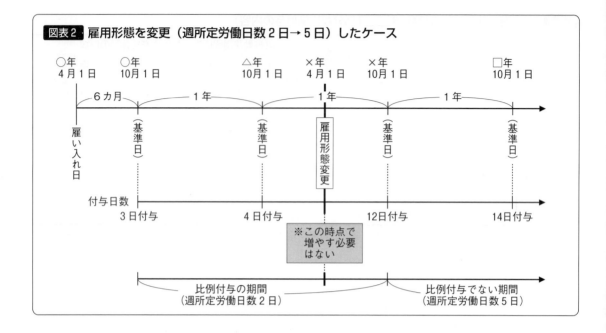

Q252 退職日まで年休を取得している社員に出社を命じることができるか

上司とのいさかいを理由に営業社員Aから退職届が提出され、未消化の30日分の年休を取得した後、退職することとなりました。ところが、Aが年次有給休暇（以下、年休）を20日ほど消化した頃、同人が担当していた顧客から取り引き上のクレームが入り、事実関係や処理の経緯が当人しか分からず、対処に苦慮しています。既に会社とは、残余年休を消化する最終日を退職日と決めているため、年休を時季変更して出社を命じることも、これを拒否した場合に懲戒することも困難と思われます。Aに出社を命じる何らかの手だてはないものでしょうか。

 休日労働命令が有効になし得る場合もあるため、休日労働命令の可能性を示しつつ、事実関係や処理の経緯等の引き継ぎに協力するよう説得することが考えられる

1.時季変更権を行使することは可能か

まず前提として、ご質問のような場合には、時季変更権の行使は不可能です。

なぜなら、時季変更権の行使は、年休を「他の時季にこれを与える」（労基法39条5項ただし書き）ことができるのであって、年休を取得させないというものではなく、あくまで他に年休を取得できる日が存在することが前提になるためです。

そして、退職予定日以降に年休を与えることはできません（昭49.1.11 基収5554）し、一方的に退職時期を変更することもできない以上、他に年休を取得できる日は存在せず、時季変更権の行使はできないということになります。

2.時季変更権の行使以外の方法とは何か

このような場合に、時季変更権以外の方法で業

務の引き継ぎを達成するための対応が必要となります。理論的には、退職日までの間にある休日に休日労働命令を行って出勤させた上で、事実関係や処理の経緯等の引き継ぎを行う、という方法が考えられます。

そもそも年休とは、本来労働義務が存在する日（所定労働日）に労働義務を免除する制度です。そのため、もとより労働義務の存在しない日、すなわち休日や休職期間中の日などについては、年休を充てることはできない、ということになります。

実際、ご質問のような年休の消化を行う場合でも、所定労働日に年休を充てており、あえて休日に充てるということはしていないと思われるため、休日に出社を求めるという対応が考えられます。

3.休日労働を命じるための手法とは

休日労働命令を行う場合、これを有効に命じるためには、以下の要件を満たす必要があります。
①36協定の締結・届け出を行うこと
②労働者の同意を取得している、または就業規則、労働協約のいずれかで、休日労働命令の定めを設けていること
③具体的な休日労働命令が権利濫用に当たらないこと

[1]36協定の締結・届け出を行う

まず上記①については、労基法36条1項で、36協定の締結・届け出に関する定めがされています。

具体的には、各事業場の過半数労働組合（それがない場合は労働者の過半数代表者）との間で、休日労働をさせる必要のある具体的事由、業務の種類、労働者の数、労働させることができる休日などについて書面による労使協定を締結し、所轄の労働基準監督署長に届け出れば、協定の定めに従って労働者に休日労働をさせることができます。

[2]労働契約上の根拠づけを行う

上記②についてですが、休日労働命令権も労働契約の内容となりますので、使用者が命令権を取得するためには、労働契約上、この命令権が根拠づけられている必要があります。

そして、労働契約上、休日労働命令権を根拠づける手法として、
㋐各労働者の同意を取得する（ここでいう同意とは、入社時の誓約書など、「使用者から休日労働命令がなされたら従います」という包括的な同意で足ります）
㋑入社時の就業規則に休日労働命令の規定を定めて周知する
㋒労働協約で休日労働命令の規定を定める
――のいずれかが挙げられます。

[3]権利の濫用に当たらないことが必要

以上のように、36協定が適法に締結されており、かつ労働者との同意・就業規則・労働協約のいずれかで休日労働命令が根拠づけられていれば、使用者はこの命令権を有していることになります。

ただし、個々の休日労働命令が「権利濫用」と判断される場合には、その命令は無効となります（労契法3条5項）ので、休日労働を有効に命じるには、上記③のとおり、休日労働命令が権利濫用に当たらないことが必要となります。

一般的に休日労働命令権の有効性は、業務上の必要性の有無・程度、不当目的の有無、労働者の不利益の程度を考慮して判断することになります。

そして通常、休日労働命令は、時間外労働命令と比較しても従業員個人の私生活への影響が大きいと考えられますので、「業務上の必要性の程度」としては、高度のものが要求されると考えられます。具体的には、「休日明け以降では業務が間に合わない」「休日労働がなければ会社が損害を被る」「他の従業員では業務を代替できない」といった事情が必要となります。

[4]ご質問のケースでは

ご質問の場合を見てみますと、まずAは退職予定者であり、年休を消化中ですので、（労働義務のない）休日が明ければ再び年休消化に入り、

年休の残日数がなくなり退職となれば出社を求めることができなくなります。また、事実関係や処理の経緯の引き継ぎをAから受けなければクレーム処理をすることが少なくとも困難となり、かつ、同人しか把握していないということであれば他の従業員では代替できません。

このような事情を踏まえると、休日労働命令をした場合に、それが権利濫用にはならないと考えられます。後は適法に36協定、および労働者との同意・就業規則・労働協約のいずれかが具備されていれば、休日労働命令を有効になし得ることになります。

4.まとめ

以上のように、理論的には休日労働命令を行い、休日に出社させた上で事実関係や処理の経緯に関する引き継ぎを受ける、という方法が考えられます。

ただし、実務的には休日労働命令の可能性を示しつつ、出社あるいは他の場所に呼んだ上で事実関係や処理の経緯について報告させ引き継ぐよう説得することを先行させるほうが適当と考えます。

(土屋　真也)

解雇予告をする社員に30日以上の年休が残っていた場合、取得の取り扱いをどうすべきか

協調性に乏しく、勤務態度のよくない社員に対し、30日前の解雇予告を行い、解雇することを検討しています。しかしこの社員は、年次有給休暇(以下、年休)の残日数が37日あり、その取り扱いをどうすべきか思案しています。仮に本人が解雇予告を受けた翌日から年休を申請してきた場合、これをすべて認めなければならないのでしょうか。また、取得できずに残った年休につき、そのまま消滅させても違法とはならないのでしょうか。

社員からの年休申請に対し、会社は予告期間中のいずれかの日へと時季変更することはできるかもしれないが、解雇予定日より後の日に年休を与えることはできないから(変更する先がないため)、本ケースでは解雇予定日まで年休をすべて認めなければならない。予告期間中に取得できなかった年休は消滅する

1.年休の権利と有給休暇の請求権

年休の権利は、労基法39条所定の要件を満たすことによって労働者に発生します。労働者は、年休をいつ取得するかにつき時季指定権を有し、使用者は、労働者の有する年休日数の範囲内で休暇の始期と終期を特定して時季指定をされたときは、原則として、請求された時季に年休を与えなければなりません(同条5項本文参照。ちなみに、時季とは、季節を含めた時期を意味します)。

ただし、請求された時季に年休を与えることが事業の正常な運営を妨げる場合には、使用者は他の時季に年休を与えることができます(同条5項ただし書き。いわゆる「時季変更権」)。「事業の正常な運営を妨げる場合」とは、その労働者が当日就労することが業務遂行上不可欠であり、かつ代替要員確保が困難であると判断される場合を指します。そのような客観的状況が存在する場合に限り、使用者は時季変更権を行使することができます。

休日・休暇

2.解雇の予告期間中に
年休の取得請求がなされた場合の対応について

解雇の予告がなされた場合にも、解雇の効力発生日（すなわち解雇予定日）までの間は、社員はそれまでと同様に就労義務を負いますが、自己の保有する残余年休日数の範囲内で、会社に対し年休の申請を行うことができます。これは社員による退職前の一括時季指定です。

それに対し、会社が時季変更権を行使することができるかが問題となります。解雇予告により当該社員の雇用が近日中に終了するため、後任者への業務引き継ぎの必要が見込まれるところ、引き継ぎを行えないままに退職してしまえば業務遂行に支障が生じるかもしれません。予告期間を全部休まれてしまっては困る会社としては、「事業の正常な運営を妨げる場合」に該当すると主張したいところではありますが、使用者が有するのは、あくまで年休の時季を変更する権利です。すなわち、他の時季に年休を与える可能性があることが時季変更権行使の前提となります。

ご質問のケースでは、予告期間が30日、年休の残日数が37日となっており、社員は十分な日数の年休を有していますから、解雇予定日までの年休一括時季指定を行うことができます。しかるに、解雇予定日より後の日へと時季変更することはそもそも不可能です。この点に関しては、次のような通達があります（昭49．1.11　基収5554）。

(問) 駐留軍従業員の年次休暇については、1月1日を基準として暦年を単位として整理している場合に、15年間継続勤務し、かつ、前年全労働日の8割以上勤務した労働者の場合、労働基準法によれば20日の年次休暇の権利を有するが、その者が、当該年の1月20日付で解雇される場合について、使用者は通常の場合と同様の時季変更権の行使ができるか。

(答) 設問の事例については、当該20日間の年次有給休暇の権利が労働基準法に基づくものである限り、当該労働者の解雇予定日をこえての時季変更は行えないものと解する。

したがって、ご質問で会社は解雇予定日を超えて時季変更権を行使することはできないと考えられます。

仮に、業務引き継ぎ実施の必要性を理由に会社が社員に対し出勤を求めたいのであれば、会社から同社員に対しその旨説明し、同人が任意に出勤するよう、個別に了承を得るように努めるほかないことになります。

3.取得できずに残った年休の取り扱いについて

上記のとおり、解雇予告を受けた時点で、残余年休日数が予告期間の日数を上回っていますから、この社員は、いずれにせよ、残りの年休の全日数を消化することはできません。年休の権利は、労働者が予告期間中に行使しなければ消滅します。退職時の「年休の買い取り」が話題に上ることがありますが、わが国の法令上、使用者には、退職時点での残余の年休を買い上げる義務はありません。

したがって、会社は、社員に対し、使い切れなかった年休の買い上げの申し出を行う義務もありません。社員が、会社に対し、退職後に裁判で未消化年休に相当する金員の支払いを請求したとしても、その請求は棄却されます。

（神田　遵）

Q254 年休の代わりに子の看護休暇を申請している疑いがある社員に、休暇が看護目的であるか否かをどこまで確認してよいか

当社の社員の中で、子の看護休暇を頻繁に申請する者がいます。法令にのっとり、看護休暇についての証拠書類を提出するように求めると、「子は自宅で静養していたため、通院に係る領収書はない」と返答します。当該社員と親しい社員によれば、看護休暇を申請した日はほぼ終日遠出しているとのことで、看護目的の休暇でないことが疑われます。このような場合、休暇が看護目的か否かを確認することは、どこまで問題ないでしょうか。

領収書以外の「子の看護を証明する書類」の提出を求めることは許される。さらに、休暇の目的外使用の疑いに合理的な根拠が認められる場合は、同僚に調査協力を求めることも許される

1.子の看護休暇とは

子の看護休暇について、法律では「小学校就学の始期に達するまでの子を養育する労働者は、事業主に申し出ることにより」「負傷し、若しくは疾病にかかった当該子の世話又は疾病の予防を図るために必要なものとして」休暇を取得できると定められています（育介法16条の2）。看護休暇は、一の年度において1労働日を単位として、子が1人であれば5日間、2人以上であれば10日間が最低基準として保証されています。

2.子の看護休暇の申し出手続き

社員が子の看護休暇の取得を申し出る際は、子の看護休暇を取得する日を明らかにするほか、看護休暇申し出の理由となる子が負傷している、もしくは疾病にかかっている事実、または疾病の予防を図るため必要な世話を行う旨を明らかにしなければなりません（育介則35条1項3号・4号）。

なお、社員が子の看護休暇の申し出をすると、申し出た日について子の看護休暇を取得できるという原則により、会社は社員の子の看護休暇の申し出を拒むことができません（育介法16条の3）。

3.子の看護休暇の濫用防止の定め

年次有給休暇（年休）については、使用者はその利用目的を制限できないとされています（林野庁白石営林署事件　最高裁二小　昭48．3．2判決　民集27巻2号191ページ）。これに対して、子の看護休暇は、「負傷し、若しくは疾病にかかった当該子の世話又は疾病の予防」を目的として休暇を認める制度です。よって当然ながら、子の看護以外の目的で使用することは認められません。

そこで法律では、子の看護休暇を申し出る目的が子の看護であることを会社が確認できるよう、社員に対して「看護休暇申出に係る子が負傷し、若しくは疾病にかかっている事実」、または疾病の予防を図るため必要な世話を行う旨を「証明することができる書類の提出を求めることができ」るとしています（育介則35条1項4号、2項）。この証明書類により、子の看護休暇が適正に使用されていることが担保されます。

しかし、証明書類の事前提出が難しい場合もあるため、会社が証明書類の提出を求める場合でも「事後の提出を可能とする等、労働者に過重な負担を求めることにならないよう配慮する」ことが、指針で定められています（子の養育又は家族の介護を行い、又は行うこととなる労働者の職業生活と家庭生活との両立が図られるようにするために事業主が講ずべき措置に関する指針〔平21.12.28　厚労告509、最終改正：平29．9.27　厚労告307〕2(2)）。

4. 子の看護休暇の申し出をする社員に提出を求める証明書類

　会社が子の看護休暇を申し出た社員に求める証明書類としては、医師の診断書等が典型例として考えられます。しかし、厚生労働省「育児・介護休業法のあらまし」によると、証明書類については「柔軟な取扱いをすることが求められ」るとされています。

　ここでご質問のケースを見ると、社員が「子は自宅で静養していたため、通院に係る領収書はない」と返答しています。この場合、医師の診断書以外でも、例えば、購入した薬の領収書や、保育所等を欠席したことが明らかとなる連絡帳等の写しや、子が静養している様子をスマートフォンで撮影した写真等の提出を求めることは、社員の過重な負担にもならず許容されるでしょう。

　ただし、会社の再度の提出要求にもかかわらず、社員が証明書類の提出を拒んだとしても、子の看護休暇の申し出自体の効力を否定することはできません。また、証明書類の提出を拒んだことをもって懲戒処分を行った場合、不正な目的で子の看護休暇を取得したことが確定していない以上、懲戒権の濫用と判断される可能性が高いと考えられます。

5. 他の社員の調査協力義務
[1] 判例における調査協力義務の要件

　ご質問のケースでは、当該社員の同僚の発言から、子の看護休暇の濫用が疑われる合理的な事情が認められます。

　では、会社は当該社員の同僚に対し、子の看護休暇についての調査に協力を求めることができる

でしょうか。富士重工業事件（最高裁三小　昭52.12.13判決　民集31巻7号1037ページ）では、企業秩序違反事件の調査について協力義務を負うのは、①「当該労働者が他の労働者に対する指導、監督ないし企業秩序の維持などを職責とする者であつて」「調査に協力することがその職務の内容になつている場合」、または②「調査対象である違反行為の性質、内容、（中略）違反行為見聞の機会と職務執行との関連性、より適切な調査方法の有無等諸般の事情から総合的に判断して」「調査に協力することが労務提供義務を履行する上で必要かつ合理的である」と認められる場合とされています。

[2] ご質問のケースへの当てはめ

　上記の判例で示された二つの要件を、ご質問のケースに当てはめます。

　まず①については、同僚にとって、調査に協力することが職務内容であるとはいえず、要件に該当しないと解されます。

　しかし、子の看護休暇が濫用されて使用されることは、これから子の看護休暇を申請したい社員にとって、大きな妨げともなる行為です。したがって、看護以外の目的で子の看護休暇が使用されている事実を認識している社員は、②の要件に当てはめると、会社の調査に協力することが合理的であると解されます。

　なお、この調査で、当該社員が看護以外の目的で子の看護休暇を使用したことが明らかになった場合、会社は懲戒処分等の対応が可能となるため、結果的に子の看護休暇の濫用を防止できると考えられます。

（飛田　秀成）

Q255 通勤時に犯罪被害に遭い、体調を崩した社員に対し、特別休暇を付与すべきか

先日、当社の社員が会社帰りに路上でひったくりに遭い、転倒した結果、1カ月ほど入院する事件が起きました。その後犯人は捕まったのですが、当該社員は警察に事情を聞かれたり、精神的ショックから通院したりとたびたび年次有給休暇（以下、年休）を取得せざるを得なくなりました。その結果、年休も残り少なくなり、このままでは欠勤が見込まれます。こうした場合、本人に非があるわけではないため、会社として特別休暇を付与すべきでしょうか。休暇期間中の給付等を含め、取るべき対応についてご教示ください。

事件の詳細や本人の状況、会社の休業・休暇・休職制度の内容、給与保障または給付の適用等も踏まえ、本人の意向を十分に尊重して対応する必要がある

1. 休業と休暇、休職

まず、ご質問の「特別休暇」とは、どういう性質のものであるかを考えてみます。

特別休暇とは、いわゆる「法定外休暇」の一種であると理解できます。法定外休暇は、法令の定めに基づくものではなく、主に福利厚生の観点から企業が独自に定めるものです。もとより、「休暇」とは、労働契約上の労働義務があっても、一定の場合に労働義務が免除されるものです。一方、「休業」も同様に、使用者がその義務を免除するものです。

休業と休暇は、労基法で明確な区別がされておらず、どちらも出勤日の労働義務を免除する意味を持ちます（ただし、育介法では「介護休業」と「介護休暇」を使い分けており、「取得できる日数」「賃金・給付金の有無」等が異なるなど、そのような定めが法令で定義されている例もあります）。

ただ、一般的に、比較的長期間になるものを休業と呼び、休暇は1日単位で取得するもので、休業は「休暇」のうち連続して取得する場合に使われることが多いようです。ご質問の「特別休暇」について、休みを1日単位で取得するものではなく、連続して取得することを想定しているのであれば、休業と呼んだほうがよいかもしれません。

休業も休暇も、所定のルールに基づき、原則として社員の側から申し出て休みを取得するものです。これに対して、会社の側から社員に仕事を休むように命じる制度として、休職があります。休職制度とは、主に労働者側の自己都合により、業務遂行が困難または業務に従事させることが適当でない場合、労働契約を維持しながら労働者の労務提供義務を免除する制度です。具体的には、傷病休職等があり、ご質問のケースもこれで対応する余地がありそうです。

「休業・休暇」「休職」いずれの制度も、就業規則等で定められたルールに従って対応する必要があります。労基法89条1号によれば、常時10人以上の労働者を使用する使用者は、始業および終業の時刻等のほか、「休憩時間、休日、休暇」に関する事項について就業規則を作成し、または変更した場合には、行政官庁に届け出なければならず、法定休業に上乗せする形で規定される法定外休業は、労働協約や就業規則の効力を通して労働契約内容を形成するものと考えられます（土田道夫『労働契約法 第2版』[有斐閣] 460ページ）。休職制度も、法令で定められたものではありませんが、労働協約や就業規則等に定められ、それに基づいて使用者が一方的に発令することが多いとされます（水町勇一郎『詳解労働法 第3版』[東

京大学出版会] 554ページ)。

よって、会社において設けられている休業・休暇または休職のいずれの制度が適用できるかを確認し、対応することになるでしょう。

2.休業・休暇中の給与保障、その他の給付の検討

本来ならば、自己都合による休業の場合は、就業規則等に定めがない限り、無給であるのが原則です。ただ、ご質問のケースは、路上でひったくりに遭ったというのが会社帰り（通勤途上）であったため、事情によっては、労災法における通勤災害に該当するかもしれません。通勤災害として労働災害と認められる場合には、労災補償による休業等給付が考えられ、労基法上の休業補償（76条）や休業補償給付に加えて、障害補償給付（水町・前掲書845ページ）の対象となるかを検討すべきでしょう。

それに対して、ご質問のケースで、精神的ショックから通院する必要が生じ、欠勤が見込まれる状況が、業務外の傷病（私傷病）であるという場合は、一定期間の傷病休職を利用することも考えられます。ただ、一般に傷病休職は、1カ月、3カ月または6カ月とされることが多い（水町・前掲書555ページ）ので、どの程度の欠勤が見込まれるかを検討する必要があります。傷病休職期間中は、労働者側の事由による休職として、無給とされることが多いようですが、健康保険組合等から一定期間は傷病手当金が支給されることもあります（水町・前掲書557ページ）。

とはいえ、本人が就業を希望する場合、会社の意向で休ませることが適切かという問題もあり、会社都合で休ませるように受け取られかねないリスクを考えると、会社側から休ませる形となる休職よりも、労働者からの申し出による休業・休暇を利用するほうが適切であるように思われます。

そこで、法定外休業または法定外休暇としての特別休暇について検討すると、その休暇の趣旨に従って、有給とするか無給とするかは、企業の判断で定めることができると考えられます。もっとも、「使用者の責に帰すべき事由」による休業の場合においては、使用者は、休業期間中、その平均賃金の60％以上の手当を支払わなければなりません（労基法26条）。ここで、同条の使用者の帰責事由とは、民法536条2項の帰責事由（故意、過失または信義則上これと同視すべき事由）よりも広く、使用者に故意・過失がなく、それを防止することが困難なものであっても、使用者側の領域において生じたものと言い得る経営上の障害等も含むが、地震や台風等の不可抗力は含まれないと解されています（水町・前掲書672ページ、菅野和夫・山川隆一『労働法 第13版』[弘文堂]381ページ）。

ご質問のケースが通勤災害によるものであっても、使用者側の領域内または使用者側の領域に近いところから発生したとまでは言い難いように考えられるため、使用者の帰責事由による休業ではなく、無給とすることも許容されるように思われます。

このほか、ご質問のケースでは、精神的なショックによる障害に対し、安全配慮義務の観点からの考慮が求められることもあるかもしれませんので、それがどの程度のものであるかは、本人の状況によっても異なり得るところです。

以上のような検討から、詳細の事情がどうであったか、また貴社でどのような休暇ないし休業制度があり、同期間中の賃金や給付がどうなるか等を踏まえて対応を検討すべきでしょう。特別休暇を取らせた場合に無給になるとすれば、本人にも不利益が生じるため、本人の意向を十分に尊重して対応することが肝要です。

（浜辺　陽一郎）

女性労働

Q256 産前休業の開始日より早産だった場合の取り扱い

産前休業に入る1カ月前から、体調不良のため欠勤していた社員がいます。このたび、予定日よりも2カ月ほど早く出産しましたが、この場合、既に取得していた休暇を産前休業とすべきなのでしょうか。また、健康保険から支給される出産手当金等の取り扱いはどうなるのでしょうか。

A 産前休業（6週間）は、あくまでも出産予定日を基準に与えるものであるため、早く出産したからといって変更する必要はない。出産手当金は、実際の出産日を基準に支給される

1.労基法における産前・産後の休業とは

労基法では、女性特有の生理現象等に着目し、出産・育児・生理など幾つかの女性保護規定を定めています。産前・産後の休業に関する規定も、その一つです。

[1]産前・産後の休業期間

労基法65条では、①使用者は、6週間（多胎妊娠の場合は14週間）以内に出産する予定の女性が休業を請求した場合には、その者を就業させてはならないと「産前休業」を、また、②使用者は、産後8週間を経過しない女性を就業させてはならないと「産後休業」をそれぞれ規定し、使用者にその期間休業させることを求めています。ただし、産後休業については、産後6週間を経過した女性が請求した場合、その者について医師が支障がないと認めた業務に就かせることは、差し支えないとされています。

[2]出産の範囲

「出産は妊娠4カ月以上（1カ月は28日として計算する。したがつて、4カ月以上というのは、85日以上のことである。）の分娩とし、生産のみならず死産をも含むものとする」（昭23.12.23 基発1885）という解釈例規が示され、妊娠4カ月以上であれば、流産、早産、死産であっても、すべて労基法65条における「出産」となります。

[3]休業期間と就業の取り扱い

労基法65条の規定からすると、①産前休業期間については、本人の請求がない限り就業させることが可能であり、また、産後休業期間については、②産後6週間以内は絶対に就業させられませんが、③産後6週間経過後は本人の申し出によって医師が認めれば就業させることができます。

[4]産前休業の基準日

ところで、産前休業における「出産する予定」とは、いつを指すのかが問題になります。

これについて、通達では「産前6週間の期間は自然の分娩予定日を基準として計算するものであり、産後8週間の期間は現実の出産日を基準として計算するものである」（昭26.4.2 婦発113）とされています。つまり、産前休業は、出産予定日を基準として、それ以前6週間（多胎妊娠の場合は14週間）を計算し、産後休業は、実際の出産日を基準として、その後8週間を計算するのです。なお、出産当日は、産前6週間に含まれます（昭25.3.31 基収4057）。

これを図示すると、[図表①]になります。

[5]結論

以上のことから、産前休業はあくまでも出産予定日を基準として与えるものであり、例えば、計算違いなどによって出産予定日が改められない限り、あえて産前休業期間を変更する必要はないと考えます。

したがって、ご質問のケースでは、出産予定日以前42日間よりも前にある体調不良による欠勤を産前休業として認める必要はありません [図表①]。

つまり、当該社員については、実際の出産日の

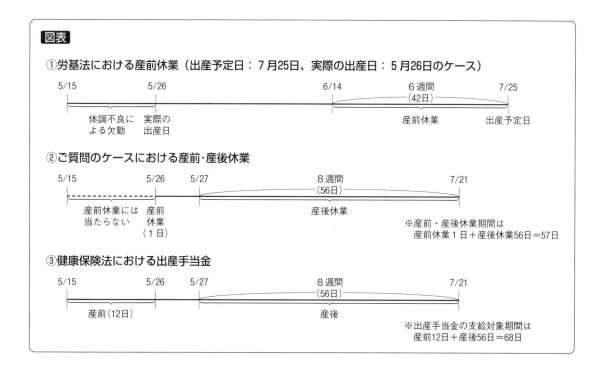

みが産前休業となり、その翌日から起算した8週間が産後休業となるのです［図表②］。

2. 健康保険から支給される保険給付
[1] 出産手当金について

労基法の産前休業が出産予定日を基準日とする前提であるのに対し、健康保険法における「出産手当金」は、「被保険者が出産したときは、出産の日（出産の日が出産の予定日後であるときは、出産の予定日）以前42日（中略）から出産の日後56日までの間において労務に服さなかった期間（中略）支給する」（102条）と定められており、実際の出産日を基準に支給されます。つまり、ご質問のケースのような体調不良による欠勤についても、労務に服していないため、出産手当金が支給されることになります。

支給額は、原則として、1日につき支給開始日以前の継続した12カ月間の各月の標準報酬月額を平均した額を30で除した額の3分の2相当額です。

ご質問のケースを図示すると［図表③］、産前の12日と産後の56日の、計68日が支給対象期間となります。

[2] 出産育児一時金について

なお、健康保険では、[1] 以外にも子ども1人につき原則として50万円の「出産育児一時金」が支給されます。

（武澤　健太郎）

女性のみに制服着用を義務づけることは、性別を理由とした差別的取り扱いに当たるか

当社では、男性にはスーツの着用を、女性には会社指定の制服の着用を義務づけています。今般、ある女性社員から「女性のみに制服着用を義務づけることは差別的取り扱いに当たるのではないか」

との指摘を受けました。社会通念上はこのような指摘にも一理あると思いますが、法的にはどう考えられるでしょうか。

均等法には違反しないが、同法の趣旨からすれば合理的な理由は認められず、男女ともに同一の取り扱いをすることが望ましい

1.性別を理由とした差別的取り扱いの禁止

労働契約における男女差別に関して、労基法は賃金差別のみを禁止しています（4条）。そこで、賃金以外の労働条件については、合理的理由なしに男女を差別的に取り扱った場合には、民法90条の公の秩序に反する行為として違法となり、不法行為が成立するとの雇用平等法理が形成されました。そしてこの法理を受け継ぐ形で、雇用における男女差別を規制する法律として均等法が制定されました。

同法において、性別を理由とした差別的取り扱いの禁止を定めた条文として、6条1号は「労働者の配置（業務の配分及び権限の付与を含む。）、昇進、降格及び教育訓練」について、同条2号は「住宅資金の貸付けその他これに準ずる福利厚生の措置であつて厚生労働省令で定めるもの」について、それぞれ規定しています。そこで、以下2.～3.では、ご質問のケースがこれらの禁止規定に該当するか否かを検討します。

2.均等法6条1号への該当性

「労働者に対する性別を理由とする差別の禁止等に関する規定に定める事項に関し、事業主が適切に対処するための指針」（平18.10.11　厚労告614、最終改正：平27.11.30　厚労告458）によると、「一定の職務への配置に当たっての条件を男女で異なるものとすること」は、均等法6条1号により禁止されると規定されています。

それでは、ご質問のケースのように女性のみに制服着用を義務づけることが、「一定の職務への配置に当たっての条件を男女で異なるものとすること」に該当するでしょうか。この点について、同指針では、均等法6条1号の「配置」とは「労働者を一定の職務に就けること又は就いている状態をいい、従事すべき職務における業務の内容及び就業の場所を主要な要素とするもの」とされています。しかし、ご質問のケースのような制服着用義務は「従事すべき職務における業務の内容」等を決定するに当たり条件とされるものではないことから、当該禁止規定には該当しないと考えられます。

3.均等法6条2号への該当性

均等法6条2号の厚生労働省令（同法施行規則1条）で定める福利厚生の措置としては、
①生活資金、教育資金その他労働者の福祉の増進のために行われる資金の貸付け
②労働者の福祉の増進のために定期的に行われる金銭の給付
③労働者の資産形成のために行われる金銭の給付
④住宅の貸与
が挙げられています。これらの措置の実施に当たり、その対象から男女のいずれかを排除したり、条件を男女で異なるものとしたりすることは、同法6条2号に違反することになります。

それでは、ご質問にある制服着用は同条2号に違反するのでしょうか。

ご質問の制服着用は、同法施行規則1条には規定されていませんから、女性のみに制服着用を義務づけることは、同法6条2号に違反しません。

ここで、同法施行規則1条で定めるものを例示列挙と考え、制服着用にも同法6条2号を類推適用することはどうでしょうか。しかし、同条柱書きは「差別的取扱いをしてはならない」と規定しており、私法上は強行規定ですから、違反した事業主が不法行為に基づく損害賠償責任を負う可能

性があります。そこで、事業主が不測の責任を負わないためにも、これらの措置は限定列挙と考えられます。

4.均等法1条に定める同法の目的・趣旨

前記2.～3.で検討したとおり、女性のみに制服着用を義務づけることは、均等法6条1・2号違反とはなりませんが、同法の趣旨からすれば問題があります。同法の目的は、「雇用の分野における男女の均等な機会及び待遇の確保を図る」ことと1条に定められています。この目的からすれば、女性のみに制服着用を義務づけることは、男女で待遇を異なるものとする合理的な理由はないと考えられます。

したがって、制服着用に関しては、直ちに法的に違反となるものではないとしても、同法の趣旨を踏まえると、男女ともに同一の取り扱いをすることが望ましいといえます。

5.制服着用義務に違反した社員を懲戒処分できるか

前記のとおり、ご質問のケースで制服着用義務を継続したとしても、法的に直ちに違反となるものではありません。では、女性のみに制服着用を義務づけた上で、これに違反した女性に対して懲戒処分を行うことは可能でしょうか。この点、前記4.のとおり制服着用義務が均等法の趣旨に反していることを考慮すると、このような懲戒処分は、「労働者の行為の性質及び態様その他の事情に照らして、客観的に合理的な理由を欠き、社会通念上相当であると認められない場合」（労契法15条）に該当し、懲戒権の濫用として処分が無効になると考えられます。

よって、ご質問のケースで制服着用義務を継続したとしても、懲戒処分によって、そのルールに強制力を持たせることはできないと思われます。

（飛田　秀成）

育児・介護休業

Q258 私傷病休職中に妊娠した社員に対し、育児休業を認めなければならないか

当社の社員で、メンタルヘルス不調により私傷病休職をしている者がいます。先日、当該社員より妊娠したとの報告があり、出産予定日が休職満了日間際となるようです。現在も復職するのは難しい状況で、おそらく出産まで引き続き休職することになると思われます。この場合、本人から申し出があれば、育児休業を認めなければならないのでしょうか。

 1年以内に雇用関係が終了することが明らかな労働者について労使協定により育児休業の適用除外を定めている場合には、産後休業後30日経過後であれば、休職期間満了により雇用関係を終了することは法的には可能である。しかし、育児中の労働者保護の観点および復職には慎重な判断を要することからすれば、育児休業期間満了時まで判断を留保することが望ましい

1.育介法の改正状況

ご質問への回答以外に、近年の育介法の改正内容について簡単に紹介しておきます。

まず、令和3年改正においては、育児休業を取得しやすい雇用環境の整備、妊娠・出産の申出者に対する個別の周知・意向確認の措置の義務づけ、有期雇用労働者の育児・介護休業取得要件の緩和が実施されました。面談または書面交付によって制度の周知を行い、さらに休業取得を申し出た個別の労働者ごとに、取得の意向を確認することが求められます。なお、これらの周知および意向確認は、労働者が希望する場合はFAXまたは電子メールで行うことができます。

また、育児・介護休業取得の要件緩和により、有期雇用労働者が法令における適用除外ではなくなりましたので、1年以上の雇用期間があることを要件として維持するためには、労使協定を締結して適用を除外しなければならなくなりました。

そのほか、出生時育児休業（産後パパ育休）、育児休業の分割取得制度も導入されました。出生時育児休業（産後パパ育休）とは、女性に認められている出生後の産後休業と同時期（出生後8週間）に取得できる男性（父親）用の育児休業制度です。また、育児休業は子が1歳に達するまでに分割して2回まで取得可能となります。

従業員1000人超の事業主について、育児休業取得状況の公表が義務化されました。男性の育児休業等の取得率か、男性の育児休業等と企業独自の育児目的休暇の合計数を基準とした取得率のいずれかの情報を公表するようになりました。

さらに、同法は令和6年にも改正され、①3歳以上の小学校就学前の子を養育する労働者の柔軟な働き方（始業時刻等の変更、テレワーク、短時間勤務、新たな休暇の付与その他の措置などから二つ選択）、②小学校就学前の子を養育する労働者まで所定外労働の制限（残業免除）の対象を拡充、③子の行事参加等を理由とする看護休暇取得を可能とし、小学校3年生までに拡大、④3歳までの子を養育する労働者に関して講ずる措置（努力義務）の内容にテレワークを追加、⑤妊娠・出産の申出時や子が3歳になる前に、個別の意向の配慮・聴取を義務づけるといった内容も含まれるようになります。

2.私傷病休職の趣旨と産前休業・育児休業の関係

私傷病休職は、企業の就業規則に基づき、通常どおりの就労ができない労働者を療養に専念させるために労働義務を一定期間免除する制度です。法律上の制度ではないため、各社の就業規則の内容に応じて対応する必要がありますが、休職期間

満了時に、復職可能な状態（治癒）となっていない場合には、当然退職（または解雇）となる旨定められていることが一般的です。

育児休業制度は、労働義務が存在していることを前提として、育介法が定める期間について、労働者の労働義務を免除する権利を労働者に与える制度です。

私傷病休職制度の適用によって既に労働義務が免除されていることからすれば、重複して制度の利用を認める必要はなく、育児休業を重ねて認める必要はないといえます。ただし、労基法により産前産後休業期間中および産後休業後30日間は、解雇制限がなされている趣旨（同法19条1項本文）からすれば、産前産後休業期間中および産後休業後30日間については、たとえ休職期間が満了したとしても、解雇に類似する制度である当然退職により雇用関係を終了させることはできないと考えるべきでしょう。

3. 解雇制限の産後休業後30日と休職期間満了日を考慮した判断

ところで、ご質問によれば、出産予定日が休職期間の満了日間際となるとのことです。そのため、出産日前後の休職期間満了の時点で復職の可否を判断する機会があることになります。そして、産前産後休業期間中およびその後30日間はともかく、育児休業制度に関しては、育児休業申し出の日から1年以内（1歳6カ月までおよび2歳までの育児休業をする場合には6カ月以内）に雇用関係が終了することが明らかな者は労使協定により適用を除外することが可能です（育介則8条1号）。そこで、労使協定により適用除外を定めており、1年以内（1歳6カ月までおよび2歳までの育児休業である場合には6カ月以内）に休職期間満了が見込まれる場合は、私傷病休職を認めるのみで足り、産後休業後30日経過以降については育児休業の適用を認める必要はないと考えられます。

対象労働者はメンタルヘルス不調の状態であり、かつ復職は難しい状況とのことであり、出産予定日間際に休職期間を満了する見込みであれば、労使協定による適用除外が定められていることが必要ではあるものの、休職期間を満了した後で、かつ、産後休業後30日を経過した時点において、復職が可能であるか否かを判断し、復職が不可能な状態であれば、雇用関係を終了させられる可能性はあります。

一方で、育児休業申し出の日から1年以内に雇用関係が終了することが「明らか」な場合でなければならないことからすると、復職が不可能であることの判断は極めて慎重に行われるべきであり、複数の医師から診断を得ておくなどの対応を行っておくべきでしょう。

また、育児休業期間中には、社会保険料の負担の免除の制度などもあることから、たとえ法的に休職期間満了により雇用関係を終了することが可能であるとしても、育児中の労働者保護の観点から、育児休業期間満了時まではその判断を留保しつつ、育児休業期間満了時において復職可能か否か判断することも視野に入れて対応することが望ましいと考えられます。

（家永　勲）

育児休業中の社員が副業をしたいと申し出た場合、認めなければならないか

当社では法定どおりの育児休業制度を整備しています。また、育児休業期間中は賃金・賞与の支給はないため、育児休業給付金を受給するよう社員には案内しています。このたび、育児休業をしている社員から「育児休業開始から半年で育児休業給付金が減額されるため、内職等の副業をする

ことは可能か」との問い合わせを受けました。この場合、副業を認める必要はあるのでしょうか。そのほか、対応に当たっての留意点等があればご教示ください。

育介法には、育児休業中に社外で働くことを妨げる規定は設けられていないため、自社の就業規則等で定める副業に関するルールに則した内容である限り、認める必要がある。ただし、育児休業給付金は、副業であっても一定の基準を超えて労働した場合は、一部停止、または不支給となるため注意を要する

1.育児休業中の就労に関する基本的な取り扱い

育介法に定める育児休業は、その期間中の労働義務を消滅させるものであるため、原則として就労することはできません。また、特例的に就労を認める制度を設けることも想定されていません。

一方、育児休業中の所得の保障として、雇保法で定められている育児休業給付金の手続きにおいては、取り扱いが異なります。一時的・臨時的に事業主の下で就労する場合は、賃金を受けていても育児休業を継続しているものとして、同給付金を受給することが可能です。

したがって、恒常的・定期的に利用可能な制度として就労を認めることはできないものの、一時的・臨時的な必要性がある場合に限って、就労することはできるものと考えられます。

ただし、就労していると認められる日数が10日以下（10日を超える場合は、就労時間が80時間以下）であって、かつ就労に対する賃金が休業開始時賃金日額に支給日数を乗じて得た額の80％未満である場合（以下、支給要件基準）に限られます。なお、支給要件基準を満たしていても、賃金額が一定の基準を超えると、給付金の一部停止は行われることになります。

また、令和4年10月1日の法改正において出生時育児休業制度（産後パパ育休制度）が設けられましたが、この期間中は労使協定の締結などの要件を満たす限り、一定の基準内で就業を認める制度を設けることが可能です（育介法9条の5第4項）。

制度に合わせて新たに設けられた出生時育児休業給付金に関しても、前述の支給要件基準の範囲内の就業であれば、賃金を受けながら受給することができます（雇用保険に関する業務取扱要領〔令和6年10月1日以降〕育児休業給付関係）。

以上の内容から、育児休業中の就労に関する基本的な取り扱いは、次の①～④のとおり整理することができます。

> ①育児休業は労働義務を消滅させるもので、休業中に就労を認める制度を設けることはできない
> ②ただし、就労が一時的・臨時的なもので、支給要件基準内である限り、育児休業給付金の支給は行われる
> ③出生時育児休業に関しては、休業中の就業を認める制度が設けられている
> ④出生時育児休業給付金にも支給要件基準が適用される

2.就労が副業であった場合の取り扱い

ここまでは対象者が自社で就労する場合の基本的な取り扱いを確認しましたが、ご質問のように休業中の就労が貴社と本人の雇用契約に基づくもの以外で行われる場合（＝副業）は、どうなるでしょうか。

[1]育児休業により労働義務が消滅していることは、副業を行うことの妨げになるか

育児休業中は自社における雇用契約上の労働義務は消滅しますが、社外で働く（＝副業を行う）ことを禁止するものではありません。また、出生時育児休業に関しても区別して取り扱う必要はないものと考えられます。

したがって、ご質問のケースでは、貴社の定める副業・兼業に関するルールにのっとったものである限り、本人が育児を行う時間以外の時間を副

業に充てることを希望する場合は、これを認める必要があります。

まずは就業規則等を確認し、社員が申し出た副業の内容が自社の副業・兼業の許可基準に照らして適当なものかを確認しましょう。

[2]副業はどこまでの範囲で認めるべきか

副業・兼業の許可基準は「当社の業務に影響を及ぼさない範囲で行わなければならない」など、会社により明確な日数、時間数の上限が規定されていない場合があります。

育児休業中の副業は、労働義務が消滅している期間に行われる以上、本来の業務に影響を与えることはありませんので、どこまでの範囲で就労を認めるのかを検討する必要があります。

ご質問のように副業を行う目的が育児休業給付金の補塡であるならば、給付金を受給可能な範囲で副業を実施することを促すのが適当であると考えられます。

この点、前述の雇用保険に関する業務取扱要領においては、「被保険者となっていない事業所での就業日数・時間も含める」こととされているため、本基準が副業可能な日数、時間数の上限の目安になると考えられます。

なお、雇用契約に基づかない、いわゆる請負やフリーランス形態の副業であった場合は、労働日や労働時間の管理が行われないこととなり、また、報酬の支払いが定期的に支給される給与ではなく、成果物や納品の都度となることも考えられます。

このような場合は、支給要件基準に沿った管理が難しいため、事前に管轄の公共職業安定所に相談し、どのような取り扱いとなるかを確認する必要があるでしょう。

[3]育児休業給付金申請の実務における注意点

給付金申請の実務としては、雇用契約かフリーランスかにかかわらず副業における就労日数・時間数を把握し、「育児休業給付金支給申請書」に記載する必要があります。また、支給単位期間（育児休業を開始した日から起算した1カ月ごとの期間〔その1カ月間に育児休業終了日を含む場合はその育児休業終了日までの期間〕）ごとに日数等を管理しなければならない点にも注意しつつ、就労の定期的な実績把握を行ってください。

3.その他の留意点

[1]社会保険料の免除

育児休業中の補償制度として重要な社会保険料の免除に関しては、雇用契約に基づく一時的・臨時的な就労は保険料の免除に影響しない旨が規定されているものの、副業に関しては明確に示されていません。

とはいえ、前述のとおり育児休業中でも副業ができることを前提として考えれば、育児休業給付金の支給要件基準内で行われる副業に関しては、保険料免除の妨げにはならないと考えて差し支えないものと思います。

[2]所得税法上の控除対象配偶者

育児休業中は課税所得が減少するため、所得税法上の控除対象配偶者として扱われている可能性があります。副業収入によって課税所得が増加し、所得金額の要件を満たさなくならないように、注意する必要があります。

以上のとおり、育児休業中の副業の申し出に対しては、自社の基準に適合する限り可能とする判断が必要になりますが、所得の補塡を目的とする場合は、育児休業給付金の支給要件基準を超えることのない範囲に限定して、副業を行うことを促すような運用が適切と考えられます。

（高橋　克郎）

Q260 休日を挟み連続して育児休業等を取得する場合、社会保険料の免除の取り扱いはどのようになるか

出生時育児休業（産後パパ育休）や育児休業を分割して取得できるようになったことで、有給休暇や夏休み、年末年始などの休日を挟んで出生時育児休業を2回に分けて取得する場合や、出生時育児休業に引き続いて育児休業を取得する場合なども考えられます。これらのケースでは、それぞれ1回ずつ取得したものとしてカウントすると思いますが、社会保険料の免除の取り扱いは、どのように考えればよいでしょうか。手続き・管理上の留意点についても併せてご教示ください。

社会保険料免除においては、育児休業を連続して取得した場合や、二つの休業が休日・休暇のみを挟んで事実上継続する場合は、連続した一つの育児休業とみなす。保険料免除の手続き・管理では、短期間に連続して育児休業を取得した場合に注意が必要

1.改正後の社会保険料免除要件

令和3年に改正された育介法に合わせて、「全世代対応型の社会保障制度を構築するための健康保険法等の一部を改正する法律」（令3.6.11法律66）が令和4年10月に施行され、育児休業（出生時育児休業を含む。以下同じ）中の保険料免除に関する要件も変更されました。ポイントは以下のとおりです。

①月例給与に関する保険料（免除対象が**拡大**）
　毎月の給与に係る保険料（以下、月額保険料）は、従来の「暦月末日を含む育児休業」に加えて、「（月末に休業していなくても）同月内に開始、終了した14日以上の育児休業」も免除対象

②賞与に関する保険料（免除対象が**縮小**）
　賞与に係る保険料（以下、賞与保険料）は、従来の「暦月末日を含む育児休業」に、「かつ1カ月を超える休業」という要件が追加され、両方を満たした場合のみ免除対象

本変更については、令和4年3月31日に発出された「全世代対応型の社会保障制度を構築するための健康保険法等の一部を改正する法律による健康保険法等の改正内容の一部に関するQ&Aの送付について」（以下、Q&A）により、詳細な取り扱いが示されたため、これに基づき複数の育児休業を取得した場合の取り扱いを解説します。

上述のように、月額保険料と賞与保険料は免除の要件が異なるため、それぞれ個別に判断する必要がある点に注意が必要です。

2.月額保険料の免除

[1]同月内に開始・終了する育児休業

同月内に開始日と終了予定日の翌日がある育児休業（以下、同月内に開始・終了〔した休業〕）が複数ある場合は、合算した休業日数が14日以上であれば、免除対象となります（Q&A問8）。あくまでも、<u>ともに同月内に開始・終了している</u>ことが必要ですので、前月以前から取得している育児休業（月をまたいで取得した休業）は合算の対象とはなりません（Q&A問9）。

[2]連続した育児休業

育児休業を連続して取得した場合は、これらを一つの育児休業とみなします（Q&A問17）。「同月内に開始・終了」を判断する際も、最初の育児休業開始日から最後の育児休業終了日までの全期間が「同月内か」を確認する必要があります。

[図表1]のケースでは、①は12月、②と③は1月（同月内）に開始・終了していますが、①と②が連続しているため、①+②で一つの育児休業とみなします。この結果、①+②は前月以前から

図表1 連続した育児休業（月額保険料の免除）

図表2 休日等のみを挟み連続した育児休業

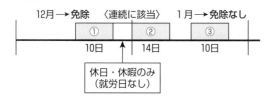

図表3 連続した育児休業（賞与保険料の免除）

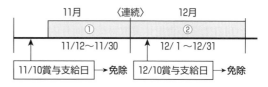

図表4 賞与保険料免除となる出生時育児休業

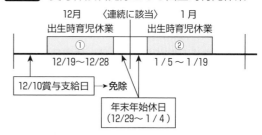

取得している休業となり、③と合算することはできません。③のみで14日以上にも該当しないため、1月の月額保険料は免除対象外ですが、12月は月末を含むため、休業日数にかかわらず免除対象となります。

[3]休日等のみを挟み連続した育児休業

[図表2]のように、①と②の間が、休日または休暇のみ（就労日なし）である場合も、連続した一つの育児休業とみなします（Q&A問18）。このため、[図表1]と同様に、1月の月額保険料は免除対象外で、12月は免除対象となります。年末年始やゴールデンウイークなどは、月末および月初に休日等や祝日が連続することが考えられますので、暦をよく確認して、手続きを行う必要があります。

3.賞与保険料の免除

[1]連続した育児休業

賞与保険料免除においても、複数の育児休業が連続している場合は、全体で一つの育児休業とみなすため、「1カ月を超える」かは連続した休業全体で判断します。

[図表3]のケースは、①②それぞれ1カ月を超える休業ではありませんが、上述のとおり連続した一つの休業とみなすため、1カ月を超える休業に該当します。11月、12月ともに「月末を含む」という要件も満たしていますので、どちらが支給月であっても賞与保険料が免除となります。

[2]賞与保険料免除となる出生時育児休業

出生時育児休業は、取得日数が「28日以内」と定められていますので、通常は「1カ月を超える」ことはありません。ただし、休日等を挟んで連続した場合には注意が必要です。

[図表4]は、年末年始を挟んで、出生時育児休業を2回に分割して取得した例です。休業日数は合計25日ですが、①と②は連続した一つの休業とみなしますので、1カ月超となり、12月の賞与保険料は免除対象となります。

4.手続き上の留意点

保険料免除の届け出は、原則として育児休業期間中に行う必要がありますが、令和4年10月1日以降に取得する育児休業については、「休業終了日から起算して暦による計算で1カ月以内」の届け出も可能とされました（Q&A問19）。

複数の育児休業を取得する場合、原則は取得の都度、保険料免除の届け出を行いますが、同月内に開始・終了する休業を合算して14日以上となる場合は、まとめて届け出が可能です（Q&A問22）。

このとき、連続する育児休業（複数の育児休業の間に就業した日がない場合を含む）は、一つの育児休業として記載します（Q&A問22）。

保険料免除の要件に該当しない育児休業は届け出不要です（Q&A問21）。ただし、月をまたがない14日未満の育児休業取得後、同月内に開始・終了する休業を取得し、合算で14日以上になった場合等は、該当した時点で、届け出が必要となります。

5. 管理上の留意点

改正前は「月末に休業しているか」で免除有無を判断できましたが、改正後は、休業日数や、複数休業間の暦等も確認が必要です。ルールの理解に加え、専用システムの導入等も考えられます。

保険料免除の要件は複雑化し、休業取得者本人に誤解がある場合も考えられます。育介法により義務化されている、妊娠・出産の申し出をした労働者への個別周知や意向確認等の機会を有効に利用して、休業期間と保険料免除の対象に関する理解に齟齬が生じないよう、丁寧な説明を行う必要があります。

（高橋　克郎）

育児休業中に復職できないことが明らかになった場合、休業を途中で打ち切ることはできるか

当社では労働組合との協定により「育児休業の申し出日から起算して1年以内に雇用関係が終了することが明らかな者」を制度適用の対象外としています。今回、この協定を見直し、「育児休業申し出から1年以内に復職できなくなった休業中の社員」についても休業の対象外（休業を中途終了）とする定めを設けたいと考えています。そこで、協定すべき内容の具体例や、運用上の留意点についてご教示ください。

協定の変更により休業の対象外とすることは可能だが、復職可否の認定は慎重に行うことが必要。休業も一方的に打ち切るのではなく、当該労働者の意思も確認しながら手続きを進めるべき

1. 育児休業制度とは

育児休業制度とは、育児に関して労働者の職業生活と家庭生活との両立が図られるよう、労働者が申し出ることにより、子が1歳に達するまでの間、休業をすることができる制度で、育介法に規定されています。

育児休業ができる労働者は、原則として1歳に満たない子を養育する男女労働者であり、日々雇用される者は対象になりません。

休業期間は、2回まで分割して取得することができ、子が出生した日から1歳（一定の事情がある場合には1歳6カ月、最大2歳まで）に達する日（誕生日の前日）までの間で労働者が申し出た期間です（また、育児休業に加え、子の出生後8週間以内に4週間まで、2回に分割して取得できる出生時育児休業〔産後パパ育休〕もあります）。

手続きとしては、申し出に係る子の氏名、生年月日、労働者との続柄、休業開始予定日および休業終了予定日を明らかにして、1歳までの育児休業については、休業開始予定日の1カ月前までに申し出ることになります。

2. 労使協定で適用除外できる労働者

労働者から育児休業の申し出があった場合、事業主は、原則としてこの申し出を拒むことができません。もっとも、労働者の過半数代表との書面による協定で、次に掲げる労働者のうち育児休業をすることができないものとして定められた労働

者については、拒むことができます（育介法6条）。

(1)当該事業主に引き続き雇用された期間が1年に満たない労働者

(2)(1)に掲げるもののほか、育児休業をすることができないこととすることについて合理的な理由があると認められる労働者として厚生労働省令で定めるもの

　これらは、育児休業が、事業主に一定の負担を強いるものであることから、酷な結果とならないように、また、育児休業の対象から除外されている労働者との均衡上、育児休業をすることができないこととすることもやむを得ないと考えられる場合として、例外を認めたものです。

　ご質問では、このうち(2)の「合理的な理由があると認められる労働者として厚生労働省令で定めるもの」が関連しますが、その具体的内容は次のとおりです（育介則7条）。

①育児休業申出があった日から起算して1年以内に雇用関係が終了することが明らかな労働者

②1週間の所定労働日数が著しく少ないものとして厚生労働大臣が定める日数以下の労働者

　ご質問では、現在の労使協定で「育児休業の申し出日から起算して1年以内に雇用関係が終了することが明らかな者」を対象外とされているとのことですが、これは上記の①によるものと考えられます。ちなみに、この「雇用関係が終了することが明らかな労働者」とは、通達により、①定年に達することにより必ず退職することとなっている労働者、②あらかじめ事業主に対し退職の申し出をしている労働者等――を指すとされています（平21.12.28　職発1228第4・雇児発1228第2、最終改正：平27.3.31　雇児発0331第27）。

3.復職できなくなった休業中の社員の取り扱い

　それでは、労使協定を見直し、「育児休業申し出から1年以内に復職できなくなった休業中の社員」とすることはできるでしょうか。

　前記①の「1年以内に雇用関係が終了することが明らかな労働者」に該当するものとして、前掲通達に挙げられている例には該当しませんが、事業主の利益にも配慮し、育児休業の対象から除外されている労働者との均衡を考慮して認められた適用除外の趣旨からすると、通達の例に限定されるものではなく、育児休業の申し出の段階で1年以内に雇用関係が終了することが明らかであったか、事後的に申し出から1年以内に復職できなくなったかにより区別をする必要性はないと考えられます。したがって、このような定めを置くことも可能といえます。

　この場合、協定の内容として、適用除外とする旨を規定しておかなければなりません。具体例としては、次のような形になります。

> 例）会社は、次の各号のいずれかに該当する社員には、育児休業制度を適用しない。
> ①継続雇用期間1年未満の者
> ②休業申請から起算して1年以内に雇用関係が終了することが明らかな者。なお、休業申請から起算して1年以内に復職できないことが明らかとなった場合も同様とする

　1年以内に復職できないことが明らかとなった場合の労働者は、いったん認められた育児休業が途中で打ち切られる結果になりますから、不利益を被ることになります。したがって、「復職できないことが明らか」といえるか否かについては慎重に認定することが必要です。特に、事実関係を十分確認せず、会社の判断で「復職は無理」とみなしたりした場合には、育介法10条で禁じられている不利益取り扱いに該当する可能性もあります。

　また、実際に復職できないことが明らかになった場合も、一方的に休業を打ち切るのではなく、社員本人に意思確認を行い、理解を得るよう努めるべきでしょう。

（千葉　博）

Q262 復職しない前提で育児休業の申し出があった場合、拒否してよいか

育児休業の申請に当たり、「休業期間が終わったら、復職せずにそのまま退職します」と話す社員がいます。育児休業制度は将来の雇用継続を前提とするものと思われますので、本人が復職しないと明言している以上、休業を拒否したいのですが、問題ないでしょうか。

A 労働者が育児休業の申し出の際に復職意思がないことを明言していても、事業主は、労使協定で除外される労働者に該当する場合か、育介法で定める要件を満たさない有期雇用契約労働者に該当する場合以外には、申し出を拒否できない

1.育児休業制度と申し出の拒否

わが国では少子高齢化が進行し、労働力人口の減少、地域社会の活力低下などの深刻な社会経済上の問題が生じています。持続可能で安心できる社会づくりのためには、労働者が仕事と家庭を両立させる（ワーク・ライフ・バランス）ための制度が不可欠な状況であり、その制度の一つとして育介法は、育児休業・介護休業等を定めています。

同法により労働者は、事業主に対し、育児休業の申し出（5条1項本文、3項本文、4項）をすることにより育児休業の効果が発生し、事業主は原則として同申し出を拒むことができません（6条1項本文）。もっとも、ご質問の事案では、労働者が育児休業の申し出に際して、会社へ復職しないことを明言しています。このような申し出は、「子の養育（中略）を行う労働者等の雇用の継続」（同法1条）を図るという育児休業制度の趣旨に反するように思えます。

そこで、会社はこのような育児休業の申し出を拒否できるかが問題となります。

2.育児休業を拒否できる場合

[1]当該社員が期間の定めのない労働者の場合

事業主は、原則として労働者の育児休業の申し出を拒むことはできません。ただし、次の①②のいずれかの労働者については、労働者の過半数で組織する労働組合、または労働者の過半数を代表する者との書面による協定で育児休業をすることができないものとして定めれば、その申し出を拒むことができます（育介法6条1項ただし書）。

①当該事業主に引き続き雇用された期間が1年に満たない労働者（同項1号）

②育児休業をすることができないこととすることについて合理的理由があると認められる次の(a)(b)の労働者（同項2号、育介則8条）

(a)育児休業の申し出があった日から起算して1年以内（ただし、1歳6カ月までおよび2歳までの育児休業をする場合には、6カ月以内）に雇用関係が終了することが明らかな労働者（例：あらかじめ事業主に対して退職の申し出をしている労働者）

(b)1週間の所定労働日数が2日（平23．3．18厚労告58）以下の者

ご質問のケースでも、上記労使協定により育児休業をすることができないものとして定められた労働者に当たらない限り、事業主は、当該社員からの育児休業の申し出を拒むことができません。

[2]期間の定めのある労働者の場合

期間を定めて雇用される者による育児休業の申し出は、1歳までの育児休業と1歳6カ月までの育児休業については、子が1歳6カ月に達する日までに、2歳までの育児休業については子が2歳に達する日までに、労働契約（更新される場合には、更新後の契約）の期間が満了することが明らかでない場合に限られ、育児休業の申し出があっ

た時点で労働契約の期間満了や更新がないことが確実であるか否かによって判断されます（育介法5条1項ただし書き、3項ただし書き、5項）。

また、前記[1]の労使協定により育児休業をすることができないものとして定められた労働者に当たれば、事業主は、育児休業の申し出を拒むことができます。

それら以外の場合には、事業主は、育児休業の申し出を拒むことができません。

3．復職しない意思を明示している場合

前記2．で事業主が育児休業の申し出を拒否できる場合以外に、労働者が復職しない意思を明示していることを理由に、育児休業の申し出を拒否することはできないのでしょうか。

育介法は1条で、育児休業等の目的について「雇用の継続」を図ることと定め、3条2項で「休業をする労働者は、その休業後における就業を円滑に行うことができるよう必要な努力をするようにしなければならない」との基本理念を明確にしています。このように、育児休業が雇用継続のための制度であるとすると、復職の意思のない労働者の休業申し出は、同法の趣旨に反するように思えます。

しかし、同法の文言上、「復職の意思がないこと」を理由とする申し出の拒否は定められていません。また、育児休業の申し出時に復職の意思があったものの、育児休業期間の途中で諸事情により職務復帰ができなくなり、育児休業終了とともに退職することを申し出た場合、会社が休業を取り消したり、職務復帰を命じたりすることはできないと解されます。仮に労働者が真実は復職する意思がないにもかかわらず、それを秘して育児休業の申し出を行ったとしても、真に復職の意思があるのか否かを会社側で確かめることは実際にはできません。

したがって、復職の意思がない旨を明確にしている労働者の育児休業の申し出に対しては、前記2．の場合を除いては、育児休業制度の趣旨を説明し職務復帰の説得等はできますが、休業の申し出を拒否することはできません。

（吉村　雄二郎）

Q263 介護休業の申し出の際に証明書類を提出しない従業員に対し、提出されるまで休業を認めなくてもよいか

先日、ある従業員が、障害のある実兄のための介護休業を申請してきました。その際、医師の診断書等の証明書類の提出を求めたのですが、障害の詳細を知られたくないようで、いまだに提出されていません。こうした場合、証明書類が提出されるまで介護休業を認めなくてもよいでしょうか。あるいは、本人の自己申告のみでも認めるべきでしょうか。

A 従業員が証明書類の提出の求めを拒んだ場合でも、会社は介護休業の申し出を拒むことはできない。そのため、従業員から証明書類が提出されておらず、従業員の自己申告のみであっても、会社は介護休業を認めることになる

1．介護休業制度
[1]介護休業の申し出事項

労働者は、「対象家族」が「要介護状態」にある場合、事業主に申し出ることにより、原則として介護休業をすることができ、事業主はこれを拒否できません（育介法11条1項、12条1項）。この介護休業の申し出に当たっては、事業主に以下の①～⑥の事項を申し出なければなりません（育

介則23条1項）。

①介護休業申出の年月日
②介護休業申出をする労働者の氏名
③介護休業申出に係る対象家族の氏名および②の労働者との続柄
④介護休業申出に係る対象家族が要介護状態にある事実
⑤介護休業申出に係る期間の初日および末日とする日
⑥介護休業申出に係る対象家族についての育介法11条2項2号の介護休業日数

　この申し出があった場合、原則として、事業主は労働者に対して上記③（対象家族の氏名・続柄）および④（対象家族が要介護状態にある事実）を証明することができる書類の提出を求めることが可能です（同条3項）。

[2]証明書類の提出

　もっとも、育介則では、あくまで事業主が証明書類の提出を「求めることができる」と定められているのみで、労働者が証明書類を提出しなければならない旨は規定されていません。また、上述のとおり、労働者が介護休業の申し出をした場合、事業主はこれを拒否することができません。

　通達でも、同様の規定を有する育児休業について、「事業主が育児休業申出をした労働者に対して証明書類の提出を求め、その提出を当該労働者が拒んだ場合にも、育児休業申出自体の効力には影響がないものである」とした上で、介護休業についても、「育児休業の場合と同様である」としています（平28. 8. 2　職発0802第1・雇児発0802第3、最終改正：令5. 4.28　雇均発0428第3）。また、厚生労働省のパンフレットでも、証明書類の提出を「制度利用の条件とすることはできません」としています（「育児・介護休業法のあらまし」令和6年1月作成）。

　そのため、労働者が事業主の求めに応じて証明書類を提出しない場合でも、法律上、事業主は介護休業の申し出を拒むことができません。このことは、就業規則等により申し出に際しての証明書類の提出が定められていたとしても同様です。

　仮に、介護休業の申し出を拒否して育介法12条1項に違反した場合、厚生労働大臣からの助言・指導・勧告や、企業名の公表がなされる可能性もあります（同法56条、56条の2）。また、労働者の育児休業の申し出を拒絶した使用者の対応について、不法行為に該当するとして損害賠償を認めた裁判例（日欧産業協力センター事件　東京高裁平17. 1.26判決）もあり、この裁判例からすると、介護休業の申し出を拒絶した事案の場合にも同様の不法行為が成立する可能性がありますので、注意が必要です。なお、使用者が、労働者が介護休業の申し出・利用をしたことを理由として不利益取り扱いをしてはならないこと（同法16条）は、言うまでもありません。

2.ご質問における検討

　ご質問では、従業員に医師の診断書等の証明書類を求めたにもかかわらず、従業員から提出がなされないとのことですが、上述のとおり、これを理由に介護休業の申し出を拒むことはできません。

　もし会社が、当該従業員がかつて「実兄はいない」と話していたことを認識しており、虚偽を述べていると考えている場合であったとしても、兄の有無を戸籍謄本（戸籍全部事項証明書）等で確認したわけではないと思われますし、仮に確認していたとしても、兄が除籍され移記されず同一戸籍内にはいない可能性や、確認後の事情変更（養子縁組等）の可能性等もなくはありません。会社としては兄がいないことに確証が持てないまま、障害のある実兄がいるとの従業員の申告を信用せざるを得ないことになります。

　そのため、会社としてまずは従業員に対し、証明書類の具体的必要性（権利行使の要件を充足しているかの事実確認を行う必要があること）や使用目的（事実確認目的であり、他の利用目的はないこと）を明らかにして、提出への理解を得られるよう真摯に説明すべきです。その際には、個人情報保護を徹底しており情報流出の可能性がないことや、確認後は速やかに返却すること、介護休

業をして介護休業給付を受給するためにはハローワークへの支給申請書類として住民票記載事項証明書等（介護対象家族の氏名、申請者本人との続柄、性別、生年月日等が確認できる書類）が必要となることなどを説明することも有用かもしれません。

なお、万が一にも、従業員による自己申告が虚偽であった場合（例：既に亡くなっている兄の介護休業の申し出の場合）、従業員は就業規則上の懲戒処分を受けることになる可能性があります。状況次第では、この点を（当該従業員宛てではなく）一般的説明事項としての文書に記載しておくこともあり得ます。

もっとも、それでもなお従業員が証明書類の提出に応じないようであれば、従業員の自己申告に基づいて、介護休業を認めることになります。

（田村　裕一郎）
（井上　紗和子）

管理職に介護短時間勤務を認めなくてもよいか

当社の管理監督者に当たる従業員が、家族の介護のために短時間勤務制度の適用を申請してきました。規程上は、労使協定で定める雇用期間が1年に満たない者と週の所定労働日数が2日以下の者を除き、適用除外の定めはありませんが、管理監督者はそもそも労働時間の管理対象ではないため短時間勤務を認めないことは可能でしょうか。

 管理監督者にも、短時間勤務が可能となるよう業務を軽減する必要があり、それをしないと違法となると考える

1. 管理監督者の概念
[1] 法的規定

管理監督者とは、労基法41条2号前段に定めのある、労働時間・休憩・休日についての労基法の適用が除外される労働者です。同条は、下記三つの類型の適用除外を定め、管理監督者はその一つです。実務上、企業には管理者が必ずいますので、常に出てくる労働者です。

①別表第1第6号（林業を除く。）又は第7号に掲げる事業に従事する者
②事業の種類にかかわらず監督若しくは管理の地位にある者又は機密の事務を取り扱う者
③監視又は断続的労働に従事する者で、使用者が行政官庁の許可を受けたもの

イメージとしては、[図表]のとおりで、企業（組織）の中で経営者の次に位置づけられます。

[2] 趣旨

労基法が労働時間等の強行的規律をする目的は、それによって社会的弱者である労働者の健康を守ろうとするものです。管理監督者については、（労働時間）規制を超えて活動しなければならない企業経営上の必要から（適用除外が）認められるのです。

[3] 範囲（要件）

管理監督者の範囲を、通達は次のとおり示しています。

管理監督者とは、「労働条件の決定その他労務管理について経営者と一体的立場にある者の意であり、名称にとらわれず、実態に即して判断すべき」（昭22. 9.13　発基17、昭63. 3.14　基発150・婦発47）とし、次の各点の実態に即して客観的総合的に判断されます。

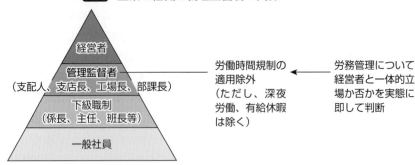

図表 企業の組織と管理監督者の関係

①出退勤や労働時間について裁量権があるか、という量的側面
②職務内容、責任・権限が経営者に近い（労務管理につき経営者と一体的権限がある）か否か、という質的側面
③賃金（基本給や手当、賞与等について、その地位にふさわしい待遇がされているか）

2. 短時間勤務制度
[1] 短時間勤務制度の内容と趣旨

育介法23条は、事業主に対し、①3歳未満の子を養育する労働者（ただし、厚生労働省令で定める短時間労働者は除く）が育児休業をしていないとき、または、②要介護家族を介護する労働者が介護休業していないとき（ただし、①②いずれにおいても労使協定で除外できる労働者は除く）、育児または介護を容易にするため、所定労働時間の短縮等の措置を講じる義務を課しています（同条1項・3項）。

言うまでもなく、少子高齢化社会を迎えた日本において、労働者が仕事と私生活の調和を図れるようにするためです。

[2] 短時間勤務制度の射程

上記[1]の規制は、管理監督者にも及ぶのでしょうか。管理監督者は、自身の労働時間についての裁量があるので、同制度を適用しなくても自由に育児や介護（私生活）との調和が図れるのではないかという問題意識です。

これについて直接判示した裁判例は見当たりませんが、管理監督者は自身の労働時間についての裁量がある以上、上記[1]の規制（労働者視点では保護）は、管理監督者には及ばないと考えます。しかし、管理監督者にも子や介護が必要な家族がいる場合も通常の労働者と同様にあるでしょうから、同条の趣旨（仕事と私生活の調和を図れるようにする）は、等しく妥当すると考えます。以上の考えの下に、次項の検討をします。

3. 管理監督者への短時間勤務制度の適用

結論からいえば、短時間勤務制度の適用はないものの、その趣旨は妥当するので、事業主＝使用者にはその趣旨に沿った配慮が求められ、これを行わない場合は、育介法23条の趣旨違反、よって法律行為であれば民法90条で無効、事実行為であれば同法709条で不法行為が成立する可能性が高いと考えます。以下、詳しく述べます。

管理監督者が担う職務は、通常、少なくとも所定労働時間働くことを前提としています。つまり、所定労働時間は働かなければ終わらない仕事です。例えば、それをA、B、C、Dの四つとします。この四つの仕事をいつ、どういう順序で処理するかは、管理監督者の裁量によります。しかし、裁量があるといっても、いつ始めてどういう順序で処理するかであり、通常8時間かかるものを4時間で処理することなどできません。したがって、仕事量を減らさないと、管理監督者は、労働時間に裁量があっても、短時間勤務は現実に実現できません。それでは、前記2.[1]で述べた短時間勤務制度の趣旨が管理監督者については実現できません。したがって、使用者は、管理監督

者に対しては、労働時間ではなく、仕事量を短時間勤務制度の趣旨に合致するよう軽減する配慮義務があると考えます。

例えば、上記Ａ～Ｄの仕事のうち、短時間勤務を求めている期間だけ、短縮時間に見合う分の仕事を減らす（例えば、一般社員の短時間勤務で所定８時間→６時間に短縮するのに倣い、２時間分の仕事Ｄを省いて１日当たり４分の３の仕事量＝Ａ、Ｂ、Ｃの三つにする）というようにです。

もちろん、そうすると対価である賃金等処遇も、それに比例してその期間、修正する必要があります。賃金は４分の３にし、退職金の算定期間の計算においては、その期間は４分の３で計算する等です。この管理職（管理監督者）の短時間勤務は、制度で対応する（規定する）より、運用の中で個別の覚書で対応するのがよいと考えます。

（浅井　隆）

Q265 要介護状態の老親を介護施設に入所させている者にも、介護休業は認めなければならないか

先日、ある社員から「要介護状態」の老親を介護するため、介護休業の申し出がありました。聞くところによると、その老親は24時間体制でケアしてくれる高齢者介護施設に入所しており、スタッフが身辺の世話をしてくれるので、その社員が実際に介護に当たるケースはほとんどないようです。「要介護状態」であるとはいえ、このようなケースでは介護休業を認めないように、就業規則に明記することはできるでしょうか。

就業規則に明記することはできない。法の要件を満たした労働者からの介護休業の申し出は拒むことができない

1. 就業規則の介護休業規程

就業規則作成の際、「労働時間（始・終業時刻、休憩、休日、休暇等）」「賃金（賃金の決定、計算および支払いの方法、昇給等）」「退職（解雇の事由を含む）」については絶対的必要記載事項とされ、必ず記載しなければならないものとされています。介護休業についても、この中の「休暇」に該当することから、対象となる労働者の範囲、取得のために必要な手続き、期間について記載する必要があります。

現在、育介法に沿った就業規則で、介護休業を取得することを除外できる労働者は以下①および②の者のみとなっています。
①日雇労働者
②期間雇用の者で、介護休業開始予定日から起算して93日を経過する日から６カ月を経過する日までの間に、労働契約（更新される場合には、更新後の契約）の期間が満了することが明らかである労働者

このほかに、介護休業を取得できない者を明記した労使協定を結んでいる場合、以下③～⑤の者も除外することができます。
③入社１年未満の労働者
④介護休業の申し出の日から93日以内に雇用関係が終了することが明らかな労働者
⑤１週間の所定労働日数が２日以下の労働者

この基準は、育介法で定められている最低のものであり、この基準よりも緩やかな条件を設けることはできますが、厳しい条件を設けることはできません。もし、就業規則や労使協定で同法の基

準よりも厳しい介護休業除外の条件を設けた場合、その部分は無効になり、同法の基準が用いられます。

例を挙げて説明しますと、就業規則や労使協定で「すべての期間雇用者について介護休業を認める」と記載することは、育介法の最低条件を上回るものなので問題ありません。しかし反対に、「すべての期間雇用者について介護休業を認めない」とすることは、同法の最低基準を下回るものとなるため、たとえ記載したとしても、その部分は無効になり、同法の基準が用いられます。

2.介護休業について

育介法では、介護休業について「要介護状態にある対象家族を介護するためにする休業」（2条2号）と定めています。

要介護状態とは、「負傷、疾病又は身体上若しくは精神上の障害により、2週間以上の期間にわたり常時介護を必要とする状態」としています。実際は、日常行動がどれくらいできるかを評価する「日常生活動作事項」や「問題行動」を考慮して判断されます（平27.3.31　雇児発0331第27）。

対象家族とは、配偶者（事実婚を含む）、父母、子、配偶者の父母、祖父母、兄弟姉妹、孫のいずれかです。もちろん、この対象家族についても育介法で定めた対象家族の最低基準であり、上述のとおり、このほかに広く会社で対象家族を規定しても問題ありません。なお、介護とは、歩行、排泄、食事等の日常生活に必要な便宜を供与することと定められています。

介護休業期間は、対象家族1人につき、通算93日まで、3回を上限として分割して取得できる定めになっています。

3.ご質問の社員について

ご質問のケースは、「要介護状態の老親」の介護についての介護休業申し出であり、「要介護状態」と「対象家族」の要件には該当しています。しかし、「実際に介護に当たるケースがほとんど

ない」ことが予想される場合、育介法上の「介護のための休業」に当たるのかという問題が出てきます。

ここで注意したいのは、その社員が実際に介護に当たるケースがどのくらいの頻度なのかということです。24時間体制の高齢者介護施設であっても、入浴やそれに伴う衣類の洗濯などの介護に当たる行為については、親族に負担させている場合もあります。一概に、24時間体制の施設に入所しているから親族は介護に当たる行為を一切しないとは言い切れません。

上記の点から考えますと、実際この社員がどの程度介護に当たるのかは非常に判断しにくいことといえます。また、施設の介護状況を確認し、まったく介護しないと判断できたとしても、その施設のサービスが変更され、親族が介護の一部を負担する場合も考えられます。そのたびに会社がその社員がどの程度介護に当たっているかを把握することは非常に難しいと思われます。

結果、介護休業を申し出た当該社員に対して、対象家族が24時間体制の高齢者介護施設に入所しており、スタッフが身辺の世話をしてくれるという理由では「介護のための休業に当たらない」とは判断できないことになります。

育介法では、事業主の義務として「事業主は、労働者からの介護休業申出があったときは、当該介護休業申出を拒むことができない」（12条）と定めています。つまり、要件を満たした労働者からの介護休業申し出は拒むことができないという考え方です。

また育介法で、最低基準が定められていることから、それよりも厳しい基準を就業規則に明記することはできません。

以上のとおり、今回の場合のような社員からの申し出であっても、会社側として介護休業の申し出を拒むことはできず、また、「自分で介護しない者については介護休業を認めない」という条件は、育介法の最低基準を下回るため、就業規則に明記することはできないことになります。

（社会保険労務士法人みらいコンサルティング）

福利厚生

Q266 福利厚生の一環として会社が費用負担し、社員にがん検診を受けさせた場合、受診結果の報告を求めてもよいか

社員の高齢化に伴い、元気で長く勤務してもらうため、福利厚生の一環として、社員に法定の定期健康診断のほかにがん検診を受けさせることを検討中です。社員全員を対象とし、費用は会社の全額負担を考えています。会社で費用を負担する以上、受診結果を会社に報告してもらいたいと思いますが、個人の健康情報に関わることですので、強制してよいものか悩んでいます。また、受診結果の報告を受けた場合に、その結果次第でさらに精密検査の受診や必要に応じた治療を会社が勧めることが可能かについても気になっています。その他留意点と併せてご教示ください。

受診結果の報告を強制することはできず、本人同意を要する。受診結果の報告を受けてさらに検査等が必要と判断された場合には、安全配慮義務の観点から精密検査の受診や必要な治療を受けるよう指示すべき

1.健康情報の取得

事業者は、労働者の心身の状態に関する情報を収集、保管、使用するに当たっては、労働者の健康の確保に必要な範囲内で労働者の心身の状態に関する情報を収集し、収集の目的の範囲内でこれを保管、使用しなければならないとされています（安衛法104条）。

その具体的取り扱いについては、「労働者の心身の状態に関する情報の適正な取扱いのために事業者が講ずべき措置に関する指針」（平30. 9. 7 労働者の心身の状態に関する情報の適正な取扱い指針公示1、最終改正：令 4. 3.31 労働者の心身の状態に関する情報の適正な取扱い指針公示2）で定められています。同指針によれば、ご質問のケースのような法定外項目については、「あらかじめ労働者本人の同意を得ること」が必要であり、かつ、事業場ごとの「取扱規程」により事業者等の内部における適正な取り扱いを定めて運用することが必要とされています。

健康情報は、そのほとんどが「要配慮個人情報」（個保法2条3項）に該当し、その取得に当たって、原則として労働者本人の事前同意（同法20条2項）などが必要となる機微な情報であるため、慎重な取り扱いが求められています。

なお、事業場ごとの「取扱規程」については、同指針を受けて厚生労働省が策定した「事業場における労働者の健康情報等の取扱規程を策定するための手引き」（以下、手引き）に規程例を含めた詳細がまとめられているので参考になります。

2.ご質問のケースについて

[1]受診結果の報告を強制することができるか

まず、会社が費用を負担して法定外のがん検診を受診させ、その結果の報告を求めたいということですが、1.で述べたとおり、法定外項目については、「あらかじめ労働者本人の同意を得ること」が必要とされているため、これを強制することはできません。

ただし、手引きによれば、必ずしもその都度の書面等による同意が求められているわけではなく、同意の取得方法も含めた健康情報等の取り扱いを就業規則に規定し、労働者に周知した上で健康診断結果等を提出してもらうというやり方により、同意を得たものとして取り扱うことも可能とされています。具体的な手順は、以下のとおりです。

①就業規則を新たに作成または変更し、健康情報等の取り扱いに関する規程を追加する際には、労使で十分に話し合い、当該健康情報等の取得方法、利用目的等の合理性を確認する

②就業規則を作成または変更した後、その内容を全労働者に認識される合理的かつ適切な方法により周知する

③周知後、個々の労働者からの求めに応じて、就業規則の作成または変更の趣旨や内容等について、丁寧に説明をする

④上記の手順により健康情報等の取り扱いに関する規程を就業規則に盛り込み、労働者に周知する（この場合には、労働者本人が当該健康情報等を本人の意思に基づき提出したことをもって、当該健康情報等の取り扱いに関する労働者本人からの同意の意思が示されたと解される）

[2] 精密検査の受診等を勧めることができるか

次に、本人同意に基づき受診結果の報告を受けた場合に、その結果次第でさらに精密検査の受診や必要に応じた治療を会社が勧めることが可能かについても気になっているとのことです。

使用者は、労働者がその生命・身体等の安全を確保しつつ労働することができるよう必要な配慮をする義務（労契法5条。いわゆる安全配慮義務）を負っています。このため、がん検診を受診した結果、さらに精密検査の受診や治療が必要と判断されたのであれば、これを漫然と放置してしまうと安全配慮義務違反に問われる可能性があります。

したがって、会社としては、上司や人事担当者を通じて精密検査の受診や必要な治療を受けるよう指示すべきです。裁判例でも、労働者の体調不良の状況を認識した場合には、「単に調子はどうかなどと抽象的に問うだけではなく、より具体的に、どこの病院に通院していて、どのような診断を受け、何か薬等を処方されて服用しているのか、その薬品名は何かなどを尋ねるなどして、不調の具体的な内容や程度等についてより詳細に把握し、必要があれば（中略）産業医等の診察を受けさせるなどした上で（中略）体調管理が適切に行われるよう配慮し、指導すべき義務があったというべきである」として、安全配慮義務違反を認めたケースがあります（ティー・エム・イーほか事件　東京高裁　平27．2．26判決　労判1117号5ページ）。

精密検査等を受診するかは最終的には労働者本人が決定すべき事柄ではあるものの、会社としては、安全配慮義務を履行するという観点から、労働者に対し、受診の必要性等を丁寧に説明して理解を求めることが重要です。状況によっては、産業医等の医学的意見を踏まえた上で受診命令を行うことも検討すべきでしょう（法定外項目の受診命令を肯定した例として、電電公社帯広局事件　最高裁一小　昭61．3．13判決　労判470号6ページ）。

（中山　達夫）

労災で骨折した社員が通勤・通院する際のタクシー代は、会社が負担しなければならないか

ある社員が業務上災害で両足を骨折しました。公共交通機関による通勤・通院が困難なため、当面はタクシーで出退勤し、自宅や会社から病院に通う際もタクシーを利用するとのことです。この社員が「業務上災害なのだから、タクシー代は会社が負担すべきではないか」と主張していますが、会社にタクシー代の負担義務はありますか。あるいは労災保険給付から出ないのでしょうか。

通院については、場合により療養補償給付としてタクシー代が支給される可能性があるが、通勤の費用は支給されない。他方、社員の負傷につき会社に安全配慮義務違反があり、タクシーの利用が相当と認められる場合には、通勤・通院のためのタクシー代が損害賠償として認められる可能性がある

1．労災保険給付（療養補償給付）申請

労働者が業務上災害に遭った場合、労災保険給付として必要な療養の給付が支給され（療養補償給付）、その中に「移送」の費用も含まれています（労災法13条2項6号）。この「移送」とは、傷病労働者の①病院等医療機関への移送、②転医等に伴う移送、③通院をいい、通達（昭37．9.18基発951、昭48．2．1 基発48、平20.10.30 基発1030001）は、これらのうち通院において「移送」の費用と認められるための基準として、住居地または勤務地から原則、片道2km以上の通院であって、**［図表］**の(1)〜(3)のいずれかに該当するものとしています（「市町村」には特別区を含みます。なお、下記のほか、片道2km未満であっても、傷病の症状の状態から見て、交通機関を利用しなければ通院することが著しく困難であると認められる場合における適切な医療機関へ通院したとき、および、労働基準監督署長が診療を受けることを勧告した医療機関へ通院したときも「移送」の費用と認められます）。

これによると、まず、療養補償給付は通院のための費用に限られ、通勤の費用は支給されません。また、通院の費用についても、ご質問の社員の両足骨折の診療に適した労災指定医療機関等が、同社員の住居地・勤務地から2km未満にある場合には、療養補償給付として支給されないのが原則です。

2．タクシー代は通院費用として認められるか

移送費として支給される費用は、当該労働者の傷病の状況等から見て、一般に必要と認められるもので、傷病労働者が現実に支出する費用をいいます（前掲通達）。タクシー代についても"必要と認められる"限度で「移送」費と解され、現実に支給されています。この点、労災法や関連通達も

図表 労災法13条2項6号の「移送」に含まれる「通院」

(1) 同一市町村内の適切な医療機関へ通院したとき
(2) 同一市町村内に適切な医療機関がないため、隣接する市町村内の医療機関へ通院したとき（同一市町村内に適切な医療機関があっても、隣接する市町村内の医療機関のほうが通院しやすいとき等も含まれる）
(3) 同一市町村および隣接する市町村内に適切な医療機関がないため、それらの市町村を超えた最寄りの医療機関へ通院したとき

タクシーを支給対象交通機関として排除していませんし、また、通院費用を療養補償給付として申請する際の「移送に要した費用の額を証明する書類」は原則として領収書としながら、「国鉄又はバス運賃等（中略）については、前記の書類（編注：領収書）の添付を必要としない」（前掲通達）とされていますので、その反対解釈として、電車・バス等の公共交通機関以外の交通機関であるタクシー等についても、領収書を添付すれば、必要と認められる限度で支給されるものと考えられるわけです。

もちろん、「一般に必要と認められるもの」との前提で支給されることから、「通院のため、本ケースでタクシー利用は本当に必要か」という点が吟味されます。公共交通機関での通院が可能であるにもかかわらずタクシーを使った場合には、「タクシーの利用が必要」との医師の意見がある場合等（例えば、足の具合から公共交通機関を利用することが困難な場合や、適当な公共交通機関がない場合）でなければ、「一般に必要と認められるもの」ではないと判断され、移送費として認められず療養補償給付がなされない可能性があります。

福利厚生

3.使用者に対する損害賠償請求

　では、タクシー代が療養補償給付として認められなかった場合、労働者は使用者に対し、通勤・通院のための同費用を損害賠償として請求できるでしょうか。

　この点、業務上災害が生じたからといって、使用者は必ずしも当該労働者に対して損害賠償義務を負うものではありません。使用者は、労働者が労務提供のため設置する場所、設備もしくは器具等を使用し、または使用者の指示の下に労務を提供する過程において、労働者の生命および身体等を危険から保護するよう配慮すべき安全配慮義務を負っており（陸上自衛隊八戸車両整備工場事件　最高裁三小　昭50．2.25判決、川義事件　最高裁三小　昭59．4.10判決）、これに故意・過失その他責に帰すべき事由により違反した場合にのみ、損害賠償責任を負います。

　例えば、工場の床に急な勾配がついているにもかかわらず、滑りやすい材質の床材を使用し、労働者に配給している靴の滑り止め機能も不十分であったとか、工作機械に足が巻き込まれないようにするための柵や緊急停止機能等を備えていなかったような場合に、使用者の安全配慮義務違反（損害賠償責任）が認められます。

　ただし、ご質問の当該社員の負傷につき、仮に貴社の安全配慮義務違反が肯定された場合でも、損害賠償として認められるのは、原則として公共交通機関の利用料金であり、タクシー代が認められるのは、症状等によりタクシー利用が相当と認められる場合に限られます。

　なお、企業に対する安全配慮義務違反を問う事例ではありませんが、交通事故の被害者に通院・通勤等のためのタクシー代の賠償が認められた裁判例として、以下のものが挙げられます（日弁連交通事故相談センター　東京支部編『民事交通事故訴訟　損害賠償額算定基準』2014年版、2019年版および2024年版）。通勤・通院時における"タクシー利用が相当"かどうかを判断する上での参考になると思われます。

①病院への通院は公共交通機関を利用しようとすれば、自宅から1時間かけて徒歩で駅まで出なければならず、タクシー利用はやむを得なかったとして、タクシー代の賠償が認められたケース（大阪地裁　平7．3.22判決）

②通勤のため自家用車を使用していた獣医が、事故による疼痛のためしばらく自動車を安全に運転することができず、仕事の関係上10kg程度の携帯品を常に持ち歩く必要があるため、通院時のみならず通勤時も自動車の使用が必要不可欠であったとしてタクシー代の賠償が認められたケース（神戸地裁　平7．8.2判決）

③左膝前十字靱帯損傷等（後遺障害等級14級）の大学生（男・症状固定時20歳）が、医師からできるだけ公共交通機関を使用しないよう指示されていたこと、階段の昇降や車内で立ったままでいること等電車を利用することが非常に苦痛であったこと等から、通院・通学のためのタクシー代の賠償が認められたケース（京都地裁　平23．9.6判決）

④腰椎骨折・変形（後遺障害等級11級）、器質的損傷から生じた左膝の神経症状（同12級、併合10級）のアパレルショップ店員（男・症状固定時43歳）につき、タクシー通勤により症状管理や体調の維持等が容易になり、その分全体としての休業範囲が抑えられており、症状から見て必要不可欠とまではいえなくとも損害拡大防止義務の観点から理にかなっている等として、通勤のためのタクシー代の賠償が認められたケース（大阪地裁　平25.10.29判決）

⑤外貌醜状（後遺障害等級7級）の短大生（女・症状固定時23歳）につき、下肢を負傷したものではなく、公共交通機関を利用しての通院が不可能であったわけではないが、顔面を負傷しており、人目をはばかる心情も理解できないものではないことを考慮するとタクシー利用が不相当であったとまでは言い難いとして、タクシー代の賠償が認められたケース（大阪地裁　平26．3.27判決）

⑥頸椎捻挫等による左上肢のしびれ（後遺障害等級14級）の開業医（男・事故時44歳）につき、

551

開業医として時間的制約の中で往診や他病院への移動等をするには自動車の利用が必要であったところ、事故から3週間、自動車を運転することも、ある程度の距離の歩行を伴う電車等の利用も困難であったとして、通勤、往診等のためのタクシー代の賠償が認められたケース（横浜地裁 平30.3.23判決）

⑦右脛骨近位端骨折等の会社員（男）につき、片松葉杖歩行に難があったとはうかがわれないものの、通勤に利用していた路線の通勤時間帯における混雑状況（混雑率185％）を踏まえると、片松葉杖を使用した状態での電車通勤は困難であったとして、往路のタクシー代の賠償が認められたケース（大阪地裁 令4.6.24判決）

（木原　康雄）

Q268 住宅取得補助として支給する利子補給金は「賃金」に該当するか

住宅取得支援策として、新たに提携金融機関の利用を前提とした「利子補給金制度」を設けたいと考えています。この場合の利子補給金は、①労基法上の賃金、②労働保険の保険料算定対象となる賃金、③健康保険・厚生年金保険の標準報酬、④所得税の課税対象となる給与のそれぞれに該当するのでしょうか。

A

①労基法上の賃金とはならない、②労働保険の保険料算定対象となる賃金とはならない、③健康保険・厚生年金保険の標準報酬——会社が支給する場合は報酬となる（従業員互助会等が支給する場合は、報酬とならない）、④所得税の課税対象となる

1.賃金、報酬、給与所得の定義

労基法において、「労働の対償」とは、労働時間や成果に対して支払われるものだけではなく、労働者の地位にあることによって使用者から支給されるもの等も広く含まれます。しかし、任意的、恩恵的、福利厚生的、実費弁償的なものは、労働の対償といえず、賃金にはなりません。

徴収法における賃金は、基本的には労基法上の賃金と同様ですが、労基法上では、労働協約・就業規則・労働契約等によってあらかじめ支給条件が明確となっている場合には賃金とみなされることがあるのに対し、徴収法上では、退職金（前払いされるものを除く）、結婚祝金および死亡弔慰金については、支給条件が明確であっても賃金とみなされない点で異なっています（昭25.2.16基発127、平15.10.1 基徴発1001001）。

また、健康保険法・厚生年金保険法における報酬は、臨時に受ける賃金および3カ月を超える期間ごとに受ける賃金（賞与）は除外される点、現物給与については、原則として、厚生労働大臣がその地方の時価によって定めた額となるという点が、労基法上の賃金と異なっています。

所得税法における給与所得は、使用者と労働者との間の雇用契約に基づいて提供される労働の対価に係る所得であり、給与や賞与等金銭で支払われるものだけでなく、物や権利等の供与により受ける経済的利益も含まれるとされています。

賃金、報酬、給与所得の各法律における定義は、[図表]のとおりとなっています。

2.住宅取得補助として支給する利子補給金の取り扱いについて

次に、①～④のご質問についてですが、それぞれの取り扱いは、以下のように考えられます。

福利厚生

図表 各法律における賃金、報酬等の定義

分　　類	定　　　　　義
労基法上の賃金	賃金とは、賃金、給料、手当、賞与その他名称の如何を問わず、労働の対償として使用者が労働者に支払うすべてのものをいう。（労基法11条）
徴収法上の賃金（労働保険の保険料算定の対象となる賃金）	「賃金」とは、賃金、給料、手当、賞与その他名称のいかんを問わず、労働の対償として事業主が労働者に支払うもの（通貨以外のもので支払われるものであつて、厚生労働省令で定める範囲外のものを除く）をいう。（徴収法2条2項）
健康保険法・厚生年金保険法上の報酬（健康保険・厚生年金保険の標準報酬）	「報酬」とは、賃金、給料、俸給、手当、賞与その他いかなる名称であるかを問わず、労働者が、労働の対償として受けるすべてのものをいう。ただし、臨時に受けるものおよび3カ月を超える期間ごとに受けるものは、この限りでない。（健康保険法3条5項、厚生年金保険法3条3項）
所得税法上の給与所得（所得税の課税対象となる給与）	給与所得とは、俸給、給料、賃金、歳費および賞与ならびにこれらの性質を有する給与に係る所得をいう。（所得税法28条1項）

①労基法上の賃金

　労働者が、住宅取得のため融資を受けている場合で、事業主が一定の率または一定の額の利子補給金を支払う場合は、「労働の対償として事業主が労働者に支払うもの」とはみなされず、賃金とはなりません。

②労働保険の保険料算定対象となる賃金

　①の取り扱い同様、「労働の対償として事業主が労働者に支払うもの」とはみなされず、賃金とはなりません。

③健康保険・厚生年金保険の標準報酬

　会社が、住宅取得補助として労働者に支給する利子補給金は、「労働者が、労働の対償として受けるもの」とみなされ、報酬となります。

　この取り扱いは、労基法、徴収法上の賃金の取り扱いとは異なりますので、注意が必要です。

　ちなみに、従業員互助会・共済会等が支給する場合には福利厚生とみなされ、報酬とはなりません。

　このほか、実務上注意するものとして、財産形成貯蓄等のため会社が負担する奨励金、会社が負担する生命保険の掛金については、労基法・徴収法上の賃金にならないのに対し、健康保険法・厚生年金保険法上の報酬になる、という点が挙げられます。

④所得税の課税対象となる給与

　給与所得者（労働者）が、金融機関等から住宅取得資金を借り受け、使用者からその借入金の支払い利子に充てるための利子補給金額の支払いを受けた場合は、課税の対象となります。

（社会保険労務士法人みらいコンサルティング）

健康管理・
安全衛生

衛生管理者など、法律で企業に選任義務が課されているものにはどのような例があるか

衛生管理者など、法律で企業に選任が義務づけられているものには、どのような例があるのでしょうか。

 安衛法で選任が義務づけられているのは衛生管理者や産業医など。また、労基法では36協定等、労使協定を締結する場合の労働者代表の選出を規定

1. 安衛法における選任義務

職場の災害防止基準や責任体制を明確にし、計画的に、また自主活動を促進することによって労働者の安全と健康を守り、快適に働ける環境をつくることを目的としているのが安衛法です。そして、この目的を達成するためには「安全衛生管理体制」が必要であるとし、事業主にさまざまな義務を課しています。

安全衛生管理体制は、事業場の業種および労働者数等によって異なり、具体的には[図表]のとおりです。

2. 労基法における選出義務

安衛法による選任義務とは少し異なりますが、労基法においても、例えば就業規則を作成（変更）する場合の意見聴取や36協定を締結するといった場合に、当事者となる「労働者の過半数を代表する者」を選出することが義務づけられています。

これについて、労基法では「当該事業場に労働者の過半数で組織する労働組合がある場合にはその労働組合、そのような組合がない場合には労働者の過半数を代表する者」と定めています。

ここでいう「事業場」とは、本社や支社、営業所等それぞれの単位を指し、またその事業場で働くすべての人が「労働者」となります。したがって、事業場の労働者数は、管理・監督者から正社員、パートタイマー、アルバイト、さらに病気で休業している者まで含めてカウントすることになります。例えば、「就業規則の変更に関係しないパートタイマーだから」とか、「36協定が適用されない管理職だから」といって労働者数から除くことはできません。

（武澤　健太郎）

健康管理・安全衛生

図表 安全衛生管理体制

	総括安全衛生管理者	安全管理者	衛生管理者	安全衛生推進者（衛生推進者）	産業医	作業主任者
選任	14日以内に選任					—
	所轄労働基準監督署へ遅滞なく届け出			届け出不要（労働者に周知）	遅滞なく届け出	届け出不要（労働者に周知）
	①屋外産業的業種 100人以上 ②屋内産業的業種 300人以上 ③その他の業種 1,000人以上	①および②50人以上	全業種　50人以上＝1人以上　200人超＝2人以上　500人超＝3人以上　1,000人超＝4人以上　2,000人超＝5人以上　3,000人超＝6人以上	①および②10人以上50人未満（③は衛生推進者）	全業種50人以上（3,000人超2人）	高圧室内等の危険・有害作業（規模不問）
資格	—	●理科系＋実務 ●労働安全コンサルタント ●厚生労働大臣が定める者	●免許取得者等 ●労働衛生コンサルタント ●医師・歯科医師 ●厚生労働大臣が定める者	学歴＋実務 ●安全衛生の実務5年以上の者 ●労働局長が定める講習を修了した者	医師のうち一定の要件を満たす者	●免許取得者等 ●技能講習修了者
専属	—	○	○	労働安全・衛生コンサルタント等を選任する場合専属の者必要なし	1,000人以上（有害500人以上） ○	—
専任	—	業種・規模により ○	1,000人超（坑内・有害常時30人は500人超） ○	—	—	—
職務	安全管理者・衛生管理者の指揮・統括管理	安全に係る技術的事項の管理	衛生に係る技術的事項の管理	安全衛生または衛生に関する業務	健康管理・必要な勧告、指導・助言	労働災害防止の管理
巡視	—	常時巡視	毎週1回	—	毎月1回	
代理	○	○	○	—	—	—
行政	労働局長の勧告	労働基準監督署長の増員・解任命令		—	—	—

	統括安全衛生責任者	元方安全衛生管理者（建設業のみ）	店社安全衛生管理者（建設業のみ）	安全衛生責任者
選任	元方事業者が遅滞なく選任			下請負人が選任
	所轄労働基準監督署へ遅滞なく報告			特定元方事業者に通知
	建設業・造船業…50人以上（ずい道の建設・圧気工法・一定橋梁の建設…30人以上）		20人以上（ずい道等の建設・圧気工法・一定の橋梁の建設…30人未満、鉄骨鉄筋コンクリート建築物…50人未満）	統括安全衛生責任者を選任すべき事業者以外の請負人で仕事を自ら行う者
資格	—	●理科系＋実務 ●厚生労働大臣が定める者	●学歴＋実務 ●安全衛生の実務8年以上の者 ●厚生労働大臣が定める者	—
専属	—	○	—	—
専任	—	—	—	—
職務	元方安全衛生管理者の指揮・統括管理	技術的事項の管理	協議組織の会議・安全衛生管理指導	統括安全衛生責任者との連絡
巡視	—	—	毎月1回	—
代理	○	○	○	○
行政	労働局長の勧告	労働基準監督署長の増員・解任命令	—	—

	安全委員会	衛生委員会
規模・業種	●屋外的（*1）業種50人以上 ●工業的（*2）業種100人以上	全業種 50人以上
構成委員	総括安全衛生管理者または統括管理する者（議長）	
	●安全管理者 ●安全の経験者（半数は労働者代表）	●衛生管理者 ●産業医 ●衛生の経験者（半数は労働者代表） ●作業環境測定士（任意）
調査審議	労災を防止するための対策等	健康の保持増進対策等
その他	●毎月1回以上開催 ●記録保存3年間 二つの委員会を設置すべき場合…「安全衛生委員会」とすることができる	

①屋外産業的業種…林業、鉱業、建設業、運送業、清掃業
②屋内産業的業種…製造業、電気・ガス・水道・熱供給業、通信業、各種商品卸売・小売業、家具・建具・じゅう器等卸売・小売業、燃料小売業、旅館業、ゴルフ場業、自動車整備業、機械修理業
③その他の業種
*1：林業、鉱業、建設業、製造業の一部（木材・木製品製造業）、化学工業、鉄鋼業、金属製品製造業、輸送用機械器具製造業、運送業の一部、自動車整備業、機械修理業、清掃業
*2：製造業の一部（物の加工業を含み＊1の業種を除く）、運送業の一部、電気・ガス・水道・熱供給業、通信業、各種商品卸売・小売業、家具・建具・じゅう器等卸売・小売業、燃料小売業、旅館業、ゴルフ場業
資格：[理科系＋実務] 安全管理者…大学・高等専門学校で理科系＋実務2年、高等または中等教育学校で理科系＋実務4年
　　　　　　　　　　元方安全衛生管理者…大学・高等専門学校で理科系＋実務3年、高等または中等教育学校で理科系＋実務5年
　　　　[免許取得者] 都道府県労働局長の免許を受けた者
　　　　[学歴＋実務] 安全衛生推進者（衛生推進者）…大学・高等専門学校卒＋実務1年、高等または中等教育学校卒＋実務3年
　　　　　　　　　　店社安全衛生管理者…大学・高等専門学校卒＋実務3年、高等または中等教育学校卒＋実務5年
選任：[衛生管理者] 500人超事業所で坑内・有害業務のうち一部の業務に常時30人以上の労働者を従事させる場合は、衛生管理者のうち1人は衛生工学衛生管理者の免許を受けた者

かかりつけの病院で受けた健康診断の費用は、会社が負担しなければならないか

当社では従来、会社指定医により健康診断を実施していましたが、在宅勤務の増加により、従業員が自宅近くのかかりつけの病院で健康診断を受診したいと申し出てきました。この費用や交通費は自己負担ではなく、会社負担としなければならないでしょうか。また、人間ドックやオプション検査は就業規則上の規定がないのですが、どのように取り扱えばよいでしょうか。

 法律上、労働者が自ら選択した医師または歯科医師の健康診断と人間ドックやオプション検査の費用を事業者が負担する必要はないと考えられる。ただし、健康経営の観点からは、一定の費用負担を検討することが望ましい

1.事業者の健康診断実施義務

事業者は、安衛法66条に基づき、労働者に対し種々の健康診断を実施する義務を負っています。

事業者に実施が義務づけられている健康診断には、労働者に対する定期的な一般健康診断（同条1項）、一定の有害業務に従事する労働者に対する医師による特殊健康診断（同条2項）ないし歯科医師による特殊健康診断（同条3項）があり、事業者は、この義務に違反した場合、50万円以下の罰金に処されることもあります（同法120条1号）。なお、このほか、騒音作業等特定の業務については、健康診断を実施するよう指針・通達等が発出されています。

2.一般健康診断

一般健康診断には、雇入時の健康診断（安衛則43条）、定期健康診断（同則44条）、特定業務従事者の健康診断（同則45条）、海外派遣労働者の健康診断（同則45条の2）、給食従業員の検便（同則47条）があります。

3.定期健康診断

定期健康診断は、1年以内ごとに1回、定期的に実施する必要があり、その項目は、①既往歴および業務歴の調査、②自覚症状および他覚症状の有無の検査、③身長、体重、腹囲、視力および聴力（1000Hzおよび4000Hzの音に係る聴力）の検査、④胸部エックス線検査および喀痰検査、⑤血圧の測定、⑥貧血検査（血色素量および赤血球数の検査）、⑦肝機能検査（GOT、GPTおよびγ-GTPの検査）、⑧血中脂質検査（LDLコレステロール、HDLコレステロールおよび血清トリグリセライドの量の検査）、⑨血糖検査、⑩尿検査（尿中の糖および蛋白の有無の検査）、⑪心電図検査の11項目です（安衛則43条、44条）。このうち、③④⑥～⑨⑪の項目については、一定の基準（平10.6.24 労告88、最終改正：平22.1.25 厚労告25）に基づき、医師が必要でないと認めるときは、省略することができます（安衛則44条2項）。また、海外派遣労働者の健康診断等を受けた者については、当該健康診断の実施の日から1年間に限り、その者が受けた当該健康診断の項目に相当する項目についても省略することができます（同条3項）。

4.健康診断の費用負担

[1]原則的な考え方

安衛法66条1～4項の規定により実施される健康診断の費用は、事業者に健康診断の実施が義務づけられているため、当然、事業者が負担すべきものとされています（昭47.9.18 基発602、最終改正：昭63.9.16 基発601の1。以下、昭和47年通達）。

なお、昭和47年通達は、事業者が負担すべき費

用を「健康診断の費用」とし、交通費を明示的に含めていませんが、交通費を要する場所で健康診断を実施する場合には、交通費も負担をすることが望ましいと考えられます（労務行政研究所「社員の健康管理に関する総合実態調査」〔2008年。『労政時報』第3727号－08.6.13　労務行政〕でも、健康診断を受ける場所が就業場所と離れており、交通費を要する事業所あり〔244社中154社〕のうち、交通費を支給する企業は約4社に3社〔76.0%〕とされています）。

[2]労働者が自ら選択した医師または歯科医師の行う健康診断の費用負担

労働者は、事業者が行う健康診断を受診する義務を負いますが、事業者が指定した医師または歯科医師の健康診断の受診を希望しない場合は、別の医師または歯科医師の健康診断を受けて、その結果を事業者に提出することで、当該事業者の行う健康診断を受診する義務を免れます（安衛法66条5項）。

受診義務を負う場合と異なり、当該健康診断の費用を労使どちらが負担するかは、昭和47年通達上、明らかではありません（昭和47年通達は「第1項から第4項までの規定により実施される健康診断」を定めています）。しかし、労働者が別の医師または歯科医師の健康診断の結果を提出する場合には、事業者は健康診断を実施する義務を免れるため、当該費用については事業者が負担する必要はないと考えられます。

[3]人間ドックやオプション検査の費用負担

ご質問の人間ドックに関しては、人間ドックの結果の写し等が事業者に提出された場合、人間ドックで受診した項目については事業者に健康診断を実施する義務がなくなります。また、人間ドックは、法定の健康診断を上回る検査であり、事業者に実施が義務づけられているものではないため、就業規則等で定めがない限りは、事業者が費用負担をする必要はないと考えられます。

オプション検査も同様に、法令上、事業者に実施が義務づけられていない以上、就業規則等で定めがない限りは、事業者が費用負担をする必要は

ないでしょう。

[4]近時の裁判例

もっとも、近時の裁判例として、健康診断の費用負担が争われた社会福祉法人セヴァ福祉会事件（京都地裁　令4.5.11判決）は、前記昭和47年通達を引用した上で、労働者が負担した定期健康診断の費用相当額について、「被告（編注：社会福祉法人）は、不当利得としてその費用相当額を原告（編注：退職した保育士）に返還する法的責任を負う」とし、さらに、「労働者は、事業者の指定した医師が行う健康診断を受けることを希望しない場合において、他の医師の行う健康診断を受けることができるとされていることからすれば（中略）、使用者は、労働者の負担した費用が必要性、合理性を欠く場合でない限り、償還を拒むことができない」「53歳の原告にとって、毎年の健康診断の受診も、その際に2万円から3万円程度のコースを受診するのも、いずれも、必要かつ合理的」といえるとして、事業者の費用負担を認めました。

本判決が安衛法66条5項ただし書きの想定する場合について事業者の費用負担を肯定した理由は明らかとはいえず、事業者の医師の指定が不十分であったことが影響している可能性はありますが、本判決が存在する以上は、労働者が別の医師の健康診断や法を上回る一定の検査を受けた場合の取り扱いについては、社会動向を慎重に見極めることが妥当といえます。

5.企業に求められる健康管理

政府は、従業員等の健康管理を経営的な視点で考え、戦略的に実践することを「健康経営」と定義しており、現在、健康経営を推進する企業は少なくありません。

企業としては、紛争予防の観点から、就業規則等で健康診断の費用負担について明確に定めることは当然のことながら、併せて、健康経営の実現のため、別の医師による健康診断、人間ドックやオプション検査の費用負担についても検討を行うことが望ましいといえます。

（山﨑　貴広）

Q271 従業員の健康診断の結果を管理職に知らせてもよいか

当社では、従業員の健康の維持・向上と仕事のバランスを図るため、人事異動、適正配置の観点から、従業員の健康診断結果を、当該従業員の上長以外の管理職にも閲覧できるように検討しています。このような対応は法的に問題ありませんか。また、法的に問題がある場合、罰則等はありますか。

 上長以外の管理職に労働者の健康情報を公開することは認められない。違反すれば罰則が適用される

1. 健康診断結果の秘密保持

安衛法66条1項は、「事業者は、労働者に対し、厚生労働省令で定めるところにより、医師による健康診断を行なわなければならない」と定め、「雇い入れ時の健康診断」「定期健康診断」の実施を定めています。これに対応して、労働者には受診義務を定めていますが、もし、事業者の指定した医師(病院)での健康診断を受けたくないときには、他の医師(病院)で受けることができるとされています。その場合には、健康診断の結果を証明する書面を事業者に提出するよう定めています(同法66条5項)。

上記健康診断の結果等の情報について、同法105条では、「健康診断の実施の事務に従事した者は、その実施に関して知り得た労働者の秘密を漏らしてはならない」とし、事業者が実施する健康診断の事務に従事した者の守秘義務について定めています。これに違反した場合には、当該行為をした者に対して、同法119条1項に定める「6月以下の懲役又は50万円以下の罰金」の罰則が適用されることになります。さらに、この場合には同法122条(いわゆる両罰規定)も適用され、当該行為をした者を罰するほか、その法人に対しても罰金刑を科することとしています。

健康診断の結果等の情報は、事業者において、労働者の健康確保措置のために有効に活用することが求められる一方で、労働者本人の意図に反して不適正な取り扱いが行われた場合、人事(昇格や配置等)において労働者が不利益な取り扱いを受けるおそれもあるため、慎重な取り扱いが必要となります。そこで、「労働者の心身の状態に関する情報の適正な取扱いのために事業者が講ずべき措置に関する指針」(平30.9.7 労働者の心身の状態に関する情報の適正な取扱い指針公示1、最終改正:令4.3.31 労働者の心身の状態に関する情報の適正な取扱い指針公示2)により、事業者は健康情報取扱規程を策定することが義務づけられ、その中で健康情報の分類ごとに当該情報を取り扱う者の範囲等を明示することが必要とされています**[図表]**。

[図表] にある管理監督者は、労働者本人の上長を想定しており、ご質問にある労働者の上長以外の管理職は、当該労働者の健康情報を提供されるべきではないと考えられます。人事労務部門の担当者および労働者の上長は、健康情報の保護に特に留意しなければなりません。

2. 会社の対策として

これまでみましたように、安衛法では一定の健康診断の実施、結果の記録および当該結果に基づく就業上の措置の実施等が事業者に義務づけられており、事業者は民事責任を十分に果たす上で、幅広く労働者の健康情報を収集することを求められる場合もあります。また、事業者は労働者の健

健康管理・安全衛生

図表 健康情報等を取り扱う者の権限

健康情報等の分類	人事に関して直接の権限を持つ監督的地位にある者	管理監督者	人事部門の事務担当者
①労働安全衛生法令に基づき事業者が直接取り扱うこととされており、労働安全衛生法令に定める義務を履行するために、事業者が必ず取り扱わなければならない健康情報等	◎	○	△
②労働安全衛生法令に基づき事業者が労働者本人の同意を得ずに収集することが可能であるが、事業場ごとの取扱規程により事業者等の内部における適正な取扱いを定めて運用することが適当である健康情報等	△	△	△
③労働安全衛生法令において事業者が直接取り扱うことについて規定されていないため、あらかじめ労働者本人の同意を得ることが必要であり、事業場ごとの取扱規程により事業者等の内部における適正な取扱いを定めて運用することが必要である健康情報等	△	△	△

資料出所：厚生労働省「事業場における労働者の健康情報等の取扱規程を策定するための手引き」より抜粋
［注］ 1. 人事に関して直接の権限を持つ監督的地位にある者：社長、役員、人事部門の長 等
　　　　　管理監督者：労働者本人の上長 等
　　　　　人事部門の事務担当者：人事部門の長以外の事務担当者 等
　　　 2. ◎：直接取り扱う必要がある者
　　　　　○：一般に取り扱うことが想定される者
　　　　　△：事業場や企業の状況に応じて、取り扱うことが想定される者
　　　 3. ②③に関しては、目的達成のために必要な範囲の情報を、限られた担当者が取り扱う、情報は医療職種により適切に加工されたものを取り扱う、などの対応を取扱規程に定めることが考えられる。

康を守る義務と労働者のプライバシー保護のバランスについて配慮する必要があります。

しかしながら、一部の会社では、事業者や健康情報を処理する者の個人情報保護に対する認識が不十分なために、健康情報についてその目的を超えた情報の収集や使用が安易に行われ、情報の内容が不用意に漏洩する等といった状況もあるようです。そのため、当該労働者の気づかないうちに、プライバシーが侵害されるといった事例も見受けられます。このような場合に、当事者にはプライバシーを侵害しようとする積極的な意図はな

く、むしろ何気ない日常的な言動や発言に起因するものが多いことから、今後は事業者や個々の労働者等が、健康情報が保護されるべきものであるとの認識を持った上で、常に行動することが最も効果的な対策といえるでしょう。

そのために事業者が行わなければならない対応としては、まず、①関係者が健康情報の重要性を認識し、②各事業場内のそれぞれの事情を踏まえた上で、健康情報の処理にかかわるルールを策定すること、この点が重要と思われます。

（社会保険労務士法人みらいコンサルティング）

Q272 健康診断で再検査・精密検査が必要とされた社員に受診を強制することはできるか

安衛法に基づき実施する定期健診で再検査や精密検査が必要とされた場合、当社では各自が就業時間外にこれを受診することになっており、きちんと受診しているかどうかの把握が困難です。そこで、社員の健康に配慮するために、今後は再検査・精密検査の受診を強制したいのですが、会社としてどこまで関与することができますか。また受診しないことを理由に、懲戒処分を科すことは可能でしょうか。

 就業規則で受診義務を規定化することは可能であるが、義務違反につき懲戒処分を科すことは慎重にすべき

1. 法の枠組み

[1] 定期健康診断の実施

①事業者の実施義務

安衛法66条1項、安衛則44条（以下、本設問においては、単に「法」「規則」といいます）は、事業者に常時使用する労働者（一定の有害業務に従事する特定業務従事者〔規則45条1項〕を除く）に対する年1回の定期健康診断（11項目）の実施を義務づけています。そして、この実施費用は、法が事業者に実施を義務づけている以上事業者が負担すべきであるが、行政解釈（昭47．9.18 基発602）によると、受診に要した時間の賃金は、一般健康診断が業務遂行との関連において行われるものではないので事業者が負担すべきものではないが、労働者の健康確保は事業の円滑な運営の不可欠な条件であることを考えると、支払うことが望ましい、とされています。

②労働者の受診義務

他方、労働者も事業者が行う健康診断を受けなければなりません（法66条5項）。

以上、定期健康診断の実施・受診は、労使双方の義務といえます。これは、安衛法が行政法（公法）としての性格も有することにより、双方に（公法上の）義務として負担させることで、行政目的（労働者の健康の確保）を実現しようとするものです。

[2] 定期健診実施後の措置

(1)健診結果についての医師等からの意見聴取

事業者は、健康診断の結果、診断項目に「異常の所見があると診断された」労働者の健康を保持するために必要な措置について、健診後3カ月以内に医師から意見聴取をし、その意見を健康診断個人票に記載しなければなりません（法66条の4、規則51条の2）。

(2)異常の所見がある場合の措置

さらに事業者は、医師の上記意見を勘案し、「その必要があると認めるときは、当該労働者の実情を考慮して、就業場所の変更、作業の転換、労働時間の短縮、深夜業の回数の減少等の措置を講ずるほか、作業環境測定の実施、施設又は設備の設置又は整備（中略）その他の適切な措置を講じなければな」りません（法66条の5。なお、結果の記録、結果の通知、保健指導等について同法66条の3、6、7）。

2. 再検査・精密検査について

[1] 法的な位置づけ

ところで健康診断の結果、再検査や精密検査が必要とされる場合は多々あります。この再検査・精密検査は、前述で示した法の枠組みの中でどのように位置づけられるでしょうか。

事業者は、健診（法66条1項）の結果、労働者に異常の所見がある場合、しかるべき措置を講じなければなりませんが、そのためには、できる限り詳しい情報に基づいて行うことが適当です。この情報を収集するために、再検査等が行われるわけです（法66条の5第2項、健康診断結果に基づき事業者が講ずべき措置に関する指針2(2)、(5)ハ。なお、再検査等の定義・意味の違いについては、同指針には一切規定がなく、もっぱら医療現場に委ねています）。

[2]法的性格

再検査・精密検査自体は、上記[1]の位置づけから、法66条1項ないし5項で定めるような事業者に実施義務、労働者に受診義務のある健康診断でないことは明らかです。あくまで事業者は、異常の所見がある場合の措置を講ずるに際し、詳しい情報を収集するため、再検査や精密検査を労働者に勧奨するものです（前掲指針）。したがって、その実施費用、受診に要した時間の賃金を事業者が負担することにはなりません。ただ、労働者にも同じ理屈が妥当しますので、事業者が自主的にこれらを負担しないと、検査の勧奨に応じない労働者が増えると思われます。

3.ご質問の検討

[1]法定健診の受診義務を根拠に
再検査等を命じられるか

法定健診の（公法上の）受診義務（法66条5項）から、（私法上の）事業者の労働者に対する業務命令権がストレートに導き出されるかは議論のあるところです。愛知県教委（減給処分）事件（最高裁一小　平13.4.26判決）で最高裁は、法66条5項、結核予防法7条の法律上の受診義務と結核感染の社会的影響、および当該労働者の立場（公立中学校教諭）を根拠に、学校側はX線検査の受診を業務命令として発令でき、これに従わなかった者への懲戒処分（減給処分）を適法としました。ただし、この判例は、法66条5項から直ちに事業者の受診命令を導いたとは解せられず、また再検査等について、同項の法定健診ではないこ

とから、この判例の射程は及ばないといえます。

[2]労働契約に基づく業務命令として発令できないか

電電公社帯広局事件（最高裁一小　昭61.3.13判決）は、法定外健診を就業規則上明記したことで労働者に（事業者に対する）受診義務があるかどうかが争われました。論点を整理すると、就業規則上明記することで、使用者の労働者への私法上の権利を創設した結果、労働者はこれに従わなければならないか、ということです。

最高裁は、「使用者が業務命令をもって指示、命令することのできる事項であるかどうかは、労働者が当該労働契約によってその処分を許諾した範囲内の事項であるかどうかによって定まるものであって、この点は結局のところ当該具体的な労働契約の解釈の問題に帰する」とし、「就業規則が労働者に対し、一定の事項につき使用者の業務命令に服従すべき旨を定めているときは、そのような就業規則の規定内容が合理的なものであるかぎりにおいて当該具体的労働契約の内容をなしている」として、法定外健診の受診義務（これに対応する業務命令）を認め、これを拒否した労働者に対する懲戒処分（戒告処分）を適法としました。つまり、規定内容の「合理性」を根拠に、私法上の義務を肯定したのです。

この最高裁の理論からは、再検査等も就業規則上明記することで（新たな義務を創設するので不利益変更の問題は生じますが、それは別に置くとします）、受診を義務づけることは可能です。ただ同事件の場合、再検査等の位置づけは、発症後3年以上を経過しても治癒しない頸肩腕症候群（けいけんわん）（その間、事業者は、長期にわたり労務軽減措置を採り、本来の業務をさせられなかった）の疾病要因の追究と、その早期回復を図るための具体的対策という極めて重大なものでしたので、これを一般化してよいかは議論のあるところです。

[3]懲戒処分の可否

業務命令の効力が認められるとして、その違反に懲戒権を行使することは、労契法15条の懲戒権濫用の法理がありますので、慎重に考える必要があります。通常は、健診の受診の目的は当該労働

者の健康の確保にあるわけで、当該労働者が受診義務に違反して不利益を受けるのは、第一次的には当該労働者であり、そのような関係の中で懲戒までするか、ということです。

査・精密検査の受診義務を明記するまではよい（その場合、受診費用・賃金は、事業者負担となる）ものの、その義務違反に対する懲戒権の行使は、慎重にしたほうがよいと考えます。

(浅井 隆)

4.結論

以上の判例を踏まえると、就業規則上、再検

 メンタルヘルス不調による休職期間中、旅行していた社員を懲戒することはできるか

メンタルヘルス不調で休職中の社員の上司から「休職中にもかかわらず、個人のSNSで旅行中の写真をアップしていたが、問題ではないか」という相談がありました。そこで、当人に確認したところ、「気分転換と療養を兼ねた1週間ほどの温泉旅行だから問題ないと思った」旨の説明がありました。しかし、旅行を勧める医師の指示もなく、療養に専念していないことから懲戒すべきという意見があります。このような行為に対する懲戒は可能でしょうか。あるいは、休職期間中で年次有給休暇（以下、年休）を取得できない社員に対し、何らかの配慮をすべきでしょうか。

 メンタルヘルスによる休職期間中に旅行したことをもって直ちに懲戒処分を行うことは相当ではなく、旅行が病状に与えた影響も考慮して懲戒の要否を判断する必要がある。また、休職期間中に年休を取得できないからといって何らかの配慮をする必要はない

1.休職期間中の療養専念義務

休職とは、種々の事情のため、一定期間、労働者の労務提供義務を免除する制度です。そのうち、いわゆる傷病休職制度は、労働者が私傷病のために就労できない場合に、解雇を猶予し、療養に専念させるために労務提供義務を免除するもので、多くの企業が取り入れています。

この傷病休職制度の目的からすると、休職期間中には傷病のために療養が必要であることから労務提供義務が免除されている以上、労働者は職務に復帰できるように傷病の療養に専念する義務（療養専念義務）を負うと考えることができます。

ジャムコ立川工場事件（東京地裁八王子支部平17.3.16判決 労判893号65ページ）においても、「原告（筆者注：労働者）は、体調不良による

休職中であるとして被告（筆者注：使用者）から本給の6割の金額を支給されていたのであるから、早期に被告に復帰できるよう療養に専念すべきである」という判示がなされています。この裁判例では、休職期間中に賃金の6割が支給されていた事情があるものの、休職期間中の療養専念義務を肯定していることがうかがえます。

2.休職期間中の旅行

休職期間中に労働者が療養専念義務を負うとしても、休職期間中に旅行することが療養専念義務に違反するかが問題となります。

一般的に、骨折等の外傷による休職の場合であれば、療養中に旅行することは身体への負担も大きく、傷病を悪化させる可能性もあることから療

養に専念していないように思われます。しかし、メンタルヘルス不調の場合、精神的な問題のため、通常の日常生活を送ることができるのはもちろん、旅行することも可能です。むしろ、メンタルヘルス不調において、旅行すること自体が療養につながる場合もあり、旅行したことをもって一概に休職者が療養に専念していないと断定できないものとなります。

この点について、うつ病や不安障害などのために休職していた者が、休職期間中に趣味の活動をしていたことに対して、使用者が療養専念義務に違反すると主張したマガジンハウス事件（東京地裁　平20．3.10判決　労経速2000号26ページ）では、「うつ病や不安障害といった病気の性質上、健常人と同様の日常生活を送ることは不可能ではないばかりか、これが療養に資することもあると考えられていることは広く知られている」ことを一般論として述べました。そして、裁判所は、結論として、それらの趣味の活動が休職者のうつ病や不安障害に影響を及ぼしたとまでは認められないとして、これらの行動を特段問題視することはできないと判示しました。

ご質問の事例については、医師の指示もない中で行われたようですが、それだけで療養専念義務に違反していると判断するのは早計です。上記マガジンハウス事件の判断においては、健常人と同様の日常生活を送ることが療養に資することもあるため、その趣味の活動がメンタルヘルスに影響を及ぼしたか否かという視点で検討されています。

このメンタルヘルスへの影響の判断については、使用者が独自に判断できる性質のものではないため、まずは主治医に対して、当該休職者のした旅行がメンタルヘルスの療養に資するものであったか、あるいは悪影響を及ぼしたか否かについて意見を求める必要があります。もっとも、主治医は、患者である休職者の意向に沿った意見を述べる傾向がありますので、産業医や使用者の手配した専門医からも意見を得て、多角的な検討を行うことがよいでしょう。

それらにより取得した意見の結果、旅行がメンタルヘルスに悪影響を与えていたと判断できる場合には、療養専念義務に違反したものと考えることができます。

3.懲戒処分の可否と程度

療養専念義務への違反の認定は難しいですが、仮に休職者が療養専念義務に違反した場合には、懲戒処分の可否も問題となります。

まず、休職中の行為に対する処罰であることから、業務遂行と関係のない私生活上の行為を理由として懲戒処分できるかの検討が必要となります。

私生活上の行為に対する懲戒処分に関しては、関西電力事件（最高裁一小　昭58．9.8判決　判時1094号121ページ）において「職場外でされた職務遂行に関係のない労働者の行為であつても、企業の円滑な運営に支障を来すおそれがあるなど企業秩序に関係を有するものもあるのであるから、使用者は、企業秩序の維持確保のために、そのような行為をも規制の対象とし、これを理由として労働者に懲戒を課することも許される」と判示されています。このことから、私生活上の行為であっても、企業秩序に関係を有するものであれば懲戒処分は可能となります。

そうすると、休職制度が解雇猶予措置として労務提供義務を免除する制度である以上、その制度趣旨に反して療養専念義務に違反する行為をすることは休職制度の悪用であり、企業秩序を乱すものといえますので、その乱された秩序を回復するために、就業規則に基づいて懲戒処分の対象とすることは妥当と考えます。

もっとも、療養専念義務に違反していたとしても、懲戒解雇のような重い処分を行うことは、基本的には相当性を欠くと思われ、軽度の処分が妥当と思われます。

4.休職期間中への配慮の要否

休職期間中は、労働義務が免除されていますので、年休を使用することはできません（昭

24.12.28 基発1456、昭31．2.13 基収489）。その点からすると、休職者は、労務提供が免除されているものの療養専念義務を負っており、年休と異なって自由な活動が制限される側面もあります。

しかし、年休は全労働日の8割以上の出勤をして就労したことに対する慰労のための制度であることから、労務提供義務が免除されていて療養が認められる休職期間において、療養専念義務までをも免除した休息をあえて認めて、年休のように慰労する必要はありません。そのため、年休を使用できないことに対する配慮を行う必要性はないものと考えます。

（菅原　裕人）

 メンタルヘルス不調で休職中の社員と連絡が取れなくなった場合、どう対応すべきか

3カ月ほど前に、メンタルヘルス不調により休職に入った社員がいます。当初は、人事部より手続きや状況確認・報告などをメールで行っていましたが、「あまり連絡しないでほしい」というメールが届いて以降、状況を尋ねても返信が来ないので、心配しています。こうした場合、直接、電話をかけたり、自宅を訪問したりしても問題ないでしょうか。遠隔地にいる家族にも連絡を入れ、安否確認はしているのですが、今後の対応をどうすべきか、ご教示願います。

 産業医や専門医に今後の連絡手段や用件の伝え方を相談した上で対応することが望ましい。メールや郵送など、会社が必要な連絡を行ったことを証拠に残すことも重要である

1. 休職中の社員と連絡を取ることの重要性と困難性

休職中であっても、社員と連絡を取り続けることは、傷病手当金の手続きや社会保険料の支払いだけでなく、社員の病状を尋ねたり、診断書を提出してもらったり、復職のタイミングを相談する等の必要があるため、重要です。また、休職期間満了時までに復職できなければ就業規則の規定により自動退職となる会社も多いことから、最終的に社員とトラブルになる可能性もあり、そういったトラブルを未然に防ぐためにも会社は社員との連絡を継続して行っておく必要があります。

一方で、メンタルヘルス不調により休職となった社員については、会社との連絡自体が負担となって体調が悪化する可能性もあり、体調が悪化した場合、そのことが会社の安全配慮義務違反となるケースもあり得ます。

このようなことから、会社としては休職中も社員と連絡を取り続けながら、社員の体調を気遣うことが必要です。

2. メンタルヘルス不調で休職中の社員との連絡方法

ご質問において当該社員は既に休職中とのことですが、まずは休職に入る前に、本人との間で休職中の連絡方法や連絡頻度を決めておくことがよいと思われます。連絡方法は電話でもよいのですが、電話に出ない可能性もあるため、メールやSNSのメッセージ機能（LINEなど）など社員が都合の良いタイミングで返答できる方法も便宜的と思われます。メールやSNSの場合、会社にとっても、連絡内容が証拠として残るだけでなく、特段の設定をしない限りは連絡の受領を拒否できないため、他の手段で当該社員と連絡が取れなくなった場合の連絡手段としても利用できる上（携帯電話ですと、最近は留守番電話に接続されない

健康管理・安全衛生

場合も多く、社員本人が電話に出るまで連絡が取れないことも想定されます）、同様の連絡手段である郵便と異なり即時に連絡できるメリットもあります。また、連絡頻度については社員の体調にもよるため一概にはいえませんが、少なくとも診断書の有効期限を切らさない程度の頻度による連絡が必要です。

このように、休職中は事前に決めた方法で社員と連絡を取りますが、万一、連絡が取れなくなってしまった場合やこうした取り決めを事前に行っていなかった場合には、安否確認のため、家族に連絡を取ったり、自宅に赴いたりすることもやむを得ません。ただ、社員の状況にもよりますが、会社からそうした連絡が何度もあること自体が本人の負担となる可能性もあります。そのため、会社の安全配慮義務の観点からは、産業医や専門医に相談の上で連絡方法を検討することも必要です。

休職中の対応に関する裁判例であるワコール事件（京都地裁 平28.2.23判決）は、休職中の社員から会社に対し、医師から会社の関係者に直接接触することを止められていることを伝えていた事案ですが、会社が主治医を介することなく直接社員に電話連絡して面談の承諾を取り付け、主治医などの付き添いもなく社員と面談したことが、"積極的に社員の精神障害の増悪をもたらすような行為を会社はしてはならない"という義務に違反すると判示しています。一方、多摩市事件（東京地裁 令2.10.8判決）では、休職中の職員に対して月1回の産業医面談を実施しなかったことについて、会社がそれ以外の方法で当該社員の体調を一定程度把握していたこと等から安全配慮義務違反に当たらないとし、他の職員が休職中の職員の実家を訪問したことについては、休職中の職員との産業医面談がかなり先の日程となる可能性が高かったことや訪問前に実家に電話をしていたこと等からパワーハラスメントに当たらないと判示しています。

また、思うように連絡が取れないまま休職期間満了を迎えるケースでは、本人が復職可能といえない状態にあることが少なくないため、こうした場合には自動退職とする会社が多いと思われます。この場合、トラブルを防ぐためにも、遅くとも休職期間満了の1カ月程度前までに、「あなたの休職期間は〇月〇日で満了となりますので、この日までに復職できない場合は退職となります。復職を希望する場合は〇月〇日までに診断書を提出してください」という内容の書面を送付しておき、休職期間満了日の翌日には「事前に連絡したとおり、〇月〇日までに診断書が提出されませんでしたので、〇月〇日の休職期間満了をもって退職となりました」という内容の書面を送付することがよいでしょう。

なお、これらの休職期間満了による退職の通知は、実質的には解雇通知と類似のものですので、確実に社員に到達するように、書留扱いとなる内容証明郵便と特定記録郵便等の郵便受けに投函される郵送方法、あるいは郵便とメールやSNSを併用する等の工夫も必要です。

3.ご質問のケースの対応

ご質問のケースでは、社員本人から、「あまり連絡しないでほしい」というメールがあったとのことですので、まずは産業医や専門医に、今後の連絡手段や用件の伝え方を相談することがよいでしょう。

社員から返答が一切ない場合は、緊急性も認められますので、社員の家族や警察、賃貸住宅での一人暮らしなどであれば当該物件の大家に相談の上、居宅の中に入るという方法も想定されます。

会社からの連絡に対し、社員から何かしらの連絡は来るものの、思うようなやりとりができないという場合は、会社から必要な連絡をしたことの証拠を残すために、メールや郵送等で、このままの状態が続けば就業規則などにのっとり、休職期間満了による退職となることもある旨の連絡をしておくことも必要です。

（八木　麻実）

Q275 メンタルヘルス不調を理由に出張を拒否する社員にどう対応すべきか

ある部署の管理職から「部下がメンタルヘルス不調を理由に出張を拒否している」という相談を受けました。そもそも当該部署は、コロナ禍前から急な出張や海外への長期出張が多く、同社員もこれまで出張を拒否したことはありませんでした。また、メンタルヘルス不調ということですが、同人はこれまで休職したこともなく、調子が悪いときに受診や服薬をしているだけのようです。こうした場合、出張拒否を理由に懲戒することの可否と併せて、どう対応すべきかをご教示ください。

A 出張拒否に対し、必要な配慮がない懲戒処分は効力を否定される可能性があり、産業医や会社協力医の面談を経て、就業上の配慮の要否等を聴取し、対応を検討すべきである

1. 精神疾患を発症している労働者に対する安全配慮義務について

[1] 精神疾患を発症している労働者への安全配慮義務

使用者には、労働契約に伴い、労働者がその生命、身体等の安全を確保しつつ労働することができるよう、必要な配慮をすべきことが求められています（労契法5条）。

そして、労働者が精神疾患を発症している場合には、それが業務外の原因によるものであったとしても、使用者において必要な就業上の配慮を行う必要があります。

例えば、広告代理店A社元従業員事件（福岡高裁　平28.10.14判決）は、退職を申し出た社員に対する会社代表者の言動の違法性が問われた事案ですが、「1審原告代表者は、1審被告を雇用する使用者として、1審被告から自己がうつ病に罹患しており1審原告での業務に耐えられないとの訴えを受けたのであるから、その詐病を疑ったとしても、1審被告が真にうつ病に罹患しているか、罹患しているとして1審原告での業務遂行が可能なものであるかどうかなどを判断するため、1審被告から診断書を徴収するなどして、これを慎重に確認した上で、仮に1審被告がうつ病に罹患していたことが確認された場合には、その病状を悪化させないよう退職時期に配慮するなどの対応をとるべき雇用契約上の義務（安全配慮義務）を負っていたというべきである」と判断しています。

[2] 精神疾患を発症している労働者への懲戒処分の有効性の判断

また、精神疾患を発症している労働者に対して必要な配慮を行うことなく懲戒処分に及んだ場合、当該懲戒処分の効力が否定される場合もあります。

日本ヒューレット・パッカード事件（最高裁二小　平24.4.27判決）は、精神的な不調による欠勤を続けていた労働者に関し、無断欠勤を理由として行われた諭旨退職が無効であると判断された事案ですが、裁判所は「精神的な不調のために欠勤を続けていると認められる労働者に対しては、精神的な不調が解消されない限り引き続き出勤しないことが予想されるところであるから、使用者である上告人としては、その欠勤の原因や経緯が上記のとおりである以上、精神科医による健康診断を実施するなどした上で（中略）、その診断結果等に応じて、必要な場合は治療を勧めた上で休職等の処分を検討し、その後の経過を見るなどの対応を採るべきであり、このような対応を採ることなく、被上告人の出勤しない理由が存在しない事実に基づくものであることから直ちにその欠勤を正当な理由なく無断でされたものとして諭旨退

職の懲戒処分の措置を執（ママ）ることは、精神的な不調を抱える労働者に対する使用者の対応としては適切なものとはいい難い」と判断しています。

[3]精神疾患を発症している労働者への対応

したがって、労働者が現に精神疾患を発症しているような場合には、速やかに産業医等の医師の意見を仰いだ上で、必要な就業上の配慮の内容等を確認し、履践（りせん）することが肝要です。

2. 精神疾患の増悪に係る労災認定を受ける可能性について

私傷病として精神疾患を発症していた場合でも、その増悪について、労働災害（以下、労災）と認定される場合があります。

例えば、国・三田労基署長（日本電気）事件（東京高裁　令 2.10.21判決）は、「対象疾病が一旦治ゆ（症状固定）した後に再びその治療が必要な状態が生じた場合は、新たな発病と取り扱い、改めて、認定要件に基づき業務上外を判断するとしているところ、通常の就労が可能な状態で、精神障害の症状が現れなくなった又は安定した状態を示す『寛解』との診断がなされている場合には、投薬等を継続している場合であっても、通常は治ゆ（症状固定）の状態にあると考えることとされている」とし、「デパス（編注：うつ病における不安・緊張・睡眠障害のほか不眠・不安を訴える人等にも適応する薬）及びジェイゾロフト（編注：うつ病・うつ状態・パニック障害に適応する薬）のみならず、うつ病に有効なエビリファイを処方され、一旦は亡Kの精神状態は回復又は安定傾向にあって欠勤することなく勤務を続けていたのであるから、明確に診断された事実はないものの、『寛解』したともいえる状態にあったともいえる」とした上で、投薬治療中であった労働者の精神疾患の増悪につき、業務起因性を肯定しています。

このように、明確に寛解の診断等が出ていなくても、当該労働者が服薬しながら欠勤することなく勤務を続けている場合には、その後に業務に起因して精神疾患の症状が悪化すれば、労災と認定され得るということにも注意する必要があります。

3. ご質問のケースについて

メンタルヘルス不調を理由に出張を拒否している労働者に対して、懲戒処分を検討されているとのことですが、調子が悪いときに受診や服薬をしているだけであったとしても、出張に関する業務命令等を契機に症状が増悪すれば、それが労災と認定される可能性があります。

本人からメンタルヘルス不調の訴えがある以上、前記の各裁判例に鑑みても、まずは産業医や会社協力医を受診させ、かかる医師から当該労働者に対する就業上の配慮の必要性の有無や、必要となる配慮の内容を確認し、出張に関する業務命令等の可否を検討すべきでしょう。

（竹林　竜太郎）

メンタルヘルス不調で休職を命じた社員を独身寮から退去させ、両親の住む自宅へ転居させることは可能か

当社の若手社員は30歳まで独身寮に入ることが可能です。入居費は月額1万円であり、若手社員の利用も多い状況です。しかし、最近、独身寮に入寮中のある若手社員が会社を休みがちになり、出社しても自殺をほのめかす言動を取るようになりました。会社としては、医師の診断を受けてもらった上で、診断が出れば休職させることを検討しています。その際、独身寮を退去させ、両親の住む近県の自宅への転居を勧めたいのですが、こうした一方的な独身寮からの退去命令は認められないのでしょうか。

一方的に退去や転居を命じるのではなく、本人の休職中のサポートという観点から、両親に協力を求めることを検討したほうがよい

1. 労働者のメンタルヘルス不調に対する家族のサポート

安衛法69条1項において、「事業者は、労働者に対する健康教育及び健康相談その他労働者の健康の保持増進を図るため必要な措置を継続的かつ計画的に講ずるように努めなければならない」と定められているところ、同措置の適切かつ有効な実施を図るための指針として、同法70条の2第1項に基づき、「労働者の心の健康の保持増進のための指針」（平18．3．31　健康保持増進のための指針公示3、改正：平27.11.30　健康保持増進のための指針公示6）が策定されています。

そして、同指針の「労働者の家族による気づきや支援の促進」において、「労働者に日常的に接している家族は、労働者がメンタルヘルス不調に陥った際に最初に気づくことが少なくない。また、治療勧奨、休業中、職場復帰時及び職場復帰後のサポートなど、メンタルヘルスケアに大きな役割を果たす」「このため、事業者は、労働者の家族に対して、ストレスやメンタルヘルスケアに関する基礎知識、事業場のメンタルヘルス相談窓口等の情報を社内報や健康保険組合の広報誌等を通じて提供することが望ましい。また、事業者は、事業場に対して家族から労働者に関する相談があった際には、事業場内産業保健スタッフ等が窓口となって対応する体制を整備するとともに、これを労働者やその家族に周知することが望ましい」との指摘がなされています。

このように、労働者のメンタルヘルスケアに関しては、必要に応じて、労働者の家族に対しても協力を要請することを検討する姿勢が肝要です。

2. メンタルヘルスに関する個人情報の保護への配慮

他方で、精神疾患の病歴等の情報は、要配慮個人情報（個保法2条3項）に該当するものとされており、家族に対する情報提供に関しても、相応の配慮が必要です。

この点については、上記1.の指針においても、「健康情報を含む労働者の個人情報を医療機関等の第三者へ提供する場合も、原則として本人の同意が必要である。ただし、労働者の生命や健康の保護のために緊急かつ重要であると判断される場合は、本人の同意を得ることに努めたうえで、必要な範囲で積極的に利用すべき場合もあることに留意が必要である。その際、産業医等を選任している事業場においては、その判断について相談することが適当である」とされています。

労働者の家族に対して協力を要請することを検討するに際しても、産業医や専門医に助言・指導を仰ぎながら、労働者本人の意向も踏まえて進める必要があります。

3. 家族によるサポートの重要性がうかがわれる裁判例

メンタルヘルス不調に陥った労働者の家族において労働者に対するサポートの機会が十分にあったにもかかわらず、それが行われなかった場合、使用者に対する民事損害賠償請求において、過失相殺という形で考慮されている事案もあります。

例えば、社会福祉法人Y事件（長崎地裁　令3．1.19判決）は、被告が経営する保育園に勤務していた労働者である亡Aが、同保育園で発生した虐待騒動等によって業務上強度の心理的負荷を受け、うつ病を発症し自殺に至ったことについて、遺族である原告らから被告に対し、安全配慮義務違反の債務不履行または不法行為に基づき損害賠償請求がなされた事案です。

判決において遺族（配偶者）は、「亡Aから、虐待騒動後、毎晩のように本件保育園での出来事

健康管理・安全衛生

や保護者への不満等を聞き、睡眠時間が２、３時間程度しか確保できていないことを認識していた」ことから、「亡Aに心療内科の受診を勧めるなどの措置をとり得たといえるが、亡Aが心療内科を受診した形跡はない」とし、このような事情が「亡Ａの症状が持続し、増悪に一定程度影響したといえる」と評価されています。

そして、判決では、上記以外の事情も斟酌の上、３割の過失相殺が認められています。

このような裁判例の存在に鑑みても、メンタルヘルスケアにおける家族のサポートは重要であり、メンタルヘルス不調に陥っている労働者について、身近にいる家族からのサポートが受けられる環境を整えるために、使用者のほうから労働者の了解を得ることを前提に、労働者の家族に対して必要な情報を提供し、「治療勧奨、休職中、職場復帰時および職場復帰後のサポート」への協力を取り付けることは有益といえます。

4.ご質問のケースについて

「自殺をほのめかす言動を取る」ようになった若手社員に対して、休職を命じた上で、独身寮からの退寮を命じ、両親の住む近県の自宅への転居を勧めたいとのことですが、前記指針等に鑑みれば、まず、当該若手社員の了解の下、休職中のサポートのために、本人の両親に対して休職に至る経緯等を説明の上、休職期間中のサポートへの協力を要請すべきでしょう。

「医師の診断を受けてもらった上で」対応を検討するとのことですから、休職中のサポートとして家族に期待する内容についても、医師から具体的な意見をもらい、それを当該若手社員、その両親、会社との間で共有して、休職期間中の治療をより実効的なものとすることが重要と考えます。

このような試みをすることなく、一方的に独身寮から退去させたりすることは、前記指針に照らしても望ましくないでしょう。

（久保田　興治）

メンタルヘルス不調者につき、リハビリ勤務を経ずフルタイムで復職させ症状が悪化した場合、会社は責任を問われるか

当社ではこのほど、メンタルヘルス不調による休職者が主治医の判断の下、復職します。本人は、短時間勤務を前提としたリハビリ勤務から始めたい意向のようですが、人員に余裕がなく、繁忙期にもかかるため、本人とも話し合いの上、休職前よりも少々負荷の軽い業務に変更した上で、フルタイムで働いてもらう予定です（なお、復職に関する規程等はありません）。この際、もし症状が悪化し、再度休職となったり、休職期間が満了して自動退職（解雇）となったりした場合、会社が責任を問われることはあるのでしょうか。

そもそもリハビリ勤務を認める必要はなく、「治癒」を前提に復職したものである以上、フルタイムでの勤務を命じたこと自体が、安全配慮義務違反とは評価できず、会社の責任は発生しないと考えられる

1.「リハビリ勤務」とは

リハビリ勤務とは法律上または公的に定めのある制度ではなく、特に規制も定義づけもないものですが、一般的には、休職期間中または復職後に、通勤経路を移動する、あるいは職場に出勤して一定時間滞在し職場内で自由に過ごすか（軽作業を含む）業務を遂行する措置といった意味で使われています。

571

ご質問では、このうちの職場に出勤して所定労働時間よりも短時間の勤務をするという意味で「リハビリ勤務」と言っているものと思われます。

2.復職は「治癒」の状態にあるか否かで判断する

そもそも休職中の労働者が復職するか否かは、原則として「治癒」すなわち、健康時と同程度の業務遂行能力にまで健康状態が回復したか否かによって、使用者が判断することとなります。

ただし、例外として、休職期間満了時点における判断の場合、復職を認めないことはそのまま退職を意味することとなるため、ほどなく「治癒」することが見込まれること、および配転の現実的可能性のある他部署等への配属であれば業務遂行が可能で、かつ配属を本人が申し出てきた場合には、復職を認めるべきと考えられます。

そのため、まずは復職の検討時点で、「治癒」したかを見極めた上で判断すべきであり、リハビリ勤務しかできない状態であれば、復職自体を認めるべきではありません。

また、ご質問の内容が休職期間満了時点のものかは分かりませんが、メンタルヘルス不調によるものであって、「治癒」の見込みの判断は困難であると考えられること、判断の時点でリハビリ勤務しかできない状態では、「配転の現実的可能性のある他部署等への配属であれば業務遂行が可能」とも考え難いことからすると、仮に休職期間満了時点における判断だとしても、同じく復職を認めるべきではない状態と考えられます。

3.そもそもリハビリ勤務を認めるべきか

復職する際に、当面の措置としてリハビリ勤務を認めるか否かについてですが、本来的には、短時間勤務を含め、リハビリ勤務は、労働契約に基づき本来行うべき労務提供には達しないものであり、その意味で、労務提供として不完全なものだということができます。

そして、使用者に不完全な労務提供を受け取る義務はない以上、労働者本人が希望してきた

としても、リハビリ勤務を認める必要はありません。

また、リハビリ勤務を行う場合、その期間中における賃金支払いの要否、あるいはリハビリ勤務中に事故や症状の悪化が生じた場合における労災保険の適用や会社の責任の有無など、法的に問題となる点も考えられることからすると、あえてリハビリ勤務を認めるメリットも乏しいと考えられます。

4.フルタイム勤務を命じたこと自体、 直ちに安全配慮義務違反とは評価されない

一方で、復帰後の業務において過重労働など使用者の安全配慮義務違反と評価できる事象があり、かつそのことを前提として症状が悪化したという因果関係が認められた場合には、症状が悪化したことにつき、会社が責任を問われる可能性はあります。

ご質問においては、短時間勤務とはせず、休職前よりも少々負荷の軽い業務に変更した上で、フルタイムでの勤務を予定しているとのことですが、前述のとおり、復職は原則として「治癒」を前提としたものです。

それゆえ、「治癒」している以上、少なくとも所定労働時間の労務提供が可能な程度には回復したものと考えられます。このように当該社員が「治癒」したものといえること、そして復職に当たり休職前よりも負荷の軽い業務に変更するという事情も考慮すると、フルタイムでの勤務を命じたこと自体が安全配慮義務違反とは評価できないと考えられます。

ただし、「治癒」していないにもかかわらず、上記2.で挙げた例外的な場合に該当することなどを理由に復職を命じ、復職後実際には「治癒」に至らず、かえって復職後の業務が元で症状が悪化した場合等には、安全配慮義務違反と評価され、症状の悪化につき会社の責任を問われる可能性はあります。

健康管理・安全衛生

5. 職場復帰支援（リワーク支援）

復職に当たり一定の慣らしを行おうとする場合、リハビリ勤務に代わるものとして、各都道府県の地域障害者職業センターで実施している、職場復帰支援（リワーク支援）の制度を利用する方法もあります。

この職場復帰支援は、支援対象者（労働者）・雇用事業主・主治医の三者の同意の下、①基礎評価の実施、②職場復帰支援計画（リワーク支援計画）の策定、③センター内支援の実施、④リハビリ出勤支援の実施と進めていくものです。ただし、④のリハビリ出勤支援については、リハビリ勤務の制度がない場合等、センター内支援までで実施することも可能と考えられますが、実施するのであれば、職業リハビリテーションの一環として行うものであって、事業所内での作業は、雇用事業主の管理下での労働として行うことを想定していませんので、支援対象者は作業の内容・遂行方法について、雇用事業主からの具体的な指揮命令を受けないものであることなどに留意する必要があります。

（土屋　真也）

メンタルヘルス疾患の有無や通院歴を異動先の上司に知らせることは問題か

ある社員を別の部署に異動させる予定です。同人は、過去に軽いうつ病で精神科に通院していたことがあるため、人事担当者が事前に本人と面談したところ「既に完治していて問題ない。ただ、異動先の上司に色眼鏡で見られるのが嫌なので、うつ病への罹患や通院歴は伝えないでほしい」と言われました。プライバシーに関わることですし、完治しているのであれば、本人の同意なく異動先の上司に知らせるのもためらわれます。どのような対応が望ましいでしょうか。

勤務配慮を行う上で必要不可欠な健康情報については、上司に伝達すべき場合もある

1. ストレス─脆弱性理論

名古屋南労基署長（中部電力）事件（名古屋高裁　平19.10.31判決）では、「環境由来のストレス（業務上又は業務以外の心理的負荷）と個体側の反応性、ぜい弱性（個体側の要因）との関係で精神破綻が生じるか否かが決まり、ストレスが非常に強ければ、個体側のぜい弱性が小さくても精神障害が起こるし、反対に個体側のぜい弱性が大きければ、ストレスが小さくても破たんが生ずるとする『ストレス─ぜい弱性』理論が合理的であると認められる」とした上で、「業務と精神疾患の発症との相当因果関係は、このような環境由来のストレス（業務上又は業務以外の心理的負荷）と個体側の反応性、ぜい弱性（個体側の要因）を総合考慮し、業務による心理的負荷が、社会通念上客観的に見て、（中略）労働者に精神疾患を発症させる程度に過重であるといえるかどうかによって判断すべきである」とされています。

ここで、「ぜい弱性（個体側の要因）」とされていますように、当該労働者が精神疾患を発症しやすい素因を有しているのかどうかについての会社の認識の有無は、会社の安全配慮義務違反の成否において重要な要素の一つとなっています。

2.個人情報としての健康情報

[1]労働者の心身の状態に関する情報の適正な取扱いのために事業者が講ずべき措置に関する指針（平30.9.7　労働者の心身の状態に関する情報の適正な取扱い指針公示1、最終改正：令4.3.31　同公示2）

安衛法104条3項およびじん肺法35条の3第3項に基づき公表された上記指針においては、「2　心身の状態の情報の取扱いに関する原則」として、以下の定めがあります。

> 事業者が心身の状態の情報を取り扱う目的は、労働者の健康確保措置の実施や事業者が負う民事上の安全配慮義務の履行であり、そのために必要な心身の状態の情報を適正に収集し、活用する必要がある。
>
> 一方、労働者の個人情報を保護する観点から、現行制度においては、事業者が心身の状態の情報を取り扱えるのは、労働安全衛生法令及びその他の法令に基づく場合や本人が同意している場合のほか、労働者の生命、身体の保護のために必要がある場合であって、本人の同意を得ることが困難であるとき等とされているので、上記の目的に即して、適正に取り扱われる必要がある。

したがって、労働者の健康配慮のために真に必要な場合、健康情報を活用することは許容されます。

もっとも、上記指針では、「心身の状態の情報の取扱いの原則（情報の性質による分類）」において、情報の性質に応じ、労働安全衛生法令および心身の状態の情報の取り扱いに関する規定がある関係法令の整理を踏まえて、**[図表]**のような分類を行っています。

[2]東芝（うつ病・解雇）事件（最高裁二小平26.3.24判決）

上記指針において、**[図表]**③の心身の状態の情報については、「『あらかじめ労働者本人の同意を得ることが必要』としているが、個人情報の保護に関する法律第20条第2項各号に該当する場合は、あらかじめ労働者本人の同意は不要である」

ともされています。

しかしながら、健康情報の性質に鑑みて、安易に同意なく労働者の健康情報（個人情報）を取り扱うことは許容されません。

例えば、**[図表]**③(ⅰ)の情報に関する事案ですが、上記判例では、健康情報のうち特に精神疾患等に関する情報について、「申告しなかった自らの精神的健康（いわゆるメンタルヘルス）に関する情報は、神経科の医院への通院、その診断に係る病名、神経症に適応のある薬剤の処方等を内容とするもので、労働者にとって、自己のプライバシーに属する情報であり、人事考課等に影響し得る事柄として通常は職場において知られることなく就労を継続しようとすることが想定される性質の情報」と評価されるなど、特に慎重な取り扱いを要する個人情報とされています。

したがって、健康配慮のために労働者の健康情報（個人情報）を活用する場合でも、当該情報の性質と活用の必要性に鑑みて、必要十分な範囲にとどめる配慮が求められていると考えられます。

3.ご質問のケースについて

ご質問のケースでは、①「過去に軽いうつ病」を発症したこと、②「精神科に通院していたことがある」ことといった健康情報の取り扱いが問題になっていますが、労働者本人は「既に完治」している旨述べており、また、現時点で精神疾患の発症（再発）をうかがわせるような予兆があるのかも不分明です。

喫緊の勤務配慮の必要性が想定されていないのであれば、精神疾患に関する健康情報の性質（前掲東芝［うつ病・解雇］事件）に鑑み、詳細な診療情報等まで異動先の上司に知らせることは、前掲指針に照らして適正な取り扱いではないと評価されるリスクがあります。

他方で、異動先の業務内容や現状の労働者本人の健康状態に鑑み、勤務配慮の必要性があるような場合には、当該勤務配慮の実施に必要な範囲で、通院歴等も含めた診療情報を異動先部署と共有することも許容され得るものと考えられます。

健康管理・安全衛生

図表 心身の状態の情報の分類

心身の状態の情報の分類	左欄の分類に該当する 心身の状態の情報の例	心身の状態の情報の取扱いの原則
①労働安全衛生法令に基づき事業者が直接取り扱うこととされており、労働安全衛生法令に定める義務を履行するために、事業者が必ず取り扱わなければならない心身の状態の情報	(a)健康診断の受診・未受診の情報 (b)長時間労働者による面接指導の申出の有無 (c)ストレスチェックの結果、高ストレスと判定された者による面接指導の申出の有無 (d)健康診断の事後措置について医師から聴取した意見 (e)長時間労働者に対する面接指導の事後措置について医師から聴取した意見 (f)ストレスチェックの結果、高ストレスと判定された者に対する面接指導の事後措置について医師から聴取した意見	全ての情報をその取扱いの目的の達成に必要な範囲を踏まえて、事業者等が取り扱う必要がある。 ただし、それらに付随する健康診断の結果等の心身の状態の情報については、②の取扱いの原則に従って取り扱う必要がある。
②労働安全衛生法令に基づき事業者が労働者本人の同意を得ずに収集することが可能であるが、事業場ごとの取扱規程により事業者等の内部における適正な取扱いを定めて運用することが適当である心身の状態の情報	(a)健康診断の結果（法定の項目） (b)健康診断の再検査の結果（法定の項目と同一のものに限る。） (c)長時間労働者に対する面接指導の結果 (d)ストレスチェックの結果、高ストレスと判定された者に対する面接指導の結果	事業者等は、当該情報の取扱いの目的の達成に必要な範囲を踏まえて、取り扱うことが適切である。そのため、事業場の状況に応じて、 ・情報を取り扱う者を制限する ・情報を加工する 等、事業者等の内部における適切な取扱いを取扱規程に定め、また、当該取扱いの目的及び方法等について労働者が十分に認識できるよう、丁寧な説明を行う等の当該取扱いに対する労働者の納得性を高める措置を講じた上で、取扱規程を運用する必要がある。
③労働安全衛生法令において事業者が直接取り扱うことについて規定されていないため、あらかじめ労働者本人の同意を得ることが必要であり、事業場ごとの取扱規程により事業者等の内部における適正な取扱いを定めて運用することが必要である心身の状態の情報	(a)健康診断の結果（法定外項目） (b)保健指導の結果 (c)健康診断の再検査の結果（法定の項目と同一のものを除く。） (d)健康診断の精密検査の結果 (e)健康相談の結果 (f)がん検診の結果 (g)職場復帰のための面接指導の結果 (h)治療と仕事の両立支援等のための医師の意見書 (i)通院状況等疾病管理のための情報	個人情報の保護に関する法律に基づく適切な取扱いを確保するため、事業場ごとの取扱規程に則った対応を講じる必要がある。

4. 情報を共有しなかった結果、精神疾患を発症した場合

　なお、精神疾患に関する情報を一切異動先と共有せず、結果、「業務に起因して」精神疾患が再発ないし増悪した場合には、裁判例において広く採用されている「ストレス―脆弱性」理論や、前掲東芝（うつ病・解雇）事件において「本件鬱病が発症し増悪したことについて、上告人（編注：社員）が被上告人（編注：会社）に対して上記の情報を申告しなかったことを重視するのは相当でなく、これを上告人の責めに帰すべきものということはできない」と判示されていること等に鑑みても、会社に安全配慮義務違反等の法的責任が問われることは避け難いと考えられます。

（竹林　竜太郎）

Q279 本人に自覚はないが、精神疾患の発症が疑われる社員にどう対応すべきか

ある管理職から「最近、部下の言動がおかしい」との相談を受けました。トイレの蛇口やドアノブなどの社内共有物を執拗に洗浄・除菌し、1日に何度も洗面所で手を洗う姿を見掛けるとのことです。最初は「清潔好き」「感染症対策」程度と捉えていたところ、重要な会議や大事な顧客と会う前にも同様の行動を取るらしく、次第にエスカレートしているようだと心配しています。本人に自覚はないようですが、精神疾患の発症を疑い、受診を勧めた上で従わない場合は、例えば強制的に受診させることは問題でしょうか。適切な対応についてご教示願います。

受診を勧めることは問題ない。本人を強制的に病院に連れて行くことはできないが、合理的な理由があれば専門医への受診を命じる受診命令を出すことは可能である

1. 精神疾患が疑われるが、病識がない社員への対応について

労働者のメンタルヘルス問題の近時の重要な問題の一つとして、職場において異常な言動等が見られるなどして精神疾患が疑われるが、本人に病識（編注：自分が病気であるという自覚）がない労働者に対してどのように対応するかという問題があります。

労働者の異常な言動等により職場に悪影響が生じている場合、その異常な言動等が精神疾患に起因するものか否かにより、使用者としての対応が異なります。

まず、異常な言動等が精神疾患に起因するものであれば、本人に必要なのは治療であるため、使用者は、本人に休養を取らせるなり、適切な治療を受けるように勧めるなりし、さらには、必要に応じ業務軽減といった措置を検討することが必要です。

これに対し、異常な言動等が精神疾患と無関係であれば、勤務態度等について、通常の労働者と同様に、業務指導を行い、改善を求めることになります。

しかし、そもそも、異常な言動等が精神疾患に起因するものか否かを判断するためには、専門医の診断が必要になるため、使用者としては、職場において異常な言動等が見られる労働者に対して、まずはその原因を特定すべく、専門医への受診を勧めることがよいでしょう。

もっとも、その際、本人の心情にも配慮し、精神疾患に罹患していると断定して受診を勧めるのではなく、あくまでも本人の職場での異常な言動等の客観的な事実を指摘した上で、「会社としても心配なので、専門医の診断を受けてはどうか」といった流れで任意の受診を勧めるという対応を複数回行うことが適切であると思われます。

2. 受診命令を拒否する社員に対して使用者として取るべき措置

実務においては、使用者が上記のような丁寧な対応を取った場合であっても、本人が頑（かたく）なに病識を否定し、専門医への受診を拒否するケースも稀（まれ）にあります。

そのような場合、使用者としては、ある程度強制的な手段を取る必要がありますが、本人の人格権・プライバシー権への配慮という観点から、本人を強制的に精神科医等の専門医のところに連れて行き、受診させることはできません。

したがって、使用者としては、職場における本人の異常な言動等について、できるだけ具体的に5W1Hを特定した上で報告書等を作成するなど

して本人の異常な言動等を証拠化し、その上で産業医に対しても本人の異常な言動等について説明をし、受診命令を出すことの当否についての見解を得た上で、本人に対して業務命令として専門医への受診を命じることになります（もっとも自殺のおそれがあるなど、緊急を要する場合は、家族に連絡をすることもあり得ます）。この際、就業規則等に根拠規定がある場合はもちろんのこと（電電公社帯広局事件　最高裁一小　昭61.3.13判決）、就業規則等に根拠規定がない場合であっても合理的な理由があれば受診命令を出すことは可能です（京セラ事件　東京高裁　昭61.11.13判決）。

しかし、実務上、本人に対して専門医への受診を業務命令として発したにもかかわらず、本人がそれを拒否する例も存在します。

そのような場合、業務命令違反を理由に懲戒処分等の措置を検討することになりますが、精神疾患の罹患の有無はプライバシーにもかかわる問題でもあることから、いきなり重度の懲戒処分を行うのではなく、受診命令違反の回数、業務への支障の有無・程度、職場環境への影響の有無・程度などを勘案し、まずは軽度の懲戒処分に付するのが妥当と思われます。

そして、その後も任意の受診を勧めたり、受診命令を出したりしたにもかかわらず、それでも不合理な理由で専門医への受診を拒否し、その一方で異常な言動等により職場秩序を乱す行動を継続するようであれば、使用者としてでき得る対応をしたにもかかわらず、使用者としては本人が精神疾患に罹患しているとは判断できないことになりますから、その結果として、通常の労働者と同様に扱うのが筋といえます。

したがって、異常な言動等により職場秩序違反等の懲戒事由に該当する行為をした場合は、業務指導や懲戒処分を繰り返すという対応にならざるを得ないと思われます（その際も適宜、受診命令に従うよう勧告するなど受診の機会を提供しておくのが無難といえます）。

もっとも、本人に、誰から見ても明らかな異常な言動等があり、業務にもかなりの支障が出ており、また職場環境にも相応の悪影響が出ているようなケースであれば、安全配慮義務の観点および職場秩序維持の観点から、本人をそのまま就業させることは難しいこともあります。そのような場合、できれば産業医に意見を求め、医学的見解を得た上で、就業禁止の措置を取り、その間にも、本人に対して書面等により専門医への受診を勧告し、また業務が可能であるというのであれば、その旨記載された専門医の診断書を提出するよう求めるといった対応を一定期間行うことが考えられます。そのような対応までしたにもかかわらず、本人が受診等を拒否するのであれば、リスクはありますが、普通解雇等を検討せざるを得なくなるケースもあると思われます。

いずれにしても、このようなケースは、各ケースにより事情は千差万別であるといえますので、弁護士および産業医と協働しながら対応を決める必要が求められるでしょう。

（帯刀　康一）

体調が悪いのに出社してくる社員に対して、自宅待機を命じることはできるか

　風邪などで体調が悪くても、「仕事があるから」と言って休もうとしない社員がいます。しかし、本人の仕事の能率も低下していますし、周囲の者にうつされても困ります。体調が良くなるまで労務の受領を拒否したり、自宅待機を命じたりすることは可能でしょうか。また、そうした対応をとった場合、賃金や勤怠の取り扱いはどうなりますか。

就業規則等に自宅待機に関する定めがあれば、休業させることは可能だが、その場合は自宅待機とし、平均賃金の100分の60以上の休業手当の支払いが必要

1. 安衛法等による就業制限

安衛法68条は、「事業者は、伝染性の疾病その他の疾病で、厚生労働省令で定めるものにかかった労働者については、厚生労働省令で定めるところにより、その就業を禁止しなければならない」と定めています。これは、事業者すなわち使用者に対し、職場の安全衛生管理および社員の健康保持増進のために必要な措置を課したものです。「厚生労働省令で定める」ものとは、

① 病毒伝ぱのおそれのある伝染性の疾病にかかった者
② 心臓、腎臓、肺等の疾病で労働のため病勢が著しく増悪するおそれのあるものにかかった者
③ ①②に準ずる疾病で厚生労働大臣が定めるものにかかった者

——とされています（安衛則61条1項。ただし、①に掲げる者について、伝染予防の措置をした場合は、この限りでないとされています）。

なお、これにより、就業を禁止しようとするときは、あらかじめ、産業医その他専門の医師の意見を聞かなければなりません（同条2項）。

このほか、感染症の予防及び感染症の患者に対する医療に関する法律（以下、感染症予防法）に基づき、特定の疾病に罹患した場合には、都道府県知事の通知により就労を制限されることがあります（感染症予防法18条、同法施行規則11条）。

ご質問の風邪の場合は、安衛法、感染症予防法のいずれにおいても、就業制限の対象にはなりません。

なお、ご質問は風邪の場合ですが、季節性インフルエンザや新型コロナウイルス（covid-19）についても安衛法および感染症予防法の就業制限の対象ではありません（新型コロナウイルスについては、2023年5月8日以降）。

2. 自宅待機命令や労務の受領拒否の有効性

風邪で体調の悪い社員に対し、自宅待機を命じたり、労務の受領を拒否したりすることについては、使用者は当該社員および他の労働者の健康管理にも責任を負う以上、就業規則等にその旨の定めがあれば、「恣意的に適用する」、あるいは「不必要に長期間にわたる」等の事由がない限り、一定の合理性があると考えられますので、自宅待機命令を有効に発することができるでしょう。

ここで、使用者が自宅待機命令を出したときに、労働者が就労させるよう求めてくることも考えられますが、労働者にこうした就労請求権（労働者が使用者に対し、就労させることを請求する権利）は認められるのでしょうか。裁判例（読売新聞社事件　東京高裁　昭33．8．2決定、日本自転車振興会事件　東京地裁　平9．2．4判決）では、"特段の事情がない限り、労働者が使用者に対して雇用契約上有する債権ないし請求権は、賃金請求権のみであって、一般的には労働者は就労請求権を有するものではない"としています。

したがって、賃金を支払う限り、前述のとおり、恣意的に適用する、あるいは不必要に長期間にわたる等の事由がなければ、自宅待機命令を有効に発することができると思われます。

3. 休業させた場合の賃金と勤怠

自宅待機を命じた場合の賃金（または休業手当）支払いの要否については、次のとおりです。

[1] 安衛法や感染症予防法など、法令に基づく就業制限の場合

前掲1. で説明したように、安衛法や感染症予防法などの法令に基づく就業制限であれば、完全月給制等の特別の事情がない限り、民法536条2項および労基法26条の帰責事由がないため、使用者には、賃金はもちろん、休業手当を支払う法的

健康管理・安全衛生

義務はありません。この場合、勤怠の扱いは、「就業制限」とすべきでしょう。

[2]法令上の定めの範囲を超えた、会社の自主判断による就業制限の場合

一方、ご質問の場合のように、法令に基づくものではなく、就業規則等で定め、使用者の判断で休業をさせる場合には、「使用者の責めに帰すべき事由」による休業として、労基法26条の休業手当の支払いが必要と考えます。すなわち、最低でも平均賃金の100分の60以上の休業手当の支払いが必要となります。この場合の勤怠の扱いは、「自宅待機」とすべきでしょう。

なお、上記の場合、休業手当として平均賃金の100分の60を支払う旨の就業規則（または賃金規程）の定めがなく（※）、自宅待機命令に合理性がないと判断されたときは、民法536条２項に基づき（「債権者の責めに帰すべき事由」が肯定され）、全額の賃金請求権が認められることもあり得ます（池貝事件　横浜地裁　平12.12.14判決）。
※就業規則等により、こうした休業手当についての定めを置いていたとしても、自宅待機命令の合理性が否定されれば、やはり全額の賃金請求権が認められる可能性があります。

したがって、自宅待機を命じる場合には、就業規則（または賃金規程）に休業手当に関する定め（自宅待機のときは、平均賃金の100分の60を支払うこと）を置いておくことを前提に、風邪による体調不良をもって自宅待機を命じる場合は、都度産業医その他専門医の意見を聞くことは困難だとしても、こうした医師等の専門家に相談の上、あらかじめ客観的な運用基準を設けておき、恣意的な適用になったり、不必要に長期間にわたったりしないよう留意する必要があります。

なお、自宅待機を命じられた社員が希望すれば、年次有給休暇を取得することも可能です。ただし、年休付与は、本人の時季指定に基づくものですので、その意思に反して会社が一方的に取得させることはできません。

（鳥井　玲子）

派遣労働

Q281 能力不足の派遣社員の契約を中途解除する場合の留意点

先般、パソコンスキルがある程度求められることを条件に派遣契約を締結し、業務を依頼したところ、派遣された労働者は当社が求めているスキルに全く達していないことが分かりました。契約時に、当人や派遣元からも「スキルは問題ない」と確認していましたが、何度も周囲に質問したり、データを誤って消去したりと、通常業務に支障が出ている状況です。そこで、派遣契約の中途解除をする場合の留意点や損害賠償の請求は可能かどうか、ご教示ください。

派遣元の債務不履行を根拠に解除する場合、派遣社員の能力が派遣契約上明らかであったかについて検討が必要。明白でない場合、中途解約をすることになるため、派遣法や指針の規制に留意して対応する必要がある。派遣元の債務不履行の要件が充足できれば、損害賠償請求は基本的には可能だが、派遣先として過失があれば、過失相殺されるリスクがある

1. 派遣契約の解除方法

派遣社員が、貴社側が求めているスキルに全く達していないことを理由に期間満了前に派遣契約を解除したいとのことですが、労働者派遣契約の解除は、派遣元と派遣先間の契約の解除であり、その方法には、当該契約で定めた解約条項に基づき解除する「約定解除」と、法律により解除権が発生する「法定解除」があります。「法定解除」は、派遣契約に照らし、派遣元に債務不履行があれば、貴社側が一方的に行うことができます。

ご質問の場合、派遣社員がスキル不足であるとのことから、まず、派遣元の債務不履行に該当するかを検討します。

2. 債務不履行解除の要件

一定能力を持った労働者を派遣すべきことを派遣元に条件として提示していた貴社が、派遣社員の能力不足を派遣元の債務不履行であるとして契約解除（債務不履行解除）できるかについて検討します。

パソコンスキルが「ある程度求められることを条件」に、当人や派遣元から「スキルは問題ない」と契約時に確認していたとのことですが、厚生労働省が開示している「労働者派遣事業関係業務取扱要領（令和6年4月1日以降）」（以下、要領）では、「派遣労働者が従事する業務の内容」として、「その業務に必要とされる能力、行う業務等が具体的に記述され、当該記載により当該労働者派遣に適格な派遣労働者を派遣元事業主が決定できる程度のものであることが必要であり、できる限り詳細であることが適当である」と明記されています。また、同省告示の「派遣先が講ずべき措置に関する指針」（平11.11.17 労告138。最終改正：令 2.10.9 労告346。以下、指針）では、「派遣先が講ずべき措置」として、「労働者派遣契約の締結に当たっての就業条件の確認」の項に「派遣先は、労働者派遣契約の締結の申込みを行うに際しては、就業中の派遣労働者を直接指揮命令することが見込まれる者から、業務の内容及び当該業務に伴う責任の程度、当該業務を遂行するために必要とされる知識、技術又は経験の水準その他労働者派遣契約の締結に際し定めるべき就業条件の内容を十分に確認すること」と明記されています。したがって、この要領や指針に従い、貴社の求めるパソコンスキルが派遣契約上明確であった場合は、派遣元の債務不履行に該当するか否かの判断が容易となりますが、反対に、抽象的な定めしかなく、当該業界において通常期待され

る程度の業務を基準に考えても、貴社の求めるパ
ソコンスキルが不明確である面が否定できない場
合には、派遣元の債務不履行に該当するか否かの
判断は微妙なものとなります。

いずれにしても、派遣先である貴社としては、
派遣社員のスキル不足により派遣元の契約の履行
は不完全であると主張し、派遣元に対し、代替人
員の派遣を催告期間内に行うことを要求し、その
代替人員の追完もできなかった場合に、履行遅滞
であるとして派遣契約を解除することが可能にな
ります。

3. 法定解除の場合の留意点

問題の派遣社員は、「何度も周囲に質問したり、
データを誤って消去したりと、通常業務に支障が
出ている」とのことですが、法定解除するとなっ
た場合に重要なことは、こうした派遣社員側の顕
著な能力不足を立証する資料を収集することで
す。加えて、派遣社員に対して直接指揮命令する
立場にある貴社側も、スキル不足の派遣社員に対
し、適切に業務指示や指導を行い、是正を図る努
力をしてきた経緯を裏づける資料を文書化してお
く必要があります。

したがって、派遣社員の問題の具体的内容、そ
れに対する貴社側の指導内容について、社内メー
ルや報告書、ヒアリング等を通じて収集すること
になります。これらの資料が、万が一債務不履行
を争われたときの貴社側の証拠となります。ま
た、後述のとおり、派遣社員の不就労による損害
について派遣先である貴社の責任が問われたとき
に、貴社が派遣社員に対して適切な指導監督をし
ていたから責任は生じないとする主張の証拠にも
なります。

4. 約定解除の場合の留意点と、派遣法や指針による解除規制

法定解除の要件充足が困難と考えるときは、約
定解除を検討することになります。つまり、派遣
契約に中途解約に関する条項があれば、その条項
に沿って解約することになります。

しかしながら、派遣先の都合により中途解約す
る場合は、「当該労働者派遣に係る派遣労働者の
新たな就業の機会の確保、労働者派遣をする事業
主による当該派遣労働者に対する休業手当等の支
払に要する費用を確保するための当該費用の負担
その他の当該派遣労働者の雇用の安定を図るため
に必要な措置を講じなければならない」と派遣法
29条の2によって規定されており、加えて指針に
よる解除規制にも留意する必要があります。

5. 損害賠償について

他方で、派遣先が約定解除ではなく、派遣元の
債務不履行に基づく法定解除をして、同時に派遣
元に損害賠償を請求する場合があります。ご質問
のケースでも、債務不履行の要件が充足できれ
ば、基本的には貴社は派遣元に対し、このような
請求ができると考えられます。

しかしながら、注意すべき点は、派遣社員は派
遣先の指揮命令下にあり、派遣社員の業務必要能
力習得についても派遣先に一定の責任がある(派
遣法40条2項)ことです。ご質問のケースでいえ
ば、スキル不足の派遣社員が業務を行ったことに
より喪失したデータや客先の売り上げ等につい
て、その損害を派遣元に請求することは可能です
が、派遣先である貴社の当該派遣社員に対する指
揮命令や業務必要能力を習得させる過程に過失が
あれば、当該損害の過失相殺をされるリスクがあ
ることに留意すべきと考えます。

(飯塚 佳都子)

Q282 顧客情報の機密保持に当たり、派遣労働者にも誓約書を書かせることは可能か

最近、企業の顧客情報が持ち出されたという話をよく聞きます。当社の顧客情報を管理する部署には多数の派遣労働者がいるのですが、当人たちに機密保持の誓約書を書かせることは可能でしょうか。

機密保持の誓約書をもらう余地はある。ただし、任意に提出を求め得るのみで強制はできない

1. 派遣労働者を指揮・命令するのは派遣先

派遣先と派遣元事業主の間で、派遣労働者の機密保持に関する義務を定めることはできます。また、派遣元事業主が派遣労働者から機密保持の誓約書を書いてもらうことは問題がなく、その写しを派遣先に差し入れさせることも差し支えありません。問題は、派遣先が派遣労働者から直接に誓約書をもらうことができるかです。

派遣法2条1号では、「労働者派遣」とは、「自己の雇用する労働者を、当該雇用関係の下に、かつ、他人の指揮命令を受けて、当該他人のために労働に従事させることをいい、当該他人に対し当該労働者を当該他人に雇用させることを約してするものを含まない」としています。このため、派遣先が派遣労働者に直接に誓約書を書かせると、派遣先と派遣労働者との間に労働契約が成立しているとの誤解が生じ得るので、こうした誓約書の取得は差し控えるべきだとの見解もあり、この規制の遵守についての安全策を取るのであれば、誓約書等を直接にもらうことはできないと整理することになります。

しかし、労働契約があるかどうかと、機密保持のための誓約書は別次元のものです。むしろ、派遣先は派遣労働者を指揮命令することができ、派遣先のために労働に従事させることが認められますから、派遣労働者に対して直接に誓約書を書かせることも許容される余地もあるのではないかと考えられます（同旨の見解として、渡邊 岳『「情報管理」と人事・労務』〔税務研究会出版局〕）。

もっとも、経済産業省の「秘密情報の保護ハンドブック～企業価値向上に向けて～」（平成28年2月、最終改訂：令和6年2月）は、「自社に派遣されている派遣労働者や自社内において勤務する委託先の労働者については、自社との間に、雇用契約等直接の契約関係が存在しないので、（中略）派遣元企業や委託先企業との間で、秘密保持契約等を締結し、派遣元企業や委託先企業を介して、自社における秘密情報の取扱いを遵守してもらう形になります」と説明しており、また、旧「営業秘密管理指針」（平成25年8月16日改訂版）は、「労働者派遣事業制度の趣旨からは、派遣先は、派遣従業者と直接秘密保持契約を締結するよりもむしろ、雇用主である派遣元事業主との間で秘密保持契約を締結し、派遣元事業主が派遣先に対し派遣従業者による秘密保持に関する責任を負うこととすることが望ましい」としていました。その理由は、派遣先の指揮命令権は、派遣法に基づく派遣元との派遣契約において規定されるもので、どの程度の秘密保持義務を課すかを派遣契約等で派遣先と派遣元の間で明確化する必要があるという点にあるようです（ただし、該当部分を含む派遣労働者に関する取り扱いの解説は、営業秘密管理指針の最終改訂〔平成31年1月23日〕版ではカットされています）。

また、派遣先が誓約書に派遣労働者の個人情報を記載させる点を問題視する見解もあります。確

かに、派遣先は、派遣労働者の個人情報を、派遣元を通じて取得すべきであり、直接取得してはならないとされています（厚生労働省「派遣先による派遣労働者の個人情報の収集等について（回答）」〔平17.7.1　職需発0701001〕参照）。そのため、誓約書に必要以上の個人情報を記載させないようにする必要はあるでしょう。

しかし、派遣先と派遣元の間で細かい詳細の事項を詰めることには限界もあり、派遣元を介在させて派遣労働者に伝えることは、間接的で迂遠な方法であり、あまり好ましくありません。むしろ、派遣先と派遣労働者の間で、派遣労働者の派遣先に対する義務の内容をさらに明確にしたり、確認したりするほうが実務に適しており、そうした約束事を直接に話し合うことまで禁止されているわけではありません。派遣先が派遣労働者から直接的に誓約書を取ることも、両者の雇用関係を定めるものでなければ、派遣法、職安法または個保法に抵触することにはならないと解されます。先に引用した旧営業秘密管理指針62ページでも「派遣先企業と派遣従業者とが直接秘密保持契約を締結することが直ちに法律違反になるわけではない」と明記した上で、「法的義務の点では従業者とは差異があるものの、営業秘密として表示を行い、アクセスを制限するといった、物理的・技術的管理の側面及び組織的管理の側面では、従業者と同様に妥当する」との解釈を示していました（ただし、この解釈方法には一部異論もあります）。

2.個人情報の漏洩防止の必要性

個人情報はいったん漏洩が生じたら事実上取り返しがつかないものであり、損害賠償で補うことには後述のとおり限界があることから、事前に万全の策を講じることが重要です。派遣元だけではなく派遣先に対する義務も明確に意識させるため、派遣先が、派遣労働者に直接的に機密保持義務の確認をすることは有意義です。昨今の不祥事例に照らしても、派遣先には、同程度の業務に従事している自社の労働者と同等の秘密保持義務を

遵守するよう規定することが求められるはずです。

しかも、派遣法24条の4により、派遣労働者は業務上知り得た秘密を漏らしてはならない法律上の義務を負いますが、誰に対してその義務を負っているのかは曖昧な面がありますから、派遣先としては秘密保持義務を明確に確認しておきたいところです。前掲「秘密情報の保護ハンドブック」も、「派遣労働者、委託先従業員（自社内において勤務する場合）等、本規程を守らなければならない者を明確にします」として、秘密情報の取り扱いや、秘密情報に関して秘密保持義務が課されていること等について、十分理解できるようにするための社内規程によって、直接に法的義務を負わせる規範を派遣労働者にも及ぼす方法を示しています。

したがって、私見としては、個人情報の漏洩防止を実効あらしめるための措置として、派遣元だけでなく、派遣先が直接に派遣労働者から機密保持の誓約書等をもらうことも認められてしかるべきだろうと考えます。こうした取り扱いは、派遣労働者が1年以上派遣先で働く場合等に、正規従業員として継続して業務を提供することがあることとも同等のルールによって規律されることになる点で整合性も確保できます。

3.派遣契約の内容として誓約書提出を義務づけられるか

もっとも、派遣先が派遣元に無断で派遣労働者と取り引きすることは、派遣元事業主の従業員管理の上から望ましくないでしょう。そこで、派遣元事業主の了解の下に、誓約書をもらうようにすべきでしょう。

この点において、派遣先へ提出するため、派遣元が派遣労働者から誓約書を取ることを契約で義務づけたり、あるいは派遣元を通さずに派遣労働者が派遣先に直接誓約書を出すことを義務づけたりしてよいかが問題となります。しかし、派遣元と派遣先の契約で定めても、派遣労働者は第三者であり、第三者の行為について保証まですること

（特に退職後まで）は、100％保証できない内容です。したがって、契約としては、せいぜい努力義務にとどめるようにするのが望ましいと考えられます。

4.派遣労働者には任意の提出を求める

　仮に派遣労働者から誓約書を取るとしても、その内容を理解してもらった上で、任意に提出してもらうべきことが重要です。「誓約書は、労働者が遵守事項を誓約する文書であり、労働者に対して任意の提出を求めるほかないものであって、いずれも業務命令によって提出を強制できるものではない」という理由から、誓約書等の提出を拒んだこと自体を業務命令違反とすることはできないと判断した裁判例があります（アウトソーシング事件　東京地裁　平25.12．3判決）。この点については、そもそも派遣先と派遣労働者との間には雇用関係がありませんから、誓約書の提出に応じない派遣労働者に対して派遣先が懲戒処分を科すこともできません。

　さらに、業務命令として強制的に誓約書を提出させるのではなく、あくまでもお願いする形にとどめることは、かかる誓約書の有効性を確保するためにも必要です。このことは、事業主が直接にその従業員から誓約書を取る場合と、派遣労働者から誓約書を取る場合とで変わりはありません。その意味では、強制的に誓約書を書かせることは得策でもありません。あくまでも、お願いベースで誓約書の提出を求め、従業員がそれに応じることは特に差し支えはないと考えられます。

　派遣元から派遣労働者に対しては、「個人情報の機微性に鑑み、極めて重い責任が求められているところ、派遣先における情報管理の徹底を明確にする観点から、派遣先から個別に誓約書の提出を求められている趣旨を十分に理解の上、これに誠実に対応することを望む」といった趣旨のお知らせをすることが考えられます。もし労働者から、「拒否する自由はあるのか」と尋ねられたときは、拒否する自由があることは明確に伝える必要がありますが、「派遣先の情報管理態勢の整備のために、相応の対応を行うでしょうから、十分にご検討ください」等といった助言は考えられます。

5.漏洩が生じた場合の責任

　万が一問題が起こった場合、派遣元に対してどの程度まで損害賠償を請求できるでしょうか。派遣契約で定めていればそれによりますが、派遣労働者に対する不法行為責任の追及が実効性を伴わないこともありますから、原則として派遣元事業主に対しても使用者責任を求めることが考えられます。しかし、現実に漏洩が生じた場合の損害額や責任の有無については実務的には多くの問題が生じ得るところです。そのような事後救済の困難性からしても、派遣先における派遣労働者とのコミュニケーションの一環として、誓約書を提出してもらう形を取ることも許容されるべきだと考えられます。

（浜辺　陽一郎）

Q283　派遣社員を正社員として雇い入れる場合の手順と留意点

　育児休業を取得した社員の代替要員として、派遣社員を1年契約で受け入れました。ところが、育児休業を取得中の社員が復帰せずに退職を申し出てきました。そこで、代替要員の派遣社員を正社員として雇い入れようと考えていますが、派遣社員を正社員として雇う際の手順や法的な留意点を教えてください。

期間満了後に採用するのが適当。契約期間の途中であれば、派遣元に30日以上前に解約を申し入れ、解除が成立したら、新たに職業紹介へ切り替えてから雇い入れる

1．派遣法による育児休業の代替要員

派遣法では、以下の二つの派遣期間制限（いわゆる、3年ルール）があります。

① 個人単位の派遣期間制限：派遣先の同一の組織単位において3年を超える継続した同一の派遣労働者の受け入れができない
② 事業所単位の派遣期間制限：派遣先の同一の事業所において3年を超える継続した労働者派遣の受け入れができない

これら二つの派遣期間制限には、対象外となる派遣労働者と派遣業務が定められており、育児休業等による代替業務は派遣期間制限の対象外の派遣業務に該当します［図表1］。仮に育児休業を取得している派遣先の社員が育児休業の延長を希望し、会社が認めた場合でも、新たな育児休業期間の終了日を明示して再度の派遣契約を締結することで、3年間という期間の制限なく派遣契約を延長することが可能です。

なお、当初育児休業を取得する社員の業務の代替要員として採用された派遣社員であっても、育児休業中の社員が復帰せずに退職するときは、派遣期間の制限が適用となるため注意が必要です。

図表1　派遣期間制限の対象外となる派遣労働者と派遣業務

労働者	① 派遣元と期間の定めのない雇用契約を締結している労働者 ② 60歳以上の派遣労働者
業務	① 派遣先の通常の労働者の月の所定労働日数の半数以下、かつ、10日以下の日数で発生する業務（日数限定業務） ② 派遣先の社員が産前産後休業、育児休業、出生時育児休業、介護休業を取得する場合の、その代替の業務 ③ あらかじめ終期が決まっている、有期プロジェクトでの業務

2．派遣期間満了後に採用する場合の留意点

原則として、派遣先が契約期間満了後に派遣社員を直接雇用する場合、当該派遣社員の自由意思に基づき社員として採用することが可能です。

ただし、派遣会社の派遣社員を契約期間満了直後に採用する場合は、事前に派遣契約書の内容を確認し、本来支払いが発生する紹介手数料を逃れるような行為に該当しないよう注意することが必要です。また、トラブルを未然に防止する意味からも、当該派遣社員を採用することについて、事前に派遣会社と調整することが望ましいでしょう。

3．派遣期間の途中で採用する場合の留意点

通常、派遣契約書の中に、派遣期間中の雇用申し込みの制限について記載があります。したがって、その派遣契約が「紹介予定派遣」であるか否かを含めて、派遣契約書の内容を確認する必要があります。

紹介予定派遣契約を締結していない派遣社員を採用する場合は、当該派遣契約を解除し、新たに職業紹介の手続きを行う必要があります。この場合、派遣会社と締結する基本契約および雇用契約書により条件が異なるため注意が必要です。

「紹介予定派遣」とは、派遣法・職安法に基づき、労働者派遣事業と職業紹介事業の双方の許可を受け、または届け出をした事業主が、派遣社員と派遣先の間の雇用関係成立のあっせん（職業紹介）を行い、または行うことを予定するものです。具体的には、派遣社員として就業先企業で一定期間（最長6カ月）就業し、期間終了時において派遣先・派遣会社・派遣社員の三者の合意に基づき、正社員または契約社員等に登用される制度のことです。紹介予定派遣は、職業紹介を行うことを予定しているため、①派遣就業開始前または

図表2 派遣期間途中で採用する場合の留意点

留意事項	紹介予定派遣	通常の派遣
派遣契約書の内容確認	必要	必要
就業期間中の求人条件の明示	可能	可能
就業期間中の求職の意思確認	可能	可能
就業期間中の採用内定	可能	可能
職業紹介への切り替え手続き	不要	必要 [注]
採用しない場合の理由の明示	必要	—

[注] 派遣会社の職業紹介の許可の有無、派遣社員の職業紹介の登録手続きの有無について、各々確認する必要がある。

派遣就業期間中の求人条件の明示、②派遣就業期間中の求人・求職の意思の確認および採用内定を行うことが可能です。

なお、派遣先は、派遣期間終了時に職業紹介を希望しない場合または派遣社員を採用しない場合には、派遣会社の求めに応じ、合理的な理由の明示が義務づけられています。通常の労働者派遣も①②については禁止されていませんが、事前に派遣会社と相談して行う必要があります[図表2]。

また、派遣先が、派遣契約の契約期間が満了する前に派遣契約の解除を行う場合は、派遣先は派遣労働者の新たな就業機会の確保を図ること、これができないときには少なくとも派遣契約の解除に伴い派遣元が派遣労働者を休業させること等を余儀なくされることにより生ずる損害である休業手当、解雇予告手当等に相当する額以上の額について損害の賠償を行わなければならないとされて

います（派遣先指針）。

4.派遣社員を雇い入れる際の手順

ご質問のケースは、1年契約で派遣社員を受け入れていることから、紹介予定派遣ではないと判断できます。したがって、途中解約の手続き等を考えると、派遣期間満了後に社員として採用することが適切な選択と考えられます。

しかし、業務の都合等で派遣期間の途中で社員として採用する場合は、まず派遣会社と締結した基本契約または雇用契約書の内容を確認した上で、派遣会社に対しあらかじめ相当の猶予期間をもって解約の申し入れを行います。契約解除の申し入れについて、派遣会社の承諾を得た上で、派遣契約の解除が成立したら、派遣先・派遣会社・派遣社員の三者の合意の下、新たに職業紹介への切り替え手続きを行い、当該派遣社員を雇い入れることになります[図表3]。

なお、このケースにおいて、派遣会社が職業紹介事業の許可を受けていない場合には、上記の切り替え手続きは不要であり、派遣契約の解除手続き後、紹介手数料の発生もなく、当該派遣社員を雇い入れることができます。とはいえ、派遣社員を社員として採用する場合は、派遣会社が育成した社員を引き抜くような行為となりますので、派遣会社とトラブルにならないよう、派遣契約書を十分確認し、その内容に従う必要があります。

（社会保険労務士法人みらいコンサルティング）

図表3 派遣期間の途中で派遣社員を雇い入れる際の手順

基本契約・雇用契約書の確認 → 派遣会社に解約の申し入れ → 契約解除成立 → 新たに職業紹介への切り替え手続き → 派遣社員を社員として採用

※相当の猶予期間をもって解約申し入れ　　※派遣先・派遣会社・派遣社員の三者の合意　　※紹介手数料の支払い等

パートタイマー

Q284 パート労働者から正社員に登用した際に試用期間を設けてよいか

当社では、新卒採用・中途採用を問わず、正社員として採用した際には3カ月間の試用期間を設けています。一方、このたび初めてパート労働者を正社員に登用したのですが、この者の試用期間をどう考えるべきか悩んでいます。既に数年の勤務実績があるため、適性や人格などに問題はないと思いますが、一律的に試用期間の定めを当てはめても問題ないでしょうか。

 試用期間を設けることは可能だが、その必要性についてあらためて考えるべき

1.試用期間の意義

社員の適性、能力等を評価し、本採用の合否を決定するための期間として入社後に試用期間を設ける会社が多くみられます。この試用期間は、法的には解約権が留保された労働契約期間と一般的に考えられています（三菱樹脂事件　最高裁大法廷　昭48.12.12判決）。つまり、試用契約も期間の定めのない労働契約には変わりありませんが、試用期間中は労働者の不適格性を理由とする解約権（本採用拒否）が行使される可能性が残されている期間とみなされます。

試用期間を設けるかどうかは会社の任意によりますが、設ける場合には就業規則で次の事項を規定します。
- 試用期間の長さ
- 試用期間の延長または短縮、省略の有無
- 勤続年数への通算
- 本採用拒否の事由

2.正社員転換時の試用期間について

パート労働者から正社員に転換した者について、試用期間を設けることを制限する法令はありません。したがって、パート労働者から正社員となった者に対し、あらためて試用期間を設けることも、そのことだけで違法とされるものではありません。

ご質問のケースで、就業規則において、正社員として採用した際に試用期間を設けることを規定しているのであれば、正社員として新規で採用した者以外に、今回のようにパート労働者から正社員に登用した場合でも同様に試用期間の定めが適用されることになります。

しかし、試用期間の本来の趣旨・目的を考えると、試用期間は勤怠状況や勤務態度、能力、健康状態等を確認し、正社員としての適格性があるかどうかを判定する期間と考えられます。今回のようにパート労働者として数年勤務し、適性や人格等については問題ないことを確認した上で、正社員に登用しているケースでは、試用期間を設ける意義があるのか、あらためて考える必要があるといえるでしょう。

もちろんパート労働者としては問題なかった場合でも、正社員としてどこまで勤務できるかは未知数のため試用期間を設けるという考え方もできるとは思います。しかし、一般的には正社員に登用する時点で、その判断は行い得るようにも思われます。

ご質問については、一律的に試用期間の定めを当てはめても問題にはなりませんが、試用期間の必要性をあらためて考え、適用の有無について検討したほうがよいと考えます。

3．就業規則による試用期間の定め

今回のようにパート労働者から正社員に登用し

た場合は、就業規則の試用期間の項目において、「採用過程や入社後の業務遂行状況等を考慮し、会社が特に認めたときは、試用期間を短縮し、または設けないことがある。」と規定することが考えられます。

このように定めておいて、既に正社員としての適格性を確認できている場合には、所定の試用期間を短縮したり、省略したりする方法もあります。

本来の試用期間の目的に照らし、必要性に応じて、一律的ではなく、柔軟に試用期間の適用について考えてみるのもよいと思われます。

（山口　寛志）

パートタイマーの始業・終業時刻や労働時間が個別に異なる場合、就業規則にどう規定すればよいか

当社では、パートタイマーの始業・終業時刻や所定の労働時間などを個別に契約しています。労働契約を締結する際に「労働条件通知書」を本人に手渡しているのですが、このような場合の就業規則上の定め方は、「始業・終業の時刻、労働時間は、労働契約書締結時に個別に定める」とするだけで足りるでしょうか。なお、休憩や休日についても、同様に定めています。

就業規則には、基本となる始業および終業の時刻を定めるとともに、具体的な始業および終業の時刻については個別の労働契約等で定める旨の委任規定を設ける。個別具体的な始業および終業時刻については、労働条件通知書等により労働者に通知（明示）する

1．就業規則に記載すべき事項

就業規則に記載すべき事項には、いかなる場合であっても就業規則に必ず記載が必要な「絶対的必要記載事項」と、定めをする場合においては就業規則に必ず記載が必要な「相対的必要記載事項」があります（労基法89条）。このほか、その内容が法令または労働協約に反しないものであれば会社が任意に記載できる「任意記載事項」があります。

「始業および終業の時刻、休憩時間、休日」については、「絶対的必要記載事項」となっており、就業規則に必ず記載しなければなりません。

【絶対的必要記載事項】
①始業および終業の時刻、休憩時間、休日、休暇ならびに労働者を2組以上に分けて交替に就業させる場合においては就業時転換に関する事項

②賃金（臨時の賃金等を除く。以下②において同じ）の決定、計算および支払いの方法、賃金の締め切りおよび支払いの時期ならびに昇給に関する事項
③退職に関する事項（解雇の事由を含む）

2．労働条件の書面明示

また、労基法15条では、労働契約の締結に際して、会社は、労働者に対して賃金、労働時間その他の労働条件を明示しなければならないとされています。この場合において、賃金および労働時間に関する事項等の一定の事項については、書面の交付により明示する必要があります。この書面で明示すべき労働条件には、「始業および終業の時刻、休憩時間、休日」が含まれています。

【書面の交付により明示すべき労働条件（労基則5条2項）】

①労働契約の期間に関する事項
②期間の定めのある労働契約を更新する場合の基準に関する事項（通算契約期間または有期労働契約の更新回数に上限の定めがある場合には当該上限を含む）
③就業の場所および従事すべき業務に関する事項（就業の場所および従事すべき業務の変更の範囲を含む）
④始業および終業の時刻、所定労働時間を超える労働の有無、休憩時間、休日、休暇ならびに労働者を2組以上に分けて就業させる場合における就業時転換に関する事項
⑤賃金（退職手当および臨時に支払われる賃金、賞与その他これらに準ずる賃金を除く。以下⑤において同じ）の決定、計算および支払いの方法、賃金の締め切りおよび支払いの時期に関する事項
⑥退職に関する事項（解雇の事由を含む）

なお、1週間の所定労働時間が、同一の事業所に雇用される通常の労働者の1週間の所定労働時間に比べて短い労働者または期間の定めのある労働契約を締結している労働者（以下、パートタイム・有期雇用労働者）については、パート・有期法6条において、労基法15条で定められている書面で明示すべき労働条件に加え、「昇給の有無」「退職手当の有無」「賞与の有無」「相談窓口」について、文書の交付などにより、速やかにパートタイム・有期雇用労働者に明示しなければならないこととされています。

3. 始業および終業時刻等が勤務態様等により個別に異なる場合の就業規則の定め方

同一の事業場において、労働者の勤務態様、職種等によって始業および終業の時刻が異なる場合は、就業規則に勤務態様、職種等の別ごとに始業および終業の時刻を規定しなければなりません。

しかしながら、パートタイム・有期雇用労働者等のうち本人の希望等により勤務態様、職種等の別ごとに始業および終業の時刻を画一的に定めないこととする者については、就業規則には、基本となる始業および終業の時刻を定めるとともに、具体的には個別の労働契約等で定める旨の委任規定を設けることで差し支えないとされています（令4.1.7　いわゆる「シフト制」により就業する労働者の適切な雇用管理を行うための留意事項）。なお、個別の労働契約等で具体的に定める場合には、書面により明確にすることが必要です。

また、休憩時間、休日についても上記と同様の考え方になります（昭63.3.14　基発150・婦発47、平11.3.31　基発168）。

4. ご質問のケース

パートタイム・有期雇用労働者が勤務するシフトが複数パターン決定している場合は、就業規則にそのシフトパターンを記載した上で、個別の労働契約においてその中のいずれかのシフトの始業および終業時刻を指定し通知（明示）するケースが一般的といえます。

しかし、ご質問のケースのように、パートタイム・有期雇用労働者の始業および終業時刻や労働時間が個別に異なるのであれば、前記の通達にあるように、就業規則には基本となる始業および終業時刻を記載し、併せて、「具体的な始業および終業時刻は、個別の労働条件通知書により定める」などの文言を記載します。

あいまいな労働条件での労働契約の締結は、後々のトラブルのもとにもなりかねませんので、個別の労働条件通知（明示）の際には、具体的な始業および終業時刻を明確に定めることが必要な点に留意してください。

（社会保険労務士法人みらいコンサルティング）

障害者

Q286 本業と無関係の業務で障害者を雇用することは問題か

当社は、障害者雇用代行ビジネスを実施する事業者を通じて、当社の本業とは直接関係のない業務（農業）において障害者を雇用しています。業務遂行に当たっては、当社が指導役を雇用した上で、その指導役が障害者への指示や労働時間管理等を行っている状況です。成果物（収穫した野菜など）は収益に反映させず、従業員の福利厚生の一環として配布しています。こうした就労状況について問題はあるでしょうか。

直ちに法違反となるわけではないが、改正障害者雇用促進法および国会の附帯決議に照らして問題があるため、行政からの助言または指導を受ける可能性がある

1. 障害者雇用促進法の改正

令和4年の臨時国会において、障害者の雇用の促進等に関する法律（以下、障害者雇用促進法）の一部改正を含む「障害者の日常生活及び社会生活を総合的に支援するための法律等の一部を改正する法律」が成立しました（令和4年10月14日閣議決定、同月26日国会提出、同年12月16日公布）。

改正障害者雇用促進法（以下、改正法）では、事業主の責務として障害者の職業能力の開発および向上が含まれることの明確化、週所定労働時間10時間以上20時間未満で働く重度の障害者や精神障害者の実雇用率への算定による障害者の多様な就労ニーズを踏まえた働き方の推進、企業が実施する職場環境の整備や能力開発のための措置等への助成による障害者雇用の質の向上などが盛り込まれており、令和5年4月1日以降、順次施行されています。

2. 障害者雇用代行ビジネス

上記の改正法の検討の中で、「障害者雇用代行ビジネス」（以下、代行ビジネス）が問題となりました。代行ビジネスとは、典型的には以下のような仕組みで、実質的にビジネス実施事業者が企業の障害者雇用を代行するものです。

① ビジネス実施事業者が企業に対して障害者とその指導役を企業に紹介し、障害者の就業場所となる施設・設備を提供
② ビジネス実施事業者が企業から障害者の紹介料やサービス利用料を受領
③ 企業が障害者らと雇用契約を締結
④ ビジネス実施事業者が就業場所を管理・運営

このような代行ビジネスは、多くが本業とは無関係な事業（野菜の栽培、ハーブの栽培・加工など）で行われることから、企業自身が障害者の能力を十分に発揮できる雇用の場を提供しておらず、もっぱら障害者雇用率を形式的に満たす目的で行われるものとして問題視されました。

このため、改正法は、「全て事業主は、障害者の雇用に関し、社会連帯の理念に基づき、障害者である労働者が有為な職業人として自立しようとする努力に対して協力する責務を有するものであつて、その有する能力を正当に評価し、適当な雇用の場を与えるとともに適正な雇用管理並びに<u>職業能力の開発及び向上に関する措置</u>を行うことによりその雇用の安定を図るよう努めなければならない」（5条。下線は筆者）として、新たに「職業能力の開発及び向上に関する措置」を追加し、障害者が能力を発揮し、活躍できるような取り組みを行うことを事業主の責務として明記しました。

加えて、改正法に関する国会の附帯決議においても、「障害者雇用率制度における除外率制度の

廃止に向けた取組を行うほか、事業主が、単に雇用率の達成のみを目的として雇用主に代わって障害者に職場や業務を提供するいわゆる障害者雇用代行ビジネスを利用することがないよう、事業主への周知、指導等の措置を検討すること」について適切な措置を講ずるものとされました。

3．ご質問のケースについて

ご質問では、代行ビジネスを実施する事業者を通じて、本業とは直接関係のない業務（農業）で障害者を雇用し、業務遂行に当たっては、指導役を雇用した上で、その指導役が障害者への指示や労働時間管理等を行っている状況とのことです。そして、成果物（収穫した野菜など）についても収益に反映させず、従業員の福利厚生の一環として配布しているとのことですので、もっぱら障害者雇用率を形式的に満たす目的で行われているものとして、上記改正法および附帯決議に照らして問題があります。

現時点では、直ちに法違反となるものではありませんが、行政から助言または指導を受ける可能性があります。改正法18条は、「公共職業安定所は、障害者の雇用の促進及びその職業の安定を図るために必要があると認めるときは、障害者を雇用し、又は雇用しようとする者に対して、雇入れ、配置、作業補助具、作業の設備又は環境その他障害者の雇用に関する技術的事項……についての助言又は指導を行うことができる」と規定していますが、ご質問のケースのように、障害者雇用を実質的に外部業者に「丸投げ」しているような場合には、「職業能力の開発及び向上に関する措置」（5条）を講じていないものとして、助言または指導の対象になり得るでしょう。

この点については、厚生労働省としても、障害者雇用ビジネスに係る実態把握の結果と併せ、望ましい取り組みのポイント（※1）を公表するとともに、これらのポイントを整理したリーフレット（※2）を作成するなどして、障害者が活躍できる職場づくりの取り組みの参考となるよう事例等を周知しています。同リーフレットでは、①障害者雇用の方針の検討、社内理解の促進、②障害者の職務の選定・創出、③募集・採用・配置（マッチング）、④雇用形態・雇用期間、⑤労働時間・休日、⑥賃金等労働条件、⑦勤怠管理、業務管理、⑧職業能力の開発・向上、⑨評価、待遇について、それぞれ望ましい取り組みのポイントが挙げられていますので、今後障害者雇用を進めていく上で適宜参照するとよいでしょう。

※1　第128回労働政策審議会障害者雇用分科会 参考資料3「障害者雇用ビジネスに係る実態把握の取組について」
https://www.mhlw.go.jp/content/11704000/001087755.pdf

※2　障害者が活躍できる職場づくりのための望ましい取組のポイント（リーフレット）
https://www.mhlw.go.jp/content/001120324.pdf

（中山　達夫）

入社後に障害を持った可能性のある社員に対し、障害者手帳の保有状況を確認することは問題か

業務外で事故に遭い、欠勤・休職した社員がいます。3カ月後職場に復帰しましたが、手先を使う作業に苦労している様子が見受けられます。その後も事故の後遺症で体調がすぐれないとして、再度の欠勤・休職を予定していますが、その際に障害者雇用状況の把握を目的として、障害者手帳の保有状況を確認することは可能でしょうか。また、確認時の留意点についても併せてご教示ください。

安易に特定個人に対して確認をする行為は、「プライバシーに配慮した障害者の把握・確認ガイドライン」に抵触するリスクがある

1. 障害者雇用義務と障害者雇用状況報告義務

障害者雇用促進法43条1項においては、「事業主（中略）は、厚生労働省令で定める雇用関係の変動がある場合には、その雇用する対象障害者である労働者の数が、その雇用する労働者の数に障害者雇用率を乗じて得た数（その数に1人未満の端数があるときは、その端数は、切り捨てる。〔中略〕）以上であるようにしなければならない」とされており、民間企業の場合、雇用する対象障害者の数は2.5％以上に設定され、令和8年7月以降は2.7％以上に段階的に引き上げられることになっています（同法施行令9条）[参考]。

さらに、民間企業の場合、常時40人以上（令和8年7月以降は37.5人以上）の労働者を雇用する事業主については、毎年6月1日現在の身体障害者、知的障害者および精神障害者の雇用に関する状況を、7月15日までに、厚生労働大臣の定める様式により、その主たる事務所の所在地を管轄する公共職業安定所の長に報告しなければならないとされています（同法43条7項、同法施行規則7条、8条）。

報告義務違反には、罰則（30万円以下の罰金）も設けられており（同法86条1号）、事業主においては、遺漏なく、障害者の雇用状況の把握に努める必要があります。

2. プライバシーに配慮した障害者の把握・確認ガイドライン

もっとも、障害を負っているということ、あるいは障害の内容や程度といった情報は、当該労働

参考　障害者雇用率の算定方法

●民間企業2.5％（令和8年7月以降、2.7％）

－人－

週所定労働時間		30時間以上	20時間以上 30時間未満	10時間以上 20時間未満
身体障害者		1	0.5	―
	重度	2	1	0.5
知的障害者		1	0.5	―
	重度	2	1	0.5
精神障害者		1	1※	0.5

※当分の間の措置として、精神障害者である短時間労働者は、雇入れの日からの期間等にかかわらず、1人をもって1人とみなされる。

●民間企業における雇用率設定基準

$$障害者雇用率 = \frac{対象障害者である常用労働者の数 + 失業している対象障害者の数}{常用労働者数 + 失業者数}$$

※短時間労働者は、原則、1人を0.5人としてカウント。
※重度身体障害者、重度知的障害者は1人を2人としてカウント。短時間重度身体障害者、短時間重度知的障害者は1人としてカウント。

者の個人情報になるので、当該情報の把握・収集に当たっては、当該労働者のプライバシーにも十分に配慮する必要があります。

そこで、厚生労働省においては「プライバシーに配慮した障害者の把握・確認ガイドライン」（平成17年）を策定し、障害者の適正な把握・確認において留意すべき事項を定めています。

同ガイドラインにおいては、「採用後に障害を有することとなった者や、採用前や採用面接時等においては障害を有することを明らかにしていなかったが、採用後、明らかにすることを望んでいる者を把握・確認する場合」は、「雇用している労働者全員に対して申告を呼びかけることを原則」とすると定めています。

具体的には「雇用する労働者全員に対して、メールの送信や書類の配布等画一的な手段で申告を呼びかけることを原則」とし、利用目的等を明らかにした上で行うべきとされており、呼びかけに対して回答することが業務命令ではないことを明らかにすることが望ましいとされています。

他方、同ガイドラインでは、「障害者である労働者本人が、職場において障害者の雇用を支援するための公的制度や社内制度の活用を求めて、企業に対し自発的に提供した情報を根拠とする場合」には、例外的に「個人を特定して障害者手帳等の所持を照会すること」ができるものとされています。

具体的には「公的な職業リハビリテーションサービスを利用したい旨の申出」や「企業が行う障害者就労支援策を利用したい旨の申出」をした場合には、個人を特定して障害者手帳等の所持を照会できます。

これに対し、「上司や職場の同僚の受けた印象や職場における風評」や「企業内診療所における診療の結果」等に依拠して障害者手帳の所持等を照会することは不適切とされています。

また、「病欠・休職の際に提出された医師の診断書」に依拠する場合等でも、「労働者本人の障害の受容の状況や病状等によっては、これらの情報をもとに照会を行うこと自体が、本人の意に反するようなケース」には、照会を行うことは適切ではないとされており、このような場合には「企業において本人の障害の受容の状況や病状等を知悉している専門家」に照会の適否を相談の上対応する必要があります。

なお、ガイドライン上、「障害者の把握・確認は、原則として、情報を取り扱う者を必要最小限とするため、企業の人事管理部門において障害者雇用状況の報告、障害者雇用納付金の申告、障害者雇用調整金又は報奨金の申請を担当する者から直接本人に対して行う」とされており、照会に当たっては、①照会を行う理由を明確にした上で、②回答するよう繰り返し迫ったり、障害者手帳等の取得を強要したりしてはならず、③申告または手帳の取得を拒んだことにより、解雇その他の不利益な取り扱いをしてはなりません。

3.ご質問のケースについて

ご質問では、対象となる労働者につき、再度の欠勤・休職が予定されているものの、従前の欠勤・休職において障害者手帳を交付されたのか明らかになっておらず、また、当該労働者から障害者就労支援策等の申し出があったわけでもありませんので、就労状況から障害の存在が疑われるとしても、「上司や職場の同僚の受けた印象や職場における風評」に依拠した照会として、ガイドラインに抵触するリスクがあると考えられます。

再度の休職に入る場合には、通常であれば、就労不能の診断書を提出して、産業医ないし会社の協力医の意見を仰ぐことになりますので、まずは提出される診断書の内容を精査し、必要に応じて産業医等と協議をした上で、人事労務管理担当部門の担当者から照会を行うことが肝要でしょう。

（竹林　竜太郎）

労災・通災

休職中の社員が無給での試し出勤中に会社内でけがをした場合、労災となるか

メンタルヘルス不調から休職している社員が、無給の合意の下、試し出勤をしていました。指揮命令を伴う業務はなく、会社に来て、読書等を行っていたのですが、会社内の荷物が崩れて、足を負傷してしまいました。こういった場合は、労災に当たるのでしょうか。

労災のうち業務災害の前提となる業務起因性と業務遂行性について、会社施設内の事故であることから業務起因性は認められそうだが、試し出勤について形式面でも実態面でも会社の指揮命令下にあるとはいえず業務遂行性が認められないことから、労災には当たらないと考えられる

1. 試し出勤とは

会社が長期で休職している社員を職場復帰させる前に、職場復帰の判断等を目的として、本来の職場などに試験的に一定期間継続して出勤させる「試し出勤制度」等を実施するケースが増えています。正式な職場復帰の決定前に、試し出勤制度等を設けることで、労働者の職場復帰への不安を和らげ、スムーズに職場に戻れる仕組みとして効果が期待されています。

厚生労働省の「改訂 心の健康問題により休業した労働者の職場復帰支援の手引き」においても、次のような試し出勤制度等の例が挙げられています。

①模擬出勤

　勤務時間と同様の時間帯にデイケアなどで模擬的な軽作業を行ったり、図書館などで時間を過ごしたりする

②通勤訓練

　自宅から勤務職場の近くまで通勤経路で移動し、職場付近で一定時間過ごした後に帰宅する

③試し出勤

　職場復帰の判断等を目的として、本来の職場などに試験的に一定期間継続して出勤する

2. 労働災害とは

労働災害（以下、労災）とは、一般的には労働者の業務上の事由による負傷、疾病、障害または死亡（以下、業務災害）および通勤による負傷、疾病、障害または死亡（以下、通勤災害）をいいます。

また、業務災害と認められるかについては、労働者が事業主の支配下ないし管理下にあるか（いわゆる「業務遂行性」）、業務と傷病等の間に相当因果関係が存在するか（いわゆる「業務起因性」）のいずれの要件も満たす必要があります［図表］。

3. 試し出勤時の労災の該当性

試し出勤実施中に発生した災害が業務災害または通勤災害に該当するかについて、過去、国会において質問がされており、以下のように答弁されています。

「具体的にどのような災害が業務災害等に該当するかについては、個別の事案ごとに判断されるべきものであり、一概にお答えすることは困難であるが、『試し出勤』をしている労働者が、例えば、復帰を予定する職場において、使用者の指示に基づき当該職場の業務に関連する作業に従事するなどの状況において、当該作業に起因して災害を受けた場合や、当該作業を行うために通勤する途中で災害を受けた場合には、業務災害等として認められることがあり得るものである」（平24．4．24　内閣衆質180第188）

したがって、試し出勤中であったとしても業務遂行性や業務起因性が認められる場合は、業務災

労災・通災

```
┌─────────────────────────────────────────────┐
│  図表  業務災害の判断基準                         │
│                                                 │
│  ┌──────────┐                                  │
│  │ 業務遂行性 │                                  │
│  ├──────────┴──────────────────────────────┐ │
│  │ 労働者が労働契約に基づいて事業主の支配下ないし管理下にある │ │
│  └─────────────────────────────────────────┘ │
│            ↓   業務遂行性が認められる              │
│  ┌──────────┐                                  │
│  │ 業務起因性 │                                  │
│  ├──────────┴──────────────────────────────┐ │
│  │ 業務と傷病との間に相当因果関係が存在する        │ │
│  └─────────────────────────────────────────┘ │
│            ↓   業務起因性が認められる              │
│         業務災害                                 │
└─────────────────────────────────────────────┘
```

害に該当することになります。

　なお、上記答弁を受け、厚生労働省は前述の手引きを改訂し、作業について使用者が指示を与え、あるいは作業内容が業務に当たる場合などは、労災に該当する場合がある旨を記載しています（平24.7.6　基安労発0706第1）。

4.ご質問に対する回答

　今回のケースでは、会社の施設内で荷物が崩れたことが負傷の原因となっており、通常の業務を行っている労働者が同様のケースで負傷した場合には業務起因性があるものとして、業務災害に該当すると考えられます。

　一方、本ケースで負傷した社員は休職中で無給の試し出勤中ということであり、この点において業務遂行性の有無については、事業主の支配下ないし管理下にあったかどうかが業務災害に該当するかのポイントになります。

　当該社員は休職中であったことから労働の義務が免除されている状況であり、また、指揮命令を伴う業務を行わないことを前提として無給の合意

の下で試し出勤を実施していることから、当該試し出勤には業務遂行性はないといえます。

　また、上記の取り決めにより試し出勤を実施したとしても、実態として会社の業務に従事していた場合には、当該取り決めにかかわらず事業主の支配下ないし管理下にあると判断されて業務遂行性が認められることも考えられますが、当該社員は読書等を行っているとのことであり、上記の答弁にある「使用者の指示に基づき当該職場の業務に関連する作業に従事するなどの状況」とは認められないといえるでしょう。

　以上により、当該試し出勤については形式面でも実態面でも業務遂行性が認められないことから、労災には当たらないと考えられます。

　試し出勤制度は、休職者のスムーズな職場復帰のために、非常に有効な制度ですが、通勤訓練時の災害や試し出勤中に災害が発生した場合の対応等については、あらかじめ労使間で話し合い、ルールを定めておくことが望まれます。

　　　　（社会保険労務士法人みらいコンサルティング）

601

Q289 長時間に及ぶパソコン作業により腱鞘炎を発症した場合、労災となるか

パソコンで経理作業をしている社員から、「長時間の業務で腱鞘炎になったので労災を申請する」との申し出を受けました。当社では多くの社員がパソコンで事務作業等を行っているものの、これまで腱鞘炎を発症したケースがないため対応に困っています。今回のケースは労災になるのでしょうか。

A

腱鞘炎などの上肢障害についての業務上外の認定に関しては、「上肢作業に基づく疾病の業務上外の認定基準について」（平9.2.3　基発65）に基づいて行われる。労働者からの労災申請の申し出に協力して、労働基準監督署長の判断に委ねるべき

1.労働災害とは

労働災害とは、労働者が業務遂行中に業務に起因して受けた災害のことで、業務上の負傷、業務上の疾病および死亡をいいます。業務上とは、業務が原因となったということであり、業務と傷病等との間に一定の因果関係があることをいいます（業務起因性）。

2.業務災害の認定要件

業務災害とは、業務上の事由による労働者の負傷、疾病、障害または死亡のことをいいます。災害による負傷が業務災害であると認められるかどうかについては、災害が発生した状況によって、以下の区分に分けられます。

[1]事業主の支配・管理下で業務に従事している場合

就業時間中に事業場の施設内で業務に従事しているときに発生した災害は、被災した労働者の業務としての行為や事業場の施設・設備の管理状況などが原因となって発生するものと考えられることから、特段の事情がない限り、業務災害と認められます。

[2]事業主の支配・管理下にあるが業務に従事していない場合

就業時間外（休憩時間や就業時間の前後）に事業場の施設内にいて業務に従事していないときに発生した災害は、業務災害とは認められません。

休憩時間中や就業前後は、実際に業務に従事しておらず、行為そのものは私的行為となることから、業務上とは認められません。ただし、事業場の施設や設備や管理状況等が原因で発生した災害は業務災害となります。

[3]事業主の支配下にあるが、管理下を離れた業務に従事している場合

出張や社用での外出などにより事業場の施設外で業務に従事しているときに発生した災害は、積極的な私的行為を行うなどの特段の事情がない限り、一般的には業務災害と認められます。

事業主の管理下を離れてはいるものの、労働契約に基づき事業主の命令を受けて仕事をしているときは、事業主の支配下にあるものと考えます。

3.上肢障害の労災認定の要件

ご質問では、パソコンで経理作業をしている社員から、「長時間の業務で腱鞘炎になった」と申し出があったとのことです。

厚生労働省では、腱鞘炎などの上肢作業の負荷によって発症する疾病についての業務上外の認定に関し「上肢作業に基づく疾病の業務上外の認定基準について」（平9.2.3　基発65。以下、局長通達）を発出しています。

従前は「キーパンチャー等上肢作業にもとづく疾病の業務上外の認定基準の運用上の留意点について」（昭50.2.5　事務連絡7）として、主として「頚肩腕症候群」に関する業務上外を判断す

る上での基準であったものを、作業方法の変化等により上肢作業者に発症する疾病の多様化を受け、認定基準の対象とする疾病の範囲、対象業務等について全般的に見直しを行ったものです。

この中で、上肢障害の認定要件について、次の①～③のすべての要件を満たし、医学上療養が必要と認められる上肢障害について、業務上の疾病として取り扱うこととされています。

①上肢等に負担のかかる作業を主とする業務に相当期間従事した後に発症したものであること

②発症前に過重な業務に就労したこと

③過重な業務への就労と発症までの経過が、医学上妥当なものと認められること

[1]「上肢等に負担のかかる作業」とは

局長通達では、「上肢等に負担のかかる作業」について、具体的には、次のいずれかに該当する上肢等を過度に使用する必要のある作業を挙げています。

①上肢の反復動作の多い作業

②上肢を上げた状態で行う作業

③頸部、肩の動きが少なく姿勢が拘束される作業

④上肢等の特定の部位に負担のかかる状態で行う作業

[2]「相当期間従事した」とは

原則として6カ月程度以上従事した場合をいいます。これについては「業務に慣れるのにおおむね3か月を要し、この期間中の症状はいわば作業不慣れからくる単なる疲労と認められるものが多いことによるものであること。また、腱鞘炎等については、作業従事期間が6か月程度に満たない場合でも発症することがあるとしたが、この場合の認定に当たっても、局長通達記の第1の2の認定要件を満たす必要があること。なお、腱鞘炎等の関節・神経の急性的な炎症症状については、過重な業務により比較的短期間での発症はあり得るが、いわゆる『頸肩腕症候群』については、一般的には6か月程度以上の作業従事期間を有する労働者に認められるものであること」とされていま

す（「上肢作業に基づく疾病の業務上外の認定基準についての運用上の留意点について」平9.2.3 事務連絡1）。

[3]「過重な業務に就労した」とは

発症直前3カ月間に、上肢等に負担のかかる作業を次のような状況で行った場合をいいます。

①業務量がほぼ一定している場合

同種の労働者よりも10％以上業務量が多い日が3カ月程度続いた。

②業務量にバラつきがある場合

（ⅰ）1日の業務量が通常より20％以上多い日が1カ月のうち10日程度あり、それが3カ月程度続いた（1カ月間の業務量の総量が通常と同じでもよい）。

（ⅱ）1日の労働時間の3分の1程度の時間に行う業務量が通常より20％以上多い日が1カ月のうち10日程度あり、それが3カ月程度続いた（1日の平均では通常と同じでもよい）。

4.認定に当たっての基本的考え方について

局長通達では、「上肢作業に伴う上肢等の運動器の障害は、加齢や日常生活とも密接に関連しており、その発症には、業務以外の個体要因（例えば年齢、素因、体力等）や日常生活要因（例えば家事労働、育児、スポーツ等）が関与している。また、上肢等に負担のかかる作業と同様な動作は、日常生活の中にも多数存在している。したがって、これらの要因をも検討した上で、上肢作業者が、業務により上肢を過度に使用した結果発症したと考えられる場合には、業務に起因することが明らかな疾病として取り扱うものである」としています。

会社は、従業員から必要な証明を求められた場合には、速やかに証明を行い、申請に協力した上で、労働基準監督署長の判断に委ねるようにしてください。

（益田　浩一郎）

Q290 会社が禁止しているにもかかわらず、隠れてマイカー通勤をした社員の事故は通勤災害となるか

当社では就業規則でマイカー通勤を禁止していますが、隠れてマイカー通勤をしていた社員が通勤途中に交通事故を起こしました。このような場合、通勤災害と認定されるのでしょうか。

 就業規則で禁止していたとしても、「合理的な経路および方法」などの要件を満たしていれば、通常は通勤災害と認められる

1. 通勤災害の要件

通勤災害とは、文字どおり通勤によって労働者が被った傷病等をいいます。ここでいう通勤とは、就業に関し、①住居と就業の場所との間の往復、②就業の場所から他の就業の場所への移動、③単身赴任先住居と帰省先住居との間の移動を、合理的な経路および方法で行うことをいい、業務の性質を有するものを除くとされています（労災法7条2項）。

なお、移動の経路を逸脱し、または中断した場合には、逸脱または中断の間およびその後の移動は「通勤」とはみなされません。ただし、例外的に認められた行為で逸脱または中断した場合には、その後の移動は「通勤」として労災保険の対象となります。

厚生労働省令で例外と認められる行為
- 日用品の購入その他これに準ずる行為
- 職業訓練や学校教育、その他これらに準ずる教育訓練であって職業能力の開発向上に資するものを受ける行為
- 選挙権の行使その他これに準ずる行為
- 病院または診療所において診察または治療を受けることその他これに準ずる行為
- 要介護状態にある配偶者、子、父母、孫、祖父母および兄弟姉妹ならびに配偶者の父母の介護（継続的にまたは反復して行われるものに限る）

2. 合理的な経路および方法について

前項に記載したとおり、通勤災害と認められるためには、就業に関し、住居と職場の移動等を合理的な経路および方法にて行うことが条件となります。ご質問のように就業規則で禁止されている方法（マイカー）で通勤することが合理的な方法といえるのかという問題があります。この「合理的方法」の考え方については、行政解釈（昭48.11.22　基発644、平27．3．31　基発0331第21、平28.12.28　基発1228第1）で次のように示されています。

鉄道、バス等の公共交通機関を利用し、自動車、自転車等を本来の用法に従って使用する場合、徒歩の場合等、通常用いられる交通方法は、当該労働者が平常用いているか否かにかかわらず一般に合理的な方法と認められる

就業規則で申請している方法かどうか、普段使っている方法かどうかという点は問われず、電車、バス等の公共交通機関のほか、マイカーについても通常用いられる交通方法として、労災法上は合理的な方法と認められます。

したがって、ご質問のケースでは、通勤を行う場合に、一般に労働者が用いる経路であれば、就業規則に違反していたとしても、合理的な方法として、通常は通勤災害として認められることになります。

3. その他実務上の留意点

通勤災害に該当するかどうかとは別の問題とし

て、就業規則に反してマイカー通勤をしていたという事実がありますので、違反者に対しては何らかのペナルティー（懲戒処分）を課すことも考えられます。違反期間や交通事故の程度、本人の反省の態度などを総合考慮の上、処分内容を決定することになります。

また、通勤手当として公共交通機関の定期券代などを支給されている場合には、虚偽の申告により交通費を不正に受給していたことになります。賃金規程により、実際の通勤に要した費用を補塡する目的で通勤手当を支給しているのであれば、使用してこなかった公共交通機関の定期券代については返還を求めることが可能となります。

（山口　寛志）

業務として取引先と会食した後、二次会からの帰宅途中に負傷した場合、通勤災害となるか

当社の営業社員が、帰宅途中に駅の階段から転落し負傷しました。業務の一環として取引先との懇親会に出席した後、親しい先方の担当者と別の飲食店で二次会を催し、その終了後のこととなります。この場合、通勤の中断となり、通勤災害には当たらないのでしょうか。

取引先との会食後の二次会が「業務」であったかどうかによって、当該事故が通勤災害となるかが判断される

1. 通勤災害の範囲

通勤災害とは、「労働者の通勤による負傷、疾病、障害又は死亡」のことをいいます（労災法7条1項2号）。ここでの「通勤」とは、「就業に関し、次（[図表1]）に掲げる移動を合理的な経路及び方法により行うことをいい、業務の性質を有するものを除くもの」（同条2項）と定められています。なお、通勤途中に経路を逸脱したり、通勤とは無関係な行為をした場合（中断）には、その後、たとえ通勤経路に戻ったとしても、労災法上の「通勤」とは認められません。

ただし、逸脱や中断が、日用品の購入や通勤等の日常生活において必要な行為であれば、逸脱や中断している間は「通勤」と認められませんが、通勤経路に戻った後は「通勤」と認められます[図表2]。また、通勤災害とされるためには、「労働者の就業に関する移動が労災保険法における通勤の要件を満たしていること（通勤遂行性）」を前提として、「その災害が労災保険法における

図表1　通勤となる移動

❶住居と就業の場所との間の往復
❷就業の場所から他の就業の場所への移動
❸住居と就業の場所との間の往復に先行し、または後続する住居間の移動

図表2　厚生労働省令で定める逸脱、中断の例外となる行為

❶日用品の購入その他これに準ずる行為
❷職業訓練、学校教育法1条に規定する学校において行われる教育その他これらに準ずる教育訓練であって職業能力の開発向上に資するものを受ける行為
❸選挙権の行使その他これに準ずる行為
❹病院または診療所において診察または治療を受けることその他これに準ずる行為
❺要介護状態にある配偶者、子、父母、孫、祖父母および兄弟姉妹ならびに配偶者の父母の介護（継続的にまたは反復して行われるものに限る）

通勤に通常伴う危険が具体化したものと認められること（通勤起因性）」が必要となります。

2.通勤遂行性と通勤起因性とは

「通勤遂行性」とは、災害の発生時に労災法に規定される「通勤」を行っていたことをいい、その災害が通勤災害として認められるための前提条件となります。

次に「通勤起因性」とは、「通勤との間に相当な因果関係のあること、つまり、通勤に通常伴う危険が具体化したこと」（昭48.11.22　基発644、平27．3.31　基発0331第21、平28.12.28　基発1228第1）をいいます。ここでいう「通勤に通常伴う危険」とは、具体的には、最寄り駅まで自転車で走行中に自動車にひかれた場合、電車が急停車したため転倒して負傷した場合、駅の階段から足がもつれて転落した場合など、通勤途上で通常に起こり得る危険を意味しています。

3.ご質問に対する検討

ご質問のケースでは、まず、帰宅途中に駅の階段から転落し負傷した事故ですので、「通勤起因性」については該当すると考えられます。そこで、検討すべき点としては、「通勤遂行性」のうち「就業に関して」の部分であり、当該社員の帰宅行為が業務を終えたことによって行われたものであるかどうかの点になります。つまり、帰宅行為の直前に当たる取引先との会食後の二次会が、当該社員の「業務」であったかどうかが、通勤災害であるか否かの判断のポイントとなります。

[1]取引先との会食の業務性の判断

取引先との会食については、「業務の一環として」ともあるように、当該社員にとって会食の参加には上司による指示等の義務性があり、会食参加の目的も取引先との意見交換等の位置づけとして業務性があることが想定されます。

[2]二次会の業務性の判断

次に、二次会については、「親しい先方の担当者と別の飲食店で」とあり、参加自体が自由であり、取引先であっても親しい担当者のみとの懇親を深めることが目的であった可能性が想定されます。その場合には、使用者の関知しない私的な飲食であって、業務性がないものと判断されますので、二次会に参加した時点で通勤の「中断」となり、当該事故は通勤災害に当たらないことになります。

ただし、二次会であっても、実質的に義務性および業務性があったと判断される実態がある場合には、実質、前の会食がそのまま継続しているものとして、二次会も含めて当該社員の「業務」であると認められる可能性もあります。「業務」であると認められる可能性がある実態例として、「会社が二次会の参加まで事前に指示している」「会社が二次会の費用まで了承し精算している」「前の会食と参加者がほとんど変わっていない」等の状況が考えられます。その場合には、二次会に参加した後の帰宅は「通勤」となり、当該事故は通勤災害に当たることになります。

[3]二次会が逸脱、中断の例外に当たるか

また、二次会の参加がたとえ「業務」でなかったとして、これが「逸脱、中断」の例外に当たる「日用品の購入や通勤等の日常生活において必要な行為」に該当するかどうかでも判断が分かれます。この点について、二次会の参加は [図表2] のいずれの行為にも該当しないため、通常の通勤経路に復したとしても通勤とは認められません。

4.実務上の留意点

なお、労災保険における通勤災害の認定は、ケースによって、その判断が異なることが少なくありません。ご質問のケースでは、実際の二次会の細かな状況によって判断が変わってくる可能性がありますので、通勤災害に当たるか否かは、勝手に判断するのではなく、必ず所轄労働基準監督署に確認されることをお勧めします。

（社会保険労務士法人みらいコンサルティング）

Q292 会社が認めていない、定期券代が安価になるルートでの通勤途上で負傷した場合、通勤災害となるか

当社では通勤手当の支給に当たって、社員の自宅から会社まで最も短い時間で通勤でき、かつ負担の少ないルートを会社が指定しています。一方、社員の中には、通勤定期券代がより安価になるように、私鉄路線を乗り継いだり、路線バスを利用したりして、大きく迂回するルートで通勤している者がいるようです。こうした社員が通勤途上で事故に遭い負傷した場合、通勤災害となるのでしょうか。また、通勤手当の支給額と実際の通勤費の差額につき返還を求めたり、手当の不正受給を理由に懲戒処分を科したりすることは可能でしょうか。

A

一般人が極端な迂回であると感じるなどの特段の事情がない限り、通勤災害として認定されると思われる。本ケースでは、通勤手当の支給額と実際の通勤費との差額の返還を求めることはできず、懲戒処分を科すのも困難と思われる

1.通勤災害の要件

労災法7条2項は、通勤災害における通勤について、「労働者が、就業に関し、次に掲げる移動を、合理的な経路及び方法により行うことをいい、業務の性質を有するものを除く」と定めており、「次に掲げる移動」とは、①住居と就業の場所との間の往復、②就業の場所から他の就業の場所への移動、③住居と就業の場所との間の往復に先行し、または後続する住居間の移動（単身赴任している者など一定の要件を満たしたものに限る）とされています。また、同条3項は、移動の経路を逸脱し、または移動を中断した場合には、当該逸脱または中断の間およびその後の移動は通勤とは扱わないと定めています。

したがって、通勤災害の要件は、労働者が①就業に関し、②「住居」と③「就業の場所」との間の往復を、④合理的な経路および方法により行うこと、⑤業務の性質を有しないこととなります。

ご質問のケースの場合、①～③および⑤の要件を満たすことは明らかであり、④が問題となります。

2.合理的な経路および方法の判断基準

合理的な経路および方法とは、当該住居と就業の場所との間を往復する場合に、一般に労働者が用いると認められる経路および手段等をいうとされています。例えば、通勤定期券に表示され、あるいは、会社に届け出ているような鉄道、バス等の通常利用する経路がこれに当たることは当然ですが、通常これに代替することが考えられる経路（例えば、通常電車で通勤している労働者がバスで通勤する場合の経路等）も合理的な経路となります。また、タクシー、マイカーを利用する場合等に、通常利用することが考えられる経路が幾つかあるような場合には、その経路はいずれも合理的な経路となります。

逆に、特段の合理的な理由もなく著しく遠回りとなるような経路をとる場合には、合理的な経路とは認められません。また、合理的な経路と認められるには、利用する手段等と併せてみて、当該経路をとることが合理的なものであると考えられることが必要であり、鉄道線路、鉄橋、トンネル等を歩行して通る場合等は、経路と手段との組み合わせから考えて合理的な経路とはならないとされています（昭48.11.22 基発644、平27. 3.31 基発0331第21、平28.12.28 基発1228第1）。

3.ご質問のケースの場合

ご質問のケースでは、通勤経路を会社が指定していますが、合理的な経路および方法とは、上述

のとおり「当該住居と就業の場所との間を往復する場合に、一般に労働者が用いると認められる経路および手段等」をいうものですので、会社が指定した通勤経路でなくとも「合理的な経路および方法」に該当する場合があります。

そして、ご質問のケースでは、通勤定期券代がより安価になるように私鉄路線を乗り継いだり、路線バスを利用したりして大きく迂回するルートで通勤しているとのことですが、首都圏におけるJR、地下鉄、私鉄の網の目の交通網からすれば、使用し得る複数の経路があることは十分に考えられ、極端な迂回でない限り（首都圏内では考えにくい）、一般的には「合理的な経路および方法」に該当し、通勤災害と認められる可能性が高いと思われます。極端な迂回に該当するか否かは個別判断となりますが、一般的な人の感覚として「ここからここまでの移動で、この経路はあり得ない」と考えられる場合には、「合理的な経路」の要件を満たさないことになると考えます。

4．差額の返還および懲戒処分の可否

いわゆる通勤手当等の不正受給の典型例は、虚偽の住所を申告して通勤手当を不正受給するとか、より安価で合理的な通勤経路があるにもかかわらず、それを秘して高い金額となる通勤経路を申請し、差額を不正受給するというものですが、ご質問のケースは、いわゆる典型例の場合とは異なっています。

ご質問のケースでは、社員が通勤経路を申告して、それに基づき会社が通勤費を支給するのではなく、会社が社員の自宅から会社までの通勤経路を決定し、それに要する通勤手当を支給するものと思われます。

そうだとすると、社員がより安価な通勤経路を使用し、通勤手当額との差額が出たとしても、会社に損害（損失）が発生するものではありません。たとえとして極端かもしれませんが、食事手当として1日500円を支給していた場合に、300円しか使わなかったとしても200円を返還しなければならないわけではないことと同様と考えることができるでしょう。

したがって、ご質問のケースでは、通勤手当の支給額と実際の通勤費の差額を返還させることはできません。

また、懲戒処分についても基本的には同様であり、通勤手当の不正受給とは言い難いので、懲戒処分をするのは難しいでしょう。ただし、会社の通勤手当制度として、会社の指定した経路での通勤を義務づけていると解釈できれば、当該義務に違反したとして懲戒処分をする余地もありますが、その違反は軽微なものと評価され、量定としては極めて軽い処分しかできないでしょう。

ご質問のケースの特徴は、いわゆる典型的な通勤手当の不正受給のケースとは違い、会社に損害を与えるものではない点にあることに留意する必要があります。

（岡崎　教行）

保育所へ子どもを迎えに行くため通常とは違う通勤経路を取り、交通事故に遭った場合、通勤災害となるか

当社の社員が退社後、保育所に子どもを迎えに行った際、交通事故に遭いました。普段は配偶者が迎えに行くことになっているものの、急な所用でその日だけ対応できず、代わりに出向いた際に本人の不注意から自動車と接触したようです。この場合、通勤災害となるでしょうか。

被災者の配偶者が就業者であり、かつ、一般的に用いられる交通手段（明らかに合

労災・通災

A

理性を欠く方法を除く）により子どもを迎えに行く場合には、当該移動は「合理的な経路及び方法」による移動に該当し、「通勤災害」として認められる可能性は高い

1.通勤災害とは

通勤災害とは、「労働者の通勤による負傷、疾病、障害又は死亡」をいいます（労災法7条1項）。

また、通勤とは、労働者が就業に関し、以下の①〜③のいずれかの移動を、合理的な経路および方法により行うことをいいます。

①住居と就業の場所との間の往復（例：自宅から勤務先への出勤、勤務先から自宅への帰宅）

②就業の場所から他の就業の場所への移動（例：1日に二つの勤務先へ就業する場合の移動）

③①の往復に先行し、または後続する住居間の移動（例：単身赴任者の居住地と家族の居住地との居住地間の移動）

通勤の途中で、労働者が往復の経路を逸脱し、往復を中断した場合には、それ以降は、原則として通勤とは認められません。しかし、当該逸脱、中断が日常生活上必要な行為のうち、厚生労働省令で定めるやむを得ない事由により行う最小限度のものである場合には、その間を除き、その後の往復は、通勤となります。

2.合理的な経路とは

ご質問のケースでは、保育所へ子どもを迎えに行く経路が「合理的な経路」に該当するか否かが問題となるかと考えます。行政解釈（昭48.11.22基発644、最終改正：平28.12.28 基発1228第1）では、「他に子供を監護する者がいない共稼労働者が託児所、親せき等にあずけるためにとる経路などは、そのような立場にある労働者であれば、当然、就業のためにとらざるを得ない経路であるので、合理的な経路となる」とされています。

すなわち、ご質問のケースでは、被災者の配偶者が専業主婦（専業主夫）に該当せず、就業者である場合には、被災者は「子供を監護する者がいない共稼労働者」に該当します。そのため、やむを得ない急な事情により配偶者の代わりに子ども

を迎えに行くときの経路は、「合理的な経路」として認められる可能性が高いと考えます。

一方で、当該配偶者が専業主婦（専業主夫）の家庭の場合においては、被災者は「子供を監護する者がいない共稼労働者」に該当しませんので、子どもを迎えに行く経路は、「合理的な経路」として認められない可能性が高いと考えます。

3.合理的な方法とは

同通達において、「鉄道、バス等の公共交通機関を利用し、自動車、自転車等を本来の用法に従って使用する場合、徒歩の場合等、通常用いられる交通方法は、当該労働者が平常用いているか否かにかかわらず一般に合理的な方法と認められる」とされています。

また、同通達においては、「免許を一度も取得したことのないような者が自動車を運転する場合、自動車、自転車等を泥酔して運転するような場合には、合理的な方法と認められない」と定められており、「飲酒運転の場合、単なる免許証不携帯、免許証更新忘れによる無免許運転の場合等は、必ずしも、合理性を欠くものとして取り扱う必要はないが、この場合において、諸般の事情を勘案し、給付の支給制限が行われることがある」とされています。

すなわち、「合理的な方法」は、平常用いられる交通手段に限定されておらず、一般的に用いられる交通手段（公共交通機関、本来の用法に従った自動車・自転車運転、徒歩等）であれば「合理的な方法」として認められると考えます。ただし、運転未経験者が無免許で運転する場合や泥酔状態での自動車、自転車等運転をする場合等は、「合理的な方法」とは認められませんので注意してください。

4.ご質問のケース

ご質問のケースにおいては、「通勤」として認

609

められるために、以下の二つの条件をいずれも満たしていることが必要となります。
①被災者が「子供を監護する者がいない共稼労働者」に該当すること
②被災者の交通手段が「自動車を運転したことがない無免許運転の場合や泥酔で自動車、自転車等を運転する場合」等、明らかに合理性を欠く方法でなく、一般的に用いられる交通手段(公共交通機関、本来の用法に従った自動車・自転車運転、徒歩等)であること

すなわち、被災者の配偶者が就業者であり、かつ、一般的に用いられる交通手段(明らかに合理性を欠く方法を除く)により子どもを迎えに行く場合には、当該移動は、「合理的な経路及び方法」による移動に該当し、「通勤」として認められる可能性は高いと考えます。

一方で、被災者の配偶者が専業主婦(専業主夫)である場合には、当該移動は「合理的な経路」に該当しないため、「通勤」として認められる可能性は低いと考えます。また、被災者の交通手段が明らかに合理性を欠く方法(運転未経験者が無免許運転する場合や泥酔での自動車、自転車等運転)により子どもを迎えに行く場合には、当該移動は、「合理的な方法」に該当しないこととなり、「通勤」として認められる可能性は低いといえます。

被災者の配偶者が専業主婦(専業主夫)であるか否か、交通手段が合理的手段によるものであるか否かによっても、ご質問のケースにおける移動が「通勤」に該当するか否かの判断は分かれます。実務上の対応としては、被災者の配偶者の就業実態および移動のための交通手段を具体的に把握することが必要となることに注意してください。

(社会保険労務士法人みらいコンサルティング)

インターンシップ中にけがをした学生に労災保険は適用されるか

当社では、例年8~9月の夏休み期間に、大学生を対象とするインターンシップを開催しています。アルバイト程度の日当を支給していますが、現場での実習中にけがをした場合、労災保険は適用されるのでしょうか。

労災保険は、インターンシップの参加学生が労働者と判断される場合に適用される。その判断は、指揮命令の有無、賃金支払いの有無など個々の実態による

1.労災保険が適用される労働者とは
[1]労災法における労働者

労災保険は、労働者が業務上の事由または通勤による災害を被った場合に必要な保険給付を行うことを主な目的としており、労災保険が適用される事業のすべての労働者が対象となります。この「労働者」について労災法では明確に規定していませんが、そもそも労災保険が労基法第8章に定める「災害補償」を肩代わりする趣旨の制度であることから、労基法9条に定める「労働者」と同意義と解しています。

[2]労基法上の労働者

労基法9条では、労働者について、「職業の種類を問わず、事業又は事務所(中略)に使用される者で、賃金を支払われる者をいう」と規定しています。つまり、ご質問のケースでインターン

シップの参加学生が労災保険の適用対象となるかについては、その学生が同法上の「労働者」、すなわち「事業等に使用される者」であって、その対償としての「賃金を支払われる者」であるか否かで決まってくるわけです。

2.インターンシップ参加学生の労働者性

なお、実際にインターンシップの参加学生が労基法上の「労働者」に該当するか否かを判断するに当たっては、参考となる行政通達があります。

それによると、「一般に、インターンシップにおいての実習が、見学や体験的なものであり使用者から業務に係る指揮命令を受けていると解されないなど使用従属関係が認められない場合には、労働基準法第9条に規定される労働者に該当しないものであるが、直接生産活動に従事するなど当該作業による利益・効果が当該事業場に帰属し、かつ、事業場と学生との間に使用従属関係が認められる場合には、当該学生は労働者に該当するものと考えられ、また、この判断は、個々の実態に即して行う必要がある」（平 9．9.18　基発636）と解されています。

また、商船大学および商船高等専門学校が学生の工場実習を民間の事業場に委託する際、実習生を労働者として取り扱わないとする行政通達（昭57．2.19　基発121）では、そのような取り扱いをする実習の方法および管理について、次のように定めています（必要部分を要約して抜粋）。

- 実習は現場実習を中心として行われており、その実習は、通常、一般労働者とは明確に区別された場所で行われ、あるいは見学により行われている
- 実習が生産ラインの中で行われている場合であっても、軽度の補助的作業に従事する程度にとどまり、実習生が直接生産活動に従事しない
- 実習生の欠勤、遅刻、早退の状況が、最終的には大学等において把握・管理されている
- 実習生の実習規律については、通常、委託先事業場の諸規則が準用されているが、それら

に違反した場合にも、委託先事業場としての制裁が課されない
- 実習生には、通常、委託先事業場から一定額の手当が支給されているが、交通費等の実費補助的、ないし恩恵的性格のものである

これらの行政通達から見ると、インターンシップの参加学生については、個々のプログラムの実態が、見学や実習的なものであり、それに対する手当が実費弁償的なものであれば労働者には該当しないが、通常の労働者と同様に現場の指揮命令を受けて作業等をし、その対価として手当の支払いを受けているような場合は、労働者と判断されるということです。

3.結論として

ご質問のケースでは、インターンシップの期間中、学生にアルバイト程度の日当を支給しているとのことです。プログラムの詳細や日当の金額は分かりませんが、そのプログラムの中で、学生が現場の指揮命令を受けて、主に貴社のアルバイトやその他の従業員と同様の作業を行い、その対価としてアルバイトの賃金と同程度の日当を受け取るというような場合であれば「事業等に使用され、賃金が支払われる者」となるため、その学生は「労働者」となり、労災保険が適用されます。したがって、学生が作業中に負傷した場合などは「業務上の負傷」となり、労災保険から保険給付を受けることができます。

一方、プログラムの内容が他の労働者とは異なるライン・場所で行われる体験的なものや見学であるなど、指揮命令関係がなく、日当を支給するとしても交通費や昼食代などの実費程度の金額であれば、「労働者」とは判断されず、労災保険の適用対象とはなりません。

4.その他の注意事項

ところで、インターンシップの参加学生が労働者と判断されれば、労働保険料の算定・納付の際には、学生に支払う賃金も賃金総額に含めて算定しなければなりません。また、労基法や、最賃法

などの法令も適用されることから、法令を下回る労働条件にならないよう、留意する必要があります。

なお、労働者性のないインターンシップの場合には、労災保険の適用がないため、インターンシップ中の事故に備えて、賠償責任保険等への加入を検討することも必要です。

（武澤　健太郎）

社会保険・
労働保険

育児休業中の社員が転職する場合、育児休業給付の取り扱いはどうなるか

先日、育児休業中の社員から「以前のような働き方は無理なので、保育所に近い、軽易な業務を行う会社に転職したい」旨の連絡がありました。当社としては、比較的軽易な業務ができる部署への異動や在宅勤務制度の活用なども提案したのですが、当該社員の意向もあり、了承することになりました。この場合、現在受給している育児休業給付の取り扱いはどうなるのでしょうか。そのほか、育児休業または出生時育児休業中の退職に際し、手続き上留意すべきことがあればご教示願います。

育児休業または出生時育児休業期間中に退職する場合は、退職日を含む支給単位期間の一つ前の支給単位期間まで育児休業給付金または出生時育児休業給付金の支給対象となる。ただし、あらかじめ退職が決まっている場合は支給されないことに注意が必要

1.育児休業給付金および出生時育児休業給付金

育児休業給付とは、雇用保険の被保険者である男女労働者が育児休業を取得しやすくし、その後の円滑な職場復帰を援助・促進することにより、育児をする労働者の職業生活の円滑な継続を目的に創設されました。

令和4年10月1日には、育介法が改正され、子が1歳までの育児休業の分割取得や育児休業とは別に出生時育児休業（産後パパ育休）の取得が可能となり、これに対応した育児休業給付金が受けられるようになりました。具体的には、雇用保険の被保険者が、1歳（一定の要件に該当した場合は1歳2カ月。さらに一定の要件に該当した場合は1歳6カ月または2歳）に満たない子を養育するための育児休業（2回まで分割取得可）を取得した場合、一定の要件を満たすと育児休業給付金の支給を受けることができます。

また、子の出生後8週間の期間内に合計4週間分（28日）を限度として、出生時育児休業（産後パパ育休・2回まで分割取得可）を取得した場合、一定の要件を満たすと出生時育児休業給付金の支給を受けることができます。

育児休業給付金または出生時育児休業給付金の支給額は、休業開始時賃金日額×支給日数（出生時育児休業給付金の場合は休業期間の日数で、28日が上限）×給付率により計算され、給付率は、育児休業給付金および出生時育児休業給付金の支給日数の合計が180日までは67％、181日目以降は50％となります。

2.受給中に退職した場合

ご質問のケースのように、女性労働者の場合は出産後の状況や、労働者自身もしくは子の健康上の問題などで、やむを得ず退職することもあろうかと思います。育児休業給付金または出生時育児休業給付金の受給資格確認後に、支給単位期間（育児休業を開始した日から起算した1カ月ごとの期間をいう）の途中で退職した場合は、その退職日を含む支給単位期間の一つ前の支給単位期間までは支給対象となります。ただし、支給単位期間の末日で退職した場合は当該期間も含みます[図表]。

当該支給対象期間に係る育児休業給付金または出生時育児休業給付金の支給申請については、支給申請期間中でなくとも、雇用保険の被保険者資格を喪失した日以後、指定されていた支給申請期間の末日までであれば、行うことができます。この支給申請は、なるべく雇用保険の被保険者資格

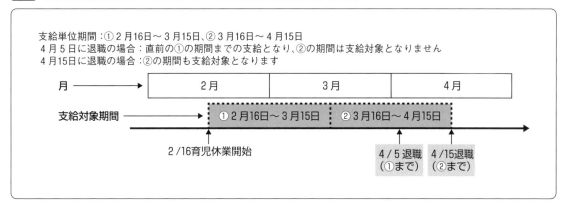

図表　育児休業開始日が2月16日のケースの支給対象期間の考え方

喪失届の提出と同時に行うことが望まれます。また、当然ながら、退職までに受給した給付金を返金する必要はありませんので、心配する労働者がいる場合には、事前に伝えることがよいでしょう。

3. 退職を予定している場合

育児休業給付金または出生時育児休業給付金は、休業取得後の職場復帰を前提とした給付金であるため、休業当初から既に退職が確定（予定）している場合は、支給の対象とならないことに注意が必要です。

退職が確定しており、職場復帰を予定していないにもかかわらず、不正に育児休業給付金または出生時育児休業給付金の支給を受け、または受けようとした場合は、実際に受けたか否かを問わず、不正受給として処分されかねません。また、事業主が虚偽の申請書類を提出した場合は、事業主も連帯して返還命令または納付命令処分がなされることがあります。

4. その他退職時の留意点
[1] 転職先での継続受給

退職後1日の空白もなく転職した者が雇用保険の被保険者となり、引き続き子が1歳までの育児休業を取得する場合は、育児休業を分割して取得したものとして取り扱われます。そのため、退職前に既に2回の育児休業を取得していた場合には、転職後は3回目となるため取得することができません。

また、退職後1日以上の空白がある場合も、同様に子が1歳までの育児休業を分割して取得したものとして取り扱われますが、この場合には新たに取得することになった雇用保険の被保険者資格に基づいて、再度受給資格確認が必要になります。転職先の管轄公共職業安定所で再度受給資格確認が行われますが、休業開始時賃金日額の算定に当たっては、被保険者休業開始時賃金月額証明書に代えて、離職票により行われます。

[2] 養育特例

労働者が育児休業から職場復帰をすると、労働者の申し出により、3歳未満の子を養育する期間における年金額計算の特例について、厚生年金保険養育期間標準報酬月額特例申出書を管轄年金事務所に提出することがあります。当該労働者が退職し、転職先で厚生年金保険の被保険者となる場合は、転職先の管轄年金事務所へ再度、提出することになります。

5. まとめ

育児休業給付金または出生時育児休業給付金は、本来職場復帰を前提とした給付金ですが、労働者の子育てに関する事情や考え方により、退職する労働者は存在します。ご質問にもありますように、労働者から話があった際、軽易な業務への転換や活用できる制度を案内するなど、育児を す

る労働者への配慮や環境整備を推進するとともに、これから育児休業または出生時育児休業を取得予定の労働者には育児休業給付が「職場復帰」をするためのものであることを伝えた上、制度としても会社としても育児をする労働者を応援するメッセージを伝えていくことがよいでしょう。

（社会保険労務士法人みらいコンサルティング）

失業給付との関係から65歳手前での退職となる雇用契約にしたいとの申し出に応じるべきか

当社は60歳定年ですが、本人の希望により1年契約で65歳まで再雇用しています。先日、再雇用契約時に64歳となる従業員から、「1年契約の65歳で退職すると、失業保険ではなく高年齢求職者給付金の受給となり、受給期間が短くなって損をすると聞くので、65歳手前で退職したい」との要望がありました。こうしたケースでは、契約期間を1年ではなく本人の希望どおり11カ月とするべきでしょうか。また、厚生年金との関係など、留意点があればご教示ください。

失業給付の日数は、基本手当と高年齢求職者給付金で異なる。しかし、法令に従い、自社の制度に基づき従業員を一律雇用している場合、個別に対応する必要はない。厚生年金についても調整方法が異なり、留意が必要

1.雇用保険の求職者給付における基本手当（失業給付）とは

雇用保険の被保険者が、自己都合退職、定年、会社都合、契約期間の満了等により離職した場合は、一定の要件を満たせば求職者給付を受給できます。この求職者給付は、労働者が失業した際に、生活に心配することなく、安心して就職活動に専念し、早期に再就職してもらうことを目的に所得保障として給付されるものです。

雇用保険の被保険者は4種類あり、①一般被保険者（以下の②③④以外の者）、②短期雇用特例被保険者（季節的に雇用され、または短期の雇用に就くことを常態とする者）、③高年齢被保険者（65歳以上の被保険者であって、②または④に該当しない者）、④日雇労働被保険者（日々雇用される者、または30日以内の期間を定めて雇用される者で、一定の要件に該当する者）に区分されますが、通常の多くの労働者は①一般被保険者に該当します。

一般被保険者が退職した際に支給される求職者給付を「基本手当」といい、一般的には「失業給付」と呼ばれていますが、基本手当は、離職の日における年齢、雇用保険の被保険者であった期間および離職の理由などによって決定され、90～360日の間で決定されます。なお、倒産・解雇等により再就職の準備をする時間の余裕がなく離職を余儀なくされた者を特定受給資格者、また期間の定めのある労働契約において労働者が更新を希望したにもかかわらず、更新されなかったことにより離職した者等を特定理由離職者といい、これらに該当した場合は保障が手厚くなっています。

2.雇用保険の高年齢求職者給付金とは

前述のとおり、雇用保険の被保険者は4種類に区分されますが、65歳以上の者は、③高年齢被保険者に該当します。なお、高年齢被保険者は、従来、65歳より前に雇用される一般被保険者が65歳以上も引き続き雇用された場合に限って、一般被保険者から高年齢被保険者に自動的に切り替わる制度でしたが、平成29年1月からは、65歳以上で

新たに雇用された場合も対象になりました。ちなみに、一般被保険者から高年齢被保険者に自動的に切り替わるのは、具体的には65歳に達した日の前日から65歳に達した日以後も引き続き雇用される場合になります。例えば、誕生日が6月8日のケースを考えると、65歳に達した日は誕生日の前日である6月7日になるため、その前日の6月6日から引き続き6月7日以降も雇用される場合に、6月7日に一般被保険者から高年齢被保険者に切り替わることになるのです。

なお、高年齢被保険者が退職した際に受給できる求職者給付を「高年齢求職者給付金（65歳以上の失業給付）」といいますが、一般被保険者が退職した際に受給できる基本手当と異なり、被保険者期間が1年未満であれば30日分、1年以上であれば50日分を一時金として一括で受給することになります。

3.ご質問に対する回答

ご質問のケースでは、従業員から、"65歳以上で退職すると失業給付の面で損になるため、65歳の手前で退職となるようにしたい"との要望を受けたとのことです。確かに、失業給付は一般被保険者と高年齢被保険者とで大きく異なり、一般被保険者であれば、90〜330日分を受給できるところ、高年齢被保険者については30日分または50日分となってしまいます。そのため、失業給付の日数だけを見れば、本人の言うとおり65歳以上で退職するほうが損をすることになります。とはいえ、企業には65歳まで雇用を確保する措置を講じる義務があり、60歳定年後、1年ごとに再雇用し原則65歳まで従業員を雇用しているわけです。したがって、法令に従い自社の制度に基づいて、全従業員一律に運用しているものですから、本人の希望に応じて個別に対応する必要はありません。もしこうした対応をすれば、今後も個々の従業員の要望を聞き入れざるを得なくなってしまいます。そもそも、本人が65歳より前にどうしても退職したければ、契約期間を短くしなくても、契約期間の途中で本人が自己都合退職を選択できるわけです。したがって、本人には、"全従業員一律の制度で運用しているので、対応できない"旨を伝えるのがよいと思います。

ちなみに、65歳より前に退職する場合のデメリットもあります。例えば、退職金制度が60歳以降も継続されているケースでは、退職事由によって退職金の係数等が異なる場合があるため、65歳より前に退職することによって退職金の支給額で大きく損をする可能性もあります。従業員は、必ずしも本人に影響があるすべての情報を把握し理解した上で申し出ているわけではないため、注意が必要です。

4.厚生年金との関係における留意点

ところで、65歳より前に受給できる特別支給の老齢厚生年金は、基本手当と併給できません。基本手当を受給するため、ハローワークに休職の申し込みをすれば、特別支給の老齢厚生年金は翌月分から支給停止となります。つまり、"二重取り"できない仕組みになっています。一方、65歳以上に支給される老齢厚生年金と高年齢求職者給付金は併給できます。このように厚生年金とも関係し、退職のタイミングによって最終的に本人の損得が分からなくなるケースもあるため、個別に対応すべきではないと考えます。

（武澤　健太郎）

Q297 傷病手当金を受け取っている休職中の社員がアルバイトをしていた場合、会社としてすべきことは何か

うつ病により休職し、傷病手当金を受け取っている社員が、この休職期間中にアルバイトを行っていることが判明しました。給与が支払われている間は傷病手当金が支払われないことになっていると思いますが、当社で働いているわけでもなければ、本人いわくリハビリのつもりだったとのことです。この場合、当社としてはどのような対応を取る必要があるのでしょうか。

A 傷病手当金の請求に関しては、アルバイトの事実を保険者に伝え、判断を仰ぐべき。また、これを機に休職中のルールを再度徹底する必要がある

1.傷病手当金の要件

ご質問のケースにおいて会社の対応を検討するに当たり、まず気になるのが現在受給している傷病手当金についてでしょう。

傷病手当金は、被保険者が業務外の事由により傷病にかかり、療養のため休業しなければならない場合の所得保障を目的とした健康保険法上の制度です（健康保険法99条）。その趣旨から、傷病手当金を受給するには次の要件を満たす必要があります。

①業務外の事由による傷病の療養のための休業であること
②業務に従事できないこと（いわゆる労務不能であること）
③連続する3日間を含み4日以上就業できないこと
④休業期間について給与の支払いがないこと

なお、④については、給与の支払いがあったとしても、傷病手当金の額よりも給与額が少ない場合は、その差額が傷病手当金として支給されます［図表］。

2.アルバイトと労務不能との関係

ここで問題となるのは、「休職期間中にアルバイトを行っている」ことであり、労務不能であったといえるのか（前記②の要件を満たすのか）、という点です。

そもそも、労務不能とは被保険者が傷病により業務に従事できないことをいいますが、「必ずしも医学的基準によらず、その被保険者の従事する業務の種別を考え、その本来の業務に堪えうるか否かを標準として社会通念に基づき認定する」（昭31．1.19　保文発340）とする通達があります。すなわち、業務に従事できるか否かの判定は、療養担当者の意見等に基づき、被保険者の仕事の内容を考慮の上、健康保険組合等の保険者によりなされます。

では、今回のように休職中であるにもかかわらずアルバイトを行った、という場合はどのように判定されるのでしょうか。

これに関しては、次のような通達があります（平15．2.25　保保発0225007・庁保険発4）。

「被保険者がその本来の職場における労務に就くことが不可能な場合であっても、現に職場転換その他の措置により就労可能な程度の他の比較的軽微な労務に服し、これによって相当額の報酬を得ているような場合は、労務不能には該当しないものであるが、<u>本来の職場における労務に対する代替的性格をもたない副業ないし内職等の労務に</u>

図表　傷病手当金の額（1日当たりの金額）

※支給開始日とは、一番最初に給付が支給された日のこと。

従事したり、あるいは傷病手当金の支給があるまでの間、一時的に軽微な他の労務に服することにより、賃金を得るような場合その他これらに準ずる場合には、通常なお労務不能に該当するものであること。

したがって、被保険者がその提供する労務に対する報酬を得ている場合に、そのことを理由に直ちに労務不能でない旨の認定をすることなく、労務内容、労務内容との関連におけるその報酬額等を十分検討のうえ労務不能に該当するかどうかの判断をされたいこと」（下線は筆者による）。

すなわち、単に「アルバイト等を行った」ということのみで「労務不能ではない」とされるわけではなく、そのアルバイト等の内容はじめ実態に基づき労務不能か否かの判定がなされることとなります。

3.今回のケースにおいて会社が取るべき対応
[1]傷病手当金の申請について

ご質問のケースでは、どの程度の期間アルバイトを行ったのか、またその内容がどのようなものなのかは明らかではありません。したがって、「本来の職場における労務に対する代替的性格をもたない副業ないし内職等の労務に従事したり、あるいは傷病手当金の支給があるまでの間、一時的に軽微な他の労務に服することにより、賃金を得るような場合その他これらに準ずる場合」に該当するケースといえるのかは断定できませんが、いまだ休職中であるため、傷病手当金の受給は継続できるものと思われます。ただし、他社でのアルバイトに関しては、業務に従事したという事実、所得保障という制度趣旨に鑑み、その分に対応する傷病手当金の支給額が停止される可能性は否定できません。

会社としては、請求する健康保険組合等に具体的な状況の説明や添付書類等を問い合わせた上で、手続きをするべきでしょう。たまたまとはいえ、アルバイトの事実を知りながら、不問に付す

ことはしてはならないといえます。当該社員にとっても不正受給となるおそれがあり、そのような事態を回避・防止する対応を会社として取るべきであるといえます。

[2]当該社員への対応について

一方で、当該社員への対応も検討しなければなりません。

就業規則の定めにより届け出のない兼業・副業の禁止が労働契約の内容となっている場合、会社への相談なくアルバイトをしたことは契約違反となりますので、当該行為には厳正に対処すべきものと考えます。兼業・副業を推進していくに際しても、本来休職中は療養に専念すべきことも併せ考えると、休職中に独断でアルバイトを行うことは服務違反に当たるともいえます。

ただし、今回のケースでは、本人はリハビリのつもりであったとのことであり、悪気はなかったとも見受けられますので、その言が信頼に足るものであれば、これを斟酌することも検討すべきでしょう。

4.今後に向けて会社が取るべき対応

以上のとおり、会社としては傷病手当金の請求と当該社員の行為への対応が必要となります。ただ後者については、会社として休職時のルールを作成していなかった、あるいは周知が徹底されていなかったという可能性もあります。

そうであれば、社員が勝手に判断しないように、休職中のルール（療養専念義務、守秘義務、定期報告等）を再度検討し、休職時の遵守事項や就業規則違反となる行為等を明確に定め、当該社員のみならず社員全体に対し周知徹底を図るべきでしょう。また、休職中の就業が傷病手当金の不正受給につながるおそれがあるとの注意喚起も行うべきです。昨今の兼業・副業を推進していく風潮にあっては、なおさら必要な対応ではないでしょうか。

（今泉　叔徳）

その他

Q298 労基法で求められる届け出のうち電子申請が可能なのはどのようなものか

現在、社内文書管理の電子化を進めており、人事労務分野の書類保存や届け出についても可能な範囲で電子媒体に移行したいと考えています。労基法の分野だけでも届け出手続きが多数定められていますが、このうち電子媒体を使用できるものはありますか。また、電子政府のホームページでは電子申請・届け出システムが設けられていますが、利用可能な手続き内容や利用上の注意点についてご教示ください。

 労基法上のすべての手続きにつき電子申請は可能

1.すべてが電子データに代替できるか

「時間外労働・休日労働に関する協定届(以下、36協定届)」や「専門業務型裁量労働に関する協定届」などに代表される、労基法にその届け出根拠を持つ手続きは、電子政府の総合窓口であるe-Gov(イーガブ)において、現在、すべて電子申請・届け出が可能となっています。

また、例えば36協定については、労基法36条1項において「……労働者の過半数を代表する者との書面による協定をし、これを行政官庁に届け出た場合においては……」というように、紙ベースの協定を求めていますが、いわゆるe-文書法および「厚生労働省の所管する法令の規定に基づく民間事業者等が行う書面の保存等における情報通信の技術の利用に関する省令について」(平17.3.31 基発0331014)において、書面に代わり電磁的記録により保存することが可能と定められています。

2.具体的な手続きの方法

ご質問にあるように、e-Govのホームページにおいて、その手続きの方法や流れにつき詳細が記載されていますが、それでも具体的にイメージすることはなかなかに難しいようです。

そこで、ここでは「就業規則の変更届」を例にして、届け出に際し必要なもの、およびその手続きの流れにつき、具体的に確認してみましょう。

[1]必要なものを用意する

電子申請を行うための環境に必要なものは、①すべての届け出に必要なもの、②届け出方法によって必要なものの2種類に分類できます([図表]参照)。

[図表]の(ⅰ)(ⅱ)についての動作環境などはe-Govのホームページで確認できます。

(ⅲ)のe-Govアカウントは、e-Govのホームページから取得手続きを行うことができます。e-Govアカウント以外に、GビズIDまたはMicrosoftアカウントを既に取得している場合には、これらのアカウントを利用することができます。

(ⅳ)のe-Gov電子申請アプリケーションは、無

図表 労基法上の電子申請による届け出に必要なもの

①すべての届け出に必要なもの	(ⅰ)パソコン
	(ⅱ)インターネット接続環境
	(ⅲ)e-Govアカウント(GビズIDまたはMicrosoftアカウントを取得済の場合はこれらのアカウントの利用可)
	(ⅳ)e-Gov電子申請アプリケーション
②届け出方法によって必要なもの	(ⅴ)提出代行に関する証明書(社会保険労務士証票のコピーを貼付)

料でe-Govのホームページよりダウンロードすることができます。

(v)の提出代行に関する証明書については、一般の事業所には直接関係ありませんが、委託している社会保険労務士に電子申請による手続きを代行依頼する場合には、その社会保険労務士が準備しなければならないものとなります。

[2]手続きの流れを理解する

必要な準備が完了しましたら、次は具体的な手続きの流れについて確認してみましょう。

まず、e-Gov電子申請アプリケーションを起動し、e-Govアカウントログイン画面からログインします。

トップページにある「手続検索」タブの「手続名称から探す」の検索ボックスに「就業規則」と入力して検索しますと、就業規則に関連する手続きが表示されます。

その中で「就業規則（変更）届（本社一括届出と各事業場単位による届出の2種類あります）」の「申請書入力へ」ボタンをクリックし、その後は申請書入力画面の指示に従って入力を進め、最後に「提出」ボタンをクリックして申請が完了となります。

申請書の提出完了後は、トップページにある「申請案件一覧」タブから、提出後の処理状況の確認や、発行された電子公文書をダウンロードすることができます。なお、36協定届・就業規則（変更）届等の主な届出・申請については、受付印の画像が付いた控えをダウンロードすることができます。

労基法に基づく「36協定届」「就業規則（変更）届」「1年単位の変形労働時間制に関する協定届」の三つの手続きの令和5年における電子申請の合計利用率は、31.41％となっています。厚生労働省は、これら三つの手続きの電子申請の合計利用率を令和8年度までに50％まで引き上げる目標としています。

リモートワークの普及や業務効率化に伴う電子申請への対応の必要性は、ますます高まっているといえるでしょう。

（社会保険労務士法人みらいコンサルティング）

企業が合併した場合、労働契約関係や労使関係などはどのように取り扱われるか

このたびA社とB社が合併することで、新会社C社になります。A、B両社にはa、b各労働組合があり、A、B両社の就業規則にも差があります。こうした合併の場合、C社における、A、B両社の就業規則等の労働契約関係や、a、b労働組合との労使関係で何か変化があるのでしょうか。

合併は新設会社（あるいは存続会社）が、消滅会社の権利義務関係を包括的に引き継ぐものであり、労働契約も同様である。したがって、合併をすることで労働契約関係等も変更にならず、そのまま引き継がれる

1.合併の法的性質

合併には、「新設合併」と「吸収合併」があります。新設合併とは、2以上の会社がする合併で、合併により消滅する会社の権利義務の全部を合併により設立する会社に承継させるものです（会社法2条28号）。一方、吸収合併とは、会社が他の会社とする合併で、合併により消滅する会社の権利義務の全部を合併後存続する会社に承継させるものです（同条27号）。

このように合併には二つの類型がありますが、

権利義務関係の全部を承継するという点で共通しています。

2.労働契約関係について

上記の"合併の法的性質"を踏まえた上で、ご質問にお答えします。

A社とB社には、会社である以上、それぞれに数多くの契約関係が存在しています。従業員との労働契約関係もその契約の一つです。従業員の労働条件を規律する就業規則も労働契約の一内容ですから、合併後の会社にそのまま引き継がれることになります。

A社の就業規則、B社の就業規則は、合併して新会社C社になった後もそのまま引き継がれることになり、旧A社の社員、旧B社の社員には、それぞれ旧A社の就業規則、旧B社の就業規則が適用されます。

合併と似て非なるものが営業譲渡です。ある会社の一部門をB社に営業譲渡する場合などがあります。全部の権利義務関係が引き継がれる合併とは異なり、特約がなければ当然には承継されません。そのため、営業譲渡の場合は従業員に対し転籍という手続きをとって、営業譲渡先に従業員を帰属させるのが通常です。合併の場合は当然に承継されますので、転籍を行う必要はありません。

3.労働契約関係の統一

合併は労働契約関係に何ら変更を及ぼしません。そうしますと、旧A社社員と旧B社社員間で、合併後のC社において当然に労働条件の統一化は図れません。そのため、例えば賃金体系が2本立てになってしまうことなどが生じます。

それでは、この労働条件を統一させたい場合はどのようにすればよいのでしょうか。A社、B社どちらかの賃金体系に合わせる場合、あるいは新しい体系を作る場合等いろいろな方法が考えられます。旧A社、旧B社より一切の労働条件が有利になるのであれば法的問題は生じませんが、一部に不利益な変更が生じることが多いと思われます。

労働条件を不利益に変更する場合には、個別の労働者から同意を得る、あるいは労働組合と新労働条件の協約を締結すれば、当該労働者あるいは当該労働組合員に新条件を適用することは可能です。同意が得られない場合、あるいは組合員以外の労働者にも適用させていく場合には、就業規則の改定により適用することとなります。その場合、労契法10条が適用され、労働者の受ける不利益の程度、労働条件の変更の必要性、変更後の就業規則の内容の相当性、労働組合等との交渉の状況等に照らして、新就業規則の合理性の有無が判断されます。大曲市農協事件（最高裁三小 昭63. 2. 16判決）では、合併に伴う退職金規定の変更が問題になりましたが、合併に伴う相互格差を是正する点で必要性が高い旨を判断しました。ただし、合併の一事をもってどのような不利益変更でも許されるものではありません。不利益性の程度が高い変更には代償措置、経過措置等を検討すべきです。

〈参考〉大曲市農協事件

一般に、従業員の労働条件が異なる複数の農協、会社等が合併した場合に、労働条件の統一的画一的処理の要請から、旧組織から引き継いだ従業員相互間の格差を是正し、単一の就業規則を作成、適用しなければならない必要性が高いことはいうまでもない。

4.合併と労働組合

A社、B社には、それぞれa労働組合、b労働組合が存在しています。A社・a労働組合間の労働協約、B社・b労働組合間の労働協約が存する場合、合併によってこれらの労働協約は影響を受けません。これらの労働協約はC社が引き継ぐこととなります。労働条件を規律する部分のみに限らず、団体交渉を定めた条項や争議行為について定めた条項等も同様です。

ところで、合併後に両労働組合がどのような状況となるかはいろいろ考えられます。両労働組合がそのまま併存する場合、それぞれに労働協約があれば従前と変わりなくそれぞれの組合員に適用

があることとなります。

また、両労働組合が合併して一つの組合ｃ労働組合を結成することも考えられます。

通説では、この場合、両組合の合同契約がなされると解されているところです。この説の見解によると、合併と同じように、従前のａ労働組合、ｂ労働組合それぞれが有する労働協約はそのまま承継されますので、一つの労働組合に複数の労働協約が存することとなります。一つの労働組合に異なる内容の労働協約が存すると、適用関係が複雑になってしまい、労働組合内部においても統一的な行動が図りにくくなってしまいます。そのため、このような場合には、新労働組合であるｃ労働組合と合併後の新会社であるＣ会社双方は、団体交渉等により複数の労働協約を調整して統一化していくことになるのではないかと思われます。

また、例えばａ労働組合が解散し、ａ労働組合員がｂ労働組合に加入することも考えられます。ａ労働組合が解散するとａ労働組合の有する労働協約は失効します。ｂ労働組合に加入した元ａ労働組合員は、ｂ労働組合の労働協約が適用されることとなります。

（中井　智子）

Q300 労働基準監督署の是正勧告に従わなかった場合は、どのような処分がなされるか

労働基準監督署から是正勧告を受けました。これは、どのような位置づけのものなのでしょうか。仮に勧告に従わなかった場合、その後はどうなるのでしょうか。

是正勧告は行政処分ではなく行政指導なので、使用者はこれに従う法律上の義務を負わず、その改善は任意の協力によってなされる。しかし、違反状態を放置すれば、司法処分（送検）に付される可能性があるため、間接的な強制力を持つ

1. 労働基準監督官の権限と職務

労働基準監督官は、事業場や寄宿舎に臨検し、「帳簿及び書類の提出を求め、又は使用者若しくは労働者に対して尋問を行うことができる」（労基法101条、安衛法91条、じん肺法42条、最賃法32条等）という行政監督権限を付与されています。

2. 臨検監督の種類と内容

臨検監督には、①定期監督：年間監督計画に基づき法令の全般にわたって行われる監督、②災害時監督：一定程度以上の労働災害が発生した際実施される監督、③災害調査：死亡災害および重大災害が発生した場合、一定程度以上の身体障害を伴う災害等が発生した場合に行われるもの、④申告監督：労基法104条1項に基づく労働者から法令違反等の申告により行われる監督、⑤再監督（再々監督）：①から④の監督の結果発見された（是正勧告した）違反が是正されたかどうかを確認するために行われる監督――の5種類があります。

3. 是正勧告とは何か

臨検監督により明らかになった労基法や安衛法等の違反事実等に対して、是正勧告書、使用停止等命令書あるいは指導票が交付されます。

「是正勧告書」は、法違反の事項と是正期日を記して労働基準監督官名で交付されます。是正勧告は行政処分（行政機関が国民に対し、法規に基づいて権利を与えたり義務を負わせたりするこ

と）ではなく行政指導なので、使用者はこれに従う法律上の義務を負わず、その改善は任意の協力によってなされます。しかし、違反状態を放置すれば、司法処分（送検）に付される可能性があることを背景として間接的な強制力をもっています。

「使用停止等命令書」は、違反状態を放置しておくと労働災害が発生するおそれのある場合に、改善されるまで機械等の使用禁止等を命じるものです。労基法96条の3もしくは103条または安衛法98条に基づき労働基準監督署長名で交付され、行政処分に当たるので、不服がある場合は交付を知った日後3カ月以内に審査請求ができます。

「指導票」は、法違反ではないものの、指針等に基づき改善を求める場合などに交付されます。

4.是正報告

交付された書類の是正期日までに改善して是正報告書（所定の書式）によってその報告をします。期日までに改善することが大切ですが、改善を図ろうとしたものの、予算のやり繰り等でやむを得ず改善が遅れてしまったような場合は、是正期日を延期してもらうことは可能です。

5.司法処分

労働基準監督官は、前述1.の行政監督権限とは別に、これらの法律違反について刑事訴訟法に規定する司法警察官の職務を行う司法警察権（労基法102条）を付与されています。是正勧告された法違反の状態を放置する、あるいは改善していないのに改善したと虚偽の報告をするような場合は、司法処分（送検）に付されることがあります。

虚偽の報告は従業員の通報等でうそと分かってしまうことがあり、新たに労基法120条違反（虚偽の報告をした者には罰則の適用があること）となる可能性があります。率直に遅れる事情や、できない理由を説明して誠実に対応することが最も大切です。

しかし、3.で述べたように是正勧告に対する是正報告は労基法104条の2に基づく行政処分には当たらず、虚偽の是正報告は同法120条5号「第104条の2の規定による報告をせず、若しくは虚偽の報告をし、又は出頭しなかつた者」に該当しません（「監督指導業務の運営に当たって留意すべき事項について」平19.2.14 基発0214001）。すなわち、虚偽の「是正報告書」が提出された時点で、あらためて行政不服審査法57条および行政事件訴訟法46条に基づき、不服申し立て等に関する教示を付して報告を求められます。それに対しても是正報告をしない、あるいは虚偽の是正報告をすることで、初めて労基法120条5号に該当し、司法処分（送検）に付されることになります。是正勧告とその後の流れは[図表]のとおりです。

（角森　洋子）

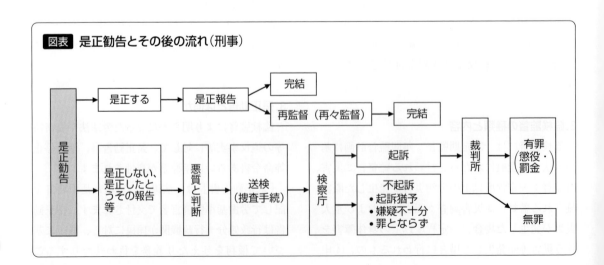

図表　是正勧告とその後の流れ（刑事）

執筆者PROFILE (五十音順)

●青山雄一 あおやま ゆういち　弁護士（加茂法律事務所）

　2009年東京大学法学部卒業、2011年同大学法科大学院修了、2012年弁護士登録（新第65期：第一東京弁護士会所属）、2013年加茂法律事務所入所。経営法曹会議会員、第一東京弁護士会労働法制委員会委員。著書・寄稿に、『Ｑ＆Ａ　賃金トラブル予防・対応の実務と書式』（共著、新日本法規出版）、労務行政『労政時報』相談室Ｑ＆Ａなどがある。

●浅井　隆 あさい たかし　弁護士（第一芙蓉法律事務所）

　1990年弁護士登録、2002年４月〜2008年３月慶應義塾大学法学部講師（民法演習・非常勤）、2005年４月〜2009年３月同大学大学院法務研究科（法科大学院）講師（労働法実務・非常勤）、2009年４月〜2014年３月同教授、2014年４月より同非常勤講師（労働法ワークショップ担当）。主な著書・共著に『労働法実務相談シリーズ⑥　労使協定・就業規則・労務管理Ｑ＆Ａ　補訂版』（労務行政）、『労働契約の実務』『Ｑ＆Ａ　管理職のための労働法の使い方』（いずれも日本経済新聞出版社）、『職業別　雇用契約書・労働条件通知書作成・書換のテクニック』『改訂版　就業規則の変更による労働条件不利益変更の手法と実務』『労使トラブル和解の実務』『改訂版　問題社員・余剰人員への法的実務対応』（いずれも日本法令）、『ケース解説　休職・休業・復職の実務と書式』（新日本法規出版）、『戦略的な就業規則改定への実務』『戦略的な人事制度の設計と運用方法』（いずれも労働開発研究会）など多数。

●荒川正嗣 あらかわ まさつぐ　弁護士（KKM法律事務所）

　第一東京弁護士会労働法制委員会労働時間・労災補償法制部会副部会長。経営法曹会議会員。経営者側労働法を得意とし、民事訴訟、労働審判等の各種手続きでの係争案件、労働組合問題への対応のほか、労働基準監督署等による行政指導、人事・労務管理全般について助言指導を多数行っている。主な著書に『[日本版]同一労働同一賃金の理論と企業対応のすべて』（共著、労働開発研究会）、『実務詳解　職業安定法』（共著、弘文堂）、『懲戒処分の実務必携Ｑ＆Ａ　第２版』（共著、民事法研究会）など。

●飯塚佳都子 いいづか かつこ　弁護士（シティユーワ法律事務所　パートナー）

　東京大学法学部卒業後、㈱三菱銀行勤務を経て、1998年弁護士登録、2003年シティユーワ法律事務所。労働法、会社法、株主総会対策を中心とした企業法務を主に手掛けるほか、建築紛争などの不動産関連紛争、労働紛争、交通事故等の損害賠償請求訴訟、さらに後見人業務、相続、遺言、離婚に伴う紛争等幅広い分野を取り扱う。また、独立社外取締役として数社の経営に関与している。2023年10月１日より国土交通省中央建設工事紛争審査会特別委員。

●家永　勲 いえなが いさお　弁護士（弁護士法人 ALG & Associates　執行役員）

　立命館大学法科大学院卒業、東京弁護士会所属。企業法務全般の法律業務を得意とし、使用者側の労働審判、労働関係訴訟の代理人を務める等、企業側の紛争および予防法務に主として従事。企業法務におけるトラブルへの対応とその予防策について様々なセミナーや労働法実務に関する執筆も多数行っている。近著に『障害者雇用のハンドブック』（共著、労働調査会）など。

●石井妙子 いしい たえこ　弁護士（太田・石井法律事務所）

　早稲田大学卒業。1986年第一東京弁護士会登録。企業の人事・労務管理の相談・訴訟対応が専門。主な著書に、『「問題社員」対応の法律実務』『続「問題社員」対応の法律実務』（いずれも経団連出版）、『[改訂]独立行政法人のための労務管理ハンドブック』（三協法規出版）、『経営側弁護士による精選労働判例集　第８〜14集』（共著、労働新聞社）などがある。

●**石黒太郎** （いしぐろ たろう） 三菱 UFJ リサーチ＆コンサルティング㈱ コンサルティング事業本部 組織人事ビジネスユニット 副ビジネスユニット長 兼 HR 第 3 部長 プリンシパル

　大手自動車関連メーカーに20年間在籍し、人事部門にて賃金制度の企画・運用、グローバル人材マネジメントの仕組み構築、新卒総合職採用統括、全社人材開発体系の再整備などに従事。その間、北米生産法人に駐在し、人事・総務部門の責任者を担った経験を有する。三菱 UFJ リサーチ＆コンサルティングに参画後は、人事の実務および管理職としての経験・ノウハウ・現場感覚に基づくコンサルティングサービスを提供。

●**五三智仁** （いつみ ともひと） 弁護士（五三・町田法律事務所）

　慶應義塾大学法学部法律学科卒業。1996年弁護士登録。経営法曹会議幹事。2015〜2017年度司法試験考査委員（労働法）。2017〜2018年度第二東京弁護士会労働問題検討委員会委員長。主な著書に『Q＆A 労働者派遣の実務（第 3 版）』（民事法研究会）、『企業法務のための労働組合法25講』（共著、商事法務）など。

●**井上紗和子** （いのうえ さわこ） 弁護士（多湖・岩田・田村法律事務所）

　大阪大学法学部卒業、京都大学法科大学院修了後、2015年弁護士登録（第一東京弁護士会）。主な著書に『裁判例を踏まえた病院・診療所の労務トラブル解決の実務』『企業のための副業・兼業労務ハンドブック 第 2 版』（いずれも共著、日本法令）、主な寄稿記事に「中途採用でリファレンスチェックを行うときのポイント」（共著、日本法令『ビジネスガイド』2024年 8 月号）、「Q＆A ジョブ型雇用をめぐる法的留意点」（共著、産労総合研究所『労務事情』2024年 7 月15日号）などがある。

●**今泉叔徳** （いまいずみ よしのり） 特定社会保険労務士（社会保険労務士法人大野事務所　パートナー社員）

　東京都立大学法学部法律学科卒業。都内法律事務所にて労働法実務を学んだ後、2005年大野事務所入所。日常的な労務管理に関する相談をはじめ、労務診断、株式公開支援、人事制度に関するコンサルティング等に従事する。著書（共著）に『人事部のための副業・兼業管理の実践ノウハウ』『第 2 版 適正 労働時間管理』（いずれも労務行政）、『厚生労働省「業務取扱要領」を踏まえた離職票作成ハンドブック』（日本法令）がある。

●**岩出　誠** （いわで まこと） 弁護士（弁護士法人ロア・ユナイテッド法律事務所　代表パートナー）

　東京大学大学院法学政治学研究科修了。厚生労働省労政審議会労働条件分科会公益代表委員、千葉大学客員教授、青山学院大学客員教授、明治学院大学客員教授を歴任。現在、東京都立大学法科大学院非常勤講師。主な著書に『注釈労働組合法（上下巻）』『注釈労働時間法』『注釈労働基準法（上下巻）』（いずれも共著、有斐閣）、『実務 労働法講義〔第 3 版〕（上下巻）』『労働法実務大系（第 2 版）』（いずれも民事法研究会）ほか多数。

●**岩野高明** （いわの たかあき） 弁護士（弁護士法人ロア・ユナイテッド法律事務所　パートナー）

　茨城県出身。早稲田大学法学部卒業。2007年 9 月弁護士登録（東京弁護士会）。弁護士法人ロア・ユナイテッド法律事務所パートナー。人事労務分野の訴訟・交渉案件を、使用者側・労働者側を問わず多数手掛けている。著書（共著）に『労災民事訴訟の実務』（ぎょうせい）、『実務解説 労働争訟手続法』（青林書院）、『最新整理 働き方改革関連法と省令・ガイドラインの解説』（日本加除出版）などがある。

●**宇井一貴** （うい かずたか） 弁護士（弁護士法人髙井・岡芹法律事務所）

　慶應義塾大学法学部卒業、中央大学法科大学院修了。2012年弁護士登録（東京弁護士会）。主な著書（共著）に『Q＆A 現代型問題管理職対策の手引』（民事法研究会）、『裁判例・労働委員会命令にみる不当労働行為性の判断基準』（経営書院）、『判例解説 解雇・懲戒の勝敗分析』（日本加除出版）などがある。

●**内田恵美** （うちだ えみ） 弁護士（渥美坂井法律事務所・外国法共同事業　シニアパートナー弁護士）

　2000年弁護士登録。アンダーソン・毛利・友常法律事務所、EY、デロイト トーマツのメンバーファームの弁護士法人において勤務。日本企業の海外拠点管理、国内外でのリストラ案件、企業再編案件などを含め、幅広い人事労務問題を担当。2017年から渥美坂井法律事務所・外国法共同事業に所属。経営法曹会議会員。共著に『女性雇用実務の手引』『フロー＆チェック 労務コンプライアンスの手引』（いずれも新日本法規出版）など。

執筆者PROFILE

●猿渡　馨　えんど かおる　弁護士（猿渡法律事務所）
　2014年明治大学法学部卒業、2016年慶應義塾大学大学院法務研究科卒業、2017年弁護士登録。第二東京弁護士会所属。使用者側労務、スタートアップ企業に対する法務サポート、個人情報保護等のコンプライアンスに関する助言、システム開発紛争等のIT企業の法務課題解決の支援を主に手掛ける。現在は、企業の法務部に所属しながら、これらの実務対応を継続中。

●大濱正裕　おおはま まさひろ　弁護士（弁護士法人レイズ・コンサルティング法律事務所　代表）
　2003年中央大学法学部卒業後、2005年10月弁護士登録（東京弁護士会）、同月、ロア・ユナイテッド法律事務所入所。2009年独立し、レイズ・コンサルティング法律事務所を開設。主な著書（共著）に『労働契約法って何？　よくわかる解釈から実務対応まで』（労務行政）、『フロントライン労働法2007』（第一法規）、『詳解 職場のメンタルヘルス対策の実務（第2版）』（民事法研究会）、ほか論文等に「労使トラブルを防止する「雇用契約書」作成の実務」（日本法令『ビジネスガイド』2006年3月号）、「日雇い派遣とは何か」（第一法規『人材サービスの実務』）などがある。

●大村剛史　おおむら つよし　パートナー弁護士（三浦法律事務所）
　2002年東京大学卒業。2007年第二東京弁護士会登録、牛島総合法律事務所入所。2011年髙井・岡芹法律事務所入所。2019年9月三浦法律事務所入所。経営法曹会議会員。企業側の弁護士として、人員削減・事業再編・人事制度変更・集団的労使問題等の大規模かつ複雑な労働問題に関与する。共著として、『これ1冊で安心！ 働き方改革法の実務がしっかりとわかる本』（労務行政）、『SNSをめぐるトラブルと労務管理（第2版）』『Q＆A現代型問題社員対策の手引（第5版）』（いずれも民事法研究会）、『労働裁判における解雇事件判例集 改訂第2版』（労働新聞社）がある。

●岡崎教行　おかざき のりゆき　弁護士（寺前総合法律事務所）
　2000年法政大学法学部卒業、2001年司法試験合格、2002年同大学大学院卒業、2003年弁護士登録。第一東京弁護士会所属。経営法曹会議会員。2015年中小企業診断士試験合格。専門は人事労務を中心とした企業法務。主な著書に『3訂版 使用者側弁護士からみた 標準 中小企業のモデル就業規則策定マニュアル』（日本法令）、『基本がわかる！ 人事労務管理のチェックリスト』（労務行政）ほか。

●岡芹健夫　おかぜり たけお　代表社員弁護士（弁護士法人髙井・岡芹法律事務所）
　1991年早稲田大学法学部卒業。1994年第一東京弁護士会登録、髙井伸夫法律事務所入所。2010年髙井・岡芹法律事務所に改称、同所所長就任。2023年弁護士法人髙井・岡芹法律事務所に組織変更、同所代表社員就任。第一東京弁護士会労働法制委員会委員、経営法曹会議常任幹事、一般社団法人日本人材派遣協会監事等。主な著書に『労働法実務 使用者側の実践知〔LAWYERS' KNOWLEDGE〕第2版』（有斐閣）、『労働条件の不利益変更 適正な対応と実務』（労務行政）、『取締役の教科書（第2版）』（経団連出版）、『職場のメンタルヘルス対策の実務必携Q＆A―適正手続とトラブル防止の労務マニュアル―』（民事法研究会）ほか。

●緒方絵里子　おがた えりこ　弁護士（長島・大野・常松法律事務所）
　2003年東京大学法学部卒業。2010年 Duke University School of law にて LL.M. 取得。企業活動に関連する紛争解決および労働法に関する助言を業務の中心としている。労働法については、日常的な人事・労務に関する相談から、労基署対応、解雇・退職等の紛争解決やM&Aに伴う労務問題まで幅広く国内外の企業に助言している。

●織田康嗣　おだ やすつぐ　弁護士（弁護士法人ロア・ユナイテッド法律事務所）
　中央大学法学部卒業、同大学法科大学院修了。2017年弁護士登録（東京弁護士会）。主な著書（共著）に『労働契約法のしくみと企業対応Q＆A』（ぎょうせい）、『判例解釈でひもとく 働き方改革関連法と企業対応策』（清文社）、『最新整理 働き方改革関連法と省令・ガイドラインの解説』（日本加除出版）、『労災の法律相談［改訂版］』（青林書院）などがある。

●鬼沢健士　おにざわ たけし　弁護士（じょうばん法律事務所）

　2004年慶應義塾大学経済学部卒業。2009年同大学大学院法務研究科修了。2010年弁護士登録。2012年茨城県取手市にじょうばん法律事務所を開設。茨城県弁護士会所属。解雇、雇止め、未払い残業代案件を中心に労働者側の代理人業務に従事している。

●角森洋子　かくもり ようこ　特定社会保険労務士・労働衛生コンサルタント（神戸元町労務管理サポート）

　1977年労働省入省、労働基準監督官。2000年社会保険労務士事務所開業。労務管理、労働衛生管理の指導、労働関係手続き、障害年金の請求代行を行う。兵庫産業保健総合支援センター相談員（法令担当）。著書に『監督署は怖くない！ 労務管理の要点』（労働調査会）、『改訂3版 わかりやすい労働衛生管理』（経営書院）などがある。

●片山雅也　かたやま まさや　弁護士（弁護士法人ALG & Associates　代表執行役員）

　2006年弁護士登録。東京弁護士会所属。企業側労務問題、企業法務一般およびM&A関連法務など企業側の紛争法務および予防法務に従事する。企業の社外取締役および厚生労働省・技術審査委員会での委員や委員長も務める。『労政時報』（労務行政）、『労働基準広報』『先見労務管理』（いずれも労働調査会）、『労務事情』（産労総合研究所）、『労働新聞』（労働新聞社）、『月刊 人事労務実務のQ&A』（日本労務研究会）および『LDノート』（キャリアクリエイツ）等へ多数の論稿がある。

●神内伸浩　かみうち のぶひろ　弁護士（神内法律事務所）

　1995年社会保険労務士資格取得。事業会社の人事部勤務を8年弱経て、2007年弁護士登録（第一東京弁護士会）。会社側代理人として数多くの労働事件を手掛ける。労働問題をテーマとする講演、寄稿も多数。主な著書として『課長は労働法をこう使え！ ―問題部下を管理し、理不尽な上司から身を守る60の事例と対応法』（ダイヤモンド社）、『第2版 これ1冊でぜんぶわかる！ 労働時間制度と36協定』（労務行政）ほか。

●亀田康次　かめだ こうじ　弁護士（横木増井法律事務所）

　2006年東京大学法学部卒業、2008年同大学法科大学院修了。2009年弁護士登録。著書に『詳解 賃金関係法務』（共著、商事法務）、『Q&A 賃金トラブル予防・対応の実務と書式』（共編、新日本法規出版）、『実践 就業規則見直しマニュアル』（共著、労務行政）等がある。

●加茂善仁　かも よしひと　弁護士（加茂法律事務所）

　慶應義塾大学法学部卒業。1978年弁護士登録（第一東京弁護士会所属）、1998年経営法曹会議常任幹事。主に人事労務、会社法務、倒産法務等の分野を手掛ける。『労働法実務相談シリーズ⑨ 労災・安全衛生・メンタルヘルスQ&A 第2版』（労務行政）、『最新判例から学ぶメンタルヘルス問題とその対応策Q&A（第2版）』（労働開発研究会）ほか、著書多数。

●川畑　大　かわはた まさる　弁護士（桜大橋法律事務所）

　2011年弁護士登録（新64期）。2018年から3年間、金沢国税不服審判官。2021年から第二東京弁護士会に登録し、使用者側の人事・労働、税務事件を中心にさまざまな紛争案件を取り扱う。著作の論文に、「定年を迎える使用人兼務役員の退職金支給時の留意点」（労務行政『労政時報』相談室Q&A 第4061号―23.8.11／8.25）、「退職勧奨 違法性の判断基準と直近の裁判例の傾向」（日本法令『ビジネスガイド』2022年11月号）等がある。

●神田　遵　かんだ じゅん　弁護士（長島・大野・常松法律事務所）

　1986年東京大学卒業。1989年Cambridge University卒業（Law Tripos, B. A.）。1990年司法試験合格。1993年弁護士登録。2006～2007年東京大学法学部非常勤講師（民法基礎演習）。訴訟全般（民商事、税務）、労働法、国内・渉外企業法務などを手掛ける。

●北川弘樹　きたがわ ひろき　弁護士（岩田合同法律事務所）

　2015年東京大学法学部卒業。2017年第一東京弁護士会登録、第一協同法律事務所入所。2021年岩田合同法律事務所入所。経営法曹会議会員。共著として『ケース別 懲戒処分検討のポイント―判断・求償の考慮要素―』（新日本法規出版）がある。

執筆者PROFILE

●**木原康雄** きはら やすお 弁護士（弁護士法人ロア・ユナイテッド法律事務所 パートナー）

　早稲田大学法学部卒業後、2003年弁護士登録（東京弁護士会）、現在、弁護士法人ロア・ユナイテッド法律事務所パートナー。著書（共著）に、『事例で学ぶ 労働問題対応のための民法基礎講座』（日本法令）、『メンタルヘルスの法律問題』（青林書院）、『労災民事賠償マニュアル』（ぎょうせい）、『テレワーク・フリーランスの労務・業務管理Ｑ＆Ａ』『ハラスメント対応の実務必携Ｑ＆Ａ』（いずれも民事法研究会）などがある。

●**櫛橋建太** くしはし けんた 弁護士（弁護士法人髙井・岡芹法律事務所）

　立命館大学法学部卒業、京都大学法科大学院修了。2018年弁護士登録（第一東京弁護士会）。主な著書（共著）に『Ｑ＆Ａ現代型問題管理職対策の手引』（民事法研究会）、『裁判例・労働委員会命令にみる不当労働行為性の判断基準』（経営書院）、『同一労働同一賃金 パート・有期契約社員への合理的根拠を有した待遇差説明の実務』（日本加除出版）などがある。

●**久保田興治** くぼた こうじ 弁護士（竹林・畑・中川・福島法律事務所）

　2006年東京大学法学部卒業。2008年同大学法科大学院修了。2010年弁護士登録。2011年竹林・畑・中川・福島法律事務所入所。2014～2016年度大阪府包括外部監査人補助者。2017年度大阪市包括外部監査人補助者。経営法曹会議所属。

●**小池啓介** こいけ けいすけ 弁護士（弁護士法人髙井・岡芹法律事務所）

　2000年中央大学法学部法律学科卒業。2006年第一東京弁護士会登録、高井伸夫法律事務所（現 弁護士法人髙井・岡芹法律事務所）入所。経営法曹会議会員、第一東京弁護士会労働法制委員会委員。著書に『「ブラック企業」なんて言わせない！ 会社を守るための労働法の使い方』（KADOKAWA/中経出版）、共著として『Ｑ＆Ａ現代型問題管理職対策の手引』（民事法研究会）、『裁判例・労働委員会命令にみる不当労働行為性の判断基準』（経営書院）などがある。

●**高 亮** こう りょう 弁護士（アンダーソン・毛利・友常法律事務所）

　2008年早稲田大学法学部卒業。2011年京都大学法科大学院修了。2012年第一東京弁護士会登録、髙井・岡芹法律事務所入所。2020年アンダーソン・毛利・友常法律事務所入所。第一東京弁護士会労働法制委員会委員。共著として『Ｑ＆Ａ現代型問題社員対策の手引（第5版）』『SNSをめぐるトラブルと労務管理（第2版）』（いずれも民事法研究会）、『これ1冊で安心！ 働き方改革法の実務がしっかりとわかる本』『〈1冊でわかる！改正早わかりシリーズ〉働き方改革法 労働基準法、労働安全衛生法、パート労働法、派遣法』（いずれも労務行政）などがある。

●**小山博章** こやま ひろあき 弁護士（第一芙蓉法律事務所）

　2007年慶應義塾大学大学院法務研究科修了、2008年弁護士登録。経営法曹会議会員、日本労働法学会会員。第一東京弁護士会 労働法制委員会基礎研究部会 副部会長。経営者側労働法専門弁護士で、労働審判・仮処分・労働訴訟の係争案件対応、団体交渉対応、人事労務に関する相談等を得意分野とし、SNSやハラスメントに関するセミナーや企業研修にも多数登壇している。主な著書に『新型コロナウイルス影響下の人事労務対応Ｑ＆Ａ』（編著、中央経済社）、『ケースでわかる 成功する募集・採用の最新ノウハウ—適正な対応と法律実務—』（共編、新日本法規出版）、『実務家のための労務相談—民法で読み解く』（共著、有斐閣）、『懲戒をめぐる諸問題と法律実務』（共著、労働開発研究会）などがある。

●**西頭英明** さいとう ひであき 弁護士（日本・ニューヨーク州、第一芙蓉法律事務所）・元国税審判官

　2004年慶應義塾大学法学部卒業。2006年東京大学法科大学院修了。2007年弁護士登録。2011〜2014年東京国税不服審判所国税審判官（特定任期付職員・公務就任に伴い弁護士登録抹消）。2014年弁護士再登録。2016年University of California, Berkeley, School of Law（LL.M. Traditional Track）卒業、2017年ニューヨーク州弁護士登録。第一東京弁護士会・労働法制委員会・契約法部会副部会長。著書（共著）に、『最新 有期労働者の雇用管理実務』『裁判例や通達から読み解くマタニティ・ハラスメント』『多様化する労働契約における人事評価の法律実務』（第5章「PIP（業務改善プログラム）」）、『懲戒をめぐる諸問題と法律実務』（いずれも労働開発研究会）、『企業実務に役立てる！ 最近の労働裁判例27』（労働調査会）、『Q＆A 労働条件変更法理の全体的考察と実務運用』（第5章「ジョブ型雇用における労働条件変更」）、『問題社員をめぐるトラブル予防・対応文例集』（「問題社員をめぐるトラブル予防・対応アドバイス」）、『ケースでわかる 成功する募集・採用の最新ノウハウ』『労務管理のエキスパートガイド』（いずれも新日本法規出版）など多数。

●**清水美彩惠** しみず みさえ 弁護士（長島・大野・常松法律事務所）

　雇用・労働法務に関する助言・紛争解決を広く手がけ、退職・解雇・人事異動、懲戒処分・ハラスメントに関する助言、労務系不祥事対応、労働争訟、雇用契約・社内規則の作成等を幅広く取り扱っている。ハラスメント研修をはじめ、社内研修の講師等の経験も豊富である。

●**清水裕大** しみず やすひろ 弁護士・社会保険労務士（三浦法律事務所）

　早稲田大学法科大学院修了。第一東京弁護士会所属。2017年髙井・岡芹法律事務所に入所し、人事労務を中心に使用者側の立場からの相談対応のほか、紛争案件として団体交渉や訴訟・労働審判を数多く経験。2020年に社会保険労務士の資格を取得。2021年に三浦法律事務所に入所、2022年3月〜2024年6月デジタル庁に勤務。

●**菅原裕人** すがはら ひろと パートナー弁護士（三浦法律事務所）

　2015年東京大学卒業、2016年第一東京弁護士会登録、髙井・岡芹法律事務所入所。2020年9月三浦法律事務所入所。経営法曹会議会員。日々の人事労務問題、紛争対応、企業再編に伴う人事施策等、人事労務を中心に取り扱う。主な著書に『ケースでわかる！ 解雇・雇止め トラブル解決の実務』（共著、労務行政）、『判例解説 解雇・懲戒の勝敗分析』（共著、日本加除出版）がある。

●**高橋克郎** たかはし かつろう 社会保険労務士（OURS小磯社会保険労務士法人　社員　チーフマネージャー）

　2009年中央大学法学部卒業。2012年4月OURS小磯社会保険労務士法人入所。2020年9月同法人の社員（取締役）就任。東証プライム市場を含む上場企業各社の労務顧問を担当し、日常の労務管理に係る相談対応からM&A、IPO支援等のコンサルティングを中心に従事する。また、出産・育児関係の制度・法改正等に関する講演、執筆やグループ会社シェアードとの提携を前提とした数百〜数千人規模の労働・社会保険手続きのアウトソーシング導入に従事する。

●**髙谷知佐子** たかや ちさこ 弁護士（森・濱田松本法律事務所　パートナー）

　1995年弁護士登録。2000年ニューヨーク州弁護士登録。1999〜2000年にシンガポール共和国Arthur Loke Bernard Rada and Lee法律事務所、2000年にインドKochhar&Co.法律事務所で執務。2024年10月Who's Who Legal: Japan 2024のLabour & Employment分野でNational Leaderに選出、同年9月asialaw 2024のLabour and Employment分野で高い評価を得る。同年9月asialaw Awards 2024にてJURISDICTIONAL AWARDS-Japan Female Lawyer of the Year受賞。主な著書に『詳解 賃金関係法務』（共著、商事法務）、『M&Aの労務ガイドブック［第2版］』（編著、中央経済社）、『秘密保持・競業避止・引抜きの法律相談 改訂版』（共著、青林書院）ほか。

●**武澤健太郎** たけざわ けんたろう 特定社会保険労務士（社会保険労務士法人大槻経営労務管理事務所　役員）

　2004年大学卒業後、新卒で社会保険労務士法人大槻経営労務管理事務所入所。HRコンサルティング部門の最高責任者として、大手企業を中心に年間約3000件の労務相談のアドバイスを行っている。また、アドバイザリー業務のみならず、人事労務関連やHR領域全般をテーマとした研修講師や執筆活動も積極的に行っている。

執筆者PROFILE

●竹林竜太郎　たけばやし りゅうたろう　弁護士（竹林・畑・中川・福島法律事務所）
　1992年3月京都大学法学部卒業。1997年4月弁護士登録（大阪）、同月竹林・畑・中川・福島法律事務所入所。法廷活動、労働委員会への出席、各種団体における講演、執筆活動に加え、2004年4月〜2008年3月京都産業大学法科大学院講師、2008年4月より京都大学法科大学院講師、2018年4月より同大学院客員教授に就任し、現在に至る。経営法曹会議幹事。主な著書として『実務に効く 労働判例精選（第2版）』（共著、有斐閣）、『最新 重要判例から読み解く労務トラブル解決の実務』（共著、日本法令）、『改訂版 企業のための労働契約の法律相談』（共著、青林書院）、『書式 労働事件の実務（第2版）』（共著、民事法研究会）がある。

●帯刀康一　たてわき こおいち　弁護士（弁護士法人髙井・岡芹法律事務所）
　2004年早稲田大学卒業。2007年東京弁護士会登録。2011年髙井・岡芹法律事務所（現 弁護士法人髙井・岡芹法律事務所）入所。経営法曹会議会員、労働法制特別委員会（東京弁護士会）所属。著書に『〈1冊でわかる！改正早わかりシリーズ〉パワハラ防止の実務対応』（労務行政）、共著として『Q＆A現代型問題管理職対策の手引』『知らないでは済まされない！ LGBT実務対応Q＆A―職場・企業、社会生活、学校、家庭での解決指針―』（民事法研究会）などがある。

●田村裕一郎　たむら ゆういちろう　弁護士・ニューヨーク州弁護士（多湖・岩田・田村法律事務所）
　慶應義塾大学法学部卒業。2002年弁護士登録（第一東京弁護士会）。2007年 Virginia Law School LL.M.Program 修了。2011年多湖・岩田・田村法律事務所設立。主な著書に『社労士業績アップセミナー5 合同労組への対応』『社労士業績アップセミナー9 未払残業代請求への解決策と予防策』（いずれも労働調査会）などがある。YouTube にて「弁護士田村裕一郎チャンネル」を運営。

●千葉　博　ちば ひろし　弁護士（内幸町国際総合法律事務所　代表パートナー）
　1990年東京大学法学部卒業。1991年司法試験合格、1994年弁護士登録（第二東京弁護士会）、高江・阿部法律事務所入所。1998年矢野総合法律事務所入所。2008年4月千葉総合法律事務所を開設、2022年内幸町国際総合法律事務所代表パートナー。著書に『実務相談シリーズ② 労働時間・休日・休暇』（共著）、『人事担当者のための労働法の基本』（ともに労務行政）、『従業員の自動車事故と企業対応』（清文社）、『労働法 正しいのはどっち？』（かんき出版）、『法律大百科事典 仕事で使う用語・ルール・条文100』（翔泳社）など多数。

●土屋真也　つちや しんや　弁護士（石嵜・山中総合法律事務所　パートナー）
　2001年東京大学法学部卒業、2004年司法試験合格、2006年司法修習終了（59期）、弁護士登録（第一東京弁護士会）、石嵜信憲法律事務所（現 石嵜・山中総合法律事務所）入所、2015年1月ヴァイスパートナー、2018年1月パートナー就任。人事・労務の分野を中心に、企業法務・民事問題など幅広く対応している。著書に『速報ガイド 平成27年派遣法改正の基本と実務』『労働時間規制の法律実務』（いずれも共著、中央経済社）などがある。

●都留綾子　つる あやこ　弁護士（フリーマン・都留国際法律事務所）
　2007年東京大学法学部卒業、2009年同大学法科大学院修了。2010年弁護士登録、第二東京弁護士会所属。2021年米国カリフォルニア州弁護士登録。慶應義塾大学法科大学院非常勤講師。主な著書（共著）は『実務に効く 国際ビジネス判例精選』（有斐閣）、「国際商事調停―国際紛争解決の新潮流」（商事法務『NBL』1132号）など。

●飛田秀成　とびた ひでなり　弁護士（弁護士法人ソフィア法律事務所）
　1978年早稲田大学法学部卒業。1985年弁護士登録（第一東京弁護士会）。1997年ソフィア法律事務所を開設、2019年弁護士法人ソフィア法律事務所設立。現在代表弁護士。司法試験考査委員（労働法、2012〜2014年）。経営法曹会議会員。

●豊岡啓人　とよおか ひろと　弁護士（岩田合同法律事務所）
　2014年東京大学法学部卒業。2016年同大学法科大学院修了。2017年第一東京弁護士会登録。2018年石嵜・山中総合法律事務所入所。2022年岩田合同法律事務所入所。経営法曹会議会員。共著として「労働関係法律―基本解説　第8回 事業場外みなし労働時間制」（労務行政『労政時報』第4074号―24.3.22）等がある。

633

●**鳥井玲子**　とりい れいこ　特定社会保険労務士（鳥井特定社会保険労務士事務所）

　2002年社会保険労務士登録。青山学院大学大学院（法学研究科ビジネス法務専攻）修了。伊藤忠商事㈱退職後、ロア・ユナイテッド法律事務所パートナー社労士を経て2015年独立、鳥井特定社会保険労務士事務所開設（同日、ロア・ユナイテッド法律事務所客員社労士就任）。りそな総合研究所顧問相談員。

●**中井智子**　なかい ともこ　弁護士（中町誠法律事務所）

　1996年慶應義塾大学法学部卒業。1999年弁護士登録（東京弁護士会）。2002年中町誠法律事務所入所。労働事件（使用者側）を専門とする。著書に、『第3版 職場のハラスメント―適正な対応と実務―』『第4版「労働時間管理」の基本と実務対応』（いずれも労務行政）、『フロー＆チェック 労務コンプライアンスの手引』『裁判例にみる企業のセクハラ・パワハラ対応の手引』（共著、いずれも新日本法規出版）などがある。

●**中川恒彦**　なかがわ つねひこ　元労働省労働基準局監督課中央労働基準監察監督官

　1968年労働基準監督官、その後、労働省労働基準局監督課中央労働基準監察監督官、賃金課主任中央賃金指導官、滋賀労働基準局長を経て、1998年6月退職。著書に『人事・労務担当者のやさしい労務管理』（労働調査会）、『新訂 賃金の法律知識』『残業手当のいらない管理職―労働基準法が定める管理監督者の範囲』（いずれも労働法令協会）ほか。

●**中野博和**　なかの ひろかず　弁護士（弁護士法人ロア・ユナイテッド法律事務所）

　中央大学法学部卒業、同大学法科大学院修了。2018年弁護士登録（東京弁護士会）。東京弁護士会労働法制特別委員会委員。日本労働法学会会員。主な著書（共著）に『労災の法律相談［改訂版］』（青林書院）、『新労働事件実務マニュアル［第6版］』（ぎょうせい）、『第3版 新版 新・労働法実務相談』『実務Q＆Aシリーズ 退職・再雇用・定年延長』（いずれも労務行政）がある。

●**中村仁恒**　なかむら よしひさ　弁護士（弁護士法人ロア・ユナイテッド法律事務所　パートナー）

　千葉県出身。早稲田大学法学部卒業、同大学法科大学院修了。2015年弁護士登録（東京弁護士会）。2022年弁護士法人ロア・ユナイテッド法律事務所パートナー就任。2023年から成蹊大学経済学部非常勤講師（労働法）。主な著書（共著）に『実務Q＆Aシリーズ 懲戒処分・解雇』『実務Q＆Aシリーズ 募集・採用・内定・入社・試用期間』（いずれも労務行政）、『労災の法律相談［改訂版］』（青林書院）、『労災民事賠償マニュアル』（ぎょうせい）、『労働事件 立証と証拠収集［改訂版］』（創耕舎）などがある。

●**中山達夫**　なかやま たつお　弁護士（中山・男澤法律事務所）

　早稲田大学法学部卒業、慶應義塾大学大学院法務研究科修了、2008年弁護士登録。経営法曹会議会員。第一東京弁護士会労働法制委員会基礎研究部会副部会長。主な著書に、『異動・出向・組織再編―適正な対応と実務―』『最新 労働者派遣法の詳解』（いずれも共著、労務行政）、『Q＆A 労働条件変更法理の全体的考察と実務運用』（共編、新日本法規出版）などがある。

●**西田正亨**　にしだ まさゆき　㈱ベクトル　取締役

　明治大学文学部卒業。流通大手企業にて、グループ会社への人事面での指導・新会社設立支援、および本社の人事改革に携った後、人事情報の体系化および人事データベースの構築を手掛ける。㈱ベクトルでは組織・人事コンサルタントとしてIT・建設・不動産など多様な業種でのコンサルティングに合わせて、人事情報システム・人事業務支援システム・サーベイシステムなどの設計を手掛ける。著書に『実践 人事制度改革』（共著、労務行政）などがある。

●**西濱康行**　にしはま やすゆき　弁護士（西濱法律事務所）

　神戸大学法学部卒業。2006年10月弁護士登録（第一東京弁護士会）。経営法曹会議会員。専門は人事労務を中心とした企業法務。主な著書に『改訂2版 最新実務労働災害』『Q＆A 職場のメンタルヘルス』『労働時間管理Q＆A100問』（いずれも共著、三協法規出版）、『詳説 倒産と労働』（共著、商事法務）、『労災保険・民事損害賠償 判例ハンドブック』（共著、青林書院）、『第2版 懲戒処分―適正な対応と実務―』（共著、労務行政）などがある。

●**根本義尚** ねもと よしひさ 弁護士（根本法律事務所）

2002年中央大学大学院法学研究科博士前期課程修了。2003年弁護士登録。髙井伸夫法律事務所（現 弁護士法人髙井・岡芹法律事務所）での勤務を経て、2011年根本法律事務所開設。経営法曹会議会員、東京経営者協会経営労務相談員、東京三弁護士会労働訴訟等協議会委員、青山学院大学講師、学校法人役員等。専門は、企業の人事労務・予防法務など。著書に『これで安心！ 地域ユニオン（合同労組）への対処法〔補訂版〕団交準備・交渉・妥結・団交外活動への対応』（共著、民事法研究会）などがある。

●**萩原 勇** はぎわら ゆう 弁護士（萩原日本橋法律事務所）

慶應義塾大学法学部法律学科、中央大学法科大学院卒業。第一東京弁護士会所属。使用者側の労働法務を中心に、契約法務、紛争解決、M&A等の企業法務全般を手掛ける。多くのクライアント企業のビジネスを支援し、「未来の幸せ、その総量を増やす」というミッションを実現するため、法律学にとどまらず、早稲田大学大学院経営管理研究科にて経営学の研鑽を積み、2019年3月卒業・MBA取得。主な著作・寄稿に『第3版 新版 新・労働法実務相談』『実務Q&Aシリーズ 懲戒処分・解雇』（いずれも共著、労務行政）、労務行政『労政時報』相談室Q&Aなどがある。

●**浜辺陽一郎** はまべ よういちろう 青山学院大学法学部教授

1984年慶應義塾大学在学中に司法試験に合格。1987～2024年7月弁護士登録（第二東京弁護士会）。1992年米国インディアナ州立大学ロー・スクール法学修士（LL.M.）取得。1995年ニューヨーク州弁護士登録。主な著書に『執行役員制度－運用のための理論と実務（第5版）』『図解 コンプライアンス経営（第5版）』（いずれも東洋経済新報社）、『現代国際ビジネス法（第2版）』（日本加除出版）などがある。

●**深津伸子** ふかつ のぶこ 特定社会保険労務士（トラストリンク社会保険労務士事務所 代表）

青山学院大学卒業。人事労務の相談（働き方改革、残業対策、ハラスメント等）、就業規則・賃金規程等の作成業務を中心に、社会保険の手続き業務も取り扱う。著書に『労働時間対策と就業規則整備のポイント』（新日本法規出版）、『詳解 職場のメンタルヘルス対策の実務（第2版）』（共著、民事法研究会）、『医療・介護をめぐる労務相談』（共著、新日本法規出版）ほか、人事労務専門誌等への寄稿も多数。

●**福井大地** ふくい だいち 弁護士（弁護士法人ロア・ユナイテッド法律事務所）

2017年同志社大学法学部法律学科卒業。2019年京都大学法科大学院修了。2022年弁護士登録（東京弁護士会）、弁護士法人ロア・ユナイテッド法律事務所入所。主な著書（共著）に『労災の法律相談［改訂版］』（青林書院）、『ハラスメント対応の実務必携Q&A』（民事法研究会）がある。

●**福井 悠** ふくい ゆう 弁護士（PwC弁護士法人）

2019年東京大学法科大学院卒業。2020年弁護士登録（第一東京弁護士会）。国内大手法律事務所に約1年半所属し、企業の不祥事調査対応に主に従事した後、PwC弁護士法人に入所。国内外を問わず一般企業法務やM&A業務などを広く取り扱うほか、税務アドバイス、税務調査対応、税務争訟などの案件にも携わる。

●**前村久美子** まえむら くみこ 特定社会保険労務士（アライアンス社会保険労務士法人 代表）

日本大学通信教育部法学部法律学科卒業。2007年ロア・ユナイテッド社労士事務所開業。2010年アライアンス社会保険労務士法人設立。主な著書（共著）に『人事労務担当者の疑問に応える 平成22年施行 改正労働基準法』（第一法規）、『「働き方改革関連法」改正にともなう就業規則変更の実務』（清文社）ほか、論文執筆・講演実績も多数。

●**益田浩一郎** ますだ こういちろう 社会保険労務士（益田社会保険労務士事務所）

1963年東京都生まれ。大手信販会社、損害保険会社で債権管理、営業、人事等に従事。1999年社会保険労務士登録。現在、益田社会保険労務士事務所（東村山市）代表として人事・労務管理の相談・指導、人事諸制度の構築、社内諸規程の整備、講演会講師等を中心に活躍。

●**増田周治** ますだ しゅうじ 弁護士（オンライン法律事務所タマ）

　東京大学法学部卒業。2008年西日本電信電話㈱に入社、2013年に退社後、2016年東京大学法科大学院を修了し司法試験合格（70期）。2017年12月に弁護士登録し、第一協同法律事務所に入所。2021年7月にオンライン法律事務所タマを設立。

●**町田悠生子** まちだ ゆきこ 弁護士（五三・町田法律事務所）

　2006年慶應義塾大学法学部卒業、2008年同大学大学院法務研究科修了、2009年弁護士登録。経営法曹会議会員。日本労働法学会会員。第二東京弁護士会労働問題検討委員会副委員長。東京紛争調整委員会委員。近時の主な著書に『ハラスメント対応の法律相談』（共著、青林書院）、『Q＆A 賃金トラブル予防・対応の実務と書式』（共編、新日本法規出版）などがある。

●**松村卓治** まつむら たかはる 弁護士（アンダーソン・毛利・友常法律事務所外国法共同事業　パートナー）

　1994年中央大学法学部卒業。2000年弁護士登録。ジェネラル・コーポレートの中でも労働法を専門分野とする。主な著書に『詳説 倒産と労働』（共著、商事法務）、『企業のための労働実務ガイド1　Q＆Aと書式 解雇・退職』（編著、商事法務）ほか多数。

●**松本貴志** まつもと たかし 弁護士（弁護士法人ロア・ユナイテッド法律事務所）

　中央大学法学部法律学科卒業、千葉大学大学院専門法務研究科修了。2020年弁護士登録（東京弁護士会）、ロア・ユナイテッド法律事務所入所。主な著書（共著）に『労務トラブルから会社を守れ！ 労務専門弁護士軍団が指南！ 実例に学ぶ雇用リスク対策18』（白秋社）、『労災の法律相談［改訂版］』（青林書院）、『2024年版 年間労働判例命令要旨集』『実務Q＆Aシリーズ 退職・再雇用・定年延長』（いずれも労務行政）、『テレワーク・フリーランスの労務・業務管理Q＆A』（民事法研究会）などがある。

●**丸尾拓養** まるお ひろやす 弁護士（丸尾法律事務所）

　東京大学卒業。1999年弁護士登録。労働事件（使用者側）を多く取り扱う。著書・寄稿に「近年の最高裁判決が人事実務に投げかけるもの」（『労政時報』4000号記念特別編集『企業競争力を高めるこれからの人事の方向性』［労務行政］2020年10月）、「コロナ禍が変える雇用のあり方の現実」（『BUSINESS LAW JOURNAL』2020年8月号）、連載「現場発で考える新しい働き方」（日経BizGateウェブサイト 2018年4月〜2019年6月）、「変わりゆく雇用システムと雇用法理の再評価―持続する最高裁判決―」（『経営法曹』第197号、2018年6月）など。2022年4月から東京大学法科大学院 客員教授（実務家教員）。

●**三浦聖爾** みうら せいじ 弁護士（加茂法律事務所）

　2006年東京大学法学部卒業、2008年同大学法科大学院修了、2010年弁護士登録（新第63期：第一東京弁護士会所属）、2011年加茂法律事務所入所。経営法曹会議会員、第一東京弁護士会労働法制委員会委員。著書に、『フロー＆チェック 労務コンプライアンスの手引』（共著、新日本法規出版）がある。

●**峰　隆之** みね たかゆき 弁護士（第一協同法律事務所）

　1987年東京大学法学部卒業、同年東京電力㈱入社。1992年弁護士登録（第一東京弁護士会所属）、第一協同法律事務所入所。2006年から第一東京弁護士会労働法制委員会労働時間部会長、2013〜2016年東京大学法科大学院客員教授（会社労使関係法等）、2023年経営法曹会議事務局長（現）。著書に『労働法実務相談シリーズ① 賃金・賞与・退職金Q＆A』（労務行政）、『ダラダラ残業防止のための就業規則と実務対応』（共著、日本法令）、『おもしろくてよくわかる 労働基準法の話と実務』（日本法令）ほか多数。

●**宮本美恵子** みやもと みえこ 社会保険労務士（ヴェリテ社会保険労務士事務所）

　青山学院大学法学研究科博士前期課程修了。2005年社会保険労務士登録。石嵜信憲法律事務所（現 石嵜・山中総合法律事務所）勤務を経て、2011年社会保険労務士事務所を開業。労務相談・労働社会保険手続き代行業務等を手掛けるとともに、派遣元責任者講習（厚生労働省）やビジネスセミナー、企業内研修などの講師業にも従事。著書に『働き続ける女子のための会社のルールとお金の話』（中央経済社）、『メーカーのための業務委託活用の法務ガイド（第2版）』（共著、中央経済社）などがある。

執筆者PROFILE

●**社会保険労務士法人みらいコンサルティング**

　労務コンプライアンス調査からの課題解決コンサルティングおよび社会保険・給与計算アウトソーシング、業務改善をサポート。特に株式上場の際の労務整備支援については多くの実績を持つ。最近は海外赴任者支援や外国人雇用時の人事労務面のサポートも多数。社会保険労務士29名を含む合計52名の陣容を誇る。

●**向井　蘭**　むかい　らん　弁護士（杜若経営法律事務所　パートナー弁護士）

　1975年生まれ。1997年東北大学法学部卒業。2001年司法試験合格、2003年弁護士登録（第一東京弁護士会）、同年狩野法律事務所（現 杜若経営法律事務所）に入所。2009年狩野・岡・向井法律事務所（現 杜若経営法律事務所）パートナー弁護士。主に使用者側の労働事件に関与。経営法曹会議会員。主な著書に『3訂版 会社は合同労組・ユニオンとこう闘え！』（日本法令）、『改訂2版 書式と就業規則はこう使え！』（労働調査会）、『人事・労務トラブルのグレーゾーン70』（共著、労務行政）、『管理職のためのハラスメント予防＆対応ブック』（ダイヤモンド社）など。各種専門誌・新聞などへの寄稿・講演多数。

●**村木高志**　むらき　たかし　弁護士（早川・村木 経営法律事務所　パートナー）

　早稲田大学法学部卒業。2005年弁護士登録（東京弁護士会）、ロア・ユナイテッド法律事務所入所。同事務所パートナーを経て、2021年1月から現職。主な著書（共著）に『2024年版 年間労働判例命令要旨集』（判例解説担当）、『実務Q＆Aシリーズ 募集・採用・内定・入社・試用期間』（いずれも労務行政）、『最新整理 働き方改革関連法と省令・ガイドラインの解説』（日本加除出版）、『労災民事賠償マニュアル』（ぎょうせい）、『アルバイト・パートのトラブル相談Q＆A』（民事法研究会）などがある。

●**村中　靖**　むらなか　やすし　デロイト トーマツ コンサルティング合同会社　執行役員／パートナー

　デロイトグローバルの組織・人事事業（Human Capital）における Global Human Capital Executive（執行ボードメンバー）、デロイト・ラーニング責任者。外資会計系コンサルティング会社、外資系M&Aアドバイザリー会社等を経て現職。人的資本経営、M&A・組織再編人事、役員ガバナンス（報酬・指名）に強みを有する。主な著書として、『役員報酬・指名戦略 改訂第2版』（共著、日本経済新聞出版版）、『新装版 MBA講義生中継 人材マネジメント戦略』（TAC出版）、『別冊商事法務 No.433 取締役・監査役のトレーニング』（共著、商事法務）のほか、講演・寄稿等多数。

●**村林俊行**　むらばやし　としゆき　弁護士（弁護士法人ロア・ユナイテッド法律事務所　パートナー）

　東京都出身、中央大学法学部法律学科卒業、現在、弁護士法人ロア・ユナイテッド法律事務所パートナー。関東弁護士会連合会副理事長、元東京弁護士会副会長、元青山学院大学大学院ビジネス法務専攻講師。主な著書に『未払い残業代をめぐる法律と実務』『有期契約社員の無期転換制度 実務対応のすべて』（いずれも編著、日本加除出版）、『労災民事訴訟の実務』（共著、ぎょうせい）、『解雇事例をめぐる弁護士業務ガイド』（編著、三協法規出版）、『労働事件 立証と証拠収集（改訂版）』（共著、創耕舎）、『第3版 新版 新・労働法実務相談』（共著、労務行政）、『新型コロナ対応 人事・労務の実務Q＆A』『テレワーク・フリーランスの労務・業務管理Q＆A』『ハラスメント対応の実務必携Q＆A』（いずれも共著、民事法研究会）など多数。

●**森　規光**　もり　のりみつ　弁護士（森・濱田松本法律事務所）

　2007年慶應義塾大学法科大学院修了。2008年弁護士登録。2015年コーネル大学ロースクール卒業。2016年ニューヨーク州弁護士登録。労働実務一般に加え、事業会社による戦略的M&A、プライベートエクイティファンドによる投資案件、ベンチャー支援などM&A取引を幅広く取り扱う。2016年より上海オフィス、2019年より北京オフィスにおいて執務し、中国における労働問題、日中間のM&A取引を中心に中国関連業務に積極的に取り組んでいる。

●**八木麻実**　やぎ　あさみ　弁護士（弁護士法人髙井・岡芹法律事務所）

　明治大学法学部卒業、東京大学法科大学院修了。2019年弁護士登録（第一東京弁護士会）。主な著書（共著）に『Q＆A現代型問題管理職対策の手引』（民事法研究会）、『裁判例・労働委員会命令にみる不当労働行為性の判断基準』（経営書院）、『同一労働同一賃金 パート・有期契約社員への合理的根拠を有した待遇差説明の実務』（日本加除出版）などがある。

●**山岸　純**　やまぎし じゅん　弁護士（山岸純法律事務所）

　福島県出身。2005年東京弁護士会登録。都内法律事務所を経て現在に至る。社会福祉法人や医療法人などの法務を中心に、さまざまな形態の法人・企業ニーズに対応している。2023年3月、後輩たちとともに「弁護士連合」を設立。また、PTA活動への法的アドバイス、インターネット上で時事ニュースなどを分かりやすく解説する活動を続ける。

●**山口寛志**　やまぐち ひろし　特定社会保険労務士（社会保険労務士法人山口事務所　代表）

　慶應義塾大学経済学部卒業、筑波大学大学院ビジネス科学研究科企業法学専攻修了（法学修士）。出版編集、社会保険労務士事務所勤務を経て、2005年社会保険労務士山口事務所を設立、2021年法人化、現在に至る。企業の顧問社労士として日々労務管理のアドバイスを行うとともに、企業研修、各種実務セミナーの講師等、幅広く活動。主な著書に『雇用形態・就業形態別で示す就業規則整備のポイントと対応策』（新日本法規出版）ほか多数。

●**山﨑和義**　やまざき かずよし　弁護士（山﨑法律事務所）

　東京大学文学部卒業。1983年に弁護士登録、1987年山﨑法律事務所を開設。2008年第一東京弁護士会副会長就任。2015年日本弁護士連合会常務理事就任。主な取り扱い分野は労働事件、倒産関連事件、家事法関連等。著書に『図解よくわかる労働基準法』（日本実業出版社）、『経営者・管理職のための労務トラブル解決一切』（中経出版）などがある。

●**山﨑貴広**　やまさき たかひろ　弁護士（弁護士法人髙井・岡芹法律事務所）

　早稲田大学法学部卒業、同大学法科大学院修了。2017年弁護士登録（東京弁護士会）。労働法制特別委員会（東京弁護士会）所属、日本労働法学会会員。主な著書（共著）に『Ｑ＆Ａ現代型問題管理職対策の手引』（民事法研究会）、『裁判例・労働委員会命令にみる不当労働行為性の判断基準』（経営書院）、『同一労働同一賃金 パート・有期契約社員への合理的根拠を有した待遇差説明の実務』（日本加除出版）などがある。

●**山本圭子**　やまもと けいこ　法政大学講師

　中央大学法学部法律学科卒業。法政大学大学院博士課程単位取得退学。専門は労働法。著書・論文等に『実践・新しい雇用社会と法』（共著、有斐閣）、『ファーストステップ労働法』（共著、エイデル研究所）などがある。

●**山本陽二**　やまもと ようじ　特定社会保険労務士（社会保険労務士法人パーソネル・パートナーズ　代表社員）

　大手総合建設会社、米系医療機器、大手卸売業等の人事部門、直近においては社会保険労務士法人や人事コンサルティング会社の代表を経て現職。一貫して人事・労務畑を歩み、人事戦略の立案、人事制度設計、教育、採用、労働問題等、幅広く経験を重ねる。事業内容を十分把握し、経営方針や企業風土を踏まえた上で、公平で一貫性のあるトータル人事コンサルティングの提供を心掛けている。

●**湯澤夏海**　ゆざわ なつみ　弁護士（PwC弁護士法人）

　2020年慶應義塾大学法科大学院卒業。2022年弁護士登録（東京弁護士会）。国内外のクライアントに対するジェネラル・コーポレート・プラクティスについて経験を有する。倒産・事業再生案件、紛争対応、人事・労務などにも関与。

●**吉村雄二郎**　よしむら ゆうじろう　弁護士（吉村労働再生法律事務所）

　中央大学法学部卒業。裁判所勤務を経て、弁護士登録（東京弁護士会）。多数の労働案件を担当し、経験に基づく現実的な解決を企業に提示する。著書（共著）に『「労政時報」相談室Ｑ＆Ａ 精選100』（労務行政）、『慰謝料算定の実務』（ぎょうせい）のほか、『労政時報』（労務行政）、『労務事情』（産労総合研究所）、『ビジネスガイド』（日本法令）、『企業実務』（日本実業出版社）などの専門誌への寄稿多数。

執筆者PROFILE

●**渡辺雪彦**　わたなべ ゆきひこ　弁護士（西村あさひ法律事務所・外国法共同事業　パートナー）

　2005年早稲田大学卒業。2009年同大学法科大学院修了。2010年第一東京弁護士会登録、髙井・岡芹法律事務所入所、2020年西村あさひ法律事務所入所、2024年パートナー就任。経営法曹会議会員、第一東京弁護士会労働法制委員会委員。共著として『裁判例・労働委員会命令にみる　不当労働行為性の判断基準』（経営書院）、『Ｑ＆Ａ　労働条件変更法理の全体的考察と実務運用』（新日本法規出版）、『退職勧奨・希望退職募集・PIPの話法と書式』（青林書院）、『働き方改革とこれからの時代の労働法（第2版）』（商事法務）、『SNSをめぐるトラブルと労務管理（第2版）』（民事法研究会）などがある。

印刷・製本／日本フィニッシュ株式会社

第4版
新版 新・労働法実務相談

2010年 3 月15日 初版発行
2024年12月 5 日 第 4 版発行

編　者　労務行政研究所
発行所　株式会社 労務行政
　　　　〒141-0031 東京都品川区西五反田 3 - 6 - 21
　　　　　　　　　 住友不動産西五反田ビル 3 階
　　　　　　　　 TEL：03-3491-1231　FAX：03-3491-1299
　　　　　　　　 https://www.rosei.jp/

ISBN978-4-8452-4472-0
定価はカバーに表示してあります。
本書内容の無断複写・転載を禁じます。
訂正が出ました場合、下記URLでお知らせします。
https://www.rosei.jp/store/book/teisei